新时代图书馆高质量发展

2022年湖北省图书馆学会年会论文集

（上）

刘伟成　杨　萍◎主编

光明日报出版社

图书在版编目（CIP）数据

新时代图书馆高质量发展：2022年湖北省图书馆学会年会论文集：上下册 / 刘伟成，杨萍主编. -- 北京：光明日报出版社，2023.9
　ISBN 978-7-5194-7426-3

　Ⅰ.①新… Ⅱ.①刘… ②杨… Ⅲ.①图书馆学—学术会议—文集 Ⅳ.①G250-53

　中国国家版本馆CIP数据核字（2023）第161672号

新时代图书馆高质量发展：2022年湖北省图书馆学会年会论文集（上下册）
XINSHIDAI TUSHUGUAN GAOZHILIANG FAZHAN: 2002NIAN HUBEISHENG TUSHUGUAN XUEHUI NIANHUI LUNWENJI（SHANGXIACE）

主　　编：	刘伟成　杨萍		
责任编辑：	章小可	责任校对：	郭玫君　董小花
封面设计：	中联华文	责任印制：	曹净

出版发行：光明日报出版社
地　　址：北京市西城区永安路106号，100050
电　　话：010-63169890（咨询），010-63131930（邮购）
传　　真：010-63131930
网　　址：http://book.gmw.cn
E - mail：gmrbcbs@gmw.cn
法律顾问：北京市兰台律师事务所龚柳方律师
印　　刷：三河市华东印刷有限公司
装　　订：三河市华东印刷有限公司

本书如有破损、缺页、装订错误，请与本社联系调换，电话：010-63131930

开　　本：170mm×240mm	
字　　数：853千字	印　张：47.5
版　　次：2024年1月第1版	印　次：2024年1月第1次印刷
书　　号：ISBN 978-7-5194-7426-3	

定　　价：268.00元（上下册）

版权所有　　翻印必究

编 委 会

主　编：刘伟成　杨　萍

编委会：刘伟成（湖北省图书馆）

　　　　董有明（湖北省高校图工委、武汉大学图书馆）

　　　　周力虹（武汉大学信息管理学院）

　　　　聂　鸣（华中科技大学图书馆）

　　　　李玉海（华中师范大学信息管理学院）

　　　　颜慧超（湖北省科技信息研究院）

　　　　刘　清（中科院武汉文献情报中心）

　　　　刘杰民（湖北省图书馆）

　　　　李静霞（武汉图书馆）

　　　　杨　萍（湖北省图书馆）

编　辑：黄英运　游梦娜　罗　媛

　　　　况小琴　滕林林　曹　薇

前　言

2021年文化和旅游部、国家发展改革委、财政部等多部委联合下发了《关于推动公共文化服务高质量发展的意见》，对新时代公共文化高质量发展提出了具体要求。湖北省委省政府为落实中央文件精神，指导省文化和旅游厅出台了《关于推动湖北省公共文化服务高质量发展的实施意见》文件，推进我省公共文化高质量发展。

湖北省图书馆学会为推动图书馆理论研究和实践探索，提升全省图书馆学术交流与业务合作水平，共谋新时代图书馆事业高质量发展方向，2022年特以"新时代图书馆高质量发展"为主题向全省图书馆学会会员、图书馆工作者及关心图书馆建设和发展的各界人士征集学术论文。在征文过程中，本项工作得到了各级各类图书馆工作者的积极响应和大力支持，至征文截稿之时，湖北省图书馆学会秘书处共收到年会征文180篇。根据拟定的标准，论文评审委员会对征文进行了认真评审，经过层层筛选，最终入选评奖论文140篇，按论文总数一等奖5%、二等奖10%、三等奖15%的比率评奖，确定了一等奖7篇、二等奖14篇、三等奖21篇。评审结果公布后，经与作者本人沟通，同意编入论文集的论文110篇。

湖北省图书馆学会每年出版学术论文集已成为全省图书馆界学术交流的一个重要的活动，对增强全省图书馆界学术研究凝聚力，提升基层图书馆研究能力，推动理论研究发展都有积极意义。这种由实践到理论、以理论促实践的良性循环既为图书馆学理论研究提供了新的思路，也有助于指导基层图书馆更好地开展工作。希望借此论文集的出版，能提升图书馆工作者的认知水平，拓展研究视野和规范图书馆服务，促进新时期图书馆服务转型和高质量发展。同时，我们也坚信站在更新更高的起点上，广大优秀的图书馆工作者会更加勇于创新、大胆尝试、努力实践，在工作和科研的道路上取得更丰硕的成果。

本书的编辑出版工作在学会学术工作委员会的大力支持下，以及湖北省图书馆黄英运、游梦娜、罗媛、况小琴、滕林林、曹薇等同志的大力协助下得以完成，在此为他们的辛苦付出表示诚挚的谢意。

由于水平有限，加之时间仓促，所编文集难免有疏漏不妥之处，恳请广大读者批评指正。

湖北省图书馆学会理事长　刘伟成

2023 年 7 月

目 录
CONTENTS

上 册

公共图书馆开展绘本阅读推广的实践与思考
　　——以恩施土家族苗族自治州图书馆为例 ················ 谢黎黎 1
新媒体语境下地方文献的传播与推广
　　——以首都图书馆为例 ································ 刘　墣 7
文化自信视域下高校图书馆传统文化阅读推广工作建议 ········ 范玉璟 17
民族地区公共图书馆抱团发展实践探索
　　——以恩施州公共图书馆阅读推广联盟为例 ······ 谭华梅　李光炼 24
智慧高校图书馆建设研究与探索 ···················· 谷淑化　胡霍真 31
基于学生体验为中心的高校图书馆服务策略
　　——美国大学图书馆服务经验的启示 ············ 戴堂桂　代堂玉 36
探索现代技术在图书馆阅读推广的应用 ···················· 王亚茹 41
基于情景化用户的阅读推广探究 ·························· 段莉虹 46
民办高校图书馆核心竞争力构建研究 ······················ 段莉虹 54
关于新时期军校图书馆员的职业素养的思考 ········ 彭　博　陈　敏 60
"互联网"背景下电子商务在数字图书馆中的应用研究 ········ 彭振璇 65
人工智能赋能图书馆：新特征、问题与融合 ················ 胡勇祥 70
少儿活动的新载体与表现形式
　　——以武汉市少年儿童图书馆为例 ······················ 陈昌龙 78
线上非遗活动的新探究
　　——以武汉市少年儿童图书馆为例 ······················ 陈昌龙 83

1

新媒体环境下公共图书馆少儿阅读服务的创新探索
　　——以湖北省少年儿童图书馆"你荐书 我买单 共阅读"活动为例………………………………………………………………………………吴　爽　87
高校智慧图书馆建设刍议…………………………………………殷　敏　92
智慧图书馆背景下公共图书馆服务党政机关学习教育模式研究
　　——以湖北省图书馆省直机关党员干部学习基地为例……胡　姝　李达人　98
试析中小型公共图书馆的转型发展
　　——以恩施土家族苗族自治州图书馆为例…………谭华梅　汪泓成　104
公共图书馆读者需求反馈机制研究……………………………王义翠　117
后疫情时代图书馆阅读推广工作的新研究………郭　巍　许　超　刘　莉　124
新时代图书馆新战略、新角色、服务和机遇……………………余　祎　135
国外高校机构知识库联盟建设实践与启示……………王予典　江　洪　141
地方高校图书馆特色资源数据库的建设实践与思考
　　——以三峡大学图书馆"工程移民"特色资源数据库为例………司新霞　150
抗战时期湖北民众的火炬大游行…………………………………董　洁　155
一腔热血应时艰
　　——忆抗战时期鄂图馆长谈锡恩建馆护籍等事………………孙智龙　162
试论元宇宙与智慧图书馆的融合发展……………………………王玉莲　170
互联网背景下公共图书馆数字化建设探究………………………李　晶　177
新时代民办高校图书馆思政教育职能和路径探析………………余　伟　184
《家庭教育促进法》对公共图书馆工作的启示…………………张　颖　190
湖北高校技术转移案例与模式分析……………………陈迎春　彭玲玲　198
双一流高校图书馆视频服务现状分析……………………………毕文静　204
浅谈以研学旅行推动"图书馆+旅游"实现深度融合……………宁卫萍　216
图书馆建国后中文报纸保护探析
　　——以湖北省图书馆为例……………………石　星　李良军　聂　曚　222
数字化图书馆建设研究……………………………………………邓来喜　228
三种清末湖北通志稿本梳理………………………………………宋泽宇　233
开展绘本阅读推广活动的实践与启示
　　——以湖北省襄阳市图书馆为例………………………徐　崴　王治华　240
公共图书馆讲座三微一端的现状与趋势
　　——以湖北省图书馆长江讲坛为例………………………………余嫚雪　246
学科服务视角下高校图书馆数字资源整合聚合研究………黄更新　施　亮　254

总分馆体系下城市书房提升服务效能的对策研究
　　——以咸宁市图书馆城市书房为例 …………………………… 王　程 262
国内高校图书馆学科服务发展历程与变革态势 ………………… 李灏漫 273
后疫情时代少年儿童图书馆阅读推广创新活动探索
　　——以武汉市少年儿童图书馆为例 …………………………… 何　庆 278
文旅融合背景下公共图书馆的文化传承
　　——以来凤县为例 ……………………………………………… 李树林 284
基层图书馆助力乡村振兴战略的发展路径 ……………………… 向红梅 292
文旅融合背景下图书馆文化传承浅析
　　——以湖北省图书馆为例 ……………………………………… 张广振 298
我国高校图书馆残障学生服务探析 ……………………………… 田雅君 303
高质量发展背景下公共图书馆与企业合作的实践探索
　　——以湖北省图书馆为例 ……………………………………… 李良军 311
文旅融合背景下城市书房建设浅析
　　——以湖北省城市书房建设为例 ……………………………… 叶青青 317
元宇宙环境下图书馆业务与服务创新发展 ……………………… 刘晓文 324
利用牌记和封面鉴定古籍版本致误举隅
　　——以湖北省图书馆藏古籍为例 ……………………………… 刘　倩 332
图书馆情报服务现状分析与突破性发展探究 …… 翟欢庆　刘寒冰　张　哲 338
高校智慧化图书馆建设与思考 …………………… 余　震　刘寒冰　何　敏 344
公共图书馆在党史党建文化教育中的路径探析
　　——以湖北省图书馆为例 ……………………………………… 钟　源 348
智慧化环境下数字媒体技术在公益文化展览中的应用
　　——以《永乐大典》湖北巡展暨湖北古籍保护工作成果展为例 ………
　　…………………………………………………… 竺佳怡　刘利军 353

下　册

文旅融合背景下公共图书馆文化传承方式的探索和创新 ……… 李　黎 363
文旅融合背景下公共图书馆传承红色文化的实践模式研究 ……………
　　………………………………………… 桂霄雨　刘静桐　聂　曚 368
社会力量参与的公共图书馆城市书房建设与管理模式分析 …… 刘学丹 374

公共图书馆高质量服务农民工策略研究
　　——以湖北省图书馆服务中建七局世茂十里星河项目部为例 ………………
　　………………………………………………………… 聂　曚　李良军　师晓景 380
公共图书馆特殊人群高质量服务研究 …………………… 顾志芹　胡苑萍 386
从立足本地到走向全国
　　——湖北省图书馆讲座2002-2022 ………………………………… 李　茜 392
论析地市级公共图书馆古籍传承性保护工作
　　——以黄冈市图书馆古籍保护利用工作为例 …………………… 顾　玲 400
疫情下公共图书馆线上活动推广的实践与思考
　　——以湖北省图书馆为例 ………………………………………… 李文婷 406
基于移动互联网和流媒体技术的智慧报告厅建设实践
　　——以孝感市图书馆智慧报告厅建设为例 ……………………… 何楚龙 412
基于物联网的"智慧图书馆"建设初探
　　——以中国地质大学（武汉）图书馆为例 …… 孙　明　陈庆蓉　胡霍真 419
基于InCites数据库的高校图书馆助力科研与学科建设分析
　　——以江汉大学图书馆为例 ……………………………………… 卢炎香 426
基于物联网的图书信息资源建设与共享研究 …………………… 张　倩 435
以人为中心的公共图书馆服务创新研究
　　——以湖北省图书馆为例 ………………………… 刘林玲　汪　敏　张雅俐 441
基于区域联盟的公共图书馆阅读推广服务探讨
　　——以湖北省公共图书馆为例 …………………………………… 游梦娜 447
公共图书馆少儿阅读品牌建设实践与思考
　　——以宜昌市图书馆"快乐小屋"为例 ………………………… 刘文涛 453
馆校合作模式下未成年人阅读推广工作的实践与分析 …… 张　珺　吴宇昊 461
基于读者数据的阅读分析及服务提升
　　——以十堰市图书馆2021年度阅读报告为例 ………… 张　珺　田　蜜 467
微信公众平台在智能化图书馆建设中的应用与探索 ……… 吴宇昊　张　珺 474
公共文化服务均等化背景下图书馆细分服务研究
　　——以湖北省公共图书馆女性人群为例 ………………………… 曾　铖 482
智慧图书馆转型时期高校图书馆第三空间的实践路径探索 ……… 卢　红 491
基于情境认知视角的农村留守儿童阅读赋能路径研究
　　——以湖北省图书馆"相约乡读"项目为例 …………… 李　丹　白樱子 497
基于CIS理论的公共图书馆讲座品牌形象塑造研究 ……………… 李　蓉 506

"双减"政策背景下公共图书馆家庭阅读服务研究
　　——以恩施土家族苗族自治州图书馆为例 …………… 毛银秀　寒利华　512
儿童阅读推广文献综述 ……………………………………………… 罗　媛　519
试论红色旅游资源开发中的红色文化传承 ………………………… 胡忠坤　527
公共图书馆党建文化宣传教育活动的模式分析
　　——以湖北省图书馆党风廉政建设宣教月系列参考活动为例 … 白樱子　532
文旅融合背景下公共图书馆地方文献服务旅游的实践与思考
　　——以十堰市图书馆为例 …………………………………… 涂小红　538
浅析和谐图书馆的构建策略 ………………………………………… 涂小红　543
高校图书馆事实数据填报创新思考
　　——以湖北省民办/独立院校图书馆为例 ………………… 魏家涛　547
全媒体时代公共图书馆阅读推广服务工作研究
　　——以武汉地区公共图书馆阅读推广为例 …………………… 张　鑫　552
从4P营销理论看公共图书馆信息公开作用和价值
　　——以8家国家一级公共图书馆年报发布为例 ………………
　　………………………………… 董思涵　余　梦　徐韵涵　558
基于Citespace对公共图书馆法治建设研究的计量分析 ………… 游梦娜　565
湖北省公共图书馆历次评估定级回顾总结 ………………… 代新欣　573
公共图书馆评估工作浅析 ……………………………………… 李　红　579
搬迁过渡时期的湖北省图书馆：兼及讲述老馆时期馆员与读者的情缘故事……
　　……………………………………………………………… 孙智龙　587
国内外公共图书馆全民阅读服务比较研究 ………………………… 黄英运　599
智能化环境下公共图书馆服务创新探索
　　——以孝感市图书馆为例 ………………………… 何楚龙　朱志伟　608
关于中文外借书库馆藏结构的优化
　　——以湖北省图书馆为例 …………………………………… 许　超　615
公共图书馆处理读者诉求工作的思考
　　——以湖北省图书馆为例 …………………………………… 郑　强　622
"双减"背景下公共图书馆青少年阅读推广活动浅论 …………… 刘　锋　630
"双减"背景下公共图书馆阅读推广服务 ………………………… 刘　璐　637
"双减"背景下公共图书馆阅读推广服务 ………………………… 简　盛　643
"双减"背景下公共图书馆阅读推广活动 ………………………… 刘艳武　647
公共图书馆的发展与转型探索 ……………………………………… 韩　南　652

公共图书馆未成年人服务研究 …………………………………… 朱志伟 656
关于提升城市书房建设水平和服务效能的思考和建议
　　——以孝感市"澴川书房"建设为例 ………… 吴健涛　谭义斌　黄　亮 662
浅析"双减"背景下公共图书馆青少年的阅读服务 ……………… 李媛媛 673
浅析文旅融合发展下全民阅读推广工作
　　——以孝昌县近五年阅读推广工作思考为例 ………… 艾　珍　张　敏 678
社会力量参与图书馆建设与服务策略研究 ………………………… 黄甜甜 686
孝感市社会力量参与公共文化建设与服务思考 ………… 吴　瑛　胡　蓉 691
图书馆针对特殊人群服务的探索和建议 …………………………… 刘　蔚 696
新时代图书馆阅读推广服务研究 …………………………………… 赵　艳 701
浠水县图书馆推广全民阅读的创新与实践 ……………… 夏旺春　胡晓风 705
图书馆儿童阅读推广评价实证研究 ……………………… 罗　媛　陈红艳 709
高质量发展背景下公共图书馆区域协同发展研究 ………………… 黄英运 720
基于第三空间理念的高校图书馆绿色阅读环境的营造案例与思考 …………
　　……………………………………………………………………… 卢　红 727
论县域公共图书馆总分馆制的构建与实现 ………………………… 李新星 733

公共图书馆开展绘本阅读推广的实践与思考
——以恩施土家族苗族自治州图书馆为例

谢黎黎

(恩施土家族苗族自治州图书馆 445000)

摘 要：本文分析了"双减"政策背景下开展绘本阅读推广的必要性，通过介绍恩施土家族苗族自治州图书馆开展系列绘本阅读推广活动，指出绘本阅读推广是激起时代智慧的源头活水。同时建议，公共图书馆应根据时代要求，开展形式多样的绘本阅读推广活动，为青少儿健康成长提供优质的阅读服务。

关键词：公共图书馆；绘本阅读；阅读推广

一、引言

（一）研究背景

《公共文化服务保障法》的颁布，"全民阅读"的国家文化战略客观上为社会创造了新的阅读环境，而图书馆界对绘本阅读的实践与探索一直在路上，通过倡导绘本阅读服务新理念，激发阅读兴趣，丰富阅读体验，拓展思维能力，从而为广大青少儿的阅读之路点燃一盏明灯，促进图书馆学前教育持续稳步发展，担负起民族复兴的历史使命。

（二）国内绘本阅读现状

近年来，在"双减"政策背景下，在我国图书馆人和学者共同努力下，绘本阅读悄然兴起，各图书馆纷纷开展绘本阅读推广活动，推广形式也被广大读者认可，发展前景广阔。其间，一些公共图书馆深度探索与实践绘本阅读推广，如恩施土家族苗族自治州图书馆开展的"童心童廉""家风家教""山和交响"等系列主题绘本阅读推广活动，为恩施土家族苗族自治州各级图书馆开展绘本阅读推广提供了可借鉴的成功经验。但是，我国现有的绘本阅读推广活动还存在地区发展不均衡的问题，经济条件、教育观念、公共设施等因素导致了农村绘本阅读推广薄弱，留守儿童很少参加并享受绘本阅读带来的好处。

（三）国外绘本阅读现状

在国外，绘本阅读有着上百年历史，这无疑是超前的。绘本阅读于1601年至1700年诞生于欧洲，1930年至1939年流行于美国，1960年至1969年，绘本阅读在韩国、日本如雨后春笋般悄然兴起。21世纪，绘本已成为全世界青少儿阅读的新领标，被公认为最适合青少儿阅读的图书，甚至有人说"绘本是人生的第一本书"。

（四）绘本阅读推广的概念

绘本，指通过图画与文字的相互融合而实现与读者的层层互动。与一般插画书籍相比，绘本主题丰富、形式多样，同时还讲究图画的连贯性、故事情节的逻辑性，其内容容易激发青少儿的想象力、审美力和认知力，是国际公认最适合青少儿阅读启蒙的书籍。绘本阅读推广，是指以优秀的图文故事为载体，开展系列绘本阅读活动，达到促进青少儿身心发展的目的。具体来讲，青少儿通过绘本阅读推广活动，能理解绘本中各种抽象情绪，同时通过绘本中的图画故事情节来学会沟通交流，并展示自我，让孩子不知不觉地将阅读视为日常生活中的一部分。因此，绘本阅读成为青少儿阅读的新风尚。

（五）研究方法

研究方法是通过案例探析的科学方法，采用智慧思维技巧，揭示事物的发展规律。本文通过介绍恩施土家族苗族自治州图书馆开展的绘本阅读推广工作，研究绘本阅读推广对促进青少儿智力发育、培育良好阅读习惯与阅读兴趣等方面做出的有益探索。

二、公共图书馆开展绘本阅读推广的必要性

（一）公共图书馆的职责和使命

习近平总书记代表党中央要求建设"书香社会"。时任总理李克强曾连续九次将全民阅读写入《政府工作报告》，并提出要丰富人民群众精神文化生活，培育和践行社会主义核心价值观，深化群众性精神文明创建，深入推进全民阅读。此外，《公共图书馆宣言》中强调，要激发儿童和青年的想象力和创造力。《公共图书馆服务发展指南》中也指出，公共图书馆负有支持儿童学会阅读、为他们推荐书籍和其他载体材料的特殊责任。由此可见政府对推进全民阅读的决心

和对公共图书馆的殷切希望，而公共图书馆作为绘本阅读推广的中坚力量，在帮助青少儿与家长有效选择绘本阅读方面有着不可替代的重要作用和义不容辞的责任，同时也是培根铸魂的责任担当。

（二）"以人为本"的应有之义

在社会主义现代化国家建设的新征程中，公共图书馆全心全意为读者服务的根本宗旨是不会变的。公共图书馆要"不忘初心、以人为本"，传承文明、服务社会，开展形式多样的绘本阅读推广活动，将"我为群众办实事"实践活动走深做实。两千多年前，庄子发出"吾生也有涯，而知也无涯"的感慨，向人们传递求知的欲望；南宋朱熹的诗句"问渠那得清如许，为有源头活水来"，则道出了读书的重要性。然而，当今青少儿又如何在面对各类绘本时做出理性的阅读选择呢？更何况，青少儿语言理解能力不够高，抽象思维不够强，特别是0—7岁的低龄幼儿，其独立阅读能力还不完全具备，这就更需要公共图书馆坚持为民服务的初心，为不同年龄段的青少儿分类采购绘本图书，为其提供科学专业的指导服务。

三、恩施土家族苗族自治州图书馆开展绘本阅读推广工作探析

（一）依托城市书房阵地让书香飘到家门口

缩小阅读服务半径，打造"15分钟城市阅读圈"。2021年，恩施土家族苗族自治州图书馆践行"我为群众办实事"活动，在总分馆制建设的基础上，深入探索城市书房建设，目前共建设"恩施书房"书院分馆、国学分馆、黄泥坝分馆3个智慧城市书房，用来调拨优质图书。同时开启"1+N"服务模式，通过举办《中国共产党成立100周年党史》《精品红色绘本图书》等展览，开展"我读我快乐""弘扬雷锋精神""生活中的几何""走进科普""山河交响·喜迎国庆"等系列绘本阅读主题活动，用书香滋润人心、德化人心、凝聚人心，用文化塑形铸魂，培育文明风尚。全年到馆读者3万余人次，图书流通近5000册次，开展各类绘本阅读活动30次，接待服务读者2万余人次。

（二）依托"双减"政策回归绘本阅读

用创新打造智慧磐石，以阅读服务"双减"。恩施土家族苗族自治州图书馆不断创新服务方式，以阅读服务"双减"，为孩子们提供阅读公共场所，为班小组读书会及家庭阅读提供阅读指导，用读书来滋养根基，带领孩子们走进轻松、愉悦的阅读空间，共同长成参天大树。寒假期间，中小学班小组读书会相继到

恩施州图书馆，以课文中推荐的绘本书目《明天要远足》《荷叶圆圆》等参与共读活动，大家在一起或分小组讨论，或家长引导共读，或选择经典片段诵读，或交流阅读心得，将亲子家庭阅读融入生活，将学习回归自然。此外，恩施市实验小学104班到恩施州图书馆开展班小组读书会。湖北省图书馆长江读书节领读者李潇潇带领孩子们同读绘本《魔法指环变便便》，孩子们就书中的图画、语言、故事情节以及整本书结构等积极分享讨论，见证书香陪伴成长的足迹。

（三）依托"悦读恩施"品牌助力全民阅读

悦读恩施，阅见美好。"悦读恩施"是恩施土家族苗族自治州图书馆打造的阅读推广品牌，其核心理念是"诗在远方，更在故乡。悦读恩施，阅见美好"。"悦读恩施"阅读推广品牌依托该馆施南读书会、"童心童梦"读书会，致力于全民阅读、生态文明、家庭阅读、亲子活动以及乡村阅读等领域，关爱留守儿童及特殊群体，通过馆长领读、经典共读、家庭阅读、相约乡读、生态阅读等绘本阅读推广活动，用书香熏染生命，用书香播种希望，推动书香恩施建设。近两年，累计开展各类线上线下绘本阅读推广活动380场次，服务读者近38.6万人次。

（四）依托家风家教实践基地和亲子阅读基地链接服务末梢

用绘本阅读力量链接家庭教育，担负培根铸魂的责任担当。2021年，恩施土家族苗族自治州图书馆被命名为"湖北省家庭亲子阅读体验基地"及"恩施州家风家教实践基地"。为深入贯彻落实习近平总书记关于注重家庭、注重家教、注重家风的重要指示精神，充分发挥基地职能作用，恩施土家族苗族自治州图书馆开展"山河交响·传承家风家教""山河交响·共读国学经典""童心永向党""向党旗献礼""传承红色基因""弘扬红色文化""讲好红色故事"等家风家教主题绘本阅读活动，以家风促社风、带民风。2021年服务亲子家庭110组，服务人次达到7万余人次。

（五）依托文化下乡引领阅读新风尚

红色文艺轻骑兵，链接美好生活。2016年，恩施土家族苗族自治州图书馆在湖北省委宣传部和湖北省图书馆的指导下，在恩施州文化和旅游局的领导下，成立荆楚"红色文艺轻骑兵"文化小分队，连年开展"我们的中国梦"——文化进万家活动。近年来，恩施州图书馆红色文艺轻骑兵通过走进村镇社区、学校军营、景区企业，开展相约乡读·悦读恩施、宪法宣传周、气象科普、创阅空间等系列绘本阅读推广活动，让遵纪守法知识浸润学生心中并生根发芽，培养孩子们的探索精神和好学精神，用文化点亮基层群众的阅读之光。5年以来，累计开展绘本阅读活动120场次，流通图书20万册次，惠及人民群众15万人次。

（六）依托志愿服务点燃阅读热情

漫步书山，品读文海。恩施土家族苗族自治州图书馆用好志愿力量的"助推器"，积极引导志愿力量参与到绘本阅读推广工作中。在阅读推广工作中，坚持"引进来+走出去"，整合优势资源，争取绘本阅读服务事业高质量发展的"加速器"。其中，在第六届长江读书节"十佳评选"暨"2021年领读者评选"活动中，恩施土家族苗族自治州图书馆推荐的恩施漫读公益读书会荣获"十佳志愿者团队"称号。恩施漫读公益读书会常设活动包括故事小屋、古诗共赏、成人共读等，通过服务不同年龄段人群实行全年龄段的绘本阅读推广。故事小屋活动以绘本为依托，为低幼儿分享绘本故事。古诗共赏活动将小学至初中阶段古诗进行整理，并依照时间先后顺序带领小学阶段学生进行绘本共读赏析，带领中高年级青少年与古诗和中国传统文化进行深层的链接。近年来，共开展活动250余场，服务读者3.5万人次。

（七）依托书目推荐引领青少儿成长

"授人以鱼，不如授人以渔。"恩施土家族苗族自治州图书馆不忘"传承文明，服务社会"的初心，善用推荐绘本书目，提高青少儿和家长的书籍阅读意识，科学引导青少儿阅读优质图书，使书目信息与文献利用相互促进。近年来共开展家风家教、春节少儿、法治教育、童心的视界、少年读经典等线上线下绘本书目荐读活动219期，推荐书目5231册，努力为青少儿提供有针对性、实效性的绘本阅读书目推荐服务。同时，还依托"悦读恩施"阅读推广服务品牌，以恩施土家族苗族自治州图书馆总馆、"恩施书房"和流动服务点等为阵地，以世界读书日和孔子诞辰日等重要节点，联合恩施州县（市）图书馆，把"流动图书车"开进社区、乡村、学校等，集中展示精品绘本图书10万余册，展出百年党史图片展和全民阅读推广成果展750块，引领青少儿成长。

四、公共图书馆开展绘本阅读推广的建议

（一）提供专门的绘本分享室

想让孩子爱上绘本阅读，公共图书馆就必须加强阵地建设，为孩子们营造实用与美观、舒适与安全、文化传承与创新的阅读环境，打造轻松有趣的学习乐园。同时，绘本还可以根据不同的主题及内容进行分类摆放，并在馆内成立专门的绘本分享室，为广大读者打造立体的阅读世界。

（二）拓展队伍专业化水平

公共图书馆推广绘本阅读必须加强队伍建设，馆员须发挥积极主要作用，具备较高的道德水平和专业素养，以文化人，以德育人。通过参加各类培训学习，掌握专业的绘本知识和青少儿心理学知识，打造"选才""揽才""用才""赏才"的人本管理机制，使每位馆员在熟练掌握和应用业务知识的同时，高标准、高质量地完成读者服务工作，从而不断提升公共图书馆的专业水平。同时还要拓展社会各界力量，建立专业化志愿者团队，为家长和孩子服务，共绘阅读美好时光。

（三）构建智慧化服务新模式

随着5G时代的发展，公共图书馆要积极探索专业化和人性化服务，更加关注读者个性化需求，充分运用人工智能技术，通过推出智能咨询、导航找书、移动售卖等创新应用，实现泛在化、精准化、智能化的便捷服务，为读者精准推送绘本书籍，用生动形象的立体绘本和电子绘本，让蕴含文化温度的数字资源真正触手可及。

综上所述，绘本阅读推广工作是公共图书馆的时代使命，同时也是每个图书馆员的责任与担当。绘本阅读推广工作在点亮阅读之光，吸引社会力量引领社会文明新风尚的同时，将掀起使全民阅读新浪潮，阅读阵地"遍地开花"，书香馥郁入万家。

参考文献

[1] 王蓉. 绘本阅读服务：广州图书馆的探索 [J]. 图书馆杂志，2014 (4).

[2] 蔡思明. 公共图书馆儿童绘本阅读推广研究：以广州、合肥、江阴三地的儿童绘本阅读推广为例 [J]. 图书馆杂志，2012 (11).

新媒体语境下地方文献的传播与推广
——以首都图书馆为例

刘 堞

(首都图书馆 100021)

摘 要：地方文献资源作为地域文化发展的珍贵记录，肩负地方文化保存与传承的社会功能。长期以来因保存与利用手段单一，影响了其传播与推广的效果。新媒体技术的应用，从文献保存、数字资源建设、数据库开发等方面进行整合开发，可进一步提升地方文献资源的利用效率。本文从分析传统地方文献保存与利用的不足出发，探讨了新媒体时代地方文献传播的作用和途径，并以实例探索了在"文旅融合"契机下的地方文献新媒体传播的长效机制。

关键词：新媒体；地方文献；特色数据库；阅读推广

地方文献资源内容包含广泛，有非常鲜明的地域特征，能够为地方政府管理和发展地方经济起到助推作用，为优秀地方文化的弘扬和传播提供宝贵资料。但因传统保存手段比较单一，导致读者阅读与利用途径受限，对地方文献的挖掘与利用在一定程度上产生了影响。公共图书馆作为文献信息存储和传播机构，从信息载体、资源利用到传播方式，均与信息技术密切相关，因此，如何有效利用新媒体技术来满足社会公众的需求是图书馆未来发展的重点。

一、地方文献的保存利用现状及缺陷

肩负文化保存和文化传承功能的地方文献信息机构长期从事地方文献的收藏、保存、整理、研究等工作。地方文献资源之所以重要，一方面它是地方图书馆文献资源的重要构成，另一方面，它是地方文化发展和文脉传承最集中、最核心的载体，具有独特的社会记忆属性，承载着地域文化的记忆基因。

以首图地方文献中心为例，其文献形式丰富、载体类型多样，现有藏品近2万种，4万余件册。每年购进公共出版的图书和报刊大约5000种，载体类型包括图书、报刊、音像、拓片、舆图、票据等，不限年代和文种。另外还通过征集、交换、受赠等方式，采访非公开出版的资料。

相对于现有庞大的藏书总量及其文献价值，目前地方文献资源在具体受众、利用方式、传播效果等方面，还有较大提升空间。

1. 地方文献资源保存方式单一，利用不足。

在地方文献中，有很多非常珍贵的非公开及民国时期的纸质文史资料，必须到馆办理相关手续才能够进行查阅，所以读者想要获得所需文献，由于受时间、地域限制及特殊原因的影响，无法第一时间全面获得。甚至很多文献具有文物的属性，在长期翻阅使用这些文史资料的过程中，就会对文史资料造成磨损，结果导致重要的文献资料残缺不全甚至丢失，带来不可挽回的损失，所以我们采取深藏、限制流量的方式保存利用，使得很多纸质文献束之高阁。

2. 地方文献资源传统传播利用手段与方式有限。

地方文献馆藏资源大多是纸质文献，一般采取单向性传统传播方式，很多地方文献资源只能向读者展示书中的部分内容，没有实现信息化和智能化，读者难以浏览完整图书内容，并且纸质文献存在独有性的特点，不能满足多人同时查阅。所以一些阅览区成为周边社区居民的自习室，不能吸引更多地方文献兴趣爱好者到馆访问。地方文献馆藏缩微胶片资源，因设备陈旧、数量不足等原因限制，大众不易获得利用。

3. 地方文献读者服务效率不高，形式不够灵活多样。

随着人们阅读习惯及方式出现明显转变，按部就班的传统地方文献阅读推广模式，不够及时、灵活，缺乏创新性和特色，无法满足读者阅读内容和形式多元化需求，大大降低了读者参与的积极性，使得图书馆推广效益普遍降低。

二、新媒体模式在地方文献资源数字化应用的重要性

新媒体是一种融合数字科技、网络和通信技术等现代技术的新兴产业链，便捷、快捷、互动的信息服务是其重要特点。地方文献工作者应考虑以读者基本需求为导向，做好地方文献资源数字化服务模式改进。

1. 地方文献资源数字化可以有效解决珍贵的地方文献资源收藏保护和使用损害之间的矛盾。充分利用信息采集与处理技术，对珍贵文献采取多维度、数据化的方法进行转化保存。大力加强地方文献资源数字化建设，能够让更多人全方位了解地方文献资源中所蕴含的瑰宝，最大限度开发其价值，而且更加有利于珍贵地方文献资源的保护。

2. 地方文献资源数字化建设有利于大众更加方便、便捷地利用地方文献资

源。将纸质阅读内容以数字化形式呈现，从而打破传统阅读空间条件、时间条件等因素的制约，进一步提高阅读效率，为公共图书馆营造良好、多样的阅读服务管理环境。

3. 地方文献资源数字化建设是加快地方文化传播的有力抓手。借助新媒体平台广泛传播各类地方文献资源，能够最有效地还原地域文化的独特性和原生性，从而传承利用好地方优秀文化，更好地向外界宣传地方文化、提升本地区文化资源知名度。

4. 地方文献资源的数字化建设有利于为学术传播创造良好条件。数字化建设不仅可以满足读者在阅读内容、检索方式等方面的需求，还有利于专家学者挖掘整合地方文献中各学科门类的精华，提炼优秀地域文化的精髓，提供符合读者阅读习惯和关注内容等的文化产品，从而为学术传播提供更好的条件。

三、新媒体模式下地方文献资源数字化途径

新媒体较传统文献媒介而言，其最大的优势是具有较强的实效性和互动性，表现在实施文献资源数字化建设，在保护珍贵纸质文献的基础上，实现最大化利用；多渠道开发与整合文献资源，实现文献利用与传播最优路径；更加精准把握读者需求、提高服务效能，使读者服务更加便捷、高效。

1. 馆藏实体资源数字化是地方文献新媒体应用的基础。

所谓地方文献数字化，是采用现代化技术手段，将馆藏纸质文献、缩微型及一些未经数字化技术处理的声像型地方文献资源数字化并以机读形式存储，支持读者进行全文浏览和检索，其中包括电子图书、图片、音视频等资源。目前，北京地方文献的经典文献已全部实现数字化，并实现在线浏览和全文检索。例如，"北京记忆"多媒体数据库的北京文献就是馆藏资源的全文数字化成果，其栏目分为五大类：北京文汇、燕京金石、京城舆图、昨日报章、旧京图典。其中，北京文汇包括方志、人文地理等电子书共计1087册；燕京金石包括庙宇、陵墓等拓片共计1388张；京城舆图包括地区图、北京市图等图片共计574张；昨日报章包括北平日报、群强报、京报、京话日报、益世报、顺天时报6种民国报纸；旧京图典包括历史、经济等方面图片共计1925张。

2. 专题文献数据库建设是新媒体背景下有效利用地方文献资源的重要途径。

地方文献资源数据库主要功能不再局限于存储数据，而是为读者提供检索服务，为研究人员创造科研条件，实现获取资料的最优路径。因此，在开发专题数据库时应邀请各领域的专家，在用户需求分析、文献价值与文献可行性筛选的基础上，运用最新的数据探索科学的研究范式与方法，打造地方文献资源的精品专题文献数据库。其途径分为以下几类：

（1）数字资源专题数据库建设。以首都图书馆为例，当前自建专题数据库包括"典藏北京系列专题片""古籍插图图像数据库""北京地方文献书目数据库""北京地方文献连续出版物书目数据库""红色北京、峥嵘岁月"红色专题库等，这些数据库将馆藏相关图片、音频、视频等按照专题进行归类和整合，让读者能够快捷、迅速搜集到所需资源。

表1 首图地方文献自建数据库情况

序号	名称	负责机构	功能介绍	主要栏目板块	已发布消息量
1	典藏北京系列专题片	文化共享工程北京分中心	依托丰富的地方文献馆藏资源，以独特的视角展现北京古都风貌，风土人情	典藏北京专题片	17个系列、136集
2	古籍插图图像数据库	北京古籍保护中心	插图是以首图馆藏古籍文献中拣选制作的，包含古籍插图数据一万条	内容包括人物、小说、戏曲、军事、宗教（佛教、道教）、动物、植物、风景、建筑、历史故事等几大类	
3	北京地方文献书目数据库	北京地方文献中心	首图特色书库数据库，采用《北京地方文献分类法》分类，文献载体包括纸本文献和其他	地方志、自然环境、人文环境、地方经济、地方事业、专用工具书	6大部类19个一级类目
4	北京地方文献连续出版物书目数据库	北京地方文献中心	首图专题书目数据库之一，数据采用《北京地方文献分类法》分类	文献类型包括报纸、期刊；文献载体包括普通纸本文献和缩微胶片文献	

（2）大型多媒体历史文化资源数据库开发。首图地方文献中心开发"北京记忆"网站，汇总北京地区特色文化信息资源、依托首都近百年的北京地方文献专藏建成。涵盖与北京历史文化密切相关的古籍、老照片、拓片、舆图等载体类型，为读者提供全文检索、文献浏览、资源索引等多种服务形式。

表2 2022年"北京记忆"网站数字资源数量统计表

资源名称	总容量（GB）	发布量（GB）	电子图书总量（册）	电子文本、图片文献资源总量（GB）	音视频资源总量（千小时）
数量	31680.29	1038.69	1378种	30737.07	1.75505

主要栏目包括北京文献、资源索引、特色专题、口述历史、非遗传承、红色北京。其中，报刊资料、论文索引目录，主要是"资源索引"栏目，该栏目下分报刊资料索引和论文索引，用户可浏览索引目录逐一翻看相关信息，也可以直接输入关键词进行搜索；"特色专题"栏目包括"古都文化""胡同文化""戏剧文化""民俗文化""地方文献"，主要是将首图在馆内举行过的展览以网上在线展览的形式再次展出，或将首图的照片资料进行整理，制作成在线展览，供广大读者朋友观摩；"红色北京"栏目为"红色北京、峥嵘岁月"红色专题数据库，系统展示建党百年的研究成果、影像图片、历史遗迹等，内容包括"红色纪念日""红色文史""红色印记""红色图书""红色影像""红色研究"等子栏目，其中"红色图书"收录了125张图片，为读者提供馆藏信息的同时也可进行在线浏览；"非遗传承"是首都图书馆扩大宣传北京市现存独具特色的"非遗"项目，为广大爱好者和研究者提供全面了解北京"非遗"项目传承的窗口。

表3 "非遗传承"栏目收录项目

名称	民间文学	传统音乐	传统舞蹈	传统戏剧	传统曲艺	传统体育游艺与杂技	传统美术	传统医药	民俗的文字和图片资源	传统技艺
数量	19项	12项	28项	10项	13项	29项	36项	19项	27项	80项

另外，"非遗传承"栏目还收录北京电台《非遗时光》54个节目的音频资源，内容涵盖传承、历史、艺术、人生、故事等，是对北京市国家级非物质文化遗产项目和传承人的专访，首图提供了在线收听服务。

2. 微信公众号是利用新媒体实现地方文献资源的快读传递的手段。

在新媒体时代，读者获取地方文献资源的需求和选择得益于飞速发展的信息技术，打破了传统的时空界限，采用多种网络传播的形式，如各类搜索引擎、门口网站、应用程序、内容原创平台等，迅速获得相关各类信息的文字、音视频材料，实现内容获取的实时性和便捷性。

2015年8月,首都图书馆"北京记忆"微信公众号正式步入运营阶段,截至目前共推送585篇文章,总用户1752人。公众号利用首图北京地方文献中心丰富的北京地方文献专藏资源以及大量的"北京记忆"网络资源,采用分享和交互的编辑模式,向用户发送北京地方文化的各类地理历史、民俗文化等信息咨询。

平台采用编辑模式,设有三级目录,一级目录包括北京记忆、地方文献、我要参加,二级目录包括"北京记忆"网站、新闻、乡土课堂、口述历史、京城史话、京城韵味、活动、讲座、画册展。三级目录包括中轴线、风俗文化、趣闻传说、京味土语、京味文化、版画北京、胡同文化、京城之韵、京城之味、活动预告、精彩回顾、首图讲坛、画册展。

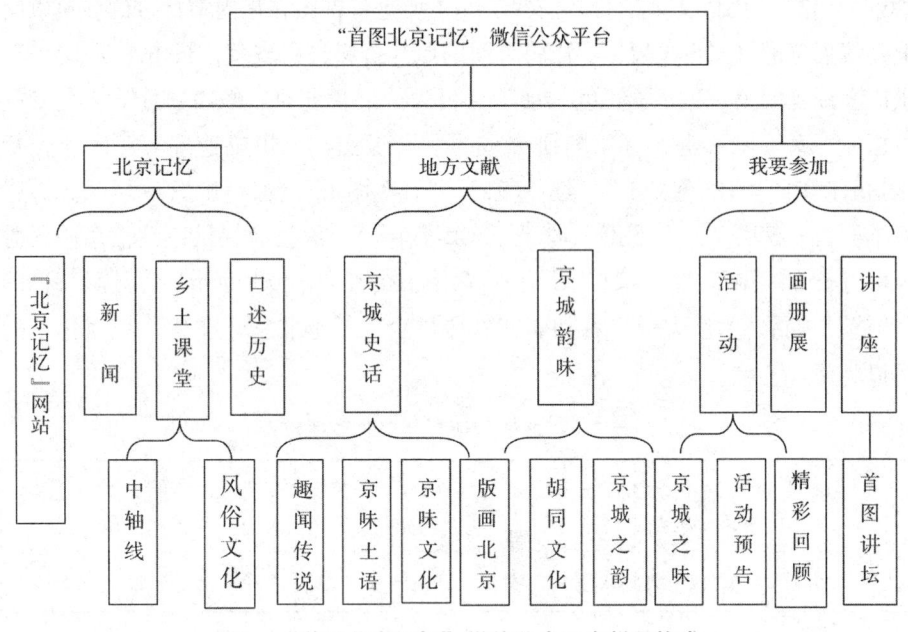

图1 "首图北京记忆"微信公众平台栏目构成

"首图北京记忆"微信公众平台由专人负责日常信息推送、运营推广,用户主动选择关注信息模式。平台推送信息要有可持续性、周期性以及可读性,内容要紧贴北京社会文化热点、有代表性的时间节点,以讲座、展览、文化活动等方式进行地方历史文化普及。

首图北京地方文献中心采用微信公众号和网站等多种网络服务方式,进行阅读推广活动,在疫情常态化背景下,更显得尤为重要,可充分发挥各自特点及优势,相互配合补充,发布信息、解答、咨询,丰富文献信息资源传播途径和方式。

为增加读者对于公众号的参与和互动,在"我要参加"栏目中,将首图举办的历史文化线下讲座、乡土课堂进行活动预告,对往期内容提供精彩回顾,进一步扩大馆内重点展览展示内容的影响力。

3. 通过线上图片展整合馆藏图片与文献资源,展示历史脉络与珍贵瞬间。

为结合北京文化中心建设,系统展示珍贵历史瞬间和重要成就,首都图书馆发挥阵地和资源优势先后制作"百名摄影师聚焦新时代""北京中轴线""大爱北京——聚焦北京扶贫支援"等地方文献专题图片展,并在"北京记忆"网站行挂接。

"大爱北京——聚焦北京扶贫支援"图片电子展,共精选238张图片,通过记者、摄影师以及扶贫工作者的镜头,关注北京市扶贫协作和支援合作工作的成就和经验,记录珍贵的历史瞬间。

图2 "大爱北京——聚焦北京扶贫支援"图片电子展展示内容

"北京中轴线"历史文化主题展,深入挖掘北京旧城中轴线以及各遗产点的艺术民俗等方面的历史内涵,聚焦古都文化、红色文化、京味儿文化和创新文化等文化内涵,关注中轴线与当下北京城市发展、市民生活的关系,探索时代内涵,推广和助力北京中轴线申遗工作,向广大市民展现中轴线的历史文化魅力。

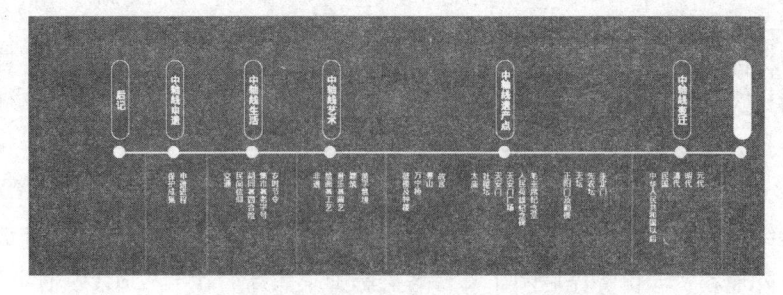

图3 "北京中轴线"图片电子展展示内容

"百名摄影师聚焦新时代"展览从经济、政治、文化、生态、文明五个方面，记录了党的十八大以来建设新时代、建设新生活的美好图景，以光影艺术直观件数广袤神州大地上的发展进步，并向世界宣示：今天的中国从筚路蓝缕、艰苦奋斗的历史中走来，新时代的中国将迎来辉煌灿烂、民族复兴的明天。

图4 "百名摄影师聚焦新时代"图片电子展展示内容

四、建立长效机制

1. 以"文旅融合"为契机，加大特色资源数据库建设，搭建区域性地方文献平台。

进入新时代，地方文献资源在内容、载体形态和生产方式上产生很大变化，在以"文旅融合"大发展背景下，公共图书馆也顺应时代之变，改变传统思维模式，寻找新思路、开拓新服务方式，积极做好管理机构改革及相关工作，从文化创新的角度寻找文旅融合创新的生长点，从智慧化运营模式化找到创新服务突破口。公共图书馆要立足地区实际情况，与服务旅游产业深度融合，深挖本地区自然景观、人文历史、政治经济等特色资源，加大对地方文献资源的整合、开发力度，建设具有区域代表性的专题特色数据库，发挥公共图书馆社会教育服务智能,从而体现"以景促文、以景显文、以文补景"的价值引领作用。各地方文献信息机构可搭建区域性地方文献平台,统一指导地区地方文献资源平台联建工作,明确地方文献资源的采集标准、建设方向和服务范围,构建符合文旅融合发展要求的资源共建合作框架。例如,公共图书馆可通过委托或联合共建的方式,为当地群众及外来游客搭建集餐饮、住宿、交通出行、文化活动于一体的综合信息服务平台,在联盟网站、微信、公众号的显著位置发布特色文旅资源信息,提升旅客满意度。

2. 建立完善公共图书馆管理数据信息库。

在新媒体环境下,虽然公共图书馆仍旧是社会大众获取信息的重要渠道,但不再是社会大众获取信息的唯一途径。而对于公共图书馆而言,其社会价值的实现需要建立在自身资源的有效利用以及更精准地把握读者需求的基础上。为此,要吸引更多受众走进公共图书馆,并吸引更多受众对图书馆的数字资源进行使用,图书馆应利用读者阅读大数据,对现行公共图书馆服务质量、读者服务需求等做深入分析,根本分析结果制定长效化管理服务对策,提高图书馆实际服务的有效性与针对性。比如,在地方文献流通过程中,积极尝试为不同群体创立不同的阅读书目与空间,使读者不仅可以即时获取所需资源,还可以体验更好的阅读环境及服务。

3. 加强新型专业人才队伍建设。

新媒体时代对公共图书馆人才队伍建设提出了更高的要求,它需要复合型、智慧型、多学科专业知识背景的工作人员,从而对地方文献资源进行整理和研究,加强对针对性文献的发掘,改变单调的文献资料获取方式,拓宽获取途径和利用各类媒介归集文献资料,开展采集、加工、存储等图文数字化工作。特别是数据库建设还涉及技术平台搭建、网页设计制作等环节,需要严格按专业化、规范化、标准化要求进行操作。图书馆为提升人才队伍的专业能力,可以组织相关有针对性、前瞻性的培训,对馆员在新媒体时代下工作中所表现的不足之处进行有益的补充,相互学习、交流。

五、结语

新媒体技术的应用,是新时代图书馆从信息化向智慧化发展的大趋势,可利用其资源富集优势,进一步创新地方文献资源建设路径,包括在文献数字化、数据库开发及平台建设等内容的基础上,进一步加强区域地方文献机构合作,从多渠道、多层面、多角度挖掘和开发地方文献的人文价值。要充分利用新媒体优势,不断提升图书馆阅读环境,优化读者获取地方文献资源的手段和方式,增强群众的文化获得感。

参考文献

[1] 马梦恬.《清宫扬州御档》开发利用研究[D].扬州：扬州大学，2021.

[2] 关注图书馆文化记忆资源建设[N].图书馆报，2014.

[3] 首都图书馆"北京记忆网站"，www.bjmem.com.cn.

[4] 窦鹏，梁琪，王亚莉."十四五"时期省级公共图书馆地方文献开发对策[J].图书馆学刊，2021，43（08）.

文化自信视域下高校图书馆传统文化阅读推广工作建议[①]

范玉璟

(武汉工程大学图书馆武汉 430205)

摘 要：高校图书馆是大学生人文教育的重要阵地，对加强传统文化教育，提高大学生人文素养起着十分重要的作用。本文通过对高校图书馆传统文化阅读推广工作开展情况的调研，分析当前高校图书馆开展传统文化阅读推广的必要性，并从健全机制，形成体系；多方合作，资源共享；加强宣传，打造品牌等多个方面提出高校图书馆传统文化阅读推广工作的建议。

关键词：高校图书馆；传统文化；阅读推广

二十大报告明确指出，要增强文化自信，围绕举旗帜、聚民心、育新人、兴文化、展形象建设社会主义文化强国；要坚持马克思主义在意识形态领域指导地位的根本制度，以社会主义核心价值观为引领，发展社会主义先进文化，弘扬革命文化，传承中华优秀传统文化，满足人民日益增长的精神文化需求，巩固全党全国各族人民团结奋斗的共同思想基础，不断提升国家文化软实力和中华文化影响力。高等学校聚集了大批科技人才和文化精英，高校图书馆在开展传统文化的相关研究中，既能传承、创新和弘扬传统文化，又能加强高校自身的文化建设，进而更好地发挥其文化职能。随着高校文化传承与创新工作的不断深入，图书馆因其独特的优势自然而然地成为文化传承与创新的主阵地。如何利用各种资源弘扬优秀传统文化成为图书馆人日渐关注的课题。

[①] 本文系湖北省高等学校图书情报工作委员会科研基金项目"文化自信视域下高校图书馆传统文化阅读推广创新策略研究"（项目编号：2019-YB-10）、2021年武汉工程大学高等教育研究课题项目"高校图书馆服务一流'本科教育'路径探索——以武汉工程大学为例"（项目编号：2021YB16）的研究成果。

一、我国高校图书馆开展传统文化阅读推广工作研究现状

以 CNKI 数据库为检索平台，将高级检索条件限制为"主题=高校图书馆 and 主题=传统文化 and 主题=阅读推广"，截至 2022 年 12 月 6 日，共检索出 218 条记录，其中发表时间在 2021 年 1 月至 2022 年 11 月间的记录共 75 条。考虑到"大学"与"高校"同义，将检索条件限制为"主题=大学图书馆 and 主题=传统文化 and 主题=阅读推广"，共检索出 86 条记录，其中发表时间在 2021 年 1 月至 2022 年 11 月间的记录共 27 条。

在高校图书馆传统文化阅读推广模式创新实践方面，何惠静以福建信息职业技术学院图书馆"桃李丹心 书简琴韵"主题活动为例，阐述活动开展过程，分析活动成效，总结活动亮点，并对高校图书馆中华优秀传统文化阅读推广工作进行思考；马萍对高职"图书馆+书院"传统文化阅读推广模式进行了思考，以西安外事学院七方书院和西安工程大学骊山书院为实例，提出"高校图书馆+书院"板块的优势在于，其空间感、互动性、感染力比其他经典阅读推广模式强，增强了人与人之间互动的乐趣，学生的参与度提高了，传统文化才能最大范围地传播出去，有效地实现图书馆资源的整合，扩大图书馆资源利用的效率；易静、路青等学者以河北医科大学图书馆为例，对基于文化自信培育的医学生传统文化阅读推广服务创新实践进行了研究，分析当前图书馆传统文化阅读推广现状，并以河北医科大学图书馆为例，打造以寻根自信、感悟自信、表达自信为体系的医学生传统文化体验。

在高校图书馆开展传统文化阅读推广创新路径方面，徐荣丽做了中华优秀传统文化融入高校图书馆阅读推广活动的逻辑路线和实践向度研究，提出在现代化和全球化的语境冲突中，将中华优秀传统文化融入高校图书馆阅读推广活动是增强民族文化向心力和凝聚力的前提，也是提升在校大学生阅读体验的迫切需要。要以"用"推进优秀传统文化融入高校阅读推广活动，以"新"开辟传统文化融入高校阅读推广新路径；徐健晖分析了基于 5W 传播理论的高校图书馆传承传统文化的构建要素，提出了今后高校图书馆在传承和弘扬中华传统文化时应从传承主体多元化、传承内容特色化、传承渠道创新化、传承对象细分化、传承效果最大化等方面加以思考。

在高校图书馆开展经典阅读推广活动方面，孙凌云论述了经典阅读与文化自信的关系及文化自信视域下高校图书馆积极开展经典阅读推广的价值，并根据相关调查结果分析了当代大学生在经典阅读方面存在的问题，探讨文化自信视域下影响高校图书馆经典阅读推广的因素，提出文化自信视域下高校图书馆经典阅读推广对策；胡桂梅通过分析高校图书馆开展传统文化经典阅读云服务的现实背景，探讨了传统文化经典阅读云服务的价值意蕴，提出了通过优化传统文化经典云馆藏、构建传统文化经典云空间、推进传统文化资源云共享、开展传统文化经典云导读、打造传统文化经典云团队等策略，提升高校图书馆传统文化经典阅读云服务成效。

在高校图书馆传统文化阅读推广工作建议方面，李君提出要培养大学生学习中华优秀传统文化的兴趣，鼓励他们多读经典作品，他认为做好经典阅读应充分利用自身馆藏资源进行经典阅读推广，与相关二级学院教师合作推广经典阅读，创建品牌；陈瑛在以大学生为对象的节庆传统文化阅读推广策略方面进行实践与思考，作者通过创新形式，依托地方特色、多元化传播和多部门协作等，提出节庆传统文化阅读推广、扩大阅读推广影响力的措施，着眼于构建可操作、可重复、可复制的图书馆阅读推广工作新模式；蔚晓慧、刘洪志建议开展系列阅读推广活动，营造传承中华优秀传统文化的浓厚氛围，构建线上线下"传统文化+新媒体"服务模式，举办传统文化专题知识讲座，建设具有特色的传统文化传承与交流中心，将中华优秀传统文化融入文献检索课程教学等。

二、高校图书馆开展传统文化阅读推广的必要性

高校图书馆是校园文化传承的载体、文化建设的基地、文化育人的课堂，应担负起文化的传承创新、文化自信的使命。中华民族文化自信的担当者首先是大学生，大学生文化自信的关键是加强人文素养，高校图书馆对培育大学生文化自信起着重要作用。

（一）充分发挥高校图书馆文化宣传作用

高校图书馆作为传承文化的重要载体，是师生进行科研学习的第二课堂，对于培育大学生人文素养有着得天独厚的良好条件。图书馆是校园最丰富的文献资源的聚集地，其涵盖了大量与传统文化相关的文献资源，为传统文化阅读推广工作的开展提供了物质条件。图书馆擅长开展文献整理、信息搜集、资源建设等专业性工作，图书馆专业技术人员的技能支撑，为传统文化阅读推广工作提供了技术保障。此外，图书馆是校园的文化中心，是师生往来频繁的场所，有能力组织起各学院的师生，为传统文化阅读推广提供了有力的人员保障。

（二）调动大学生参与传统文化学习的积极性

当代大学生存在文化认知不足、文化心态背离及文化实践焦虑等问题。高校图书馆作为校园的文化中心，应树立责任意识，通过多种途径充分发挥文化

宣传作用，通过图书馆员发挥引导作用、通过文化环境发挥熏陶作用，充分调动大学生参与传统文化学习的积极性，同时进一步提升图书馆服务质量、丰富图书馆服务内容、深化图书馆服务改革。

（三）有力助推文化强国蓬勃发展

高校图书馆可以调动学生对传统文化知识的兴趣，激发读者对传统文化类阅读资源的阅读兴趣。高校图书馆丰富的传统文化馆藏是物质前提，为大学生文化素养的提高提供保障；可以有效发挥高校图书馆阅读推广活动的文化宣传、文化传承作用，为高校图书馆如何提升大学生文化自信，做好相关阅读推广工作提出新的策略。帮助合理开发和利用馆藏资源，特别是传统文化类馆藏资源的利用率得到提升，为高校图书馆现阶段历史文化类纸质书籍使用率低下等问题提供有效解决策略，培植大学生的文化自信，助推文化强国发展，为国家文化自信战略提供支持与保障。

三、高校图书馆传统文化阅读推广工作建议

高校图书馆通过开展传统文化阅读推广活动，能充分调动大学生参与传统文化学习的积极性，发挥其在大学生文化自信培育中的优势作用，同时，也能进一步提升图书馆的服务质量、丰富图书馆的服务内容、深化图书馆的服务改革。

（一）建立健全机制，形成内容体系

2015年教育部印发的《普通高等学校图书馆规程》指出，高校图书馆应充分发挥在学校人才培养、科学研究、社会服务和文化传承创新中的作用，成为校园文化和社会文化建设的重要基地。显然，文化传承已经成为高校图书馆的一项重要职能，应该围绕学校中心工作，结合学校整体规划将文化传承创新写入图书馆发展规划中，建立传统文化阅读推广长效机制，形成系统全面的阅读推广策划方案，使传统文化阅读推广工作常态化运行。如在空间规划上，可以设计传统文化阅读推广活动专用空间，采用传统国风装修，为读者提供一个具有"穿越"感的环境氛围。在工作规划上，可以围绕中华优秀传统文化，进行中、长期规划，如逐本推广《中华传统文化百部经典》中的书目。在队伍建设上，设立工作小组、团队甚至部门，可引进人文类专业人才，专门负责中华优秀传统文化阅读推广相关工作，确保工作的科学性、可持续性，同时也要加强图书馆员的知识储备和服务质量，积极组织相关培训。在素养培育上，可以规划长期的中华优秀传统文化素养培训内容，以讲座、课程等形式，融入学校教

育教学工作中去，将优秀传统文化带入课堂。通过建立健全传统文化阅读推广机制，合理利用图书馆资源弘扬中华优秀传统文化，构建高校和传统文化和谐互动发展体系。

高校图书馆应在结合自身资源优势的同时不断挖掘、整合内容，构建不断更新的传统文化阅读推广内容体系。为提升活动的持续影响力，产生品牌效应，形成体系化的推广内容是基础，也利于受众对于优秀传统文化的整体认知，感受到中华优秀传统文化的魅力。比如图书馆常见的主题书展、荐书活动等，通常都是把某个主题的书本挑选出来进行集中展示，却忘了书本本身的文化底蕴，书本包含了造纸、印刷、装帧等多个与书籍制造相关的文化传承内容，也可以以中国古代藏书为切入点，开展阅读推广活动，让读者先了解书是如何出现的，图书馆是如何形成的，再展开阅读，这样读书就变成了一件更有意义的事，中华优秀传统文化也不经意间进行了展示与传承，体系化的阅读推广内容保证了图书馆传统文化活动开展的持续性。

（二）注重多方合作，实现资源共享

由于单个图书馆的资源、技术、宣传等方面的能力都是有限的，往往出现活动参与度低、文化宣传效果不到位等情况，整合资源、形成合力，是高校图书馆进行阅读推广活动的关键要素。高校图书馆应以积极主动的姿态与社会各界开展合作，寻求校内各二级学院、职能部门、学生组织的支持，以及校外社区、中小学、社会组织的合作，解决自身人员不足、经费短缺等问题。高校图书馆要立足自身特色资源，加强社会合作，提高高校图书馆在传统文化传承方面的社会认知度，吸引更多人走进图书馆，接受优秀传统文化的熏陶。同时，以合作的方式促使更多的社会成员加入优秀传统文化传承工作中，形成一种扩散效应，营造全社会共同推广传承优秀传统文化的良好氛围。

在校内合作方面，可以与校内各学院合作，资源共建、师资共享，邀请在传统文化方面有专长的教师到图书馆开展讲座、培训等，或是联合开发中华传统文化教学资源，在全校范围内推广；也可以与学校的汉服社、文学社、民族舞蹈社、民族乐器社等传统文化类社团组织合作，联合开展传统文化类阅读活动。在社会合作方面，可与其他图书馆、博物馆、档案馆等文化单位合作，充分共享与整合优秀传统文化资源，实现资源的优化配置，不断深挖、扩展传承内容，共享其丰富的文化资源，参与或者联合开展具有社会影响力的文化活动，活动会产生更高的影响力和示范效应，有助于中华优秀传统文化在校内乃至社会上的广泛影响和传承。在技术合作方面，图书馆可与数据库商家、设计公司、传媒公司及软件公司合作,最大化利用先进的科学技术成果和新型传媒途径,全方位展示中华优秀传统文化魅力,提高文化传承效果。新型网络媒体已成为人们获取资讯的重要渠道,图书馆可与互联网公司或网络社交平台合作,制作与发布关于优秀传统文化的短片或开设网络专栏,吸引更多社会公众关注优秀传统文化。

(三) 拓展宣传途径,打造文化品牌

随着时代的进步,宣传推广媒介也在不断增加、更新,阅读推广其实也是图书馆特有的一种宣传模式,是围绕图书资源展开的,以引导阅读为目的的宣传,所以传统文化阅读推广模式也需要根据时代的变化而不断改进,从最开始的制作宣传册、张贴海报、发活动传单等形式,到现在的图书馆网站、微博、微信公众平台、贴吧、短视频平台等新媒体形式,宣传推广形式更加丰富。随着全媒体时代的到来,传统宣传与新型宣传需要同时进行,要与时俱进,不断更新,提高影响力,扩大受众面。此外,在进行活动宣传时,应密切关注当下的社会热点、流行元素等,思考如何将中华优秀传统文化与时尚元素相结合,增强优秀传统文化的吸引力和关注度。宣传方式也可以从静态的文字、图片转变为动态的音频、视频等方式,全方位、立体化展现中华传统文化的强大感染力,提高关注度。此外,除了直接宣传,还可以采取间接宣传的方式,如答题、竞猜、游戏闯关等互动活动,来提升师生对优秀传统文化的兴趣,通过活动促使师生主动借阅传统文化相关书籍,从而达到扩大受众面的目的。

高校图书馆针对本校办学定位、专业特色及历史文化积淀拥有一批具有特色的馆藏资源,围绕这些内容,可以形成自身独特的文化特色,开展一系列文化活动,促进学校自身文化建设,形成校园文化品牌。高校图书馆传统文化阅读推广应结合学校自身优势和历史定位,围绕优势文献资源,打造传统文化阅读推广品牌,而非越全面越好。高校图书馆有相对丰富的图书资料整理经验,可以依托自身资源,加大开发力度,依据特色重新整合,开展传统文化主题阅读活动,更具针对性。通过不断整理、发现,打造图书馆中华优秀传统文化阅读推广品牌,提升自身影响,宣扬经典阅读,树立文化自信,促进全民阅读。

参考文献

[1] 习近平. 决胜全面建成小康社会,夺取新时代中国特色社会主义伟大胜利 [N]. 人民日报,2017-10-19.

[2] 何惠静. 高校图书馆中华优秀传统文化阅读推广实践初探——以"桃

李丹心 书简琴韵"主题活动为例[J].情报探索,2021(12).

[3] 马萍.高职"图书馆+书院"传统文化阅读推广模式的思考[J].产业与科技论坛,2022,21(06).

[4] 易静,路青,任婕,祁瑞,杜媛鲲,芦丽娟.基于文化自信培育的医学生传统文化阅读推广服务创新实践——以河北医科大学图书馆为例[J].科技风,2022(16).

[5] 徐荣丽.中华优秀传统文化融入高校图书馆阅读推广活动的逻辑路线和实践向度研究[J].图书馆,2021(06).

[6] 徐健晖.基于5W传播理论的高校图书馆传统文化传承研究——以北京物资学院图书馆为例[J].河北科技图苑,2021,34(01).

[7] 孙凌云.文化自信视域下高校图书馆经典阅读推广研究[J].河南图书馆学刊,2022,42(09).

[8] 胡桂梅.高校图书馆传统文化经典阅读云服务研究[J].河南图书馆学刊,2022,42(08).

[9] 李君.新时代文化自信视域下地方高校图书馆推广经典阅读的几点思考[J].科教导刊,2022(07).

[10] 陈瑛.以大学生为对象的节庆传统文化阅读推广策略的实践与思考——以宁波大学图书馆为例[J].亚太教育,2021(24).

[11] 蔚晓慧,刘洪志.基于中华优秀传统文化传承的高校图书馆服务研究[J].中国现代教育装备,2021(03).

民族地区公共图书馆抱团发展实践探索
——以恩施州公共图书馆阅读推广联盟为例

谭华梅　李光炼

（恩施土家族苗族自治州图书馆　445000）

摘　要：少数民族地区公共图书馆作为全民阅读活动的重要组织者和实施者，对民族地区阅读推广工作负有重要历史使命。本文以恩施土家族苗族自治州公共图书馆阅读推广联盟为例，介绍全州9个公共图书馆抱团发展，联合开展阅读推广活动的实践案例，让各民族读者享受到更优质的文化服务，为促进民族团结、乡村振兴、绿色崛起贡献图书馆人的智慧和力量。

关键词：公共图书馆；阅读推广；抱团发展

一、联盟的成立背景

少数民族地区地处偏远，交通不便，经济普遍欠发达。少数民族地区公共图书馆由于政府投入经费有限，基础设施不够完善，购书经费投入不足，人员队伍参差不齐，阅读推广活动开展难度较大，无法满足少数民族地区同胞对阅读的渴望。如何突破少数民族地区公共图书馆发展瓶颈，让山区人民群众享受到普惠、均等的文化权益的问题，摆在了图书馆人的面前。近几年来，恩施土家族苗族自治州9家公共图书馆通过"区域图书馆联盟"的形式，探索出一条符合恩施州情的民族地区公共图书馆事业发展之路，并取得了显著成效。

（一）恩施州情

恩施土家族苗族自治州（简称恩施州）位于湖北省西南部，是湖北省唯一的少数民族自治州，也是我国最年轻的自治州。全州户籍人口401万，拥有28个少数民族，约占总人口的40%以上。全州面积2.4万平方千米，所辖恩施、利川两市和建始、巴东、宣恩、来凤、咸丰、鹤峰六县均为西部大开发欠发达地区。

（二）全州公共图书馆馆情

全州现有 9 个公共图书馆，硬件条件普遍不足，馆员队伍参差不齐。除了来凤、宣恩、利川、咸丰 4 个县市级馆为新馆外，其他 5 个馆均为老馆。恩施州图书馆现为三级馆，其前身是抗战时期从武昌迁入鄂西山区的"中华民国"湖北省立图书馆，1946 年 1 月 8 日，省立图书馆迁回武昌后，"湖北省立恩施图书馆"在原址基础上正式成立，现有馆舍于 1986 年建成，面积 3010 平方米。各县市馆舍差距较大，面积最大为 5000 平方米，最小仅 500 平方米。全州共有馆员 94 人，其中具有中级职称 37 人、高级职称 5 人。

（三）恩施州公共图书馆阅读推广联盟成立

全民阅读推广工作，法律有规定，群众有需求。2017 年 3 月颁布的《中华人民共和国公共文化服务保障法》，要求"各级人民政府应当充分利用公共文化设施，支持开展全民阅读活动"。2018 年 1 月颁布的《中华人民共和国公共图书馆法》，要求公共图书馆应当免费向社会公众提供"公益性讲座、阅读推广、培训、展览"等服务。《湖北省公共文化服务保障条例》和湖北省公共文化服务体系示范区创建均对全民阅读推广工作有具体要求。

由于民族地区政府财力有限，全州公共图书馆硬件条件普遍不达标。"硬件不足软件补，小空间有大作为。"为落实公共文化服务体系示范区建设总要求，确保全国公共图书馆评估定级达标升级，推动全州全民阅读推广、公益讲座、图书流通，推进业务合作与资源整合，提升管理水平和服务能力，提高从业人员的业务技能和综合素质，满足社会公众日益增长的文化需求，全州 9 个公共图书馆多次集体商议、调研座谈、征求意见、达成共识：决定抱团发展，联合成立恩施州公共图书馆阅读推广联盟。

一个团队一条心，一种信念一起拼。2017 年 4 月 23 日，全州 9 家公共图书馆在恩施市民族广场签署合作协议，正式成立"恩施州公共图书馆阅读推广联盟"，共同打造阅读推广品牌，助推图书馆事业高质量发展。联盟的成立得到州、县（市）两级政府及各级主管部门的大力支持，受到广大读者的热烈欢迎。

二、联盟的组织架构和宗旨任务

（一）组织架构

恩施州公共图书馆阅读推广联盟是在州文化和旅游局的领导下，由恩施州图书馆发起，联合全州 8 个县市公共图书馆，按照统一的工作规则，共享资源，协同开展阅读推广和其他读者活动的联合体。联盟成员为全州9家公共图书馆，联盟组织机构由联盟成员大会、联盟理事会和联盟秘书组组成。恩施州图书馆担任理事长馆，负责组织、协调和安排联盟既定的业务工作。

（二）宗旨任务

联盟的宗旨是"自愿参与、规范管理、共建共享、协同发展"。联盟的主要建设任务：1. 组织推动全州公共图书馆一体化建设，开展计算机文献书目数据联合编目及共建共享。2. 积极开展成员馆间的流通借阅与馆际互借服务，实现全州公共图书馆的文献资源共享，逐步实现通借通还。3. 加强地方文献建设，开展地方文献资源联合征集及全州公共图书馆地方文献联合目录的编制工作，联合开展地方特色数据库建设。4. 积极推动联合参考咨询工作，联合开展决策咨询服务、课题跟踪服务、专题文献资料编辑推送服务。5. 组织开展全州图书馆从业人员的职业道德与专业知识技能联合培训工作，开展全州公共图书馆调研与业务辅导工作。6. 联合开展以培养阅读习惯、传授阅读方法、促进大众阅读为目的的全民阅读推广活动，包括讲座、展览、演讲、朗诵、征文等阅读活动。7. 积极促进面向全州的公共图书馆数字资源共建共享，开展数字文献资源利用宣传推广服务，推动全州数字图书馆健康发展。

三、联盟的主要经验做法及成效

（一）以联盟为基础，凝聚合力大发展

恩施州公共图书馆阅读推广联盟自成立以来，组织全州8县（市）图书馆举办进乡村、进社区、进学校、进军营等系列活动来扩大宣传，取得了较大社会影响力。

1. 聚拢来，全州图书馆事业一盘棋。联盟从2017年成立至今，已走过六个年头。六年来，不论是"4·23"世界读书日还是"9·28"孔子诞辰日，全州图书馆人相聚一堂、群策群力、共谋发展，联合开展各类活动超过100场。联盟成立当天，就展出宣传片5部、展牌106块、图片748幅、图书8000余册，服务读者3000余人次，得到州、市领导和广大市民朋友的高度赞扬。

2. 送下去，把阅读种子播撒到大山深处。"当相约乡读遇见家庭领读者"的口号响起，巴东县野三关镇鼓楼小学的同学们一拥而上，纷纷进入图书车内挑选喜爱的图书。全州9台流动图书车联合开展"汽车图书馆"进乡村、进社区、进学校、进景区、进警营、进企业、的"六进"活动。车轮滚动在全州8个县市的山山水水、沟沟壑壑、村村寨寨。在长途跋涉中，车辆途中抛锚时有发

生，馆员们既是司机又是修理工，从车底爬出来，已是满身油污。六年来，"汽车图书馆"配送图书超过10万册次，服务读者达30万人次，把优质图书资源送到读者家门口，打通服务群众最后"一公里"。2018年，"恩施州公共图书馆阅读推广联盟'汽车图书馆'巡展"被省图书馆学会评为"全民阅读创新案例"，州图书馆被评为长江读书节"十佳汽车图书馆"。

3. 联起来，共同推动图书馆事业高质量发展。除了9个联盟馆共同开展阅读推广活动，以州馆带动县（市）馆两两联合也是重要的活动开展方式。恩施州图书馆联合省图书馆、巴东县图书馆共同走进野三关镇5所中小学，共同举办"相约乡读""家庭领读者"活动32场，服务师生2000余人。为推进"宜荆荆恩"城市群公共图书馆一体化发展，州馆与宣恩县图书馆承办宜昌市、恩施州两地公共图书馆馆际交流活动，就地方文献收集整理研究保护、评估定级、一体化发展深入交流。为普及气象知识，探秘"风云变幻"，州馆与咸丰县图书馆走进大路坝区民族小学，开展"气象科普进校园"活动，深受孩子们欢迎。为"创清廉恩施，树新风正气"，州馆与恩施市图书馆在国学分馆共同开展了廉政图书展，与社区居民共读红色经典，传承百年党史，接受心灵洗礼。为落实"下基层察民情解民忧暖民心"实践活动，州馆与来凤县图书馆共同走进绿水镇茅坝小学，开展"红领巾心向党，经典朗读进校园"活动，带领孩子们走进阅读，用文化为乡村振兴赋能。为响应"恩施人游恩施"工会帮扶，州馆与建始县图书馆走进业州镇当阳坝村，畅游春日桃园，倡导生态阅读。州馆与利川市、鹤峰县文旅局领导和县（市）图书馆深入交流评估定级准备情况，策划万民司机讲家乡故事活动，谋划城市书房建设，不断完善公共文化服务体系，推动图书馆事业高质量发展。

（二）以州馆为引领，"五大亮点"齐突显

图书馆是智慧的殿堂，亦是灵魂的栖息之所。恩施州公共图书馆以州馆为引领，通过对老馆维修升级改造，实现从传统图书馆向现代化、智慧化图书馆的转型，突显"五大亮点"。

1. 在信息交互上，"智慧墙"汇集了本馆馆藏信息、热门图书、文献流通册次、到馆人次、读者数据分析、最新公告、活动资讯以及各县市馆、直属分馆的服务数据，让读者对于全州图书馆的信息一目了然。

2. 在借阅方式上，实现"信用"办证和"自助"借阅。读者可自主选择读者证、身份证、微信、支付宝、人脸识别和账号密码等多种图书借还方式。刷脸、扫码借书，全程只需几秒钟，读者再也不必为忘记带读者证而烦恼。

3. 在阅读方式上，建成"数字图书馆"，一部手机玩转"知网"等60余个资源库，拥有35TB自建数字资源，读者足不出户就可享受数字阅读体验。

4. 在安全保卫上，只要有人员进出，"人脸识别系统"和"门禁访客系统"就马上工作，拍摄照片、测量体温、识别身份，高清摄像头全覆盖，打造安全的阅读环境。

5. 在延伸服务上，建成包括"城市书房""四点半学堂"在内的8个直属分馆，34个流通图书服务点，"打造15分钟阅读圈"，群众的文化获得感、幸福感不断增强。

（三）总分馆相继建成，阵地建设显成效

恩施州图书馆将分馆建到乡镇集中安置点，"四点半学堂里的图书馆分馆"的"四结合"模式（与精准扶贫相结合、与关爱留守儿童相结合、与政府部门相结合、与社会力量参与相结合），在2019年8月获全国公共图书馆创新创意案例三等奖。2021年在恩施市城区建成3座城市书房，得到州领导的高度重视，建设经验被《图书馆报》推介。女儿城4A级景区分馆，深受广大游客喜爱。政法分馆、文化传媒分馆得到机关干部的欢迎。

一枝独秀不是春，百花齐放春满园。在联盟的推动下，利川、来凤、咸丰、宣恩等4个县市新馆相继建成，主阵地服务不断完善。特别是来凤县馆在第六次全国公共图书馆评估定级中被评为一级馆，全州唯一；宣恩县馆建成全州首个电子书"瀑布流"，成为网红打卡点。

总馆不足分馆补，馆内不足馆外补。这句话深深印在全州图书馆人的心上，参照州图书馆直属分馆建设模式，各县市总分馆建设如火如荼：恩施市建成少儿分馆，开设科学小实验课，引导孩子们爱上科学；巴东县建成红军小学分馆，开设国学书法课，深受广大师生欢迎；来凤县图书馆建成茅坝小学分馆，传承连厢、三棒鼓、采莲船等非遗文化；建始县馆建成22个"流动图书服务点"，着力打造"书香社区"。

（四）开展"五抓五提升"行动，素质形象大提升

全州公共图书馆通过"抓学习，提升馆员素质；抓管理，提升阅读环境；抓项目，提升综合实力；抓服务，提升读者满意度；抓宣传，提升社会影响力"等"五抓五提升"行动，馆员素质不断提高、行业形象不断提升、社会影响力不断扩大。

1. 馆员素养不断提高。在湖北省图书馆员风采大赛活动中，恩施州公共图书馆选送作品中，才艺展示《何功伟狱中家书》、绘本讲演《孔子》、红色经典

诵读《军礼》和图书馆员知识竞赛均进入决赛。恩施州图书馆平时注重对馆员素质的培养，通过参赛，进一步提升了恩施州图书馆人的专业素养和服务水平，增进与全省公共图书馆间的交流协作，凸显图书馆人团结奋进的精神面貌。

2. 行业形象不断提升。全国、全省图书馆界会议、论坛相继在恩施举办，来自文旅部、国家图书馆、湖北省图书馆、武汉大学等的国内知名专家来恩施传经送宝，这既展示了全州图书馆人奋发有为的精神面貌，拓展了图书馆员知识拓展，又向外界推介了"中国好山水、天赐恩施州"，为文旅融合贡献力量。

3. 社会影响不断扩大。六年来，全州公共图书馆在社会上的影响力不断扩大，多次被学习强国、《图书馆报》报道，多次荣获省、州级以上表彰奖励。在全州两会上，恩施州图书馆设立信息服务区，为人大代表、政协委员提供参政议政资讯服务。在武陵山水上运动会上，联盟馆员奋力拼搏，赢得阵阵喝彩。在第六届长江读书节"十佳评选"活动中，联盟选送的项目包揽"十佳组织单位""十佳阅读推广组织""十佳领读者""十佳志愿者团队""十佳班小组读书会"等5个"十佳"称号，获得7个奖项。

（五）以品牌为载体，阅读活动放光彩

1. 打造阅读品牌。全州图书馆人用"阅读品牌"打造"品牌阅读"。"阅读品牌"如雨后春笋般涌出，"品牌阅读"活动异彩纷呈，各馆逐步打造出"一馆一品"，形成比、学、赶、帮、超的发展氛围。

恩施州馆打造"施南读书会"，聘请州内知名专家现场指导，领航"书香恩施"建设；恩施市馆开展"土家娃"亲子阅读活动，培养孩子动手能力；利川市馆开展"清江源大讲堂"，弘扬中华优秀传统文化；建始县馆帮扶建立村级文化阵地，助力乡村振兴；巴东县馆开展元宵猜灯谜活动，热热闹闹过大年；宣恩县馆建成全州首个视障阅览室，服务视障读者；咸丰县馆开展"百日阅读"活动，激发学生阅读热情；来凤县馆开展"红色文化"活动，传扬张富清英雄故事；鹤峰县馆组织"诵读经典"活动，分享阅读的乐趣。

2. 活动转战线上。一场突如其来的新冠肺炎疫情席卷而来，许多线下活动被迫取消，全州图书馆人主动作为，转战线上，推出"悦读恩施""恩图之声""抖音直播""馆长领读""书香战疫"等线上品牌活动，3万人次参与阅读、朗诵、征文、答题、直播。

州图书馆馆长谭华梅做客中央广播电视总台《文艺之声》栏目，参加馆长访谈，就"绿水青山的生态文明，开展生态阅读实践和百姓生活之间的关系"与网友互动，推介恩施"两山"资源，介绍文旅融合背景下图书馆开展生态文明阅读的具体做法；参加湖北楚天音乐广播《声音倾城》栏目，荐读恩施红色经典《清江壮歌》，通过一本书推介一座城；以"4·23"世界读书日"给读者的一封邀请信"为契机介绍恩施州图书馆，被推介到学习强国读书频道；做客恩施广播电台FM94直播间与网友线上交流互动。馆员曾万明、滕珊与电视台主播带领读者"云游图书馆"，推介州图书馆文献资源；来凤县馆馆员李树林开设《本色英雄张富清》线上讲座，观看人数近7000人，创"书说战疫"活动最高人气。

四、结语

2022年4月23日，习近平总书记向首届全民阅读大会发来贺信，他指出，"阅读是人类获取知识、启智增慧、培养道德的重要途径，可以让人得到思想启发，树立崇高理想，涵养浩然之气。希望全社会都参与到阅读中来，形成爱读书、读好书、善读书的浓厚氛围。"新时代，新征程，新使命，新作为。恩施州公共图书馆人将以习近平总书记贺信精神为指引，以"宜荆荆恩"城市群公共图书馆一体化发展为契机，继续取长补短、抱团发展，为增强文化自信，助力恩施州绿色崛起做出图书馆人应有的贡献！

参考文献

［1］谢黎黎，汪泓成. 用阅读点亮孩子的心灯［N］. 恩施日报，2022-04-19（5）.

［2］鲁巍伟. 疫情防控闭馆期间公共图书馆持续服务分层抽样调查［J］. 内蒙古科技与经济，2021（5）.

智慧高校图书馆建设研究与探索

谷淑化　胡霍真

（中国地质大学（武汉）图书馆　430072）

摘　要：智慧图书馆是资源重新建构、科技融合推动、提升用户体验及制度创新驱动共同作用的结果。随着智慧平台的发展，读者对资源获取快捷性和对服务的便捷性要求逐步提高，传统图书馆和数字图书馆的资源管理与服务模式已经很难满足读者多样化的需求。因此，图书馆应加速探索向智慧图书馆的过渡与转型。本文以中国地质大学（武汉）图书馆为例，从五个方面介绍了图书馆现有的智慧水平，并在此基础上探索高校图书馆智慧服务发展策略。从完善智慧服务模式、创新工作机制、提高馆员专业素养等方面进行探索，从而实现资源获取途径的多样化、读者需求的个性化与服务的高效化。

关键词：智慧图书馆；智慧服务；发展策略

一、高校图书馆智慧服务发展现状研究

中国地质大学（武汉）图书馆数字系统平台经过几年的发展，已经初具规模。在空间服务、移动图书馆、设备服务、资源与阅读服务和学科服务等方面已经基本实现智能化，正在向智慧服务迈进。

（一）空间服务

高校图书馆作为全校的公共学习空间，全校师生对其需求很大，研修间和座位经常供不应求。引入研修间预约和座位预约服务，读者通过图书馆主页、微信公众号和小程序等多种线上途径，及时掌握当前图书馆座位的使用情况，进而形成行为决策。座位预约解决了读者到馆后可能"到馆无座"的困扰，也提高了座位的使用率。因为读者到图书馆可能是办事或借还书，也可能是阅览图书或上自习，所以根据到馆目的的不同，把预约分为入馆预约和座位预约。实现了图书馆空间利用的高效化。疫情防控期间要求对馆内读者人数进行限定，

座位要对角入座。座位预约和到馆预约也很好地实现了这个功能要求。为疫情防控期间正常开馆提供了保障。

（二）移动图书馆

"移动互联网"为读者在移动终端上访问图书馆提供了技术支持。移动图书馆为读者提供了一种新的服务途径，移动图书馆不仅能够通过高校图书馆的微信公众号实现图书检索、借阅、查询、续借以及新闻公告和阅读推广活动等图书馆网站功能，还可以实现借书到期提醒、入馆预约、空间预约等新功能。移动图书馆很大程度上提高了读者获取图书馆服务的便捷性，更符合用户倾向于使用手机终端的习惯，提升了对图书馆用户的服务效率，节约用户的时间，方便用户工作或者学习。同时，该技术的出现可以减轻图书馆管理员面对面提供咨询服务的压力。

（三）智能设备服务

多数高校图书馆实行开架阅览，引入自助借还机和自助检索机，自助借还机实现纸质图书自助检索、借还、续借以及缴纳超期罚款。自助检索机不仅实现了一站式搜索，同时还可以实现三维定位，读者找书更加便捷，降低了读者按中图法找书的要求。采用自助借还机等智能设备服务将图书馆馆员从传统的借书、还书业务中解放出来，很大程度上提高了工作效率，减低了用工成本，从读者的角度检索、借还更加便捷，解决了排队的烦恼。但开架阅览存在一个新的问题，有些读者将书从书架上拿下来，并没有操作借书，在阅览区读完后就放在了阅览桌上。导致下一位要借该书的读者在书架上找不到，同时也给馆员清理阅览桌带来了麻烦。解决这一问题可以考虑离架即借阅，实现这一功能需要使用手机等移动设备完成借阅，这一思路还在调研阶段。自助打复扫机拓宽了图书馆的服务范围，实现复印的一站式服务。

（四）资源与阅读服务

高校对师生的科研要求越来越高，高校图书馆数字期刊资源成为师生从事科研的重要依托，特别是在疫情防控期间发挥了不可或缺的作用，传统的论文搜索方式是通过某一个数据库搜索，这种搜索方式对用户是不友好的，智慧资源服务应该为用户提供智能化一站式搜索。如何获取读者需求的数据，使馆藏资源能真正满足读者需求，是智慧资源服务的重要组成部分。在经费有限的情况下，如何实施图书采购才能使图书资源既能满足多数读者需求，又能照顾到读者的个性化需求，需要建立科学的采购制度和流程。图书荐购系统作为图书采购的一个补充，使采购的图书有效满足了个性化需求。当读者检索不到所需图书时，通过图书荐购系统填写图书信息，图书馆图书采购人员收到数据后可通过零星采购购买荐购图书，并通过图书荐购系统通知荐购者，给予荐购者借阅该图书的优先权，从而鼓励读者积极参与荐购活动，建立起资源建设与读者之间的交互，有效优化馆藏资源。对于小众需求的数据库，可以通过文献传递来解决。

（五）学科服务

在大数据背景下，智慧图书馆应该以数据库资源为依托，对于海量数据，采用数据挖掘技术生成有用知识。目前图书馆提供的智慧学科服务包括情报研究服务、机构知识库和学科服务平台。情报研究服务基于科学计量方法、国内外权威文献统计评价工具，通过客观的文献计量数据进行学科发展态势分析、科研绩效评价、学术影响力评价、学术热点与学术带头人挖掘、期刊影响力评价，监测跟踪科学研究的发展状况和演变态势，分析科学研究关键指标领域的年度变化情况，通过提供系统的情报研究产品，为机构科学研究、技术创新和科研管理提供信息支持。机构知识库对本校师生的学术论文进行了挖掘，既可以获取某位学者的学术论文发表、排名及被引情况，又可以生成各单位的图谱。学科服务平台为学校重点学科提供学科动态、学科分析等动态信息。

二、高校图书馆智慧服务发展策略

（一）完善智慧服务模式，提高资源与阅读服务水平

智慧服务的基础是大数据。智慧图书馆通过系统平台的历史数据收集和分析大数据，不断挖掘读者的阅读偏好。促进阅读系统和服务系统的深入融合，形成高效优质、便捷智慧的读者服务新模式，为开展个性化的智慧服务奠定了基础。依托微信公众号为读者提供内容丰富和形式多样的智慧阅读服务。随着5G通信技术的兴起，图书馆能够以视频的形式推介馆藏资源，为读者提供更加直观的动态信息服务和新奇的阅读体验。

（二）完善智慧服务模式，重视个人信息安全

图书馆系统平台的用户是全校师生读者，目前多数系统账号都是通过导入学号、工号来进入，密码则根据个人信息按照一定规则设定，并在系统登录界面给出提示说明密码规则。根据个人信息按照一定规则设定属于弱密码，虽然弱密码容易实现，但同时也带来了密码安全的问题。就此问题，学校出台文件

禁止将密码规则公布在系统登录页面。读者只能通过电话咨询获取密码，给读者带来极大的不方便，给工作人员也增加了很大的工作压力。中国地质大学（武汉）官方网站的信息门户提供了统一身份认证平台，解决弱密码的策略是通过和学校统一身份认证平台对接，登录系统时直接跳转到统一身份认证平台，登录统一身份认证平台成功后即可进入图书馆系统。另外，如果学校各二级单位的系统平台都对接学校统一身份认证，师生将可以使用一套账号、密码登录全校所有系统，方便了账号密码管理，避免了忘记密码的烦恼。

（三）完善智慧服务模式，重视个性化需求

从用户的角度出发，积极收集用户的个性化需求，提供相应的智慧服务方式，并利用智慧系统深度挖掘处理过的信息，进一步分析、整合，生成智慧化分析结果，从而为读者提供更多的个性化一站式服务。智慧服务的复杂性和灵活性，决定了图书馆需要完善的智慧服务模式来统筹规划资源、空间、设备、馆员等智慧服务要素。中国地质大学（武汉）图书馆研修间采用预约管理模式，读者在线预约后使用自己的校园一卡通可以刷开门禁，实现自助模式使用研修间。预约系统经过几年的使用，产生了大量的宝贵历史数据，对历史数据的挖掘发现了读者对研修间的个性化需求。在建设未来城图书馆时将这些个性化需求纳入了研修间规划布局的依据。设置的研修间包括研修室、研讨室、教师研讨室等，根据功能需求不同，空间大小、座位数量、设备配备都不同。在线预约时根据需求不同，可自助选择不同的研修间。另外，也可以选择智能机器人等智能设备，协助参考咨询馆员开展实时咨询服务。

（四）创新工作机制，优化服务流程

图书馆工作包括图书馆内部管理、业务工作和面向全校师生读者的服务工作。馆内管理工作涉及的报销、项目申报、人事管理以及面对全校师生的场地借用、图书捐赠、图书入库等传统业务都是线下办理。不仅需要办理者多跑路，降低工作效率，办理业务的历史数据也难以保存。建设智慧图书馆必须创新工作机制，优化服务流程，以提高工作效率和服务水平，响应学校"让数据多跑路，师生少跑腿"的信息化建设目标。流程平台将图书馆大多数线下业务搬到了线上，用户再也不用因为办理各种手续，一次次重复填写基本不变的信息，也不用到各个部门签字盖章，签字盖章都改为在线审核。办理进度可以在流程平台系统里查看，办理结果会通过消息提醒及时通知用户。服务创建者可以根据需要修改和调整表单和流程，使业务流程随时得以优化。

（五）加强馆员培训，提升馆员智慧服务水平

高校图书馆的信息化已经发展到了一个新的阶段，正处于探索智慧图书馆的转型时期。对从事信息化建设的馆员的前瞻性有了更高的要求，一个平台的界面是否人性化、一个图标按钮是否能准确表达其功能、一个提示是否能给用户提供帮助、一个业务的流程是否合理，都直接影响用户使用系统平台的体验和办理业务的效率。任何一个环节不合理都可能导致智慧化程度降低，从而极大增加馆员的工作量和参与度。另外，长期从事传统图书馆业务的馆员的工作方式也会发生变化。因此，馆员的信息化水平和智慧服务水平也应相应提升。加强馆员培训，转变馆员的观念，是馆员能够适应时代发展的需要，是智慧图书馆推进过程的重要工作。

三、结束语

高校信息化水平正在快速发展，高校图书馆需要与时俱进，不断转变观念，树立创新意识，改进服务方式，在现有的智能化水平的基础上，探索和尝试智慧图书馆建设。在做好书香文化建设的基础服务的同时，拓展智慧服务，重视用户个性化需求，提高自助服务能力。技术驱动下的图书馆智慧服务平台应该实现读者自助服务与个性化服务的有机结合，能够实现资源互联、人书互联、人馆互联与馆际互联。

参考文献

[1] 刘楚楚."双一流"建设背景下医学高校图书馆智慧服务研究［J］.图书馆论坛，2021（14）.

[2] 孙琳.新时期公共图书馆智慧服务平台构建研究［J］.河南图书馆学刊，2021（9）.

[3] 林伟明，杨巍.基于微服务构建的新一代图书馆服务平台［J］.图书馆杂志，2020（8）.

[4] 乔红丽，王晓东.高校图书馆智慧服务的推广模式探析［J］.图书馆学研究，2019（7）.

[5] 张树，朱琳，李晓冉.智慧图书馆建设与创新服务［J］.河南图书馆学刊，2019（9）.

基于学生体验为中心的高校图书馆服务策略
——美国大学图书馆服务经验的启示

戴堂桂　代堂玉

（江汉大学图书馆　430056　桂林电子科技大学图书馆　541004）

摘　要：高校学生面临着竞争日益加剧的就业环境，美国的高校图书馆则基于实际以学生体验为中心，为学生提供便利的学习和研究资源，创新学习空间，转变服务策略，图书馆员工则主动学习以适应变化的服务环境。美国大学图书馆的务实经验和科学规划背后体现的是一种深刻的人文关切，这对中国高校图书馆的服务实践具有一定的启示意义。

关键词：图书馆服务；学生体验；人文关切

传统的高校图书馆的服务目标是以支持知识探求和学术研究为中心，但随着社会竞争条件以及环境的变化，图书馆实现这一目标的性质正在发生变化。事实上，一些图书馆正在对其机构内外发生的变化做出反应，包括重新关注学生的成功、替代的教学方法和新的研究方法。在许多高校的实践中，图书馆正在改变它们实现目标的方式，将学生体验置于服务的中心，以使学生获得成功。

一、优先考虑学生在校园的成功

美国现时很多学院和大学都把学生的成功放在首位，作为增加生源和保持学校知名度的一种手段，这样可以让学生在竞争日趋激烈的就业市场中保持竞争力。一些高校的决策者正在重新考虑整个高等教育的经历，包括采用更积极的教学和学习方式，并支持更多的师生互动。重要的是，学校认识到学生在完成教育中面临的障碍，学校期望消除这些障碍，以创造更无缝和支持性的体验。布鲁金斯学会最近发布了一份题为"通过解决结构性和动机障碍来提高社区大学的完成率"的报告，其中提到了学生为了完成大学学业遭遇的各种困难，他们在"复杂环境"中面临着多种选择，但这些选择的路径是不清晰的[1]。

作为校园中重要的学术合作伙伴，图书馆也认识到优先考虑学生成功的重要性,并采取了以学生为中心的服务方法。图书馆被视为教与学的重要合作伙伴,随着校园采用更积极的教学方式,图书馆不得不做出调整。图书馆还特别关注自身的可访问性和可视性,打破了学生获得有助于学术成功的资源的障碍。

在"学术图书馆资源对本科生学位完成的影响"的研究中,国外学者发现,"使用任何图书馆资源至少一次的学生在4年内入学的可能性是没有使用任何图书馆资源的同龄人的1.389倍,毕业的可能性是其他同龄人的1.441倍。"[2]

二、图书馆的服务转变策略

学校的这些变化正在改变图书馆实现其目的的方式——空间和服务模式的变化。图书馆正通过提供空间支持更多的小组工作和合作机会来回应当前教育方式的变化,使学生更积极地学习。可以肯定的是,图书馆部门正在重新分配图书馆空间,减少后台空间,以额外的专业和一般学习空间、活动空间和非正式聚会空间的形式提供更多的用户空间。专门的特别收藏阅览室正在举办课程,在这些课程中,图书馆员与教员合作,将原始资料整合到学习体验中,例如天普大学查尔斯图书馆的特别收藏研究中心(SCRC),该中心帮助开发稀有和独特的资源以供其他图书馆使用。类似的中国的例子如北京师范大学图书馆设有研究间48间,其中含有32间单人研究间和16间四人研究间,其六人研究间可供3—6人进行小型团队研讨。所有研究间面向本校教师和硕士、博士研究生开放[3]。

新的和更深入的服务允许图书馆员和图书馆工作人员对教室产生直接的影响。专业人员正在与教师合作开发课程,并将新技术融入课堂,以更好地支持新的教学方法,如翻转课堂和更多的经验模式。例如,加州大学洛杉矶分校图书馆的图书馆联络员与教师和研究生助教并肩工作,开发课程资源,塑造学生的整体参与度,并提供对个人和团体的学术支持。此外,图书管理员和其他工作人员正在离开图书馆的范围,在学生的教室与学生一起工作,或在学生工作的其他大楼设立临时服务点,以便更好地接触到他们。

一些校园正在合并地点,这样员工就可以把更多的时间放在为学生和教师提供专业知识上,而不是在办公空间上。小地点的减少通常也能使图书馆保持或增加他们的服务时间。BRIGHTSPOT(美国一家高等教育策略公司)与威斯康星大学麦迪逊图书馆合作,为未来25年制定了校园设施总体规划,其中图书馆网络将减少它们的物理足迹,致力于提供更为连贯性的服务,这些与研究相关的服务更有深度和价值。

一个明显的例证是迈阿密大学图书馆的Howe写作中心。据该中心介绍,他们旨在为迈阿密作家的写作项目提供有益的反馈和支持。中心拥有来自不同学科的受过专业训练的本科生和研究生作为顾问。爱好写作的作家可以从与其他作家交谈和分享草稿中受益[4]。

  图书馆正在努力使他们的服务更容易被学生看到和使用。图书馆员和工作人员过去一直在华丽的办公桌后面工作，或者在自己的私人办公室里工作，现在他们与同事共享空间，或者直接坐在公共环境中，比如学生和顾客中间。在某些情况下，服务模式已经全面改革，员工被给予落地服务点，并被要求巡视楼层，在他们的工作空间中尽量接近学生。加州大学圣克鲁兹分校的图书馆雇佣学生作为流动工作人员（很容易从他们的黄色马甲辨认出来），他们在图书馆用户中心工作或在需要帮助的地方提供帮助。

三、图书馆员工的变化

  这些工作流程和工作空间的变化对图书馆工作人员产生了影响。图书馆工作人员和图书管理员被要求与新的团队成员建立关系，发展新的能力和技能，并适应新的环境。首先，工作人员需要与进入图书馆的外部团队建立合作关系，在服务方面进行合作，并在一个更周期性的基础上开展工作，从一个项目到另一个项目，而不是持续的、可预测的工作过程。接下来，为了适应更加创新的环境，他们需要学习以前被认为是图书馆研究领域之外的技能。例如，BRIGHTSPOT（美国一家高等教育策略公司）最近与密歇根大学图书馆合作，通过在HATCHER-SHAPIRO（哈彻-夏皮罗）图书馆原型化和试运行新服务来改变他们的服务模式。在一系列的服务设计训练营中，员工学习如何使用新的技能和方法，例如设计思维，从用户的角度考虑经验和头脑风暴可能的解决方案。

  图书馆的氛围已经从内向、安静、个人的学习体验转变为今天的外向、嘈杂、集体的学习和工作体验。他们期望员工能够适应并有效地工作，无论是在前台还是后台的工作空间，这些更加刺激的环境都是如此。BRIGHTSPOT与北卡罗来纳州立大学合作设计了获奖的亨特图书馆，其中一个共享的非正式工作空间中心被开发出来，以支持员工的协作工作。

  员工的工作空间可能正在缩小，以腾出更多以学生为中心的空间，同时图书馆期望他们在部门内外进行更多的合作，有的情形下他们的工作空间可能已经从一个私人的后台办公室变成了学生之间的开放空间或非图书馆建筑。加州大学洛杉矶分校鲍威尔图书馆的调查实验室将学生和员工的空间融合在一个灵活和舒适的区域，供员工开会、学生咨询、研讨会和学习，使学生更容易向图书管理员寻求帮助。

　　从美国的经验来看，大学图书馆服务策略与其说是形式上可见的资源的开发和整合、硬件上图书馆空间的改变，毋宁说所有这些变化都渗透了一种深刻的人文关切，这也是现代图书馆空间设计的基本理念之一[5]。

　　美国大学图书馆服务的核心基于学生体验为中心服务目标的务实策略以及科学的长远的未来规划，它关注学生的学习体验以及未来的成功，其实质是尊重学生的个性化选择、发掘学生的潜能、强调交互性的社会学习以应对复杂的未来，这在很大程度上避免了图书馆数字化给学习带来的机械化、单一化和碎片化。

　　促进学习方式的多元化。过去学生接受图书馆资源是被动和单向的，学生为了学习和研究的目的去索取馆藏资源或求助于图书馆职员，现在学生与图书馆职员、不同专业的学生在公共图书馆空间是多向互动的，如此可以催生出创造性的思维和观念。按美国心理学家班杜拉（Bandura）的理论，人们即使是在极其艰难的处境下，仍旧能通过社会学习的方式获得生存的手段。网络和数字信息给图书馆带来的革命是空前的，它既可能是庞大无边的数字资源的堆积，又可能是突破不同资源的学科界限之后而形成的创意，前者可能使学生最终成为"机械复制时代"的牺牲品，而后者正是开放资源和空间所带来的积极效应。

　　图书馆职员的再学习和适应技能训练深化了图书馆服务的人文内涵。图书馆数字资源的普及并未减少图书馆职员的工作强度，只是改变了他们的服务方式而已。图书馆管理阶层鼓励员工主动适应变化了的环境，他们原来处于固定空间的被动服务现在转变为开放空间的主动服务，这种服务方式的转变不仅是单纯的信息提供，更重要的意义在于学生与员工的交流本身就是一种动态的人际沟通过程，它在很大程度上消除了数字化时代的人机交流给学生带来的陌生感和疏离感，深化了图书馆服务的人文内涵。

　　美国大学图书馆服务经验的启示在于它已经把传统图书馆服务通过图书借还获取知识的途径转向依靠资源和空间的组合进而关注学生的体验为中心，表面上看好像是服务方式的转变，其实质则是人文传统的回归，它所体现的深刻的人文关切减低了技术进步所带来的人及其服务的异化，数据技术是为人服务，人不能沦为技术的奴隶，而这正是值得中国高校图书馆服务借鉴的价值。

参考文献

　　[1] Elizabeth Mann Levesque, Improving community college completion rates by addressing structural and motivational barriers [EB/OL]. [2023-07-11] https://

www. brookings. edu/research/community-college-completion-rates-structural-and-motivational-barriers/.

［2］ Krista M. Soria, Jan Fransen, and Shane Nackerud. The impact of academic library resources on undergraduates' degree completion. College & Research Libraries, Vol 78, No 6 (2017), 812-823.

［3］ 钟伟. 略论中外公共图书馆建筑空间设计的六大理念与实践［J］. 国家图书馆学刊, 2021 (1).

探索现代技术在图书馆阅读推广的应用

王亚茹

（襄阳市图书馆　441021）

摘　要：图书馆是传播科学知识、提供文化服务的重要途径，要充分利用图书馆藏书资源，满足读者多样化的阅读需求，为读者提供全面、及时、准确有效、贴心的阅读服务。新时期大力推广图书馆的图书、文献、期刊等，需要运用新媒体、互联网等现代技术手段，对阅读推广服务理念、服务方式、服务内容和服务效能等分别进行优化、丰富和提升，创造良好的阅读环境和便捷的阅读途径，统筹推进"十四五"时期公共图书馆事业发展和社会主义精神文明社会创建进程。

关键词：图书馆；阅读推广；现代技术

一、引言

随着近些年物质生活逐渐丰富，我国社会的主要矛盾已经转变为人民日益增长的美好生活需要和不平衡不充分的发展之间的矛盾。人们的精神生活需求一方面刺激了文化市场的繁荣，各种文化产品层出不穷，另一方面又造成了碎片化阅读与轻娱乐泛滥，真正的有底蕴、有内涵、有营养的文化声量很小。社会的发展需要人们带着文化与温度前进，需要人们多从书籍里汲取知能和智能。一个国家的全民阅读状况不仅体现着该国的国民素质，还间接影响着国民的创新能力。阿根廷诗人博尔赫斯（Borges）曾经说过"天堂应该是图书馆的模样"，图书馆环境优美、馆藏资源丰富，是读者心中的文化圣地，但受位置、交通、时间、现代人阅读障碍等因素影响，图书馆的资源不能得到充分利用，进而影响到图书馆在陶冶情操、提升全民文化水平等方面所起到的作用。随着大数据、互联网、区块链等现代技术的到来，可通过创新阅读推广模式，打造低门槛、便捷化、个性化、沉浸式的阅读环境，实现图书馆从"被动使用、等待使用"向"主动宣传发掘、提升实际体验、快捷便利高效、精准个性服务"的转型升级。

二、图书馆阅读推广历史与现状

图书馆作为公益性的文化服务组织，对每个公民平等开放，是阅读推广的主要方式之一。在以往的阅读推广过程中，大多采用图书馆内展示、国际读书日宣传、电视广告等传统媒介方式进行，宣传面小、宣传速度较慢、效果不明显。近些年由于网络发达，人们的阅读习惯和阅读形态也发生了相应改变，图书馆在阅读宣传推广方面有了改善，但仍处在实践的浅层面、小范围、短时效的阶段，人们的阅读需求没有得到充分满足、阅读内容浅显化、优质的教育资源仍被冷落、图书馆的作用没有得到最大限度发挥。

三、阅读推广的概念及重要性

阅读推广是一种扩大阅读服务的深度和广度的活动，是公共图书馆管理工作的重要课题。从形式上看，阅读推广是一种传播的行为，通过各种各样阅读推广形式，促使人们爱上读书；从结构上看，阅读推广包括推广主体、推广客体、推广对象及推广方式，简单来说是由谁推广、推广什么、向谁推广和怎样推广的整体流程；从目的上看，阅读推广是通过营造阅读氛围、改善阅读环境，引导人静心阅读和爱上阅读。

《公共图书馆法》第三条规定了阅读推广的地位："公共图书馆是社会主义公共文化服务体系的重要组成部分，应当将推动、引导、服务全民阅读作为重要任务"。这既是对公共图书馆提供文化服务的法律要求，又是对全民阅读工作的高度重视。在《图书馆·情报与文献学名词》一书中提到"阅读推广是图书馆或其他文化部门开展的以培养公众阅读意愿或阅读能力，促进公众阅读行为的服务"。因此，公共图书馆开展阅读推广活动不仅是法律义务，还是文化服务，为读者免费提供各种资源，如图书馆的馆藏图书、电子文献资料、图书馆阅读空间等，还可通过开展各种阅读活动以及培训讲座等，让读者参与到阅读中，营造求学好问的读书氛围，提高国民整体文化素养，促进社会主义精神文化建设，提升社会文化水平，进而提升教育质量和经济建设水平。

四、利用现代技术进行阅读推广的方式

（一）通过文本数字化开展阅读推广工作

随着信息化时代的迅速发展，人们获取信息和阅读的方式发生巨大改变，

以往的纸质阅读逐渐变为线上阅读，人们更加重视自身的阅读效率和获取信息的途径，这对传统的公共图书馆阅读服务提出新的要求，图书馆的阅读推广必须与社会发展趋势以及用户日益更新的信息需求相结合，将图书馆海量书籍资源传播开来。

数字化阅读相比较纸质阅读具有便捷化、高效率、精准化、更新快、可搜索的特点，可以精准对接读者需求，达到阅读推广的作用。可以通过设计线上图书馆APP、微信公众号、二维码扫描、电子LED屏等，将纸质图书、文献资料等扫描上架，同时推出搜索功能、图书分享功能、信息咨询功能、新书推荐功能等，让读者在手机端、电脑端就可享受活动信息推送、图书借还、资源在线阅读、馆内预约、留言互动等内容。积极融入数字阅读的时代趋势，大力购买、开发和挖掘数字资源，帮助读者进一步有效了解图书馆藏书情况，如通过搜索引擎和图书分类信息共享数字资源，帮助读者检索重要的图书信息，便于读者通过新数字阅读平台获取知识，享受阅读服务，满足其精神文化需求。

（二）通过大数据技术实现阅读推广个性化服务

阅读推广具有双向性、交互性的特点，阅读推广是面向每一个人的，同时，每个人也都会有自己的阅读领域、习惯偏好、评价反馈。也就是说，哪些人是潜在的读者、哪些书有潜在的读者都是需要分析的，大数据技术无疑是这个时代图书馆阅读推广的重要手段，依托数据信息的收集，了解用户所需，了解时代所需，获取到各类不同读者对不同类型的图书内容的数字阅读点击率，根据点击率等数据进行定期的平台阅读推荐，为读者提供具有个性化定制的服务，使读者多样化的阅读需求被满足，最大限度地提高阅读推广的服务效果。具体来讲，图书馆可以建立读者的个人数据库，通过大数据信息的分析技术，对读者的阅读喜好进行详细分类，记录读者的查询、借阅、访问、下载和搜索等信息，确定读者的阅读需求，从而为读者提供有针对性的阅读推广服务。再根据个人数据档案，针对性地进行馆藏资源推荐，并及时收集阅读数据，每年向读者发送年度阅读账单，方便读者了解自己的阅读情况，读者可获得相应的读书称号，如"文青""书虫"等，以此调动读者的阅读兴趣。同时客观统计阅读推广工作的开展效果，并根据大数据分析的信息，及时调整阅读推广的内容，为读者提供更为精确的图书推广服务。

（三）通过线上线下相结合方式进行阅读推广

阅读推广是一项长远的系统工程，需要重视其立体效果，传统的线下推广手段相对单一、覆盖范围小、影响力不足，新的线上推广技术容易花哨空泛、声音大过内容、不够深入实际。这就需要结合线上和线下的内容，丰富推广形式，融合线下书籍、图片、视频、有声书等诸多元素，及时在平台上发布新到的图书、期刊、数字资源等内容。同时，可以通过线上线下双宣传、线下举办线上上传活动内容的方式，邀请高校学者、作家、专家等到图书馆开图书分享会和专业分享会，直接面向读者推广阅读；还可以采取直播互动的方式让线上读者也参与进来，零距离推广阅读。在线下活动举办后，可以将活动内容整理为文字、视频、声音上传到平台方便读者观看。例如：贵州六盘水师范学院图书馆开展的"明湖悦读"读书会已经打造出品牌效应，吸引和动员了一大批读者参与阅读分享，实现了良好的阅读推广效应；北大图书馆开展的每周一小时讲座，培养读者的信息素质，助力专业领域学术研究和知识积累；湖师大图书馆邀请诗人西川到图书馆开办分享会，由于线上宣传效果很好，现场座无虚席，视频上传后的网络点击量也成千上万，让读者更加热爱阅读。图书馆还延伸内容服务和阅读体验，为线下的图书资料设置线上书评区、影评区、推荐评论区等，邀请知名学者和优秀读者撰写评论，增强阅读的互动性，提高国民阅读的有效性，让阅读更加生动有趣，帮助读者进行阅读后的思想碰撞，提高阅读收益，营造良好的阅读氛围。

（四）通过互联网开展图书馆区域协作阅读推广

文化是相互影响、潜移默化演变出来的，需要积极创新，互相借鉴优秀力量，才能取长补短，共同进步。图书馆的阅读事业发展也是如此，只有通过跨区域合作，加强协作创新，才能不断汇聚优秀的发展思路和服务方式，统筹推进图书馆的公共文化服务。我国一直以来重视图书馆的协同发展，如20世纪八九十年代的"全国文献资源布局活动"，要求按照国家级、省级、市级三级系统架构规划，开展文献资源共互享活动，这是我国图书馆史上规模最大的区域协作发展活动之一。

新时期有了便利的互联网技术，更要依托现代技术手段，加强区域创新协作，实现图书馆资源互联互通、共建共享。例如，以广东省中山图书馆为研究主体的"全国图书馆参考咨询服务联盟平台建设与创新服务模式研究"项目，是以"图书馆联盟"为代表的受合同制约的图书馆区域协作发展的新模式。再如美国早在2011年就已经有200多个图书馆联盟，其中超过四分之三的联盟都具有相当大的规模。西方发达国家采取的大多是中心馆集中管理、地方实施活动推广服务的方式。这种方式虽然有效促进了全国图书馆事业的均衡发展，但也加重了中心图书馆的工作总量。与西方发达国家相比，我国图书馆事业的发展仍旧呈现图书馆自身单一化管理，上下层级的图书馆关系属于业务指导交流关系，不同地区的图书馆因为政策、资金、技术水平和文化的差异产生了参差不齐的水平。虽然短时间不可能完成全国图书馆的统一发展，但我们仍然可以通过区域协作推进图书馆阅读推广事业的发展。如可以分区域，将长三角、长江流域、黄河流域、西北地区、大湾区等的省市图书馆联合起来，形成合力，发展特色，推广高质量文化阅读和学术阅读。通过大数据和互联网构建知识联盟协同平台、惠民知识服务平台、公共文化示范区建设平台等，整合区域图书馆知识资源，交换成员馆特色数字资源，形成优势互补，方便各地区读者接触到其他地区的阅读资源，推进文化交流合作。

五、结束语

新技术的到来，给图书馆的阅读推广带来了前所未有的压力和挑战，各种形式与方法的创新和再创新，需要将图书馆的人员力量，资源力量和地区优势进行整合，结合新时代读者的阅读需求、习惯、方式的变化特征，将新技术嵌入到读者服务体系中，创造出具有深度性、品味性、互动性、多元性的阅读推广服务，引导读者深入阅读，提高读者的阅读质量，大力推进全民阅读发展。

参考文献

[1] 尹光华. 新媒体环境下图书馆读者服务工作创新研究 [J]. 传媒论坛, 2018 (12).

[2] 王秋尧. 新媒体背景下公共图书馆读者服务的创新分析 [J]. 神州, 2020 (6).

[3] 赵俊玲, 郭腊梅. 阅读推广理念、方法、案例 [M]. 北京：国家图书馆出版社, 2013.

[4] 韩翠峰. 大数据时代图书馆的服务创新与发展 [J]. 图书馆, 2013 (1).

[5] 邵文涛. 大数据背景下高校图书馆数字阅读推广创新路径研究 [J]. 江苏科技信息, 2020 (24).

[6] 程结晶. 大数据时代图书馆服务创新的内容及其策略研究 [J]. 情报理论与实践, 2016 (3).

[7] 张丽明. 移动智能时代图书馆信息服务中的"微信"服务应用 [J]. 兰台世界, 2015 (29).

基于情景化用户的阅读推广探究

段莉虹

(武昌首义学院图书馆 430072)

摘 要：情景化用户的阅读推广是高校图书馆创新服务的一项新举措。文章首先对"情景"和"情景化用户"概念进行解析，然后分析高校图书馆阅读推广的现状，构建了情景化用户的信息服务模型，指出高校图书馆在情景化用户阅读推广中存在的问题和采取的应对策略。

关键词：高校图书馆；情景化用户；阅读推广

阅读是我们获取信息与知识、进行自我提升的基本手段。从国家层面讲，全民阅读是社会走向成熟与发展的标志之一，同时也是提高中华民族竞争力与国民素质的重要举措。2009年，中国图书馆学会把"科普与阅读指导委员会"更名为"阅读推广委员会"，并成立专门的阅读推广工作组织，落实阅读推广服务工作。2016年12月17日，国家广播电视总局印发了《全民阅读"十三五"时期发展规划》，提出建设"书香中国"的战略。教育部新颁布的《普通高等学校图书馆规程》中对高校图书馆的定位增加了"校园文化和社会文化建设的重要基地"一项，高校图书馆因其在资源和人力方面的优势主动承担起阅读推广的责任，培养读者的阅读习惯，提高读者的阅读兴趣，提高读者的阅读水平，提升读者的信息素养能力。

一、"情景"和"情景化用户"概念解析

情景（Context）的英文概念最早由美国学者 Herman Kahn 和 Anthony J. Wiener 于1967年提出，他们认为情景是对未来情形及事态由初始状态向未来状态发展的一系列事实的描述。1994年，Schilit B 和 Theimer M. 把"情景"定义为位置、附近的人或对象的身份，或者这些对象的变化。国内

学者宗蓓华分析国内外相关的研究成果后，认为"情景"是对事物及各种态势基本特征的描述，以及对各种态势所有可能的未来发展态势的描述。基于国内外学者的研究成果，本文中定义"情景"是一个人在进行某种活动时所处的社会环境，是人们社会行业产生的具体条件。"情景化"是一个动态的过程，是通过研究用户不同的需求，满足用户对于某种事物需求和理解的过程。

情景化用户是指在高校图书馆阅读推广中有个性需求的个体或群体。他们的需求随着年龄、性别、学历、学科、专业、研究心理、研究环境等变化而变化。高校图书馆为情景化用户提供精准需求，实现精准宣传、精准推荐，既重视用户基本属性特征又重视用户心理特征与行为特征。

二、国内高校图书馆阅读推广现状

（一）理论研究

范并思《论图书馆阅读推广的理论体系》从图书馆阅读推广的历史与现状、阅读与阅读文化、阅读推广基础理论、阅读推广服务和管理5个方面进行研究；王波所作的报告题为《图书馆阅读推广的定义、类型和方法》，从阅读推广的定义——图书馆通过精心创意、策划，将读者的注意力从海量馆藏引导到小范围有吸引力的馆藏，以提高馆藏的流通量和利用率的活动进行研究。

（二）数据研究及分析

笔者以CNKI为检索源，在CNKI首页选择"期刊、论文"，进入"高级检索"页面，在左侧的"文献分类目录"选择"信息科技—图书情报与数字图书馆"，右侧"阅读推广"，检索方式选择"精确"，点击"检索"，共获得1020712356条结果，再用"高校图书馆"组配进行主题检索，共得24923157条结果，检索发现高校阅读推广研究主要集中在阅读推广、阅读推广活动、图书馆阅读、数字阅读、经典阅读、阅读推广策略、大学生阅读、建筑物、全民阅读、微信公众平台、新媒体等方面，发表文章由逐年增加转变为逐步下降的趋势。如图1所示。

高校图书馆阅读推广如果再用"个性化服务""用户画像""情景化用户"进行限定，发文数量仅有41条。从这些发文的内容中不难发现，目前各高校图书馆的阅读推广方式主要集中在以下几种类型（如表1所示）：

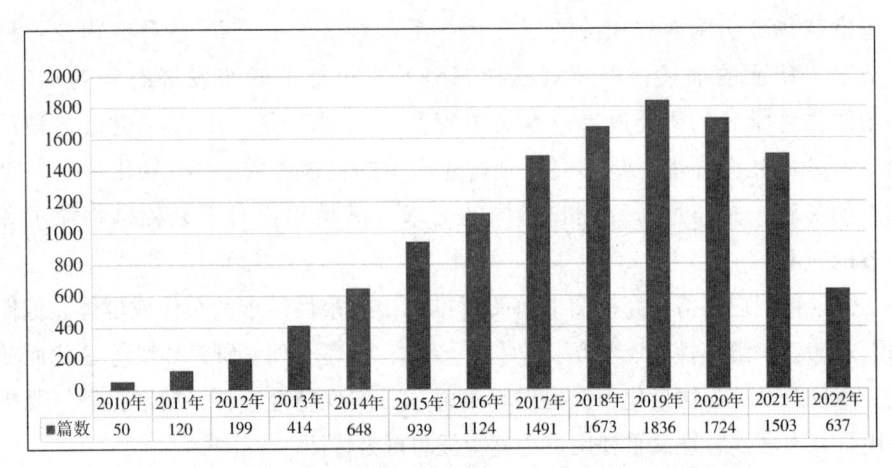

图1　2010—2022高校图书馆阅读推广研究发文趋势

年份	2010年	2011年	2012年	2013年	2014年	2015年	2016年	2017年	2018年	2019年	2020年	2021年	2022年
篇数	50	120	199	414	648	939	1124	1491	1673	1836	1724	1503	637

表1　高校图书馆阅读推广方式的主要类型

类型	内容
图书推荐	新书推荐、畅销榜单推荐、名家推荐和主题阅读推荐等
信息素养培训	数据库推荐、数据库使用方法介绍讲座及各类学术软件使用方法讲座等
读书沙龙	读书会、读书报告和主题座谈等
影音赏析	影片介绍和放映、音乐推荐和赏析等
图文赏析	对节气著名诗歌、优美短文的赏析和英语等学习方法的分享等
图书馆活动	摄影大赛、图书馆直播、主题展览、专题创作大赛、有奖问答等

然而研究表明，高校图书馆阅读推广活动形式还是比较单一，内容设计雷同，大多只注重活动规模、场次、参与活动人数、媒体报道等表面特征，没有针对用户的身份、学历、专业、阅读心理、阅读需求、阅读兴趣、阅读习惯进行情景化、个性化的调研，缺少"以读者为本"进行活动策划这一重要环节的调研。因此，要想将阅读推广活动作为高校图书馆创新服务的能力，就必须在活动策划过程中更加关注情景化用户的喜好，挖掘用户真实的需求，注重向用户提供个性化、定制型的学科、科研等智慧服务，构建情景化信息服务模型。

三、情景化用户信息服务模型的构建

吴振忠从影响读者满意度的相关因素出发，他认为影响阅读推广活动的相关因素应是阅读内容、阅读方式、阅读管理、阅读环境、阅读宣传、服务人员

素质等方面。通过研究情景信息对用户的影响,将用户情景进行系统分类和识别,并根据情景识别和反馈信息建立起动态的用户信息服务模型(如图2所示),达到提高用户满意度的目的。将动态模型应用到图书馆中,为建立个性化的、情景化的信息服务提供创新思路。

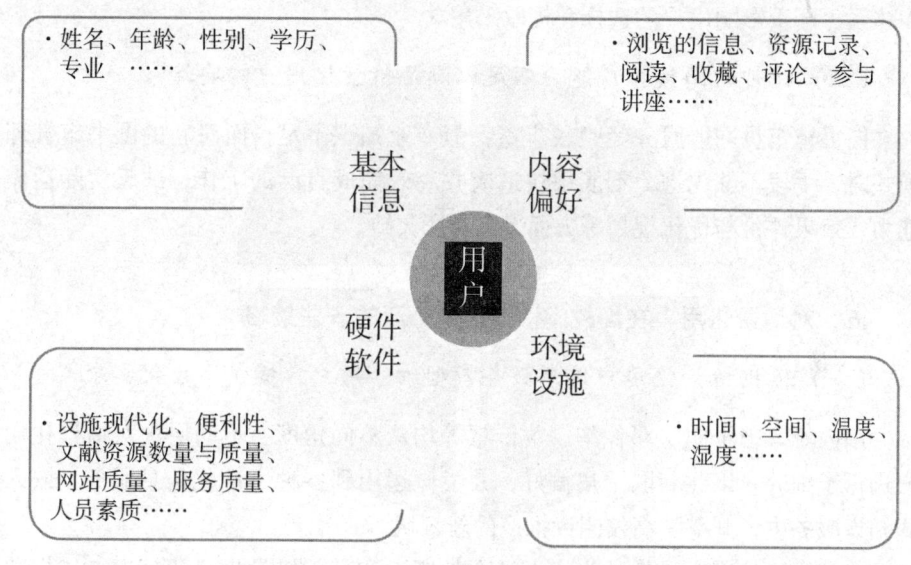

- 姓名、年龄、性别、学历、专业……

- 浏览的信息、资源记录、阅读、收藏、评论、参与讲座……

基本信息　内容偏好

用户

硬件软件　环境设施

- 设施现代化、便利性、文献资源数量与质量、网站质量、服务质量、人员素质……

- 时间、空间、温度、湿度……

图2　情景化用户信息服务模型

四、情景化用户在高校阅读推广中存在的问题

(一)情景化用户的需求难以准确获取

情景化是一个动态的过程,从用户自身生活角度来看,用户是一个个独立的个体,其精神领域,特别是体验感知会跟随用户意识和心理状态发生变化;从用户的职业角度看,随着终身教育的进行,用户需求也会跟随用户的专业方向、学术能力、研究兴趣、知识结构以及信息时代微博、微信、QQ等网络工具的广泛应用等一些社会环境的变化而变化。

(二)馆藏资源的建设难以满足情景化用户需求

传统的馆藏资源以纸本文献为主,电子资源作为补充。而随着文献出版数量与日俱增,书刊价格逐年大幅上涨,经费不足直接导致了大学图书资源采购量减少,更为严重的是文献资源的逐渐老化,图书馆的文献保障率也随之大大降低。信息时代的到来,大数据大馆藏观念引入了图书馆,图书馆资源不再仅限于纸本文献,也包括一些电子资源、数据库、自建特色数据库和一些开放存

取的网上资源，但这些资源信息冗余、数量庞大、杂乱无章、内容关联度低且重复，馆员由于专业知识所限，很难把握学科信息的完整性、专业性、准确性，面对海量的文献资源容易造成顾此失彼的局面，出现某些学科、某专业"有书无人读或要读没有书"的资源保障失调现象，文献资源不能形成完善的学科保障体系，严重影响用户的选择和提取采用。

（三）馆员的阅读推广能力不足以满足情景化用户需要

图书馆馆员一般服务经验较丰富，但专业知识不足，面对新的图书馆管理模式时，手段不够先进，不能很快适应并高效完成自己的工作，缺乏实际运作能力，效果评价与优化规划等方面考虑有所欠缺。

五、对情景化用户在高校阅读推广中采取的一些策略

（一）依据情景化用户信息服务模型细分用户，提供个性化需求

国内专家曾子明、邓仲华、黄传慧等均从不同角度、不同层次对情景化用户进行了细分，以此获取用户偏好，并尝试运用到各种个性化信息服务、嵌入式知识服务中，开辟了高校阅读推广的新领域。

我校主要是以本科教学为主，结合教职工和高年级学生科研情况，依据情景化用户信息服务模型进行调研，根据读者年龄、年级、学历、专业、科研、职业、兴趣、心理等获取读者信息，细分读者层次，制定阅读推广机制，进行个性化阅读推广服务。如：针对不同年级的读者需求推送不同的服务内容；针对科研人员的需求提供论文查新、查引和文献资源传递服务（特别是假期教师搞科研的高峰时间重点推送）；对参与各类竞赛的读者集中培训；等等（如表2所示）。

表2 读者分层推广表

读者对象	推广方式	推广内容
大一学生	专题讲座、现场参与	人生规划、职业规划、熟悉图书馆资源，了解不同文献功能及特点
大二学生	通识教育	掌握信息检索基础知识技能，具有合法使用信息的意识
大三学生	嵌入式教学	结合专业课人才培养熟悉专业资源集合，掌握专业数字工具

续表

读者对象	推广方式	推广内容
大四学生	专题讲座	毕业设计、毕业论文撰写各环节，孵化创新创业项目
科研人员	网上推送、面对面交流	论文的查新查引、科研前沿动向、资源的查找与传递
全体用户	线上线下宣传	现场活动（图书展、同读一本书、书评等）、各类竞赛、专题创作

（二）"需求驱动采购"的馆藏资源建设

文献资源是图书馆的服务之本，阅读推广是图书馆的生命力，没有有效的资源供给，图书馆的服务便如无源之水。"需求驱动采购"是一种根据用户的实际需求与使用情况采购图书馆资料的资源采集方式，又名"读者驱动采购"或"读者决策采购"，强调了"以用为主"的馆藏采购理念，为用户提供更多内容的选择，更好地满足用户目前和未来的需求。

图书馆文献资源建设要明确馆藏发展规划纲要，依据学校的发展目标和教学科研需要，以学科体系为基础，形成具有本校特色的馆藏体系，为学校的教学和科研提供切实有效的文献保障。我馆采用"需求驱动采购"的理念，充分发挥"专业文献选审工作组职能"，邀请各院系专业学科负责人选购文献，保障我校专业文献资源质量，各专业学科馆员参与图书馆的文献采购工作，组织大三年级各专业学习委员参加"你选书我买单"活动，重点补充老师填报的教学参考书及读者多渠道推荐图书。在现有状态下，加强"大馆藏"建设，探索扩大图书馆资源边界，充分利用网络 OA 资源和联盟资源外延图书馆的资源类型和数量，不再拘泥于一种购买模式。通过我们的努力，我们可以从中国高等教育文献保障系统（CALIS）申请电子文献传递和实体书刊馆际互借；可以从中国高校人文社会科学文献中心（CASHL）向成员馆申请人文社科类外文电子文献传递和实体文献馆际互借；用户在大学数字图书馆国际合作计划（CADAL）在线免费使用百万余册数字化的图书期刊等学术文献资源；在"百链"学术搜索平台进行一站式检索并提供电子文献传递；并能在湖北省高校数字图书馆联盟进行在线访问服务。

（三）成立学科馆员服务的阅读推广团队

优秀的阅读推广人或团队是各项阅读推广活动中的主体核心，其能力素质对阅读推广工作和提升起着十分重要的作用。学科馆员参与阅读推广团队有利于提高阅读推广效率，深化阅读推广内涵。

1. 学科馆员有很强的学科专业背景

学科馆员在具备普通馆员的信息素质、服务技能、图书情报专业知识之外，还应具有相应的学科背景，与用户在专业层面上进行沟通，及时跟踪和提供学科发展动态的相关信息资源，能在用户面对海量信息资源无从下手时，利用学科专业知识和技能，对无序庞杂的信息进行筛选、分析，把有用的信息提炼出来加工成知识产品，为用户提供最有价值的深层服务。

2. 学科馆员有很强的沟通协调能力

学科馆员与用户进行良好有效的沟通是开展学科服务的基础工作，良好的沟通协调能力是学科服务的助推剂。学科馆员具备良好的人际沟通、协调、合作交流能力，能够时时关注用户的动向，研究课题并主动、及时与学科用户沟通，进行信息交流，精确了解学科用户的知识需求，提供最新的信息，长远维持与学科用户的良好关系，有利于服务的深入发展。

3. 学科馆员参与阅读推广有利于提高推广效率

学科馆员依托自身的专业背景优势，与院系学者、教师、科研团队及学生建立联系，是图书馆与院系之间的桥梁。在阅读推广活动中，学科馆员能够从贴近专业和教学的角度进行前期筛选优质馆藏，定位活动方向，有的放矢地进行推广，提高图书馆资源的使用率，有效提高阅读推广效率。

（四）阅读推广活动的评价与反思

尹秀波认为评价阅读推广活动效果与质量的主体是读者，所以评价必须从读者角度出发，因此阅读推广评价主要从阅读推广主体图书馆和阅读推广对象读者两方面来探讨：一方面基于读者。通过收集读者的信息，分析读者的参与人数和时间，感知活动是否有创意，宣传口号是否鲜明，推荐书目是否适用，服务态度是否到位，是否达到读者的阅读心理，最终的受益程度，等等；另一方面基于图书馆。活动前期定位是否明确、目标人群是否清晰、活动规模设定是否达到预期效果，影响面的广度，资源利用是否提高，等等。反思阅读推广活动时，综合评价汇总各个环节的问题及原因分析，建立文档，为后期图书馆开展阅读推广工作提供重要的参考依据。阅读推广工作绝不是凭一己之力就可以完成的，它需要各部门人员的分工合作，阅读推广可以成立推广团体，将其与馆员日常工作绩效考核挂钩，调动馆员工作热情，更好地出谋划策；建立读者奖励制度，提高读者在阅读推广活动中的参与度，保障读者参与的可持续性。

动机决定行为，高校图书馆只有了解和研究广大师生的阅读需求，探索阅读推广的长效机制，创新阅读推广方式，开展有针对性的个性化的阅读推广活动，逐步培养读者阅读习惯，激发师生的阅读兴趣，才能提高阅读推广的效果。

参考文献

[1] 黄传慧. 基于情景化用户偏好的学术信息服务 [M]. 北京：科学出版社，2018.

[2] 范并思. 论图书馆阅读推广的理论体系 [J]. 图书馆建设，2018 (04).

[3] 王波. 图书馆阅读推广的定义、类型、方法：在"图书馆阅读推广理论与实践"专题研讨会上的演讲 [J]. 上海高校图书情报工作研究，2017，27 (01).

[4] 高云. 基于微信公众平台的吉林省高校图书馆阅读推广对策研究 [J]. 图书馆学刊，2019，41 (05).

[5] 吴振忠. 图书馆阅读推广活动的影响因素研究：以湛江地区学生市民阅读活动为例 [J]. 图书馆学研究，2011 (06).

[6] 胡昌平，乔欢. 信息服务与用户 [M]. 武汉：武汉大学出版社，2003.

[7] 曾子明，李鑫. 移动环境下基于情境感知的个性化信息推荐 [J]. 情报杂志，2012，31 (08).

[8] 邓仲华，李立睿，陆颖隽. 基于科研用户情景感知的嵌入式知识服务研究：上 [J]. 情报理论与实践，2014，37 (09).

[9] 黄传慧. 基于情景化用户偏好的学术信息服务 [M]. 北京：科学出版社，2018.

[10] THE NISO DDA WORKING GROUP. Demand driven acquisition of monographs [M]. Baltimore: National Information Standards Organization (NISO), 2014.

[11] 陈永平. 论学科馆员的核心能力 [J]. 图书馆理论与实践，2008 (04).

[12] 尹秀波. 基于读者视角的高校图书馆阅读推广活动评价研究：以黑龙江科技大学为例 [J]. 河北科技图苑，2015，28 (05).

民办高校图书馆核心竞争力构建研究

段莉虹

（武昌首义学院图书馆　430072）

摘　要： 民办高校是高等教育的重要组成部分，在民办高校体制下的图书馆在建设和发展中不容忽视对核心竞争力的培养。本文从分析图书馆核心竞争力的概念入手，阐述民办高校的发展现状对培育图书馆核心竞争力的影响，提出民办高校图书馆核心竞争力的构成要素，并对民办高校图书馆核心竞争力的培育方法进行探究。

关键词： 民办高校；图书馆；核心竞争力

图书馆的核心竞争力是以知识、技术、服务为基础的综合能力，是图书馆持续发展和赖以生存的基石，是图书馆在学校机体中取得竞争优势的特定能力的有机组合。民办高校作为高等教育的重要组成部分，在促进高等教育普及化、培养创新型应用人才、服务区域经济社会发展等方面发挥了积极的作用。民办高校图书馆在这种特定的环境下发展、提升，需要构建赋有鲜活生命力的图书馆核心竞争力并对其建立长期有效的培养方法。

一、高校图书馆的核心竞争力

20世纪90年代初，美国著名学者普拉哈拉德（Prahalad）联合英国经济学家汉默（Hammer）在《哈佛商业评论》上发表的论文《公司核心竞争力》中共同提出打造企业核心竞争力这一理念，并受到各个领域的广泛重视，由此掀起构建行业核心竞争力的热潮，高校图书馆的核心竞争力也由此衍生而来。究竟什么是高校图书馆的核心竞争力，笔者通过文献调研，目前对于图书馆的核心竞争力说法出现了下面四类观点（如表1所示）：

表 1　图书馆核心竞争力的类型及观点

类型	行业代表	主要观点
能力观	詹衍玲、黄光明	图书馆核心竞争力是一种为图书馆获得竞争优势的能力，是维持图书馆存在和保障该馆发展的、独特的、外界不易掌控的能力
资源观	程焕文、范并思	图书馆核心竞争力界定为一种资源，如文献信息资源或人力资源
协同观	杨志敏、李梅军	图书馆核心竞争力是一种由能力、资源和其他因素协同而成的特殊体系
要素观	宋乐平、文汝	图书馆核心竞争力是在图书馆发展中发挥重要作用的某种要素，如办馆理念、管理模式或图书馆文化

虽然以上这些观点从多视角多层次揭示了图书馆核心竞争力的内涵，但终究没有对图书馆核心竞争力形成一个完整统一的定义。但是，上述观点中均认为：图书馆应该具备核心竞争力并使之成为图书馆独具的特色和优势。高校图书馆的发展，应该从多个方面构建自身的核心竞争力，使图书馆在服务高校读者、文献资源建设及支撑教学科研等方面具有竞争优势。

二、民办高校图书馆核心竞争力构建

（一）国内外现状

我国民办高校始创于 20 世纪 90 年代。随着高等教育改革的不断深入发展，民办高等教育得到了迅猛发展，成为国内外众多学者共同关注和研究的课题。根据检索相关研究文献来看，众多学者的研究并没有将公办体制高校与民办体制高校的图书馆的核心竞争力区分开来研究。对于民办高校的相关研究大部分集中在民办高校内部管理体制及核心竞争力等方面，归纳众家研究结论可以得出，民办高校具有管理体制灵活、组织结构扁平、运行机制高效、效益考核严谨等特点。

民办高校图书馆是民办高校发展的重要组成部分，教育部颁发的《普通高等学校图书馆规程》（2015 版）（以下简称《规程》）中指出："图书馆的建设和发展应与学校的建设和发展相适应"。民办高校图书馆在建设和发展过程中遵循了《规程》的要求，在构建管理体制与核心竞争力过程中，既继承了民办高校的特点，又与公办高校相比有所差异，并具有自身的特点。由于体制的不同，民办高校图书馆核心竞争力的内涵和外延具有其独特性，而且培育的方法也有所不同。

(二) 构建民办高校图书馆核心竞争力的重要性

构建民办高校图书馆核心竞争力的理论体系和培育方法，有助于民办高校图书馆加强对其核心竞争力的建设，从而解决目前普遍存在的文献资源匮乏、经费较少、专业馆员不足等方面的问题，真正实现图书馆自身的价值。利用体制优势，在培育核心竞争力过程中增加与师生融合、与管理层融合、与教育数据融合、与社会力量融合的闭环管理因素，使民办高校图书馆的核心竞争力具有长效性和实用性。核心竞争力的实施，使各方面资源都比较匮乏的民办高校图书馆，在学校的应用型人才培养和办学实力提高方面起到重要的作用。

(三) 民办高校体制对培育图书馆核心竞争力的影响

(1) 体制机制灵活为图书馆发展注入了发展活力。

一方面，国家保障民办高校的办学自主权，民办高校可以自主设置职能部门、内部管理机制，校内监督机制，自主使用办学经费，重大事项自主决策等。基于这种自主权，图书馆服务学校办学理念和目标的合理政策和制度有实施空间和基础。另一方面，民办高校在内部治理结构上更加灵活、高效。通过"决策—实行—监督"的治理结构既能保证决策的科学性，又能明确内部分工、提高工作效率。内部体制、机制改革和创新阻力小、动力强，具有快速调适的功能，这些优势为民办高校图书馆的发展注入了发展活力。

(2) 资源多元性为图书馆资源建设提供建设思路。

民办高校在物质资源、人力资源和财力资源的筹集和保障方面实行多元化，其中一个重要原则是"不求所有，但求所用"，特别是充分挖掘利用社会上闲置和富余的各种优质资源。在图书馆的资源建设中可以建立"不为我所有，但为我所用"的"大馆藏"理念。

(3) 扁平灵活管理机制驱动了馆员团队的有效执行力。

民办高校优胜劣汰，竞争意识强，有为才有位，让全体成员具有极强的危机感，工作中讲求效益和效率，扁平灵活管理机制提升了图书馆馆员的能动性，驱动了馆员团队的有效执行力。

(四) 民办高校图书馆核心竞争力构成要素

民办高校图书馆核心竞争力包含人才、资源、服务、教育四个要素，即：管理上的文化价值引领；资源方面的保障体系建设；服务上的精准融合特色；教育方面的信息素养培育。

人才：民办高校图书馆相比公办高校图书馆，人力资源尤其是专业馆员十分紧缺，在构建核心竞争力时劣势明显。为了弥补不足，民办高校图书馆应发挥民办高校机制灵活的特点，确立"引培并举，以老带新"的方针，设计"一岗多职"的人力资源使用方式，建立与学校行政部门、院系教师、图书馆界联盟等之间的人力资源融合，构建民办高校图书馆人力资源的核心竞争力。

资源：民办高校图书馆大多只有二十余年的建馆史，其文献资源的积累量是不足的。因此在资源建设中，一方面要构建"以用户需求为导向的文献资源保障体系"，让专业文献建设能够满足学校的教学要求；另一方面要建立专业文献资源统计工具，科学统计专业文献在图书馆馆藏中的占比，为精准提供专业文献服务和分析专业文献利用情况提供统计数据。

服务：在当前所有图书馆普遍感觉被边缘化的环境下，利用民办高校内部运行的目标导向性和注重效益的体制优势，建立起面向学科、专业和应用型人才培养的服务模式，实现资源的定制服务和深化服务，以形成民办高校图书馆核心竞争力的精准服务要素和专业文献利用评价体系，支撑学校的应用型人才培养。

教育：民办高校作为应用型普通本科高校，非常重视应用型人才培养的质量评价，其学生的"解决专业复杂问题能力""自主学习能力""终身学习能力"是重要的考察点。而向学生开设信息素养教育是图书馆的重要职责之一，也是培养学生上述能力的重要育人环节。如何能采用多种形式将信息素养教育嵌入到本科人才培养全过程中，实现信息素养教育与学科专业教育深度融合，形成与学校应用型本科人才培养目标相适应的渗透式、递进式、系统化的信息素养教育体系，这应该是图书馆核心竞争力的重要因素。

三、民办高校图书馆核心竞争力培育方法

（一）将专业信息素养教育纳入学校人才培养计划，建立专业信息资源统计及评价工具和模型

（1）类比公办院校图书馆工作委员会组织机构，研究民办高校图书馆核心竞争力中来源于民办高校办学体制机制的优越性具体体现和可落地实施的操作模式。建立专业文献选审工作机制，发挥专业骨干教师、优秀专业学生、学科馆员三方人力资源优势共同构建与本校专业发展相适应的文献资源保障制度。

（2）结合图书情报领域的专业人力智慧，建立信息资源组织分类工具与专业课程属性标签的映射关系模型，形成指导文献组织、文献遴选、文献统计的

专业工具。

(3) 利用映射模型工具，建立一整套对专业文献资源的利用统计标准，不仅对专业文献利用进行了准确评价，还指导了专业文献资源建设，评估了专业文献资源建设质量。

(4) 建立"大馆藏"资源保障体系，不仅涵盖广泛通用型可购买的商业数据库资源，还包括具有本校特色的自建数据资源、采用文献传递方式获取的联盟共享资源、广泛挖掘的为我所用的免费OA资源，形成"大馆藏"资源保障体系来扩大资源获取范围。

(5) 创新传统文献信息检索的教育模式，探索建立面向不同年级不同需求的分层次、分类型、系统化的专业信息素养教育体系。

(二) 构建专业文献精准服务要素

(1) 建立融合型专业资源服务体系。从民办高校的办学理念及目标为出发点，在学校人才培养的过程中，在校内建立跨部门、跨系统、跨资源的融合体系，解决图书馆专业文献归类边界不清、学校专业资源与图书文献资源相互分离的问题。

(2) 设计精准的专业文献借阅统计方法，通过专业资源和文献资源的融合，建立专业文献利用的统计标准和统计方法，精准统计专业文献的借阅情况（包括每个学生和每个专业的学生群体的专业文献借阅数量和分析报表），定期向学院反馈，让教学者了解学生的专业文献借阅情况，反哺学院教学，为学校人才培养设计、专业教学效果评价提供决策性的支撑信息。

(3) 以读者的专业文献利用率为依据，不断调整、优化文献建设服务策略，满足读者文献信息需求，提升图书馆其他服务质量与效益。指导图书馆文献资源采购、馆藏结构设置，以及为学校建设有特色、有影响力的品牌专业的生存和发展提供重要保障。

(4) 突破图书馆统计大数据的常规性、单一性，多维度追踪读者阅读情况，做好读者利用专业文献的行为数据分析，指导读者在本科学习过程中有效利用专业文献，提高学业水平。

三、结语

在民办高校特有体制下，较系统地研究构建民办高校图书馆核心竞争力的理论体系和培育方法，有助于民办高校图书馆加强对其核心竞争力的建设，从而解决目前普遍存在的文献资源匮乏、经费较少、专业馆员不足等方面的问题，真正实现图书馆自身的价值。对民办高校图书馆发展起着推动作用。

参考文献

[1] 赖辉荣．对图书馆核心竞争力概念的再认识［J］．大学图书馆学报，2008（03）．

[2] 徐大勇，于春莉，葛艳．高校图书馆核心竞争力研究［J］．农业图书情报学刊，2012（24）．

[3] 薛鑫．高校图书馆核心竞争力探讨［J］．山西青年，2018（06）．

[4] 李燕．高校图书馆纸质资源利用现状分析：以长江大学武汉校区为例［J］．办公室业务，2022（01）．

[5] 张萍．试论民办高校图书馆文献信息资源建设与服务［J］．科技资讯，2021，19（23）．

[6] 孙旭萍．基于学科发展的新建本科院校图书馆文献资源建设研究［J］．绍兴文理学院学报，2015（35）．

[7] 余成斌，敖小爽．浅析新建本科院校图书馆文献信息资源建设［J］．商界论坛，2015（19）．

[8] 邵佳．提升民办高校图书馆核心竞争力的对策研究［J］．科技展望，2016（31）．

[9] 李文艳．以特色文献构建高校图书馆核心竞争力的思考［J］．图苑论坛，2014（11）．

[10] 甘亚非．新建本科院校图书馆文献信息资源建设与服务研究［J］．内江师范学院学报，2016（31）．

[11] 曲哲．高校图书馆图书文献利用调研报告：以广州大学图书馆为例［J］．高校图书馆工作，2012，32（02）．

[12] 史丹，杨新涯．基于学科目录的数字资源分类法研究与实践［J］．图书馆建设，2021（04）．

[13] 王芹．基于学校专业课设置的馆藏中文图书结构分析研究［J］．图书馆论坛，2010，30（04）．

[14] 闫兴周．基于借阅统计的文献资源建设模型［J］．大学图书情报学刊，2014，32（06）．

[15] 孙汝杰．基于学科专业与《中图法》映射模型的馆藏文献资源结构分析：以上海应用技术学院中文馆藏图书结构分析为例［J］．上海高校图书情报工作研究，2015，25（4）．

关于新时期军校图书馆员的职业素养的思考[*]

彭博 陈敏

（武汉轻工大学图书馆 430023）

摘 要：本文通过分析军校图书馆事业的特点，主要论述新时期军校图书馆员应具备的十种职业素养：政治合格，立场坚定；严谨求实，学风端正；遵纪守时，纪律严明；业务娴熟，技术精湛；善于倾听，沟通协调；不断学习，充电提高；懂得军事，知晓专业；吃苦耐劳，勇于担当；团结互助，团队合作；守得清贫，耐得寂寞。个体职业素养得到提升，整体事业定可繁荣发展。

关键词：军校；图书馆员；职业素养

职业素养是人类在社会活动中需要遵守的行为规范，是职业的内在要求，是一个人在从业过程中表现出来的综合品质。国外有这样一种说法：图书馆服务所发挥的作用，75%来自图书馆员的素质。英国图书馆专家哈里林说："即使是世界第一流的图书馆，如果没有能够充分挖掘馆藏优势、效率和训练有素的工作人员，也难以提供有效的读者服务"。在军队院校转型和编制体制调整的大背景下，信息技术的发展及信息需求的变化，对军队图书馆员的职业素养提出了新的标准和要求。军校图书馆由于其服务群体的特殊性而与公众图书馆有所不同，所以对其图书馆员也有特别的要求。军校图书馆员应具有哪些职业素养，首先要分析一下新时期军校图书馆事业的特点。

一、新时期军校图书馆事业的特点

新时期军校图书馆"军味"浓烈，服务对象具有特殊性，服务方式日趋人性化，馆藏资源类型存在多样性，人员结构呈现多元性。对此，我们必须逐一

---

[*] 本文系武汉轻工大学高等教育研究课题（2022GJKT006）、武汉轻工大学校立科研项目（2021Y77）的研究成果之一。

分析和熟悉。

1. 军校图书馆"军味"浓烈

军校图书馆的馆藏资源中，军事类纸质和电子资源占到了很大的比例，这是因为军校图书馆的服务对象绝大多数为现役军人。

2. 服务对象的特殊性

军校图书馆的读者一般由全日制本科学员、研究生学员、专升本学员和教员组成，面向不同类型的读者，服务的侧重点也有所不同。

随着军队院校教育的转型，军校图书馆的服务对象发生了一些变化：服务重心从以往的全日制本科学员逐渐转向任职培训学员。另外，军校图书馆的读者群体中又出现了像外军学员这样的新生力量。

3. 服务方式的人性化

军校图书馆的服务对象具有军人和学生的双重身份，他们不仅要完成好学习任务，还要兼顾军事训练的重要任务。这对我们的服务方式提出了新的要求。目前，我们采用电子传送文献的方式，较之传统的文献传递方式，更加快捷、方便、高效；而"送书上门"特色服务，可为读者们节约大量宝贵时间；因院校学科专业的特殊性应运而生的"联合现采"，就是倾听了读者的心声和诉求，吸收专家教授们的智慧和力量，群策群力，优化馆藏资源。

4. 馆藏资源类型的多样性

军校图书馆除了提供印刷型、声像型资源，同时通过购买、自建、整合、共享等方式，提供大量的电子图书、电子期刊等电子资源，正是通过图书馆的智力劳动，校园信息资源才能够丰富多样。

5. 人员结构的多元性

军校图书馆有其独特的人员结构，其中包括：现役军人、职员职工、非现役文职人员、非现役工勤和临时人员等各类型人员。

二、新时期军校图书馆员应具备的十大职业素养

分析新时期军校图书馆事业的特点，形势的发展已经向图书馆员提出了严峻的挑战，要想在职业生涯中胜任本职工作并提升职业竞争力，就必须在以下十个方面培养和提升自己的职业素养，打造职业核心竞争力，追求所从事事业的最大发展，实现个人价值最大化。

1. 政治合格，立场坚定

军校图书馆是弘扬中华传统文化、宣传政治理论知识和军事理论、传播科学文化知识的前沿阵地。军校图书馆员首先要有强烈的爱国主义、集体主义和社会主义思想，树立正确的人生观、价值观和世界观；努力学习马列主义、毛泽东思想以及邓小平理论，深刻领会科学发展观的内涵。要有正确的政治观点和指导思想，要有坚定正确的政治方向和较高的政治素质，要自觉加强政治理论学习和思想道德修养；要有政治意识，坚定地与党中央保持高度一致；要有大局意识，紧紧围绕党的中心任务开展工作。

另外，由于军校图书馆所处环境的内在要求和服务对象的特殊身份，军校图书馆员树立强烈的安全保密意识显得尤为重要。因此，军校图书馆员在日常工作和生活中，要时刻保持清醒的头脑，熟练掌握保密知识技能，严格遵守保密规章制度，签订保密承诺书。对于涉密文献，一定要及时上报请示，严格按照上级处理意见再行处置。

2. 严谨求实，学风端正

全心全意为读者服务是图书馆工作者职业道德的核心。军校图书馆各项工作的价值只有通过服务工作才能得以实现，军校图书馆员应具备全心全意为学员和教员服务的职业精神。作为一名图书馆员，要有主动热情的服务精神、认真负责的工作态度和严谨的工作作风。

3. 遵纪守时，纪律严明

军校图书馆员工作、生活、成长在军营。军队有军队的纪律，军营有军营的管理规定。军校图书馆的规章制度不仅对读者有约束力，更对图书馆员提出了具体要求。军校图书馆是一线服务窗口，图书馆员的一举一动都代表着图书馆的形象，因此，图书馆员要事事处处遵纪守时，时时刻刻纪律严明，树立军校图书馆员的标杆形象。

4. 业务娴熟，技术精湛

军校图书馆员的良好文化素养和业务素养，是搞好新时期军校图书馆工作的有力保证。军校图书馆员的文化业务素养主要包括：掌握扎实的图书馆专业理论和熟练的业务技能；具有一定的军队院校学科相关知识；熟练地掌握一门外语，特别是英语，具有一定的语言文字表达能力以及熟练的计算机网络知识及应用技能。

未来图书馆需要的是富有创新精神的开拓性人才，军校图书馆员必须具备创新意识和创造能力。程序化的工作只反映专业技能，创造性的工作才是专业素养和专业水平的体现。学科带头人是军校学科建设的主要力量，是保障军校教学科研创新的骨干。学科建设的水平从根本上说取决于学科带头人的水平，而一流水平的学科带头人要靠一流的图书馆员提供一流的专业信息服务。因此，对于新形势下军校图书馆员来说，良好的信息素养和信息创新能力显得尤为重要。

5. 善于倾听，沟通协调

军校图书馆员要热情服务，平易近人、富有感情、乐于助人、心胸开阔。无论读者是教师还是学生，都要面带微笑真诚相待。要秉持"读者第一，服务至上"的服务理念，不断拓宽服务领域，寻找新的服务项目，提高服务质量。现代化管理需要军校图书馆员研究和分析读者的阅读需要，虚心听取读者意见，不断改善服务态度，提高服务水平，要把读者放在图书馆整个工作的中心位置。热爱读者，尊重读者，以读者需要为己任，使文献、知识、信息和读者需要有序地结合起来，尽最大的努力满足读者需要，真正做到一切为了读者。

6. 不断学习，充电提高

处在现今这个知识大爆炸的时代，网络环境改变了军校图书馆以纸质文献为主的单一服务方式，也改变了军校图书馆员的岗位结构。我们面对的除传统的纸质文献外，还有电子文献以及大量的网络信息，这对我们的知识结构、职业素质提出了新的、更高的要求。军校图书馆员只有不断坚持学习新知识、新技能，才不会被竞争激烈的信息时代所淘汰。根据专业岗位和服务的需要学习专业知识和技术，学习相关的科学知识和技术，学习管理理论和服务技能，学习他人经验，提高信息检索、信息整理、信息导航、专题咨询等的服务水平，为用户提供高效优质的服务。

7. 懂得军事，知晓专业

军校图书馆员要懂得一定的军事理论、军事知识、军事技术和军队政治、军事、作风纪律和后勤保障方面的知识。还要知晓所在院校各个学科专业的基础知识。

8. 吃苦耐劳，勇于担当

军校图书馆工作并非绝大多数人看上去那样清闲自在，它是由许多繁杂琐碎的小事情、苦事情和累事情组成的。因此，军校图书馆员要忠于职守、敬业爱岗、无私奉献、甘当人梯，为图书馆事业尽心竭力。无论是图书采购、分类编目，还是流通阅览等都是图书馆事业不可或缺的组成部分。因此不论从事哪项工作，都是工作的需要，都要有大局观念，要服从组织安排，工作姿态要高，要勇于担当，要不怕苦不怕累。细小工作，要积极主动。

9. 团结互助，团队合作

军校图书馆的各项工作相互衔接、不可分割、缺一不可，它们有序结合形成一项结构严谨的有机体。读者的需求可能是多方面的，涉及诸多学科领域，尤其在网络环境下，信息资源更是呈现出数量大、类型多、媒体广、分布散、跨时空、多语种等特点。有时，面对较大型的复杂课题，单凭个人的知识与技能很难完成，必须依靠团队的力量共同努力。军校图书馆是个大家庭，馆员们要树立"全馆一盘棋"的大局观念，增强全局意识，发扬团结协作的精神，关心同志，热爱集体，同事之间要相互支持、密切配合、互相帮助、互相学习、分工不分家。只有这样才能够使图书馆内部充满活力，保证图书馆的各项工作顺利开展、畅通无阻。

10. 守得清贫，耐得寂寞

军校图书馆是服务性单位，不是创收单位，军校图书馆员都是吃"皇粮"的工薪阶层。平时工作各司其职，各守一摊，有的甚至从参加工作到退休每天都是重复着一种单一的工作，既没有某些行业那样的可观收入，又没有某些行业那样的风光闪亮。然而，"书籍是人类进步的阶梯""知识就是力量"，图书馆是知识的殿堂。军校图书馆工作清贫而高尚，平淡而伟大。这里关键是要调整心态。很多情况下，心态决定事业、态度和行动，心态出事业心、责任心和积极性。军校图书馆员要淡泊名利，默默耕耘，守得清贫，耐得寂寞，乐于奉献，心甘情愿在平凡平淡的岗位上，真心实意为读者奉献自己的智慧和力量，要干一行爱一行，要真情偏爱本职工作。通常，只有对所从事的工作极其热爱的人，才会有强烈的事业心和无穷的驱动力，才会去钻研业务知识，不断提高服务水平。

三、结语

在新时期，军校图书馆馆员要分析熟悉军校图书馆事业的特点，要具备和提升十种职业素养：政治合格，立场坚定；严谨求实，学风端正；遵纪守时，纪律严明；业务娴熟，技术精湛；善于倾听，沟通协调；不断学习，充电提高；懂得军事，知晓专业；吃苦耐劳，勇于担当；团结互助，团队合作；守得清贫，耐得寂寞。只有这样，才能胜任本职工作，打造核心竞争力，追求个人价值的实现。个人职业素养提升了，整个图书馆事业定能大繁荣大发展。

参考文献

[1] 张姝. 网络环境下的图书馆员素质建设 [J]. 科技情报开发与经济，2008（8）.

[2] 申静. 论信息时代图书馆员素质的提高 [J]. 牡丹江大学学报，2007（10）.

"互联网"背景下电子商务在数字图书馆中的应用研究

彭振璇

(武昌职业学院图书馆　430202)

摘　要：现阶段网络技术得到广泛使用，信息化和全球化互动促进世界经济长久稳定发展，电子商务由于符合全球市场形势得到迅猛发展，已经集中展示出国际贸易的信息化特征。因此，通过对"互联网"背景下电子商务在数字图书馆中应用情况的分析，发现"互联网"背景下电子商务在数字图书馆中应用的必然性，从市场经济需求、市场竞争需求和人民群众的购物观念方面展开分析，并提出"互联网"背景下电子商务在数字图书馆中的应用方法，为后续相关工作提供指导和参考。

关键词：互联网；电子商务；数字图书馆；应用方法；必要性

引言：互联网技术被广泛使用，通信技术也得到提高，电子商务被更多领域所使用，其中也包括图书馆。在图书馆中使用电子商务，可以充分发挥信息组织与信息检索的作用。图书馆内出现的电子商务信息无须进行物流配送，用户同样不用亲自到图书馆搜索相关信息，只需通过网络展开联机检索，图书馆就会将信息反馈给用户。因此，研究"互联网"背景下电子商务在数字图书馆中的应用，可以使图书馆的相关服务更加便利。

一、"互联网"背景下电子商务在数字图书馆中应用的必然性

（一）同市场经济需求相适应

在市场经济环境下，为提高数字图书馆的运行效率，使消费者得到所需信息，需对市场需求展开主动搜索，通过实效性和针对性更强的服务与信息产品，使市场占有率更高，吸引大量优秀人才与资金。电子商务中的市场跟踪更具科

学性，应对能力比较高，且技术成本较低，其全新经营模式与思维，即结合市场时间、虚拟与空间形态，使资金流、商流、物质流和信息流相结合，产生更加开放的环路，且可以良性循环，让数字图书馆对业务处理展开内部优化，减少服务成本，提高管理效益。对于外部而言，可以使交易处理提高速度，并使决策响应与回应速度更快，其市场效应与效益也会有所提升。

（二）同市场竞争需求相适应

信息时代背景下，网络环境使信息共享具有更大范围，用户不受时间与空间限制得到自身所需的信息，缩短信息同用户间的距离，但也会使信息服务面对巨大挑战。第一，信息服务具有更大的目标市场。第二，提高响应信息服务的速度。此些内容对于数字图书馆而言，极易导致信息服务扩大抑或是丢失目标市场。如何对大量信息资源展开科学利用属于比较重要的问题，其中涉及数据库、思想库、文献库与知识库等，通过技术与专业优势，发现目前信息市场中出现的新需求，并由此找到巨大商机，除旧布新，让数字图书馆可以在激烈的信息服务竞争中占据一席之地，且能持续稳定发展，这属于非常关键的内容。因此，要将电子商务同数字图书馆相结合，使以往不符合信息社会的服务思想、内容、方法、渠道和流程发生变化，通过提供快捷、实时、个性化和高效的服务使数字图书馆具有更大的目标市场，让数字图书馆可以提供跨越式信息服务。

（三）网上购物深受喜爱

通过查找我国最新互联网发展信息可以发现，人民群众在网上购物的思想更加深入。通过 CNNIC 相关数据可以发现，2020 年我国有 9.89 亿网民，其中有 7.82 亿用户进行网络购物，占网民整体的百分之七十九点一。通过整理相关资料得知，有很大一部分人民群众通过网络购买图书产品，这让数字图书馆把以往文献资料变成数字形式，再通过网络提供相关服务，并进行传播。

二、"互联网"背景下电子商务在数字图书馆中的应用方法

（一）采购图书

在建设图书馆期间，图书采购具有十分关键的地位。以往方法需花费很多物力和人力，但若是以"互联网"为背景，工作者能利用电子商务平台展开采购工作。通过售书商所使用的网上查询平台，根据学校需求展开检索，填写订单，同时提交订单，在完成这些工作后也可以跟踪了解物流信息。全部流程都具有条理性和系统性，并且具有较强的可控性，非常直接。这些图书不管是以

往通过媒介存在的实物，抑或是虚拟电子书，均能利用网上购物系统进行订购，包括纸质和光盘等。例如：亚马逊是全世界最大的网络购书平台，截至2016年7月，共有七百万种图书。也就是说，相比较以往图书采购手段，此种方法既可以丰富资源，又可以减少时间与人力物力的使用，令工作效率得到提升。

（二）广告宣传

由于数字图书馆不断增加，其竞争也更加激烈。针对所有图书馆而言，不能只将图书馆建设完毕，也应利用微博、微信和网站等方法展开宣传，使大量用户对图书馆产生更加深入的了解，吸引大量用户，树立品牌观念，使图书馆提供更大范围的服务，提高其影响力。数字图书馆同样能在自身官网平台上发布其他客户的广告，为其他客户做宣传，让页面信息具有多元化特征，可以让图书馆具有一定经济效益，例如万方和知网等。

（三）付费使用

付费浏览，即浏览图书馆中的网络信息期间，用户需缴纳相关费用。数字图书馆通过付费使用的手段可以使用户对信息资源的需求得到满足，也可以令数字图书馆在投入资金上取得一定补偿，且具有合理性。付费使用具有丰富的方法，存在两种普遍形式。

首先为预付费手段，也就是用户在对数字图书馆中需要收费的信息资源展开浏览时，可以通过适当页面将之前购买完成的阅读卡根据提示进行输入，一般都是输入卡号与密码，当验证成功后，用户可以继续浏览，也可以对付费信息进行下载，这时，数字图书馆中存在的收费系统就可以在卡上自动扣除费用。此种付费手段更加安全便利，属于普遍手段。比如我国的书生之家与超星数字图书馆。

其次为在线付款，即用户在对数字图书馆中的付费内容进行浏览期间，通过网上电子支付平台展开支付，支付成功就能继续在线阅读。此种方法比较简单快捷，但存在安全隐患，所以电子商务应当更加深入研究安全技术，将安全技术作为实施在线支付的前提与基础。

（四）共享图书资源

大数据环境下，所有数字图书馆都拥有一定的信息资源，但并不是无限的，以"互联网"为背景，采用共享信息资源的方式可以将此问题解决。比如：以地区为单位，产生图书馆联盟，开展馆际互借，对其他图书馆中的数据库镜像权与使用权等内容进行购买。利用信息共享，既可以使数字图书馆具有更大范围,又让用户更加便利,且得到大量信息,让信息资源在分布时更加均匀。

(五)联机编目

联机编目,即慢慢创建联合书目的数据库,且存在一定规模,让所有种类的图书馆可以对书目成果和文献资源进行共享,可以在某行业抑或是某地区中产生共享网络。现阶段,互联网属于共享网络中的一个关键平台,其可以令图书馆更加自动化,提高图书馆的网络化程度,初步产生图书馆全部网络。利用电子商务,工作者根据上传与下载的联合目录的内容,分类整理数据信息。

(六)提高培训力度

在数字图书馆内使用电子商务,既需具有专业素养的相关人员,又需具备专业技术与知识的电子商务者。但是怎样在工作期间融合电子商务与数字图书馆的知识属于巨大问题,其影响数字图书馆的完善与发展。图书馆不但要吸引综合素质较高的复合人才,而且要提高工作的培训力度,令图书馆提高交流次数,革故鼎新。

(七)健全网上安全制度

由于电子商务的迅猛发展,数字图书馆愈发重视信息安全。此信息既涉及数字图书馆内出现的馆藏信息,又涉及用户账号、密码等比较隐私的信息,这让数字图书馆面临更大挑战。现如今,解决此问题的关键方法就是信息安全管理技术。将公钥密码当作前提,其主要内容是智能卡身份认证,并与数字签名相结合,依据相关安全认证体系将业务流程期间发生的安全问题解决。同时结合国外经验和我国具体现状实施一定政策对用户隐私展开保护。例如:行业协会明确保护原则、保护方法和发展计划等,使业内提高自我规范程度;也可以成立第三方机构,使监督管理制度得到完善。

三、结语

综上所述,通过对"互联网"背景下电子商务在数字图书馆中应用情况的分析,提出"互联网"背景下电子商务在数字图书馆中的应用方法。首先,采购图书,丰富资源,减少时间与人力物力的使用;其次,广告宣传,吸引大量用户,树立品牌观念;再次,付费使用一定内容,令数字图书馆在投入资金上取得一定的合理补偿;再次,共享图书资源,联机编目,让信息资源在分布上更加均匀;最后,提高培训力度,健全网上安全制度,令图书馆提高交流次数,革故鼎新。电子商务的进一步发展,让用户的信息资源与服务手段更加多样,让数字图书馆更具市场竞争力，使图书馆业务在运行时得到一定改善，提高数字图书馆的经济效益，令数字图书馆步入新篇章。

参考文献

[1] 王岚．基于互联网的现代图书馆数字化与服务化转型研究［J］．湖北经济学院学报（人文社会科学版），2020．

[2] 张文亮，洪坤梅，王秀香．英国数字图书馆标准建设及其启示［J］．电子商务，2019，229（1）．

[3] 文佳．计算机网络安全技术在电子商务中的应用［J］．数码设计，2020，9（1）．

[4] 张文亮，姜萃，李晶．高校图书馆数字阅读推广策略研究：以辽宁师范大学为例［J］．电子商务，2020（3）．

[5] 叶淑然．"互联网+"背景下数字图书馆服务模式研究［J］．科技传播，2019（24）．

[6] 李新宇．基于"互联网+"的数字化技术在图书馆文献开发中的应用［J］．电子技术与软件工程，2020（2）．

人工智能赋能图书馆：新特征、问题与融合

胡勇祥

（黄冈师范学院图书馆　438000）

摘　要：我国图书馆整体智能化建设现状取得了一些阶段性的成果。但是由于资金、技术、人才与经验等多方位制约，导致与人工智能融合程度有一定的个体差异性和局限性，本文通过对图书融合人工智能的相关问题进行阐述，提出了人工智能赋能图书馆建设过程中相应的融合对策，以期进一步提升图书馆的管理与服务效能。

关键词：人工智能；智慧图书馆；融合

信息社会的推进带来各项技术革新，人类社会已从信息时代步入数字时代再到如今的智能时代，国家、企业相继为智能技术的发展与推进施以政策方针，中国制造2025、"十四五"规划等政策的出台，许多企业也开启了新一轮智能技术的投资与转变。这对于同样面临发展、创新与变革机遇的图书馆来说，探索人工智能技术、应用人工智能技术、在应用人工智能技术的过程中寻求深度融合之路是其必然趋势。《新媒体联盟地平线报告（2017图书馆版）》就明确指出人工智能将成为未来5年在图书馆中最重要的应用技术之一，图书馆机器人的研发与应用，将推动图书馆在管理模式和服务方式上的诸多变革[1]。虽然，人工智能技术发展迅速，但图书馆在对其进行探索与应用的过程中仍面临着诸多挑战，人工智能技术在图书馆中的应用时间和应用深度较其他行业仍有一定距离，在有效的解决与应对之法上图书馆还需借鉴其他行业的经验，并与其他行业共同努力促进图书馆早日实现理想转型与持续发展。

一、人工智能与图书馆

（一）人工智能与图书馆关联性

人工智能与图书馆学存在一定的关联性。如表1所示，在理论层面上，尼

尔森教授对人工智能下了这样一个定义："人工智能是关于知识的学科——怎样表示知识以及怎样获得知识并使用知识的科学"[2]。图书馆学也是针对"知识"这一对象进行运用、管理、研究的理论，王子舟教授又提出并论证"图书馆学是以知识为研究对象"的定义，且在其论文中指出图书馆学的核心概念早已向知识转变，信息的集合涵盖了知识等论点。在应用实践上，当前人工智能与图书馆的服务内容都存在交集，具有共同的服务对象的同时，也相互服务。在技术层面上，人工智能相关技术是图书馆智能化的核心关键，两者初步结合的结晶是智慧图书馆等。图书馆正将人工智能技术作为自身服务的技术保障，将人工智能赋能图书馆的方式方法、作用途径与技术内容在不断地丰富、发展，使图书馆在发展过程中与人工智能由简单应用变革为深入融合。

表1　人工智能与图书馆关联分析

	人工智能	图书馆
主要概念、特征	人工智能相关理论，计算机学科分支，属于交叉学科	图书馆学，研究文献、信息和知识的收集、组织与传播利用
理论基础	计算机科学	图书馆学
研究对象	本质都是以知识为研究对象，但两者对"知识"的概念不一样	
研究内容	面对信息的获取、处理、组织与储存	
研究领域	自然科学与社会科学	社会科学
研究工具	计算机及相关技术	
交叉点	学科交互：人工智能是计算机科学的分支，图书馆学与计算机学技术交互衍生学科有信息资源管理、情报语言学、数字人文等 智能检索交互：信息检索起源于图书馆的参考咨询和文摘索引工作，智能检索 人工智能是智慧图书馆、融合图书馆的顶层设计的核心应用	
服务内容	以计算机来模拟人的某些思维过程和智能行为，实现机器智能	图书馆服务与管理
服务对象	广义来说都是为人类社会服务，且两者相互服务； 具体来说，数字化、智慧化、智能化图书馆是人工智能的服务对象； 人工智能研究学者、工程师、人工智能产品等研发人员的知识服务需求是图书馆的服务对象	
服务领域	人工智能服务领域包括了图书馆行业，属于直接服务	

续表

	人工智能	图书馆
服务交互	对于人工智能产业来说，人工智能是"服务"，图书馆是"用户"，尽可能了解用户需求是提高服务质量和销售量的有力保证；对于人工智能领域的专家学者来说，图书馆是"服务本身"，是一种"工具"	对图书馆"用户"来说，人工智能和图书馆都是作为"服务"本身，融合两者的服务或产品是一种特殊体验；对于有智能化建设需求的图书馆来说，融合了人工智能的服务或产品是"服务本身"，是一种"工具"
交互作用产品	智能检索工具、自然语言处理软件、参考咨询机器人	图书馆通过为人工智能领域研究学者提供知识服务，通过构建图书馆顶层设计，为相关企业提供用户需求，来间接影响人工智能

（二）人工智能赋能图书馆发展

图书馆从传统图书馆向数字图书馆的发展，再向智慧图书馆的转变，融合人工智能的过程可主要分为四个阶段，如图1所示，分别是初期探索阶段、研究试验阶段、业务渗透阶段和融合创新阶段，每一阶段的发展都是人工智能技术的超速发展给图书馆带来了巨大的变革与创新，其中融合创新阶段是业务渗透阶段积累应用实践经验的必然结果，两者仍同时存在。

1958年，美国密苏里大学率先将计算机应用到图书馆，特征图书馆处于摸索人工智能的阶段

1977年美国斯坦福大学计算机科学家费根鲍姆（E.A.Feigenballm）提出知识工程的新概念，图书馆开始研究涉及自身领域相关的人工智能研究与应用

1998年，新加坡国家图书开始建设RFID图书馆，成为世界首个完全使用RFID技术的大型图书馆，这个阶段为图书馆数字化积累了实践经验，人工智能开始应用于图书馆服务和业务的创新、重塑、发展

2013年作为大数据技术元年，推动新一轮人工智能热潮，各国开始将人工智能作为发展战略，图书馆界与图书馆有关的人工智能研究数量开始急速增长，人工智能成为图书馆顶层设计的技术保障

1958 初期探索阶段 — 1977 研究试验阶段 — 1998 业务渗透阶段 — 2013 融合创新阶段

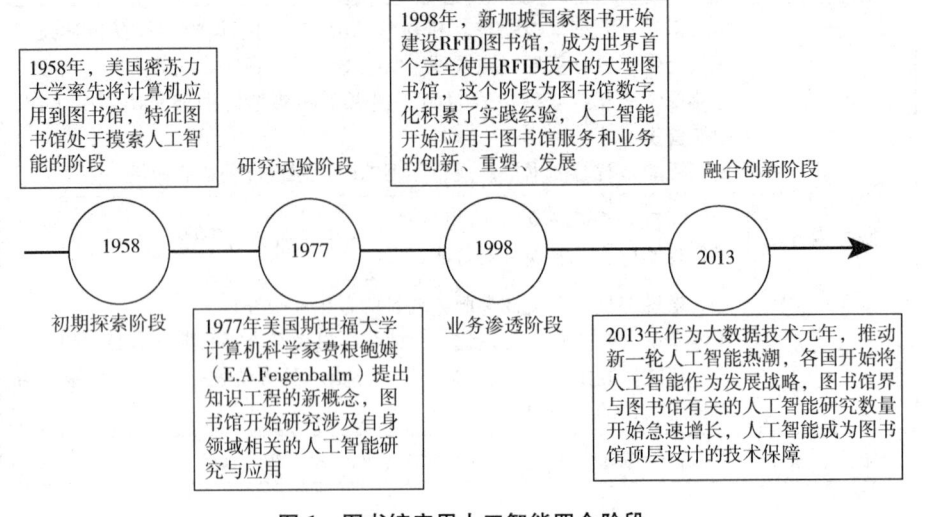

图1 图书馆应用人工智能四个阶段

二、人工智能赋能图书馆新特征

（一）运行管理高效化

人工智能时代，图书馆的信息资源数据迎来新一轮爆发，图书馆在用户阅读量需求增加、阅读物范围扩大的情况下存在图书馆资源存储空间告急、用户自主找书困难而导致图书馆资源流通效率不高等问题，这些在图书馆管理与服务中显露出的现实问题直接或间接地影响了用户体验。如今，随着可用于图书馆的智能感知、智能识别、智能机器人等人工智能技术成果被相继研发应用，以及在图书馆智能管理系统与智能应用平台功能日趋完善情况下，用户自助操作、文献自助借还等服务在图书馆中均已实现，这些改变无不便捷了图书馆用户获取馆内信息资源的方式，简化了图书馆管理方法，提高了图书馆管理效率。随着人工智能技术的进一步发展，人工智能技术将进一步提高图书馆整体管理与服务水平。

（二）服务对象精准化

图书馆用户精准化服务鉴于图书馆工作个性化原则，即将服务对象从整体转至每一个独立的个体，并重视每个个体的问题、需求和困难。运用人工智能的大数据分析，构建每一个个体在图书馆中的画像，这不仅能改善图书馆服务方法、丰富图书馆服务资源，还能通过对服务对象的个性化分析得到不同用户之间需求差异的具体体现。在此基础上，整合更新信息资源后实行资源再配置，便能有效实现信息资源精准化服务，继而生成一个完整的有针对性的用户个性化服务网络，真正实现让每一个用户都能得到最贴合其实际、最有价值的服务的目的。

（三）参考咨询智能化

传统图书馆的参考咨询服务以人工咨询为主，受限良多；数字图书馆的虚拟参考咨询服务以微信和QQ等第三方软件为媒介，虽不受空间限制，却仍需依托人工馆员线上值守，且提供的虚拟参考咨询服务仅限人工馆员在线时段，无法满足人工智能时代对实时咨询响应的需求，效率较低。步入人工智能时代，图书馆开始尝试在其线上参考咨询平台引入人工智能技术，建立专业领域问题库，研发智能参考咨询机器人，以智能参考咨询机器人的形式为用户提供实时且智能化的参考咨询服务。

（四）空间功能人性化

随着人工智能技术在图书馆中的应用不断深入、广泛，智能识别技术、智能感应技术、虚拟现实技术、智能移动与实时反馈等智能交互设备的加盟又为图书馆新一轮的空间建设与发展提供了新动力。图书馆不但会持续为用户提供信息资源的获取服务，还逐渐发展成了家与工作空间之外必不可少的第三空间，担任更多重角色的图书馆其空间功能也不断被丰富且人性化。不少学者表示，图书馆的人性化空间今后必然是向着智慧空间发展。可见，正是人工智能技术在图书馆应用中的理论与实践研究，促进了图书馆铺就出这条构建智能人性化空间的全新轨道。

三、人工智能赋能图书馆发展过程中的问题

（一）融合意识不强

大数据环境下，人工智能、物联网等相关技术手段赋能的结果，使图书馆实现了自身服务范围的延伸和服务方式的拓展，但在新技术融合过程中产生的相关资金、技术、人才等制约因素，导致图书馆在应用人工智能过程中"心有余，而力不足"。一方面，人工智能市场及其行业牵制融合意识。图书馆处于消费者地位，因此图书馆在融合人工智能时，处境相对被动。人工智能对于图书馆来说本质是工具，人工智能的本质却是商品，其最终的目的是谋取利润，但图书馆因经费少而很难使其利润最大化。另一方面是来自读者需求方面的制约。人工智能仍非读者的刚需也是致使融合意识不坚定的原因。图书馆为读者提供人工智能相关产品或服务，其关键在于吸引读者，扩展馆内访问流量和提高读者满意度。但研究发现读者去图书馆的需求，往往侧重于体验图书馆的阅读氛围、学习知识、工作技能和发展爱好等动机，而并非人工智能产品的吸引。

（二）技术人才匮乏

目前，大多数图书馆馆员的专业都是图情专业或相近的专业，没有人工智能专业的技术人员或缺乏技术馆员、技术团队。因此，图书馆自行开发馆内智能设备或应用是非常困难且难以持续的。当前许多图书馆采购的智能设备，在调试与维护方面，都高度依赖设备提供商，使得图书馆很难购置到符合读者所需体验的产品。另一方面，缺乏技术馆员使图书馆面临着巨大的信息安全风险，设备商对其出售的设备与服务后台拥有绝对的控制权限，读者的行为数据将在服务器或数据库内产生历史痕迹，用户在使用过程中产生的个人隐私信息和数

据难以得到保护，这对图书馆和读者来说都是一大隐患。

（三）设备功能单一

人工智能技术本身的发展速度是比较快的，但由于各方面的原因，图书馆应用人工智能技术远远没有达到人工智能技术在当前市场上的发展现况。从各图书馆引进的智能设备的体验情况来看，目前图书馆内引进的智能设备所呈现出的智能化特性普遍处于较低水准。从当前导航、咨询服务和数字资源检索功能等智能咨询机器人馆员来看，其虽能通过智能感应自由移动或定位，但却时常会出现自主感应移动不智能的情况，很难让读者感到满意。另一方面，当今大多图书馆所应用的智能参考咨询机器人馆员都只是能够替代人工馆员回答一些基础性问题，若用户的咨询问题比较复杂，便难以通过它获取到满意的答复或反馈。总之，目前大多数图书馆正在使用的诸如智能服务机器人等智能设备仍普遍存在功能单一、智能水平较低等不足之处，这有待图书馆在今后的理论研究与实践探索中继续改进。

四、人工智能与智慧图书馆融合对策

（一）提高融合意识

图书馆要始终牢记为读者服务的基本理念，而读者的体验反馈是图书馆进一步提升设备智能化管理的有效方式。因为图书馆所做的一切都是为了用户，所以为了更好地服务用户，一方面，图书馆在现有的资源环境下应当积极主动与图书馆智能产品的相关产业合作，让企业能够详细了解图书馆的实际业务需求，加强融合意识，将图书馆需求的概念产品和用户体验反馈信息融入产品的设计与生产当中；另一方面，图书馆作为新技术的利用者，应充分结合自身特点，在新技术的创新应用方面多做研究，提高智能技术、智能设备的适用性与合理性。只有了解参与了，才能充分掌握用户的需求并最大限度发挥出人工智能技术的作用，从而为用户提供更加完善的服务。

（二）拓展市场合作

图书馆要独自采购或开发大量的智能设备或服务具有一定的资金风险，可以通过与人工智能市场合作共赢的方式降低资金风险的程度。对于图书馆而言，引入人工智能产品并非只能依靠采购，可以采用馆企合作的方式，或者馆际间共享的方式，高校图书馆还可以采用校馆、院馆合作的方式。图书馆不仅要加强馆际横向交流与合作，还应积极主动地跟人工智能制造厂商展开更全方位、更深层次的纵向合作。各图书馆再结合自身情况，积极探索与人工智能的融合发展路径，积极探讨革新方式和保持发展态势，这样层次的融合才会使图书馆的智能化建设更加深入。

（三）优化馆员队伍

图书馆要进一步融合人工智能，并在未来取得更大的突破，人才队伍建设是发展的第一生命力。图书馆必须从当前的馆员招聘或培养方式着手，吸引具备人工智能相关技术理论与先进开发经验的人才，吸引具备前沿技术应用经验的图书馆专业人才，打造技术开发团队。同时，还应该外引人工智能专业人才，与人工智能厂商联合建立友好的往来关系，适时地对图书馆馆员进行应用与操作培训，从而节约外引技术人员成本。

（四）拓宽经费来源

图书馆智能化设备应用与智能场所建设离不开经费的支持，而图书馆的经费来源主要依靠政府拨款。面对政府拨款，图书馆不应抱着给多少钱就办多少事的消极心态，而应充分利用自身拥有的大量信息等有利条件积极为政府和社会完成各项工作服务。一方面，积极进行数字资源研发优化，赢得政府更多的重视和投资；另一方面也要发挥主观能动性，多渠道扩宽资金来源，如寻找对图书馆感兴趣的个人、团体或其他潜在捐助人，找准募捐角度，向个人、社会和企业商界筹措资金。另外，图书馆也可考虑采用申请专项资金或央财项目等形式，以获取更充足的经费支持。当然，智慧图书馆建设也可以嵌入到某些文化信息化建设、智慧城市、智慧校园等项目中，或通过与其他相关部门合作筹集所需资金，实现协同发展。

五、小结

人工智能是智慧图书馆顶层设计的技术保障的必然结果，如何利用大数据、深度学习和机器人技术等人工智能技术把现阶段的建设任务搞好，是图书馆未来发展成智能图书馆的前提。人工智能技术在图书馆中的应用能极大地改善图书馆的运作，并提升图书馆在公共文化服务体系中的服务效率，但人工智能与图书馆的完美融合不是一朝一夕就可以实现的，只有通过大量的技术推广、实践和反馈，才能最终实现。

参考文献

[1] 王子舟. 图书馆学的基本概念与核心概念 [J]. 中国图书馆学报，

2001 (3).

［2］周苏，张泳. 人工智能导论［M］. 机械工业出版社，2020.

［3］梁玉芳，刘丹儒. 人工智能时代的图书馆：技术、问题及应用［J］. 情报资料工作，2018 (5).

［4］闫坤如. 人工智能技术异化及其本质探源［J］. 上海师范大学学报（哲学社会科学版），2020，49 (3).

［5］李小巧. 公共图书馆读者阅读需求调查研究——基于不同年龄群体的比较［J］. 图书馆学刊，2020，42 (2).

少儿活动的新载体与表现形式
——以武汉市少年儿童图书馆为例

陈昌龙

(武汉市少年儿童图书馆 430014)

摘 要：少儿图书馆是开展少儿阅读、少儿活动的主阵地，德育、智育、体育、美育是对受教育者全面发展要求的几个基本方面，公共图书馆有着开展文化教育、提供文化娱乐的职能。图书馆互动的可参与性、可玩性是引导少儿积极参与的基本的要素，分享快乐、体验过程是我们的重要理念。少儿图书馆如何利用自身的优势为他们开展服务，值得我们去思考和探索。本文以武汉市少年儿童图书馆为例，介绍了近年来在少儿阅读与少儿活动中的构想的新思路与呈现的新形式。

关键词：少儿图书馆；线上活动；少儿服务

一、前言

新冠肺炎疫情的突如其来，改变了人们的学习工作模式和生活方式，图书馆行业也不可避免地受到冲击。如何在疫情防控与充分提供读者服务之间找到良好的平衡点，将是图书馆在未来较长时期面临的重要课题。武汉市少年儿童图书馆（以下称"我馆"）在少儿服务方面也尝试了很多新形式。图书馆创新少儿服务的关键在于调整服务理念，拓展服务空间范围，使得图书馆更好地可持续发展，这样有利于提高馆藏文献资源的利用率，拓展图书馆读者服务的广度。此外，校园中的基本素质教育与我馆的日常活动其实都有着天然的衔接，如何让少儿图书馆服务紧密衔接校园生活，也是值得少儿图书馆工作者探究的问题。疫情后我馆拓展思路，积极谋划了许多新品牌活动，尝试了在新领域、新技术下的活动实施。

二、活动新探究

（一）云上读书会

云上读书会是我馆在 2020 年 1 月底启动的线上阅读分享活动，用阅读抚慰心灵，用故事温暖人心。活动以微信群作为平台与载体，每日或以图文，或以语音方式与大家分享好书。活动邀请儿童阅读推广人、儿童文学作家、童书出版编辑等专业童书创作、出版、推广工作者通过读者微信群直播分享。2021、2022 年云上读书会在活动方式上又有革新，一个方面采用了线上视频直播的方式与读者进行分享，以更加直观的方式面对读者，实时交流，让读者朋友对书籍内容有了更深的理解，整个活动的体验感愈加丰富起来。另一方面开展了云上读书会线下分享活动，把参与图书分享的作者、编辑、阅读推广人请到图书馆来与广大读者见面，进一步探寻书中的奥秘。不仅如此，我们的云上读书会线下活动还走入了书店、商业区，进一步扩大活动的影响力，拓展活动的空间覆盖面。云上读书会从单一的听觉、视觉感受到最后的作家互动、线下交流，全方位让孩子们收获到阅读的乐趣。目前，云上读书会作为我馆的品牌活动已进行了超过 300 期，每周六、日晚上 7 点到 8 点在微信群内开展，同时不定期开展线下读者沙龙分享活动。云上读书会活动被湖北省图书馆学会评为线上儿童阅读的示范项目，也被作为优秀示范项目在第 37 届国际儿童读物联盟（IBBY）世界大会上予以介绍。

（二）云上嘉年华

云上嘉年华活动是我馆 2020 年 4 月首创的儿童公益阅读线上大型直播活动，目前已开展 5 期，累计近 160 万人次参与了观看。云上嘉年华活动的创立是图书馆界尝试开展图书馆联盟新服务模式的创新合作，活动形式有云上研学、云上阅读、云上讲座、云游参观、云上游戏互动等，活动内容把自然科普、非遗文化、历史文物、亲子阅读、创意想象、智能科技等多方面、多元素相结合，呈现出来一场场线上儿童阅读的盛宴。活动的设计初衷是为了让封控 60 多天的百万武汉儿童能过上"国际儿童读书日"，从抗疫精神中汲取奋进力量，我们团队决定采用线上直播的方式来用爱与阅读跨越隔离，我们以"2020 我在武汉，筑梦前行"为主题进行了首次大型直播的尝试。活动开展后广受关注，获得了社会各界一致好评。在成功开展首次线上大型直播活动后，当年又在"世界读书日"与国际儿童节开展了第二、三期的云上嘉年华，特别是在第三期的活动中我们增设了云游板块的直播，技术上设置了多个直播分会场。从五峰土家族自治县的茶山，到鄂州观音阁公园、宜昌长江珍稀鱼类放流点、武汉吉庆街，最后到上海中心大厦观看"三体"展、北京联想未来中心，让大家足不出户就领略到了各种各样的人文风采。2020年多场云上嘉年华活动的成功开展给予了我们跨地域联合直播的宝贵经验，活动也受到CCTV新闻频道的报道。2022年"国际儿童读书日"，我馆联合长江沿线省区市图书馆，向全国的少年儿童发出邀约，相聚"云端"，搭乘"我是长江的孩子"文旅号游轮，造访历史、文化名城，领略长江文化。活动吸引长江沿岸7所图书馆参与，活动以时令节气为串场，将长江沿线省市的传统文化与当地图书馆特色儿童阅读推广活动相结合，更在主会场设置了多个互动环节加强线下小读者体验感。2022年国际儿童节，为更好地推进亲子共读的家庭阅读氛围、传播科学的亲子阅读理念，我馆联合"1+8"城市圈图书馆及湖北省内地市州图书馆开展了"亲子共读，陪伴是最美的童年"2022国际儿童节云上嘉年华。活动以"亲子阅读""快乐陪伴""和谐家庭"为主线，结合各地特色选取了内容各异的图书进行分享，多角度呈现地域文化与亲子阅读的形式，并选辖区内亲子阅读模范家庭参与直播录制。如：仙桃站，我们选取了体育之家分享运动类的图书；黄石站，我们选取了地质之家分享矿藏类的科普读物。这种联合直播的方式强化了馆际之间的合作、加深了各地馆员之间的交流，开拓了少儿新服务模式的创新合作，也给予了疫情时期图书馆界服务少儿的新思路。

（三）亲子共读

对于年幼的孩子们而言，家庭是一个给他们带来安全感的地方，有家长的陪伴会得到更多的幸福感与安全感。良好的亲子关系是孩子健康成长的基石，而亲子共读，是培养亲子关系最重要的一环。公共图书馆已经将亲子阅读看作基石并且成为社区和家庭教育的核心。我馆也一直致力于亲子阅读的推广，对于故事妈妈的培训、儿童阅读推广人的培养已经成为常态工作。自2020年来，为了更好地体现亲子共读的方式，拓展亲子共读的影响力，我馆与省级电台开展合作，把优秀的亲子阅读家庭带入电台进行活动录制，并在电台开创特色亲子单元，在每周特定时段来播放优秀的亲子共读作品，让亲子阅读的习惯以多渠道、多元化载体进行宣传。通过声音打动心灵，唤起对书籍知识的渴望。2022年活动继续升级，活动覆盖面拓展到"1+8"城市圈以及襄阳、恩施州，面向全省家庭征集声音作品，经过评选后在每周定时播出优秀家庭共读作品。除此之外，我们还增加了"亲子阅读小妙招"环节，邀请亲子教育、儿童阅读领域的专家进行阅读指导和各类亲子问题的交流。我们致力于让家庭这个充满温情的地方成为最基层的阅读阵地，让亲子阅读成为阅读的起点。活动的良好运行，同时也扩宽了图书馆电子有声作品的收集渠道，许多优秀的有声作品可以进一步加工为有声数字文献，为图书馆电子文献收集提供了丰富的资源，让活动的烙印更广泛留存。

（四）跟着大师学非遗

我馆的非遗活动有着十余年的历史，2016年活动升级成"非遗文化读书会"，目前非遗活动项目数量达到20多个。2021年初，为响应"非必要不出行、就地过年"的号召，为了丰富留汉儿童的课余生活，我馆开创了"跟着大师学非遗活动"，把活动的主阵地从线下搬到了线上，我们不仅全面地把线下的课程内容呈现到线上，还带领线上的小读者们去到非遗老师家中，看看非遗大师们家中的珍奇，了解大师们自己的故事。活动设计的第一项内容便是主持人带着镜头前的孩子们，浏览非遗老师家中的艺术作品。活动的第二项内容是主持人与非遗老师访谈，旨在让观众们深度了解非遗手工制作项目的历史渊源，以及非遗老师创作中遇到的趣闻与故事。活动的第三项内容是非遗老师带领现场的孩子与镜头前的孩子共同完成一份非遗作品。每期活动我们会邀请两名孩子做客非遗老师家中参与活动拍摄，老师会详细介绍使用的材料与工具，并分布讲解每个环节制作的要领。为了拉近非遗手艺与日常生活的距离，节目中我们会专门挖掘生活中的常用物品来替代非遗手工的材料，对于现场孩子制作过程中遇到的个性和共性问题老师会进行详细讲解，这样的环节设计也便于镜头后的孩子们更好地学习技巧。目前活动已经开展了七期，活动累计有2万余名小读者参与了观看。

（五）双减课后服务

2021年下半年，随着深入开展减轻义务教育阶段学生作业负担和校外培训负担工作（以下称"双减工作"），学校对于少儿活动的社会服务需求大增，"双减工作"的实行对少儿图书馆来说也是一次新的机遇。"双减工作"是构建教育良好生态、促进学生全面发展、健康成长的国之大计。学校教育需要社会层面多元素的参与，作为校外课后素质教育的重要部分，面对新政策的调整，我馆主动与武汉市各小学积极联络开展课后服务活动，让少儿图书馆服务融入学校的日常活动中，各项优质品牌少儿活动都在课后服务时间段进行，如"童心向党 薪火相传——百堂党课进校园、社区"活动，该活动以党史为基石、音乐为载体，讲演结合，通过曲目导赏、历史解读、互动讨论、现场演唱等环节，带领大家重温那段烽火岁月的英勇事迹，让孩子们在独特的视听盛宴中感悟革命精神，汲取奋进力量。又如，"小种子流动阅读推广"活动，不仅是图书馆传统图书服务在馆外的延伸，还是志愿者精神及阅读推广服务的延伸，活动内容包含了绘本故事会、专家讲座、"非遗文化"传承活动、书影同映、相约经典等，每站活动每个班级都会进行不一样的活动内容，不一样的活动体验给孩子们带来了十足的阅读魅力。为了防范疫情的不确定性，我们还储备了大量线上视频课程，如小脚印故事吧—云上故事会、音乐党课线上讲座、千字屋想象力游戏等，来填补突发情况下课后服务的空白。2021年9月下旬起，我馆开始参与江汉区万松园路小学的社团课，推出"图书馆课程"，每周四下午两节。与此同时，馆内也开始接待临近小学的集体阅读，让我馆的少儿服务在校园中变得常态化。

结语

少儿图书馆是实施素质教育的重要基地，对于家庭教育、社会教育都有较强的融合性，如何顺应时代、因地制宜地创造少儿参与的条件，扩宽服务渠道，打破固有的服务思维与模式是每一位少图工作者的职责。图书馆馆际之间、各行业之间的交流与合作也会给少儿活动提供新思路，基于联盟形式的图书馆界联合活动值得我们不断探索。此外，少儿图书馆应顺应时代的变迁，秉持尝试走出去的概念，利用新兴技术扩大和提高活动覆盖面与影响力，紧密贯穿学校教育来帮助孩子们多元化成长。

参考文献

[1] 李艳玲. 网络时代少儿图书馆的服务创新 [J]. 图书情报通讯，2008 (3).

线上非遗活动的新探究
——以武汉市少年儿童图书馆为例

陈昌龙

(武汉市少年儿童图书馆 430014)

摘　要：后疫情时代，跟着大师学非遗的活动是武汉市少年儿童图书馆开展线上少儿活动的新尝试，如何把线上非遗活动更好地呈现在孩子们面前是我们值得思考的核心要点。本文通过概述我馆的线上非遗活动设计与实施过程，阐述如何利用直播平台把非遗活动展现得更加充分，让非遗文化在家庭生活中广泛传播，这具有深刻的教育意义。

关键词：非遗文化；少儿活动；线上直播

一、活动开展概述

"回家过年"是中国人特有的一种乡愁情节，每年的春节都会伴随着全世界最大的人口迁徙。2021年1月疫情再次袭来，在疫情防控关键时期，各地文化场馆暂停对外开放，为响应"非必要不出行、就地过年"的号召，为了丰富留汉儿童的课余生活，武汉市少年儿童图书馆（以下称"我馆"）开创了"跟着大师学非遗活动"，活动线上线下相结合进行，以线上直播为主，每期活动由一至二位小读者跟随工作团队访问非遗传承人工作室，参观非遗藏品，了解非遗作品的文化内涵，聆听技艺传承背后的故事，在大师带领下学习制作手艺。活动一经祭出不仅获得了我馆众多读者家庭的追捧，更获得了许多武汉地区学校里孩子们的喜爱，许多孩子都跟着直播视频在镜头后制作出了精美的非遗作品。随着春节期间线上非遗活动形式的愈发成熟，我们在武汉受疫情影响的特殊时期又陆续开展了多期活动。目前，我馆共举办"跟着大师学非遗活动"7期，活动项目既有传统的面塑、中国结、蛋雕、风筝、京剧脸谱、鲁班锁，也有新兴手工技艺硬丝编塑，活动主讲人均为市级非物质文化传承人，活动累计有一万七千余名小读者参与了观看。

二、活动环节设计

我们发现在馆内开展的线下非遗文化活动中，孩子和家长不仅热衷学习非遗手工技艺，更对老师们带来的展示作品有着浓厚的兴趣。这些耀眼的手工成品，引得大家时常驻足观赏。由于很多艺术成品不易携带，老师们每次来武汉市少年儿童图书馆开展活动时，带来进行展示的作品也十分有限，有很多具有历史意义、影响深远的作品并没有得到宣传与展示。因此，我们活动设计的第一项内容便是主持人带着镜头前的孩子们，浏览非遗老师家中的艺术作品。利用这次难得的契机，让镜头前的孩子们和家长们充分欣赏到老师们历年来的作品，浏览期间老师们会详细讲解制作材料的发展历程以及作品的制作难点，每一时期的作品都得以充分展示。

活动的第二项内容是主持人与非遗老师访谈。旨在让观众们深度了解非遗手工制作项目的历史渊源，以及非遗老师创作中遇到的趣闻与故事。孩子们不仅对非遗手艺本身感兴趣，还对非遗老师的生活有兴趣。做手艺的老师会不会比较刻板？他们还有什么兴趣爱好吗？老师在我这么大的时候喜欢玩什么呢？这些问题都是在直播过程中评论区最多的留言。因此，我们安排了充裕的时间给到镜头后的孩子们提问，充分拉近非遗老师们和孩子们的距离，大家畅所欲言一同探究非遗文化的魅力，在访谈中折射出活动的趣味性。

活动的第三项内容是非遗老师带领现场的孩子与镜头后的孩子共同完成一份非遗作品。每期活动我们会邀请两名孩子做客非遗老师家中参与活动拍摄，老师会详细介绍使用的材料与工具，并分步骤讲解每个环节制作的要领。对于现场孩子制作过程中遇到的问题老师会进行详细讲解，同时也会开放实时互动，便于评论区的家长与孩子及时反馈问题，这样的环节设计也便于镜头后的孩子们更好地学习技巧。如果制作作品过程中需要一些比较专业且独特的材料，我们还会与非遗老师探讨如何用家中常见的物料来替代专业材料进行非遗手工制作，让非遗活动可以居家开展。

三、武汉市少年儿童图书馆开展线上非遗活动的意义

（一）肩负培训少年儿童美育的责任，拓展少儿图书馆的服务渠道

少儿图书馆开展线上活动一直以来都是薄弱项，从整个市场来看，电视台、文化公司、最后到部分自媒体人员在运营方面都比较成熟，要把线上活动打造

出影响力与吸引力对我们来说是一项巨大的挑战。我馆活动部的老师们几乎是从零着手，起初用着极其简易的设备进行直播宣传、视频录制、设备使用、后期制作等诸多环节，学习一项项操作攻克一道一道难题。活动中我们多镜头、多角度进行直播，既有主讲老师与主持人的畅聊画面，又有非遗老师制作时的手部特写画面。在活动中我们不断熟悉设备，遇到困难时改善自己的流程，在网络信息时代中打开了新的少儿服务思路，为疫情下的少儿活动开展积累了宝贵经验。

（二）促进了亲子关系与非遗文化在家庭内的传播

在武汉少图的非遗文化读书会活动中，非遗活动深受孩子以及父母的喜爱，家长时常也主动参与到学习中。每期的线下活动因参与名额有限很多孩子都错过了参与的机会，此次线上系列活动，打破了时间和空间的束缚，让我们服务到了更多的家庭。孩子与家长一同在家中参与线上非遗直播活动，并与非遗老师直播互动，增强了活动的趣味性与便捷性。家长的参与往往更能带动孩子的兴趣，增加了非遗文化知识在家庭范围内的了解。亲子共同参与活动，更有利于增进家长和孩子之间的情感交流，传统文化教育及家庭教育相结合也有利于孩子身心的健康成长。

（三）帮助孩子树立积极向上的品质

我们把活动场地设置在非遗老师家中还有一个目的，就是让孩子们感受匠人精神和他们热爱生活的品质。活动中，老师们总会拿出最早的手工艺作品给我们讲解，虽然这些早期的作品从材质使用到艺术造型并不是最完美的，但这些作品包含着老师们刻苦钻研的汗水。老师们背后的故事总会让线上的观众大为赞叹，他们是怎样爱上非遗手工的？生活中的非遗老师们又是怎样的？这些问题是孩子们最想了解的。其实每位手艺人都有别具一格的一面，面塑制作的高志和老师肩负手艺传承的使命走上了非遗面塑传播的道路。硬丝编塑的何强老师大家一直认为他最拿手的就是制作小型工艺品，当我们在直播活动评论区放出他以前制造的变形金刚、航空母舰时，评论区就沸腾了。编制中国结的崔萍老师原本是一名下岗工人，经过自己不懈地努力和研究创制出了多种独特的中国结编制方式，最后还受邀登上央视平台进行作品展示。蛋雕的何童斌老师，不但画蛋、雕蛋技艺高超，而且在中国画等方面造诣颇深。还有鲁应仁老师原本也不是专业制作风筝的老师，放风筝原本只是他生活中的兴趣，是兴趣的指引让他在制作风筝的道路上愈发光彩，除此以外他还喜欢武术运动，十八般兵器样样精通。在镜头前我们尽情地展现出非遗老师们亲切可爱的一幕，一改大家对工艺人的固有印象，让艺术技艺更加有温情、有温度，为孩子们、家长们学习传统文化搭建了桥梁，对非遗文化的宣传、传播、延续起到了重要作用。

（四）拓展了非遗文化传播的方式

武汉市少年儿童图书馆设计的"跟着大师学非遗"活动对于非遗文化传播有着重要的现实价值与深远影响，它保存了许多珍贵的非遗文化视频资料，展现了非遗文化的魅力，促进了非遗文化传承人的发展，增强了人们对非遗文化的保护意识。孩子们增强了文化自信，传承了民族精神，有利于培养他们对祖国传统文化的深厚感情。

（五）加强馆校合作

"跟着大师学非遗"活动目前得到了武汉市各所小学的大力支持，很多孩子都在家中通过直播观看了活动，也同步完成了自己的非遗作品，很多非遗项目也逐步走入了课堂。非遗课程进校园，能有效地拓展学校教育教学的广度和深度，也是当今教育发展的重要方向，它丰富了校园文化生活，补充了学校对德育、美育的教育需求，有利于培养学生的民族自豪感。

四、结束

中华非遗文化是我国文化发展的历史鉴证，是中华民族几千年历史沉淀的精神瑰宝。弘扬非遗文化是新时代坚定文化自信的鲜明特色，具有深刻的现实意义。对于优秀文化的传播是广大少儿图书馆的职责所在，如何更好地拓宽非遗文化传播渠道，增强活动的表现形式，特别是扩大非遗文化在校园和家庭中的影响力，值得我们深入探究。

参考文献

[1] 田蕴，王真. 现代技术发展下的非遗文化继承与传播［C］// 2017年山东社科论坛——首届"传统建筑与非遗传承"学术研讨会论文集，2017.

新媒体环境下公共图书馆少儿阅读服务的创新探索
——以湖北省少年儿童图书馆"你荐书 我买单 共阅读"活动为例

吴 爽

（湖北省图书馆 430071）

摘 要：新媒体环境下，人们的阅读方式从单一、被动式向多元、主动式发展。为了满足少儿用户阅读需求的广泛变化，湖北省少年儿童图书馆利用互动式电子表单、多媒体服务形式与读者建立交流互动，提高读者参与度，满足读者阅读需求，对促进公共图书馆少儿阅读服务交互式发展具有较强的指导意义。

关键词：公共图书馆；少儿阅读；服务创新

随着智能技术、新媒体服务形式的广泛应用和普及，少儿阅读需求与阅读习惯也发生了很大变化。发展教育是我国的基本国策，目前大力推行"双减"和素质教育，就是让孩子们有更多的时间去博览群书，广学百科，全面发展。希望更多的少年儿童能够走进图书馆，体会读书的乐趣，在书海中汲取知识，培养良好的阅读习惯，提升青少年精神素养。为了吸引少年儿童爱上阅读，少儿图书馆必须在服务工作上勇于创新，力求服务形式多样化、服务范围广泛化、阅读资源多元化，使少儿图书馆新的服务格局能够满足读者不同的阅读需求。

湖北省少年儿童图书馆积极探索服务创新方式，为了激发少儿读者的阅读兴趣，满足广大读者的阅读需求，优化馆藏资源，创新服务模式，加强读者与图书馆的联系和互动，于2020年11月推出"你荐书 我买单 共阅读"读者荐书活动。通过少儿读者、家长及关心少儿阅读成长的教育工作者等将自己喜爱及认为值得阅读的好书推荐给图书馆。

一、读者荐书活动基本情况

"你荐书 我买单 共阅读"读者荐书活动，每季度推出一期。为了扩大宣传，让更多的人了解活动并积极参与，少儿阅览区宣传栏内以及各服务台前，放置了精心制作的荐书活动宣传海报。荐书活动采取线上线下相结合的方式，与读者进行互动交流，了解读者阅读需求。线上依托湖北省图书馆微信公众号，开通少儿荐书版块，利用读者荐书信息表单收集信息；线下采用填写纸质问卷进行收集。工作人员定期将收集到的读者荐书信息进行汇总，然后在图书系统内进行查重，再根据图书的内容、出版社、推荐理由等内容进行整理、筛选，最后将选出的优质童书书目清单提交相关部门进行采购。

新书上架前，图书馆微信公众号上会发布推荐图书上新的相关信息，让读者了解所需图书的上架时间，便于及时来馆借阅。在微信推文中，工作人员挑选了推荐书目中的优秀童书作为本期重点推荐，将图书封面、出版信息、内容简介等相关信息整理出来，供大家参考。我们将荐购的优秀图书及读者推荐理由编入少儿馆"季度书刊推介"宣传海报，为读者提供阅读指导。为了直观、方便读者操作，在推文中有荐书操作流程小视频。荐书活动为图书馆与读者交流、互动提供了一个平台，不仅为馆藏选书提供依据，也满足了读者的阅读需求。

二、读者荐书活动分析

（一）立足基础业务，丰富、优化馆藏体系

1. 藏书体系的有益补充

图书馆的文献资源是经过长期积累而形成的，它涵盖了不同类型、不同学科的文献，体系相对完整、系统，具有其他信息源所不具有或很难与之相比拟的优势。但是因采购渠道、采访人员、经费等各种因素，每年出版的少儿图书不一定都会购买，因此，很多优质童书也就没有入藏，导致图书馆藏书的种类有所缺失。图书馆文献资源建设必须优先考虑文献资源的系统性和完整性，这是体现图书馆资源建设水平最重要的指标。通过读者荐书，正好补充馆藏没有的图书种类，是查漏补缺、填补空缺的有效手段。

2. 优化馆藏结构

通过读者推荐方式，读者将优秀图书的详细信息、推荐理由发送给平台，省去了采购人员的盲目查找，可以从读者荐书的表单中获取图书的相关信息，

快速了解图书的内容、出版信息。采购员在推荐书目中筛选出适合入藏的优质童书进行集中采购，提供给读者阅读。不仅提高了馆藏的优质率，还通过荐书活动引导读者读好书。

（二）创新工作思路，开创多元化信息服务渠道

1. 创新服务理念，做好指导性阅读服务。随着现代技术手段的更新迭代，以及多媒体的应用，我们要顺应时代发展做好读者服务创新，利用多媒体技术为读者提供更加便利的服务方式，调动读者积极参与其中。书目推荐服务对于促进儿童早期智力发展及培养良好的阅读习惯与阅读兴趣非常重要，图书馆应做好阅读指导工作。

2. 创新服务模式，人性化个体信息服务。读者推荐图书是对传统图书采购模式的有益补充，创新少儿阅读推广工作，体现以人为本，既满足了个体读者的阅读需求，也为丰富、优化图书馆藏扩充渠道。

3. 激发兴趣、科学引导，满足家长诉求。通过荐书活动，拉近读者与图书馆的距离，根据读者需求自主推荐。个人推荐想要阅读的童书，更能激起阅读的兴趣。同时，在图书馆微信推文中还推荐了本期优秀童书信息，起到导读的作用。

4. 借助网络平台、新媒体应用，读者共享馆藏资源。通过网络平台发布微信推文，搭建沟通信息平台，让读者快速了解新书及上架信息等。在推荐优秀书籍的同时，新书同步上架，让所有人共享优质文献资源，满足少年儿童日益增长的精神文化需求。

（三）优化特色活动，突出品牌效应推动阅读

我们努力把"你荐书 我买单 共阅读"读者荐书活动打造成品牌活动，扩大其社会影响力，让阅读品牌深入人心，以品牌活动的影响力、传播力来推动阅读，使更多人了解阅读、亲近阅读、参与阅读，营造全民阅读的氛围，更好地促进少儿工作建设。图书馆在做好基础藏书建设的同时，也要做好宣传工作，通过优质的特色活动产生品牌效应，让更多人关注图书馆，走进图书馆，以图书馆为平台进行互动，达到资源互换、信息交流，实现利益最大化，满足广大读者的阅读需求。

三、读者荐书活动中出现的问题

1. 少儿文献资源采购的渠道较少。少儿图书馆的文献资源通常以招投标的方式进行集中采购，每次中标的书商数量有限，而且书商都有各自经营的业务

范围，因此向图书馆提供的图书种类也会受到自身经营种类的限制，不能够确保少儿图书种类的全面性、系统性和完整性。因此，通过读者推荐提交给采编的书目，很多种类供应商都没有货源。[1]

2. 图书馆中标折扣率低，也是购书困难的一个因素。购书的折扣率低，书商只能按照各自经营的图书种类向少儿图书馆提供书籍，新书或者畅销书折扣率高，书商就无法提供，不能保证提供的图书是少儿迫切需要的图书资源。由于图书折扣率低，图书质量就得不到保证，买不到优质好书。

3. 采购时间周期长，不能及时供货上架。一是图书馆的图书采购大多采用预订方式，对供货商而言，你一旦预订便是"碗中之菜"，尤其是热门图书未必及时发货；二是图书配不齐，调货、出库、发货的时间过长。

4. 供应商不了解图书馆读者的现时需求，以一律同样对待的方式供应选择后的图书，致使需要早到的图书晚到，可以稍晚到的图书早到。

5. 缺乏少儿专业人才参与文献资源建设。目前，少儿图书馆中专业性的人才较少，馆员的综合素质不高，导致图书馆员对少儿文献情况不能做到了如指掌。只有对专业性的人才进行合理分工、协调配合，才能真正推动采购工作的有效开展。科学技术飞速发展的今天，信息网络技术、新媒体技术也得到了广泛应用，但图书馆缺乏专业素养的人才，某种程度上限制了图书馆对新技术、新媒体的灵活运用，导致在科学技术的辅助下少儿图书馆的文献资源没有得到充分的开发。数字时代图书馆的资源建设需要有更高素质的图书馆员，具备多元信息的发现能力，多元信息的组织、整合、揭示能力，多元信息的挖掘能力。[1]

四、读者荐书活动成果及启示

"你荐书 我买单 共阅读"读者荐书活动，自 2020 年 11 月启动至今，已连续开展荐书活动 9 期，共计收到读者问卷 171 份，通过筛选后成功购买读者推荐图书 906 种，上架少儿图书 4606 册，其中推荐书目无馆藏比例达到 72%，采购成功率为 63.2%。读者荐书活动不仅完善了馆藏体系，还为读者搭建了交流平台，提供针对性和多样性的书目推荐服务，满足广大读者阅读需求，提升儿童综合素养，促进其认知、情感与身心健康的持续发展。

1. 文献资源是图书馆服务的基础，要重视资源建设完整性，智能化时代图书馆的资源建设应该善于利用多媒体技术平台。图书馆的文献资源需要进行整合、整序和充分揭示，灵活运用交互性强、接受度高、便捷有效的书目推荐形式，提高文献利用率。

2. 提供精细化、个性化的书目推荐服务，优化荐读服务方式。因儿童心智成熟度与理解力的发展阶段皆不同，我们根据少儿读者的需求制定精细化、定制化荐读书单，同时提供图书资源，满足阅读需要，扩展儿童阅读视野、丰富儿童阅读经验。

3. 建立"线上+线下"读者荐读服务方式，提高读者的关注度与参与度。将图书馆微信信息发布系统与线下实体阅读区紧密对接，实现同步，便于图书馆为读者推送高质量、优质化的阅读资源。

4. 重视少儿书目推荐服务。近年来，少儿书目推荐服务越来越受到关注，通过书目推荐方式，结合儿童阅读兴趣与能力等，极大提升了少儿书目推荐服务的实效性。书目推荐服务能与读者建立互动，很好地满足读者的个别阅读需求，使少儿书目推荐服务真正成为点燃孩子阅读热情、提升少儿阅读素养的有力抓手。

读者荐书活动基于线上、线下平台开展，以强调少儿阅读兴趣激发与阅读能力培育双向并举的多样化、个性化、人性化的阅读服务实践，不仅让图书馆的藏书变得多元、丰富、完整，还最大限度发挥了图书文献的作用，满足了少儿读者的兴趣爱好及求知欲，提高了图书的实用性、可读性，培养了少儿终身阅读的良好习惯。紧跟时代发展需要，充分发挥社会教育功能，积极开展阅读推广服务活动，提升青少年精神素养，是图书馆人服务创新的不竭动力。

参考文献

[1] 杨波. 少儿图书馆特色文献资源库的建设模式 [J]. 河南图书馆学刊，2015，35（11）.

[2] 赵旭东. 少儿图书馆读者服务工作的创新实践 [J]. 新教育时代，2019（11）.

[3] 吴笛. 少儿图书馆服务工作创新路径探析 [J]. 图书管理，2020（4）.

高校智慧图书馆建设刍议

殷 敏

（湖北省荆州学院图书馆　434020）

摘　要：随着现代信息技术的快速发展，大数据、云计算、物联网、人工智能等已经并将继续驱动智慧图书馆的创新与发展，文章简要阐述了智慧图书馆的内涵，论述了智慧图书馆建设的重要意义与需要注意的问题。

关键词：高校；智慧图书馆；图书馆价值

一、引言

当前，全球新一轮科技革命和产业变革方兴未艾，在"十四五"规划的新时代和"双一流"建设的伟大征程中，高校图书馆作为社会教育的重要场所，为应对大学师生在学习方式、教学模式、科研范式的深彻转变，图书馆必然要随之而变，向数字化、智能化转型，为用户提供更高效、更便捷、更具智能的信息与知识服务。

二、智慧图书馆的内涵

图书馆是储存人类文明的殿堂，每一次人类文明的巨大进步都会推动图书馆的发展与变化。

什么是智慧图书馆？有人认为，智慧图书馆是把智能技术运用在图书馆建设之中形成的一种现代化建筑，是智能建筑与高度自动化管理的数字图书馆的有机结合和创新。也有人认为，智慧图书馆=图书馆+物联网+云计算+智慧化设备，通过物联网来实现智慧化的服务和管理。还有人认为智慧图书馆是感知智慧化和数字图书馆服务智慧化的结合，是对现有数字图书馆服务的优化。

虽然表述各有不同，但是业内都承认智慧图书馆的产生与发展是基于新一轮科技革命的影响和驱动，而未来智慧图书馆的发展也将在多点突破、交叉汇聚的新一轮科技革命中不断创新和升级。那么，怎么让智慧图书馆是图书馆，而不是什么别的东西？比方说，有的图书馆引进了智能温控系统、智能调光系统、智能电梯等一系列智能化设备，就能说是智慧图书馆吗？在笔者看来，这种只能算是智能建筑，而不是智慧图书馆，因为这些智能化设备，没有对图书馆的核心功能带来变革。笔者认为，我们要建设的智慧图书馆是要在新一代信息技术的基础上，深化管理模式，让图书馆服务更高效、更便捷，同时注重提高用户信息素养，建设图书馆信息共享空间，使图书馆成为充满魅力的公共文化空间。

三、建设智慧图书馆的时代价值

信息环境的急剧变化带动了图书馆的深刻变革，重新定义图书馆成为图书馆界与时俱进的要求，也是图书馆理论与创新的必然。高校为什么要建设智慧图书馆？因为我们都明白一个道理，有价值才能存在，这是高校图书馆安身立命的根本问题。当代中国正处于近代以来最好的发展时期，人们对高校图书馆服务水平也提出了更高的要求，将智能技术引入图书馆，丰富馆藏资源的来源途径与信息资源的利用率，优化图书馆的服务功能，提供更好的、更智能的用户服务体验，是提升高校图书馆价值的必然选择。

（一）智慧图书馆建设是培养信息素养，解决终身学习问题的现实需要

图书馆是没有围墙的大学。在信息时代，新技术的不断涌现，信息的爆发式增长，用户对资源需求的增长性和资源获取快捷性要求逐步提高，提高用户的信息素养，让人们懂得何时需要信息，如何获取所需信息并评估使用信息是高校图书馆的必然使命。而智慧图书馆为用户提供了一个突破时间与空间的，无处不在、无时不在的服务环境，其提供的智能化、交互性强的个性化服务，必然能提升用户的知识积累，培养用户的信息素养，从而为用户的终身学习和创新能力打下坚实基础。

（二）智慧图书馆建设是图书馆作为学习中心、文化中心、信息中心的应有之义

随着中国经济社会的进步与人民接受教育程度的提升，国民对信息服务的需求越来越专业，而获取信息服务的途径也变得越来越多，用户对图书馆的需求表现在专业化、整合化的信息资源以及标准化、个性化的服务形式上。

图书馆要适应时代发展就需要不断革新，特别是高校图书馆，我们的服务

对象是青年大学生和教师，他们是对新技术、新应用迭代发展接受最快、最适应的人群，当用户的服务需求越来越向着高、精、深的方向发展，那么图书馆也要审时度势、与时俱进，变得越来越高智慧。在物联网、AI（人工智能）、大数据等智能技术的驱动下，图书馆必将从传统图书馆、数字图书馆走向智慧图书馆，为满足用户需求，我们要利用智慧图书馆的优势，转变观念，提供更高质量、更高水平的服务，更好地为学生的自主学习，为教师、科研人员的创新与研究、为全民的阅读与终身教育服务。

（三）智慧图书馆是适应教育新时代的必然要求

随着人口结构的变化，某些地方的普通高考录取率达到95%以上，其中本科录取率已达到50%以上。高校竞争越发激烈，对于"985、211、双一流"高校来说可能是要挑选最为优质的生源，但是对于某些高校却是生死存亡之争。未来必然有高校会被市场淘汰，学生愿意选择的，能够生存下来的，必然是有一定特色，有一定办学实力的高校。普通高等院校怎么在激烈的市场竞争中生存？"所谓大学者，非谓有大楼之谓也，有大师之谓也！"对某些大学来说，请来"大师"是比较困难的。没有"大师"，难道还不能请来"大师"的思想、"大师"的著作吗？这就要加强图书馆的建设。图书馆作为大学的"心脏"，必须要把握时代脉搏，顺应社会发展潮流，建立适应时代发展的智慧图书馆，让学生随身携带"大师"，这是提高普通高等院校办学实力和美誉度的有力举措。

四、高校智慧图书馆建设需要注意的问题

智慧图书馆建设不仅是智能技术的应用，要想实现便捷地存取信息和精深地分析数据，必须将信息技术的理念与逻辑真正融入图书馆的用户服务以及业务流程中去，从根本上改变传统的图书馆管理水平，变革业务运作模式，重塑高校图书馆的文化与精神，提升高校图书馆的管理能力和服务水平，促进新环境中图书馆资源、技术、空间及服务之间的有效整合，实现高校图书馆的综合再造。它将面对很多现实的问题，主要有：

（一）要重构业务流程，培养高素质馆员

智慧图书馆的智慧服务是以用户需求为目标的从管理到馆员各个方面的智慧化。从用户需求来看，当代大学生们对信息技术的认可度和使用程度都较高，能够快速适应智能技术的更新换代并从中获得想要的信息，图书馆的用户在学习方式上发生了深刻变化。如：大数据与AI可以告诉用户该学什么，并更进一步引导用户怎么开展学习，更能创造先进智能的学习环境，包括智能导学系统、

游戏式学习、在VR（虚拟现实）环境里学习等等随着科学技术的发展，这方面的技术应用会越来越丰富和深入，随之而来的用户就会对图书馆提出新的需求，而且这种需求不仅对图书馆的馆藏资源获取速度、便利程度和吻合度提出了更高的要求，还对图书馆的空间、资源、技术、设备等提出了更新的要求。高校图书馆要适应用户需求的转变，进行业务流程的重组，以便更加精、快、准地满足用户的需求。

从馆员工作流程来看，传统图书馆将工作流程划分为采访、编目、典藏、流通、阅览、参考咨询等等。而随着云计算的引进和软硬件设备的更新，图书馆发生了根本性变化，智慧图书馆将利用现代信息技术改造图书馆原有的工作流程，许多原来枯燥乏味的工作将整合在智能系统中，馆员可以有更多的时间和精力，将工作的重心转为向用户提供知识服务，同时还将简化用户接受服务的流程，直至简化到用户享受自助式服务。因此，我们需要既懂技术，又懂业务的高素质馆员队伍。在建设智慧图书馆的时候，一定要牢记，技术都是为人服务的，也只有通过人才能实现我们的目标，不要本末倒置，盲目堆砌技术和设备是不能建成智慧图书馆的，无论什么时候，高素质、高水平的人才队伍都是我们最宝贵的财富。

（二）要突出用户本位，提高用户信息素养

智慧图书馆的灵魂与精髓是以人为本、方便读者、智能惠民、可持续发展，最重要的理念是以用户为中心，强调用户参与和协作，可以邀请用户对使用过的图书或资源进行打分、评价、推荐，将这些意见一并纳入数据库，在某个周期完结时，计算机智慧中枢系统主动将信息整理、分析好，形成辅助决策报告书，发送给各类馆员用作参阅，帮助图书馆在图书采购归类、读者群扩大、藏书整理等方面做出更好的决策。也就是说，在智慧图书馆里，用户既是资源的最终使用者，又是资源的建设者，他们对资源的需求、对信息的组织、对知识的解答，都可以成为智慧馆藏的一部分。我们要做的是确保数据质量，无意义的、低俗的、不适合分享的内容都不应该进入图书馆数据库内，这就要求用户具有较高的素质，能够自觉遵守图书馆的相关制度，能够自觉维护数据库的安全、稳定运行。图书馆作为高校"第二课堂"，要充分发挥它的教育职能，培养有文化、有道德、有纪律的智慧时代的高素质用户。

另外，在智慧化的图书馆空间里，通过图书馆门禁系统、监控系统和服务系统、人脸识别技术、GPS定位技术、RFID层架标签等可以多渠道、多触点实时采集用户信息，全方位了解用户的阅读习惯、阅读爱好和阅读需求，通过大数据分析用户阅读行为，制定科学合理、个性化的书籍推荐、时段设置等特色项目，以便帮助用户形成良好的阅读习惯，并提升阅读效率。在这个过程之中，图书馆要主动引导，不但要出具用户阅读分析报告，同时还要提供和指导用户接受、使用这些服务，帮助优化用户行为，提高用户的忠诚度，提升用户信息素养。

（三）要适应图书馆事业发展，为未来发展留有空间

一是要有可扩展性。时代在进步，科技也在不断发展。智慧图书馆的建设不仅仅要满足当前图书馆的需要，还要走可持续发展的道路，要充分考虑到科学技术的发展对图书馆的影响，在信息资源内容建设和用户互动交流上，都要留有扩展的余地，才能适应图书馆事业的飞速发展，不断提高图书馆的服务水平，促进图书馆的核心竞争力。

二是要注重安全性。技术从来都是一柄双刃剑，在智慧图书馆里，用户既是知识的使用者，又是知识的创立者，他们可以在互联网环境下，共建共享知识网络系统，但必须注意安全问题。一方面要约束用户的言行符合规范，这需要建立信用积分制度，以用户对网络资源做出的贡献为重要指标，确保数据质量，生成规范数据信息。另一方面是网络信息的安全存储与传输问题，本地数据库的存取管理方式以及如何保证敏感数据的隐私性问题，一般而言，云服务都存在这方面的缺陷。智慧图书馆建设不仅要关注网络信息安全层面的问题，也要有切实可行的本地数据库管理方案。

五、结语

大数据、云计算、物联网、人工智能等信息产业技术已经并将继续驱动智慧图书馆的创新与发展，作为高校图书馆，我们应该抓住机遇，将现代信息技术与图书馆管理有机融合，建立更加数字化、更加智能化的图书馆，为用户提供无所不在、不受时空限制的知识信息"智慧化"服务。未来随着智慧图书馆建设的不断完善与发展，必然对人类的生活、工作和学习产生重要而深远的影响，为人类的生产生活带来全新的面貌。

参考文献

[1] 陈鸿鹄. 智能图书馆设计思想及结构初探 [J]. 现代情报，2006（1）.

[2] 严栋. 基于物联网的智慧图书馆 [J]. 图书馆学，2010（7）.

[3] 董晓霞，龚向阳，张若林，等. 智慧图书馆的定义、设计以及实现

[J]. 现代图书情报技术, 2011 (2).

[4] 王世伟. 略论智慧图书馆的五大关系 [J]. 图书馆杂志, 2017 (4).

[5] 谢芳. 论高校智慧图书馆的功能与构建 [J]. 图书馆学研究, 2014 (06).

[6] 初景利, 段美珍. 智慧图书馆与智慧服务 [J]. 图书馆建设, 2018 (04).

[7] 曾子明, 陈贝贝. 融合情境的智慧图书馆个性化服务研究 [J]. 图书馆论坛, 2016, 36 (02).

[8] 段美珍, 初景利. 国内外智慧图书馆研究述评 [J]. 图书馆论坛, 2019, 39 (11).

[9] 宋生艳, 段美珍. 智慧社会发展背景下智慧图书馆内涵、服务与建设路径 [J]. 图书情报工作, 2018, 62 (23).

智慧图书馆背景下公共图书馆服务党政机关学习教育模式研究
——以湖北省图书馆省直机关党员干部学习基地为例

胡姝 李达人

(湖北省图书馆 430071)

摘 要：文旅部提出，"十四五"期间在全国各级图书馆和基层服务网点，普遍建立实体智慧服务空间。本文立足智慧图书馆背景下公共图书馆服务党政机关学习教育现状，以湖北省图书馆党员干部学习基地（以下简称基地）为例，分析了服务党政机关及党员干部优势和问题，进而提出展望。

关键词：公共图书馆；智慧图书馆；党员干部；基地

一、引言

"智慧图书馆"，自严栋于2010年发表《基于物联网的智慧图书馆》一文，该词便引起图书馆界及学术界的热议及广泛研究。在新的信息环境下，国内外公共图书馆先后在空间规划、场馆建设、业务管理和特色服务方面进行了智慧化创新研究。推动公共图书馆智慧化建设，推进公共图书馆创新服务，大势所趋，势在必行。

基地是深入学习贯彻习近平新时代中国特色社会主义思想，推进党史学习教育常态化长效化的生动实践。落实党中央全面从严治党新要求，探索党员干部学习教育新途径的必然之举，也是湖北省图书馆探索智慧图书馆建设背景下服务党员干部的有益尝试。

二、智慧图书馆背景下公共图书馆服务党政机关的基础优势

（一）教育资源丰富

公共图书馆作为向社会公众免费开放，有着收集、整理、保存文献信息等

职能，并提供查询、借阅等相关服务，并且是开展社会教育的公共文化设施。在传播科学信息、开展社会教育、保存文化遗产、丰富历史文化遗产等方面发挥着重要作用，是公众获取知识的重要信息来源，也是党政机关党员干部获取知识的重要载体。湖北省图书馆提供了文献借阅、信息咨询、课题检索、公益讲座、文献传递、移动图书馆、数字资源等服务，打造和培育了"长江讲坛""长江读书节""童之趣少儿读书节""e海悦读""草根梦想空间""光明直播室""沙湖书会""魅力文化公益展览"等服务品牌。在笔者看来，丰富的教育资源和品牌活动，是智慧图书馆建设的基础，也是基地建设的优势。

（二）教育主题鲜明

湖北省图书馆作为党员干部学习基地的重要资料储备库，系统地收集了各种信息资源，能够满足不同专业、文化程度读者的需要，因此，也能很大程度上满足党员干部理论知识的学习需求。基地在充分利用图书馆文化资源优势的基础上，将图书馆业务活动有效融合到基地学习活动中来，同时提供党建书籍推荐、文献阅览、影视观摩、党员宣誓、专家研讨、活动交流等服务。

（三）教育方式灵活

知识的共享性是智慧图书馆的重要特征之一。智慧图书馆为读者提供了全方位和一体化的服务，通过知识的共享，为党员干部提供更加优良的服务。过去，党员干部学习教育主要采取党课教学、专题报告、政策宣讲等形式，对党员干部接受教育的时间、空间、地域都有一定的限制。如今，采用新媒体的形式，大大突破了传统教育的时空限制。与此同时，新媒体的互动尤其突出，教育者和受教育者可以不受时间和空间的限制交流学习，交换观点，表达情感、态度和看法。新媒体的双向互动模式弥补了传统党员干部教育模式的不足，给党员干部教育注入了活力。这一教育模式利用双向沟通互动而不是单向地被动接受，积极正面引导而非盲目的应对灌输，使党员干部教育更具时代感，促进了党员干部教育的结构优化和实效。

三、智慧图书馆背景下公共图书馆服务党政机关存在的问题

智慧图书馆是一个涉及政策、规范、技术、服务以及人才等各个方面的系统工程，在开展服务过程中，公共图书馆面临以下问题：

（一）文献信息服务深度不够

由于公共图书馆所获得的经费有限，文献信息采购数量不足、文献资源质量欠佳，从而难以满足读者日益增长的阅读需求。信息产品方面，大多为资料汇编，深入地处理和整合文献中的信息不够，充分地反映出某些事件的冲突和信息也不够，从而使信息的全面性、客观性难以得到保障。

（二）馆员综合素质参差不齐

图书馆员专业素质与能力直接影响到智慧图书馆工作的质量与成效。一方面，因公共图书馆馆员学历水平、专业知识和个人素养等因素存在差异，馆员综合素质仍然是当前各级公共馆共同面临的难题。公共图书馆如何推动智慧化建设，如何向社会公众提供优质服务，提升馆员综合素质是关键。另一方面，尽管公共图书馆的专业人员众多，在专业方面也有一定的优势，但是在为党政机关和党员干部决策提供信息服务方面，尤其是熟悉省情、国情、时事等方面的专家却很少。

（三）信息反馈渠道不通畅

由于工作性质、工作机制、社会职能等方面存在差异，基地与服务对象互相之间不了解，交流沟通不充分，一定程度上会造成信息反馈渠道不畅。信息产品推送给党政机关后，没有及时收到他们的反馈意见或建议，馆员无从了解党政机关收到文献资料后是否会仔细参阅，信息产品是否收到实效，以及信息产品是否需要改进和完善，等等。如此一来，导致服务质量难以提升，服务的价值无法实现。

四、智能图书馆背景下湖北省图书馆省直机关党员干部学习教育基地服务创新方式

（一）创新开展系列教育学习活动

基地建设顺应了新时代党员干部学习教育的需要，成为全国首家服务于党政机关党员干部学习教育的省级公共图书馆，开创了公共图书馆为党政机关服务的新模式。基地立足资源优势，打造了"廉政文化教育""长江讲坛·省直机关周末大讲堂""长江读书节·书说荆楚"阅读推广等系列活动。学习基地以湖北省图书馆廉政文化图书馆为依托，以廉政教育为核心，面向省直机关党员干部开展廉政文献借阅、廉政影视观摩和学习交流等廉政文化教育活动。廉政文化图书馆是精心打造的特色图书馆，2015年5月被省纪委命名为"湖北省廉政教育基地"。自命名以来，基地持续服务全省党风廉政建设宣教月活动，得到上级部门及参观学习单位一致好评。活动期间，同步推出"清风颂"廉政书画展、

廉政图书展、廉政影像资料观摩和廉政文献资料赠阅等活动。进一步发挥图书馆职能，提供廉政信息咨询、理论成果和实践经验汇编服务等服务。2021年，学习基地完成升级改造，进一步完善文献阅览区、数字体验区、影视观摩区、小组研讨区、新建党史宣传区、党建专家研究室、新书展示区、风采展示区等特色空间，提供党建书籍推荐、文献阅览、影视观摩、党员宣誓、活动交流等服务，更好地营造红色文化的学习传播氛围，让党员干部在了解学习红色资源中铭记党的历史，传承红色基因。

（二）创新开展教育学习服务体验

基地的建设，不仅能够为党员干部提供丰富的文献资料，同时它还能够满足党员干部自身政治素质的需要，有利于党员干部在参加服务体验的过程中，保持先进性、自觉性与纯洁性，从而提高其工作能力。党员干部通过参加"沙湖书会"好干部宣讲活动、"走进党员干部，走近图书馆员"志愿服务活动等活动项目，坚持密切联系群众、提升服务意识，助力书香社会建设。

同时，拓展服务范围。基地积极发挥"智库"作用，为领导决策服务。省图书馆利用自己的文献资源和专家咨询团队，把握重点，突出特色，紧扣热点，有针对性地选编文献信息，不断提升信息服务水平，为省直机关领导科学决策挖掘有价值、有深度的文献信息，为领导决策提供文献信息服务。基地还进一步拓宽服务范围，通过建设流动服务点、图书馆分馆、流动图书车、数字资源建设等，逐步形成了全省各级各类政府机构流动和数字图书馆资源和服务格局。

（三）创新设置学习教育共享空间

为增强基地学习体验氛围，基地以廉政文化图书馆为重点，对功能分区进行重新规划，打造各区特色，搭建智慧场景。2021年，基地完成升级改造，进一步完善文献阅览区、数字体验区、影视观摩区、小组研讨区，提供党建书籍推荐、文献阅览、影视观摩、党员宣誓、活动交流等服务。党员干部置身其中，不但能进行实地交流、读书研讨，也可以利用智能化设施实现沉浸式体验。为图书馆服务注入新活力，打造更加生动的文化体验环境和更大的信息共享空间。

五、智慧图书馆背景下公共图书馆服务党政机关的展望

智慧图书馆在服务党员干部学习方面具有非常显著的优势，将这种独有的优势充分发挥出来，建设适合党建学习的图书馆场景，能够更好地服务党员干部学习。在此背景下，公共图书馆需要对教育学习情境进行场景化立体建设，可以从党员干部接受教育学习的习惯、教育学习平台性能等出发，将教育学习情境作为一种消费品，探索信息内容的表现形式，改变教育学习内容生产机制，让服务"更有趣"。为将基地打造成为"示范性学习教育中心、服务体验中心、理论研究中心"，笔者认为可以从以下三个方面进行建设：

（一）学习场景的碎片化建设

公共图书馆在开展党员干部学习时，应充分创造适合于党员干部教育学习的碎片化场景，满足其碎片化场景接受学科教育学习。例如，基地可以制作短视频，借助短视频平台发布教育学习性内容等，让党员干部在省直机关党员干部教育学习期间充分利用"运动或步行""休息或休闲""广场或公园"等碎片化场景，为党员干部提供服务。

（二）学习情境的可视化建设

智慧图书馆的教育学习情境应尽可能形象化，使公共图书馆提供的教育学习内容能在最短时间内得以呈现，吸引党员干部参与。比如，根据学习场景，基地可以将教育学习情景可视化划分为不同情景，令党员干部能够时刻接受与学习，享受到丰富多彩的精神食粮，从而在寓教于乐的过程中提高党员干部整体队伍的政治素养，最终达到加强学习教育目的与效果。

（三）学习模式的大数据建设

立足智慧图书馆背景，公共图书馆可以利用平时积累的资料，运用大数据技术，对党员干部所处场景的历史教育学习期望进行挖掘，并将其划分为教育学习需求、教育学习习惯和教育学习偏好三个方面，使公共图书馆基于党员干部教育学习的服务期望对党员干部场景的教育学习进行预测，并适配场景化的具体服务。例如，基地可以根据需求，配置相应的教育学习情境，满足党员干部的学习期望；利用定位系统可实时感知党员干部接入教育学习场景，根据党员干部所处场景确定教育学习的类型和方式，提高党员干部学习兴趣，从而优化学习体验。

六、结语

公共图书馆是拥有着丰富文献资源的知识宝库，对党政机关党员干部的学习教育起着至关重要的作用。立足智慧图书馆背景，建设并利用好党员干部学习基地，有利于为党员干部学习教育提供一个新的发展方向与途径，也有利于推动公共图书馆党建与业务工作有机结合，从而更好地发挥出公共图书馆的宣传职能与教育职能，服务于党的建设。

参考文献

[1] 朱泽业. 文旅融合背景下公共图书馆的服务与创新 [J]. 文化产业, 2021 (27).

[2] 曹玉枝. 文旅融合背景下公共图书馆服务模式创新研究 [J]. 科技成果管理与研究, 2021, 16 (10).

[3] 杨秋宇, 郭楠. 公共图书馆法视野下的图书馆服务创新研究 [J]. 福建茶叶, 2019, 41 (8).

[4] 梅月. "互联网+"背景下的公共图书馆服务创新研究 [J]. 中国管理信息化, 2017, 20 (11).

[5] 韩春艳. 文旅融合背景下公共图书馆服务创新研究——以太原市图书馆为例 [J]. 中国中医药图书情报杂志, 2021, 45 (2).

[6] 郭瑞. 《公共图书馆法》视野下的图书馆服务创新研究 [J]. 传媒论坛, 2020, 3 (2).

试析中小型公共图书馆的转型发展
——以恩施土家族苗族自治州图书馆为例

谭华梅　汪泓成

（恩施州图书馆　445000）

摘　要：信息技术发展、网络时代来临给公共图书馆带来机遇与挑战，全球疫情传播与经济增长放缓，给公共图书馆造成了压力，其中的中小型公共图书馆同时还面临着经费减少、馆舍面积小、人员老化等问题，本文以恩施州图书馆为例，试分析中小型公共图书馆的转型发展，为中小型公共图书馆提供建议和参考。本文运用案例分析的方法，以恩施州图书馆为例，从人才队伍、信息资源建设、服务方式、宣传路径四个方面分析转型发展的实践，然后收集2013—2021年恩施州图书馆的面板数据，进行简要的定量分析，得出结论。结论显示恩施州图书馆的转型发展整体成效显著，但也存在不足，最后给出建议启示，给中小型公共图书馆的转型发展提供借鉴与参考。

关键词：转型发展；中小型公共图书馆；恩施州图书馆

一、引言

信息技术和互联网的发展，网络时代的到来，给公共图书馆带来了许多机遇与挑战：一是信息的迅猛增长，数字信息、电子信息、网络信息呈现爆炸式几何式增长，面对浩如烟海的信息，如何寻找到自己想要的、有用的信息，成为一大难点；二是公共图书馆不是唯一的信息检索与获取途径，网络搜索引擎、信息咨询公司、数据信息中心、科技信息服务机构、档案馆等也能提供信息服务，某种意义上也对图书馆造成了竞争压力；三是读者需求发生变化，读者不再满足于图书馆简单的书目检索、图书借阅、信息咨询等传统服务，而是提出了更加多样化、多元化的需求，要求公共图书馆的服务内容、服务形式和文献信息资源也相应改变。

与此同时，《国民经济和社会发展第十四个五年规划和2035年远景目标纲要》提出"推进线上线下公共服务共同发展、深度融合，积极发展在线课堂、互联网医院、智慧图书馆等"，并"推进公共图书馆、文化馆、美术馆、博物馆等公共文化场馆免费开放和数字化发展"，还要求"深入推进全民阅读，建设'书香中国'"。

中小型公共图书馆是公共图书馆的一部分，除了受以上大环境影响外，中小型公共图书馆还普遍面临着经费削减、人员不足、馆舍面积小等问题，这使得中小型公共图书馆转型发展迫在眉睫。

公共图书馆如何转型发展，尤其是中小型公共图书馆该如何转型发展，是当下一个重要课题。

许多学者对公共图书馆转型发展进行了研究。陈亦伟认为"十四五"期间，公共图书馆要着重增加数字阅读比重，积极审慎利用5G、AI、VR、云计算、大数据、区块链、物联网等多种数字技术赋能阅读，丰富阅读服务方式，推进传统阅读的转型升级。王丽华、刘圣婴以美国纳什维尔图书馆为例，从制度设计、服务特色、管理模式、组织治理结构等方面剖析其做法，结合我国国情，以《公共图书馆法》为前提，对图书馆设立和保障、总分馆制、法人治理改革、引入社会力量参与等提出对策和建议。汤清以厦门市图书馆近年来的改革实践为例，从数字化建设、构建创客空间、打造第三空间论述分析图书馆的转型方式，并从政策法律方面、外部合作方面、人才队伍方面分析应注意的问题，以促进图书馆更好地转型发展。

本文以恩施土家族苗族自治州图书馆（以下简称"恩施州图书馆"）为例，运用案例分析法，从人才队伍、资源建设、服务方式和宣传路径四个方面，论述与分析中小型图书馆的转型发展问题，然后选取2013—2021年面板数据进行定量分析，对转型发展成效进行评估评价，得出结论与启示，希望为中小型公共图书馆的转型发展提供借鉴与参考。

二、恩施州图书馆的转型发展实践

恩施州图书馆位于湖北省恩施市，成立于1946年1月，前身是抗战时期从武昌西迁至恩施的湖北省立图书馆。现有在编职工28人，自聘人员1人；馆舍面积4000多平方米，263个阅读座位；纸质馆藏87万余册（其中古籍1.2万册，民国文献3万余册），数字资源30TB。恩施州图书馆下设办公室、特藏部、采编部、综合部、少儿部、辅导部、网络部、电子阅览室8个部门。

(一) 人才队伍转型

馆员队伍建设是图书馆发展的核心要素。恩施州图书馆高度重视人才队伍建设，在馆员队伍转型中做了大量的工作，主要从三方面进行人才队伍转型：一、提高馆员综合素质；二、人才培训；三、人员专业化、年轻化。

1. 提高馆员综合素质

在转型发展过程中，注重高标准提升馆员的综合素质。一是提高馆员的政治站位。恩施州图书馆通过每月的主题党日和集中理论学习，培养干部职工讲政治、守纪律、乐奉献的品质，并通过提高馆员的政治站位，守好宣传阵地，把好意识形态关。二是增强敬业精神和职业道德。在馆内多处展示社会主义核心价值观的内容，逢会必讲职业道德，让爱岗敬业深入人心，让践行社会主义核心价值观和良好的职业道德成为图书馆员的基本准则。

2. 人才培训

恩施州图书馆坚持以人为本，注重人才的可持续发展，倡导"终身学习"的理念。现有馆员的培训提升是基于"人才强馆"基本措施。一是走出去，参加各种培训。选派馆员参加省内外各种专业培训。比如2021年，恩施州图书馆组织参加各类省内外培训20余次，共计130余人次。二是请进来，让更多的馆员获得培训学习的机会。比如恩施州图书馆先后承办"第十四次全国民族地区图书馆学术研讨会""首届图书馆与民族文献阅读推广学术论坛"等图书馆业务交流活动，并邀请知名专家教授到会做主题报告。

3. 人员专业化、年轻化

恩施州图书馆由于是几十年的老馆，二十一世纪初期人员结构基本老化，青黄不接，现已基本完成新老交替。转型前馆员大多与图书馆业务专业不符，且普遍存在年龄较大的问题。近几年在转型过程中，恩施州图书馆注重新进人员的专业筛选、学历要求及年龄要求。专业方面，要求与图书馆业务相关；学历方面，要求本科或研究生；年龄方面，要求在35岁以下。如图1、图2、图3分别为2021年恩施州图书馆馆员的学历、专业、年龄结构，从三张图中，可以清楚地看到本科以上学历占绝大多数，与图书馆业务相关专业占较大比重，45岁以下的中青年占较大比例，恩施州图书馆馆员队伍朝着专业化、年轻化转型。

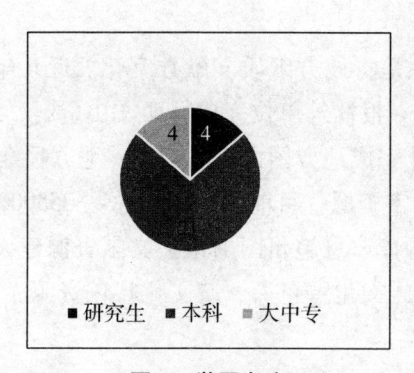

图1 学历占比

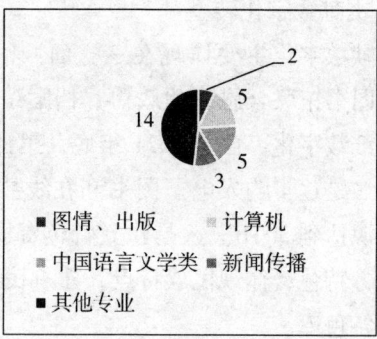

图2 专业背景占比

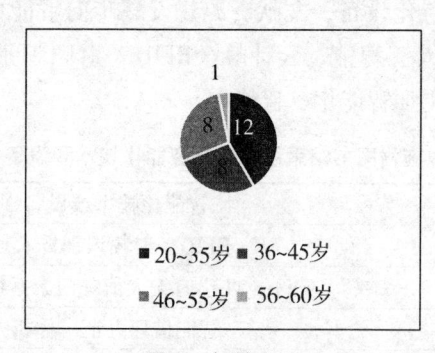

图3 年龄占比

（二）资源建设转型

图书馆专家程焕文教授将信息资源建设的方法分为六个步骤，分别是信息资源的选择采集、馆藏信息资源的配置、馆藏信息资源的布局、信息资源的整合、信息资源的整体布局、信息资源的评估。恩施州图书馆文献资源建设转型主要侧重于馆藏信息资源的配置，主要有三方面：文献多样化、文献数字化、文献资源建设智能化。

1. 文献多样化转型

恩施州图书馆2014年前由于经费困难，采购的纸质文献数量有限、品种单一。随着信息飞速增长，文献资源更是呈现爆炸式增长，读者不再满足于单一类的纸质资源，而是要求更加多元化的文献资源。近几年来，恩施州图书馆加大图书购置经费申请力度，购书经费从每年13万，增长到50万，再增长到100万。随着购书经费的增加，文献资源的采购也由单一的纸质文献向多种文献类型转型，纸质文献、缩微文献、视听文献、电子网络文献均列入采购范畴，文献由单一纸质类向多种类型转型。

2. 文献数字化转型

文献数字化主要体现在三方面：一是将地方纸质文献数字化。近几年来，恩施州图书馆联合恩施州政协、档案馆、报社等单位完成鄂西文史资料、地方志、报纸数字化，截至2021年底，累计完成地方图书5.8万页、地方报纸1.5万版。二是逐步购入电子图书和在线数字资源。目前电子图书总数355000册，数字资源达到30TB。三是建立特色资源库。恩施州图书馆在文献资源建设中，突出地方特色，体现民族特点，建有民族文化特色库、茶文化特色资源库、民国文献特色库。

3. 文献资源建设智能化转型

依托智能化、智慧化设备，文献资源建设逐步向智能化转型。恩施州图书馆积极采用大数据、人工智能、云计算、RFID（射频识别技术）等技术和设备，使文献资源建设更加智能化、智慧化。

表1　恩施州图书馆采用的主要智能化技术和设备一览表

序号	智能化技术或设备
1	RFID（射频识别技术）
2	24小时无人值守门禁系统
3	智能借还办证一体机
4	电子图书借阅机
5	智能视频监控系统
6	智能语音系统
7	人脸识别系统
8	图书馆集群管理系统
9	读者服务大数据系统
10	智能测温系统

这些技术或设备的使用，使文献资源相关信息可视化、可利用化、精准化、实时化，能更加精准地服务读者，推动恩施州文献资源的建设向着智能化转型。

（三）服务方式转型

图书馆服务的本质是信息服务。信息服务是信息管理活动的出发点和归宿。恩施州图书馆在信息服务方式上的转型，主要体现在三个方面：服务空间拓展、总分馆建设、建立图书馆联盟。

1. 服务空间拓展

恩施州图书馆馆舍面积4000多平方米，空间不足，一座难求，不能满足读者需求，成为制约图书馆发展的瓶颈。如何破解这一难题？在转型发展中，恩施州图书馆拓展服务空间，延伸服务。近几年来，恩施州图书馆从馆内转向馆外、从城市转向农村、从线下转向线上拓展服务空间，以此来统筹城乡发展，缩小城乡和地区差距，让人民群众享受公共文化的普惠性和均等性。

例如，在从城市转向农村拓展服务空间时，恩施州图书馆关注农村地区，关爱留守儿童和弱势群体，先后在恩施州宣恩县高罗镇和沙道沟镇建立"四点半学堂"图书馆分馆，将图书馆与文化扶贫相结合，引入社会力量参与服务，这种乡村"四点半学堂"被中国图书馆学会评为"第二届公共图书馆创新创意案例"三等奖。此外，恩施州图书馆建了30多个农村"图书流通服务点"，打通"最后一公里"图书馆文化服务。

2. 总分馆建设

在服务方式转型中，恩施州图书馆实行总分馆模式。在总分馆制建设上，恩施州图书馆分别建成高罗分馆、沙道沟分馆、文化传媒分馆、政法分馆、女儿城分馆5个直属分馆，在此基础上打造了"恩施书房"书院分馆、国学分馆、黄泥坝分馆3个特色分馆。总分馆的建设，促使图书馆员转变服务方式，主动走出去，主动服务，并与社会志愿力量结合。

3. 建立图书馆联盟

在服务方式转型中，从"单打独斗"到"抱团发展"，2017年4月23日，恩施州9家公共图书馆成立"恩施州公共图书馆阅读推广联盟"（以下简称联盟），以推动图书馆事业高质量发展。联盟主要任务：（1）全州公共图书馆一体化发展，开展馆际互借、文献传递等；（2）加强地方文献建设；（3）组织开展馆员联合培训；（4）联合开展阅读推广活动等。联盟成立以来，以州馆引领县市巡展方式，大力开展阅读推广、业务交流、展览培训等活动，足迹遍布全州八县（市）的山山水水，增强了图书馆人的自信，扩大了图书馆行业影响力。

（四）宣传路径转型

在宣传方面，恩施州图书馆积极探索宣传路径的转型。

一是传统报刊与现代媒体结合。恩施州图书馆以往主要通过《恩施日报》等传统纸质媒体进行宣传，随着时代发展，纸质报刊宣传已不能适应时代需要，需采用现代媒体，打通电视台、广播、互联网、手机应用壁垒，大量运用微信公众号、网站、抖音、广播电视台等现代平台进行宣传推广。

二是本地媒体与外地媒体结合。本地媒体主要是恩施州内的媒体，恩施州图书馆以往只局限于本地区媒体的宣传报道，现在恩施州图书馆"走出去"，更多地与外地媒体打交道，进行宣传推广。特别是在文旅融合背景下，在湖北省图书馆的业务引领下，恩施州图书馆不断利用外地媒体宣传的机会变得更多，《湖北日报》《图书馆报》"文旅中国""学习强国"都能听到恩施州图书馆的声音，特色亮点得到推介。

三、转型发展成效评价

（一）指标说明与数据情况

恩施州图书馆转型发展实践的成效，需要进行评价评估。本文针对人才队伍、文献资源建设、服务转型、宣传方式四个方面，并且参考了《全国公共图书馆第六次评估定级》和《全国公共图书馆第七次评估定级》之中的部分指标，选取了13个图书馆评价的代表性指标。本文收集了恩施州图书馆2013—2021年的面板数据，然后根据数据在时间序列前后变化进行分析，进行成效评估。以下为选取的代表性评价指标。

表2 评价评估指标

序号	指标	单位	备注
1	在职人数	人	
2	中级以上职称占比		
3	研究生学历占比		
4	普通文献馆藏量	册件	
5	年人均新增文献	册件	
6	电子图书	册	
7	年文献外借量	万册	
8	年总流通人次	人次	
9	年讲座、培训活动	次	
10	图书购置费	万元	
11	年财政拨款总额	万元	
12	年媒体宣传报道次数	次	包括报纸、电视台、电台、网络等
13	年阅读推广活动	次	

数据来源：以2013—2021年恩施州图书馆年报为主，参考年预算、决算，收集了恩施州图书馆2013—2021年的面板数据。以下为具体数据的图表。

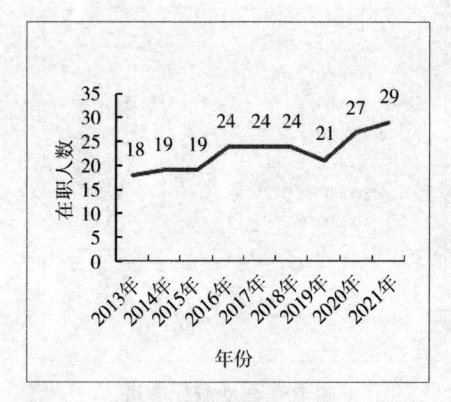

图 4　在职人数

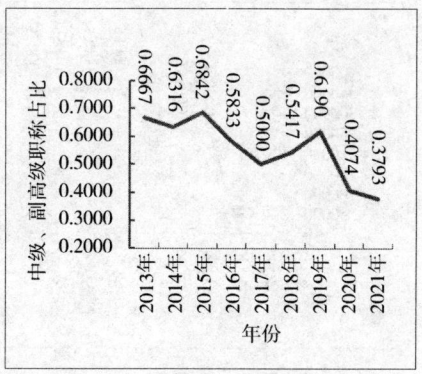

图 5　中级以上职称占比

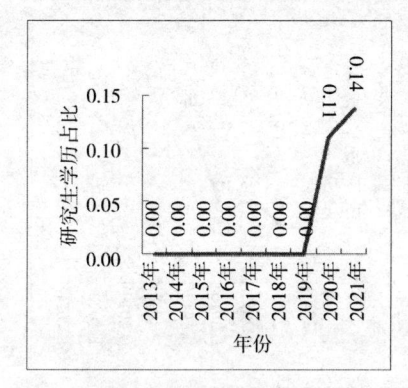

图 6　研究生学历占比

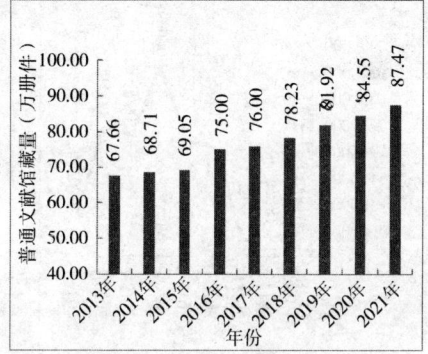

图 7　普通文献馆藏量

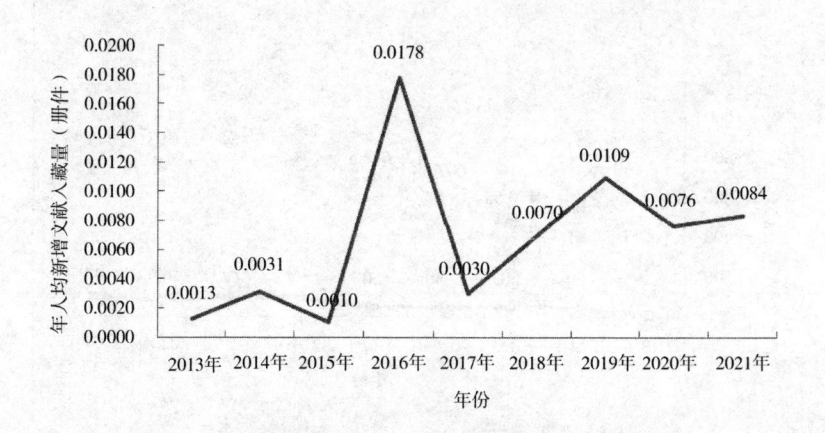

图 8　年人均新增文献入藏量

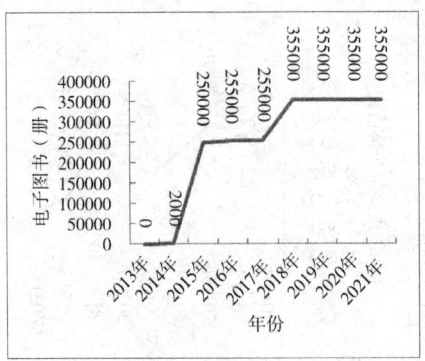

图 9　电子图书

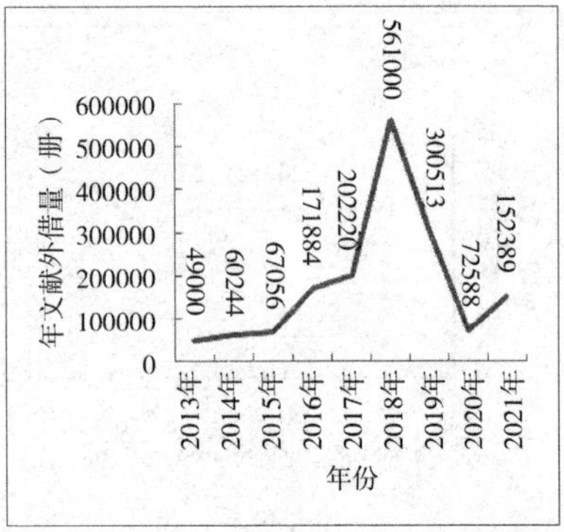

图 10　年文献外借量

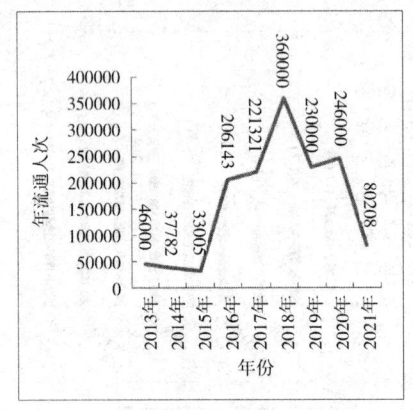

图 11　年总流通人次

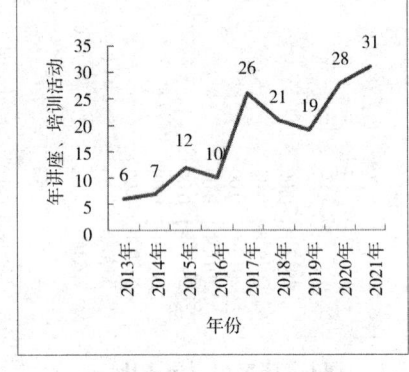

图 12　年讲座、培训活动

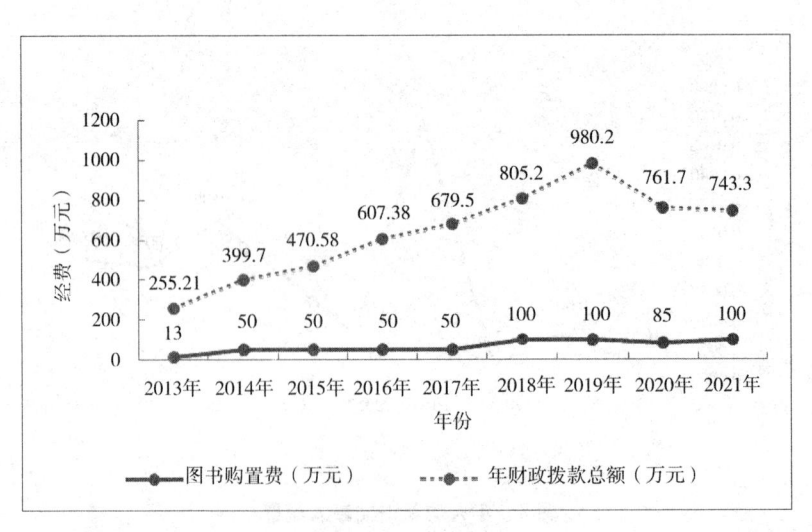

图 13　经费情况

图 14　年媒体宣传报道次数

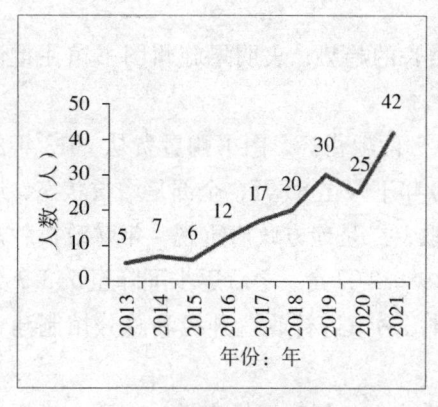

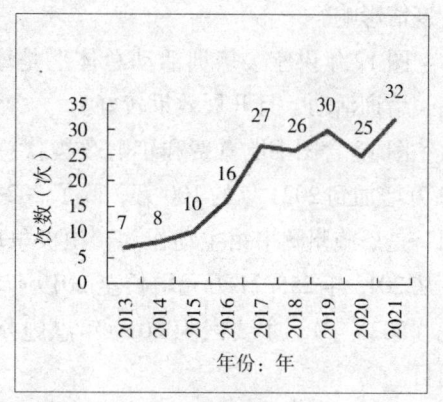

图 15　年阅读推广活动

（二）数据分析

图 4 表示在职人数整体是增加趋势，只在 2019 年人数下降，2019 年人数下降的主要原因是人员退休，新招聘的 5 人本年度没有到岗。

图 5 表明中级以上职称占比呈现下降趋势，主要原因是退休人员基本属于中、高级职称，退休后导致中级以上职称占比下降。

图 6 说明在 2020 年实现职工研究生学历的突破，主要是新进招考人数骤增，2019 年招考 5 人和 2020 年招考 3 人均在 2020 年上岗，2021 年研究生学历职工相比 2020 年继续增加，可以看出恩施州图书馆在新进招考人员专业和学历上要求更高，已经冲破了传统"进人"方式的转型。

图 7 表明，在普通文献馆藏量上，2013 年—2021 年，藏量从 67.66 万册逐步增加至 87.47 万册，呈逐年递增趋势。

图 8 中，年人均新增文献入藏量总体呈增长趋势，2016 年是峰值 0.0178 册，除了 2016 年，年人均新增文献入藏量整体呈上升趋势，但是年人均新增文献入藏量整体较低，2013—2021 年中有 6 个年份低于 0.0084 册，年人均文献增长量有很大增长空间。

图 9 电子图书整体呈增长趋势，增长至 2018 年以后趋于水平。

图 10 和图 11 分别是年文献外借量、年总流通人次，年文献外借量先增长至 2018 年峰点（2561000 册），后下降至 2020 年（72588 册），接着增长至 2021 年（152389 册）；年总流通人次同样在 2018 年是峰值，到 2021 年整体呈下降趋势。这主要因为 2019 年恩施州图书馆整体维修改造升级，7—9 月的读者高峰期闭馆 3 个月，使得到馆人数和图书流通册次大幅减少，其后是下降趋势，主要

113

受疫情影响。

图 12 年讲座、培训活动总体上是增长的趋势，表明恩施州图书馆注重讲座、培训活动，且开展效果较好。

图 13 含图书购置费和年财政拨款总额两项指标，图书购置费从 2013 年的 13 万增加到 2021 年的 100 万，除了 2020 年下降至 85 万，全部是增长状态，原因一是恩施州图书馆主动作为，积极争取；二是地方政府重视。年财政拨款总额从 2013 年 255.21 万元增长至 2019 年 980.2 万元，之后逐步下降至 743.3 万元（2021 年），主要因为 2019 年恩施州图书馆进行改造升级和总分馆制建设项目。

图 14 和图 15 分别是年媒体宣传报道次数、年阅读推广活动，两个指标整体呈现上升趋势，说明宣传报道和阅读推广的成效良好。

四、结论与启示

总体上，恩施州图书馆转型发展的实践成效显著，有许多经验做法可以总结和参考。但是也存在着不足，有待改进提高。

（一）结论

结论如下：

（1）在人才转型中，馆员综合素养提升，呈现年轻化与专业化趋势。但是中级以上职称有所不足，后续需加强年轻馆员职称提升。

（2）宣传路径转型方面，在媒体宣传和阅读推广方面态势良好，成效十分显著。

（3）资源转型方面，馆藏文献逐年增加，数字资源突破性增长，但是年人均新增文献入藏量整体水平较低。

（4）服务方式转型方面，年讲座、培训、阅读推广等活动增长显著。年文献外借量和年总流通人次受维修闭馆和疫情等因素影响，下降明显。

（二）启示

启示如下：

（1）加强人才培训，提升馆员专业化水平，满足读者日益多样化的需求，特别要加强馆员的职称评定工作。

（2）加大宣传力度，将传统媒体与现代媒体结合，本地媒体与外地媒体结合，大力运用微信公众号、网站、抖音、广播电视台等多种媒体方式进行宣传推广，提升图书馆的知晓度和品牌影响力。

（3）资源转型方面，需要继续加强电子图书、数据库等数字化资源的采购建设，优化馆藏结构，提升电子资源、数字资源占比和数量。针对年人均新增文献入藏量总体水平较低问题，还需要增加投入，大力提高年人均新增文献入藏量。

（4）服务转型方面，坚持总分馆制建设，加强图书馆联盟建设，拓展服务空间，并且要综合考虑到馆舍维修、疫情等特殊因素对图书馆的影响，提前做好规划准备，需要推动文献借阅量和流通人次，让更多读者走进图书馆，参加线上线下、馆内馆外读者活动，让更多人民群众享受到图书馆的信息服务。

（5）针对经费有所下降问题，需要节俭节约，并优化信息服务方式，创新实践形式，适当引入社会力量、志愿者队伍参与图书馆活动。

五、结语

正如印度著名图书馆学家阮冈纳赞所说："图书馆是一个不断生长的有机体。"图书馆需要创新变革，需要转型发展，转型发展是图书馆永恒的主题。恩施州图书馆转型发展的实践为中小型公共图书馆提供了有益的参考和借鉴。

值得一提的是，恩施州图书馆属于民族地区的中小型公共图书馆。恩施州图书馆在文献保存与利用、阅读推广、图书借阅、参考咨询、送书下乡等一系列信息服务中，铸牢中华民族共同体意识这一主线始终贯穿其中。

参考文献

[1] 中华人民共和国国民经济和社会发展第十四个五年规划和2035年远景目标纲要［EB/OL］.（2021-03-13）［2022-07-09］. http://www.gov.cn/xinwen/2021-03/13/content_5592681.htm.

[2] 陈亦伟."十四五"规划下的公共图书馆转型和高质量发展思考［J］. 新世纪图书馆，2020，291（11）：17-21.

[3] 王丽华，刘圣婴.法律规约下的公共图书馆转型与服务——美国纳什维尔公共图书馆的启示［J］. 图书馆论坛，2019，39（5）：155-161.

[4] 汤青.新时代公共图书馆转型发展的思考——以厦门市图书馆为例［J］. 福建图书馆学刊，2019，2（4）：8-11. [5] 程焕文，潘燕桃.信息资源共享［M］. 北京：高等教育出版社，2004：118-155.

[6] 马费成，宋恩梅，赵一鸣.信息管理学基础：第3版［M］. 武汉：武汉大学出版社，2018：263.

［7］小空间 大作为——奋力推进图书馆事业高质量发展［EB/OL］.（2022-02-16）［2022-07-25］. http：//news.cjn.cn/hbpd_19912/es_19939/202202/t3946256.htm.

［8］黄坤,李光炼. 州图书馆一创新案例获奖［EB/OL］.（2023-07-11）［2022-07-30］. https：//szb.enshi.cn/esrb/content/201907/26/content_609.html.

公共图书馆读者需求反馈机制研究

王义翠

(湖北省图书馆　430071)

摘　要：在免费开放的大背景下，走进公共图书馆的读者越来越多。作为政府向公众提供免费服务的三馆代表之一，图书馆向读者提供服务质量的高低将直接影响图书馆在公众心目中的形象，甚至图书馆的存亡。读者需求反馈机制的研究，让图书馆从被动的等待式服务方式中走出来，主动了解读者，制定合理的主动式服务方案，从而使读者的满意度得到根本的提高。

关键词：公共图书馆；读者需求；反馈机制；研究

　　文化馆（站）免费开放政策的实施已有十多年了。公共图书馆特别是省级规模的公共大馆由于馆藏丰富，阅读环境舒适，软、硬件配套比较齐全，吸引了很多读者前来阅读、学习、休闲娱乐等。读者的需求是与时俱进的，而图书馆的服务思维和服务方式总是相对落后的，这对矛盾始终存在于图书馆的各个发展阶段。当图书馆认真对待这一矛盾时它就是图书馆前进的动力，否则就是图书馆前进的阻力。而读者需求反馈机制的研究就成了读者和图书馆之间的桥梁，通过反馈机制，图书馆能及时调整服务政策和方式，从而提升自身的服务水平，提高竞争实力。

　　反馈是传播过程的基本要素，反馈机制就是将受众的反馈与传播活动联系起来的桥梁，是体现信息传播的双向性和互动性的重要机制。通过反馈，受众表达自己对传者信息的意见，传者借以检验传播效果是否理想，传播目的是否达到，并了解受众的信息需求，改进、优化自己的传播行为。信息传播系统在传者和受者的持续互动中不断地趋于合理。

一、图书馆读者反馈机制建立的基础

（一）图书馆读者反馈机制建立的理论基础

21世纪的图书馆学是信息科学和传媒科学，在信息技术的不断介入下，图书馆学最终会发展成为信息科学的一个分支学科，信息科学所具备的基本属性，图书馆学也具备。印度著名的图书馆学家阮冈纳赞的图书馆学五定律认为图书馆是一个生长着的有机体（A library is a growing organism）。作为一种机构的图书馆就是一个生长着的有机体，图书馆正是由藏书、读者和馆员三个生长着的有机部分构成的结合体，而图书馆中反馈机制的建立正是生长着的有机体和发展的需要，也是和它自身的学科性质相一致的。

（二）图书馆读者反馈机制建立的现实基础

信息技术日新月异，现在已经迈进5G时代，各种移动终端层出不穷，正在快速地渗入人们的生活、工作、学习之中，各个互联网运费商都想从中分一杯羹。从人们的阅读习惯中可窥一斑。手机阅读、阅读器阅读现在已成为多数人的主要阅读方式，它上游的出版社也开始发行图书电子版，某些知名杂志也推出了电子版，有些可在网上直接订阅，网站会定期把所订阅的内容直接推送到手机或是阅读器。据第49次《中国互联网络发展状况统计报告》显示，截至2021年12月，我国网民规模达10.32亿，较2020年12月增长4296万，互联网普及率达73.0%。城乡上网差距继续缩小，老年群体加速融入网络社会。截至2021年12月，我国网民使用手机上网的比例达99.7%，手机仍是上网的最主要设备。

手机已经深深地嵌入到人们的生活中。在近三年，民众的衣食住行都离不开手机，从之前的通信及娱乐发展到现在的出行及生活，从之前的以文字为主的交流到现在的以短视频为主的交流的方式，真是让人应接不暇。同时图书馆读者反馈机制建立技术基础进一步拓宽，除了传统的电话、邮件、论坛、QQ等形式之外，微信、微博、抖音等新兴的社交工具都可以作为读者信息反馈的渠道。这些社交工具传播信息与反馈信息都很方便快捷。当前读者反馈机制的建立没有任何技术障碍。

（三）图书馆读者反馈机制建立的必要性

1. 公益性文化服务机构的性质需要图书馆建立读者反馈机制

在新一轮的国家事业单位性质划分中，公共图书馆被划分为公益性文化服务行业，其重点是向公民提供文化服务。如果服务主体不知道服务对象需要什么就不能提供优质的文化服务。而读者反馈机制的建立正是符合公共图书馆自身发展需要的，通过反馈图书馆知道读者需要什么，缺少什么，有的放矢地提供服务，避免人力和物力的浪费。

2. 图书馆未来的生存和发展需要建立读者反馈机制

图书馆的馆藏资源有纸质资源和电子资源，纸质资源是图书馆的绝对优势，读者只能在图书馆才能获取，但电子资源的获取可就容易多了，电子书运营商，如超星、方正、亚马逊等。各大文学网站，如百度文库、豆丁网、新浪爱问等。读者通过这些渠道可免费或付少量费用即可快速获得资源。图书馆现在虽然是知识文化的宝库，但不是唯一的，图书馆正在一点点地丧失它的绝对优势，读者也在一点点地流失。但图书馆不能被动等待消亡，主动出击才有机会，从20世纪开始，各大图书馆开始利用网络开展服务，读者可以在网上检索图书，可以进行网络预约、网络续借等，图书馆也形成购买电子资源，包括光盘和数据库，数字化本馆特色资源，向读者提供远程登录服务。

二、读者需求反馈的基本内容

（一）读者类型多样化

21世纪的图书馆业态发生了很多变化，图书馆不仅仅是人们阅读的场所了，它逐渐地演变成人们学习、娱乐、交流的公共空间，图书馆的内涵和外延都发生了变化。以我馆为例，据不完全统计，我馆2020年新增读者证24438个，2021年新增读者证80821个，增长率达230.72%，截至2022年6月我馆共办理读者证480213个。这些持证读者从来馆目的可分为研究性读者、学习性读者、娱乐性读者等。另外我馆还有部分少儿读者，他们年龄3~14岁不等，多数有家人陪同来图书馆。还有各类无证读者无法统计，这些读者可能是来图书馆参加讲座或论坛或是参观各种展览等。图书馆的服务对象除了传统的读者之外还有听者、游乐者、欣赏者、咨询检索者、上网冲浪者，甚至还有夏天的纳凉者、冬天的取暖者。在倡导公共服务均等化的环境下，所有的人都应该是图书馆的读者。这些读者有的是到馆寻求服务，有的是通过网络等远程手段寻求服务。

（二）读者需求多样化

省级公共图书馆一般都是该地区的文化资源保存中心。多数读者都是因为对图书馆的馆藏资源有某种需求才和图书馆发生联系的。读者对图书馆的需求是动态的，是受当时的社会环境的影响而不断变化的。对科研读者来说，他们的需求的范围是特定的，但他们的要求是准确全面。对娱乐型读者来说，他们的要求是庞杂的、时尚的，也许当下流行什么，他们就会阅读什么。对少儿读者来说他们的要求是多、全、散，涉及各个学科门类，在每年寒暑假期间他们的需求会暴涨。

读者需求与图书馆现有服务之间的矛盾，是当今图书馆的基本矛盾。公共图书馆是以保障普遍均等服务、实现信息公平为目标，独立或通过合作方式向社会提供各类服务，应包括这个国家或地区内所有公共图书馆及其合作关系图书馆，这些图书馆组成一个服务体系，并在体系内建立完善的反馈机制。

图书馆服务体系必须从外界（政府或其他部门）获取物质和能量，不断输出产品（服务）和公共产品的消耗值，才能保持图书馆持续、稳定有序的状态。以下是当前图书馆服务一览表。

表1 图书馆服务一览表

图书馆提供的基本服务	图书馆提供服务的方式
书刊资源检索、阅览、外借	图书预约：网上、电话等预约和续借，24小时自助服务
数字资源的检索、浏览、下载	远程登录，移动阅读
信息咨询服务	社科咨询、科技咨询、文献查证、文献提供
阅读推广	举办阅读推广周
公益讲座、论坛、展览	请名家、大家及社会各界知名人士来图书馆
视障人员服务	盲文文献提供
流动服务	设立流动借书点
面向基层图书馆的业务辅导	会议及各类培训
阅览室、自修室、专家室、研究室	向读者提供免费学习场地
报告厅、展览厅	自办或合办各类展览
公共空间设施场地	举办各类公益性活动
餐饮、存包、泊车服务	配有食堂、存包柜及大型停车场

笔者统计了各对外开放楼层的读者需求意见簿，读者的需求涵盖了图书馆的方方面面，总结起来主要有以下几类

表2 读者需求一览表（来源于本馆读者意见汇总）

读者需求	需求表现
馆藏需求	找不到或借不到某种图书或杂志，要求购买或订阅某种图书或杂志
服务需求	服务时间、开放楼层、服务态度
设施需求	关于图书馆的灯光、桌椅、空调等
环境需求	主要是阅读环境，部分读者认为有时太吵
配套设施需求	主要是食堂，认为贵、品种少，建议配微波炉

以上五类需求中，馆藏需求所占比例较大，其次是服务需求和配套设施需求。配套设施需求有后来居上的趋势，这说明公共图书馆娱乐休闲的功能越来越重要，读者到图书馆来不仅仅是来阅读图书的。

三、反馈机制的建立及运行

"流水不腐，户枢不蠹。"图书馆作为一个独立的服务单元，他和读者之间的关系是平行独立的，反馈机制的存在和运行，是图书馆和外界进行能量交换的基本渠道，也是图书馆持续稳定发展的必要条件。

（一）建立反馈控制模型

公共图书馆根据自身所提供服务的特点，将"反馈"控制原理有效地结合起来，拓宽图书馆与读者之间广阔而畅通的信息沟通、传递渠道，解决信息不对称的问题，建立以读者为中心的服务及质量跟踪和评价体系；通过图书馆读者"反馈"机制，把被服务对象需求和结果进行对比分析，找出不足和差距，及时调整和修正读者服务，达到最佳的和服务对象满意的服务效果。

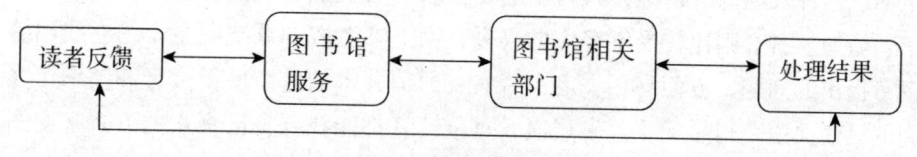

图1 读者反馈模型

（二）建立专门的职能部门

图书馆反馈的建立和运行，必须要有读者的反馈信息源源不断地从外部输入才能正常展开。多数图书馆都很重视读者的意见和建议，在各个对外窗口和总服务台都设立了读者意见簿，及时收集读者对图书馆各项服务的意见和建议。但这只是被动收集，相对整个图书馆服务体系来说远远不够。图书馆要建立专门的职能部门来收集、整理、处理读者所提出的意见和建议，并及时把结果反馈给读者。以我馆为例，馆长办公室有专人负责读者意见和建议，每一季度汇总一次，并呈报相关馆领导。这种做法很好，但如果有专门的职能部门负责此事，效果一定会更好，这个职能部门首先要主动出击，到各业务部门中去，到读者中去，倾听读者的心声。其次要用现代化的科学方法和手段对读者信息进行处理。对获取到的反馈信息进行过滤、筛选、统计、分类、去伪存真、去粗取精，保证反馈信息的有效性、针对性和价值性。最后要做好反馈信息的传递发布工作，使之成为图书馆管理者的决策依据和图书馆员工提高服务水平的依据。

(三) 完善相关的反馈制度

读者反馈机制运行的常态化，必须要有一系列的规范制度来使其规范化、系统化、持续化。滴水穿石，非一日之功，是贵在坚持。图书馆要想提升服务质量，只有通过反馈机制不断调整服务中的欠缺和瑕疵，在反馈机制的运行过程中，读者和图书馆是相互成长的，读者的反馈得到及时解决提高了读者对图书馆满意度，图书馆也提升了服务质量。有些反馈意见的实施不是一蹴而就的，而是要慢慢调整、多方改进才能产生作用。比如在我馆少儿阅览区有读者反映儿童在里面嬉笑打闹影响阅读的情况，是不可能在短期内就能彻底改变的，这需要图书馆和家长共同引导监督才能改善。因此反馈制度的建立和完善至关重要。

(四) 建立通畅的反馈渠道

现代通信技术的发展及互联网的普及使得反馈渠道的建立变得简单而高效。电话、信件及电邮等传统方式对中老年读者而言仍然还是有很强的生命力。微信、微博、抖音则比较受年轻人的喜爱，网上参考咨询系统则主要是在线回答读者提出的问题，方便易用，老少皆宜。通信技术的进步使得读者和图书馆之间的反馈渠道变得多元化，多层次，每位读者都能找到自己喜欢的方式来向图书馆反馈自己的要求、建议及意见等。

四、结束语

在网络环境下，建立一个持续、有效的读者反馈机制对公共图书馆的发展尤为重要。公共图书馆服务的读者年龄跨度大、文化水平参差不齐，这就决定了公共图书馆向读者提供服务不能搞一刀切，而应该提供以人为本的个性化服务，而这些个性化的服务举措的实现就必须依赖于读者反馈机制的正常运行。通过读者反馈机制我们才能知道读者所想、所需、所要。

参考文献

[1] 陈丽. 我国企业运用360度绩效考核法的可行性探析 [J]. 现代商业, 2010, 228 (35).

[2] 马明霞. 调查引擎在图书馆读者调查中的应用 [J]. 图书馆杂志, 2003 (12).

[3] 刘葵波, 张志勇. 反馈控制：对图书馆系统的意义 [J]. 图书馆杂志,

2005（4）.

［4］张淑洁，杜杏叶，陈胜林. 图书馆服务理念及模式构建研究［J］. 四川图书馆学报，2008，161（1）.

［5］吴奕宽. 浅论信息反馈与图书馆的科学管理［J］. 大学图书馆学报，1998（5）.

［6］姜冬云. 图书馆信息服务管理应用"反馈理论"研究［J］. 图书馆学研究，2010，246（19）.

后疫情时代图书馆阅读推广工作的新研究

郭 巍 许 超 刘 莉

（湖北省图书馆 430071）

摘 要：新型冠状病毒感染疫情肆虐武汉，此次疫情对读者，对图书馆事业以及阅读推广工作造成不可逆转的影响，在这样的时代背景之下图书馆人积极作为，勇于实践，推出新型"网约书"服务，践行"民有所呼，我必有应"服务宗旨，极具现实意义。

关键词：楚天云递；读者服务；网约书；新型冠状病毒感染

引言

2019年年底，2020年年初，一场突如其来的新型冠状病毒感染疫情肆虐武汉。为了遏制病毒蔓延，一夜之间，武汉的学校停课，工厂停工，商场停业，交通停运。湖北省图书馆因为防疫抗疫的需要于2020年1月23日闭馆，无法服务对知识充满渴望的读者。

一、新冠疫情肆虐对图书馆阅读推广工作的影响

（一）对读者的影响

湖北省图书馆拥有840万册的馆藏资源，阅览座席6300个，日接待能力10000人次，多年以来，无论是寒冬还是酷暑，都改变不了读者来到湖北省图书馆，找一个座位静静地阅读的习惯。疫情的当下，市民宅在家里本已感到焦躁不安，精神空虚，对知识和信息的获取更加急不可耐；也有考研考证族因无法找到合适的自习去处而不知如何是好。他们在湖北省图微信公众号一次次地留言，给湖北省图书馆服务台的一个又一个的电话，只是在默默诉说着对知识的渴望。

（二）对图书馆事业的影响

湖北省图书馆从闭馆开始，馆内职工无一不希望疫情能够早日结束，希望与同事面对面讨论工作，毕竟宅在家里办公，无法真正投入紧张而有序的工作中去，不能通过头脑风暴方式获取新的思路，更不能举办丰富多彩的线下活动，增强与读者的紧密联系。

（三）对读者服务工作的影响

刘国钧认为图书馆以用书为目的，以诱导为方法，以养成社会上人人读书的习惯为指归，杜定友认为"以适当的图书，在适当的时候，供给适当的读者，以提高全民智力，实现全民教育"[1]。读者服务在这样的指导思想下，一是扩大图书流通，二是开展读书辅导。2020年1月23日闭馆到2021年4月8日武汉解封，湖北省图书馆的读者服务工作由线下转到了线上，开展了"网络闹元宵""书香战役"等线上活动，让广大读者朋友们在家"宅"得住，取得了指导人们科学防疫、缓解焦躁心理、积极应对生活的良好效果。但是，在武汉4月8日解封之后，为了响应政府"非不必要不外出"的号召，湖北省图书馆采取网络预约的方式限制入馆人数，读者来馆阅读的需求没有得到最大的满足，馆藏图书资源没有得到最大的利用。

二、后疫情时代湖北省图书馆阅读推广工作新探索

东部地区作为我国改革开放的前沿阵地，拥有众多高校和科研院所，具备先进管理经验和与国际接轨的战略思维，享受国家及地方政策、技术、资金、人才支持。东部地区图书馆在阅读推广工作方面拥有着成熟经验，作者通过实地走访、电话采访、数据统计的方式收集到全国各地，特别是东部发达地区图书馆在阅读推广工作方面的服务概况及取得的成绩。

（一）各地图书馆网约书服务概况

1. 图书馆领域"网约书"服务概念

"网约书"服务是一种全新的图书借阅模式，利用"互联网+物流"技术，实现读者足不出户就能享受图书馆的丰富文献资源的目的。这项服务给读者最直接的感触就是"省心省时省力"。各个地方图书馆因开展"网约书"服务特点不同，名称不一，但本质一样。如苏州图书馆推出"网上借阅社区投递"服务，宁波图书馆推出"天一"约书服务，浙江图书馆的"U书服务"。

2. 服务概况

2014年5月内蒙古图书馆推出"网借书"服务，2014年9月，苏州图书馆推出了"网上借阅社区投递"[2]和"你选书我买单"服务，打破公共图书馆传统的服务模式，以读者阅读需求为导向，创新性地开拓了"图书馆+书店+平台+物流"服务模式，以最便民的方式为读者揭示、整合、推荐文献资源并提供借阅服务，为图书馆注入了新的活力。浙江图书馆"U书服务"[3]充分发挥互联网和现代物流优势，向全省读者提供全新在线开放式采购、新书借阅服务。这些图书馆是首批借助"互联网+物流"开展图书流通服务的，在行业内开了先河，取得了不错的效果。

2017年4月，李克强总理在国务院常务会议上针对公共图书馆强调："建设公共图书馆，要注意线上线下相结合，两方面要配合好。通过建好线上线下相融合的统一平台，让公共图书资源真正能够由大家共享"[4]。

表1　各省市区级图书馆网约书服务概况

图书馆	级别	馆藏（万）	日均借阅量 <100册	日均借阅量 >=100, <300	日均借阅量 >=300
浙江图书馆	省馆	106			√
宁波市图书馆	市馆	4			√
鄞州区图书馆	市馆	3		√	
杨浦区图书馆	市馆	6			√
重庆图书馆	市馆	3	√		
济南市图书馆	市馆	5	√		
吴中区图书馆	区馆	10		√	
南京共享平台	市馆	3.5			√
苏州独墅湖图书馆	区馆	19			√
辽宁图书馆	省馆	30		√	
海淀图书馆	市馆	2		√	
无锡图书馆	市馆	4.5		√	
海南省图书馆	省馆	5		√	
湖南图书馆	省馆	4		√	
昆山市图书馆	市馆	4.5			√

通过图表可以看出，大部分开展网约书服务的图书馆日均借阅量超过 100 册，辽宁省图书馆、湖南图书馆面向全省开展网约书服务，服务读者更多，可以说，网约书服务提高了馆内图书流通次数，加大了图书周转率，发挥出了阅读推广强大作用，突显了图书馆的服务效应，推动了高质量阅读，使全民阅读向更深一步迈进。

（二）各地图书馆网约书服务取得成果

1. 改变公共图书馆的服务模式[6]

网约书服务改变以往传统图书借阅方式，突破读者与图书馆之间时间空间的限制，公共图书馆的服务由"以书为本，以图书馆为中心"向"以人为本，以读者为中心"转变[5]。

2. 为特定人群提供便利

有些离图书馆较远、不方便来图书馆、行动不便的读者可以在家使用移动电子设备就可以借阅图书馆的纸质图书，让阅读更加便捷。

3. 促进全民信用意识的提高[7]

网约书借阅与读者的信用关联，信用积分不够不能使用网约书服务，这在一定程度上让读者重视对个人信用的培养，积极主动归还借阅图书，降低了图书超期率。

三、后疫情时代湖北省图书馆"楚天云递"网约书服务

为了让"书"活起来，而不是躺在书架上"睡大觉"，更为了满足疫情防控期间读者"宅"在家里阅读纸质书籍的迫切需求，同时，也为了严格落实李克强总理在国务院常务会议上针对公共图书馆结合线上线下有利条件，做好公共图书资源共享工作，湖北省图书馆借鉴东部地区图书馆阅读推广工作方面的成功经验，抓住机遇，勇于实践，积极探索，调动全馆力量，联合优质物流企业，借助互联网O2O平台，推出全新服务——"楚天云递"线上下单，次日送达的"网约书"服务。

"楚天云递"网约书服务是借助互联网技术打造的图书借阅O2O模式，通过线上借阅、线下配送的方式，让读者感受轻松借阅图书的乐趣，达到"云选书 快阅读"的目的，为读者阅读纸质书籍提供新路径、新方法，是湖北省图书馆创新阅读推广服务工作的新的探索。

(一)与传统图书馆借阅模式相比,具备以下几点优势:

1. 突破时间限制:

全国范围内省市级馆开放时间和读者工作时间重合,很多工作族没有时间来图书馆借阅图书。

借阅一本图书时间成本过高,包括通行时间、检索时间、找书时间、借书时间,这些时间都没包含路途转乘交通工具、道路拥堵、图书无法找到所需要的时间。

2. 打破空间限制:

建设一个符合社会要求的图书馆耗资巨大,每年采购图书资金不是小笔数目,这些资金还不包括日常维护管理、人员工资发放等开销,因此,图书馆不可能遍地开花,那么图书馆的服务半径受当地区域大小与交通便利程度有关。以湖北省图书馆为例,湖北省图书馆位于武汉市武昌区,辐射范围可覆盖周边的武昌区、洪山区、汉阳区、硚口区、江岸区等武汉主城区,地处偏远的新洲区、黄陂区、汉南区来湖北省图书馆借阅图书很难,即使乘坐地铁出行也需2小时,影响偏远城区读者借阅图书。

3. 破解图书不在书架的难题:

"楚天云递"图书实行闭架书库管理模式,网约书库图书不对读者开放,最大程度保证书库图书不会因为开架阅读出现读者取走图书阅读之后不在书架的情况,读者在平台下单的图书,所见即所得,工作人员凭借层架号码可在对应的层架位置找到下单图书,让真正需要该本书的读者能阅读到这本书,发挥每一本图书的价值。

4. 保证读者阅读安全:

湖北省疫情防控指挥部对省内文化场所全面实行分时预约制度,严格执行"限量、预约、错峰"的防疫规定,凡进入湖北省图书馆的读者必须进入"游湖北"小程序,预约进馆。为了响应国家"非必要不要外出"的号召,巩固湖北省疫情防控取得的成果,湖北省图书馆"楚天云递"网约书服务最大限度实现读者不接触阅读,足不出户也能享受湖北省图书馆丰富的馆藏资源,每一本书通过消毒才能寄出,每一本书经过消毒才能上架,让读者放心又安心。

四、湖北省图书馆"楚天云递"借阅流程的实现

基于信用的网络借还平台包含读者使用系统、用户管理系统、智能柜后台管理系统、物流管理系统四个系统。随着大数据、移动互联网、人工智能等新兴应用不断普及，只要有网络的地方，读者就可以宅在家里、躺在床上，像在购物网站上买商品一样在"楚天云递"小程序上挑选需要的图书，只需填写收件人姓名、地址及联系方式就可以不来湖北省图书馆同时阅读到湖北省图书馆海量文献资源。依托于互联网，湖北省图书馆"楚天云递"工作人员使用后台管理系统完成为读者找书、打包、寄出等工作。

（一）读者使用系统：

读者进入湖北省图书馆微信公众号，点击"服务"，选择"楚天云递"，按照图书类别或书名检索需要借阅的图书，借阅到本人读者证上，填写"姓名""联系方式""收货地址"或选择智能柜自提（免物流费），支付运费，提交订单。

（二）用户管理系统：

工作人员通过系统后台查询到订单信息，打印"找书列表"，按照层架标寻找图书所在层架位置，录入系统，核销该笔订单，生成包裹信息，打印快递面单，包装图书，盖上"图书已消毒"专用章，等待快递人员上门取件。

（三）智能柜后台管理系统：

工作人员登记图书条码信息，后台查询"待投递状态"，完成智能柜投递操作。智能柜目前在湖北省图书馆设立一台，具有现场借阅图书、预约取书、现场还书的功能，读者在使用端下单的图书可以选择投放到智能柜，投递成功会给读者发送取书密码，在规定时间内取书即可。这种取书方式方便、经济且实用。

（四）物流管理系统：

后台打印"物流包裹核对单"，物流人员通过管理系统将图书送到指定地点。

（五）依托层架标技术、闭库管理技术实现找书便捷，成功率达到100%

1. 层架标技术：

"楚天云递"网借书库图书改变以往通用的中文图书分类法分类管理图书的方式，利用层架标方法管理图书，该方法可以最大限度地利用书架，避免因无法预知的预留书架而造成的图书倒架操作。使用13位数字或字母组合而成的代码表示图书所在的层架位置，例如WJ200103B0103，"WJ"代表网借图书，"2"代表书库所在楼层，"03"代表3排，"B"代表B面，"0103"代表1架3层。

2. 闭架管理技术：

"网借书库"图书不对外开放，每本图书需由专人负责办理登记借还手续，保证读者在使用平台下单的图书能够100%找到，真正实现所见即所得。

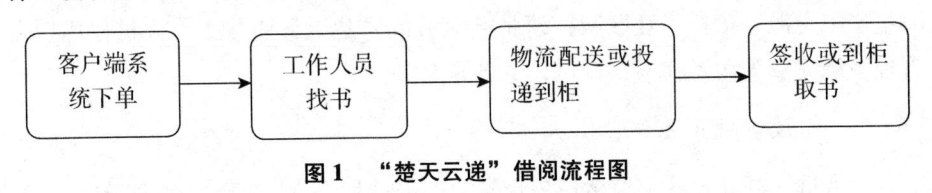

客户端系统下单 → 工作人员找书 → 物流配送或投递到柜 → 签收或到柜取书

图1 "楚天云递"借阅流程图

五、"楚天云递"运行成果

（一）"楚天云递"服务读者广

"楚天云递"自2020年6月成立以来，用户数累计4071人，以80后、90后为主要读者群体，其次是00后。

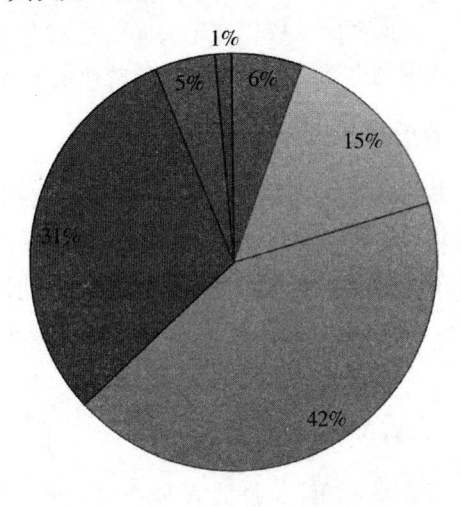

■60S以上 ■70S ■80S ■90S ■00S ■10S

图2 "楚天云递"读者年龄分布

（二）"楚天云递"文学借阅占比高

网借馆藏图书借阅类目，以文学类图书借阅最高，其次是哲学、宗教。

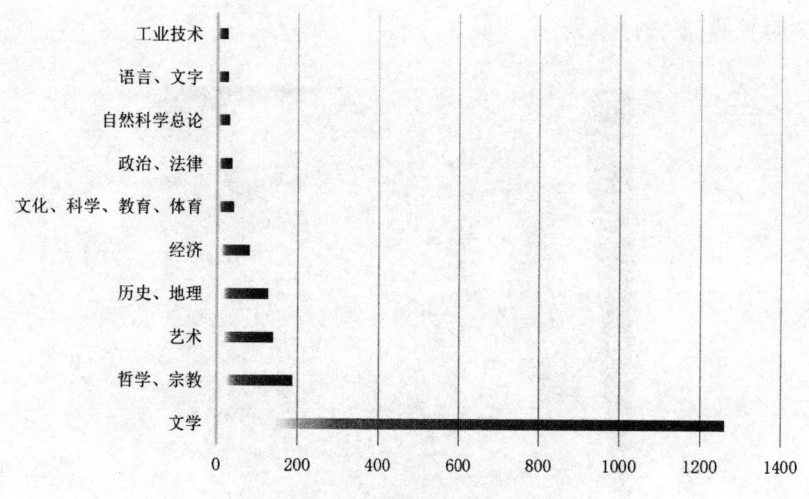

图 3　楚天云递图书分类 TOP10

(三)"楚天云递"使用频率高

"楚天云递"使用频率通过后台峰值数据统计可以看到每天除了凌晨 2 点到上午 9 点不活跃以外，各个时段使用频繁，其中上午 10 点到中午 12 点，晚上 20 到 21 点达到峰值。

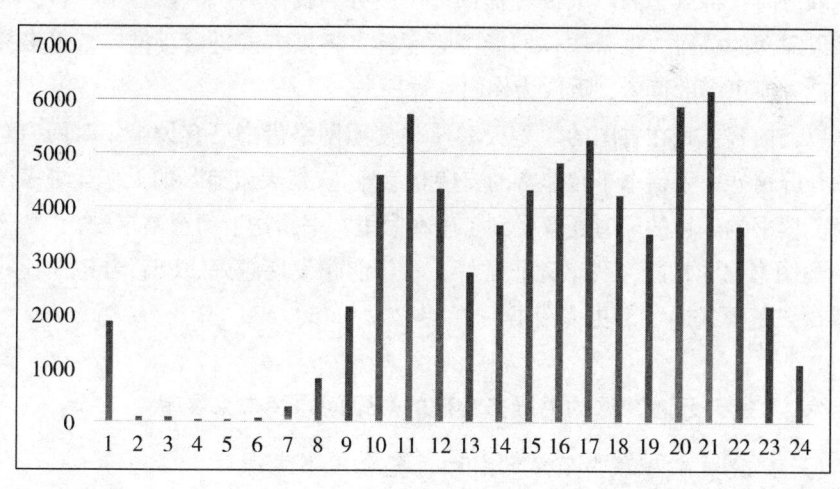

图 4

（四）读者好评不断

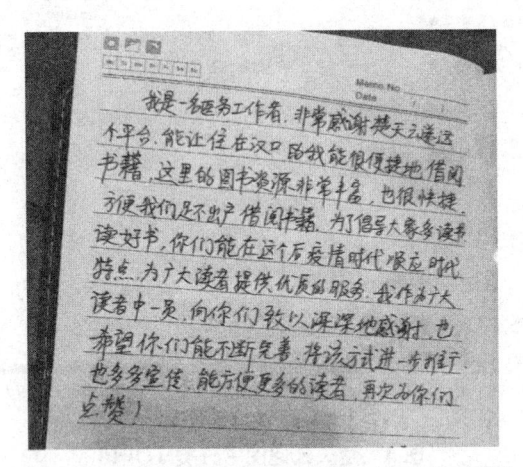

图5　2021年1月7日读者来到湖北省图书馆留言

留言内容：我是一名医务工作者，非常感谢"楚天云递"这个平台，能让住在汉口的我能很便捷地借阅书籍，这里的图书资源非常丰富，也很快捷，方便我们足不出户借阅书籍。为了倡导大家多读书读好书，你们能在这个后疫情时代顺应时代特点，为广大读者提供优质服务。我作为广大读者中一员，向你们致以深深的感谢，也希望你们能不断完善，将该方式进一步推广，也多多宣传，能方便更多的读者，再次为你们点赞！

留言内容：我在省图的"楚天云递"使用网络借书已有大半年时间，对于省图开辟这样一个借书平台非常的支持和意外。"楚天云递"的工作让更多读者在享受读书的乐趣的同时还享受到了坐在家里、书籍送上门至高享受，"楚天云递"的图书也非常新，我感觉非常好，希望能越发展越好。PS：希望能让我们读者在"楚天云递"有更多图书。

六、"楚天云递"网约书服务突破的瓶颈问题及未来展望

（一）突破书库藏书不足的瓶颈，整合图书资源

湖北省图书馆"楚天云递"受场地限制，初步设计容纳3万册图书，放置19个书架，平均每年借阅量约6000册图书，随着"电子证的开通"，读者群体覆盖全省乃至全国，3万册图书无法满足未来读者借阅需求。因此，湖北省图书馆"楚天云递"未来一方面扩展书库面积，采选热门图书，丰富图书类别，完善图书资源结构；另一方面，要以湖北省图书馆网借中心为中心，整合湖北省

内各个市级、县级、区级图书馆优质馆藏资源，使用一个网借平台，依托省图书馆为中心馆，市、区县图书馆为总馆（分中心）[8]，乡镇、街道社区及乡村图书馆作为分馆，通过集群业务管理系统将中心馆、分馆和流通点联合起来，组成一个区域性数字化、网络化的虚拟图书馆群[9]，在中心图书馆的统筹和管理下，充分提高图书馆的服务水平和效率。

（二）突破书库藏书不足的瓶颈，融合服务平台

1. 统一检索平台

网借服务系统可以检索出湖北地区范围内所有地县级市图书馆的网借馆藏书籍，并可以具体展示图书详情信息。图书详情页包含以下图书信息：当前可借图书馆及可借本数、书名、作者、出版社（年份）、图书简介、其他相关热门图书等。

2. 统一借还

读者选择需要借阅的图书，然后将图书加入借书架与其他借书架中图书一并借阅，也可点击"一键借阅"直接进入单本图书借阅订单操作流程。读者需要支付对应的物流费用[10]。

读者可以通过网借服务平台进行在线预约还书，由物流上门取书，再快递到对应的图书馆，工作人员收到图书后，进行图书归还上架操作。

3. 突破受众群体过载的瓶颈，扩大服务半径

"楚天云递"网约书服务始于2020年4月武汉复工之后，从项目立项到提交可行性报告，从技术开发到设备调试，从人员统筹到物资调配，各项工作都是从零开始，在宣传推广方面力度不够，在湖北省图书馆微信公众号发布推文较多，纸质媒介、线下推广投入精力不够，"楚天云递"服务周知率较低，服务人群受限。为了扩大"楚天云递"服务半径，必须利用好各种媒体资源，除了使用新媒体以外还要利用好传统媒体，如报纸、杂志、汽车广播等；同时，采用线下和线上相结合的方式，深入社区、高校、商圈等人员密集场所推广湖北省图书馆"楚天云递"网约书服务，让我们的服务触及社会的各个角落。

未来，在后疫情时代，湖北省图书馆将会依托"楚天云递"品牌，在图书资源整合、服务平台融合、扩大影响力方面，面向更广范围的读者，更进一步做好服务读者工作，将阅读推广服务深入人心，满足读者朋友们对阅读的需求，让知识的芳香撒落在世间每一个角落。

参考文献

[1] 张树华. 中国图书馆读者服务工作百年回眸 [J]. 中国图书馆学报，

1999（6）.

[2] 俞月丽，朱晔琛. 开放式图书采购的浙江样板——浙江图书馆"U书"快借案例分析［J］. 图书馆研究与工作，2017，160（10）.

[3] 幸娅. 苏州图书馆网上借阅社区投递服务探析［J］. 新世纪图书馆，2015，231（11）.

[4] 许群毅，韦卫. O2O网络预约借书服务平台建设及运行探析——以浦东新区陆家嘴图书馆"易悦读"网借服务为例［J］. 河南图书馆学刊，2019，39（5）.

[5] 徐赛花. 苏州图书馆基于信用的网上借阅社区投递系统［J］. 四川图书馆学报，2019，232（6）.

[6] 曹艳红. 后疫情时代的公共图书馆创新服务模式探析［J］. 文化创新比较研究，2021，5（6）.

[7] 寿晓辉，叶丹，翁亚珂. 公共图书馆开展信用服务的实践与策略——以杭州图书馆为例［J］. 图书与情报，2017，177（5）.

[8] 金武刚. 论县域公共图书馆总分馆制的构建与实现［J］. 中国图书馆学报，2015，41（3）.

[9] 郎振红. 虚拟现实技术在虚拟图书馆中的应用［J］. 科技导报，2020，38（22）.

[10] 杨锦. 中国石油大学异地统一借还方案的实施［J］. 山东图书馆季刊，2007，142（2）.

新时代图书馆新战略、新角色、服务和机遇

余 祎

（湖北省图书馆 430071）

摘　要：随着时代的发展，新技术不断诞生，对图书馆也提出更高的要求。对此，图书馆应根据时代特点制订相应的发展规划，积极明确自身角色定位与责任担当，将面临的挑战作为发展机遇，"以用户为中心"进行图书馆的转型建设，从而为推动书香社会建设贡献出力量。

关键词：信息技术；图书馆服务；机遇

一、新时代背景下图书馆发展面临的考验

（一）数字化考验

新时代背景下，数字技术在各个领域得到广泛普及与应用，人类正式迈入数字化时代。数字化技术具有诸多便利，可以有效与图书馆的未来发展相结合，使相关服务得到"质"的改变。同时，随着移动技术的发展，人们已经不用局限于图书阅读的传统阅读方式，可以利用手机进行随时随地的阅读，这摆脱了时间与空间的限制，为读者阅读提供支持。根据相关数据显示，2021年，我国数字阅读的用户规模为5.06亿，对比2020年增长2.49%。随着政策、法律、经济以及科技创新等环境的利好，我国数字阅读行业的发展依旧具有良好的发展势头。

（二）推广考验

随着时代的发展，人民素质的提升成为国家关注的重点。因此，十三五以"提升国民素质和社会文明程度显著提高"为重点，并制订影响的规划，如"全民阅读"。政策环境倡导人民通过阅读的方式提升自身素质，并将建设书香社会作为社会各界努力的方向。图书馆作为阅读的主要阵地，应承担起责任，将阅

读的推广作为书香社会建设的目标，以此推动"全民阅读"顺利施行。

二、新时代背景下图书馆发展转型已成定势

新时代背景下，图书馆传统阅览模式已经不能适应时代发展的要求，不仅会提升人力损耗，还会对阅读体验感造成影响。随着大数据时代的到来，掌上阅读已然成为新时代人们常用且习惯的阅读方式，这也要求图书馆必须基于时代的特点积极进行转变，以满足读者的阅读需求。在大数据的环境下，可以利用技术手段降低人力、物力、时间等损耗，同时也能提升相关工作的效率与质量，有助于各行各业的发展。现代阅读中，利用大数据手段整合读者的兴趣、年龄、收入等信息，以此作为推广的依据，提升消费者的阅读兴趣。因此，新时代也是图书馆事业进入新发展的历史阶段。首先，高质量发展成为图书馆事业发展的新诉求。新时代背景下，图书馆事业的发展并不是规模的扩大，而应是从里到外、从理念到机制、从内容到形式的改变，将"高质量"作为图书馆新时代发展中的重要目标。其次，转型升级成为图书馆事业发展的新动能。传统借阅方式正在发生着转变，这种转变不仅是新技术革命带来的影响，也包括新时代下人们对即时性信息的需求，促使图书馆必须在信息服务方面进行改革创新，转型升级已经成为图书馆事业发展的定势。最后，融合发展已经成为图书馆发展的新脉象。新时代背景下，人们面临生活与工作的压力，阅读已然成为人们缓解工作压力提升生活情趣的一种方式。这也要求图书馆应在新时代背景下勇于担当，敢于转变，积极提升阅读介质的多样性，以此为不同阅读群体提供不同介质的阅读服务，以满足消费者的需求。同时，还应将相关服务进行延伸，可以提供如情侣阅读、学生伙伴阅读等私人定制类型的阅读服务，也可以与餐饮服务、运动服务相融合。因此，融合发展已经成为图书馆发展的新脉象。

三、新时代背景下图书馆面临的机遇与挑战

（一）新时代背景下图书馆面临的机遇

信息技术的发展给图书馆带来新机遇。一方面，数字时代的到来、宽带升级提速，为信息的传递提供了有效渠道。随着互联网的发展，可以推动图书馆服务向更深层次进行提升，如为用户提供个性化、定制化的信息服务；跟踪调研用户的阅读需求，并为其推送相应的阅读推荐；可以对信息资源进行整合，为用户建立一站式服务。另一方面，随着科学技术的不断突破，各项工作都可

以用数字的方式开展。而作为图书阅读的主要阵地,图书馆应重视数字化技术,以数据服务为突破口,以信息技术作为推动力,以平台化、智慧化作为新时代发展规划,充分利用信息技术的优势,提升图书馆服务的精准化、宽阔化,以此构建大型数据服务平台,从而为阅读爱好者提供全方位的数据服务。此外,物联网技术也日渐成熟,其可以作为图书馆一体化、智慧化发展的主要抓手,如自动识别技术可以实现相关数据的自动采集。同时,随着无线终端设备功能的不断完善,可以为图书馆的信息服务提供强大的场景支持,如手机图书馆、云图书馆等。因此,新时代背景下,信息技术的出现可以为图书馆的发展带来广阔空间。

(二)新时代背景下图书馆面临的挑战

数据是推动中国数字经济以及智慧社会发展的新动能,但也给图书馆的发展带来挑战。首先,大数据时代中,图书馆在信息服务方面有了较大的改进。传统图书馆的服务是以人工操作的方式进行服务。这种服务方式不仅会造成人力时间的浪费,还会在操作过程中出现失误的情况。而通过大数据技术可以有效促进图书馆服务理念和模式的自动化,这能极大解决以往图书馆服务中存在的不足,提升图书馆服务的水平。但由于这种方式对人员具有较高的要求,需要相关工作人员掌握图书馆的业务与信息业务等,并具备熟练的计算机技术。只有这类人才才能保障大数据的顺利运用到图书馆信息资源建设,从而提升图书馆的服务水平。其次,传统服务形式已经不能满足阅读者的需求,这就要求图书馆应该加强对新技术的引进,确保相关服务智能化。目前,图书馆在数据服务方面存在不足,特别是数据管理、数据分析以及人员素质方面,特别是对动态数据、用户行为数据等方面认识还不够深刻,同时对数据分析工具与数据管理平台的应用有待提升。最后,随着互联网技术的发展,诞生了百度、腾讯等公司,转变了人们的生活方式,能够使其成为日常生活中不可缺少的一部分,能积极推动社会经济发展与转型。如,百度具有庞大的数据库,可以随时随地为网民提供相关信息。随着对服务的不断开发,百度开始进入学术资源领域,并能提供远多于传统图书馆的学术资源。百度学术可提供海量的中英文文献检索学术资源,涵盖各类学术期刊、论文等,并为用户提供精准、全面的文献检索服务。这对图书馆的发展造成严重的威胁,如何在新时代背景下转型发展,是当前图书馆应该重视的问题。

四、新时代背景下图书馆角色定位与责任担当

（一）角色定位

现代图书馆具有较高的政治站位与服务站位，是新时代文化建设的标志。图书馆应该满足人们对信息资源与教育的需求，作为传播中国文化、教育中心、文化服务中心的阵地，同时也应承担起引导读者阅读健康、正确的信息，提升读者的阅读素养的责任。

1. 教育阵地

图书馆是反映国家政治、教育以及文化建设等的主要阵地。因此，新时代背景下，图书馆在发展建设中应该基于中国政治的特色以及文化的特征制定相应的发展措施。一方面，应该表明立场，坚持以习近平新时代中国特色社会主义思想作为政治担当，另一方面，应以传播正确社会主义核心价值观作为社会担当。

2. 文明摇篮

目前，我国国民缺乏对阅读的重视。随着数字化技术的发展，传统依赖纸质进行阅读的方式发生改变，人们可以借由掌上阅读等新兴阅读的方式随时随地进行阅读，以摆脱对纸质阅读的依赖，摆脱对时间与空间的束缚，从而形成"快餐式"阅读潮流。而通过图书馆事业的发展可以有效引导广大民众进行深层、正确、有益的阅读，使其能够从浅阅读中挣脱而出，以此提升广大民众的素质。因此，图书馆的建设与发展应与提升民众阅读素养与文明素质产生联系，图书馆应积极作为提升广大民众阅读素养与文明素质的主要阵地，为推进书香社会建设贡献出力量。

（二）责任担当

新时代背景下，图书馆应明确自身承担的责任与作为，知道"为谁做""做什么""怎么做"。新时代背景下，图书馆应清楚认识到图书馆的立馆初心，应以"全心全意为人民服务"为宗旨，不仅要服务读者，还应奉献社会。坚持为读者提供至诚周到的服务，推动书香社会建设，并将提升广大民众的阅读素质作为自身责任与社会担当，将图书馆的发展战略与精神文明、社会文明、生态文明等国家战略进行捆绑。同时，图书馆还应勇于承担起历史责任，弘扬与传播中华民族传统文化，重视革命红色文化和当代改革开放文化，并基于时代的特点引领数字化建设，用数字化手段提升全民阅读素养，以此构建具有良好文化氛围的社会环境。

五、新时代背景下图书馆应强化信息技术助力数据服务创新

（一）提升人员素质

新时代背景下，为了更好地加强信息技术的应用，促进图书馆数字化服务的建设，应重视对人员的培育，积极挖掘人才优势，从而促进图书馆信息化建设顺利进行。第一，图书馆应建立健全科学的人才招聘体系。在制订招聘计划的过程中，应该明确岗位需求，并基于大数据时代下图书馆的发展趋势进行制订，要多利用第三方平台的优势进行吸纳人才的工作，并做好岗前培训工作。第二，图书馆应该完善人力资源管理体系，基于以人为本的原则，不仅要改变传统的管理思想，还应将服务意识融入其中，加强工作人员的服务意识，积极营造良好的文化氛围。第三，图书馆应该加强工作人员信息素养与服务能力的培训，注重系统性和针对性，明确培训目标，也要加强工作人员的人格发展的培训，从而使工作人员能够真正发挥出自身的潜力，这有助于提升工作人员的信息素养与服务能力，保障图书馆更好的发展。第四，图书馆应该建立完善的激励体系，加强与工作人员的沟通联系，对工作人员的真实想法以及需求进行一定的了解，从而建立激励机制，这有助于将激励机制的效果更好地发挥出来，激发人员的工作积极性和工作热情。第五，图书馆应该制订人才培训规划，不仅应该积极拓宽人才引进渠道，还应该加强人员创新的意识，培养人员爱岗敬业的精神。

（二）加强服务创新

大数据时代下，图书馆应该加强服务的创新，比如开设读者自习室等，从而提升对读者的吸引力。首先，图书馆可以通过大数据技术对借阅人群进行划分，并细化相关借阅的书籍，将一些借阅率较高以及借阅时间较长的书籍进行补充，避免没书可借的情况发生。还可以将一些热门书籍放在显眼的位置，从而便于读者进行借阅与阅读。其次，应加强以互联网为主的服务工作。比如，图书馆可以开设相应公众号，对社会中比较热门的数据进行收集，并通过公众号的方式进行推送。再比如，图书馆可以通过公众号的方式分享一些书籍的读后感或是有趣的工具书，从而激发读者的读书欲望。最后，图书馆应该采取科学合理的措施，制订相应的规章制度，同时还应建立安全储存、收集、开发等机制，从而提升用户信息的安全性。

六、结语

总之,新时代背景下,图书馆传统阅览模式已经不能适应时代发展的要求,信息技术的到来为图书馆的发展带来机遇,同样也是挑战。对此,图书馆应该明确角色定位与责任担当,积极作为提升广大民众阅读素养与文明素质的主要阵地,为推进书香社会建设贡献出力。

参考文献

[1] 姜文彦. 新时代下数字化图书馆发展模式研究 [J]. 农家参谋, 2020, 661 (14).

[2] 刘琳. 新时代图书馆服务创新与融合、阅读推广研究 [J]. 教育现代化, 2019, 6 (89).

[3] 解金兰, 常琛. 新时代图书馆数据服务面临的机遇、挑战与发展方位 [J]. 山东图书馆学刊, 2018, 169 (5).

[4] 徐琴. 浅谈数字化时代图书馆馆员素质的发展 [J]. 科技资讯, 2016, 14 (11).

[5] 刘兴勤. 数字化时代图书馆的发展 [J]. 盐城师范学院学报 (人文社会科学版), 2003 (4).

国外高校机构知识库联盟建设实践与启示

王予典　江洪

（中国科学院武汉文献情报中心　430071）

摘　要：中国高校机构知识库联盟（CHAIR）从建设至今，其建设过程中存在诸多不足。通过对3个国外高校机构知识库联盟进行网页调研及文献调研，分别从政策制定、内容建设和技术支持三个方面进行分析并得到相应启示。以此，针对我国高校机构知识库现存问题提出相应合理建议，促使我国高校机构知识库联盟能够在未来开放科学的时代背景下更好地发挥自身优势、提升自我实力、促进科学交流。

关键词：高校机构知识库；机构知识库联盟；开放获取

一、国内外机构知识库发展现状

截至2021年，全球机构知识库注册网站（The Directory of Open Access Repositories，DOAR）上注册的机构知识库数量高达5773个。其中注册机构知识库数量位居前三位的国家分别是美国、日本和英国。目前，中国在DOAR上注册的机构知识库数量相对较少仅有60个。开放获取知识库登记（Registry of Open Access Repositories，ROAR）上注册机构5393个，美国、德国和英国机构数位居前三，我国注册机构97个，少于印度、哥伦比亚、乌克兰等发展中国家。开放获取知识库联盟（The Confederation of Open Access Repositories，COAR）共拥有来自51个国家的151个成员，中国成员只有中国科学院国家科学图书馆和北京大学图书馆。

与国外相比，我国机构知识库发展较晚，在建设方面仍处于不断尝试、探索和完善阶段。目前，国内外对于机构知识库的研究较为广泛，其中高校图书馆作为机构知识库的主要建设单位之一，在研究中占据了主体地位。随着高校机构知识库的不断发展，高校间逐渐形成了以合作共赢为导向的高校机构知识库联盟。但相较于国外的机构知识库联盟，国内在建设、管理和持续发展方面仍存在许多亟须克服的不足。

二、中国高校机构知识库联盟不足

（一）运营发展不佳

中国高校机构知识库联盟中包含了 51 个成员，各成员的机构知识库建设情况参差不齐，多数机构知识库后期缺少维护，导致链接失效无法访问。机构知识库联盟作为牵头机构，平台信息更新与维护滞后，缺乏后期管理，导致已有成员参与建设积极性不高，联盟整体发展迟缓。

（二）政策制定不足

对可访问的成员机构知识库的内容政策、提交政策、使用政策、保存政策、撤回政策和隐私政策进行调研可以发现，仅有个别高校机构知识库对以上 6 个方面进行了细致、全面的说明，各高校在关于机构知识库的相关政策制定方面目前还不够完善，开放获取意愿淡薄且进展缓慢。现有各机构知识库提供及参考的政策多为管理性、指导性政策，对于开放获取的政策也多为试行，缺少强制性政策体系。

（三）资源建设单一

机构知识库中的信息资源类型主要仍以期刊论文为主，辅以专利、成果、图书、报纸、标准等，类型较为单一，且论文全文率低，开放程度差，更新不及时。质量控制方面也存在较大问题，部分高校机构知识库收录成果虽然达到一定数量，但是真正经过严格同行评议且具有较高学术价值的文献较少。

（四）技术平台不统一

国内高校机构知识库建设大部分是由商业公司提供技术上的支持，其中包括超星、维普、西安知先、宝和数据、湖南纬度、武汉麦达、爱琴海等，此外还有目前比较主流的 CSpace 和 DSpace 平台。联盟开发的 CHAIR Local 系统只有极少数高校在使用，多数高校机构知识库所用的系统平台仍没有统一。

三、国外高校机构知识库联盟现状

根据不同的机构知识库类型，主要对英国白玫瑰大学联盟、美国佐治亚机构知识库联盟和美国得克萨斯州数字图书馆三个国外机构知识库联盟进行调查与分析。

白玫瑰大学联盟（White Rose University Consortium）是由英国的利兹大学、谢菲尔德大学和约克大学三所世界级研究密集型高校建立起来的战略伙伴关系。

其中"白玫瑰研究在线"（White Rose Research Online，WRRO）是由利兹大学、谢菲尔德大学和约克大学图书馆资助并联合管理的集中式机构知识库。WRRO旨在为学术界内外受众提供开放访问其学术成果全文的服务，对于受版权及其他原因无法实现全文提供的研究成果，WRRO将创建引文和摘要并链接到可用的出版商数据库。

美国佐治亚机构知识库联盟（Georgia Knowledge Repository，GKR）是美国佐治亚州的一个区域范围分布式机构知识库，由美国佐治亚州虚拟图书馆组织与管理，成员包括18所当地的高校。

得克萨斯州数字图书馆[8]（Texas Digital Library，TDL）是一个以得克萨斯州高等教育为基础的联盟，由得克萨斯A&M大学、得克萨斯理工大学、休斯敦大学和得克萨斯大学奥斯汀分校于2005年创建，目的是保证对研究、教学、文化遗产和机构记忆等具有价值的数字内容的共享与保存。目前联盟有19个正式会员和4个附属会员。

（一）政策与宣传方面

1. 联盟层面：

WRRO官网政策主要包括了开放获取中使用条款、隐私和数据保护、许可及信息重用及可获取性声明。考虑到个人隐私的重要性，其遵循2018年欧盟提出的《通用数据保护条例》（GDPR）对个人数据进行保存。许可方面，WRRO受国家版权法的保护，其列举了OA领域3种不同类型的CC许可，并附上其他CC的可浏览网页。为了提高信息重用效率，WRRO会定期针对其内容的可访问性进行测试并编制可访问性问题报告，其报告内容旨在通过测试找出系统中的警告，并对可接受的警告进行罗列，对严重的警告进行完善。当研究人员对数据保护处理方面产生不满时，政策中提供了反馈及投诉，还为其向英国数据保护机构ICO进行投诉提供了链接。

GKR在官网上开设单独的模块对机构知识库开放获取及使用过程中涉及的问题提供了国际和国家层面相关法律、文件的说明。在开放获取（OA）的说明页面中涵盖了《布达佩斯开放获取倡议》全文及彼得·萨伯（Peter Suber）撰写的有关开放获取的书籍和文章，并且针对教职工在促进开放获取运动的过程中可以充当的角色进行了介绍，同时对教职工关心的开放获取中版权保留问题提供了文件说明与参考。为成员参与推动机构知识库内成果的开放共享提供的指导与鼓励。对于教育与研究过程中产生的版权作品的使用政策，GKR首先基于美国版权法对系统中作品的版权所有权和合理使用的概况进行了国家层面的说明，并链接了提供美国版权法及世界各地版权法的全文合集。此外，GKR 也设有自己的知识产权政策体系，其系统内所包括的教职员工与学生创作的成果也受其管辖。在集体许可方面 GKR 对不同类型作品的集体许可机构信息进行了列举并提供各机构官网链接。除了政策的制定与说明外，为了使使用者能够更好地判断其使用合理性，GKR 基于版权法开发并提供了合理使用清单作为帮助使用者分析与权衡的工具。

2. 成员层面

WRRO：

表 1 WRRO 成员机构政策内容

机构	内容
利兹大学图书馆	介绍、研究成果存储、OA 基金、REF OA 要求、OA 出版过程、OA 政策、联系人
谢菲尔德大学图书馆	介绍、OA 和 REF、资助者政策、金色 OA 资金、研究成果出版、帮助及培训
约克大学图书馆	介绍、REF OA 要求、资助者 OA 要求、研究出版政策、OA 经费/基金、帮助及培训

WRRO 成员图书馆都单独开设了 OA 模块，对 OA 的内容、政策、要求、资金、出版等进行了详细的说明，其中包含的机构与资助者所要求的 OA 形式存缴政策为强制性规定，并对在 OA 过程中的资金支持进行了申请指导，促进机构学者积极将其成果手稿进行公开存缴。谢菲尔德大学和约克大学还提供有关开放获取的培训服务。

（二）内容建设方面

表 2 国外机构知识库联盟类型及内容建设情况

机构知识库	机构知识库类型	内容类型
WRRO	集中存储式机构知识库	期刊论文、书籍、图书章节、会议论文、报告、研究手稿等。
GKR	分布存储式机构知识库	会议文件、数据集、电子学位论文、学习对象/教学材料、预印本/后印本、会议记录、录制的讲座和座谈会、研究和技术报告、模型、网页、白皮书、工作文件、通讯、年报、校园广播节目、演讲、系列讲座和研讨会。

续表

机构知识库	机构知识库类型	内容类型
TDL	混合存储式机构知识库	传统学术论文、未发表成果、数据集、学习对象、数字课件、电子论文和论文、视听内容和演示文稿。

WRRO：是一个集中存储式机构知识库，联盟各成员的研究人员通过其所属的利兹大学出版数据库（Symplectic Elements）、谢菲尔德大学出版数据库（my-Publications）和约克大学的科研信息系统（PURE）分别对其学术成果进行提交，由 WRRO 管理员对提交者资格、提交内容及是否遵循存储相关政策进行审核。内容发现方面，WRRO 除了提供自身的检索平台外，还向受众提供了其他可获取学术成果的途径，包括 CORE、Semantic Scholar、BASE Academic Search Engine、ResearchGate、三个成员的图书馆检索系统（YorSearch，StarPlus 和 the Leeds University Library Catalogue）和主流学术搜索引擎（Google Scholar 等）。

GKR：作为一个分布存储式机构知识库，为了更好地整合各成员机构的资源，建立一个高效的标准化元数据的中央存储库，GKR 制定了一个详细的元数据指导和标准，对数字存储库中最常用的元素和限定符进行了规定；此外还开发了元数据采集工具 MappingTool，将各机构元数据进行采集，以实现数据的收集和高效操作。

TDL：作为一个混合存储式机构知识库，TDL 下设了数字存储库（Digital Repositories）的服务项目，旨在为成员机构提供 DSpace 数字机构库的托管服务，通过 TDL 托管数字存储库的机构可以在亚马逊云环境中对各种文档、音频、图像和数据进行收集、存储和传播等。同时设有其自身的数字存储库，将联盟所产生和拥有的数据资源，根据不同的内容类型、来源形成不同的社区以供学术交流，其中一个社区保存了由各成员机构提交的电子学位论文。在对数字资源进行保存方面，提供了多个元数据资源，包括休斯敦大学数字图书馆元数据词典、数字对象保存元数据（PMDO）、PREMIS 保存元数据词典及由 TDL ETD 元数据工作小组提供的 TDL 电子学位论文描述元数据词典（第二版）等。

（三）技术支持方面

WORR：由南安普敦大学电子与计算机科学学院开发的 EPrints 3 提供支持。其产生的数据由利兹大学的 IT 服务进行托管并由其对服务器进行维护，由约克大学的代理数据保护员负责提供咨询解答。

GKR：为了能够更好地整合资源并改善用户检索体验，GKR 积极与第三方合作，从使用 DSpace 过渡到使用 EBSCO 发现服务（EDS）作为软件支持。GKR 为了实现数字保存的最佳专业实践，其加入了 MetaArchive 成为合作成员，该团体是国会图书馆国家数字信息基础设施保护计划（NDIIPP）的数字保护合作伙伴，用于使用 LOCKSS 软件对文化遗产材料进行网络保护。GKR 托管存储库中的所有材料都包含在此网络中。

TDL：TDL 主要由 DuraSpace 开发的 DSpace 提供支持，同时包含了 DuraCloud 托管服务，使用户可以在云存储中对内容的保存位置和方式进行控制。TDL 为了更好地将得克萨斯州的各种资源进行保存与公平获取，其致力于开展更多的合作。

表3 TDL 技术开发合作项目

合作者	合作内容
CHRONOPOLIS 数字保存网络	实现分布式、异构和高度冗余的存储库系统。
得克萨斯高级计算中心（TACC）	利用其技术开展研发项目、向科学界提供教育与培训。
DuraSpace	支持 DSpace 开放存储平台，为成员提供服务。

此外，TDL 还参与众多项目的开发，并获得了更多的资金支持：

表4 TDL 参与的项目合作开发

合作机构	内容	资助
加州大学圣地亚哥分校图书馆	有关个人隐私和敏感数据的全国分布式数字资源长期保存（DDP）服务	美国博物馆与图书馆协会（$87,384；一年期）
休斯敦大学图书馆、Co-Sector（伦敦大学）、Notch8 和 Ubiquity Press 出版社	Bridge2Hyku 项目，迁移模型和 Hyku 代码库开发	
北得克萨斯大学（UNT）和休斯敦公共图书馆	开发得克萨斯州数字收藏聚合服务	得克萨斯州图书馆和档案委员会

四、对中国高校机构知识库联盟建设的启示

（一）完善政策制定，加强机构落实

从 2001 年"布达佩斯开放获取倡议"首次正式提出开放获取，国际上陆续出台了各种相应政策，其中包括《公共资金资助的研究数据的开放获取宣言》《关于自然科学与人文科学资源开放获取的柏林宣言》、2005 年美国国立卫生研究院（NIH）开放获取政策、《联邦研究公共获取法案》《关于增加对联邦资助科学研究成果的获取》等。至今，开放获取早已进入实践阶段，其政策的制定也已从鼓励性完成了向强制型的转变。但截至 2021 年，开放获取强制存档政策（ROARMAP）登记的机构库中，中国大陆仅有科技部、国家自然科学基金委员会、中国科学院文献情报中心、中国科学院这 4 个主体进行了登记。我国在机构知识库开放获取内容建设方面，相关的官方政策也只有《中国科学院关于公共资助科研项目发表的论文实行开放获取的政策声明》和《国家自然科学基金委员会关于受资助项目科研论文实行开放获取的政策声明》，且均为鼓励性政策。并且根据调查，我国高校机构知识库开放获取程度也较低并且支持开放获取的意愿也始终没有很大改善与提高。因此，我国应该自上至下建立机构知识库开放获取政策体系，首先从国家层面上制定宏观政策，结合实际情况将强制性与鼓励性相结合，政策应明确相应负责的组织与部门、资金资助标准、实际工作中的流程规范和需要遵循的法律法规等，为高校机构知识库联盟的整体组织和发展提供导向。联盟运作负责部门在遵循宏观政策的基础上，进一步根据联盟的宗旨、愿景与目的建立联盟内统一的政策体系，包括各成员所担任的角色及任务、数据采集方式、审查机制、长期保存、操作与标准化、共享的范围及方式、版权使用及咨询等。此外还要监督联盟成员制定本校机构知识库开放获取政策与指南。英国作为最早推出高校开放获取的国家，其高校开放获取政策普及率非常高，且多数为强制性而非鼓励性政策，我国高校应以此为鉴通过建立更强有力的开放获取政策提升研究人员责任感与参与度。

（二）建立长效机制，提升内容质量

我国高校知识库联盟中大部分高校建立了独立机构库，少部分高校则直接向 CHAIR 提供的平台进行学术成果的提交。对于资金雄厚发展领先的高校，其有能力构建自身独立机构知识库并进行长期维护，因此可以满足自身独立性和个性化需求。但对于人力、技术与资金不足的高校，联盟应承担起主人翁的角色，对其提交的内容进行及时的组织、保存、管理和共享，保证及时的内容更

新和技术更新，做好长期的系统维护，并为项目停止或结束后的数据迁移做好预案，以确保内容的持续可访问性。在保证机构知识库正常运行的前提下，各高校也应对不同类型的资源进行存储，除了期刊、图书、著作、专利等传统资源、社交媒体中的文本、图片及视频等资源外，也要考虑到被归为灰色数据资源的各类科研活动中产生的报告、数据、文案、照片及图谱等。由此可见，为构建能推动资源共享及协作创新的下一代机构知识库，将对各高校机构知识库的存储内容和资源建设提出更高质量、更广范围的要求。

（三）加强技术研发，打造国内平台

虽然国内机构知识库建设起步较晚，发展还不完善，但随着大数据、云计算、物联网、区块链等新一代信息通信技术的不断发展，国内自主开发的机构知识库技术平台也不断涌现，如中国科学院兰州文献情报中心研发的CSpace，数据库商中国知网、超星开发的机构知识库管理平台及科技企业公司如西安知先开发的NoteFirst等。2021年7月，教育部等六部门发布《关于推进教育新型基础设施建设构建高质量教育支撑体系的指导意见》中指出要建设智慧科研设施，建设科研协同平台，提供虚拟集成实验环境、科研实验数据共享等服务，支撑跨学科、跨学校、跨地域的协同创新。由此可以看出，在大的时代背景下，除了实现对成果及数据的存储与管理外，更要加强对其挖掘和再利用的能力，通过数据共享与协同服务促进学术交流，实现对隐性知识的高效转化。由中国科学院计算机网络信息中心自主研发的科学数据银行（ScienceDB）作为科学数据长期共享的国际化通用存储库，促进了科学数据的FAIR原则，发掘了科研数据成果的潜在价值，推动了协同共享的信息基础设施平台建设发展。

参考文献

[1] OPENDOAR. OpenDOAR Statistics [EB/OL]. [2022-05-22]. https://v2.sherpa.ac.uk/view/repository_visualisations/1.html.

[2] ROAR. Welcome to the Registry of Open Access Repositories [EB/OL]. [2022-05-22]. http://roar.eprints.org/.

[3] COAR. A global repository network [EB/OL]. [2022-05-22]. https://www.coar-repositories.org/members/.

[4] 唐奇. 国外机构知识库研究现状与发展趋势探讨 [J]. 图书馆建设, 2020 (S1).

[5] CONSORTIUM W R U. Welcome To The White Rose University Consortium

[EB/OL]．（2023-07-11）[2022-05-22]．https：//whiterose. ac. uk/about/.

[6] CONSORTIUM W R U. White Rose Research Online [EB/OL] ．（2023-07-11）[2022-05-22]．https：//eprints. whiterose. ac. uk/about. html.

[7] REPOSITORY G K. Overview [EB/OL]．（2023-07-11）[2022-05-22]．https：//www. gaknowledge. org/about/overview.

[8] LIBRARY T D. Members [EB/OL]．（2023-07-11）https：//www. tdl. org/members/.

[9] ROARMAP. The Registry of Open Access Repository Mandates and Policies [EB/OL]．（2023-07-11）http：//roarmap. eprints. org/view/country/156. html.

[10] 刘子辉，陈祖琴，向李娟．高校机构知识库联盟建设模式研究——以重庆区域高校机构知识库建设为例[J]．图书馆学刊，2017，39（8）.

[11] 刘瑞．英国高校开放获取政策对我国的启示[J]．图书馆研究与工作，2019（7）.

[12] 都平平，彭琳，李雨珂，等．下一代高校机构知识库中的灰色科研数据资源规划管理与复用策略研究[J]．兰台世界，2021（8）.

[13] 中华人民共和国教育部．教育部等六部门关于推进教育新型基础设施建设构建高质量教育支撑体系的指导意见[EB/OL]．（2023-07-11）http：//www. moe. gov. cn/srcsite/A16/s3342/202107/t20210720_ 545783. html

地方高校图书馆特色资源数据库的建设实践与思考
——以三峡大学图书馆"工程移民"特色资源数据库为例

司新霞

(三峡大学图书馆 443000)

摘 要：立足学校的办学特色，依托学校的学科优势，有针对性地开发专题特色数据库，形成特色资源丰富、相关功能完善的馆藏资源体系，助力学校双一流学科的建设，已经成为高校图书馆馆藏建设的重要内容。本文以"工程移民"特色资源数据库为例，系统分析了特色资源数据库的建设原则，介绍了在建设过程中资源收集、内容组织、检索服务、功能设计等方面的实践情况，并就数据库的发展与利用等予以了思考。

关键词：工程移民；特色资源数据库；地方高校图书馆

一、引言

教育部印发的《普通高等学校图书馆规程》（教高［2015］14号）在第五章《文献信息资源建设》的第二十三条规定："图书馆在文献信息资源建设中应统筹纸质资源、数字资源和其他载体资源；保持重要文献、特色资源的完整性与连续性；注重收藏本校以及与本校有关的各类型载体的教学、科研资料与成果；寻访和接受社会捐赠；形成具有本校特色的文献信息资源体系。"特色资源是图书馆在长期的信息收集过程中形成的具有独特性的馆藏资源，是图书馆馆藏资源的重要组成部分。立足学校的办学特色，依托学校的学科优势，有针对性地开发专题特色数据库，建设具有文献信息检索、数据统计分析等功能的数据库平台，依托平台开展课题跟踪等信息服务，助力学校双一流学科的建设，已经成为地方高校图书馆特色馆藏资源建设的重要内容之一。

二、特色资源数据库的建设原则

（一）必要性和可行性相统一的原则

围绕学科特色，选择具有较高学术价值和实用价值的相关文献信息资源构建特色资源数据库，主动服务于学校重点学科、学校"双一流"建设，已经成为地方高校图书馆自建数据库的必然选择。同时，丰富的"特色资源"馆藏、相对稳定的信息技术人才和经费也为图书馆建设特色资源数据库提供了重要保障。

（二）经济性与实用性相统一的原则

特色资源数据库的建设需要投入大量的人力、物力、财力。在图书馆经费普遍不足的情况下，图书馆要避免贪大求全，要有所为有所不为，将有限的经费用于重点文献品种的收集上，让建设的特色资源数据库最大限度地满足本馆读者的真正需求，争取以较少的经费获得最好的实际效用。

（三）通用性与标准化相统一的原则

建设特色资源数据库的主要目的是实现信息资源共享，而信息资源共享的前提和基础是资源建设的标准化和规范化。在资源描述语言和标引语言方面，要尽可能地采用国际、国内通用的数据著录标准、数据格式标准、数据标引标准、规范控制标准及协议，这样既有利于实现本校数字图书馆系统与其他系统数据库之间的转换和互联、互访，同时又为用户节约检索时间和降低费用，提高检索效率，实现共建共享的目标。

三、"工程移民"特色资源数据库的建设

（一）建设目标

1. 有效解决"工程移民"信息的规范化、完整化问题

我国"工程移民"信息虽然很多，但信息主要分散于一些科研机构的资料库和相关的数据库中，形成了"工程移民"的信息孤岛，并且信息描述和组织方式存在自由、凌乱等问题，造成了检索利用上的困难。本数据库的主要目标是收集并整理大量的国内外各类"工程移民"相关信息，尽可能地形成"工程移民"知识库。

2. 构建"水利电力特色鲜明"的特色资源数据库，服务学校"双一流"

建设

三峡大学的办学目标是"水利电力特色鲜明的国内一流大学",所以建设"水利电力特色鲜明"的文献资源保障体系,服务学校的双一流建设,是本校图书馆的中心工作。"工程移民"数据库体现我校办学特色,同时既有丰富的"水利电力"特色馆藏资源作为建设基础,又有技术服务馆员、数字化馆员为数据库的构建实施提供人力保证,还有专项建设经费为数据库的建设、维护和更新提供经费支持,因此"工程移民"数据库值得建设,未来发展也有可靠保障。

3. 服务于后续"工程移民"研究及科学移民规划

本数据库旨在构建"工程移民"领域学术研究的有效平台,建成后将形成"工程移民"资料文献体系,为国内外相关研究人员及科研机构开展研究工作提供方便快捷的资料查询服务,为后续"工程移民"研究和科学移民规划打下良好的基础。

(二) 内容组成

本数据库支持上传多种文件格式(如 pdf 文件、视频、图片、音频)的资料,资料有中英文之别,以便查询。因为录入的信息有一定的差异,在资料上传至服务器前,需选择不同资料类别,如对于"工程移民"统计年鉴、"工程移民"历史文献、地方移民志等书籍类资料,移民研究方面的专业书籍,可录入书名、封面图片、作者、分类、主要内容简介、出版日期等;对于反映"工程移民"搬迁、安置、生产、生活的视听资料,须有标题、主要内容介绍、地点等,并上传音频、视频资料;对于移民研究方面的专业期刊、报纸的文章,"工程移民"法规条例,国际、国内各种移民研讨会议资料,水库移民安置规划,"工程移民"现场调研资料和课题研究资料等可录入标题、作者、出处、时间、地点等,其中论文还要有摘要和主题词;对于有关规划设计机构编制的工程移民管理信息系统设计等资料须录入课题名、作者、时间、使用机构、系统(功能)介绍。

(三) 检索服务功能设计

为方便用户搜索并访问"工程移民"特色资源数据库中的信息资源,有针对性地在指定的数据库中以多种手段检索用户需要的文献资料。本数据库将数据资源分为统计年鉴、法规条例、地方移民志、国内外研讨会资料、移民视听材料、期刊、报纸、书籍、新闻、论文等,不同的资源类别对应有不同的查询方式,同时还提供了文献资料的下载功能。

本数据库的建立不以营利为目的,免费为用户提供服务。检索"工程移民"

相关资料时，用户可以选择分类，类别包括调研报告、论文、统计年鉴、地方移民志、相关书籍、安置规划、法规条例、工程移民政策、水库图片、移民图片、调研图片、视听资料、相关电影。选择不同分类后，系统对不同类别的资料提供不同的检索方式，具体如下：

调研报告：可按标题、发布时间段、作者、单位来查询；

科技论文、报纸：可按标题、关键词、作者查询；

安置规划、法规条例：可按标题、省份或直辖市、市区、县镇、发布时间段查询；

法规条例、工程移民政策：可按标题、发布时间段查询；

统计年鉴：可按标题、作者、年份、发布时间段查询；

地方移民志：可按标题、作者、省份或直辖市、市区、县镇、发布时间段查询；

移民相关书籍：可按照书名、作者、出版社进行查询；

图片：可按主题、发表时间段查询；

音频资料、视频资料、相关电影：可按照名称、时间、省份或直辖市、市区、县镇查询。

当用户没有选择分类或没有输入某些查询条件时，可以设置默认查询条件（默认按论文查询）。用户找到所需资源后，点击进行浏览，因资料类型多样，用户可以直接查看文字、图片信息，也可以在线观看视听资料。

四、"工程移民"特色资源数据库发展与利用

（一）特色资源数据库的维护和更新

特色资源数据库的建设是一项长期性的任务，不可能一蹴而就。在后续的资源收集方面，除了在既有渠道收集新资料外，可以进一步拓展收集渠道，更多地与地方移民局、有关高校合作，以便更快地将最新的"工程移民"信息资源更新至本数据库中，尽量避免因更新不及时而导致用户的流失。

（二）知识产权的保护

由于"工程移民"特色资源数据库收录了调研报告、科技论文、报纸、安置规划、法规条例、工程移民政策等多种类型资源。这些资源往往涉及知识产权的问题，为避免纠纷，对于不能取得使用权的信息资源，采用题录或提供信息资源的超链接形式为用户提供服务，以便用户快速地找到相关资源。

（三）用户反馈信息的收集和改进

用户体验的好坏直接决定他们是否愿意使用本数据库，用户的意见和建议是数据库得以持续改进的重要保证。因此，大力加强对用户反馈信息的收集，并根据用户反馈建议有针对性地改进数据库的检索功能等，已经成为特色资源数据库后续维护工作的重要内容。

五、结语

目前，"工程移民"特色资源数据库的建设已初具规模，在数据库的内容方面体现出鲜明特色，并带有较强的地域文化特征，能够为后续的利用提供资料保证。不过，因为本数据库的用户比较小众，数据库的宣传力度不够，数据库中数据质量有待完善提高，数据库中资源的获取方式比较单一等因素，数据库的利用率不高。为了让特色资源数据库发挥其应有的价值，图书馆在提高数据库建设质量的同时，还需要通过读者培训、专题讲座、大屏幕等多种形式加强对特色资源数据库的宣传，同时开发出能访问该数据库的微信小程序等，以适应现代读者获取资源的需要。

参考文献

[1] 教育部. 教育部关于印发《普通高等学校图书馆规程》的通知［EB/OL］.［2023-07-11］http：//www.moe.gov.cn/srcsite/A08/moe_736/s3886/201601/t20160120_228487.html.

[2] 姜宇飞，刘一伟，刘畅，张廷安. "双一流"背景下高校特色学科资源数据库建设实践与思考——以东北大学图书馆"冶金科学与技术文献数据库建设"为例［J］.图书馆学刊，2019，41（3）.

[3] 张雪莲. 论高校馆特色数据库建设现状与构建原则［J］.图书馆，2011，223（4）.

抗战时期湖北民众的火炬大游行

董 洁

(湖北省图书馆　430071)

摘　要：本文从地方史志入手，研究了1939年10月10日发生在武汉沦陷一周年之际，武汉民众不畏强敌，冒着生命危险，自发组织十万人火炬大游行活动的前后故事，以及在汉中华各文艺团体为发起火炬大游行，起到引导和聚能作用。

关键词：关键词：抗战，武汉，火炬大游行

火炬是希望与光明的象征，它能在寥寥的黑夜指引方向，暖暖火焰带给人温暖，激励人们昂扬向上。

抗战时期的火炬，象征着光明、勇敢、团结和友谊。它让全国受苦受难的同胞为了同一个目标，凝聚在一起。

抗战火炬大游行，中国多地有之，或用于纪念，或用于示威。旨在宣泄情感，释放压力，谋求幸福安宁，与日寇进行不屈不挠的斗争，沉重打击外来入侵者。本文以湖北抗战初期及抗战胜利火炬大游行为例。

一、抗战初期武汉火炬大游行

抗战初期，武汉火炬大游行与武汉歌咏团体有密切联系。1937年底，南京和中原地区大片土地沦丧，各地抗战文化组织和歌咏团体纷纷流亡到武汉。冼星海、张曙向国民政府倡议，团结全国音乐界人士，组成抗日救亡统一战线，成立全国歌咏协会。

1938年1月7日，全国歌咏协会在武汉成立。该组织宣传全民抗战十分活跃，1938年1—7月，全国歌咏协会举办了五次规模较大的歌咏大会，包括五个宣传周。

分别是：

1. 保卫大武汉宣传周（1938年1月24日，在汉口总商会举行"保卫大武汉宣传周"开幕式）。

2. 反侵略国际宣传周（1938年2月6日—12日）。

3. 第二期抗战扩大宣传周（1938年4月7日—13日由国民政府军事委员会政治部组织的大规模群众活动）。

4. 雪耻兵役宣传周（1938年5月3日—9日）。

5. 保卫大武汉宣传周（1938年7月7日—13日献金周活动，由国民政府军事委员会政治部领导的武汉歌咏界又一次大型歌咏活动）。

其中第二期抗战扩大宣传周和保卫大武汉宣传周（献金周活动）盛况空前，举行了声势浩大的火炬大游行，分述如下：

1. 第二期抗战扩大宣传周（1938年4月7日—13日）

4月7日下午传来鲁南（台儿庄）大捷的消息。武汉沸腾，满街分发号外，到处鞭炮齐鸣，各家店铺的窗口或屋顶挂出了国旗，欢呼声响彻三镇。当夜幕降临时，有十万人参与火炬大游行。一连好多天，文艺宣传活动声势浩大，把武汉歌咏运动声势推向顶峰。

4月10日夜晚，上万群众在武昌奥略楼江边集会，郭沫若发表激情演讲，冼星海指挥大合唱《义勇军进行曲》《救亡进行曲》，声势排山倒海。然后在武昌主要街道及江边游行。晚10时，游行队伍登上200多条木船横渡长江，举行水上火炬大游行。在浩渺千顷的扬子江上，火光灯影闪烁，逐波荡漾，歌声四起，场景壮观，史无前例。

2. 保卫大武汉宣传周（献金周活动1938年7月7日—13日）

由国民政府军事委员会政治部领导的武汉歌咏界又一次大型歌咏活动。

7月6日，武汉全体市民开始素食禁屠，开展为期三天的纪念抗战周年献金活动。事前，政治部召开联席会议，由冼星海、张曙主持。全国歌咏协会包括武昌工人歌咏队、钢铁工人歌咏队、青救歌咏队、孩子剧团、三八女子歌咏队等20多个歌咏团体，各团体均派代表出席会议。会后各歌咏队分别向武汉各工厂、伤兵医院、难民收容所以及近郊农村展开宣传活动。活动内容包括演街头剧、歌咏、演讲、洗衣缝补、赠送慰劳品等。7月6日下午集会结束，各宣传队伍自行前往武昌奥略楼参加水上火炬大游行。

夜色降临时，江面各船上的火把接连点燃。十万民众举起火炬，从四面八方汇来，龟蛇二山及江面灯火灿烂，气势恢宏。冼星海新作《太行山上》从歌咏队几条木船上响起。田汉在岸上指挥万众高唱《义勇军进行曲》。曲后，水上火炬游行开始。在火把和探照灯照耀下，冼星海伸展双臂在大船上指挥，几十

>>> 抗战时期湖北民众的火炬大游行

图1 1938年武汉主要街道火把大游行

万游行的群众以排山倒海之势唱起了一首首抗日歌曲。数百只大小船只，排列长达数百米，岸上的游行队伍在马路上与船同向并进，水陆火光相互辉映，《保卫大武汉》歌声连成了一片。

二、国统沦陷区民众示威火炬大游行

1938年10月武汉沦陷，《阵中日报》刊载一篇"夜的流火"以文学形式记载了沦陷区的示威火炬大游行。

夜的流火（节选）

徐 霏

《阵中日报·军人魂》1939年10月28日

天暗了。

人们三个五个地从郊野走回来，危难的古城从彻日的惊惧当众挣扎出来，又重新恢复活气了。街市上，挨家挨户地门首都插上一面国旗，迎风抖展着，落日的霞光把那红色的旗帜映照得越加美丽了。

真是一个不平凡的日子哪！人们脸上都挂起了笑容，被一种欢快的气息侵染着。夕阳的红霞，向原野投射着美丽的网。

每个人的心里，都忆念起廿八年前的今天，舒展开一幅永没忘记的图画。他们真切地记得，那是一个用鲜血染抹着的日子。在今天，千百个人执刀枪上了黄鹤楼，架在山脊上的巨炮发射出第一响的怒吼！为了全民族的解放和自由，革命的先烈用血染洗了这日子。

今天，廿八个年头了。黄鹤楼又沦入野兽的手中。江波上驶行着强盗的舰队，纪念这个血染的日子，我们要汇集千万人的血曲冲洗蒙上了耻辱的土地，重新执着刀去在二十八年前首义的山头上插起我们的国旗，就在江城的岸脚斩

157

断逆贼汪精卫的颈项，让那一颗可耻的头颅冲走到不可知的远方……

人们在这一天是要重新立下决心的。街市上满满拥挤着人群，女人们都搬了凳子坐在街路的两旁，小孩子欢跳着，平日不出门的小姑娘也都站了出来，躲掩在老妇人背后低下头玩弄有光的大发辫……长列的队伍从各处倾流出来，走过街市，一往直前地向会场那边去了。

车辆被迫着停了下来。人们手执短旗，匆忙的赶着过去。就要开会了，这时刻是不能允许误过的。人的心兴奋地跳动着……

广场四周遍插着火红的鲜丽的国旗，闪射着一片红光，现出无比巨大的力量。

千万个人在广场中，静静的排列着，兵士们的枪支都上好刺刀。夕阳辉耀着北邙山，露出山坡上古代寺庙的红墙，祖国的原野是可爱的呵，祖国的子孙们要站来英勇的守卫自己的土地，执起枪来战斗！

夜色更重了，没有灯。在昏暗中，几百几千火炬燃着了。那强烈的熊熊燃着的火呵，将是我们战斗的信号。在城市，在农村，在山谷和丛林，在江南和关东，在华北的大原野，每个不愿做奴隶的中华儿女都举起了战斗的火把，让烽火连天漫野的燃烧起来吧。我们需要战争，在火中，洗练着我们的屈辱和愤恨，让我们在火中缔造一个新的中华！

1939年10月28日，《阵中日报·军人魂》刊登了徐霏发表的散文《夜的流火》，此文记载"双十节"这一天，武汉民众自发在沦陷区举行了声势浩大的火炬示威大游行，组织者和参与者冒着被日寇屠杀的生命危险，参与人数多达十万。表达广大民众不畏强敌、不惧困境的抗日激情，彰显武汉人民钢铁般的抗日意志！

三、抗战胜利湖北地区火炬大游行

1945年8月15日，日本天皇发表投降诏书，宣布无条件投降。中国抗战14年，军队、平民伤亡2100万人，中国经过艰苦卓绝的14年抗战，终于取得胜利。

8月15日晚上，电台反复播放日本政府接受《波茨坦公告》并同意无条件投降，祖国的飞机编队从高空投下红色，富于教育性、报道性的宣传单，农工商学生聚在一起收听广播，人们的心灵被温暖着，如同病人痊愈了，在高压下的人们得到了解放。商店的鞭炮，不分你我，不问价钱，拿起就放，欢呼声、鞭炮声，响彻云霄，日夜不息。

中国各地男女老少喜形于色，兴奋得神经错乱，大跳，大笑，若癫若狂，

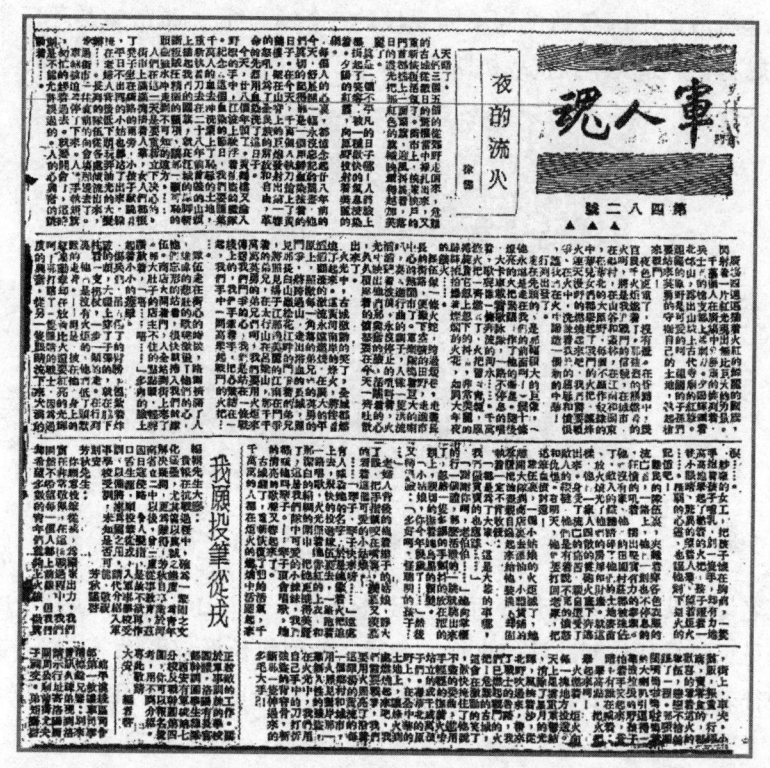

图2 抗战《阵中日报》刊载夜的流火，介绍武汉沦陷区火炬示威大游行

拥向街头，拍手称快，素不相识的也互相拥抱。到处都在敲锣、敲碗、敲碟、敲铜盆、打鼓、舞手巾面巾，夜晚火把游行……

有人赋诗庆祝抗战胜利的场面，"日军降旗昭世界，忽闻捷报泪盈眶。中原父老愁将尽，全国军民喜若狂。锣鼓喧闹且进酒，干戈戢止可还乡。车从葱岭穿巴峡，船过宜昌到武昌"。武汉三镇、沔阳、天门、襄阳、麻城、通城、宜昌等地各界群众举行了各种庆祝活动，夜晚突出的庆祝活动是火把大游行。

湖北地区大规模的火把游行，当属豫鄂边区，中共监（利）沔（阳）县委在史庄沟（监利东南）、吴家新场（今洪湖市沙口镇）附近以及剅口、汴河等地召开庆祝抗战胜利大会，军民在洪湖水上举行了火把大游行，数条"巨龙"游来游去，十分壮观，表达民众欢欣之情，度过了"八一五"这个不眠之夜。

8月15日成为抗战史上一个难忘的狂欢之夜！抗战牺牲者的眷属则泪流满面，有的大声狂叫亲人的名字，×××呀，日本鬼子投降了！

民众及社会各界庆祝中国抗战胜利的活动，规模之大、范围之广、意义之深远，前所未有。

14年抗战，中国各地发起不同规模的火炬大游行，抗战宣传不乏以"火炬"为题材，燕京大学在抗战初期以"火把"为题创刊，宣传全面抗战。

图3 燕京大学《火把》创刊

著名诗人艾青，参加1939年7月桂林纪念"七·七事变"两周年的火把大游行，见证过抗战初期武汉的火炬大游行。他创作长篇叙事诗《火把》寓意深刻，象征着天下受苦受难的民众手持着火把走向光明，冲破黑暗，迎来胜利的曙光！

艾青创作的长篇叙事诗以历史的黑暗与长夜作背景，描写抗战初期，武昌街头一次青年学生组织的抗日火把游行，刻画两个青年从软弱到坚强的转变，勇敢地高举起火把去迎接黎明。火把象征着光明和希望，火把的形象也就成了一个历史性的形象，激发中国民众抗战到底的决心。

结语

1937年7月抗战爆发，上海、南京相继沦陷。1937至1938年9月，武汉成为事实上的战时首都，全国各地有千余名文艺界人士流落并汇聚武汉，成立了中华全国文艺抗敌协会，武汉一度成为当时的中国抗战文艺运动中心。

武汉的民众抗战基础好，有很强爱国意识，易形成凝聚力。外省的抗日胜利战役对武汉民众能起到振奋人心的作用，如为庆祝台儿庄大捷，武汉发起了十万民众火炬大游行。

1938年10月武汉沦陷，据抗战《阵中日报》记载，1939年10月10日，在武汉沦陷一周年之际，武汉民众不畏强敌，冒着生命危险，自发组织十万人火炬大游行。

综观湖北的火炬大游行，在汉中华各文艺团体为发起火炬大游行，起到引导和聚能及推波助澜的作用。如在汉全国歌咏协会团体以歌咏形式宣传抗战，同时期还有抗战诗歌、文学、美术作品从不同角度与火炬大游行交相辉映，折射出蹉跎岁月闪耀出来的抗战星火，激发人们对美好日子的向往、对光明的期盼。

抗战《火把》刊物及《火把》诗，由火炬大游行应运而生，文学艺术的宣传作用对当时及后世的影响不容忽视。人们在欣赏文艺、文学作品之余，激发爱国情怀，牢记历史，团结起来，打击外来入侵者，珍惜来之不易的幸福和平生活。

参考文献

[1] 徐霏. 夜的流火 [J]. 阵中日报, 1938-10-28.

[2] 宋致新. 国统区抗战文学钩沉 [M]. 武汉：武汉出版社, 2016.

[3] 艾青. 火把 [M]. 重庆：重庆烽火社, 1941.

一腔热血应时艰
——忆抗战时期鄂图馆长谈锡恩建馆护籍等事

孙智龙

（湖北省图书馆　430071）

摘　要：抗战期间谈锡恩先生任职鄂图馆长。正值中华民族危难深重之际，谈馆长不辞艰辛，勇于担当，尽职尽责，报效祖国。既筹办鄂图新馆，扬我国粹于前；又一路护书西迁，存我文籍于后。其奉献精神感人肺腑，其历史贡献令人铭记。

关键词：谈锡恩；图书馆；抗战；文献；西迁

谈锡恩，字君讷。湖北兴山县人，出生于书香世家。其父谈钺为前清拔贡，曾任清末湖北农务学堂堂长，省谘议局议员。1889年谈锡恩经府试名列拔贡，选入武昌经心书院就读，1901年转入两湖书院。次年以官费留学日本弘文书院，习语言及普通学科两年。1903年考入东京高等师范博物专科。1908年毕业回国，历任两湖优级师范博物专修科堂长、湖北学务处咨议。1909年调京，任学部编辑局编辑员、北京优级师范学堂生物教员等职。1912年，任教育部佥事、视学。1918年被教育部委任为国立武昌高等师范学校（武汉大学前身）校长。1931年8月，调任湖北省图书馆馆长，兼湖北省政府顾问。抗战胜利后，以桑梓教育为念，任兴山简易师范学校和县中学校长等职。

谈锡恩先生于1931—1941年任鄂图馆长，其任职之期正值中华民族危难深重之时。1931年9月18日，日军侵占东北。数年后，中日战争全面爆发，

图1　谈锡恩（1874~1951年）

战火向内地蔓延，直逼武汉①。

而谈馆长倾心于事业，尽忠职守，以为报效国家之途；他与全体同仁勠力同心，共应时艰，先后完成了筹建湖北省图新馆、保护馆藏文献西迁等数件大事。在此抗战胜利七十周年之际，鄂图这一段不凡馆史与谈馆长的重大功绩，更值得我们深深缅怀。

一、为筹建新馆舍殚思竭虑

1933年，原兰陵街东侧博文书院改建的鄂图馆舍老化严重，时任馆长的谈锡恩于是向省教育厅陈情："原有之湖北省立图书馆，内藏有线装书九万余册，洋装书二万余册，善本书三千余册（元版居多），西文书三千余册，日文书一百余册，杂志一千余种，共一万余册，儿童读物四千余册，惟房屋破旧狭窄，不堪应用"。

省府主席张群及教育厅厅长程其保，为复兴文化，建湖北省文化绿洲，世代传播书香，决定在湖北建筑大规模图书馆，经省政府会议通过，由教育厅拨款五万元，作鄂图建筑新馆舍用途。翌年夏，教育厅再次增拨二万元。

为此，专门成立了湖北省立图书馆建筑委员会，并在省教育厅设办事处。李书诚（委员会主席）、谈锡恩、夏斗寅、方本仁、程其保、沈祖荣、石瑛、张难先、缪恩钊、王世杰等19人为建筑委员会成员，处理新馆选址、测绘图样、募捐及招标监修等事宜。作为图书馆方，主事者自是谈锡恩先生。

新馆建设期间，建筑委员会多次在省教育厅会议商讨。即以第五次建筑委员会议为例，史料记载，讨论了如下事项：1. 提湖北省立图书馆建筑费定为十万七千元；2. 筹集建筑费来源，分别为政府拨款、热心人士捐赠、向社会筹募、出售旧址；3. 建筑费之筹划，十分之四建书库，十分之六建阅览室和办公室；4. 推选省图馆长谈锡恩、文华图书馆学专校校长沈祖荣、武汉大学工程师缪恩钊，三人会同设计绘图。

自1934年至1936年，从新馆筹建、设计、募款直至最终落成，谈锡恩馆长

---

① 1931年"九一八"事变是日本蓄意制造的侵华战争开端。1937年7月7日，日军在北京挑起"卢沟桥"事变。中日战争爆发，同年11月，国民政府西迁重庆，政府机关和军事统帅部在武汉，武汉实为全国政治、军事、经济中心，为战时首都。当时军事力量集中保卫武汉。日本御前会议因而决定攻取武汉，迫使中国政府屈服，武汉会战爆发，历时4个月半。以国军撤出武汉而告结束。日军占领武汉。在湖北，中国军民一方面保卫武汉，一方面做好向内地全面搬迁的准备。1936年6月30日日军逼近武汉，鄂图随省国民政府西迁。

付出了大量心血。当年的鄂图新馆，于"高观山（蛇山）之阳而定基焉"。① 建筑面积2005平方米，可藏书40余万册，阅览室座位300个。

图2　1936年新落成之湖北省立图书馆外观②

以当今眼光看，新馆舍仍可谓选址极佳：前临紫阳湖，后靠高观山，交通便利，文化氛围浓厚，且与辛亥革命纪念馆、黄鹤楼景观相互辉映，实为文脉齐聚、景观俱佳的一方宝地。其馆舍建筑，无论实用功能还是建筑艺术，都堪称一代之典范。

这一省图馆舍自1936年建成，至2012年省图迁入今天的沙湖新馆，发挥功用长达76年，可以说满载着几代文化人的难忘记忆！而就省图自身发展而言，该馆舍跨越了新旧两个社会，实现了传统图书馆向现代化图书馆过渡③，馆舍藏书也由早期（1934年）十三万册，扩充为2012年的近五百万册。

饮水思源，当年谈馆长及诸建筑委员筚路蓝缕，开辟奠基，功不可没！

二、为省图事业的发展不遗余力

大力丰富图书馆藏，提高图书管理效能，是图书馆建设不可或缺的"软件"工程。

为增加文献入藏量，谈馆长采取向社会征集、接收捐赠和购买书刊相结合的管理办法，接管原崇文书局图籍万余卷，版片75467块；省府转外交部赠送《大清会典》3箱；购买杨守敬藏书及其遗稿6000余册。

1932年省图馆藏110993册，1933年112000册，1934年新购图书达990种，藏书量增至130000册。

与此相关联的是湖北地方文献的保护与收藏。1934年12月，谈馆长呈请教

---

① 1. 程其保撰《湖北省立图书馆记》。2. 馆舍地址：武昌抱冰堂高观山下，原为夏斗寅先生私地。

② 1937年冬内装完毕，珍贵图籍排列上架，可惜使用不久，日军入侵武汉。

③ 20世纪30至80年代，省图编目、借还图书、印刷目录卡片均为手工。20世纪90年代末，采用中端办理借书证或编目，2002年应用电脑配备打印机输出目录卡片，2011年采用FRID自助借还图书等。

育厅转呈湖北省政府函,郑重提出"鄂省禁贩珍贵图书出境"的主张。

该函件首述我省地方文献资源之丰厚:"查吾鄂为全国文化中心之区,文人渊薮著述如林。宋元之来,不遑枚举,清代以降,代有传人。其最著者,如江陵张氏,江夏熊氏,竟陵钟氏,公安袁氏;或廊庙清才,芬留简册,或名山大业,功被儒林。又若爱书成癖,考古名家,如宜都杨氏,黄冈刘氏,武昌柯氏,嘉鱼刘氏;或精鉴赏,或富收藏,价抵百城,声隆三楚。其皆有裨于文教,至深且钜。"

述及鄂图重金收购流散文籍之良苦用心:"惟自辛亥以来,时局俶扰,人事纷更,凡藏书之家,每思避乱,远徙异地,所有书籍多遭兵灾,而散佚坊间,历年本馆采购古书,恒于肆中发现不少。虽有时重价估来,尚不失楚弓楚得也。"

继而痛陈文籍大量流失之严重危害:"乃查近有外来书贾,与本地商店,互相勾结,百计搜求,或以利饵,或以术骗,密将珍本贩运出境,贪图厚利,转售重洋,似此情形,倘不设法禁止,则吾鄂遗流先贤之手泽,势必为彼辈收罗殆尽,剽取一空,在商贾只图营利,原无敬恭桑梓之心;而吾人敬仰前休,应有征文保献之责。馆长管见所及,缄默难安。"

由此敦促省府采取得力措施,杜绝文献流失源头。"嗣后倘遇外来书贾,潜入内地,将本省先贤手迹及珍贵图书贩运出境,一律加以禁止。以重文献,而存国粹。"① 1935年初,省府采纳其建议,令汉口市政府及公安、教育、文化等机构一律遵照执行。

如上史料,谈馆长忧虑散落在民间的珍贵地方文献会流失海外,为此,"缄默难安",深感"有征文保献之责"。其建言献策是为鄂图特色文献的收藏做长久打算。谈馆长的建议,对我省珍贵地方文献起到了切实的保护作用。

随着馆藏图书的历年递增,谈馆长又致力于提高图书管理效率。经过缜密思考,他采取了如下举措:

1. 中、西装帧图书,采取不同的分类管理办法:(1)传统线装古籍沿用四部分类法,如四部丛书按经、史、子、集分类;(2)西式装帧图书,采用美国杜威十进分类法;

2. "惟昔年所编(西式装帧)图书,著者号码,悉用拼音,似不甚便",对此,所有旧籍统一改用王云五先生发明的"四角号码"编排;

3. 先期改编总类、哲学。其次宗教、文学、自然科学、应用技术、美术、

---

① 谈锡恩.《鄂省禁贩珍贵书出境》[J].中华图书馆协会会报,1935,10(4):37.

历史、社会科学，改编中的图书概不外借；

4. 改编西式装帧图书分类过渡期间，为了让读者有书可借，特留出文学、历史、社会科学三大类书籍，照旧借阅；

5. 俟各类西式装帧书籍改编完毕，最后改编文学、历史、社会科学三大类书籍。

以上管理措施为开发馆藏文献资源，拟编书本目录打下了良好基础。

省图用三个月时间编成《湖北省立图书馆图书目录》和《湖北省立图书馆旧籍目录》，前者收辛亥革命以后出版物约9000余种，后者收线装古籍6200多种，84000余册。书本目录方便管理，便于读者检索。

1934年，省图在馆外设"流动书库"，选列图书1.3万册，被读者誉为"读书快事，民众之福音"。编书本目录和设流动书库之举措，提高了馆藏书刊利用率，提升了近代图书馆的社会价值。

三、为保护馆藏文献西迁不辞艰辛

当年日寇入侵，战火蔓延，上海、北京、天津、南京、相继沦陷。1938年6月，日军进逼武汉，湖北国民政府拟将西迁恩施。谈馆长对于中华文献倍加珍惜，曾言"书贵赤金，没有书社会文明就难于发展"，其时唯恐馆藏遭日军劫掠。遂多次向教育厅陈情，"时局倥扰，人事纷更，凡藏书之家，每思避乱，远徙异地，所有书籍多遭兵灾"，阐明战时保护文献西迁的重要性，恳请从宽拨款，并在交通上给予便利，最终得到省教育厅的支持和省国民政府的许可。

此行可谓征途漫漫，任重道远，困难空前：一是经费短缺；二是车船运输紧张，大宗图书搬运不便；三是"峡江水势正恶，入施道路崎岖"，或逢"江水暴涨，危险堪虞"；四是频繁躲避日机空袭；五是图书善本须临时置于山洞，难免受潮，或遭虫蛀。

整个西迁方案由谈氏精心筹划，其具体举措是：

1. 择水路西行，将所有图籍（馆藏15万册，包括元、明、清各代精刻本，清代禁书原刻本，各种拓本、抄本、殿本等珍贵图籍300余种，崇文书局版片9000余块及杨守敬藏书、遗稿6000余册）依类打捆，分别装箱；

2. 西迁途中，在船尾觅得一处地方，解决堆书难（书多，乘船人杂）的问题。谈安排馆员打地铺，围睡在书箱旁，日夜照看。每到晚上，谈氏均亲自巡查数遍；

3. 为避日机频繁空袭，确保图籍、版片安全，选择在秭归小峡口岩洞及秭归与兴山交界处的游家河岩洞内书；

4. 图籍迁移山洞后，组织馆员定期开箱翻晒。凡遇水湿受潮或虫蛀破损问题，仔细粘补，修复晒干。并在箱内放置药物，以防虫蛀；

5. 每箱图书均编制图书目录，一式六份，一份随箱装订，其余五份分别装订成册，分别保管；

6. 为保图书万无一失，谈氏不顾年老体弱，曾执意住洞守护；

7. 即便临时驻扎，谈氏也不忘发挥图书馆的作用，他说："图书馆是大众的学校，是大众的知识源泉，是抗战文化的宝库，是开发鄂西文化的基元，是抗战建国的基础，是革命文化的先锋。" 1939 年 1 月，战时图书馆在新滩杜家祠对外开放，陈列中外新闻、杂志、中等专业适用工具书，及文学科技等类图书，每天接待读者一百多人，长达一年多时间，真可谓中国抗战史上的文化奇观。1941 年 3 月，古籍珍本及版片历尽艰辛，全部运抵恩施。

战后得知的史实证明，当年谈氏保护文献率队西迁决策的正确性。1938 至 1941 年间，新滩舍属沦陷区，幸未遭遇战火。然而，日军的文化劫掠则在所难免。史料记载：日军设立专事搜集图书和文物的"图书委员会""中支（华中）占领地区图书文献接收委员会（1937 年 12 月 13 日成立）"等特科机构，大肆掠夺中国珍贵图籍和文物。

"一·二八"事变（1932 年 1 月 28 日淞沪抗战），商务印书馆之东方图书馆损失图书 463083 册，编译所损失中文书 3500 部、外文书 5250 册；1937 年 7 月 29 日北平沦陷，北平图书馆部分图书被劫 6264 册；1937 年 12 月 13 日南京沦陷，南京中央图书馆重要图籍运出 130 箱至重庆，而未及运走的国民政府文官处图书 60 余万册落入敌手。

1939 年杨家骆指出，"我国著作有名数可稽者约 400 万卷，存于今者不及其半，战区图书馆之损失，数十倍于历代散亡之率"。

其近代百余年倭寇入侵及抗战时期流失于日本的珍稀（国宝级）图籍就有：《日本现藏稀见元明文集考证与提要》《日本所藏稀见中国戏曲文献丛刊》《日本藏中国罕见地方志丛刊》①《日本藏中国罕见地方志丛刊续编》《日藏汉籍善本书录》《日本藏汉籍善本书志书目集成》等；这些国宝原件分别收藏在日本国家公文书馆、日本东洋文库、日本东京国立博物馆、日本内阁文库、日本宫内省图书寮、日本德山毛利家、日本京都大学、日本静嘉堂文库、日本尊经阁文

---

① 据《中国地方志联合目录》记载，流传至今的方志有 8200 余种，其中不少流散海外，为日本、法国、美国、加拿大等国收藏，我国仅有存目。北京图书馆通过国际交换的方式，搜集流散海外的方志，制成缩微胶卷。书目文献出版社对这批胶卷整理选取其中日本所藏，国内罕见地方志近百种，编成丛刊、影印出版。

库、日本京师书林弘章堂、日本国会图书馆等机构。日本文化强盗的丑恶嘴脸于此昭然若揭。

不难推想，若非谈馆长护籍西迁，鄂图宝藏也必沦为东洋囊中之物。谈馆长文化抗战之举，大获国人盛赞，可谓当之无愧！

结语

翻开湖北省图书馆馆史图文册，可知谈锡恩先生是民国年间任职时间最长，而所历艰难最甚的一任馆长（1931—1941年任职，57~67岁），他不顾年高，忠诚职守，勇于担当，勉应时艰，为图书馆事业做出了他那个时代所能有的最大贡献。

往事历历，沧桑已变。随着图书馆事业的发展，省图于20世纪80至90年代，在1936年建成的标志性建筑——特藏楼（一号楼）的左右两边及后方，分别修建了二至五号楼，形成一个以特藏楼为中心的建筑群体，格局统一，谐调美观。以更为优雅的学习环境与更为丰富的馆藏文献资源，为读者提供服务，为社会培育人才。事业日臻，影响日隆，享誉四海①。

2012年，省图为发展需要，主体搬迁至沙湖新址。高观山南麓之原馆舍，自2014年特藏部迁移沙湖后，原馆舍虽已易主，却至今完好无损，仍然不失为武汉市一道亮丽的风景。而在广大读者的心目中，那熟悉的馆舍曾伴随着几代人成长。有读者说，幼年时就来馆阅读和玩耍，在这里度过了非常快乐的时光，留下了美好的记忆！而特藏楼室内的纪念碑，永远铭刻着当年谈锡恩委员及众委员的创建功绩，铭记着老一辈图书馆人的艰辛历程和奋斗精神。他们的英名将与这座不朽建筑一道，永远鲜活地长存于我们的心中！

参考文献

[1] 万群华，张冀明. 湖北省图书馆百年纪事[M]. 北京：北京图书馆出版社，2004.

---

① 高观山下的馆舍，给读者以"家"的感觉。武汉电视台周世雯女士在本馆查阅资料为时一个多月，对馆员的服务非常满意，她说："好！这里真好！到了这里就像到了家感觉。"这是读者发自内心的感受，是馆员的热情服务，是优美的阅读环境，是丰富的书刊资料，才使读者产生了"家"的感觉。服务成果如：1. 电视专题片《鲍洋人：武汉的"辛德勒"》，由本馆提供部分民国抗战史料，此片外景分别在中国和德国拍摄，即蛇山下的省图馆舍和（德）鲍洋人故居；2.《德籍京剧票友雍竹君二三事》（刊载德国《华商报》2008年11月15日第229期），其中记载有馆员提供的资料服务，充分表达读者对图书馆的感激之情。

[2] 严昌洪, 黎霞. 抗战期间日本对华文化侵略述论 [J]. 中南民族大学学报（人文社会科学版）, 2005 (4).

[3] 商务印书馆善后办事处. 上海商务印书馆被毁记 [M]. 北京: 商务印书馆, 1932 (9).

[4] 张志平.《日本藏中国罕见地方志丛刊》陆续出版 [J]. 文献, 1991 (4).

试论元宇宙与智慧图书馆的融合发展[*]

王玉莲

（江汉大学图书馆　430010）

摘　要：2021年被称为元宇宙研究元年，元宇宙引发了图书馆界的高度关注。本文阐述了元宇宙与智慧图书馆的概念及技术要求，以及作为图书馆发展高级形态的智慧图书馆与元宇宙的融合发展。

关键词：元宇宙；智慧图书馆

一、引言

元宇宙被视为互联网的下一次革命，各行各业都在积极探索相关领域在元宇宙助力下的发展新方向。中共中央办公厅、国务院办公厅印发的《关于推进实施国家文化数字化战略的意见》要求统筹推进国家文化大数据体系、全国智慧图书馆体系和公共文化云建设。智慧图书馆已经成为继传统图书馆和数字图书馆之后，又一个重要的图书馆实践与应用领域。元宇宙的发展将给智慧图书馆的建设带来怎样的新前景，图书情报界已展开积极探索。马费成认为图书情报技术与作为新技术代表的元宇宙存在同频共振、价值共生的美好前景。

二、元宇宙与智慧图书馆概念

（一）元宇宙的概念

1992年，一本名叫《雪崩》（Snow Crash）的科幻小说出版。作者尼尔·斯蒂芬森（Neal Stephenson）在书中首次提出了"元宇宙"的概念。书中描述的"元宇宙"世界是一个平行于现实世界的虚拟共享空间。小说中构建的"元宇

---

[*] 本文系2022年湖北省高校图工委科研基金项目《高校图书馆文化影响力研究》（编号2022-ZDX-04）的研究成果之一。

宙"是由具备强大虚拟科技的现实世界和基于数字科技的虚拟世界融合创建的。元宇宙的单词叫 Metaverse，是 Meta 和 Universe 的合体，Meta 是超越的意思，Universe 是宇宙。

元宇宙是一个持久化和去中心化的在线三维虚拟环境，其中所有事件都是实时发送的，具有永久的影响力。同时，元宇宙也是一个不断成长、丰富、发展的概念，是数字化生存不断推陈出新的系统动态演进过程。对于元宇宙至今没有准确的定论，维基百科对元宇宙的描述：通过虚拟增强的物理现实，呈现收敛性和物理持久性特征的，基于未来互联网的，具有连接感知和共享特征的3D 虚拟空间。在图书情报学领域，杨新涯认为"元宇宙是整合 VR/AR、云计算、人工智能和区块链等信息技术构建的虚拟世界与现实世界相结合的互联网应用"。

（二）元宇宙的特征

元宇宙也被定义为基于数字技术构建的数字社会，是新一代的数字网络，是数字文明的高阶形态。元宇宙的第一个特征叫作沉浸式的体验。沉浸式的体验是我们对元宇宙或者对未来互联网的一个本质追求。元宇宙的第二个特征是数字身份，或者叫虚拟身份。也就是说个人未来在元宇宙里边可能是各种各样的化身形态，但是这些化身都是个人的身份，所以需要有一个身份的标识。元宇宙第三个特征就是虚拟经济，或者叫元宇宙经济。未来在元宇宙里边也会有大量的交易，这就是我们所说的虚拟经济。元宇宙的第四个特征是虚拟社会治理，在元宇宙里边，可能没有一个中央化的强大的政府，这就需要社区化的社会治理。

（三）什么是智慧图书馆

"智慧图书馆"的理念首先出现在欧美的大学图书馆、公共图书馆和博物馆中。2003 年芬兰奥卢大学的学者首次提出了"智慧图书馆"概念，将移动阅读和智能感知首次引入到图书馆服务中。2010 年，严栋率先发表了《基于物联网的智慧图书馆》一文，他认为智慧图书馆是以一种更智慧的方法，利用新一代信息技术来改变用户和图书馆系统信息资源相互交互的方式，以提高交互的明确性、灵活性和响应速度，来实现智慧化服务和管理的图书馆模式。初景利认为智慧图书馆是指以人机交互的耦合方式致力于实现知识服务的高级图书馆发展形态，其重点在于智慧服务，能动性、创造性地解决问题。陈凌认为智慧图书馆的核心在于"智慧"，即服务于智慧人类的智慧创造和像一个智慧人一样提供服务，为了实现智慧图书馆的"智慧"，需要围绕智慧服务、智慧馆员与可持续发展的技术平台和环境来发展。

阮冈纳赞提出"图书馆是一个生长着的有机体",从实体图书馆到数字图书馆再到方兴未艾的智慧图书馆这一演进历程,体现出图书馆具有浓厚的技术情结和因需而变的特征。对于什么是"智慧图书馆"这个问题,目前还没有统一的答案,智慧图书馆研究也还处于推陈出新的阶段。笔者认为:智慧图书馆是通过多种信息技术在图书馆中的智能应用,通过馆员和用户智慧的交流互动,提供智慧服务来满足用户的知识需求,这是图书馆的发展趋势、目标和方向。

三、元宇宙技术在智慧图书馆中的运用

(一)元宇宙的技术

技术是连接自然宇宙与元宇宙的基础与入口,单一领域的技术无法构建出完整的元宇宙形态,诸多先进技术相互结合才是构建元宇宙的基石。支撑"元宇宙"的六大技术支柱包括:区块链技术、交互技术、数字孪生技术、人工智能技术、网络及运算技术、物联网技术区块链技术是支撑元宇宙经济体系最重要的基础。元宇宙一定是去中心化的,通过NFT(非同质化通证)、DAO、智能合约、DeFi等区块链技术和应用,将激发创作者经济时代,催生海量内容创新。

交互技术分为输出技术和输入技术。输出技术包括头戴式显示器、触觉、痛觉、嗅觉甚至直接神经信息传输等各种电信号转换于人体感官的技术;输入技术包括微型摄像头、位置传感器、力量传感器、速度传感器等。复合的交互技术还包括各类脑机接口,这也是交互技术的发展方向。

数字孪生技术包括3D建模和实时渲染以及3D引擎和仿真技术。前者是虚拟世界大开发解放大众生产力的关键性技术,后者是物理世界虚拟化数字化的关键性工具。

人工智能技术贯穿整个元宇宙的各个层面、应用及场景,体现在区块链里的智能合约,物联网的数据AI,游戏里的代码人物、物品乃至情节的自动生成等,还包括元宇宙里虚拟人物的语音、语义识别与沟通,社交关系的AI推荐,各种场景的AI建设,各种分析、预测、推理等。

网络及运算技术为元宇宙用户提供实时、流畅的沉浸式体验。云计算和边缘计算为元宇宙用户提供功能更强大、更轻量化、成本更低的终端设备,比如高清高帧率的AR/VR/MR眼镜等。元宇宙庞大的数据量,对算力的需求几乎是无止境的,物联网技术为元宇宙实现虚实共生提供了可能,物联网技术的发展,为数字孪生后的虚拟世界提供了实时精准持续的鲜活数据供给，使元宇宙虚拟世界里的人们足不出网就可以对物理世界明察秋毫。

（二）智慧图书馆的技术

2019年国际图书馆协会与机构联合会（IFLA）发布了《国际图联战略报告（2019—2024）》《国际图联趋势报告（2019版）》。两份报告中分别指出，图书馆需要"适应不断变化的世界，跟上技术创新的步伐，满足用户需求"。智慧图书馆运行高度依赖人工智能、区块链、数字孪生、虚拟现实等智慧技术的应用以及RFID自助设备、智能门禁系统、智能监控系统、智能咨询机器人等智能设备的引进。

智慧图书馆是由物理空间、数字空间和人类社会三维空间结合而成，区块链、数字孪生、人工智能、网络及运算技术等是其产生和发展的基础。近年来，伴随着上述相关技术的迅猛发展，图书馆不断从服务资源、服务形式和服务空间等方面建构智慧服务体系。

（三）元宇宙与智慧图书馆的融合发展

如今关于元宇宙与智慧图书馆的融合研究主要是在理论层面进行，来论证元宇宙理论、技术与方法在智慧图书馆中应用的可能性。向安玲等以一个读者的数字化身在虚拟场景中借阅图书为例，从知识重组与场景重构视角，研究元宇宙环境中数字资源管理的应用场景、技术路径与潜在风险，阐述元宇宙的虚实相融特征。杨新涯等解读了元宇宙给图书馆带来的机遇与挑战，认为元宇宙将为图书馆服务模式带来彻底性变革，设想构建一个全新的VR图书馆虚拟环境。陈定权等围绕元宇宙给图书馆带来的影响展开了讨论。姚占雷等对元宇宙中情境知识的构建进行了分析，并对其未来应用与发展方向进行探索。吴江等认为智慧图书馆是现实世界传统图书馆和数字世界数字图书馆的"数实融合"产物，而元宇宙作为数字经济的重要组成部分，强调虚拟与现实的融合，也即"数实融合"。数实融合涉及多元空间的交叉融通，也只有从交叉融通的多元空间视角才能全面深刻地认识元宇宙与智慧图书馆。

元宇宙借助区块链、数字孪生、人工智能技术能够为智慧图书馆发展提供强大的技术支撑。在元宇宙中，有信息与用户两大主体，需要关注信息生产、采纳和交流，并要关注用户的身份、价值和体验系统的构建，元宇宙中的人工智能技术、用户生成内容、扩展现实技术、数据挖掘与数字孪生技术，为智慧图书馆在信息、数据、实体等数字资源管理方面达成数字资源整合。

区块链技术与非同质化代币（NFT）体系是保证元宇宙中数字资源生产、

确权以及交易等行为有序运转的技术基础。区块链是一种分布式记账技术，具有的不可篡改、去中心化、可追溯等特征，提供了便于机构进入和直接参与的途径，有助于提高智慧图书馆数字资源存储、连接、交易、共享和管理的效率，为数字资源的发布共享和版权认证提供支撑，为对虚拟数字人的个人信息提供技术保护提供了更多的自由；而NFT体系具备的唯一性、不可分割以及不可篡改的特征，可以对智慧图书馆的数字资源有效地进行标记，对数字产品进行唯一化、非同质化的认证与交易管理。在数据处理层面，元宇宙将深入推进图书馆管理的智能化，元宇宙具有庞大的信息生态，云计算奠定了坚实的算力基础，数据挖掘则为信息价值的转化提供支持。具有动态分配算力的云计算是元宇宙的基本保证，是智慧图书馆的数实融合空间得以实现的基础。

通过人工智能技术的三要素：数据、算法和算力，图书馆能够精准配置资源，开展包括智能采访、智能检索、智能咨询等智慧化服务。可以从图形界面交互直接进入到虚拟现实的人机交互过程。通过人机协同的体验，元宇宙虚实交互可以融合数字孪生技术与人工智能、虚拟数字人等技术，通过现实与虚拟的结合打造出人机共生的虚拟环境，从而促进智慧图书馆中用户与信息的交互。元宇宙云计算技术可以推进智慧图书馆系统硬件的智能虚拟化与软件的智能服务化改造，从而形成信息整合新态势，以达成智慧图书馆中数据上通下达的无缝连接，来实现图书馆数字化、个性化、智慧化转型。

通过VR/AR/MR/XR技术，可以构建多维度人机交互的环境，给用户带来沉浸式体验与交互环境、平台及应用，以实现图书馆实体空间和虚拟空间的虚实连接、虚实融合和虚实共生。智慧图书馆需要的数实融合空间可以在元宇宙中得以构建。

元宇宙区别于传统环境最显著的特征就是现实时空和虚拟时空的融合，这也应当是智慧图书馆应该有的面貌。随着元宇宙技术的持续赋能，智慧图书馆一定会呈现出"天堂"的本来模样。

参考文献

[1] 李洪晨，许可，张闯，等．元宇宙图书馆 一座看得见的天堂——"天堂的具象：图书馆元宇宙的理想"论坛综述［J］．图书馆论坛，2022，42（7）：1-6．

[2] 成生辉．元宇宙：概念、技术及生态［M］．北京：机械工业出版社，2022：2-3．

[3] 赵东山，刘哲铭．腾讯字节跳动争夺元宇宙入场券［J］．中国企业家，

2021, 594 (10)：80-83.

[4] 陈定权, 尚洁, 汪庆怡, 等. 在虚与实之间想象元宇宙中图书馆的模样 [J]. 图书馆论坛. 2022, 42 (1)：62-68.

[5] 王晔斌, 张磊. 虚实相生——元宇宙视角下智慧图书馆场景实现 [J]. 图书馆杂志, 2022, 41 (7)：18-24.

[6] Aittola M, Ryhanen T, Ojala T. Smart Library：Location-Aware Mobile Library Service [J]. International Symposium on Human Computer Interaction with Mobile Devices and Services, 2003 (5)：411-415.

[7] 严栋. 基于物联网的智慧图书馆 [J]. 图书馆学刊, 2010, 32 (7)：8-10.

[8] 初景利, 任娇菡, 王译晗. 从数字图书馆到智慧图书馆 [J]. 大学图书馆学报, 2022, 40 (2)：52-58.

[9] 段美珍, 初景利, 张冬荣, 等. 智慧图书馆的内涵特点及其认知模型研究 [J]. 图书情报工作, 2021, 65 (12)：57-64.

[10] [印] 阮冈纳赞. 图书馆学五定律 [M]. 夏云, 等译. 北京：书目文献出版社, 1988：4.

[11] 郭亚军, 李帅, 张鑫迪, 等. 元宇宙赋能虚拟图书馆：理念、技术、场景与发展策略 [J]. 图书馆建设, 2022, 318 (6)：112-122.

[12] 祝娇. 当前"元宇宙"发展态势解读 [J]. 通信企业管理, 2021, 415 (11)：42-45.

[13] INTERNATIONAL FEDERATION of LIBRARY ASSOCIATIONS and INSTITUTIONS. IFLA Strategy 2019-2024 [EB/OL]. [2021-11-27]. https：//repository.ifla.org/handle/123456789/25.

[14] 胡娟, 柯平. 我国智慧图书馆建设的合作模式 [J]. 图书馆论坛, 2023, 43 (5)：23-33.

[15] 董同强, 王梅. 虚实融生：元宇宙视角下智慧图书馆的未来生态图景 [J]. 图书馆学研究, 2022, 52 (5)：20-25.

[16] 向安玲, 高爽, 彭影彤, 等. 知识重组与场景再构：面向数字资源管理的元宇宙 [J]. 图书情报知识, 2022, 39 (1)：30-38.

[17] 杨新涯, 钱国富, 唱婷婷, 等. 元宇宙是图书馆的未来吗? [J]. 图书馆论坛, 2021, 41 (12)：35-44.

[18] 杨柯. "元宇宙"爆发, 游戏之外的"元宇宙"能带来什么 [J]. 财富时代, 2021, 197 (10)：20.

[19] 姚占雷，许鑫. 元宇宙中情境知识的构建与应用初探 [J]. 图书馆论坛，2022，42（1）：45-52.

[20] 吴江，陈浩东，贺超城. 元宇宙：智慧图书馆的数实融合空间 [J]. 中国图书馆学报，2022，48（6）：16-26.

[21] 田丽梅，廖莎. 元宇宙视域下智慧图书馆的创新发展研究 [J]. 图书馆，2022，332（5）：54-59.

[22] 吴江，曹喆，陈佩，等. 元宇宙视域下的信息用户行为：框架与展望 [J]. 信息资源管理学报，2022，12（1）：4-20.

[23] 吴江，陈浩东，贺超城. 元宇宙：智慧图书馆的数实融合空间 [J]. 中国图书馆学报，2022，48（6）：16-26.

互联网背景下公共图书馆数字化建设探究

李 晶

(湖北省图书馆 430071)

摘 要：互联网技术的迅猛发展给社会各行各业以及人们的生产生活方式都带来了新的变革。图书馆作为人类知识与智慧的载体，必须跟上时代的潮流，与网络信息技术相结合，从而承担起人类进步中的必要角色。加快图书馆数字化、现代化进程是当前面临的重大课题。本文通过剖析公共图书馆数字化建设的内涵与特点来揭示当下开展公共图书馆数字化建设的必要性。同时结合实际工作中出现的问题提出有针对性的建议，推动公共图书馆数字化工程的加速前进。

关键词：公共图书馆；数字化

近年来，互联网的蓬勃发展带动了大数据、云计算、新媒体等技术的快速更新与完善，信息的传播与获取变得越来越便捷高效，图书馆作为公共文化服务体系的重要组成部分也必须顺应时代潮流，努力做好以人为本的图书馆数字化建设工作，加速实现图书馆资源与服务的数字化、远程化及共享化。现阶段我国图书馆数字化建设虽已取得一定成果，但在技术、资源、标准、管理、法律等诸多方面还存在许多难题亟待解决。本文将以读者服务为导向，分析公共图书馆数字化建设的内涵与必要性，剖析数字化的现状与问题，探讨务实具体的解决路径，以期对当代图书馆的数字化发展提供更为积极的参考。

一、公共图书馆数字化建设的内涵

图书馆数字化建设是指以互联网为依托，利用各种数字化技术来处理和存储文字、图片视频等文献，形成一种多媒体制作的分布式信息系统，并结合计算机网络技术来实现跨区域、虚拟远程的信息资源查询检索，从而满足读者的多元阅读诉求，提升知识资源利用率。

图书馆数字化建设涉及众多方面，主要包括资源数字化建设、网络信息服务机制保障、馆际协作及人才队伍打造等。其中，文献资源的丰富与补充是重点，要注重资源的全面开放共享，着力为读者营造开放、自由、个性化的阅读空间。

二、公共图书馆数字化建设的特点

（一）数字化信息存储

图书馆数字化建设改变了传统的文献信息存储方式，将纸质化、人工机械式的存储方式变为数字化计算机存储，极大提高了信息存储的容量、效率与便捷化程度，同时也能更好地保存珍贵纸质化文献，便于文献的归类和调阅。

（二）智能计算机化管理

图书馆的数字化建设是依托先进的网络与人工智能技术开展的以服务读者为导向的系统工程。数字化图书馆的管理重心将会是利用主动的知识发现和智能启发来满足用户需求以实现服务价值。其管理的目标将是实现统一且规范的数据标准、数据管理和整合服务。在这一背景下，信息资源可以得到大规模高效率的优化整合，图书馆可全面搜集在运营过程中的人员、经费和文献资源等方面的数据，科学分析数据背后隐藏的管理信息，找到馆员、读者都能接受且满意的管理方法，从而大大提升管理服务实效及人性化水平。

（三）信息检索的便捷化

图书馆的数字化建设会极大缩减资源检索与调阅的时间，而且检索语言和手段更加通俗简单，符合普通大众的语言习惯，不需要信息检索者学习专业化的文献检索知识就能够自主便捷地查找所需信息。而且互联网将各个图书馆的馆藏资源连接起来实现了资源的共建共享，用户检索信息不用受到时空的限制，可以一站式检索所有联盟图书馆的数字化资源，大为拓展了文献检索渠道，提高了信息的检全率。

三、公共图书馆数字化建设的必要性

（一）是贯彻与时俱进方针的要求

公共图书馆的存续与发展离不开社会这个大环境，新兴技术的涌现必然会影响公众的生产生活及阅读习惯，从而迫使图书馆做出适应读者需求的改变，只有这样图书馆才能跟上信息更新的速度，做到靠前服务，保持行业竞争力与活力，提升阅读对于公众的吸引力。

（二）是提升馆藏资源利用率的要求

一直以来，传统图书馆由于受到场地空间、购书经费等因素的限制，难以大规模采购纸质资源，且纸质资源的文献传递与馆际互借服务在实际操作中成本较高、耗时较长，给读者查找资源带来不小麻烦。在这种背景下，公共图书馆需要利用数字化技术将纸质资源转化成数字资源并做好网络信息资源的甄别及各类数据库的购置，充分发挥数字资源传输上的便捷性与优势，增强信息的时效性，使馆藏资源能够惠及更多人群。

（三）是充分发挥文献价值、提供个性化定制服务的要求

图书馆馆藏的各类文献具有极大的考究价值，在对资源进行加工整合的过程中时常能挖掘出更多有用的知识或信息。但传统图书馆由于受到纸质资源体量庞大、检索手段单一、员工数量有限等因素的影响，致使文献的挖掘与整理工作进展缓慢，难以满足当下信息量暴增时代的社会需求。因此加快推进公共图书馆的数字化转型，利用网络计算机技术对海量的数字资源进行高速筛选，同时借助人工智能及大数据向读者有针对性地推送信息，满足公众个性化的阅读需求对于公共图书馆未来的可持续发展来说十分必要。

四、公共图书馆数字化建设的现存问题

（一）数字化建设意识淡薄

新时期，许多商业化运营的公共数据服务平台如百度、Google等信息搜索、整合渠道正逐步渗透和抢占图书馆的业务、挤压公共图书馆的生存空间，但是许多图书馆从业人员仍然缺乏忧患意识，对于公共图书馆数字化建设的重要性认识不足，观念陈旧、故步自封，缺乏责任感与探索创新精神，导致自身的知识储备与服务手段跟不上时代需求。

（二）馆员信息素养欠缺

公共图书馆的从业人员流动性较低，新生力量不足，馆员的教育培训和交流互动机会有限，知识结构不全面，缺少统一长期的培训规划，对于当前国内与国际图书馆行业的发展动态与前沿技术的认识较为滞后，许多工作都停留于理论构想而缺少实践试错的机会。对于图书馆数字化建设中涉及的新兴技术不

够了解，信息服务水平偏低，很难开展具有较强竞争力的、适应社会需求的信息深度服务。

（三）资源购置经费有限

公共图书馆的购书经费十分有限，购买纸质文献往往就要花费其中的一大部分，剩下能用于采购电子资源的部分常常捉襟见肘，因此能够买到的数据库种类较少，无法满足读者的多元需求。此外，在馆舍建设及运营经费方面，为了实现图书馆的数字化转型需要对传统图书馆的网络设施、用户终端等进行大规模的更新换代，而许多基层图书馆无法担负起如此庞大的改造升级费用，因此其数字化的进程也难免步履维艰。

（四）数字资源的利用率低

目前，公众对于数字资源的了解仍然较少，特别是对年长的读者来说，数字文献的检索及数字设备的使用都显得更加困难与陌生。公共图书馆一直以来十分注重纸质文献的推广工作，而在电子资源的宣传上投入的精力则明显不足。此外，许多公共图书馆并没有开展旨在提升读者的信息素养、普及数字资源使用方法的系统化培训，公众对于图书馆拥有的电子资源的种类和优势认识不清，使得优质的数字化资源被长期搁置浪费。

（五）特色化数字资源较少

公共图书馆承担着保存人类文化遗产的重要职能，特别是对于地方性图书馆来说，特色资源是它们得以生存和发展的立身之本。图书馆的数字化建设对于各类文献的搜集与保存有着极大帮助，但是当前能够形成自身特色电子资源的图书馆还很少，对于特色资源的收集整理和加工转化工作未制定体系化的长远规划。大多数公共图书馆的发展过于同质化，数字资源千篇一律，重复建设现象也较为普遍。

五、公共图书馆数字化建设路径策略

（一）加大资金投入力度

先进的图书馆设施设备是实现数字化建设的重要环节，是数字化转型成功的保证。公共图书馆要积极争取政府部门的财政支持，同时也要引入社会力量支持图书馆的数字化建设，形成稳定长效的经费保障机制。为图书馆的数字化建设制定科学合理的预算执行计划，采购、安装所需的数字化设备，搭建好可靠稳定的互联网平台，保证图书馆数字化运营的顺畅与安全。

（二）提高图书馆数字化建设责任意识

数字化转型后的图书馆在管理与运营上与传统图书馆有着很大差异，公共图书馆的工作人员应该加深对图书馆数字化的认识，及时更新观念，加强公共图书馆相关领导和管理人员对数字化建设重要性的认识，引导全民阅读新思维。同时，馆员还应增强数字资源版权意识，学习知识产权保护的相关法律法规，做到合理合规发布数字化资源，避免出现版权纠纷，保证图书馆数字化工作的顺利有序推进。

（三）推动数字图书馆标准化建设

图书馆数字化建设的主要目的是推动资源的共建共享。为此，各级公共图书馆必须联合起来集中规划、分工建设，构建一个具有共性的应用需求和系统架构的信息资源组织体系，该体系涵盖了图书馆数字化建设相关的所有标准，并据此研发共享软件及应用接口，使得在图书馆数字化建设中的设施设备、网络平台、数据资源能够相互兼容，彼此互认，减少资源重复建设造成的浪费现象，也能给读者带来便捷高效的一体化一站式阅读服务。

（四）加强数字资源建设

文献资源是图书馆生存与发展的基石。与传统图书馆相比，图书馆的数字化建设除了要管理好纸质文献外，还包括电子图书、电子期刊、电子报纸、数据库以及互联网信息等。针对不同的资源类型，公共图书馆应该采取不同的组织方式，合理配置馆藏资源，进一步优化资源布局和采访经费投入比例，实行统一的数字化图书馆资源信息分类管理制度，并加强数据应用过程中的安全监管力度，同时对用户的虚拟化阅读终端进行合理的监督和管理，有效地降低高校数字化图书馆的维护成本。地方性公共图书馆还要投入更多精力用于开发特色文献资源，建立制度化的资源搜集制度，在图书馆的信息服务平台上要设置地方文化和资源的专题栏目，定期举办以特色资源为主题的读者活动，借此扩大地方文化影响力，突显本馆的特色性。

（五）优化数字资源共享服务平台

数字资源共享服务平台是连接读者用户与馆藏资源的桥梁，是公共图书馆对外展示的重要窗口，它的优劣直接影响着用户的阅读体验。在网站平台的建设过程中要充分体现便捷性、特色性、共享性的原则，依托国家数字图书馆推广工程、共享工程来满足读者的信息需求，给读者提供一站式、多元化的数字资源获取途径。此外，平台还应整合多媒体视听资源，构建虚拟远程的资源展示空间，给读者带来全方位立体化的前沿阅读体验。

（六）重视高素质人才的引进与培养

公共图书馆的数字化建设是一个庞大复杂的系统工程，对于图书馆的馆员素质提出了更高的要求。广大馆员们必须树立起终身学习的思想，拓展自身知识面，积极参与数字化培训，努力提升个人信息素养。此外，图书馆还要注意增强自身的求职吸引力，改革用人制度，打破体制机制壁垒，鼓励更多高素质的人才参与到公共图书馆的数字化建设中来，定期开展行业内的沟通交流，通过网络平台或联盟的定期会晤机制，技术人员可互相学习、共同进步。

（七）加强数字化建设的宣传与推广工作

公共图书馆的数字化建设对于图书馆的未来发展以及全民阅读工作的进一步深化具有重要意义，需要吸引更多的人来关注、认识到数字化建设的重要性与数字资源的优势，积极探索数字化建设的道路，挖掘数字化转型后的图书馆与未来人类社会发展的契合点，使公众的信息素养得到大幅提升，让图书馆的数字资源能发挥出更大价值。今后，数字化图书馆的服务将不再是被动的，而是通过主动的智能启发来满足用户需求，它既是一种知识库，也是用户互动的平台。公共图书馆需广泛借助网络、宣传手册、广播、微信公众号、短视频等平台发布数字资源培训、更新等方面的消息，帮助读者及时了解图书馆数字化建设相关动态。

参考文献

[1]任云鹏.图书馆数字化建设主要问题及应对研究[J].中外企业家，2019，637（11）.

[2]张静."互联网+"背景下的县级图书馆数字化建设[J].图书馆学刊，2016，38（7）.

[3]李艳，李珑.大数据时代数字化图书馆建设探究[J].图书馆理论与实践，2015，183（1）.

[4]施磊.公共图书馆数字化建设方案探究[J].黑龙江史志，2014，322（9）.

[5]潘丽敏.公共图书馆数字化建设探微[J].大众文艺，2015，373（19）.

［6］耿晓玲.关于图书馆数字化建设的若干思考［J］.中国新通信,2019,21（14）.

［7］王文娥.国外知名图书馆的数字化建设：现状与趋势［J］.国外社会科学,2008,267（3）.

［8］秦红军.图书馆数字化建设中遇到的问题及解决方法［J］.中小企业管理与科技（下旬刊）,2013,354（3）.

［9］黄乐燕.基于"互联网+"的图书馆数字化建设［J］.科技传播,2018,10（11）.

［10］高宝.浅谈图书馆数字化建设存在的问题［J］.大众文艺,2018,446（20）.

［11］石云.人性化视角下的公共图书馆数字化建设［J］.数字通信世界,2019,169（1）.

新时代民办高校图书馆思政教育职能和路径探析

余 伟

(武汉学院图书馆 430071)

摘 要：高校图书馆是高校思政课的"第二课堂"和大学生课外活动的重要场所，是研究思政教育的重要载体和思政教育文化宣传的重要阵地。新时代的背景下，高校图书馆特别是民办高校图书馆要探索如何激发自己开展思政教育的主动性和创造力，真正展现高校图书馆的思政教育价值，打造具有本校特色的思政教育资源平台。

关键词：民办高校图书馆；思政教育；数字素养

世界进入"百年未有之大变局"，世界经济重心正在加快"自西向东"位移，几代的中国人民依靠自己的智慧，通过不懈的奋斗，付出了巨大的牺牲，终于踏上了不可逆转的伟大复兴之路。中国14亿人要过好日子，想过好日子，但是美西方不同意。2010年的5月，奥巴马在白宫接受澳大利亚电视采访时说了这样一段话："如果10多亿中国人口也过上与美国和澳大利亚同样的生活，那将是人类的悲剧和灾难，地球根本承受不了。"美西方看见大体量的中国如此迅速地崛起，不可避免地紧张起来，而他们扼制中国崛起的手段也必然越来越激烈。美西方除了在贸易、金融、科技等领域对中国进行打压，在意识形态的渗透方面更是不遗余力。

意识形态领域成为东西方国家争夺的重要阵地，因此，意识形态工作已经成为全党一项极端重要的工作，关系到国家的政治安危。高校是我国进行意识形态教育的主阵地、主战场，大学生是我国人才的主力军，是社会的希望和未来，大学生的意识形态教育直接关系到"为谁培养人才"的问题。高校主流意识形态话语权决定了主流意识形态在大学生心目中的地位，间接影响了我国人才队伍的培养与建设。高校思政教育就是为了掌握高校主流意识形态话语权，为了帮助大学生塑造正确的世界观、人生观、价值观，培养能担当民族复兴大任的时代新人、德智体美劳全面发展的社会主义建设者和接班人。

一、高校思政教育面临的挑战

当前，高校意识形态和思想政治工作面临前所未有的冲击和挑战，以社会主义先进文化为引领的高校思想文化阵地正遭受着社会各类非主流舆论和价值观的影响。

（一）"泛娱乐化"现象导致大学生政治敏感度降低

"泛娱乐化"利用"娱乐至上"的价值观念，让大学生认为马克思主义是"官方学说、管理手段"，并对之产生抵触情绪，冲击我国高校主流意识形态话语权，降低大学生对马克思主义的认同感。

（二）思政课堂的教学效果难以保证

目前思政课程的教学主要是对学生开展世界观和人生观的教学，这难免会让学生在课堂表现中出现被动的情况。而马克思主义作为思政课的理论支撑，因其理论的深奥性，难以避免地被学生贴以"枯燥""乏味"的标签。因此，寻找合适的紧跟时事的案例，提高思政课堂的教学效果就成为思政教师一直以来的难题。

（三）网络上充斥的"虚假新闻""反转新闻"严重损害了社会信任和舆论环境

新媒体时代，信息的传递变得混乱而缺乏真实性，人人都有话语权，但没有人去调查取证。部分无良媒体为了抢占热点，故意策划、制造并发布虚假信息，或对新闻事件进行恶意引导，网络新闻真假难辨，热点新闻事件经常发生反转，甚至多次反转，这些极大地恶化了网络舆论生态。有调查表明，大学生平均每天上网的时间超过四个小时，相较于思政课堂上的几十分钟，某种程度上网络环境对大学生的影响更深，恶劣的网络环境会抵消思政课堂上的教学成果。

二、民办高校图书馆自身的优势

高校图书馆是学校的文献信息资源中心，其两大主要职能分别为教育职能和信息服务职能。而民办高校图书馆一般作为学校的标志性建筑，它具有以下几个优势。

第一，图书馆在文献资源的数量上的绝对优势地位。图书馆是学校的资源中心，丰富而又不断更新的文献资源是全校师生进行教学活动的保证。图书馆的资源建设以真实可靠、权威系统为标准，无论是纸质资源、数字资源以及网络开发获取资源，高校图书馆在质和量上都遥遥领先于学校其他单位。

第二，图书馆在数字素养教育中得天独厚的优势。数字化的信息社会对我们的数字素养不断提出新的要求。2021年11月，中共中央网络安全和信息化委员会办公室出台了《提升全民数字素养与技能行动纲要》，对于提升全民数字素养与技能提出了指导性要求，这也是新时代图书馆的发展机遇。武汉大学黄如花教授认为，在"守正"和"拓新"上，图书馆在提升全民数字素养与技能方面大有可为。"数字素养"包括"媒介与信息素养"和其他技能，信息素养教育是图书馆一直在进行的服务，因此，高校图书馆应该联合图书馆各界，并与社会展开广泛合作，在新时代展现提升全民数字素养与技能的新作为、新担当，以更好地服务于网络强国和数字中国建设等国家战略。

第三，民办高校图书馆在馆藏政策方面具有灵活性和后发优势。针对学校的资源需求，民办高校图书馆能够迅速反应，及时调整馆藏政策；同时，民办高校图书馆船小好调头，能利用后发优势，成体系地获得思政教育资源，打造具有本校特色的思政教育资源平台。

三、民办高校图书馆参与思政教育的途径

（一）优化图书馆的思政文献资源，协助思政教师提升思政课堂的教学效果

思政教育除了需要扎实的理论基础，还需要广泛地联系实际。填鸭式的理论灌输，不仅枯燥，还容易让学生产生逆反心理，丰富、立体、有影响力、有说服力、紧扣时代前沿和社会热点的案例，不仅能引起学生的兴趣，还能对教学内容进行升华。

加强图书馆的思政文献资源建设，积极整合思政文献资源，主动收集各种最新思政资源并加以组织、开发，为教师提供充分的馆藏资源支持，做好图书馆的文献资源建设，服务思政课程。以荐购或邀请思政教师参加现场采购的形式让思政教师参与到思政类文献资源的建设中来。

做好思政教育工作的关键在于教师，做好图书馆的思政文献资源建设也要依靠思政教师，根据思政教师的教育理念、教学需求、课堂习惯，不断优化本馆的思政文献资源。古今中外的馆藏资源有利于开阔思政教师的视野，创新思

政教师的思维，打开思政教师的格局。

（二）加强优秀传统文化和媒体素养教育，提升大学生的辨识能力

高校思政教育有着鲜明的文化属性，在教育过程中需依托于文化开展。经过优秀传统文化的熏陶，能潜移默化地提高大学生的审美，培养他们高尚的情操，也让大学生更加认同我们的传统文化，促进传统美德的形成，同时提高大学生的文化自信。当前，因求职的压力，大学生较为注重应用型知识的学习，而忽略文化意识和素养的提高，部分学生甚至对传统文化的时代价值缺少正确的认知，认识不到优秀的传统文化也是中国特色社会主义文化的重要组成部分。同时，部分思政教师也不具备横跨思政教育与传统文化两个专业领域的专业学术基础与交叉研究能力。

高校图书馆应该充分利用资源优势，联合学生社团，以传统文化价值认同为着眼点，让学生对于传统文化从以往被动学习向自觉传承弘扬方向转变，强化学生对于传统文化的心理认同，弘扬优秀传统文化。将优秀传统文化与大学生思政教育有机融合，能增强大学生对西方外来文化的抵御力，守护我们的文化底色。

媒介素养是"人们面对媒介各种信息时所表现出的选择能力、理解能力、质疑能力、评价能力、思辨能力以及创造和制作能力"。网络的无序增加了大学生在获取信息和辨别信息时的负担，他们不仅要会分辨信息的真假，还要能过滤夹杂在信息中的发布者的个人情绪，才能获得最真实的信息。这既要求大学生具备一定的媒体素养，又要求大学生拥有足够的知识积累，学会利用媒介获取多方信源，对信息内容加以辨别，自主获取信息。高校图书馆应加强信息服务能力，培养大学生对媒介信息的解读、辨别、批判以及使用能力，使大学生在信息时代具有独立思考的能力。

（三）积极利用各种自媒体技术，主动占领网络空间的意识形态高地，清明网络空间

网络已经充斥我们的日常，00后的大学生基本上每人至少有一台智能设备，智能手机占用了人们大部分的碎片时间。在很多学生的课余时间中，聚集于网络的时间甚至还多于他们关注现实的时间。网络天生具有自由的属性，而自由的环境更适合思想的传播，网络已经成为意识形态战争的主战场，而我们的青年、我们的大学生就是网络战的主力军。

一方面，我们要充分利用图书馆的微博、微信群、QQ群、短视频平台等新

兴媒体技术，积极传播正面舆论，对于时事热点新闻快速反应，积极发出理性的声音，占领意识形态高地，意识形态高地我们不占领就等于是拱手让人。

另一方面，我们要支持鼓励大学生在网络上发声，即使讲错了也没有关系，允许他们发出不同的声音，但是要把握好关键的尺度，对他们进行引导，在网上弘扬正能量，正能量的声音大了，那些蝇营狗苟之辈就无所遁形。

让理性网友的理性立场得到强化；让立场不确定的网友谨慎下结论，避免片面地看待问题；让持错误立场的网友及时改正错误观点；对于带路党以及顽固的敌意分子则撕开他们的伪装，从而保持网络空间的清朗。

（四）立足图书馆的资源、环境等优势，系统性地打造思政教育资源平台

近代以来，我们的人文学科在西方分科思想的影响下失去了系统性，慢慢变得碎片化。但是我们面对的社会问题、社会现象是复杂的，仅靠某一个或者几个学科的知识，是无法完全理解和彻底解决的，我们的老师、学生长期接受细化的人文学科的影响，失去了系统性的人文社会知识，容易脱离了实际生活，也导致了各种奇葩、偏激言论的产生。

第一，加强中华传统文化和马克思主义理论资源的建设，注重经典著作、经典版本的引入。图书馆要加强与师生的联系，第一时间掌握并满足他们的文献需求。同时严把文献内容质量关，杜绝封建迷信、淫秽色情、宣传反动分裂思想等不健康书刊的流入。

第二，除了文献资源的建设，图书馆还要加强思政案例的收集和分析，为思政教师的教学和大学生的学习储备素材。图书馆要利用各种渠道，关注、追踪社会热点事件，以大学生的关注作为切入点，找到其中蕴含的规律，找出背后的理论本质，让理论更容易被大学生理解和接受。

第三，促进思政教育资源的开放、共享。鼓励思政教师积极创作，制作优秀的教学视频、MOOC课件，利用互联网与他人进行分享、交流，促进资源在校内甚至高校之间流动，实现资源的共建共享。

第四，图书馆特别是民办高校图书馆是广大大学生阅览学习、获取知识、进行自我教育的主要场所，图书馆应结合校园文化特色对馆舍进行布置，将富含艺术和时尚元素的核心价值观主题和高质量且接地气的内容展示出来，从而对大学生产生间接的情景暗示和细腻的文化熏陶，实现环境育人。

第五，馆藏文献的建设要注意宏观层面的把控，注重文献的系统性和整体性。依托中华民族优秀的传统文化和马克思主义理论，以开放、共享的理念整

合校内校外资源、线上线下资源，打造具有本校特色的思政教育资源平台。

在大学生的学习和生活中，高校图书馆占据着重要位置，因此，高校图书馆必然也是高校思政教育体系不可或缺的一部分。高校图书馆要主动深入地参与学校的思政教育，让大学生认识到思政教育不仅有利于国家和民族，也有利于他们自身的发展、提高，让大学生能够从改变自己开始，而后改变世界。

参考文献

[1] 周娜．浅析"互联网+"背景下的高校思政教育[J]．新课程研究，2021，595（27）．

[2] 谢宝义，周小平，张哲，等．"互联网+"时代高校图书馆开展思想政治教育路径研究[J]．石家庄铁道大学学报（社会科学版），2021，15（1）．

[3] 宁婉，李小青．新形势下的高校图书馆思政教育：使命 作用 路径[J]．科教导刊（上旬刊），2019，364（4）．

[4] 张烁．习近平：用新时代中国特色社会主义思想铸魂育人 贯彻党的教育方针落实立德树人根本任务——王沪宁出席[N]．人民日报，2019-03-19（1）．

[5] 鄂园圆．"互联网+"背景下民办高校大学生思政教育融入"工匠精神"路径创新[J]．电脑知识与技术，2021，17（21）．

[6] 袁姗姗．"互联网+"经济背景下高校思政课改革的多元思考探析[J]．财富时代，2021．

[7] 白其安，申晓红，钱伟．关于"互联网+"时代高校思政课教师职业能力培养的思考[J]．电脑迷，2017（3）．

[8] 王启帆，王曙光．互联网+视域下思政教育创新路径探究[J]．思想政治研究，2021，37（11）．

[9] 唐王娜．互联网视域下高校思政教育的改进路径分析[J]．文化创新比较研究，2021，5（2）．

《家庭教育促进法》对公共图书馆工作的启示

张 颖

（襄阳市图书馆　441021）

摘　要：《家庭教育促进法》的颁布施行，积极回应了"双减"政策并为其落地提供法律保障。该法通过制度设计，压实家庭责任，细化国家支持和社会协同，为广大家长赋能，助力家庭教育保障未成年人健康成长。公共图书馆应结合其公益性的社会属性，充分利用文献资源和自身优势以及未成年人保护法赋予其文化教育职能，从家庭教育指导和亲子共读两方面思考如何开展相关工作。

关键词：家庭教育促进法；公共图书馆；家庭教育指导；亲子共读

一、引言

家庭是社会的基本细胞，办好家庭教育，关乎孩子健康成长，也关乎国家和民族的未来。习近平总书记在2018年全国教育大会上指出："家庭是人生的第一所学校，家长是孩子的第一任老师，要给孩子讲好'人生第一课'，帮助扣好人生第一粒扣子[1]。"2021年7月24日，随着"双减"政策文件出台，孩子的教育回归德、智、体、美、劳"五育并举"的教育方针，学校教育则回归"教书育人的主阵地"，而家庭教育在"双减"背景下要为学校教育奠定良好的行为习惯基础。2022年1月1日，《家庭教育促进法》正式施行，体现了党和国家对家庭教育的高度重视，将家庭教育由传统"家事"上升为重要"国事"。"双减"政策针对教育中的功利化、短视化等工具性倾向，清理阻碍教育事业发展、造成学业负担过重的问题源头，所以"双减"作为一项系统工程需要学校、家庭、社会的深度参与。《家庭教育促进法》积极回应了"双减"政策，为家长教育观念和行为的改变提供重要助力，促进其在"双减"过程中成为学校改革的合作伙伴，形成减负合力[2]。可见在"双减"政策落地有法可保障的背景下，每个家庭每个家长面临的挑战更为复杂、责任更重。本文通过解读《家庭教育促进法》相关条款，分析当下家长对家庭教育存在的困惑、焦虑和期待，针对存在的现状来论述公共图书馆如何通过家庭教育指导和亲子共读两个方面助推家庭教育。

二、《家庭教育促进法》重要内容解读

（一）《家庭教育促进法》强调家庭教育五项要求

在人类文明发展进程中，家庭一直就是教育的"主场"，父母在子女的教育上一直扮演着举足轻重的角色。只是随着工业化革命的到来，社会进程高速发展，家庭把教育转嫁给学校，由学校来唱独角戏。再后来，唯成绩论、唯学业论、上名校成为家长操心孩子教育的最简单且可量化的指标，从而将部分教育又让渡给校外培训机构。《家庭教育促进法》明确规定父母或其他监护人与未成年人之间构成家庭教育实施法律关系。根据第14条、第20条和第21条规定，每个家庭要深刻认识到新时代的子女教育家长需要生而则养、养而则教、教而有方，无论未成年人的监护人是否陪伴身边，他们都是家庭教育责任主体。

（二）《家庭教育促进法》强调家庭教育五项要求

《家庭教育促进法》在总则部分第3条明确"家庭教育以立德树人为根本任务"，这与学校教育、社会教育的根本任务是一致的。为落实这项根本任务，该法第5条提出了五项要求，也可以理解为家庭教育的五项基本原则。首先要求开展家庭教育做到"两个尊重"，尊重未成年人的身心、人格尊严、个人隐私以及个体差异。马斯洛需求层次理论第四层需求也就是较高层次的需求就是尊重需求。未成年人内心深处是渴望得到家庭的尊重，所以父母不能总是拿别人的孩子来和自己的孩子比较、要求，也不能把个人意愿和要求强加给孩子，要尊重孩子的意见，尊重孩子身心发展的内在规律和个性差异。其次开展家庭教育要遵循每个家庭的家风传承，这也是家庭教育的私有领域，也充分体现了"促进"这一核心目的。如果法律强制性规定内容过多，则干涉到家庭的内部秩序。所以父母要采用科学教育理念和方法"润物细无声"。最后就是开展家庭教育要与学校教育、社会教育紧密结合、协调一致。父母要积极了解孩子在校情况，加强家校间沟通，有条件的情况下利用各种教育资源、社会资源，走进科教文类公共场馆，亲近大自然等。

（三）《家庭教育促进法》强调家庭教育六项内容

《家庭教育促进法》第二章"家庭责任"部分，强调了六项关于家庭教育

的内容。这六项内容是社会主义核心价值观在家庭教育中的具体细化和落实，从大德、公德和私德的培育，再到身心健康与习惯养成，将"德、智、体、美、劳"五育贯穿其中。看似简单的六项内容，实则要求家长摆脱被教育逐利的资本裹挟，确定正确的教育观，重新审视家庭中的亲子关系和父母角色定位。正如刘小红在评论中提出，"关注孩子的价值塑造，培养担当意识和奉献精神，做有用的人；关注孩子的身心素质，培养运动习惯和豁达心态，做身心健康的人；关注孩子的生活质量，培养兴趣爱好和审美追求，做有趣的人"[3]。父母还要从"指挥者""监督者""审判者"向"守护者""支持者""陪伴者"转变，营造民主平等、积极向上、和谐幸福的家庭氛围。

三、《家庭教育促进法》实施给父母的困惑、焦虑与期待

（一）父母的困惑

"双减"政策出台，部分父母把"双减"政策简单理解甚至误读为孩子的学业负担减轻了，没有校外培训机构就不用把孩子的学习抓那么紧。也就是说，这部分父母始终把自己从孩子的教育中抽离出来，在孩子的教育中一直处于"缺位"状态，并没有理解"双减"政策的核心要义。故《家庭教育促进法》的实施明确了家庭教育的责任主体、相关要求以及主要内容，这部分父母很是困惑：为什么还要出台法律强调家庭教育？而且在家长的长期认知中，传授知识尤其是科学文化是学校的责任，家庭教育还是以培养孩子的良好性格、生活习惯以及生活技能为主，专业的人做专业的事，孩子各方面的教育都集中在家长身上那社会还需要学校这个产物，学校还分什么三六九等。也有些家长则认为《家庭教育促进法》规定的内容笼统化、原则化，并没有约束家长学习家庭教育知识的相关细则。中国青年报社社会调查中心的一项调查显示，80.7%的家长平时在家庭教育上困惑很多[4]。他们缺少可量化的内容，如具体学习哪一类知识、每天参与孩子的教育的时长、孩子的家庭教育要达到何种标准等，所以面对家庭教育缺少思路，遇到难题就只能自己摸索，或是请教有经验的家长，或者网上搜索、查询相关文献。

（二）父母的焦虑

《家庭教育促进法》的实施反映出不同时期的社会大环境影响着父母对孩子的教养方式。谢云天等三位学者的研究发现，随着年代的变化，情感温暖和理解式的教养方式与孩子的学业成绩的正向联系增强，而过分干涉和过度保护教

养方式与学业成绩的负向联系减弱[5]。如何把握两种教养方式的度，需要每个家庭根据家庭文化、家庭成员性格等找准平衡点。家庭的传统认识中，孩子的教育是学习科学文化知识为主，以孩子的学业成绩为指标来衡量孩子教育的质量。过去很长一段历史时期，因为学校形成了专业化的立德树人教育体系，家长过分依赖学校，养成了名校情结。"双减"政策的出台对校外培训机构冲击较大，以往被家长用来"补位"的校外补课资源减少、性价比下降。当下教育现代化、信息化，父母若没能为孩子抢到优质资源，会因担心孩子被"普职分流"只能选择职业教育而更焦虑。研究表明，父母的焦虑症状却在"双减"颁布后一年明显上升，增幅约12.8%，主要是因为越来越多父母转向家庭教育，家庭和工作之间难以达成平衡[6]。每位家长的自身能力水平不同，知识水平有限，忙于工作陪伴孩子时间有限，缺少科学合理的教育方法，担心因为自己耽误孩子的教育而焦虑。

（三）父母的期待

《家庭教育促进法》第三章"国家支持"和第四章"社会协同"分别对各级政府、各个部门、各个机构还有社会力量明确了职责，压实了责任，细化了目标，表明了对家庭教育的实施提供相应支持、为家长实施家庭教育创造一个良好的外部环境的决心。所以家庭教育对家长来说并非一座"孤岛"，而是一条"岛链"，由国家、社会力量、家庭共同合作的一项伟大事业。有了《家庭教育促进法》，家长"依法带娃"有了底气，也期待国家层面对于该法的宣传和支持力度，期待法律规定的内容能早点落地，期待更多政策促使用人单位理解支持员工"依法带娃"。

四、对公共图书馆工作的启示

（一）开展家庭教育指导

1. 公共图书馆开展家庭教育指导的必要性

《家庭教育促进法》第36条明确了家庭教育服务机构的"非营利性"。这点避免出现像校外培训机构那样的资本化运作乱象，避免变相增加家庭经济负担，从而避免出现偏离"双减"政策目标的风险，违背立法初衷。此外，该法第46条明确规定："图书馆……等公共文化服务机构和爱国主义教育基地每年应当定期开展公益性家庭教育宣传、家庭教育指导服务和实践活动，开发家庭教育类公共文化服务产品[7]。"以公共图书馆为教育平台，联合各类社会力量，以未成年人家庭为对象提供教育服务，从专业角度为家庭提供指导与支持，协助未成年人权益得以更好地实现，是公共图书馆不可推卸的社会责任[8]。所以，公共图书馆因其公益性属性同时作为社会公共文化服务体系重要组成部分，开展家庭教育指导十分有必要。

2. 公共图书馆开展家庭教育指导可发挥的优势

公共图书馆作为"知识殿堂"，拥有大量丰富的文献资源，这为家庭教育指导提供有利的资源保障。通过资源吸收，家长可以更直观地了解家庭教育的特点，掌握其规律，学习科学教育孩子的方法，不断提升家庭教育水平[9]。首先，开设专题咨询服务是公共图书馆专业化的工作职责之一，将家庭教育相关内容的资源进行整合，建立公共图书馆网上家长学校，实现资源共享，家长在平台畅所欲言中得到启发、摸索、学习。其次，公益讲座是当代公共图书馆传授知识、推广阅读最常用的载体，大部分省市的公共图书馆会结合当地的文化特色、地域特色打造公益讲座品牌，这些品牌往往也拥有各行各业的优质专业人才资源。定期邀请当地教育领域或者心理咨询方面的知名专家学者开展家庭教育方面的公益讲座，互动答疑环节增进交流，探索科学家庭教育方法。最后，公共图书馆由于服务内容覆盖面的广泛性特点，可以牵头联合其他公益性公共场馆组建家庭教育服务咨询及综合联盟，选择重要的节日联合组织开展家庭教育服务指导实践活动，逐步建立以政府主导、社会力量参与、以公共服务阵地和公共财政为基础的多样化、多层次、高质量家庭教育服务体系。

3. 公共图书馆开展家庭教育指导的努力方向

第一，增加家庭教育相关内容书籍的购置，并做好书籍推荐。笔者通过查阅各省市的公共图书馆官方简介发现，文学类书籍占全馆文献资源比例最大，教育类书籍占比较少。这当然与这一类书籍的市场供应数量和质量有很大关系，但公共图书馆还是需要增加教育类书籍购置比例。另外，公共图书馆可以尝试开发二次文献，如此可帮助家长快速找到自己需要的内容，针对性和实用性更强。第二，大力宣传家庭教育，营造氛围。借助公共图书馆微信公众号、政府信息发布平台等大力宣传家庭教育知识、家庭教育理念和方法。充分利用时效性强的报刊资源、甄选家庭教育方面的报刊开设家庭教育专栏。第三，公共图书馆举办的公益讲座适当增加家庭教育主题的比例。尤其在全国家庭教育宣传周，开展家庭教育系列讲座。第四，加强与妇联、共青团等政府部门，科技馆、美术馆、博物馆等公共场馆以及其他社会教育机构之间的联系合作，展开家庭教育服务调研，提高家庭服务指导质量。第五，关注留守儿童、视障儿童等特殊群体，服务延伸至社区、学校，为特殊群体定制可行的家庭教育服务。

（二）开展亲子共读

1. 公共图书馆开展亲子共读的作用

《家庭教育促进法》第 17 条明确规定的 9 项家庭教育方法中，"亲子""共同""平等"等字眼强调了父母与孩子间的关系，要求父母和孩子和谐地开展各项行为活动。2021 年，文化和旅游部印发的《"十四五"公共文化服务体系建设规划》中强调，高度重视未成年人阅读习惯培养，要求进一步丰富亲子阅读活动[10]。亲子共读是公共图书馆面向少儿推广阅读的重要形式，是以家庭为单位开展家庭教育的最直接的方式。与孩子一起安静下来共读共谈的过程中，带给孩子快乐、智慧、勇气和自信，培养孩子的阅读思考习惯、阅读感悟能力，同时也提高家长的教育素质和教育能力，从而建立和谐的亲子关系。张静静在调研中发现，亲子阅读对于促进亲子关系和谐发展的作用是非常显著的[11]。全国妇联的一项调查显示，"亲子阅读对提高亲子陪伴质量、养成良好阅读习惯具有积极作用"被 98.6%的被调查者认同，统计分析，主动开展亲子阅读的被调查者家庭占比近九成，有固定的亲子阅读时间的被调查者家庭近七成[12]。可见，当代家庭认识到了亲子阅读的重要性。

2. 公共图书馆开展亲子共读的成功经验

一是设立亲子阅读专区。硬件环境方面：根据不同年龄段的需求，个性化、特色化打造布置静读区、互动区等特色亲子阅读空间，设立分级阅读专架推荐[13]，为亲子阅读创造良好空间环境。如襄阳市图书馆少儿区一楼以休闲体验为主，以森林、鸟巢、城堡的造型营造轻松活泼的阅读氛围；二楼以自习功能为主，宽大的自习桌椅配合阅读沙发茶几，形成书房效果。墙面以《智圣诸葛亮》动画场景彩绘装饰为主题，讲述了刘备三顾茅庐的故事，展示了襄阳的地方文化特色，突出了"读书增智"的主题，彩绘与建筑之美相得益彰[14]。软件服务方面：以《中国儿童分级阅读参考书目》《爱阅童书100》《中小学生阅读指导目录（2020年版）》等权威性书目为依据，引入儿童分级阅读理念，提供亲子阅读的文献资源；配备熟悉亲子阅读各方面知识的专业化工作人员，从多个专业层面，指导家长在各种实际问题中解决亲子阅读中的困惑[15]。如深圳图书馆立足"家庭"亲子阅读需求推出《南书房家庭经典阅读书目》，使推荐图书的年均外借量以超 30%增幅增长[16]。

二是开展亲子共读活动。亲子共读活动是强调父母孩子共同参与，并非面向少儿这类群体单独举办的阅读活动。目前大部分的公共图书馆面向少儿举办的各类阅读活动普遍存在这种现象，家长带着孩子来图书馆参加阅读活动，孩子是参加活动的主角,家长便找个休息空间等待孩子。家长仅起到了陪同监护职责,实则在亲子关系的建立过程中"隐形失陪"。所以只有父母和孩子共同参与,有互动,才能帮助双方了解彼此性格情感。如襄阳市图书馆举办"陪伴是最美的童年"主题亲子共读活动,在活动中亲子互换阅读、书目盲猜、分享感悟,增进感情交流,提升了双方的阅读能力;厦门市少年儿童图书馆的"故事妈妈"俱乐部活动,印发亲子阅读推荐书目,举办亲子阅读指导活动等实践活动,让家长逐步掌握亲子阅读的科学方法;南京少儿图书馆在巩固"亲子阅读"及"国学经典阅读"的同时,推出了极富互动性和体验性的"亲子手工""阅读剧本角色扮演"等活动[17]。

三是馆校合作,推行"图书馆+学校"合作模式。这种模式以文化志愿服务为纽带,图书馆志愿者进入学校开展各类阅读活动,培训学生成为校园图书馆管理志愿者,引导在校学生开展阅读活动。而面向老师和家长志愿者的培训,则可以帮助老师和家长成为具备一定阅读推广理念和技能的人才,引导孩子的阅读之旅。如深圳市福田区图书馆立足中小学生课外文化需求,积极推行"图书馆+学校"阅读阶梯计划,以公共文化服务"加法",助推"双减"落地见效。

3. 公共图书馆开展亲子共读的创新发展

一是为亲子共读注入"文旅融合"因子。如果说家庭旅行可以增进家庭成员间的感情,加深彼此间的认识,那不如借助成立"城市圈"图书馆联盟、"都市圈"图书馆联盟、旅游线路的图书馆联盟的契机,利用互联网媒体等开展云端研学之旅。2022年武汉市少年儿童图书馆联合长江沿线省区市图书馆,向全国的少年儿童发出邀约,相聚"云端",搭乘"我是长江的孩子"文旅号游轮,造访历史、文化名城,领略长江文化,来一场云上研学之旅。

二是为亲子共读融入"智慧+"元素。为公共图书馆注册的读者家庭建立亲子共读家庭档案,利用大数据,实时跟踪每个家庭阅读情况,分析每个家庭阅读的喜好、共读时长以及最佳阅读时段等,定时定向发布亲子共读的信息任务,并要求录制不少于半小时的视频打卡,任务完成获得积分,定期在微信公众号、官网等平台发布亲子共读积分排行榜,每年进行一次表彰作为鼓励。通过这种方式间接督促每个家庭持续开展亲子共读活动,保障亲子共读的成效。

五、结语

家庭教育已进入法治轨道,国家、社会、家庭合力保障未成年人的健康成长合法权益。公共图书馆作为社会公共文化服务体系重要组成部分,要强化自身的社会责任，充分履行文化教育职能，依法协助未成年人权益实现，提供优质的家庭教育指导服务，辅助建立良好的亲子阅读关系，为家庭教育注入正能量。

参考文献

[1] 习近平全国教育大会重要讲话金句速览[EB/OL].（2018-09-11）[2022-08-05]. http：//politics. people. com. cn/n1/2018/0910/c100 1-30284629. html.

[2] 罗爽，付路路. 论《家庭教育促进法》如何助力"双减"政策落地[J]. 少年儿童研究，2022，337（2）.

[3] 刘小红."双减"落地后家庭教育须正确补位[N]. 中国教育报，2021-10-10（4）.

[4] 李洁言，顾鑫凤. 94.7%受访家长期待家庭教育促进法缓解教育焦虑，80.7%受访家长在家庭教育上困惑很多[N]. 中国青年报，2021-10-28（10）.

[5] 谢云天，史滋福，尹霖，等. 中国父母教养方式与儿童学业成绩关系的元分析[J]. 心理发展与教育，2022，38（3）.

[6] 李丹."双减"不仅是教育系统的事[N]. 经济日报，2022-07-31（3）.

[7] 中华人民共和国家庭教育促进法[EB/OL].（2021-10-25）[2022-08-06]. http：//www. moe. gov. cn/jyb_ sjzl_ zcfg/zcfg_ qtxgfl/202110/t20211025_ 574749. html.

[8] 陈媛媛. 公共图书馆未成年人保护职责研究——基于新修订《中华人民共和国未成年人保护法》的规定[J]. 图书馆工作与研究，2022（3）.

[9] 刘红菊，梁飞，刘红梅，等. 关于图书馆支持家庭教育的思考[J]. 图书馆建设，2012，219（9）.

湖北高校技术转移案例与模式分析

陈迎春　彭玲玲

（华中科技大学图书馆国家知识产权服务中心　430074）

摘　要：本文选取了我省11所主要高校2011—2020年间科技成果和专利技术转化数据，分析了我省高校技术转移的现状，通过典型案例，重点研究了我省高校技术转移模式，总结了我省高校科技成果转化中存在的主要问题，提出了促进我省高校技术转移的政策建议。

关键词：湖北高校；技术转移

一、引言

当前，我国进入转变经济发展方式、建设创新型国家的攻坚阶段，今年6月28日，习近平总书记在武汉华工激光工程有限责任公司考察时强调，科技自立自强是国家强盛之基、安全之要[1]。武汉面临着建设全国科技创新中心，进而建设具有全球影响力的科技创新中心的战略任务[2]。我省高校云集，技术力量雄厚，研究成果丰富。然而，我省高校丰富的科技创新潜能并没有得到释放，大量的专利技术没有实现转移转化。因此，亟须对困扰我省高校技术转移的瓶颈问题进行分析，寻找解决问题的对策。本文对我省部分高校专利转化现状进行了分析，通过典型案例，探讨了专利转化模式，提出了促进我省高校技术转移的政策建议。

二、我省高校技术转移现状分析

改革开放以来，我省高校部分科技人员为探索突破计划经济体制的单一模式，到沿海地区和本地企业进行技术转移和专利转化。党的十八大以来，为促进我省技术市场健康有序发展，省市政府相继制定了一系列政策措施，我省高校技术转移政策从无到有、从零碎到系统、从借鉴到完善，推动着荆楚大地社会经济发展。

本文选取华中科技大学、武汉大学、武汉理工大学、中国地质大学（武汉）、华中农业大学、武汉工程大学、武汉科技大学、武汉纺织大学、长江大学、三峡大学、湖北中医药大学等11所高校2011—2020年专利转化情况为研究对象，通过对各校管理部门发布的数据进行分析，配合问卷调查，厘清了我省主要高校近10年的技术转移现状。

2011—2021年间，我省高校专利申请量呈明显增长趋势，逐年增加1000余件，其中发明专利约占70%，授权率在50%左右。其中2019年申请量达到高峰，2020年专利申请量明显下降，2021年继续增长。其原因可能是：①教育部等三部局正式发布了有关提升高等学校专利质量的文件，对专利申请提出了质量要求；②受到2020年春季的新冠疫情影响。

上述高校2016—2021年五年专利转化数量和合同数均逐年增长。我省2019年开始实施"知识产权运用示范工程"，各高校专利转化热情空前高涨，转化专利数量、合同数及金额都呈倍数增长，各类推进高校专利转化举措的效果日益显现。

我省高校专利受让方涵盖除港澳台以外的全国31个省区市，其中湖北约占总转化金额的75%，充分展现了对我省经济发展的重要贡献。其他主要在广东、山东、江浙、上海、北京等经济发达地区。

三、我省高校技术转移的主要模式

由于历史原因和社会环境的变化，我省高校专利转化和技术转移的模式多样。目前技术转移中的主体有高校、企业和政府，它们之间相互关联，形成技术转让、校企（地）合作、衍生企业等基本模式。在具体实践中，这些模式相互交叉融合。

（一）技术转让模式

在我省，技术转让的合同数占比最大，例如：武汉理工大学技术转让科技成果占比47.71%、合同占比72.93%，该校2017年向武汉烽理光电股份有限公司转让"光栅阵列光纤制备及其大容量分布式传感技术"相关成果17项，转让费用总额1600万元。武汉工程大学技术转让科技成果占比74.09%、合同占比46.26%。华中科技大学"新型显示高精高效喷印装备关键技术"系列成果对新型显示器件开发、喷墨印刷制造技术与装备开发及器件量产均具有重要意义，2020年以协议定价2000万元转让。这是目前我省高校以技术转让方式实现技术转移转化的最大合同金额。长江大学在新型压裂液术、缝网压裂、新型减阻剂、压裂方案设计、储层特性等压裂技术方向有着深入研究，形成了具有原创性的"压裂暂堵转向剂"技术体系，该成果对实现传统压裂液体系的更新换代，促进我国压裂液体系的发展具有非常积极的作用。技术转让给陕西兴油科技开发有限公司后，生产的产品在长庆油田、吉林油田进行了现场应用，都取得了良好的效果。而武汉纺织大学、三峡大学、湖北中医药大学等技术转移收入主要来自技术转让。高校通过转让技术，获得相应回报。这种技术转移模式对科技成果或专利技术成熟度的要求较高。我省高校技术转让的主要方式有直接转让、间接转让2种形式。

从成功的技术转让案例可以得到的启示：①面向市场的科研更具生命力。不以市场为出发点的科技成果，即便通过了鉴定，本身也难以转化为现实生产力。②高度成熟的技术更容易转移。仅处于可行性论证的研发或处于实验室成果鉴定的技术很难被市场青睐。

（二）校企合作模式

校企合作转移模式，即高校与企业共同研发，共享科技成果和专利技术，是我省高校实现技术转移转化的一个重要模式。例如，为解决我国页岩气开发钻井中被国外公司"卡脖子"的油基钻井液问题，打破国外垄断，催生相关配套技术和产业提升，助推我国页岩气开发进程，长江大学与荆州嘉华科技有限公司开展了深度合作，约定了技术合作细节，完成了"中试—生产—试用—推广"的完整产业链，建成了年产2万吨的生产线。该技术取代国外技术，在我国页岩气开发中得到推广，2014年市场占有率达80%以上，解决了页岩气开发钻井的各类问题。武汉纺织大学与烟台业林纺织印染有限责任公司在纺织印染科技开发、人才培养和科研平台建设等方面建立长期合作关系，双方进行资源优势互补，共同创建"植物染色研究开发中心"，系统开展植物染料优选、制备、染色工艺等基础研究和产业化应用研究，针对新产品加工技术开展深入攻关，取得显著成效。

为适应形势的变化，我省高校整合优化科技资源配置，现阶段与企业的合作大多以共建研究机构为主。例如，华中科技大学与国内知名企业共建了97家联合技术中心、联合创新中心或联合实验室，与企业一起攻克制约企业发展的技术难题，促进技术转移，助推区域经济与社会大发展。

为服务地方经济建设，在现有政策框架下，我省部分高校在全国各地建立了新型技术转化平台——工业研究院。华中科技大学分别在省内外设立或参与建设了深圳华中科技大学研究院等15家工业研究院，创造工程化环境，支撑学校科研团队完成单元技术或原型样机的"青苹果"向成套技术或完整产品的"红苹果"，乃至系列产品并形成产业的"苹果树"的发展。通过工程化研究，华中科技大学工业研究院先后转化了"RFID传感器""大功率激光器""全自动无人艇"等被欧美发达国家"卡脖子"的技术。

根据国家发展的战略布局，结合经济社会发展的实际需求和学校自身优势，武汉大学设立有广东、苏州、西南等驻外研究院，在经济建设的前沿阵地以多种形式开展科技成果转化。同时构建了一批校地技术转移平台，如武汉武大科技园有限公司、武汉大学宜昌科技园、武汉大学随州科技园、武汉大学深圳产学研基地、湖北省中小企业技术服务中心等合作机构。武汉理工大学与地方政府合作共建研究院、技术转移中心和专利转化工作站，形成"学校决策部署—区域中心和平台组织实施—教授企业具体对接"的技术转移工作体系。

校企（地）合作也存在一些不足，高校提供的科技成果，不一定是核心技术，而企业关注的是产品，在合作过程中容易形成产权纠纷，会影响到合作方的利益分配。

（三）衍生企业技术转化模式

衍生企业技术转化模式是高校及其师生用自有技术创办企业，实现技术孵化、商业化，从而衍生出大批企业，是高校技术转移的有效形式。此模式中，高校是以母体形式存在的，运用的大多是自己所拥有的技术，人才也同样来自校内。我省高校衍生企业中，不乏华中科技大学的华工科技、华工激光、华中数控、天喻信息、达梦数据，武汉大学的武大科技，武汉理工大学的武汉理工光科等上市公司，也有湖北赛格瑞新能源等后起之秀。

武汉科技大学樊希安教授一直致力于热—电转换材料与温差发电系统、电—磁转换材料与器件、红外辐射陶瓷与涂层等领域的研究，完成了分布式低温余热温差发电技术的基础研究和中试实验，开发了千万级温差发电系统，取得一系列具有自主知识产权的高价值科技成果。在省市校的新政策鼓励下，樊希安教授携温差发电技术3项成果，赴鄂州梧桐湖新区创办湖北赛格瑞新能源科技有限公司，公司的核心技术就是他们自主研发的芯片，为通信企业解决恒温芯片"卡脖子"难题，实现进口替代。

此外，还有华中科技大学的"无人机""康复机器人"、武汉理工大学的"纳米功能材料"、中国地质大学（武汉）的"常温常压储氢"、武汉工程大学的"碳化硅陶瓷材料"等科技成果都是以这种方式转化。

衍生企业技术转化模式依托的都是各高校的学科优势。企业经营范围领域较广，涵盖了各高校强势专业。高校为衍生企业提供人才支持，企业形成规模后又反哺学校的学科建设和人才培养，实现共赢。

四、促进我省高校技术转移的政策建议

笔者在 2021 年开展湖北省知识产权局软科学研究课题"湖北省高校专利转化运用现状及案例研究"的研究时发现，我省高校技术转移存在的主要问题包括：其一，科研人员对科技成果的归属不是十分清楚；其二，科技成果价值评估难度大；其三，技术转移中介服务水平有待提高，技术转移队伍建设滞后；其四，高校技术成果与企业的产品匹配度不高，企业吸纳高校科技成果的能力不足。为此，提出以下改进建议：

1. 各高校要提高对全国科技创新中心建设的认识，充分发挥技术转移在其中的重要作用。6 月 25 日上午，在加快推进武汉具有全国影响力的科技创新中心建设大会上，科技部副部长邵新宇传达了国家布局建设武汉具有全国影响力的科技创新中心有关意见。我省高校要借鉴国际领先市场的成功经验，重点培育、发展具有战略性、前瞻性的核心技术，加快本土转化进程，形成区域优势。

2. 加快构建协同创新体系。政府要颁发激励我省高校技术转移的有效政策，设立技术转移专项基金，建立我省高校技术转移联盟，最大限度实现各种创新要素聚集融合，营造良好的技术转移生态，促进高价值技术实现有效转移。

3. 积极稳妥深化我省高校管理改革。当代大学的使命正在从创造知识、传播知识扩展到直接参与经济、科技、社会发展等事业。我省高校要完善高等教育的社会服务职能，规范技术转移管理机构的工作流程，准确认识和有效解决技术转移活动中的各种利益冲突。

此外，我省高校要建立合理的技术转移评价体系，设立经过科学设计的、具有可操作性的考核指标。

五、结束语

高校技术转移作为将实验室里的研究成果转变为现实生产力的重要环节，需要我省广大高校和企业、地方政府共同努力，为技术转移创造更好的环境，支撑我省高水平科技自立自强强省建设，让科技成果更好地服务我省发展转型。

参考文献

[1] 人民日报. 习近平在湖北武汉考察时强调 把科技的命脉牢牢掌握在自己手中 不断提升我国发展独立性自主性安全性 [N]. 人民日报,2022-06-30(1).

[2] 文俊. 国家布局建设武汉具有全国影响力的科技创新中心 [N]. 湖北日报,2022-06-26.

[3] 许云,李家洲. 技术转移与产业化研究——以中关村为例 [M]. 北京:人民出版社,2015.

双一流高校图书馆视频服务现状分析

毕文静

(华中科技大学图书馆　430074)

摘　要：后疫情时代以及互联网快速发展的背景之下，线上视频服务成了高校图书馆服务转型的新服务形式。本文在哔哩哔哩、抖音两个平台中，调查分析42所双一流高校图书馆开展的视频服务现状情况。研究发现，我国高校图书馆的视频服务存在账号开通率低、视频更新慢等问题。各高校图书馆应积极入驻视频服务平台，创新服务模式，构建视频服务团队，不断提高高校图书馆视频服务质量。

关键词：高校图书馆；视频服务；哔哩哔哩；抖音

一、研究背景

后疫情时代下，疫情并未完全褪去，新冠病毒不断变异，强有力的防疫应对措施必不可少。高校图书馆在后疫情时代如何更好地为师生服务，是一个值得深思的问题。后疫情时代，线上服务成为高校图书馆服务的重要模式，许多用户已经习惯线上模式而非线下交流，有研究表明北京大学图书馆"一小时讲座"线上听众数量（300~500人）明显高于线下听众数量（0~20人）[1]。随着互联网发展，在过去的4G时代，移动图书馆、微博、微信是高校新媒体服务的重要平台，如今我们已经步入高速、泛在、万物互联的5G时代，5G网络拥有超高速、大容量、低时延、高密度、移动性强的特征，也让信息传播不再受时空的场景限制，实现了24小时信息传递和"无所不传"[3]。根据中国互联网络信息中心（CNNIC）发布的第48次《中国互联网络发展状况统计报告》显示，截止到2021年6月份，我国互联网视频的用户规模达到94384万人，网民使用率高达93.4%，在互联网应用中排第二，略低于即时通信（使用率为97.3%）。互联网用户规模的扩大，也带动了各类视频网站、APP的发展。近年来，视频移动化、资讯视频化和视频社交化已经成为趋势。各大平台的短视频号、视频网站成了众多行业乃至个人扩宽业务、升级服务内容的新平台。对于亟待转型的高校图书馆来说，利用视频APP服务不仅有利于高校图书馆的形象塑造，让图书馆真正走出馆里，走向读者，还可以利用视频APP为读者提供阅读、信息资源获取的新途径，方便读者更加快速、便捷地使用图书馆的服务、资源[4]。视频服务也可以成为后疫情时代下高校图书馆服务转型的新服务形式。

随着抖音、快手等短视频平台的走红，许多图书馆也纷纷入驻这些平台，如国家图书馆还在抖音平台进行直播，为公众揭秘不一样的图书馆。首都图书馆也在抖音平台进行直播，邀请了相关专家提供"北京阅读"的直播活动。视频营销也逐渐成为公共图书馆营销的手段。视频内容具有集声音、动作、表情于一体，相比于图书馆传统服务的平台，更能让用户与图书馆服务和资源传递产生共鸣。而目前各大视频APP中全民皆可创作，所有人注册账号即可发布视频，但目前视频APP中质量良莠不齐，图书馆作为肩负社会教育的公共机构，具备创作优质视频的实力，更需要占领视频APP的高地，创作和传播出更好的作品来服务用户。

关于图书馆视频服务问题，不少研究者做了相关的调研分析，关于哔哩哔哩平台的研究如下：魏小贞等以哔哩哔哩平台为例，从高校图书馆账号注册认证情况、视频数量、视频内容及主题、用户互动等角度进行了分析并给出了相关的运营建议，如积极入驻视频平台、建立视频运营团队、创新视频内容、规范运营机制等[5]；杜芃诺也以哔哩哔哩平台为例，从高校图书馆账号开通情况以及视频内容等方面进行了分析，并提供了相关的运营建议[4]。关于抖音平台的相关研究如下：韩世曦等人以抖音平台为例，对31所公共图书馆的抖音账号数据和内容进行采集，调研运营的问题并提出相应的策略；陈维以图书馆官方抖音账号为调研对象，根据基本运营信息、作品内容及特点进行分析，指出其运营和发展中存在的主要问题，并提出"精、合、销、评"的运营策略。张毅等在研究中以华东师范大学为例分析并规划图书馆短视频营销策略[6]。

从当前研究来看，大部分图书馆视频服务的研究对象比较单一，大部分是基于某一个视频平台的研究，如哔哩哔哩平台或者抖音平台的单一研究，缺少综合几大热门视频APP的研究。本文将结合图书馆的工作特点以及用户需求，综合几大热门视频APP如哔哩哔哩以及抖音两个平台着重分析42所双一流高校图书馆视频服务的现状，为高校图书馆如何提升运营策略提供参考，以期为高校图书馆在5G时代下提升服务能力和质量提供思路。

二、研究方法

为了深入调查分析高校图书馆视频服务现状，参考极光的《2021年Q3移动互联网数据研究报告》，报告显示：抖音是短视频行业中的领跑者，抖音Q3月活均值达到6.3亿人，而在线视频行业中，哔哩哔哩人均使用时长和用户黏性是表现最强的，在25岁以下的年轻用户中，哔哩哔哩渗透率高达63.3%。因此，本研究选定了抖音、哔哩哔哩两个平台，于2022年7月（截止时间为7月20日），在两个平台中检索42所双一流高校图书馆，通过网络调查法和内容分析法在两个平台中分析42所双一流高校图书馆开展的视频服务现状情况。

三、高校图书馆视频服务现状分析

（一）账号开通情况

从开通情况来看，42所双一流高校图书馆在B站开通的账号为10个，抖音为4个，如表1所示（注册两个平台的账号并通过官方认证的高校图书馆账号纳入研究范围）。总体来看，42所双一流高校的视频账号开通率较低，哔哩哔哩的开通率为23.8%，抖音的开通率为9.5%。其中，有3所高校在两个平台均开通了账号，分别是清华大学图书馆、南开大学图书馆、哈工大（威海）图书馆。

表1 42所"双一流"高校在两个平台账号开通情况

高校图书馆	哔哩哔哩	抖音
中国人民大学图书馆	√	未开通
清华大学图书馆	√	√
南开大学图书馆官方号	√	√
吉林大学图书馆	√	未开通
哈工大（威海）图书馆	√	√
华东师范大学图书馆	√	未开通
南京大学图书馆	√	未开通
山东大学图书馆	√	未开通
武汉大学图书馆	√	未开通
四川大学图书馆	√	未开通

续表

高校图书馆	哔哩哔哩	抖音
中国海洋大学图书馆	未开通	√
天津大学图书馆	未开通	未开通
总计	10	4

（二）账号运营基本情况

从B站和抖音账号的运营情况来看，在B站开通账号的双一流高校图书馆占比为23.8%，在抖音开通账号的双一流高校图书馆占比为9.5%，在两个视频平台中，各高校图书馆账号运营情况差异很大，开通时间普遍较晚，视频数量和更新频率偏低。

开通B站账号时间最早的是哈工大（威海）图书馆，在2017年12月1日发布了第一个作品，而截至目前，开通时间最晚的是吉林大学图书馆，于2021年4月9日发布第一个作品；从作品数量来看，作品数量排名前五的高校图书馆分别是：四川大学图书馆，作品数93个，华东师范大学图书馆，作品数89个、武汉大学图书馆，作品数65个，中国人民大学图书馆，作品数60个，南开大学图书馆，作品数49个；从粉丝数量来看，排行前五的高校图书馆分别是武汉大学图书馆（6038个粉丝）、四川大学图书馆（4113个粉丝）、中国人民大学图书馆（3520个粉丝）、华东师范大学图书馆（2471个粉丝）、清华大学图书馆（1609个粉丝）；从总获赞数来看，华东师范大学图书馆最高，远高于武汉大学图书馆、中国人民大学图书馆、四川大学图书馆、南开大学图书馆官方号；从总播放次数来看，四川大学图书馆最高，高达6.5万次，武汉大学图书馆位列其后，总播放次数达6.4万次，中国人民大学图书馆排名第三，总播放次数为5.1万次，华东师范大学图书馆排名第四，总播放次数为4.9万次，南开大学图书馆官方号排名第五，总播放次数为1.9万次；从视频上传周期来看，更新周期最快的分别是华东师范大学图书馆（9天/个）、四川大学图书馆（9天/个）、武汉大学图书馆（10天/个）、中国人民大学图书馆（10天/个）、南开大学图书馆官方号（24天/个）；10个高校图书馆账号的等级有5个账号为Lv.2，另外5个账号为Lv.3，其中7个账号已经通过哔哩哔哩官方认证，而南京大学图书馆、吉林大学图书馆和山东大学图书馆并未进行官方认证。

表2 "双一流"高校图书馆在B站运营基本情况

up主	开通时间	作品数	粉丝	总获赞	总播放	视频上传周期	官方认证	等级
哈工大（威海）图书馆	2017-12-01	6	624	74	3175	282	是	Lv.2
南京大学图书馆	2019-04-22	1	289	300	1.4w	1185	否	Lv.3
南开大学图书馆官方号	2019-04-22	49	1397	553	1.9w	24	是	Lv.2
华东师范大学图书馆	2020-04-16	89	2471	8217	4.9w	9	是	Lv.3
四川大学图书馆	2020-04-26	93	4113	1251	6.5w	9	是	Lv.3
武汉大学图书馆小布	2020-10-03	65	6038	1608	6.4w	10	是	Lv.3
清华大学图书馆	2020-11-17	8	1609	60	2424	76	是	Lv.2
中国人民大学图书馆	2020-12-11	60	3520	1364	5.1w	10	是	Lv.3
吉林大学图书馆	2021-04-09	15	931	235	1.3w	31	否	Lv.2
山东大学图书馆	/	0	2	0	0	/	否	Lv.2

注：B站的开通时间以发表第一个作品的时间为依据

仅有4个高校图书馆开通了抖音账号，最早开通账号的为哈尔滨工业大学（威海）图书馆，在2019年4月12日发布了第一个作品，该图书馆的作品数也位居第一，目前已发布174个作品，视频上传周期频率最快，为7天/个，总获赞数高达4.7万次，远远高于其他三个高校图书馆，粉丝数为6178个；清华大学图书馆和南开大学图书馆分别于2020年11月17日和11月20日开通账号，两个图书馆更新的作品较少，分别为11个、2个，视频上传周期分别为55天/个、607天/个；中国海洋大学图书馆开通时间最晚，为2021年5月28日，目前已发布47个作品，视频上传周期为9天/个，已有140个粉丝，总获赞323次；四个账号均为官方认证账号。

表3 "双一流"高校图书馆在抖音运营基本情况

账号名称	开通时间	作品数	粉丝	总获赞	视频上传周期	官方认证
哈尔滨工业大学（威海）图书馆	2019-04-12	174	6178	4.7w	7	是
清华大学图书馆	2020-11-17	11	6409	231	55	是

续表

账号名称	开通时间	作品数	粉丝	总获赞	视频上传周期	官方认证
南开大学图书馆	2020-11-20	2	249	11	607	是
中国海洋大学图书馆	2021-05-28	47	140	323	9	是

注：抖音的开通时间以发表第一个作品的时间为依据

（三）B站高校图书馆视频内容分析

在B站平台中，衡量视频影响力最直接的指标就是播放量，因此，为进一步分析高校图书馆视频账号的运营情况，我们分析了高校图书馆的账号在B站播放量排名前20的视频，分析其主题分类以及互动情况（包括点赞、投币、收藏和转发）。在B站平台，长按点赞图标可以实现点赞、投币、转发，这是B站特有的一键三连，可以表达对视频的喜爱，并扩大视频的传播，提高视频的影响力。其中，播放量最高的视频为武汉大学图书馆小布发布的央视直播｜武大图书馆跨年夜，播放量超过3万次，其次是华东师范大学图书馆发布的彩虹节拍♪14地同踩每一个节拍，播放量达到2.4万次，排名第三的是南京大学图书馆发布的官方微电影《那年秋天》，播放量为1.4万次。由表4可知，在B站平台发布的视频大多为活动宣传、艺术创作、培训指导、阅读推广。由图1可知，通过统计播放量TOP20的视频，我们发现在B站平台发布的视频中，培训指导类占比最高，约为55%，其次为活动宣传，约占25%，阅读推广排名第三，约占15%。可能由于在视频平台可以在线播放，具有便利、快捷的优点，因此培训指导类视频是发布最多的，而视频平台传播广，活动宣传类视频能快速传播，因此也有活动宣传类视频发布。

表4 B站播放量TOP20的视频

up主	视频名称	分类	播放量	点赞	投币	收藏	转发
武汉大学图书馆小布	央视直播｜武大图书馆跨年夜	活动宣传	31000	441	26	83	205
华东师范大学图书馆	【BDF2020-华东师大】彩虹节拍♪14地同踩每一个节拍	活动宣传	24000	1272	564	316	155

续表

up主	视频名称	分类	播放量	点赞	投币	收藏	转发
南京大学图书馆	南京大学图书馆官方微电影《那年秋天》	艺术创作	14000	301	170	312	172
中国人民大学图书馆	学科动态追踪软件——CiteSpace入门	培训指导	12000	424	313	1767	108
哈工大（威海）图书馆	【4K航拍】《HIT in Air》——俯瞰哈工大（威海）之秋	活动宣传	8993	593	240	141	173
中国人民大学图书馆	迎建党百年，阅红色经典	阅读推广	8690	17	4	48	2
四川大学图书馆	20210922从零开始的医学文献检索	培训指导	7538	89	31	463	56
四川大学图书馆	20200525-信息分析：如何利用事件分析法（event study）进行定量研究；主讲：淳娇	培训指导	6336	129	65	371	63
吉林大学图书馆	【云知微课】吉林大学学位论文提交系统的使用方法（2022版）	培训指导	6095	38	20	64	69
中国人民大学图书馆	中国人民大学图书馆宣传片	活动宣传	5852	114	22	79	76
南开大学图书馆官方号	南开大学图书馆宣传片	活动宣传	5697	66	14	87	62
中国人民大学图书馆	手把手教你毕业论文排版	培训指导	5045	297	247	1130	109
四川大学图书馆	20201030-数据可视化——如何在论文中画出漂亮的插图；主讲：魏丽敏	培训指导	3658	33	13	87	7
四川大学图书馆	20201127PubMed——一个免费的生物医学文献数据库；主讲人：蔡濂	培训指导	3593	89	38	318	31

续表

up 主	视频名称	分类	播放量	点赞	投币	收藏	转发
华东师范大学图书馆	【师生短视频荐书大赛作品 学生组】《教父》胡伯俊	阅读推广	3051	1407	47	69	73
武汉大学图书馆小布	【回放】用 Notion 重新管理人生-来自次世代的笔记工具	培训指导	3003	99	54	324	23
四川大学图书馆	0201110 医学新视界——OVID Medline 数据库；主讲：孙波	培训指导	2974	61	22	170	42
四川大学图书馆	20200506 - Zotero 文献管理软件使用指南；主讲：淳娇	培训指导	2603	43	31	174	22
四川大学图书馆	20201125 - Office 高级应用之长篇文档排版技巧；主讲：淳姣	培训指导	2377	29	5	94	14
华东师范大学图书馆	【师生短视频荐书大赛作品 学生组】《小毛驴与我》杨楠、李金泽、陈佳雯	阅读推广	2270	1269	43	18	114

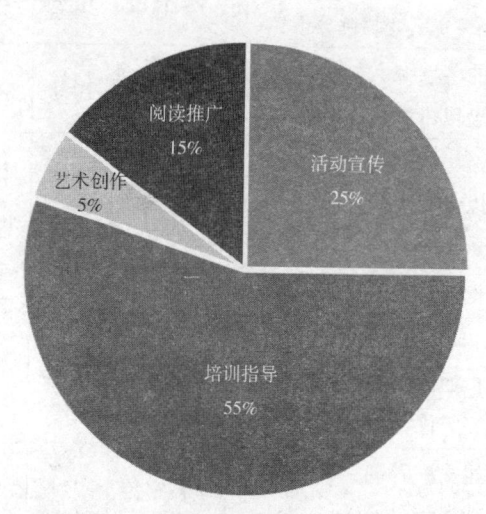

图1 B 站 TOP20 视频各类型内容占比

（四）抖音高校图书馆视频内容分析

我们分析了高校图书馆的账号在抖音点赞排名前20的视频，分析其主题分类以及互动情况（包括点赞、评论、收藏和转发）。由于高校图书馆在抖音平台开通的账号较少，发布的作品较少，因此抖音点赞TOP20的视频均为哈工大（威海）图书馆发布的。视频的类型以宣传类为主，其中包括活动宣传、学校宣传、图书馆宣传、新闻简报。

表5 抖音点赞TOP20的视频

抖音账号	视频名称	分类	点赞	评论	收藏	转发
哈工大（威海）图书馆	小伙伴，我们一起跟@王一凡小姐姐一起打篮球把	活动宣传	5309	276	151	587
哈工大（威海）图书馆	欢迎来到哈尔滨工业大学西伯利亚校区	学校宣传	2817	146	13	61
哈工大（威海）图书馆	《自然》nature杂志发布哈尔滨工业大学建校100周年特刊！骄傲！	新闻简报	2448	208	14	20
哈工大（威海）图书馆	会发光的录取通知书来啦！	学校宣传	1907	138	37	49
哈工大（威海）图书馆	同学们学习累了，也来合拍个#光剑变装挑战把！	活动宣传	1458	59	55	264
哈工大（威海）图书馆	你的名字辣么好看，一定要出现在录取通知书上哦	学校宣传	1041	79	5	0
哈工大（威海）图书馆	这么漂亮的录取通知书，可以以旧换新么	学校宣传	1085	147	16	63
哈工大（威海）图书馆	愿小伙伴们，前程似锦，记得要想念小图哦	活动宣传	977	57	7	45
哈工大（威海）图书馆	来得及！考得上！你可以！加油！我在百年哈工大，等你	学校宣传	805	197	18	69
哈工大（威海）图书馆	妈妈，快看啊！我被哈工大威海录取了！	学校宣传	773	95	6	12

续表

抖音账号	视频名称	分类	点赞	评论	收藏	转发
哈工大（威海）图书馆	各位小主，录取通知书已经在路上了！注意接听手机哦	学校宣传	764	29	3	12
哈工大（威海）图书馆	听说校园里的黑天鹅又添宝宝了！小图要去看看！哈哈哈哈！	学校宣传	647	105	15	192
哈工大（威海）图书馆	哈尔滨工业大学2020年硕士研究生招生复试基本分数线发布！同学们快上岸	学校宣传	629	68	13	52
哈工大（威海）图书馆	生日倒计时4天！开心！！	学校宣传	621	27	5	9
哈工大（威海）图书馆	那些艰苦岁月里的哈工大威海校区	学校宣传	606	39	8	13
哈工大（威海）图书馆	大雪节气，愿有衣暖身，有人暖心！	活动宣传	564	32	12	51
哈工大（威海）图书馆	本次航班终点哈尔滨工业大学（威海）欢迎乘机	学校宣传	539	46	9	31
哈工大（威海）图书馆	风雪再大，也无法阻挡我去图书馆的步伐，学习使我快乐！	图书馆宣传	535	55	6	30
哈工大（威海）图书馆	当你的妈妈知道你被哈工大录取时……	学校宣传	484	102	9	32
哈工大（威海）图书馆	风铃响，故人归，我在等风起，也在等你回	学校宣传	468	18	13	12

四、高校图书馆视频服务存在的问题及改进策略

（一）高校图书馆视频服务存在的问题

从本研究的调研来看，高校图书馆的视频服务目前处于起步阶段，在B站和抖音平台的账号开通率低，其中，哔哩哔哩的开通率为23.8%，抖音的开通率仅为9.5%；视频的上传周期长，有部分账号开通后，上传周期最长可达1185

213

天更新一次，相当于停止运营；缺少专业的运营团队，由于图书馆的工作人员多为图书馆情报相关的专业，缺少新闻、动画、设计等新媒体运营相关专业人员；短视频的内容重复度较高，如哈工大（威海）图书馆在抖音平台中点赞量TOP20的视频中，与录取通知书相关的视频有6个，内容重复、缺少新意，也不利于视频的传播。

（二）高校图书馆视频服务改进策略

1. 积极入驻视频服务平台，创新服务模式

在5G时代下，加上疫情的影响，用户已经习惯线上模式而非线下交流，高校图书馆也应该顺应时代的潮流，积极入驻视频服务平台，利用新技术，创新服务模式。积极融合微信公众号、网页端的服务内容，扩大宣传阵地，真正以用户喜闻乐见的方式来服务用户。

2. 构建视频服务团队，提高视频运营技能

在高校图书馆挑选出媒体素养高的馆员组建视频服务运营团队，扩宽图书馆视频服务的深度和广度。从视频选题、脚本制作、视频拍摄、配音、剪辑等各个环节提供技术支持，能定期更新作品，不断提高撰写文案的能力、视频制作的能力还有运营账号的能力。

3. 打造图书馆高质量视频，内容为王

图书馆应该在进行视频服务时，找准图书馆账号的定位，视频账号只是换了一个形式为用户进行服务，根本的业务并没有变，从阅读推广到信息素养教育再到文献资源保障、情报分析，这些用户关注的核心业务是我们需要将其转化到视频服务的新平台中的，所以高校图书馆发布的视频也需要紧跟用户的需求，比如新生入学时，可以发布图书馆资源简介和使用的视频，在撰写毕业论文时可以发布与论文撰写相关的视频等。视频服务不同于微信推文，更直观、清晰，所以更容易抓住用户的眼球。

参考文献

[1] 吴爱芝. 后疫情时代高校图书馆知识服务模式创新探索——以北京大学图书馆为例 [J]. 现代情报, 2022, 42 (5).

[2] 黄国凡, 肖铮. 图书馆新媒体服务的实践与思考——以厦门大学图书馆为例 [J]. 情报资料工作, 2014, 201 (6).

[3] 李歌维. 5G时代的图书馆变革与发展策略 [J]. 图书与情报, 2018, 183 (5).

［4］杜芃诺．互动视角下高校图书馆视频社交媒体建设研究——基于Bilibili高校馆官方号的实证分析［J］．图书馆研究，2021，51（4）．

［5］魏小贞，刘丽华．高校图书馆视频服务现状与思考——以哔哩哔哩平台为例［J］．图书馆工作与研究，2021，305（7）．

［6］张毅，陈丹．短视频：图书馆下一个营销利器［J］．图书馆杂志，2021，40（8）．

浅谈以研学旅行推动"图书馆+旅游"实现深度融合

宁卫萍

(湖北省图书馆 430071)

摘 要：随着文旅融合的不断深入，博物馆、科技馆、文化馆等文旅单位开启了新的发展路径，但"图书馆+旅游"的发展似乎并不尽如人意。本文将通过对比分析，探讨图书馆借助研学旅行实现文旅深度融合的可行性与策略。

关键词：文旅融合；图书馆；研学旅行

2017年文化部发布《"十三五"时期文化产业发展规划》，要求2020年实现文化与旅游双向深度融合。2018年3月，文化和旅游部的组建，推动文旅融合不断深入，博物馆、科技馆、文化馆等文旅单位开启了新的发展路径。图书馆同样进行了许多积极的尝试，如"民宿+图书馆"、宁波的地铁图书馆、天津滨海新区的网红图书馆等。但与其他文旅单位相比，"图书馆+旅游"的发展似乎并不尽如人意，直到研学旅行以迅猛的势头闯入人们的视线。那么，研学是否能够成为二者深度融合的契机呢？

一、以研学旅行构筑"图书馆+旅游"的沟通桥梁

（一）融合的基础：教育

2016年11月，教育部等11个部门联合印发《关于推进中小学生研学旅行的意见》。《意见》指出，中小学生研学旅行是由教育部门和学校有计划地组织安排，通过集体旅行、集中食宿方式开展的研究性学习和旅行体验相结合的校外教育活动，是学校教育和校外教育衔接的创新形式，是教育教学的重要内容，是综合实践育人的有效途径。研学旅行承载着中小学生的道德养成教育、社会教育、国情教育、爱国主义教育、优秀传统文化教育、创新精神和实践能力培

养，其根本落脚点在于教育。而图书馆除了搜集、整理、收藏图书资料，保存人类文化遗产，开发信息资源之外，也承担着社会教育的职能。在这一点上双方可谓不谋而合。

(二) 图书馆纳入研学旅行的可行性

目前，研学旅行目的地主要包含旅游景区、文化场馆和校外教育机构，几大类型相互融合，共同构成一条完整的研学线路。其中，旅游景区开发早，各种设施完善，能够同时接待大批量的学生，独特的自然或人文景观也有助于学生开阔眼界，但是以成年人为主要目标群体的旅游景区很难适应研学旅行"学"的需求。在意识到这一点后，博物馆、文化馆、科技馆等文化场馆以其深厚的底蕴被纳入研学旅行，进一步提升研学效果，而这类场馆在规划设计上以参观游览为主，缺少供学生长时段驻留学习的空间，客观上限制了研学实践活动的开展。校外教育机构主要包括青少年活动中心、少年宫、实践基地等，目前全国建有一万多个。这些机构拥有相对专业的实践活动教室、师资和课程，但受客观条件影响，规模较小，接待能力有限，大多成为研学的中转站。

从上述分析可以归纳出研学目的地的选择应首先满足以下两个基础条件：一是具有同时接待大批量学生集中的能力；二是能够为学生提供知识科普、自然观赏、体验考察、励志拓展、文化康乐等类型的研学服务。由此可知，图书馆在客观条件上同样可以满足学生的研学需求。

首先，我国图书馆分布范围比较广，无论学生到哪里研学，身边都不缺图书馆。当前，我国超过2/3的省级公共图书馆进行了新建或扩建，建筑面积都在20000到40000平方米之间，有86%的县建立了公共图书馆。另外还有基层的社区图书馆、城市街道图书馆、乡镇图书馆、少儿图书馆、中小学图书馆以及工会图书馆等。根据国家统计局发布的《2021年国民经济和社会发展统计公报》，截至2021年，全国共有公共图书馆3217个，接待读者达到72898万人次。

其次，图书馆，尤其是公共图书馆，馆藏有卷帙浩繁的基础类、通识教育书籍，能够最大限度地满足学生研学过程中资料集中查找的需求。例如：湖北省图书馆总建筑面积10.33万平方米，有5293个阅览座位，图书馆馆藏总量达761万余册（件），其中古籍46万余册，1949年以来的中文报刊近11000种，另有读秀、超星、中国基本古籍数据库等数字资源数据库111个。

最后，图书馆的一些特色资源可以纳入研学环节。不仅馆藏的名家笔墨、古籍文献、金石拓片等特色资源可以吸收进研学活动的环节设计当中，而且一些图书馆开展的活动，如趣味科普、名著里的中医文化、图书管理员实践等，也可以作为研学实践课程。

二、将图书馆纳入研学线路进行统筹规划

图书馆纳入研学旅行，首先需要通过顶层设计，将图书馆纳入研学线路进行整体规划。2017年，教育部发布《中小学综合实践活动课程指导纲要》，研学旅行作为综合实践活动考察探究的一种活动方式，同样被纳入必修课范畴，进入学校教育教学计划，这也意味着，每年都会有15000万左右的中小学生参加研学旅行。① 如此庞大的体量突然涌入，也导致研学旅行出现了一些消化不良的症状，集中表现在：整体实施效果和水平参差不齐，"只游不学"，成了走马观花的"眼睛课程"。为了改善这一情况，博物馆、科技馆等单位成了研学的热门选择，而图书馆在这方面的尝试却惨遭滑铁卢，其原因就在于旅游体验与阅读环境的动、静二元矛盾。嘈杂的游客打扰了读者的正常阅读，静谧单一的环境则影响了游客的体验感。

要想解决这一问题，一方面图书馆在空间设计上需要进行分割，在保障读者正常阅读秩序的基础上，为研学的学生提供开展活动的场所，而书架和阅览区则作为学生查阅资料的空间，成为研学活动场所的必要补充。另一方面，在考察设计研学线路的过程中充分考虑客观条件，通过地理区位的合理搭配解决图书馆研学环境的问题，例如将实操环节安排在就近的其他单位，春秋季节利用图书馆户外场地开展活动……以免生搬硬套影响研学效果。

三、以项目式设计深化图书馆研学效果

项目式学习（PBL）是美国中小学里常见的一种学习方式，引入国内后常被作为一种学习方式融入综合实践活动课程中，让学生能够通过这种学习方式真正参与思考，体验、感受学习生活的乐趣，提升自主学习积极性。基于项目的学习是让学生通过围绕项目的真实学习任务，综合各学科知识，在合作学习的环境下，设计、实施一系列的探究活动，并把探究成果进行表达和交流的教学模式。②

项目式学习要求从真实情境出发，发现问题，学生针对提出的问题，查找、整合和使用信息。研学旅行本身即可创造这样的真实情境，学生在研学的过程

---

① 根据国家统计局数据，2021年全国普通小学在校学生为10779.93万人，普通初中在校生为5018.44万人。

② 郑葳. 中国STEAM教育发展报告［M］. 北京：科学出版社，2017：17-18.

中会遇到各种各样的问题，从旅行过程中的衣食住行到各地的自然人文环境，再到每一处研学点，学生几乎时刻都在被"是什么""为什么""怎么做"的问题围绕着。从研学的真实情境出发，挖掘与学生日常生活学习息息相关的议题，有助于实现与学生生活经验的连接，从而引导学生调用以往的学科知识储备，深化研学效果。

另外，需要以实用性任务连接课程，打造链式研学任务。冯友兰先生曾经对实用主义做过一个经典的概括——"有用就是真理"。不论是成人逻辑还是青少年的逻辑，实用一直是促使人们进行探究的动力源泉。在这一前提下，研学任务的设计可以从两个角度入手：一是要具备一定的疑难程度，足以激发学生思考；二是提供新的因素引发问题，让学生从中得到启发从而创造性地解决问题。

例如以第二天要制作具有荆楚文化特色的陶艺作品为情境，要求学生率先对荆楚历史文化有一个整体的了解。荆楚文化的分布在哪些区域？有着怎样的历史渊源与传承脉络？其文化特色表现在哪些方面？在建筑、服饰、器物等方面又有什么表征？有哪些遗址遗迹可供研究？这些要点老师可以讲授，但显然学生自行探究和体验的效果会更好。

类似这种前置性或者总结性的研学课程非常适合安排在图书馆。一方面，图书馆拥有种类繁多、数量庞大的藏书，包含了各个领域的基础性知识，按照图书分类法集中存放的特点也方便学生查找和触类旁通。另一方面，图书馆本身具有研究学习的特性，无论是空间的设计、环境的打造都弥漫着浓厚的学习氛围，有助于学生专心投入研学任务。

学生通过图书馆资料的查找、学习和讨论，对荆楚文化有了一个概念上的认知，再通过后续的博物馆参观加深直观上的感受，无疑会有更深刻的领会。这样，他们在之后的实践环节——陶艺制作中，就会自然而然地将自己的理解表达在作品上，从而完成了一个知识从获取到理解到迁移的完整过程。这与学科教学中预习、复习是一个道理。

图书馆和博物馆的学习是为陶艺课的动手制作打基础，而陶艺课正好可以检验之前的学习成果是否合格。荆楚文化的表达就是这节陶艺课引进的新因素，借助真实的任务来唤醒学习的动机，让学生从"要我学"变为"我要学"。如此，通过任务的衔接将不同的研学任务串联起来，形成不同的课程链，不仅能提高学生的积极性，还能有效缓解研学实践的零散化、碎片化状态，让学生的实践教育更具条理性。

四、以第三方合作模式破解师资困境

研学旅行本身的复杂性使其对从业的教师提出了更加苛刻的要求：不仅要求教师将学科教师的从教能力与旅游行业的从业能力相结合，在熟悉专业理论的基础上，通晓课程实施环节的基本技能并熟练操作，能够分析解决实践课程中出现的一般问题，还要能面对教育观念转变，多维教学目标，课程开发，教、学方式转变，评价目标、评价方式和评价手段等多方面的挑战。

要保障图书馆纳入研学旅行后能够良好运行，专业的研学实践活动教师是必不可少的。但无论是从图书馆本身的职能出发，还是从资源优化配置的角度考量，为图书馆专门配置这样一支师资队伍都是非常困难的。那么最好的解决方法就是寻求第三方合作。

（一）教师来源

图书馆纳入研学旅行不仅仅是线路上的规划，更是资源上的共享。随着研学旅行在全国范围内如火如荼地开展，近几年来旅游行业许多研学机构已经积累了一批比较优秀的研学导师。另一方面，各地的综合实践活动基地、研学营地、劳动教育基地在积极组织、参与研学旅行的过程中，锻炼出了一大批具有实践教学经验的教师。此外，一些高校和地方教研室也不乏从事研学旅行和综合实践活动研究的专家、学者。2019年10月，教育部发布公告将"研学旅行管理与服务"列入《普通高等学校高等职业教育（专科）专业目录》，要求自2020年起执行招生计划，将会源源不断地为这一领域输送专业师资。

（二）合作模式

在图书馆纳入研学旅行的过程中，这样一批专业教师主要承担以下两方面的任务：

一是组织学生在图书馆进行研学实践，这是最主要的任务。教师不仅要制订图书馆实践课程的计划，规范组织实践教学，检查研学活动的教学情况与效果，引导学生、调动学生、与学生合作并对学生进行综合评价，还需要根据图书馆的实际需求，规范、管理学生言行，避免影响图书馆公共秩序。

二是根据图书馆的客观需求进行研学实践课程开发，这也是图书馆纳入研学旅行后能否形成常态、构建起良性生态的关键。这就要求教师在研学活动设计上将图书馆作为必要的一环，在活动内容的选择、实践课堂的教学组织形式、所采用的教学手段与手法等方面充分考虑图书馆的特色资源、环境特点，通过整体设计和统筹协调，打破学科界限，把知识学习与研学实践有效衔接起来。

需要注意的是课程开发并不是一次性的，而是一个动态的过程，需要根据学生的需求、图书馆的资源进行不断的迭代更新，才能保证这一生态的良好运行。

综上所述，通过线路规划的整体设计、实践课程的合理开发以及师资队伍的支持，将图书馆纳入研学旅行实现良性循环，从而促进图书馆与旅游、教育的合作并轨，推动图书馆在文旅融合的道路上创新发展。

参考文献

[1] 于良芝，邱冠华，许晓霞. 覆盖全社会的公共图书馆服务体系 [M]. 北京：北京图书馆出版社，2008.

[2] 郑葳. 中国 STEAM 教育发展报告 [M]. 北京：科学出版社，2019.

[3] 张华. 课程与教学论 [M]. 上海：上海教育出版社，2000.

[4] 金龙. 文旅融合背景下公共图书馆研学旅游服务创新策略 [J]. 图书馆工作与研究，2019，217（5）.

[5] 王世伟. 关于公共图书馆文旅深度融合的思考 [J]. 图书馆，2019，293（2）.

[6] 李子峰. 文旅融合时代公共图书馆研学旅行服务思考 [J]. 图书馆工作与研究，2019，284（10）.

[7] 郭元祥 吴宏. 论课程知识的本质属性及其教学表达 [J]. 课程·教材·教法，2018，38（8）.

[8] 赵丽萍. 项目学习的发展及现实问题研究 [J]. 中国教育学刊，2013，246（S2）.

图书馆建国后中文报纸保护探析
——以湖北省图书馆为例

石 星 李良军 聂 曚

（湖北省图书馆 430071）

摘 要：报纸是图书馆馆藏文献的重要组成部分，在信息时代仍极具价值。建国后的中文报纸最早已距今70余年，部分报纸的损坏程度令人担忧。本文以湖北省图书馆为例阐述了建国后中文报纸的保存现状，分析了报纸文献损坏的原因，同时提出了相应的具体保护措施。

关键词：图书馆；建国后中文报纸；保护

建国后报纸是指新中国成立（1949年10月）后以刊载新闻和时事评论为主的定期向公众发行的印刷出版物或电子类出版物，是大众传播的重要载体，具有反映和引导社会舆论的功能。建国后出版的中文报纸真实记录了新中国成立后社会主义革命和建设时期、改革开放和社会主义现代化建设时期、中国特色社会主义新时代（至今）三个历史阶段发展的真相，具有极强的资料价值和文物价值，尤为珍贵。现今大多数图书馆对古籍、民国报纸的保存保护较为重视，配有恒温恒湿房间，加函装或套装加以保护，而建国后中文报纸最早的年限距今已有70余年，其保存环境、保存条件相对较差，大多数直接裸放在报架上，报纸的破损已达到一定的比例，若再不重视，无视报纸的损坏情况，长此以往，必将造成更大的遗憾。笔者以湖北省图书馆（以下简称"我馆"）为例阐述了图书馆对建国后中文报纸保存的现状，分析了报纸损坏的原因，并对此提出具体的保护措施。

一、报纸保存现状

（一）馆藏及使用情况

我馆收藏建国后中文报纸共计1281种，87201册（截至2021年12月31

日）所有报纸均装订成平装合订本，报纸合订本有且仅有一份。报纸按出版时间分别存放，其中1949—2000年的报纸存放于地下一层报纸库，2000年以后的报纸存放于地上二楼报纸库，部分报纸可追溯到创刊号或建国时，部分报纸从收藏起至今没有中断。报纸按出版区域划分，有中央报，如《人民日报》《光明日报》《解放军日报》等，有湖北本地报，如《湖北日报》《长江日报》《武汉晚报》《楚天都市报》等，有其他省市报，如《辽宁日报》《四川日报》《昆明日报》等，有港澳台及海外华文报，如《明报》《澳门日报》《联合早报》等。

依托于珍贵且丰富的馆藏报纸文献，我馆为政府机关、企事业单位、高校科研单位、个人提供报纸调阅、信息咨询等服务，年均调阅报纸3000余册，完成读者咨询课题30余个。同时我馆对馆藏报纸所刊新闻、所载评论进行深度挖掘，结合时事，开展了一系列主题文献展，如2014年"湖北与俄罗斯图片展"、2021年"庆祝中国共产党建党100周年馆藏党报党刊展"、2022年"庆祝中国共产主义青年团成立100周年主题文献展·学·研"系列活动。可见，虽然新传媒发展迅速，但社会大众对纸质报纸的需求依然不可代替，馆藏建国中文报纸的使用率极高。

（二）报纸损坏情况

我馆馆藏报纸年代越久远，损坏情况越严重，2000年以后的报纸损坏情况较为轻微，仅有极少数报纸边角卷折，2000年以前的报纸则损坏较为严重，常见的损坏情况以下几类：一是报纸合订本封面或封底完全脱落，如馆藏《人民日报》1985年1月；二是报纸合订本书脊损毁，报纸标识不可辨认，如馆藏《大公报》1965年；三是报纸合订本装订钉生锈、脱钉，装订线脱落，装订胶水脱胶，如馆藏《冶金报》1964年6月；四是部分报纸的纸张发黄、变色严重，字迹模糊，如《湖北日报》1953年7月；五是报纸纸张老化、脆弱，一旦翻页，边角就会损坏，如馆藏《武汉晚报》1992年。

二、报纸损坏原因

（一）文献脆化、酸化

中文报纸多为新闻纸，属于最不耐久纸，有资料显示1910—1950年出版的报纸平均耐折度小于3次。从我馆建国后中文报纸文献脆化程度来看，50—60年代左右脆化最为明显，部分纸张一翻就破，不能使用；70—80年代脆化程度次之，部分纸张边缘易折易破；90年代后情况较为好转。

现有研究证明，酸是文献纸张老化变质的主要原因，文献纸张的主要成分纤维素分子在酸的存在下易发生水解反应，生成水解纤维素，纸张随之脆化。纸张的PH酸碱度低于6.0，75年后耐久性会降低50%，在酸性范围，纸张的pH酸碱度每降低1个数值，其寿命就会降低2~5倍，甚至更多。我馆地下馆藏报纸文献酸度未曾全面调研过，纸张的酸度概况未知。根据我馆纸张变质程度推测，我馆90年代以前的报纸酸化程度应较为严重，90年代后的报纸多采用碱性纸，推测酸化程度较低。

（二）缺乏恒温恒湿条件

根据相关研究，报纸印刷的新闻纸保存在温度18℃~22℃，相对湿度在50%~60%较合适。高温高湿容易引起纸张霉化，造成书虫滋生，低温低湿引起纸张脆化。我馆地处武汉，每年有5个多月属于夏季，每年炎热期在7到8月份，平均气温在30度左右，湿度百分比约为79%，是国内气温相对较高的地区，自然气候明显不利于馆藏报纸的保存。

目前我馆地下一层报纸库内有空调设备，温度保持在23℃，但没有恒湿空调设备，地上二层报纸库的空调制冷只有在夏季才开启，且由于地上二层架空较高，空调制冷效果一般，远未达到25℃以下。此外，报库的温度湿度也没有进行实时监测，恒温恒湿的控制没有达到。我馆报库暂未发现虫蛀现象，地下报库极少数纸张有发霉迹象。

（三）搬迁、调阅造成的损坏

2012年我馆由蛇山老馆搬迁至沙湖新馆，在搬迁过程中，所有馆藏报纸先下架、打包、再搬运、拆包、上架，不可避免地受到了一定程度的损害。在新馆开放后，我馆对读者调阅建国后纸质报纸的规定是一人一天4册上限，2000年以前的报纸不提供复印。工作人员在将报纸从地下、地上报库徒手搬到指定阅报座位的过程中很难做到对报纸零损坏，部分读者在阅览时对纸质报纸文献的保护意识也不强，没有做到轻拿、轻放、轻翻，也对报纸造成了一定程度的损坏。

（四）装订、存放方式

报纸有对开、四开、八开等多种版面尺寸，以散页出版，多数图书馆均选择将散页按时间顺序排列成册，经过打孔、穿线、粘贴封面、机切等程序装订成合订本。我馆1990年以前的报纸合订本更多采用铁质的订书钉固定，订书钉生锈后对纸张有腐蚀作用，再加上它的强度比纸张大，容易造成纸张破裂，1990年以后的报纸合订本多采用打孔穿线或胶水固定，但部分装订较厚的报纸在存放一段时间后陆续出现脱线脱胶的现象。这些因素都造成了装订结构不牢固，易解体。

我馆馆藏报纸存放的书架只有少数书架配有柜门，大多数报纸在直接裸放在普通书架上，无任何遮挡，与外界环境直接接触，做不到防尘防潮避光，在新馆开放以后，没有对报库的书架定期清尘，部分读者调阅较少的报纸灰尘累积严重。

三、报纸保存改善建议

通过对我馆建国后中文报纸的保存现状及报纸损坏原因分析可知，纸质报纸在保存上条件要求非常高，要解决温度、湿度、防折、防尘、防虫、防老化等一系列问题。改善建国后报纸的保存条件，可依托现有馆内条件，同时借鉴国内图书馆对古籍、民国报纸保护采用的措施，从以下几个方面着手。

（一）改善报纸保存形式

国家图书馆典阅部已经在外文报纸的保存形式上实践了真空包装技术，真空包装技术的报纸纸张经过8年的追踪观察，报纸纸张白度保护较好，没有霉变、潮湿、生虫。应注意的是，真空包装适用于使用频次不高，有替代资源、油墨固化充分情况的报纸。另外一种成本较低的方法是在书架上装上玻璃门，减少报纸暴露在外的时间，防尘防潮，平时关好玻璃门，查找时可透过玻璃门浏览书脊上的信息。也可参照民国文献的保存方法，将旧报纸放置在中性或者微碱性函盒中保存，对文献的酸化可起到一定的缓解作用。上述三种报存方法在一定程度上减轻了环境对文献的影响，需要考虑的是图书馆的实际情况与资金预算。

（二）改善保存环境

从理论上讲，报纸保存库应具备恒温（18℃~22℃）、恒湿（50%~60%）、避光、防尘的条件。国家图书馆为《四库全书》库、保存本书库装设了恒温恒湿空调，采用周记型自记温湿度计对全馆多个库房进行常年监测，定期汇报检测结果。重庆图书馆为民国报纸库房安装空调和抽湿机，基本达到了恒温恒湿。此外安装空气过滤器、通风机，充分地对粉尘进行过滤，过滤有害气体，使用紫外线、臭氧消毒柜等对报纸进行定期消毒等均是有效地改善报纸存放环境的措施。目前大多数图书馆由于各种因素的限制，建国后报纸报库只达到了恒温、通风的条件，仍有较大改善空间。

(三）开展去酸、修复工作

国家图书馆曾系统地对包括善本古籍、中外文图书、中外文报纸、中外文期刊等15类馆藏纸质文献进行酸性抽样检测和保存现状分析，其中中文报纸40至80年代平均pH酸碱度全部低于5.0，为严重酸化。对于已经酸化的文献进行去酸处理，耐久性和保存寿命会明显提高，如果pH酸碱度低于5.0，就必须进行去酸处理。当前国内图书馆界对去酸技术的应用几乎是空白，档案馆则有一定的进展。2016年我国山东省档案馆率先引进美国科波思公司研制的一种碱性悬浮液去酸法，去酸时用纳米级氧化镁微粒为去酸剂，使用全氟庚烷等有机液体作为悬浮液浸泡纸张，在去酸的同时不会对纸张本身造成不良影响，该方法的去酸效果得到国内专家学者的肯定，图书馆可借鉴档案馆将之应用在馆藏文献的去酸上。

当前我馆定期对损坏比较严重的报纸合订本封面、书脊进行修复，用胶水、糨糊粘上新封面、新书脊覆盖在原封面上，晒干后固定。《湖北日报》《人民日报》《光明日报》等50—70年代的报纸封面、书脊修复率达到百分之三十，但是对报纸纸张的修复因条件限制并未开展，图书馆可借鉴古籍修复工序，在允许的条件下对已经破损的纸张进行修复。

（四）开展再生性保护，减少孤本报纸开启频率

对报纸进行缩微化或者数字化的加工是当前图书馆界对报纸进行再生性保护的最普遍和最有效的做法。加快缩微化和数字化进度，可尽量减少孤本报刊库的开启频率，减少对其直接的损害。

当前我馆特藏与地方文献部门正有条不紊地对湖北地方报纸进行胶片拍摄、缩微化工作，同时我馆也购入了人民数据、华文墨香、中华数字图书苑——报纸、超星读秀等报纸数据库，在实际工作中缩微报纸和电子报纸一定程度上减轻了报纸孤本的开启频率，有效地保护了馆藏报纸。但是有不少读者反映缩微报纸体验感较差，图片文字不够清晰，报纸翻页比较笨重，看起来麻烦。报纸数据库也存在一系列问题，除人民数据提供的《人民日报图文数据库》包含了《人民日报》1946年创刊来的所有图文信息外，大多报纸数据库只追溯到2016年左右，2010—2016年的报纸只有标题文字，无法下载报纸版面，2010年以前的空有日期导引，没有任何报纸内容。这些存在的问题需要图书馆、出版方、数字化公司共同解决，例如天津图书馆将读者使用率较高的《天津日报》配备电子版，时间从1949年连续至今，深受读者欢迎，收效良好。浙江日报报业集团已经完成《浙江日报》创刊以来的全部版面、文章、图片和广告的数字化加

工，独家授权传媒科技公司，通过市场手段向社会各界提供数字信息产品及相关服务。

四、结语

当前各图书馆对建国后中文报纸的保护较为忽视，保存条件相对较差，保护手段相对简单，改善这些老报纸的存放环境，制定科学有效的保护措施，解决保护过程中的难题，保护好每一份老报纸，是图书馆人应尽的责任。

参考文献

[1] 罗振津. 图书馆馆藏珍惜资源抢救与保护研究——以天津图书馆馆藏建国前中文报纸抢救与保护为例 [J]. 图书馆工作与研究，2020（10）.

[2] 陈卓. 纸质档案去酸技术的发展与对比研究 [J]. 山东档案，2022（1）.

[3] 姚昕. 智慧图书馆环境下图书馆报纸专题库建设探讨 [J]. 河南图书馆学刊，2022（5）.

[4] 原强. 地方文献报纸概况分析——以山西省图书馆为例 [J]. 内蒙古科技与经济，2021（5）.

[5] 刘博涵. 我国近代报纸在国家图书馆的收藏及利用研究 [J]. 数字与缩微影像，2020（1）.

数字化图书馆建设研究

邓来喜

（蕲春县少儿图书馆　435399）

摘　要：随着互联网的飞速发展，传统的阅读方式受到了极大的冲击和挑战。数字化的网络阅读作为一种全新的阅读方式，已经开始走进人们的生活，改变着人们的生活。它已成为人们接受教育、发展智力、获取知识的主要途径。本文论述了数字阅读的现状、特点和发展趋势，探讨了数字图书馆建设的对策，对县级少年儿童阅读有着更强的指导性意义。

关键词：数字化；图书馆；建设

一、数字图书馆的概念

数字图书馆是建立在内部业务高度自动化的基础上的现代化图书馆。它不仅可以使本地和远程用户在线访问其在线公共搜索目录，查询传统图书馆的各种馆藏，还可以使用户通过信息化网络在线访问与查询图书馆信息资源。数字图书馆由数字有序的信息和信息部门组成，强调数字支撑技术、数字资源和数字共享服务，数字图书馆的研究与建设受到了世界各国的广泛关注。从本质去理解，它是一个实体信息化组织。现代数字图书馆可以被称为数据中心、信息中心和研究中心，这与过去以藏书为目的的图书馆相比是一个很大的进步，也是后续基层图书馆发展的趋势。

二、数字化图书馆的特点

（一）阅读内容的丰富性

计算机强大的存储能力和网络的互通性使得不同领域、不同地区和国家的信息资源都可以通过网络获取，这为数字阅读提供了丰富的素材，也是传统图书馆所无法做到的。所以数字化图书馆的建设与研究对当下县级少儿图书馆的建设与发展有着指导性意义。

（二）环境的开放性

网络信息资源的广泛传播，使得数字阅读突破了时间和空间的限制，数字阅读环境更加开放便捷，图书资源的利用率得到进一步提高，真正实现了资源共享和免费阅读。

（三）阅读的选择性

由于数字阅读是一种超文本阅读，读者可以通过点击文本中标注的一些特殊关键词来打开另一篇相关文本。因此，读者可以根据自己的需要快速找到自己感兴趣的内容，大大增加了读者的阅读兴趣。

（四）方便阅读的实用性

除了传统的文献检索方式外，人们还经常求助于互联网。熟练的互联网用户可以使用强大的搜索引擎来搜索非常接近甚至完全符合他们需求的内容。通过方便快捷的网络检索方式来搜索所需的资料，使得数字化图书馆的实用性更加突出，也让图书馆阅读性开放性更宽、更强。

三、数字图书馆建设

很多公共图书馆将逐步调整服务内容和形式，在馆藏采购计划中大幅增加采购数字资源的资金比例，以及升级计算机、服务器等硬件设备。通过建设大容量数据的服务器，来加速推进数字图书馆建设，满足数字阅读的要求。建立特色化的图书馆网站。建立图书馆网站是一个复杂且层序分明的项目，需要制定一个科学详细的网站建设计划。图书馆网站的特点应与图书馆的书目资源相结合，为读者提供最直观、最快捷的检索和导航方式。明确特色网站建设的总体目标，不断丰富图书馆网站建设内容的深度和广度。图书馆档案数字化指导思想是 以需求为导向，以利用为目的，充分利用计算机软硬件功能，最大限度发挥人力资源 和数字化加工设备能力，保护馆藏档案原件完好，保证数字化档案真实准确，更好地发挥档案信息资源的作用。图书馆数字化原则是利用好当下网络数字化的价值性原则、让读者通俗易懂方便实用原则、坚持数字化的开放性原则、目录数字化与全文数字化分步的时效性原则，这在当下县级少儿图书馆数字化建设与研究方面尤为重要。

四、数字化图书馆建设对人才的需求

（一）数字化图书馆需要掌握专业基本理论基础知识和基本技能的人才。现有图书馆工作人员提供的文化质量、检索、搜索功能和文献服务还远远不能满足当前不同读者的需求。传统的图书管理员已经无力深入性开发研究数字化图书馆的文献信息化，这就促使图书馆工作人员在高水平中发展。作为基层少儿图书馆工作馆员，要必须掌握这一信息管理的基本理论知识，接受培训并掌握获取和传输信息的技能，这方面的基础知识和基本技能是图书馆员知识结构的核心工作，也是图书馆业务窗口工作的重要保障。

（二）数字化图书馆需要掌握相关学科知识的人才。为了使图书馆文献更方便搜索查询，单方面的专业知识是不够的，还需要掌握相关的网络信息化专业知识。只有这样，我们馆员才能在工作中充分发挥我们的研究和设计能力，适应不同社会阶层和不同专业层次群体读者的信息需求。

（三）数字化图书馆需要能熟练应用外语和语言文字表达能力的人才。在信息全球化的今天，图书馆员必须精通外语，以便及时接收先进国家的最新信息资料，进行在线检索，并能够通过互联网与世界其他地区进行信息交流和传递。较高的外语技能也有助于提高吸收信息和获取知识的能力，因此，有必要对图书馆员进行培训，提高他们的能力。有了这种能力，图书馆传播知识、传递信息的作用才能得以更好发挥。

（四）数字化图书馆需要具有现代信息技术应用能力的人才。进入新时代，网络信息技术正在飞速发展，图书馆数字化建设的过程实际上是一个对信息资源进行收集、组织、存储、传输和使用的过程。如果没有使用现代信息技术的技能，将无法胜任这项工作。因此，现代信息技术在图书馆的数字化建设中得到广泛应用，图书馆工作人员应特别注意研究和掌握以计算机和网络技术为核心的现代信息技术在现有条件下的适用性。面对多样化的信息资源，图书管理员们不仅要精通计算机技术和网络操作技能，还需要运用现代技术顺利处理文档信息。特别是有针对性、有重点的整合信息资源，使其系统化、标准化、有序化，为读者提供及时、准确、高效的信息服务。

（五）数字化图书馆需要具备网络利用的指导和培训能力的人才。数字图书馆拥有庞大而多样的网络信息资源，不熟悉当下信息化网络图书馆的内部结构，没有基本的计算机专业知识，便无法通过网络发送自己的信息、管理自己的信息。除了收集和处理载体信息，提供各种数字信息服务外，还需要具备网络使用的引导和培训能力，以便更好地传播信息化网络知识，开发共享信息资源。

五、图书馆数字化建设的困境

（一）读者的数字阅读意识和技能较差。公共图书馆的读者包括大量的中青年、老年和受教育程度偏低的读者，他们不仅缺乏积极的数字阅读意识，而且缺乏必要的基础知识。但是，这部分读者群体又是图书馆基础服务使用率最高的群体，要引导他们的数字化阅读意识以及培养相关的网络信息化知识，才能更好地推广数字化图书馆，让这一网络化技术更快融入社会、融入读者常态化借阅中去。

（二）地方图书馆缺少专业人才。作为一名数字化服务馆员，必须掌握全面的知识结构，熟练的专业操作技能，特别是网络检索。然而，目前许多图书馆管理者还处于传统图书馆员的过渡阶段。有的图书馆员年纪已高，无法掌握计算机应用和网络技术；有的只会操作基本的管理程序；部分管理员操作能力较差，不能有效整合和处理信息资源的收集、管理和开发。在各级基层少儿图书馆中，既具备外语知识，又掌握信息化网络技术，又具备图书馆管理理论知识和服务能力的综合性人才很少。这就需要在后续的工作中，格外重视提升图书馆员的业务能力和信息化技术能力。

六、数字化图书馆建设的建议

数字阅读时代公共图书馆行为的引导以及图书馆阅读的引导有两层含义：读者阅读意识和阅读行为的引导，以及不同阅读习惯、方法和内容的引导。随着数字化阅读的发展趋势，公共图书馆应通过建立和完善数字图书馆，整合网络信息资源，为读者提供多样化的阅读平台，更快让网络信息化平台推广多样化。

（一）为读者打破数字阅读障碍。一是通过建立统一的数字资源检索平台，整合各种分散、异构的数字资源，让读者更方便地获取各种数字信息。二是关注弱势群体的数字阅读需求。我们应该给予他们特别的指导和帮助，帮助他们从最简单易操作的方面入手，给予他们更多的鼓励与关怀，让他们能够像其他读者一样感受当下数字化建设带来的方便快捷。

（二）改进信息导航。面对海量信息资源的存储，图书馆要做好信息导航，构建网络导航系统，收集、加工、组织、有目的链接网络资源，为读者提供积极、有用、健康的信息以及信息来源。具体来说，就是在互联网上选择合适的电子期刊、电子书和电子报纸；选择内容准确、更新及时、检索方便的权威数据库和在线数据库服务商；创建网络信息目录；避免读者在短时间内无法查询到自己想要获取的内容，也为读者节省时间。

（三）认真阅读指南。在线参考书目是书目选择的重要方向。在某些情况下，网络超链接技术、个性化推送技术的出现为书目的在线阅读提供了便利。

通过跟踪用户在信息空间的活动，自动收集不同读者群体的兴趣与爱好，并以此为基础创建电子用户档案。借此平台来定期推送用户感兴趣的网络信息化内容，多方面注意关注读者需求，及时改变和完善推送内容，让读者能在第一时间感受与了解信息化。

参考文献

[1] 孙晓蕾. 数字化图书馆建设现状与发展趋势 [J]. 黑龙江科学，2019，10 (17).

[2] 于隼. 关于我国数字化图书馆建设的探讨 [J]. 黑龙江史志，2014 (3).

[3] 杜贤宏. 谈数字化图书馆建设 [J]. 黑龙江科技信息，2007 (2).

[4] 黄奇婴，张五星. 浅谈数字化图书馆建设 [J]. 天津职业院校联合学报，2006 (3).

三种清末湖北通志稿本梳理

宋泽宇

（湖北省图书馆　430071）

摘　要：清光绪六七年始倡修湖北通志，然耗时四十年，经手十数人，至民国十年才定稿刻印。现存之《［光绪］湖北通志·舆地志稿》《湖北通志·人物志稿》篇幅较大，皆非定稿，编排亦较粗糙，故以梳理备检。另有北京大学所藏缪荃孙《［光绪］湖北通志·艺文志稿》，世所难见，亦记录以备详究。

关键词：湖北通志；舆地志稿；人物志稿；艺文志稿

一、光绪时湖北通志的纂修

清光绪六七年始倡修湖北通志，其后因种种原因，几番设局议修，耗时四十年，经手十数人，至民国才行刻印。《［宣统］湖北通志》（下简称《宣统志》）一百七十二卷首一卷末一卷，吕调元、刘承恩修，张仲炘、杨承禧纂，民国十年刻本。然其志前序、后序、凡例却皆未交代明白前期几十年之编纂经过。

《湖北通志》主体内容在光绪十二年就已成二百余卷。其修者有彭祖贤、裕禄、张之洞、陈夔龙、吕调元、刘承恩。其纂者有张裕钊、樊增祥、陶方琦、左绍佐、汪宗沂、柯逢时、缪荃孙、张仲炘、杨承禧等，后张裕钊因不合而去。参编之人同时期有姚振宗、黄彭年、范伯子、杨守敬等，后修时亦有熊会贞、钱桂笙等人。《宣统志》定稿之时非不详考以明后学，甚而如两校其志的缪荃孙竟故意抹去其名，无怪王葆心评其坐享其成。王葆心《方志学发微》在"纂校取材兼论四"中对此志之编纂过程有些许论述，兹不详赘。张仲炘、杨承禧终使成书功不可没，但缪荃孙等人核对编排之功亦不可忽视，前人纂辑之事多散于年谱、文集之中，尤当详究。

现可知修志相关之文稿：张裕钊有《修志末议六条》；樊增祥有《重修湖北

通志商例》；黄彭年有《重修湖北通志纂校章程》二十三则（王葆心《方志学发微》称此志并非其总纂，但因"黄子寿时以按察使充提调，始终其事，因立此章则，遂为当日修书诸人所宗"）；缪荃孙有《光绪湖北通志序录》；杨承禧有《湖北通志商例》；钱桂笙有《湖北风俗志》《湖北物产志》《湖北关隘志》《湖北藩封志》（《钱隐叟遗集》无存，仅周以存序中存目）。现存重要文献刻本有《湖北金石志》《［光绪］湖北通志·诏谕志》。稿本有杨守敬《［光绪］湖北通志·舆地志稿》、佚名《湖北通志·人物志稿》、缪荃孙《［光绪］湖北通志·艺文志稿》。

下文仅就篇帙较大之三种稿本做逐一梳理。

二、《［光绪］湖北通志·舆地志稿》

《［光绪］湖北通志·舆地志稿》不分卷，杨守敬稿本，12册302叶，湖北省图书馆藏。

原稿无作者、年代等信息。依字迹及批改字迹断为杨守敬手稿，明显可见为前后多期稿本。内容大致为湖北通志舆地之沿革、古迹两部分。首页钤有"飞青阁藏书印"，此稿并非藏书，却钤藏章，或可证此稿出于杨氏之手。

杨守敬自撰《邻苏老人年谱》载："乙酉，四十七岁。是时，长洲彭中丞勺庭（祖贤）方修《湖北通志》，而'沿革'一门无人任，乃招余任之。以崮芝为襄助。未蒇事，而彭公病殁，遂辍修。"又记庚戌宣统二年："是年，又开通志局，以守敬为纂校。"可知杨守敬确于1885年、1910年两次参与湖北通志的纂修。但这两次纂修皆未最后付刻，直至民国十年才有宣统志印成。

此稿本与《宣统志》关系密切。《宣统志》协纂职名中亦列有杨守敬、熊会贞之名。《宣统志》设局于1912，此年杨守敬74岁，《邻苏老人年谱》未记此次参与修志，但记载有此前二年即1910年的纂修，且《宣统志》载有杨、熊其名，或可推知，杨并未再次修改舆地志稿，而是将此前已成之稿直接交付，或者说《宣统志》直接沿用的杨守敬之前的定稿。此手稿当是杨守敬为《湖北通志》而作无疑。具体时间不可确断，从内容上看较《宣统志》简略许多，当为光绪初修时手稿。

此稿为一九三九年杨守敬子杨勉之出售先人藏书六千余册之一种，湖北省教育厅令，"杨惺吾藏书业经教育厅送抵巴东，决定交由省馆保藏"。原无目录，其后编制的《湖北省政府教育厅令点交、接收杨惺吾藏书清册》载"湖北通志稿本 四册 全部五册缺第三册"。此书入湖北省图书馆前曾将散稿切边装订，于书根部题有书名，标有"一""二""四""五"四字。1982年湖北省图书馆予以修复改为金镶玉，但并未整理，次序未变，书叶右下角有装订者铅笔编码，计为十二册三百零二叶。其中两叶为单叶双号（126-127；207-208），故编号至304（以下排序所述页码，皆此之页码）。《中国地方志总目提要》徐孝宓称："原稿残存四百零七页"，《中南、西南地区省、市图书馆馆藏古籍稿本提要》王梦华称，"全稿原存三册，共四百零七页，经装裱后改为十二册"。不可知其四百零七页与现存之差异为何？

手稿顺序大致内容如下表：

1.	P1-33	后期（沿革）
2.	P34-96	前期（沿革上）
3.	P97-105	后期（古迹四下）
4.	P106-125	后期（古迹四上）
5.	P126-142	后期（古迹三）
6.	P143-155	前期（古迹）
7.	P156-174	前期/后期（古迹/沿革）
8.	P175-208	后期（古迹一）
9.	P209-220	后期（古迹二）
10.	P221-293	前期（沿革下）
11.	P294-304	后期（沿革）

此表所分前期、后期皆是相对而论，凡内容较简略者皆定为前期，内容相对较丰、较为详尽者定为后期。稿本所列沿革部分格局与《宣统志》不同，稿本先列府及府下之县，再列后一府及府下之县。《宣统志》则为先列各府，后列各县。古迹部分之顺序依《宣统志》核校。比对《宣统志》沿革、古迹部分，大体框架虽相类，而有调整。《宣统志》所补内容几倍于手稿不止，而所删手稿之文仅十之一二。手稿顺序颠倒错乱明显，有内容极简，似提纲之叶，有内容相近可知为前后几稿之叶。

三、《湖北通志·人物志稿》

《湖北通志·人物志稿》三十一卷，佚名，清末稿本，国家图书馆藏。

原稿无作者、年代之信息。查与杨守敬《[光绪]湖北通志·舆地志稿》用纸相同，均为红格子本，半叶十二行，二十五字，四周双边，书口上下有象鼻鱼尾，上鱼尾下刻七方格，下鱼尾上刻一方格，盖当时方志局统一用纸。此稿系多人誊抄，总体抄写工整，稍有批改补充，批改或出一人之手。总体较杨守敬之稿更为完备，当为后期之稿。

光绪九年范伯子曾受张裕钊之邀，参修湖北通志，其间其妻去世留有《湖北通志局闻妻丧，于时方修（列女志），稍整齐而后行，悲苦之余，犹翻故纸，停笔写哀，遂成四绝》。除此不知还有何人参与人物志的纂修。

存稿共计1551叶，卷一至十二、十四至二六为列女，卷十三、二七至三一为孝义。志稿不全且有顺序错乱，未有统一计叶，多为各部分单独标码，亦有未标之叶，凡标页码者页码皆连续，应为完整。列女、孝义总体格局皆首分地区，再以时间排序，所录多为清代，前朝甚少。

列女同一地区下先已旌列女传，附已旌列女名，次未旌列女传，附未旌列女名。有部分未附名目，亦有部分在其后另加烈、孝、贤、贞之传。地区排序未按行政区划严格排列。内容按所涉地区顺序排为：黄冈、安陆府（钟祥、潜江）、蕲州、广济、天门、孝感、黄陂、黄梅、德安（安陆）、黄安、蕲水、安陆府（钟祥）、黄陂、沔阳、黄州府（黄冈）、安陆（京山、潜江）、应城、德安（随州）、应山、孝感、安陆县（今安陆市）、云梦、应城、汉川、孝感、汉阳府（汉阳、孝感、黄陂、沔阳、汉阳）、天门、汉阳县（今蔡甸区）、罗田、麻城、沔阳、黄州府、应山。其中夹有未标明地区之列女传，卷二十六为多地列女之传。另卷十三孝义于前目中已扣除。

孝义部分虽以地区为分，但未有标题明确区划，仅可见卷十三为孝义二，卷二七为孝义一，卷二九为孝义五，卷三一为孝义六，卷二八、三十未标顺序号。

核《［宣统］湖北通志·人物志》与此志内容差异较大。宣统志总以时间为序，次以地区为分，与此志稿体例不同。前朝人物中志稿、宣统志皆存者，引用文字亦多不同。《宣统志》凡例载：列女"旧武汉黄三府列女几占全录大半，则以粤捻之乱此三府最罹其害，殉难妇女实属不可胜纪。光绪时曾加采访，志稿中间有多出州县志外者，今定从之，此次增入全录不过二十余人而已。"其所说光绪采访志稿与国图所藏此稿关系密切，此稿所存采访稿较《宣统志》更多，此志稿部分叶题有"新采""新采现存"等字样。

四、《［光绪］湖北通志·艺文志稿》

此稿《地方志联合目录》未载。北京大学图书馆名《湖北通志艺文志残稿》（LSB/1365），网站著录为"艺风堂杂著三种 稿本"。已出版之《缪荃孙全集》未收,《北京大学图书馆藏稀见方志丛刊》亦未收,是因北京大学图书馆并不认同其为方志。

查《艺风老人日记》及《年谱》缪荃孙确曾先后两次受邀修湖北通志,其日记所载《湖北通志》许多部分皆经其手校订,艺文志部分亦前后两次校改,但耗时皆不长,并非撰写。故只可说其在光绪年间两次参与了湖北通志的编修,未有直接证据证明其撰写艺文志。

《艺风老人年谱》:"十三年丁亥六月,两湖总督裕寿山制府,裕禄入都延覆纂湖北通志,与柯逊菴中丞逢时同事。""十四年1888八月,逊庵简陕西学政将通志全数交与荃孙。""十六1890年庚寅二月,辞馆到湖北谒张文襄师,交湖北通志稿。""二十年1894甲午六月,到武昌谒文襄师,留修湖北通志。""二十一年1895乙未,在鄂修志。""二十三年1897丁酉十二月,赴武昌谒张文襄师交通志稿。"考前文《宣统志》纂修经过,可推之,缪荃孙与杨守敬一样参与了《宣统志》前期,即光绪时期的准备工作,但《宣统志》并未载缪荃孙之名,以《[宣统]湖北通志·金石志》(以下简称《宣统志·金石》)为例,甚至将缪荃孙的名字故意抹去。

《宣统志·金石》是以《湖北金石志》为蓝本写成的。它不仅卷数相同,编排体例相同,而且篇目内容也基本相同。湖北省图书馆有多套《湖北金石志》,其中有杨守敬多次批校,可清晰地看出《湖北金石志》与《宣统志·金石志》的前后承接关系。但《宣统志·金石》里删掉了缪荃孙的名字,例:湖北金石志"荃孙按"《宣统志》皆为"按"。

《宣统志》未有缪氏之名,吕调元序称武昌起义时"文襄当日纂述未竟之志稿者,无人过问,遂毁弃于兵燹而不复存"。

北京大学图书馆所藏《艺风堂杂著三种》有胶卷,不可调原书,胶卷效果不好,但字迹勉强可辨清。其所定名:艺风堂杂著三种,乃因书皮墨笔所题。稿本整体誊写工整,少有墨笔圈改。仅有一叶行书书写,字迹与《艺风老人日记》相类。此稿用纸不一,间有无格/有格三四种,以12行25字格纸为主。

此稿本第一部分很好确定,独立成册。艺文志内容为第二部分,封面墨笔题"湖北通志艺文志残稿 缪筱珊先生稿本 纪录下"。第三部分无法确定。现将第二、第三部分简录如下:

1. 可确定为艺文志之部分:
首页首行:艺文志二 纪录湖北事之书下 杂史 水利 传记 杂录
内容:周 楚梼杌……
　　　晋 沔南故事……

一首行：艺文志三上 地理类……

以上版心皆书有"湖北通志"字样，12行25字。内容后皆书出处，可见摘嘉庆志约一半，另摘其他地方方志，摘取他书者较少。核与《宣统志》之艺文迥异。总体内容亦较少，几十叶。单条著述完整，但显然存稿仅为稿本之冰山一角。

2. 不可确定是否为艺文志之部分一：

封面：艺风先生文二册/艺文志

书目：吴中水利书三续千字文 遂初堂书目 山阳录书事 秋园东佩 万柳溪边书话景仰撮书 文选考异 昭明文选 昭明太子集 萧茂挺文集 鸿庆居士集 丹阳集 归愚集 墙东类稿 沧螺集 韵语阳秋 澹生堂藏书约 流通古书约 藏书纪要 宋禹偁小畜集 据鞍录 栖霞小志 梁谿漫志 内简尺牍 诗传旁通 定斋集 摘文堂集 崇祯朝记事 朝鲜金石考

以上皆为缪荃孙或盛宣怀等跋或识，体例大略是"作者介绍+书之内容"，末题时间大约为光绪丙申（1896年）或丁酉（1897年）左右。《艺风堂老人年谱》所载缪1894—1897年在修湖北通志，前文已论缪荃孙确曾先后两次受邀纂修湖北通志，艺文志部分亦前后两次校改，但耗时并不长，似乎不可能为撰写。此部分大多为盛宣怀所撰，间有缪之提名，可证推断可信。

从内容上看，似以上应为艺文志，但查各书作者皆非湖北籍，成书也非湖北地，应不属湖北通志艺文志残稿之部分。缪荃孙著有《艺风堂藏书记》《续记》《再续记》等藏书目录和藏书题跋，亦曾撰《江阴县续志》等方志。此部分或为他书准备，与湖北通志无涉。

3. 不可确定是否为艺文志之部分二：

文后未题作者，与上文同一册，内容上间有书序，格式上多不遵前文"作者介绍+书内容"格式。

书目：周武壮公遗书序 顾倚山训导传 说文段式匡谬序代 元昭宗年号宣光考 濠堂铭为郑苏堪作 积学斋丛书序（缪）

4. 确定不是艺文志但似乎与方志有关之部分：

题名：秦博士考（版心下刻恣文斋）庞沈二节妇传 节母唐太淑人传 郑康成弟子考

任嘏 国渊 赵商……

释沽 释天……释畜 逸文附考 释诂 皇大也 丰大也 良善也 自用也 由用也……

寿昌县君胡氏墓志跋 汪应辰石林燕语辨跋 扪虱新话跋 刘聚卿贵池治革表

后序 戴澍人东游十六图赞 王六潭同年濠上集序 书杨爽泉大令逸事……

蜀两汉经师考

5. 与方志无关，无作者，似缪诗文：

石公招集乌龙潭上水木明瑟轩饯春之会即席赠 答顾石公重午秦淮夜饮……

好水川考 右宜斋野乘一卷……

序：题永阳园诗序金石续编 赵川大石桥序赵州石刻录 唐德宗台衡铭序 泰和元年 闻喜裴氏族谱序 大定十一年山右石刻丛编

记（三十余个 与前题湖北通志者同纸 12 行 25 字）首目录后全文，目录格式：题名+年代+作者。

以上是《艺风堂杂著三种》后两种之情况，单条著录皆完整可用，但无系统结构可言，除第 1. 部分可定为湖北通志艺文志稿外，余似与湖北艺文无关。

总观，《[光绪] 湖北通志舆地志稿》《湖北通志人物志稿》《湖北通志艺文志稿》皆应为早期手稿，皆非定稿。内容上舆地志稿多不出《宣统志》之右，对专研杨守敬或湖北舆地之学者或可见杨修改之路径。《湖北通志人物志稿》与《宣统志》则诸多不同，其列女传尤详，凡欲于《宣统志》查湖北人物者皆应将此人物志稿与《宣统志》并览。《湖北通志艺文志稿》存稿较少，且多沿袭旧志，然专研此项之学者亦不可忽。

参考文献

[1] 王葆心. 方志学发微 [M]. 武汉：湖北省地方志编纂委员会办公室，1984：116.

[2] 杨承禧：《湖北通志商例》，复旦大学图书馆藏本。

[3] 缪荃孙：《[光绪] 湖北通志艺文志稿》，北京大学图书馆藏本。

[4] 杨守敬. 邻苏老人年谱 [M]. 石印本. 1915（民国四年）.

[5] 杨守敬. 邻苏老人年谱 [M]. 石印本. 1915（民国四年）.

[6] 之附录：湖北省图书馆收藏名家藏书纪事 [M]//湖北省图书馆建馆八十周年. 武汉：湖北省图书馆，1984：2.

[7] 湖北省政府教育厅令点交、接收杨惺吾藏书清册 [A]. 武汉：湖北省图书馆.

[8] 金恩辉，胡述兆. 中国地方志总目提要 [M]. 台北：汉美图书有限公司，1996：17-8.

[9] 阳海清，孙振. 中南、西南地区省、市图书馆馆藏古籍稿本提要 [M]. 武汉：华中理工大学出版社，1998：133.

开展绘本阅读推广活动的实践与启示
——以湖北省襄阳市图书馆为例

徐 崴　王治华

（襄阳市图书馆　441000）

摘　要：本文以襄阳市图书馆开展绘本阅读推广活动为例，介绍了绘本阅读推广活动产生的背景和时代意义，特别是通过三个案例介绍了绘本阅读推广活动的基本做法、主要经验和工作成绩，探讨了绘本阅读推广活动今后的努力方向和对当下的启示意义。

关键词：少儿；图书馆；绘本；阅读推广

一、引言

绘本是学前儿童阅读的主要载体。近年来，随着关于绘本阅读的研究日益增多，围绕绘本阅读也延伸出诸多主题关键词，比如早期阅读、亲子阅读、绘本推荐、绘本馆、绘本与亲子阅读、绘本讲读方法、绘本阅读推广员等，绘本阅读推广教育日益成为一个富含专门性要求的专业领域，实践中专业性创新性的要求日益提高。

二、绘本阅读推广产生的背景和时代意义

随着《全民阅读促进条例（草案）》和《中华人民共和国公共图书馆法》（以下简称《公共图书馆法》）的发布实施，阅读推广有了法律依据和机构支撑。公共图书馆承担着非常重要的社会教育职能，因此，探索绘本阅读推广的有效路径，积极开展绘本阅读推广活动是公共图书馆的责任义务，也是公共图书馆的时代使命和发展方向。

开展绘本阅读推广活动对青少年的阅读活动也具有积极意义。从认知上看，绘本是贴近孩子生活和知识层面的最佳读物；从情感上看，亲子共读是亲子关

系沟通的桥梁；从美育上看，优秀的绘本是一件件艺术品，从小被美熏陶的孩子更能够激发艺术的感知力和创造力。充分发挥绘本的教育价值，有助于幼儿的阅读能力、语言表达、品格塑造以及学习能力的养成。

三、襄阳市图书馆开展绘本阅读推广活动的实践与成绩

襄阳市图书馆是国家文化和旅游部命名的全国地市级公共图书馆一级馆，也是"全国家庭亲子阅读体验基地"和"湖北省亲子阅读体验基地"。近年来，襄阳市图书馆重视孩子们的早期阅读启蒙，注重培养孩童养成喜爱读书、学会读书的良好习惯，并率先在少儿阅览区专门开辟了低幼儿阅读空间，不仅为低幼孩童提供适合亲子阅读的舒适环境、海量丰富的绘本资源，还通过不定期举办形式多样的绘本阅读活动，以绘本阅读推广的方式，吸引小朋友和家长走进图书馆，爱上读书。据不完全统计，襄阳市图书馆目前已经上架的绘本藏书量达到1.3万册左右（此数据不包括在地库中未上架的书籍），近两年绘本借阅量达到2.5万册，其中文学类借阅册次1.9万。

经过几年的实践探索，襄阳市图书馆绘本阅读活动也形成了具有自身特色的推广模式，以亲子阅读、少图课堂等活动形式为载体，以微信公众号、各类媒体、各种联络群等为宣传平台，以纸戏剧、讲读、表演、手工等多种展示方式，创新绘本阅读形式、开展绘本阅读推广活动。

2021年，襄阳市图书馆少儿部开展了近百场少儿活动，其中与绘本阅读推广相关的就有15场。除了平时常规的中文绘本故事会外，还推出英文绘本童谣、六一绘本剧大赛等多种形式和内容的活动。

目前，襄阳市图书馆少儿群体阅读绘本的人数达上千人。绘本阅读推广活动已经成为襄阳市图书馆拓展少儿阅读阵地、展示阅读推广成绩的亮丽名片。

四、襄阳市图书馆三种不同形式的绘本阅读推广案例介绍

在我馆已经开展的绘本阅读推广活动中，有三种不同形式的绘本阅读推广课效果好，影响大，下面以它们为例加以介绍分析。

（一）将绘本"演"出来

2021年，襄阳市图书馆创作绘本故事剧《小黑鱼》。《小黑鱼》是著名绘本大师李欧·李奥尼（Leo Lionni）获得凯迪克大奖的经典之作。它主要讲述了生活在大海深处的小黑鱼凭借自己的勇气和智慧帮一群小红鱼组成一个大大的鲨鱼而吓走水里其他生物的故事。这本绘本不仅表达了齐心协力的精神，还传达了遇到问题积极思考的态度。怎样让这本优秀的绘本被孩子们注意到并喜欢上呢？我馆少儿部工作人员策划出"讲述加表演"的方式来呈现，即由两名馆员作为讲述人，多名小朋友作为表演者的搭配方式，讲述人以旁白的形式串起剧情并总结升华，小朋友以角色扮演的形式将故事表现出来，可观赏性强。

将绘本"演"出来的积极意义，一是有利于激活想象力。绘本《小黑鱼》通篇文字很少，大量的图画内容为小朋友们留下许多想象空间，通过引领小朋友们体会绘本的整体意境，以及对画面中一些细枝末节的引导，让小朋友们产生丰富联想，从而对故事进行扩充、延伸。二是有利于激发创造力。本书中的十四个丰富的场景，为小朋友们勾勒出了一幅奇妙海底世界的景象，这些丰富多彩的场面不仅能够开发他们对色彩、构图等艺术表现的欣赏能力，同时，也能够启迪他们对图像的思考、激发创造美的热情以及锻炼动手能力。三是有利于增长认知力。绘本犹如百科全书，它能够提供各种观察性、思考性与感受性的认知学习经验。绘本利用它对儿童天然的吸引力，再配合家长老师们的讲解引导，润物细无声地让小朋友们慢慢地接受和理解书中的真理，可以说，一次绘本阅读也是一次心灵上的成长。

（二）将绘本"讲"出来

2022年年初，襄阳市图书馆少儿部在"少图课堂"活动中增加了一个新栏目叫"童星讲绘"。通过组织小朋友将喜欢的绘本故事读出来，并分享喜欢和推荐的理由，来培养孩子口语表达能力和主动参与的精神，多读多讲多分享。第一期报名的小朋友叫芊芊，今年六岁了。通过前期走访，老师们了解到芊芊小朋友平时特别喜爱阅读绘本，不仅喜欢读，还喜欢将绘本故事分享出来。芊芊这次分享的绘本是一本立体书叫《忙碌的蜜蜂》，图书馆联系了专业的摄影团队，上门拍摄了一些芊芊平时和父母一起阅读绘本的场景，并将这些温馨的片段放在视频里，芊芊小朋友讲故事时，每翻一页，就用稚嫩的声音，将故事里的情景和角色描述出来。摄影团队通过后期剪辑和特效，视频里呈现的小蜜蜂的周围都是闪闪发光的鲜花，小蜗牛一出场还伴着喜悦的音乐，让绘本荐读变得更有意思。

"讲"绘本的实施效果非常好，它为孩子们提供了一个展示自我的舞台，而且这种灵活的推广形式不受时间空间地域限制。每名小朋友精心准备自己故事的过程中，不仅锻炼了自己的语言表达能力，也能增进亲子感情，让父母也参与到孩子的阅读教育中。而远在客户端另一头观看视频的小朋友们，也能被同龄的小朋友那绘声绘色的讲述所吸引，达到图书馆——小朋友——家庭三方共同参与的推广效果。

（三）将绘本"做"出来

纸戏剧，源自日本的街头表演，是一种通过图画展示和表演的讲故事形式，具有互动性强的特点，被称作"共感"的艺术。

今年4月份，襄阳市图书馆"少图课堂"开展了特别活动纸戏剧绘本之旅《章鱼先生卖雨伞》。《章鱼先生卖雨伞》主要讲述了下雨天，章鱼先生向大象、狮子、孔雀等动物卖雨伞。不同的动物它们想要的雨伞都不一样。由此产生了非常有意思的故事情节。

图书馆请来纸戏剧表演老师将它设计成纸戏剧的形式，邀请3~6岁年龄段的孩子来参加，活动时长大概一个半小时。活动流程：1. 开场手指谣 2. 纸戏剧表演 3. 纸戏剧自主创作 4. 手工制作章鱼先生雨伞。在展示纸戏剧环节，表演老师面对孩子们，看着文字、抽拉着画片，边讲边演。随着老师抽拉的动作，起伏的故事情节徐徐展开。声音、画面、表演、台上台下的互动，一同构建了一个充满魅力的小舞台。

将绘本"做"出来 现场感强、互动性高、诱发力强，不仅能给孩子带来如同剧场般的享受，更能培养孩子的专注力、理解力、语言表达能力和表演欲，是提升少年儿童阅读兴趣的好方式。

五、襄阳市图书馆开展绘本阅读推广活动的几点启示

襄阳市图书馆开展绘本阅读推广活动虽然时间不长，但已产生良好的效果和广泛的社会影响。总结经验，主要有以下几点启示。

（一）绘本阅读推广要体现时代性

阅读具有鲜明的时代性，是人类独有的社会文明行为和社会普遍现象。当今时代是知识化信息化智能化时代，是开放性社会。因此，绘本阅读也要与时俱进，体现时代性。一方面，要挑选符合当下主流社会发展旋律的绘本，要传播科学文化知识，弘扬社会主义核心价值观，发挥出绘本对孩童思想的正向引导和教育作用。另一方面人们接受信息能力的不断发展和提高，促使图书馆也要在绘本阅读推广方面注意平衡纸质绘本和电子绘本、线下阅读推广活动和线上阅读推广活动的比例和关系，打造富有时代性的复合型图书馆和富有时代性的绘本阅读活动。

（二）绘本阅读推广要体现科学性

优秀的绘本能给孩子带来愉悦和幸福感，让孩子从中体会到阅读的乐趣。

绘本的知识内容要立足于科学性，具有科学思想和科学理论基础。一是内容上的科学性。图书馆需要挑选符合时代主旋律、传播正能量的读物。二是分级阅读要体现科学性。不同年龄段的孩子认知特点不同，需要获取的知识信息也不同。做好馆里借阅情况分析，并根据各年龄分布情况合理科学地采购绘本，提高绘本利用率。三是围绕绘本开展阅读推广活动需要科学性。从策划、宣传到执行每个环节均需精心设计，达到良好的社会效果。当下，市面上绘本质量参差不齐，图书馆尤其需要谨慎筛选，不能让黄赌毒和反科学、伪科学的绘本走进孩子们的绘本阅读活动中。

（三）绘本阅读推广要体现可持续性

阅读推广除了一次性的活动以外，同样需要大量长期性、持续性的活动，持久的推广可以产生更好的效果。因此开展丰富多彩的绘本阅读推广活动，建立绘本阅读推广品牌，非常具有必要性。我们襄阳市图书馆除了在特定节点举办活动之外，还长期设置"少图课堂""童星讲绘"等品牌活动。"少图课堂"经过数年打磨，已经形成品牌效应。旗下的微信和QQ群保持较高的活跃度，每次活动一经发表，报名马上爆棚。因此，保持绘本阅读推广的可持续性既需要长期坚持，持之以恒，也需要打造品牌，以品牌的影响力传之久远。

（四）绘本阅读推广要体现主体性

绘本阅读推广的服务对象是青少年，目的目标也是丰富青少年的科学文化知识，增强青少年的实践能力、动手能力和领悟能力。因此，在绘本阅读推广中，要体现主体性，即在活动中，由青少年当主角，主题、内容由他们选择，方案由他们策划、制定，制作或演讲、表演由他们承担，真正激发青少年的主动性、创造性和实践能力，图书馆员或家长可以指导但不能替代青少年。

六、结语

随着文化教育的不断发展，人民信息素养得到不断提升，加之图书馆绘本阅读推广活动的不断开展，越来越多的家长和孩子喜欢上了绘本阅读这种形式。不管是带着孩子来图书馆借阅绘本、参加活动，还是在家中亲子共读、情感互动，都能让小朋友们更加深刻地感受到爱的温暖，在潜移默化中受到熏陶，对人格塑造、品德教育有十分显著的意义。因此，如何利用好绘本，如何在实践中不断摸索绘本阅读技巧、创新绘本阅读方法形式，增强绘本阅读推广的生活化、实践性和主题的丰富性，赋予绘本阅读推广强大的生命力，是当前和今后广大图书馆人应该探讨和努力的方向。

参考文献

[1] 纸戏剧 [EB/OL]. [2022-8-10]. https://baike.so.com/doc/27262481-28659240.html

[2] 东胜区图书馆. 预告一种纸戏剧 一种耳目一新的讲故事形式，不容错过哦——《心情不好的厨师先生》[EB/OL]. (2018-11-1) [2022-8-10] https://www.sohu.com/a/272657632_823389.

[3] 张芳. 浅析阅读的时代性 [J]. 兰台世界，2010 (06)：78-79.

[4] 宋淑娜. 绘本阅读推广的实践与创新 [J]. 河南图书馆学刊，2020 (3).

[5] 文晓娟. 浅析科学合理地应用绘本培养幼儿的良好阅读习惯 [J]. 求知导刊，2021 (08)：22-23.

公共图书馆讲座三微一端的现状与趋势
——以湖北省图书馆长江讲坛为例

余嫚雪

（湖北省图书馆　湖北 武汉　430071）

摘　要：通过研究全国公共图书馆讲座在三微一端上的现状，结合长江讲坛实际运行情况，笔者认为三微一端的发展应根据平台定位，对内容进行差别化投放，并深耕视频内容，提升讲座质量，从而吸引更多粉丝。

关键词：图书馆；长江讲坛；三微一端

2022年2月26日中国互联网络信息中心（CNNIC）发布的第49次《中国互联网络发展状况统计报告》统计，截至2021年12月，我国网民规模达到了10.32亿，较2020年12月增长4296万，增长率为4.16%。即时通信、网络视频、短视频用户规模分别达到了10.07亿、9.75亿和9.34亿，用户使用率分别为97.5%、94.5%和90.5%。由此可见，随着移动互联网技术的发展与手机的普及，微信、微博、短视频等新媒体平台已逐渐成为信息传播和交流的主要渠道。讲座作为公共图书馆普及知识、提升民众文化素养和审美水平的重要方面，紧跟互联网发展的步伐，积极创新服务模式，拓展传播渠道，延展服务半径，增强社会影响力。

笔者研究了全国31个省级（台湾地区，港澳地区除外）公共图书馆，15个副省级公共图书讲座在微博、微信公众号、视频号和APP上的情况。搜索时间为2022年3月20日，按照行政区域划分为图书馆排序。我们发现以公共图书馆讲座品牌注册的微博账有6个，在微信上以讲座品牌开设的同名账号有7个，而开设视频号和讲座APP的则只有长江讲坛一家。长江讲坛作为湖北省图书馆的公益性讲座品牌，每周六在长江报告厅举办讲座、对话、音乐会等活动，截至目前已举办讲座活动600多场，服务读者超过28万人次。近年来，长江讲坛依托新媒体平台，着力打造线上服务，积极发展三微一端。

一、公共图书馆讲座在三微一端平台上情况

（一）微博平台

微博是一种基于用户关系信息分享、传播以及获取的通过关注机制分享简短实时信息的广播式的社交媒体、网络平台。2009年8月，新浪率先推出"新浪微博"内测版，从此一家独秀，此后的微博基本指称新浪微博。截至2021年9月，微博月活跃用户达5.73亿，日活跃用户数达到2.48亿。因其简易性、实时性及互动性等特点，信息传播率远高于其他媒体，微博也成为各类资讯发布的常规渠道。

近年来，不少图书馆纷纷开通微博账号，其中只有6家公共图书馆专门为讲座开设了微博账号，用以发布讲座相关信息（如表一所示）。山西省图书馆开设了山西省图书馆文源讲坛账号，自2018年5月2日发布第一条微博，到2019年8月7日停更，主要发布的博文为讲座预告和讲座直播，这期间共收获粉丝2602人，获得转评赞257个。上海图书馆在2011年4月开设了上图讲座账号，截至2022年1月26日发布微博499条，博文中的讲座信息会直接将读者引流到B站观看讲座。粉丝数为6760人，转评赞有2923个，在所有公共图书馆讲座中粉丝数排第一。河南图书馆开设了豫图讲坛账号，从2012年8月3日到2013年7月21日发布讲座信息35条，主要为讲座预告，粉丝数40，转评赞46个。武汉图书馆的讲座名称为武图讲座微博，有粉丝664人，转评赞1207个。自2012年7月24日发布第一条微博后，就一直坚持发布信息，截至2022年3月19日，共发表博文540条，内容基本为讲座视频。重庆图书馆在微博上的讲座名称为重图讲座，拥有粉丝数2980个，转评赞6504个，是所有公共图书馆讲座中拥有转评赞最多的。自2011年9月17日发布第一条微博，到2017年2月18日停更，共发布微博1172条，内容多为讲座预告信息。

湖北省图书馆讲座在微博上注册的名称为湖北省图书馆-长江讲坛，有1876个粉丝，转评赞3666个。整个微博页面分为精选、微博、视频、直播、文章、相册六个板块，每个版块对应不同信息，是所有公共图书馆讲座中功能划分最为细致，信息最为齐全的。读者不仅可以在微博上关注讲座信息，还可以观看讲座直播，并在讲座结束后回看。

表一　公共图书馆讲座在微博上注册情况汇总表

图书馆名称	讲座名称	微博名称	版块	主要内容
山西省图书馆	文源讲坛	山西省图书馆文源讲坛	分为精选、微博、文章和相册四个版块	主要用于发布讲座预告和讲座直播
上海图书馆	上图讲座	上图讲座	分为精选、微博和相册3个版块	主要发布讲座视频信息
河南省图书馆	豫图讲坛	豫图讲坛	分为精选、微博和相册3个版块	主要内容为讲座预告
湖北省图书馆	长江讲坛	湖北省图书馆-长江讲坛	分为精选、微博、视频、直播、文章、相册6个版块	博文多为讲座预告和短视频，相册中展现了讲座嘉宾及现场的照片
武汉图书馆	武图讲坛	武图讲座微博	分为精选、微博、文章和相册4个板块	基本内容为讲座视频
重庆图书馆	重图讲座	重图讲座	分为精选、微博、相册3个版块	博文主要内容为讲座预告及讲座现场图文信息

图书馆讲座的博文一般以简短的文字加图片、视频等形式呈现，以讲座老师或是讲座题目作为话题进行推送，然后通过讲座粉丝转发进行传播，从而达到吸粉的目的。这种博主与粉丝、粉丝与粉丝之间的互动，更好地提高了粉丝的黏性和参与感。

（二）微信公众号平台

微信公众号是开发者或商家在微信公众平台上申请的应用账号，该账号与QQ账号互通，在平台上实现和特定群体的文字、图片、语音、视频的全方位沟通、互动，形成了一种主流的线上线下微信互动营销方式。公众号可分为订阅号和服务号，有超过80%的微信用户订阅使用。

目前图书馆开设的微信公众号基本均为订阅号，主要通过设置功能菜单和推送推文的模式为读者提供服务。有7家图书馆讲座开通了订阅号，推介讲座资源与服务（如表二所示）。山西省图书馆在2021年8月26日认证了山西省图书馆文源讲坛，界面分为消息、视频和直播三个部分，会为读者推介讲座预告、讲座纪实、文源视界、文源静听、文源笔谈、志愿者招募等信息。其中与山西音乐广播fm94.0合作的文源夜听为读者带来了不一样的视听享受。上海图书馆的讲座公众号为讲座图书馆，功能分为信息info（近期讲座、讲座预订、我的讲座、怎样参加、会员专区）、讲座在线（讲座录音、讲座视频、上图微讲座、云讲座专辑、讲座文本）、讲座相关（讲座报道、讲座专刊、志愿者、历史消息、东方书院）三个部分。广州图书馆讲座在公众号上注册了羊城学堂，分为关于我们、讲座信息和讲座音频三个版块，发布原创内容83篇，音频可以直接链接到喜马拉雅，收听讲座内容。河南省图书馆开设了同名的豫图讲坛公众号，2012年8月3日发布第一条微博，2013年7月21日停更，发布讲座信息35条。湖南图书馆的湘图讲坛在2016年4月8日发布第一条信息，2018年4月17日停更。重庆图书馆的重图讲座在2017年3月15日发布第一条信息，2019年4月8日停更，较为可惜未持续下去。

湖北省图书馆在2018年6月15日注册了长江讲坛账号，开始正式运营。整个界面分为看·听（看视频、听音频、会客厅、讲师荐书、金句）报名（月预告、周预告、讲座报名）、直播（推荐讲师、微博回看、看直播）三部分。读者可通过视频号上的会客厅功能观看讲坛对老师的采访内容，经由讲师荐书，寻找书籍，进一步了解讲座内容，并且为讲坛推荐老师，形成互动。截至2022年3月22日，长江讲坛已群发推文397条，累计推荐书籍约500本。

表二　公共图书馆讲座在微信公众号上注册情况汇总表

图书馆名称	讲座名称	公众号名称	版块	主要内容
山西省图书馆	文源讲坛	山西省图书馆文源讲坛	消息、视频和直播3个部分。	有月讲座通告、讲座预告、讲座纪实、精彩回顾、文源笔谈、文源夜听（与山西音乐广播fm94.0合作）、志愿者招募和信息、文源视界、文源静听等内容
上海图书馆	上图讲座	讲座图书馆	分为信息info、讲座在线、讲座相关3个部分	有近期讲座、讲座预订、我的讲座、怎样参加、会员专区、讲座录音、讲座视频、上图微讲座、云讲座专辑、讲座文本、讲座报道、讲座专刊、志愿者、历史消息、东方书院等内容

续表

图书馆名称	讲座名称	公众号名称	版块	主要内容
河南省图书馆	豫图讲坛	豫图讲坛	分为精选、微博和相册3个版块	主要内容为讲座预告
湖北省图书馆	长江讲坛	湖北省图书馆-长江讲坛	分为看·听、报名、直播3部分	有看视频、听音频、会客厅、讲师荐书、金句、月预告、周预告、讲座报名、推荐讲师、微博回看、看直播等内容
湖南图书馆	湘图讲坛	湘图讲坛	由个人注册，无版块	主要用于发布讲座预告
广州图书馆	羊城学堂	羊城学堂	分为关于我们、讲座信息、讲座音频3个部分	有讲座预告、本周讲座预告、精彩回顾等内容
重庆图书馆	重图讲座	重图讲座	由个人注册，无版块	主要内容为讲座预告信息

由于关注图书馆讲座微信公众号的用户大部分就是实际使用讲座资源和服务的读者。他们更加关注实用性信息，希望享受微信公众号更便捷、高效地服务，所以在界面功能设置的时候一定要尽可能地考虑全面，将功能划分清晰，并易于查找。

（三）微信视频号平台

2020年1月，腾讯为了争夺短视频市场，开始了微信视频号内测，并于2020年3月正式向全社会开放，短短三个月后，视频号活跃人数便已过2亿。视频号是一个平行于公众号和个人微信号的内容平台，内容以图片和视频为主，并且可以添加文字和公众号文章链接。视频号用户的迅猛增长，使其成为新的热点宣传平台。

长江讲坛在2021年4月8日入驻视频号，成为最先注册视频号的公共图书馆讲座账号，也是目前唯一一个图书馆讲座账号。视频号是长江讲坛重要的直播平台，在直播开始前十分钟会提醒已预约用户收看讲座直播，然后推送讲座直播。另外，截至目前，视频号上共发布原创讲座视频85个，由讲座的工作人员创作而成，视频中有带有背景音乐的讲座预告，有讲座老师的如珠妙语，有会客厅的精彩采访，以不同的形式，不同的角度展示讲座相关内容。

由于视频号的推荐机制主要是平台推荐机制，点赞评论数据越好，就越会被推荐给更多用户，所以要充分利用好这1分钟的短视频抓读者眼球，进而使用户对讲座内容产生兴趣。

（四）长江讲坛 APP 平台

2014年6月，湖北省图书馆开发出长江讲坛手机 APP 并上线运营，把过去只有在 PC 端才能看到的完整视频内容放到了手机端，为用户提供更便利的服务。长江讲坛 APP 共分为推荐、视频、音频、报道和预告5个版块，截至目前，已上传讲座视频428个，音频59个，发布讲座报道181篇，下载使用此软件人数早已突破两万人。

二、长江讲坛三微一端在发展中存在的问题

（一）视频点击率不高，缺少吸引力

长江讲坛拍摄的讲座长视频会上传到微博和长江讲坛 APP，自行剪辑的讲座短视频则会上传到微信公众号和视频号，用于传播与宣传。然而无论是长视频还是短视频，播放量都较少，与网络上较火的知识类博主发布的视频浏览量相比，可能不到百分之一。讲座视频具有很强的学术性和专业性，对一般读者而言，会显得枯燥和无趣，所以点击量始终上不去，怎么增加读者对讲座视频的兴趣，是今后讲座工作中的重点和难点。

（二）APP 性价比降低，将被逐步取代

手机 APP 的开发和运营都必须投入一定的成本，然而产生的效果却不尽如人意。长江讲坛 APP 中浏览量最大的是2020年8月15日谢智伟老师讲的《湖北当代书法家的审美追求》，播放量不足千次，明显存在安装率和使用率下滑的问题，性价比逐年降低。因此，长江讲坛在保留 APP 的同时，转而寻找视频用户更多、运营成本更低的平台，希望借助新的技术提供更多更好的线上服务。

（三）读者黏性较弱，粉丝数量少

无论是微博、微信还是短视频，图书馆讲座的粉丝数量均是不多的，作为重要参数的转评赞数量也处于低值。公共图书馆讲座在微博中表现得最好的是上图讲座，其粉丝人数也仅有6760人，而微博的影响力是基于用户现有的被"关注"的数量，只有用户发布信息的吸引力越强，关注该用户的人数越多，影

响力才会越大，所以，如何能够吸粉也是亟须思考的问题。

三、依托平台，进一步推进三微一端的运营

（一）根据平台定位，进行差别投放

微博、微信、视频号虽然都能够发布信息，提供讲座服务，但也存在一定的差异性。微博的信息属性更强，具有简易性、实时性和互动性等特点，可以用于发布时效性强的资讯内容，更容易召集陌生用户、吸引流量。微博比较适合推送长视频，长江讲坛就在微博中提供了讲座直播和视频回放。微信公众号相对而言功能性更强，适合推送专业内容，视频号则具有画面丰富、表现力强、时间短等优势，能够以一种较为娱乐化的方式展示较为严肃的内容。另外，根据第49次《中国互联网络发展状况统计报告》公布的信息，可以发现用户对平台内容有着明显的偏好，微博用户偏好影视娱乐、时政资讯、时尚穿搭、搞笑、情感等内容。而微信用户更喜欢阅读时政资讯，偏好金融财经、旅游、教育、美食、创业职场等内容。所以在不同平台投放讲座内容时，可根据平台的性质和规则，发布不同的内容，有重点和偏好地去投放，从而精准触达，优势互补。

（二）深耕视频内容，加强视频质量

高品质的讲座是视频点击率提升的重要保障。一方面是要有高品质的视频内容。长江讲坛在邀请讲座老师和选定讲座题目时就已经过严格的把关和充分的沟通，在省文旅厅批准后才会邀请名师开展讲座。同时联合省委宣传部、省作协、省卫健委、省法学会等单位举办讲座，保障师资。另一方面是要有高品质的视频质量。长江讲坛的视频拍摄工作是与省电视台共同合作完成的，专业的人员和设备保障了视频的画面、声音、灯光以及后期制作等各方面的效果。

（三）重点运营微信平台，做好读者服务

相对而言，长江讲坛将运营重点放在了微信平台，是讲坛提供线上服务的主要渠道。通过自定义的公众号菜单，读者可以直接链接到微博、b站、喜马拉雅和视频号，方便快捷地收看讲座直播、讲座视频和音频，以一种更低成本的方式实现了一键化服务。另外，长江讲坛非常重视视频号的宣传作用，每次讲座开始前便在公众号上发布讲座推文，为视频号引流。读者在观看视频号讲座直播时，也会关注公众号，形成良好互动，有利于提升粉丝量。

（四）寻求跨界合作，扩大宣传范围

为了改变这样的现状，我们要学习借助社会资源，加强宣传力度。国家图书馆在建馆110周年之际邀请了新闻联播主持人做推广阅读，获得了不错的效果。由此可见，名人效应会为图书馆带来二次传播。讲座要想获得更多的关注，也可邀请名人大V做客讲坛，以此吸引更多流量。例如长江讲坛视频号点赞量在前三的就是邀请了王石、陈建星和喻丰三位老师的视频，他们都是自带流量的。

（五）加强粉丝运营，提升读者黏性。

微博、微信公众号和视频号的运营都离不开粉丝的关注和支持，只有积极与读者交流，增强读者间的互动，才能提升黏性。在运营之初，讲座可以利用自己的文创资源，鼓励粉丝转发分享，积累粉丝数量。长江讲坛会在节假日或直播途中发布抽奖信息，奖励粉丝讲座合集U盘或《长江讲坛》书籍。拥有一定规模的粉丝后，要保持账号更新，以内容留住读者。最后要及时回复读者提问，与读者形成良好互动，消除官方账号带给读者的机械感和疏离感，营造良好口碑。

根据《中华人民共和国图书馆法》第三十三条的规定，公共图书馆应当按照平等、开放、共享的要求向社会公众提供公益性讲座服务。长江讲坛今后将依托新的平台和技术方式，不断丰富讲座内容和形式，为读者提供更多的线上线下讲座，发挥自身价值，提升社会影响力。

参考文献

[1] 中华人民共和国公共图书馆法[J]. 中华人民共和国全国人民代表大会常务委员会公报，2017（06）.

[2] 高馨，温泉，刘溪. 图书馆微信、微博、抖音平台协同服务研究——以上海图书馆"上图旅行社"活动为例[J]. 图书馆学刊，2021（7）.

学科服务视角下高校图书馆数字资源整合聚合研究

黄更新 施 亮

(华中科技大学图书馆 430074)

摘 要：大数据环境下，数字资源快速增长，如何将纷杂、无序和异构的资源组织成一个有机的整体，从而提高资源利用的效率，是图书馆数字资源建设的一个重要课题。本研究将从学科服务的角度出发，以数字资源整合聚合的研究为基础，探讨学科资源整合的范围和深度，以期高效充分地利用馆藏资源，深化学科服务工作，为高校图书馆的数字资源建设提供新的思路和视角。

关键词：资源整合；资源聚合；学科服务；学科资源整合

网络时代科技发展日新月异，数字资源迅猛增长，图书馆的数字资源也日益增多。然而数字资源存在不少问题，如资源之间缺乏联系，数据库使用平台也各不相同，资源内容重合交叉，数据结构与存储方式也不同，这样很不利于知识的发现与检索。由于知识之间缺乏关联性，用户查找资源需要在不同的数据库中分别检索。即使提供一站式搜索平台，往往检索出的数据条目众多，相关性也不高，导致数字资源的利用率低下。本文从学科服务中学科资源整合的角度出发，探讨通过资源的整合和聚合，将知识关联起来，形成语义网络，以期提高用户的资源利用效率。

一、数字资源整合聚合研究的背景和意义

在当今大数据环境下，图书馆数字资源的特点表现为结构复杂、类型众多和数量庞大。为了使用户能快速找到所需文献，提高数字资源利用率，有必要将这些资源进行合理有效的揭示。目前，面对海量多样、非结构化的电子资源，传统的文献组织方式已无法满足用户越来越多的需求，数字资源的组织方式也

从数字资源整合迈向更高级别的数字资源聚合。

本研究以中国知网为数据来源，以主题"聚合"（主题"数字资源"、主题"图书馆资源""电子资源"）进行检索，得到169篇较为精准的结果。通过文献梳理发现图书馆数字资源的研究经历了从资源整合到资源聚合的过程。两种方式都是为了解决数字资源无序性的问题从而提高资源的利用效率。资源整合旨在解决异构数字资源的问题，即如何整合不同结构，不同内容和形式的资源。而资源聚合则是更高层次地整合，除了解决数据异构的问题，聚合更关注资源之间内容关联性的展示和揭示，这样用户可以更准确地定位到自己所需要的资源。国内目前数字资源聚合的研究主要是从语义、关联数据和知识网络等三个角度展开。

在 Web of Science 核心合集中，通过主题"Aggregation"（主题"Digital Resource""Library Resource""Electronic Resource"）进行检索，得到了300篇较为精准的结果。国外对资源聚合的研究开始于20世纪90年代初，到21世纪初研究论文数量达到最高点，之后数量稍有下降。国外对数字资源聚合的研究主要围绕在基础理论研究、应用实践研究和关键技术三个方面。

十四五已然拉开了序幕，国内各个高校图书馆都在为自身的发展与变革积极地谋篇布局。柯平在"图书馆未来2035与'十四五'规划编制"中表明，未来图书馆最重要的就是丰富用户体验。在"十四五"规划中，我们规划的所有任务、行动，都要把用户体验放在首位。互联网时代的用户与传统用户不同，他们不再是被动地接收信息，他们更关注能否便捷地从图书馆获得资源，资源之间是否有关联性。用户更偏爱使用已经整合好了的信息，也更倾向于获取个性化的定制内容。因此，只有深度揭示和挖掘资源中所包含知识的关联性，才能满足用户对数字资源的需求。数字资源聚合及相关技术必然成为今后高校图书馆数字资源整合与开发的重要趋势。

本研究将从学科服务的角度出发，以数字资源整合聚合的研究为基础，探讨学科资源整合的范围和深度，以期高效充分地利用馆藏资源，深化学科服务工作，为高校图书馆的数字资源建设提供新的思路和视角。

二、学科服务的现状与问题

学科服务是图书馆一项非常重要的业务，是图书馆践行以用户为中心这一理念的重要举措。国内的学科服务开始于1998年清华大学第一次引入学科馆员制度，至今已有20多年的历史，获得了长足的发展。如嵌入式学科服务从理论到实践都取得很好的进展，不少高校的图书馆都开发了学科服务平台。但学科服务还是很难深入下去，学科馆员还是未能与院系教学科研紧密结合，学科服务成果并不令人满意。主要问题体现在以下几个方面。

（一）学科服务缺乏总体规划

虽然国内有近百所高校图书馆都推出了以学科馆员制度为主导的学科服务，但因为缺乏总体规划、明确的目标和任务，学科服务并没有取得满意的效果。图书馆在决定推出学科服务前，应该有一个清晰明确的总体规划。学科服务的职责、范围、方式、与院系怎样合作、合作到哪种程度等都应该事先规划好并责任到人。这样行动起来才有目标，评估起来才有依据。经过一段时间的工作，才能知道是否达到了自己当初所设定的目标，与总体规划的契合度有多高，并且用实践中获得的经验来调整规划和目标，使之更加全面完整合理。

（二）学科馆员能力有限，缺乏专业人才

学科馆员在学科服务中起着关键性的作用，学科馆员的能力直接决定着学科服务的质量。随着环境的不断演变，学科馆员的职责也随之改变。学科馆员的传统职责主要有参考咨询、院系联络、开展讲座或培训、馆藏资源推介等。但随着信息技术的快速发展，以及为了更好地满足用户的需求，对学科馆员的能力和知识提出了更高的要求。英国大学图书馆委员会在2012年提出了学科馆员应具备的能力和知识主要有具备所服务学科的深度知识、娴熟的信息发现和文献检索技能、有效嵌入到所服务院系的教学和科研当中、较强的数据管理能力、较好的所服务学科的数据源知识。然而目前图书馆这类人才是非常缺乏的，图书馆员的专业背景都比较单一，很少有既具备图情专业知识又具有某学科的深度专业知识的人才。这样学科馆员就很难深入到院系的教学和科研项目当中去，他们便难以发挥应有的作用。当务之急，各高校图书馆应该积极展开对学科馆员的培训工作，争取早日培养出更多能够支持教学科研的专职学科馆员。

（三）学科服务平台建设不够完善

学科服务离不开学科服务平台的建设。学科服务平台可以很好地实现在线资源导引，充分挖掘馆藏资源的价值，是学科服务的重要体现。我国大多数高校图书馆的学科服务都依靠图书馆的门户网站，建立特有的学科服务平台是保证学科服务质量的关键。近年来，由美国Springshare公司开发的LibGuides系统因其简洁友好的界面，容易便捷的操作成为不少高校图书馆采用的学科服务平台建设的管理系统。该系统通过嵌入Web2.0技术，为高校师生提供一个在线沟通、信息交流与共建共享的学科资源服务平台。虽然已经有了比较完善的管理系统，但由于学科服务目标不够明确，学科馆员能力有限，职责模糊，所以多数高校图书馆学科服务平台的建设仍然不够完善全面，不能很好地满足师生需求。国内武汉大学、浙江大学和清华大学等几所高校图书馆的学科服务平台建设走在前面，值得借鉴。

（四）学科资源建设明显不足

学科资源建设是学科服务中最关键和最核心的工作，主要涉及学科文献资源的采访和整合。长期以来，图书馆的文献采访模式都是以采访馆员为主导，按照文献的载体和语种而不是学科来划分，也就是说采访馆员负责选购所有学科的文献资源。但事实上采购人员不可能了解所有的学科背景，这样对不熟悉的学科文献极有可能出现偏差。如果由学科馆员进行采访，则可避免这一问题。学科馆员具备所服务学科的专业背景，与院系师生合作密切，可以准确地了解到师生们的真正需求，采购到师生们真正需要的文献资源。

图书馆资源繁多，如何将各类馆藏资源有效整合，并有针对性地推送给所服务的专业学科是一项很值得研究的课题。学科馆员应该在学科资源整合当中发挥重要作用。遗憾的是，实践调查表明，学科馆员在学科资源建设当中的作用没有得到足够的重视，参与度并不高，也缺乏相应的制度设计。因此，针对目前采访馆员学科背景知识有局限的情况，应该研究如何发挥学科馆员的主动性和学科优势，提高他们在学科资源建设工作的参与程度，最大限度挖掘馆藏资源的价值。

三、高校图书馆数字资源整合聚合研究

（一）数字资源整合模式研究

数字资源整合就是把无序异构的数字资源按照不同的模式和策略重新组织为新的有机体的过程。国内数字资源整合的研究和实践都步入了正轨，积累了相当的经验，还在不断发展和进步。数字资源整合的模式主要基于以下四类系统：OPAC系统、导航系统、链接系统和跨库检索系统。四种模式各有优劣，OPAC系统是起步最早，在国内最受欢迎的整合方式，它的核心是图书资源的整合，但也可以延伸整合其他类型的文献资源。导航系统可以按照学科分类，字母顺序或文献类型等来提供资源导引，可以将海量的资源有序地组织起来，方便读者浏览、查阅。但这两种方式只是在形式上整合了资源，无法在内容层面

将资源进行关联和整合，也无法提供个性化的服务。基于链接系统和跨库检索系统的整合可以实现内容层面的整合，就是整合过程比较复杂。

大数据时代高校师生数字资源的需求有所改变，逐渐转向细粒度发展，他们更希望图书馆能直接解决他们的文献需求，而不是费力地通过多方检索渠道才能获取相关文献。要想做好更深层次的学科服务，精准满足高校师生的文献资源保障，图书馆亟须利用相关技术对所有资源进行深度的组织和标引，从而实现资源组织向广度拓展并向深度延伸。

（二）学科资源整合标准与规范

学科资源是高校师生进行学术研究所不可缺少的数据来源，是知识转化价值相当高的数字资源。对这些资源进行整合可以深化学科服务工作，为师生提供文献保障和智力支持，充分挖掘馆藏资源价值。

任何工作的开展都需要有制度作为保障，学科资源整合亦是如此。只有有了明确的规范和标准，才能提高工作效率，少走弯路。规范标准应该覆盖整合前的考察调研，整合过程中各项工作的规划安排，整合后的用户效果反馈及评价标准，以及每个阶段的人员安排。此外，这个标准和规范应该具有灵活性，是可以根据整合工作的开展而随时增减的。当然这个规范标准是不宜搞一刀切的，因为每个图书馆的条件、功能定位、学科特点和用户群体等都是不一样的。一定要结合图书馆自身的特点和实际情况来制定自己的学科资源整合标准和规范，才能真正为学校的学科发展做出图书馆应有的贡献。

（三）学科资源整合范围和深度

学科资源整合的范围和深度是学科资源建设中最重要的问题，在整合之前必须制定出一个切实可行的方案。

1. 学科资源整合范围

在确定整合范围之前，必须要做好全面而充分的调研。调研主要包括院系师生的教学科研需求分析，另外就是学习研究国内外高校图书馆同行在这方面工作的成果，吸收借鉴适合自己的部分。在做了大量的文献和网站调研之后，本文整理出一个初步的学科资源整合范围的方案，见表一。当然这个方案是开放性的，可以根据图书馆自身的特点和实际情况增减需要整合的资源。选择要整合资源的第一原则就是要和本学科紧密相关，切莫网罗过多相关性不大的资源，那就失去了学科资源整合的意义。

表一　学科资源整合范围

资源整合范围	内容	资源类型
课程资源	本学科国内外的精品课程	课程大纲，教案，PPT，课程视频等
学术资源	本学科国内外有影响力的学术出版物	学术期刊，会议论文，标准报告
电子书	与本学科相关的电子书籍	教材教参，专著
师生成果库	本学科师生的教学科研成果	师生发表的论文，学位论文，课程大纲，教案，PPT，课程视频，院系举办的讲座等
大师风采	本学科国内外著名学者介绍	文本，视频
OA资源	本学科相关的优质OA资源	OA期刊，网上公开课等
……	……	……

2. 学科资源整合深度

经调查发现，多数高校图书馆的学科资源整合程度还比较低。多数高校图书馆基本上都是采用基于 OPAC 系统和基于导航系统的整合模式，这样只涉及了资源形式层面的整合，而对于结构和内容层面并没有进行整合，整合深度不够也就不能准确深刻的揭示学科资源。通过搜索几所大学的 LibGuides 学科服务平台，发现要么搜索无果，要么搜出来的结果相关度不高。要想在整合深度上获得突破，必须利用技术将各种数据从内容上关联起来，这就是属于数字资源聚合的研究范畴了。深度整合靠学科馆员个人的力量是不可能完成的，这需要更多人员，经费和技术的支持。

（二）数字资源聚合研究

数字资源聚合是从多个维度，利用不同的技术来挖掘数字资源相互之间的关联关系，目的是对数字资源的语义进行重组，是数字资源整合的延展与深化。资源聚合比资源整合更加具有针对性，是针对某一特定用户群体的需求，将数据资源按照某种组织形式聚集融合起来，从而达到高效利用数字资源的目的。

目前，国内数字资源聚合研究的主要内容有资源聚合的理论研究，方法研究，深度研究，融合研究和计量研究，等等。其中，使数字资源直接能够互相理解，并能按照用户的需求动态、高效、智能地聚集融合多方资源，是信息聚合研究的核心问题。就图书馆的数字资源建设而言，要想突破技术难点，使数字资源实现真正融合，必须实现对电子文献资源的精细化管理。所谓精细化就是将数据库中的数字资源细化到单篇、单册、单图这样的最小单元体，并对每一个计算单位按照相同的规则赋予规范化的唯一馆藏标示。这样就可以将各种资源关联起来，深刻揭示数字资源内在关系，从而极大的地提高图书馆资源的利用率。

三、结语

本研究从学科服务的现状和问题出发，以数字资源整合聚合的研究为基础，对高校图书馆学科资源建设的现有问题，标准规范的制定，尤其对学科资源整合的范围和深度进行了有益的探讨，以期高效充分地利用馆藏资源，深化学科服务工作，为高校图书馆的数字资源建设提供参考。资源整合聚合的研究理论探讨居多，实际应用偏少，在今后的工作中可以选取某一特定学科，尝试用关联数据、语义网等技术方法，多做资源聚合的实践探索。

参考文献

1. 陈兰杰，侯鹏娟．数字文献资源关联关系揭示方法研究［J］．图书馆，2015（2）．

2. 闫晶．数字图书馆资源聚合质量评价及优化策略研究［D］．长春：吉林大学，2018．

3. 柯平．图书馆未来2035与"十四五"规划编制［J］．图书馆杂志，2020（10）．

4. 蔡迎春．高校图书馆"十四五"规划发展环境扫描［J］．高校图书馆工作2020（5）．

5. 高晓英．我国高校图书馆学科服务研究综述［J］．图书馆学研究，2012（22）．

6. 熊欣欣，李艳芬，周晓丽．高校图书馆学科服务解决方案——LibGuides综述［J］．图书馆学研究，2011（6）．

7. 郭诗云．用户需求视角下基于关联数据的学科信息资源整合模式研究［D］．南京：南京农业大学，2016．

8. 蔡时连．高校学科馆员参与学科资源建设的现状与思考［J］．图书情报工作，2019，63（18）．

9. 马文峰．数字资源整合研究［J］．中国图馆学报，2002，28（4）．

10. 孙慧．大数据背景下基于学科服务的图书馆数字资源整合策略研究［J］．智能计算机与应用，2019，9（6）．

11. 克非, 迟海琭. 国内外数字文献资源聚合研究现状及述评 [J]. 图书馆理论与实践, 2018 (3).

12. 王险峰, 姚红莉, 秦艳. 图书馆学科数字资源整合问题及其策略 [J]. 图书馆学刊, 2016 (4).

13. 毕强, 王雨, 孙畅. 数字图书馆资源聚合模式研究——基于社会网络分析的视角 [J]. 数字图书馆论坛, 2014 (6).

14. 许天才等. 基于元数据管理的数字资源保障评估研究 [J]. 图书情报工作, 2019 (2).

总分馆体系下城市书房提升服务效能的对策研究
——以咸宁市图书馆城市书房为例

王 程

（咸宁市图书馆 437100）

摘 要：咸宁市图书馆总分馆体系建设下，城市书房特别受市民欢迎。城市书房在我市建设和发展比较有特色，选址、规模、装修、装饰都有其独特之处。我们对城市书房有新的定义，统称为香城书房，与我们的城市气质和城市定位相呼应。本文选取三个有代表性的香城书房运行情况为研究背景，从香城书房日常服务的进馆人员、图书借阅量、活动场次、每场活动参加人次、驻馆志愿者数量、媒体曝光和影响力六项指标进行现状分析，以及指标之间的相关性分析作为研究对象，总结出举办特色的书房活动，扩大朋友圈，注重阅读的分享，借势新媒体、融入读者生活、创新书房的形式等具体对策，通过线性函数模型化研究预测香城书房未来发展趋势，以期来提升香城书房的服务效能。

关键词：香城书房；服务效能；特色活动；媒体宣传

引言

自党的十九大以来，全国掀起了公共文化服务建设的热潮。在公共图书馆行业类，出现了一些总分馆建设模式和书房建设模式，以提升和拓宽文化服务范围、文化服务路径的新阅读空间建设，各地发展情况不一，各具特色。

在咸宁公园城市建设框架和文明城市创建的背景下，香城书房是一种集阅读方式、休闲、创意为一体的文化驿站，发展比较迅速。香城书房建设项目是政府部门重点督办的项目，现在温泉城区和梓山湖新城区共建成有7个香城书房，且已被行业高度赞喻为湖北省公共文化事业香城书房咸宁发展模式。在建成以后深受市民朋友的喜爱，成为市民朋友网红打卡地和阅读加油站，同时也被同行业学习和效仿。那么,为充分发挥香城书房的服务价值,在建成后如何进一步强化其服务效能提升还是有待探究。

现在我市有7个香城书房,在未来将还会陆续建成新的香城书房。就目前香城书房的发展情况来看,相山书院香城书房各方面发展比较好,其他的香城书房稍有逊色。现有的香城书房发展存在差异化,在如何解决好差异化的前提下实现香城书房高质量发展,补齐短板是仍需探索和实践的。本文选取三个香城书房为研究对象,主要是以相山书院香城书房为基准,外加南昌路社区香城书房和十六潭公园香城书房。

一、选取三个香城书房的基本情况

香城书房现已服务整个温泉城区,大概温泉市区开车15分钟就能找到香城书房,实现了阅读随处可即。香城书房为学生、家长、老师提供学习空间,是校外的另一所学校;香城书房为老人和孩子提供学习和成长的场所,是他们休闲和提升的好去处;香城书房为年轻人提供轻松愉悦的环境,是他们感受慢生活节奏的茶歇地。香城书房服务各类人群,已经成为市民生活中的一部分。

本文选取的三个香城书房是现阶段发展有一定成效的香城书房,极具有实践研究价值。相山书院香城书房位于城市书院旁,南昌路香城书房是社区书房,十六潭香城书房是公园书房。

(一)相山书院香城书房

相山书院香城书房,是我市第一个香城书房,这个城市书房是政府规划的重点建设项目,目标是将其打造成示范点,在目前来看,从建设到对外运行都是确有示范效应的。该书房位于城市的中心,沿着城市河流而畔,毗邻湿地公园、相山书院、高等院校、居民区,拥有着得天独厚的自然和人文环境。该书房于2019年5月1日建成以来就受到市民朋友的深切喜爱,每个对外开放日都是座无虚席,在未来将成为城市的地标建筑和城市气质的象征物。

(二)南昌路社区香城书房

南昌路社区香城书房是依托于社区而建,与社区共建共治,坐落于城市的居民区中,准确地说是位于市民朋友家旁边的书房,是带有社区养老和社区文明建设的主题特色。这个书房既响应了社区养老的需求,也满足了社区文明建设的需求,还弥补了社区文化建设的空白。建成以后,是社区朋友茶余饭后的好去处,是修身养性,博学众彩的好场所。在开放日时对图书选择和活动举办上都多方考虑和服务到社区的朋友,未来也将成为市民朋友生活不可分割的一部分。

(三) 十六潭公园香城书房

位于十六潭公园里面，闹中取静，绿树成荫。该书房是建设在城市中心公园内，鸟语、花香、草地、湖水随处可见，环境优美，风景怡人。十六潭公园是我市的生态重点公园，香城书房落座于其中，是生态文明建设的创举，是城市公园建设的创举，是切实践行人民对美好生活向往生动践行。该书房自建成后已成为游客栖息地、网红打卡地、智慧加油站。

二、服务效能研究设定指标及现状分析

香城书房是服务市民生活的，必将从市民生活的动态来反映香城书房的建设情况。当然能够直接或间接影响市民生活的因素很多，在香城书房表现比较明显和直观的因素是有限的。本文选取三个书房的进馆人员、图书借阅量、活动场次、每场活动参加人次、驻馆志愿者数量、媒体曝光和影响力六个影响因素作为研究的指标。

(一) 选取研究指标以及数据来源

本文选取的一年（2020年11月1日-2021年10月31日）服务数据作为研究指标，设定进馆人员 X_1、图书借阅量 X_2、活动场次 X_3、每场活动参加人次 X_4、驻馆志愿者数量 X_5、媒体曝光和影响力 X_6。此外，影响书房服务效能的因素还有其他方面，包括硬件、读者设施、书房面积等，而这些因素有一定的影响力，但究其根本都是不可变量因素，本研究不做重点考虑。

1. 研究指标

进馆人员 X_1，指一定时间内进入香城书房的总人数，包括进入阅读、休闲和参加读书活动等的人数。这项指标能直接反映香城书房的人气指数，同时也能直接反映香城书房服务效能的实际情况。

图书借阅量 X_2，指的是读者进入香城书房，对香城书房的图书和期刊借阅的总数。这项指标能直接反映图书的流通率，以书为媒介，驾起香城书房和读者之间的桥梁。香城书房的服务效能好不好，可以直接得到很好的反馈。

活动场次 X_3，指一定时期内香城书房举办的读书活动的总场次。香城书房举办的特色读书活动是否能够吸引读者参加，或是否能持续进行举办，都有赖于香城书房的服务效能。

每场活动参加人次 X_4，指的一定时期内参加读书活动的总人数与举办读书活动的场次的比值。活动场次增加同时，若是能提高每场活动参加的人次，也是能反映香城书房服务效能的进一步优化提升。

驻馆志愿者数量 X_5，是指一定时期内固定在各个香城书房的志愿者服务人次。若香城书房享用人次增加，在香城书房现有的工作人员中，难以满足现有的服务供给，相反地，志愿者数量在一定程度上能够反映香城书房的服务效能提升。

媒体曝光和影响力 X_6，指的是一定时期内香城书房对外曝光量的总计，主要是包括纸质媒体和新媒体的报道。只有具备一定影响力和有宣传价值的读书活动才具有被媒体报道的价值，这也将直接反映香城书房服务效能。

2. 数据来源

进馆人员 X_1、图书借阅量 X_2，来源于三个书房图书管理系统后台对一定时期内数据统计。活动场次 X_3、每场活动参加人次 X_4，来源于活动现场图片记录和相关资料记载。驻馆志愿者数量 X_5，来源于香城书房在馆台账记载。媒体曝光和影响力 X_6，来源于各大纸质媒体报道和新媒体报道的资料。

以上研究指标数据主要来源于三个书房的实际运行情况以及相关台账资料记载。

（二）研究方法

本文采用定量分析法进行研究，针对三个书房的具体运行情况进行客观分析。由于数据量庞大，现对以上 6 个指标进行设定，利用雷达图对三个书房分别进行分析。设定进馆人数 X_1，每 10000 人次 = 2 分；图书借阅量 X_2，每 1000 册次 = 2 分；活动场次 X_3，10 人次/场（全年参加人次/活动场次）= 3 分；每场活动参加人次 X_4，6 人/场 = 3 分；驻馆志愿者数量 X_5，1 人 = 1 分，按具体人数来计；媒体曝光和影响力 X_6，100 次/场（全年曝光量/曝光场次）= 2 分。

表 1 相山书院、南昌路社区、十六潭公园香城书房相关指标情况

香城书房	X_1	X_2	X_3	X_4	X_5	X_6	总分
相山书院香城书房	35.51	21.01	22.80	8.50	10.00	17.04	114.86
南昌路社区香城书房	19.27	8.17	21.90	7.50	10.00	16.20	83.04
十六潭公园香城书房	16.68	7.19	19.50	7.50	4.00	20.50	75.37

选用雷达图作为分析工具，可以清晰对每个香城书房各研究指标进行横向

对比和纵向对比，也可以从中反映各书房的优势方面和不足之处，便于我们更好地分析香城书房的服务现状。用雷达图分析如下：

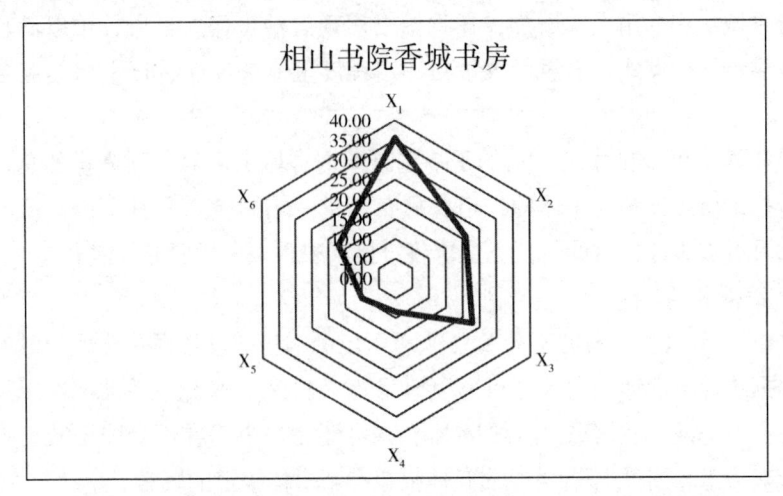

图1　相山书院香城书房 X_1，X_2，X_3，X_4，X_5，X_6 相关数据情况

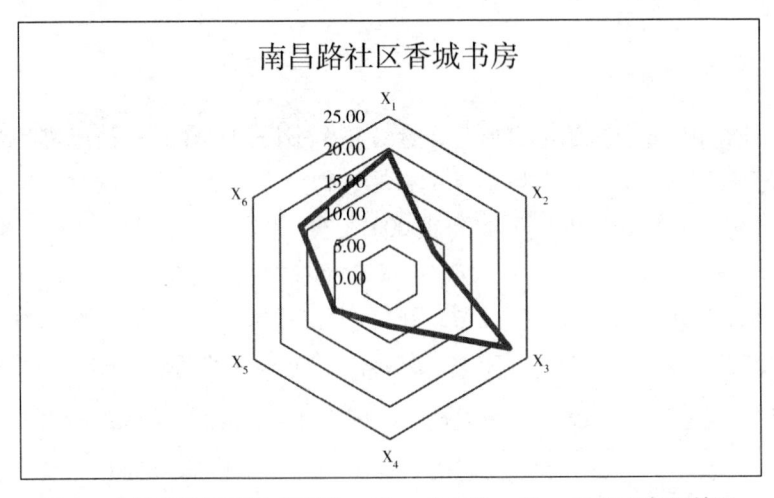

图2　南昌路社区香城书房 X_1，X_2，X_3，X_4，X_5，X_6 相关数据情况

（三）分析指标

通过对三个香城书房进行横向和纵向对比，可以看出相山书院香城书房发展和服务情况是最好的，特别是在进馆人数 X_1 的表现最为突出，借阅量 X_2 相对于其他两个书房是很理想的。南昌路社区和十六潭公园香城书房发展情况较为相似，说明香城书房的运行基本较为稳定，但相对于相山书院香城书房，提升的空间还是较为明显的，这也就提出了香城书房在今后的发展方向，同时也应

注意指标之间的相互关系，发挥优势方面，补齐书房发展的短板，将优势方面带动其他方面的发展，发挥以点带面的作用，充分扩大活动场次 X_3、每场活动参加人次 X_4、驻馆志愿者数量 X_5、媒体曝光和影响力 X_6 对进馆人员 X_1 和图书借阅量 X_2 的正向影响，将香城书房服务的效能往更多方面扩散。

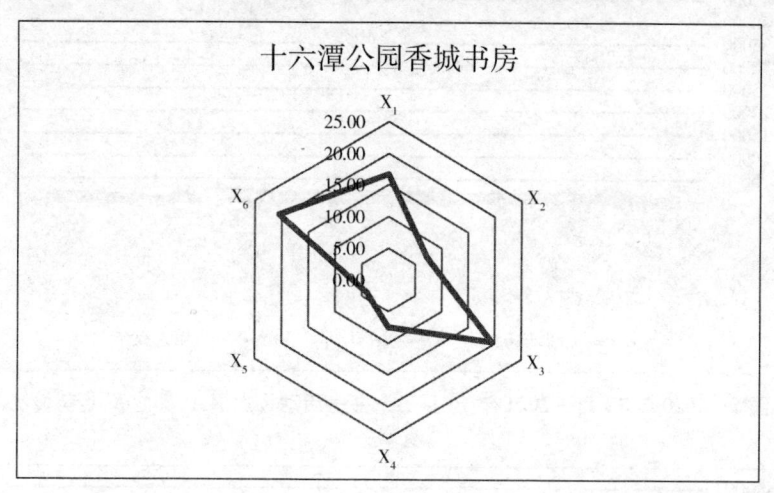

图3 十六潭香城书房 X_1，X_2，X_3，X_4，X_5，X_6 相关数据情况

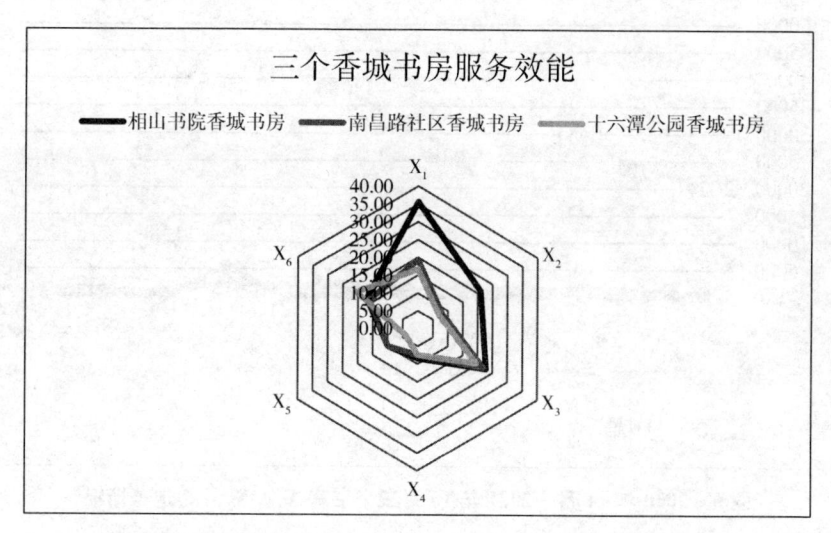

图4 三个香城书房 X_1，X_2，X_3，X_4，X_5，X_6 相关数据情况

（四）指标相关性分析

对活动场次 X_3 和媒体曝光和影响力 X_6 进一步研究发现，活动效应和媒体效应对香城书房的发展有一定的促进作用。以下是选取一年的三个香城书房活动

场次 X_3、媒体曝光和影响力 X_6 与进馆人数 X_1、借阅量 X_2 的具体情况：

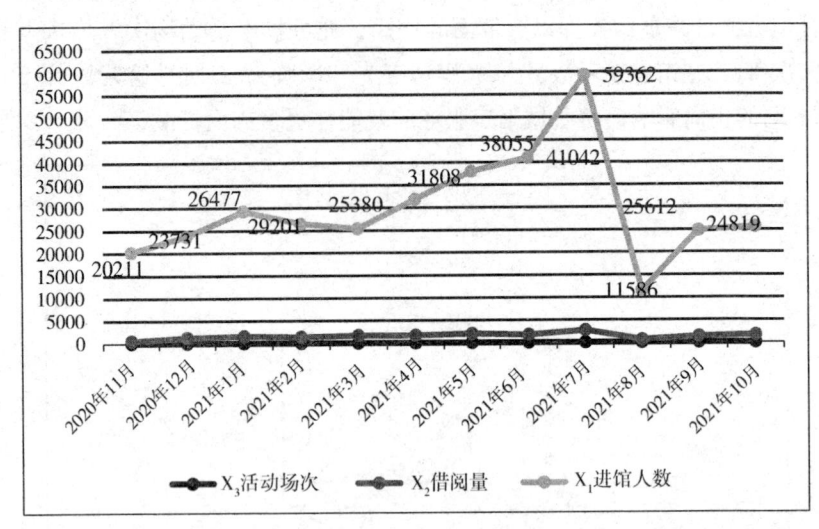

图5　2020年11月—2021年10月三个书房活动场次 X_1、X_2、X_3 走势情况

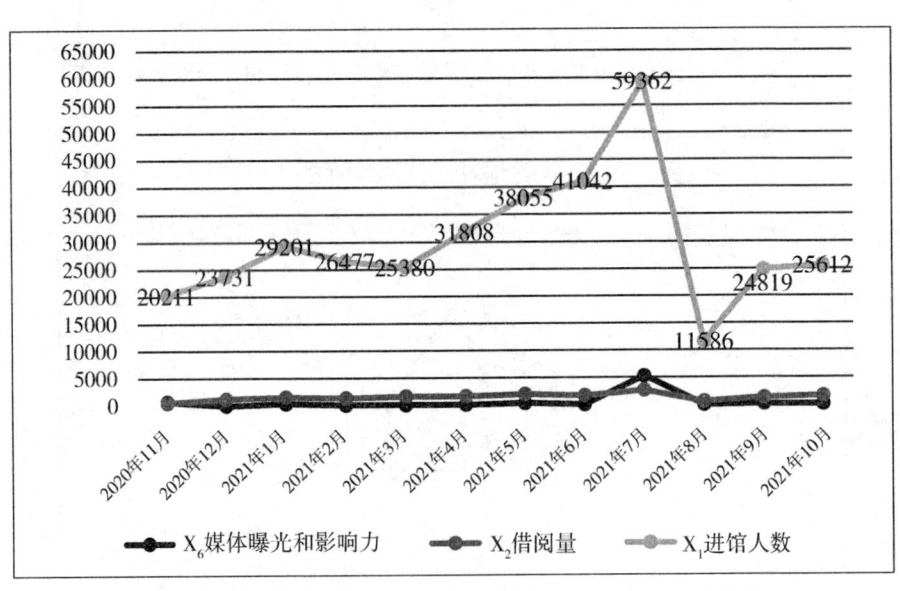

图6　2020年11月—2021年10月三个书房 X_1，X_2，X_6 走势情况

每个香城书房的活动主要是集中在1月、5月、6月、7月、8月，这期间包含小长假和暑假，香城书房会迎来一批学生和家长，亲子阅读和家庭式阅读特别受欢迎。活动举办得多，对应的媒体关注度也会提高，在相应月份的媒体曝光和影响力也会大幅度提高。

每个香城书房除去特殊月份，2月、3月、4月、10月、11月、12月等可

以看出进馆人员 X_1、图书借阅量 X_2 与活动场次 X_3、媒体曝光和影响力 X_6 增长趋势趋同，增速近似趋同。故我们可以大胆猜测，这两组指标存在某种相关性，我们将对这两组数据进行相关性分析。

选取未受疫情防控影响，除去社会因素包含寒暑假影响，运行环境相对比较稳定的 1—7 月期间活动场次 X_3 与进馆人员 X_1 为例，借助 Pearson 函数求出二者的相关系数。X_{31} 表示 X_3 第一个月、X_{32} 表示第二个月，依此类推。X_{11} 表示 X_1 第一个月，X_{12} 表示 X_1 第二个月，以此类推。

$$r = \frac{\sum_{i=1}^{n}(X_i - \bar{X})(Y_i - \bar{Y})}{\sqrt{\sum_{i=1}^{n}(X_i - \bar{X})^2} \sqrt{\sum_{i=1}^{n}(Y_i - \bar{Y})^2}}$$

通过公式运算，可以得出活动场次 X_3 与进馆人员 X_1 之间相关系数值（如表2），根据 Pearson 相关系数的性质（如表3）可以得出活动场次 X_3 与进馆人员 X_1 呈线性正相关关系，且二者具有高度相关性。

表 2 皮尔森相关系数表

变量 1		变量 2		相关系数
X_{31}	11	X_{11}	29201	0.844836848
X_{32}	12	X_{12}	26477	0.855359579
X_{33}	15	X_{13}	25380	0.856016773
X_{34}	35	X_{14}	31808	0.854158118
X_{35}	31	X_{15}	38055	0.924907695
X_{36}	27	X_{16}	41042	0.939411478
X_{37}	40	X_{17}	59362	0.932522254

表 3 Pearson 相关系数的性质

取值范围	相关程度
$0.8 \leq |r| \leq 1$	高度相关
$0.5 \leq |r| < 0.8$	中度相关
$0.3 \leq |r| < 0.5$	低度相关
$|r| < 0.3$	弱度相关

根据相关系数的值可以判断得出活动场次 X_3 与进馆人员 X_1 是高度相关的线性正相关关系。同理可以得出，活动场次 X_3 与图书借阅量 X_2、媒体曝光和影响力 X_6 与进馆人数 X_1、借阅量 X_2 也是呈线性正相关关系。

在这两组数据之间一定存在相关影响系数，我们可以设想，该相关系数为一定常数量 a，针对以上关系，我们可以对香城书房总体效能建立数学模型，如下：

$$\begin{cases} Max = X_3 + X_6 + X_5 + X_1 + X_2 \\ X_1 + X_2 + X_4 = a_1 * X_3 + a_2 * X_6 \\ X_4 = X_1 / X_3 \\ X_5，取整数 \\ 0.8 < a_1 <= 1 \\ 0.5 < a_2 <= 1 \end{cases}$$

根据以上数学函数和香城书房实际运行经验总结，香城书房服务效能受进馆人员 X_1、图书借阅量 X_2、活动场次 X_3、每场活动参加人次 X_4、驻馆志愿者数量 X_5、媒体曝光和影响力 X_6 影响，且受活动场次 X_3 和媒体曝光和影响力 X_6 影响较大。我们可以预知活动场次 X_3 和媒体曝光和影响力 X_6 对进馆人员 X_1 与图书借阅量 X_2 一定是呈线性正相关关系，且是中高度相关性。当影响系数 a 增加 0.1、0.2、0.3……时，会对进馆人员 X_1 与图书借阅量 X_2 产生较大影响，服务效能也将呈几何倍数增加。当然，不排除对香城书房服务效能提升还存在其他的影响指标 X_n，但本文不做重点研究。

三、结论及对策研究

（一）研究结论

本文对三个香城书房现有流量数据进行现状分析，选取了有直接影响性的 6 个指标作为研究对象，并采用了雷达图对三个书房的相关要素进行数据分析，并对活动场次 X_3 和媒体曝光和影响力 X_6 对进馆人员 X_1 与图书借阅量 X_2 两组关系进行了相关性分析，研究发现，活动场次 X_3 和媒体曝光和影响力 X_6 对进馆人员 X_1 与图书借阅量 X_2 是呈线性正相关关系，且是中高度相关性，并且存在相关影响系数，从而推导出了影响香城书房运行的相关数学模型。

要使香城书房的运行尽可能最大化提升服务效能，一方面可从单独影响指标入手，另一方面也可从影响指标之间的内部相关性角度来采取相应措施进行服务效能的优化。同时，可以借助其内部相关性来预测和主导未来香城书房的发展方向，从而进一步提升各香城书房的服务效能。

（二）对策建议

根据研究的过程和研究结论着手，一方面，可以从本文研究的6个影响指标入手，分别提升各指标的总量，逐步促进服务效能的提升。另一方面，还可以从6个影响指标之间的内部相关性着手，利用指标之间的相互促进作用，最大限度地成倍扩大提升服务效能。

1. 举办特色的书房活动，扩大朋友圈，注重阅读的分享

如果说，纸质书本是传统图书馆的命脉，那么独具特色的读书活动就是现代图书馆得以转型的新出路。随着新技术和新媒体的使用，阅读无处不在，无时不在，时而显得那么重要，时而又容易被人忽视。对于寻求和重新恢复阅读的重要性和趣味性，是当下香城书房需要迅速提升的部分。以阅读相关活动带动书房的人流量，营造书房氛围，用优质的活动吸引读者愿意到书房，增加读者进入书房的次数和参加书房活动的频率来运活书房，保持书房应有的烟火气和生机，未来书房才会真正被人们分享。

社会力量逐渐成为公共文化事业的共同体，比如市民读者、文化志愿者、公益团队、社会组织、企事业单位，通过他们的参与建设和共同分享，为香城书房做运营推广，香城书房将会很快被新受众所接受和传播，这样的服务效应提升是无形的，且是非常有效的。

2. 重视媒体的力量，借势新媒体

随着信息技术和网络建设的快速发展，微信、抖音及各种自媒体等新媒体方兴未艾。信息传递方式不再是一家独大，而是多平台、全方位通过各种智能终端进行全面渗透。在此情形下，研究新媒体环境下利用媒体进行书房阅读活动和阅读形式的推广工作，对促进书房在新媒体时代高效开展书房阅读活动有十分重要的现实意义。利用新媒体发声，也要注重传统媒体宣传，全方位扩宽书房的用户群，多方面吸纳新的用户。

3. 提倡亲子阅读和家庭式阅读，培育、影响和融入市民生活

香城书房融入城市的发展中，自然服务于城市、城市里的市民和市民的生活。提升书房的服务要从数据源着手，市民的阅读量和市民的基数就是我们要提高的方向，让他们主动地带动家人和朋友同步到书房中，增加到馆人流量、增加书房的影响力，让他们做书房的主人。同时，香城书房的运营还应注重社区服务，社区是小社会，以社区为单位提升服务能力，扩大在社区市民心中的

地位。

4. 打造主题式书房，创新香城书房的形式，把香城书房打造成城市的符号

香城书房的发展迎合了文旅融合的发展，新文化空间的营造也是新旅游空间。创新书房的形式，打造主题式书房，与生活、动漫、传统文化、科技结合，注重多元素融合，推动给市民打造沉浸式、体验式的文化之旅。在香城书房体验旅行的故事，将书房和旅行结合，比如把生活主题的分享打造成为长期的线下、线上的读书活动品牌，如摩旅、骑行、自驾、露营、徒步、攀岩、钓鱼、美食打卡、购物体验、亲子游等，让香城书房成为城市的风景和邂逅站。

四、结语及展望

香城书房的运营要重视活动的举办和媒体曝光和影响力的提升，既要注重量的提升，更要注重质的提升。提升香城书房的服务效能是出发点也是归宿，要多举办特色的书房活动，扩大朋友圈，注重阅读的分享；重视媒体的力量，借势新媒体；提倡亲子阅读和家庭式阅读，培育、影响和融入市民生活；打造主题式书房，创新书房的形式，把书房打造成城市的符号。这是印证了活动和媒体宣传会对香城书房的到馆人数、借阅量和活动参加人次有正向的影响。当然，如果能将影响因子进一步扩大范围研究，将会对香城书房服务效能的提升有更进一步的把控，也将推动香城书房服务效能的下一步提升。

参考文献

[1] 何泽. 基于用户需求导向的公共图书馆营销实践及启示——以温州市图书馆营销服务为例 [J]. 图书馆学刊，2021，43 (10).

[2] 李白杨，白广思. 三种图书馆移动服务现状、评价与展望 [J]. 图书馆学研究，2013 (18).

[3] 卢祖丹. 我国高校图书馆数据素养服务供给实证评价研究 [J]. 图书馆杂志，2020，39 (10).

国内高校图书馆学科服务发展历程与变革态势

李灏漫

(华中科技大学图书馆医学分馆信息咨询部 430030)

摘 要：本文通过文献调研法从学科服务地点、学科服务团队建设、学科服务内容演变三个方面回顾性分析了国内高校图书馆学科服务发展历程，并对高校图书馆学科服务未来发展态势进行了展望。

关键词：高校图书馆；学科服务；学科馆员

引言

随着我国"211工程""985工程""双一流建设"等新时代高等教育领域战略决策陆续出台，国家和社会对于高等学校职能定位在发展中动态变化，高等学校对于其直属高校图书馆提供的支撑服务需求也在动态中变化。学科服务是近20年来高校图书馆发展的热点趋势，旨在拓展和深化传统图书馆服务，为图书馆与院系、用户之间搭建桥梁，为高校的学术资源和教学科研做好保障和助力。[1]自1998年清华大学引入"学科馆员"这一制度以来，学科服务在中国高校图书馆已经历了20余年的深刻变化和发展。教育部于2015年对《普通高等学校图书馆规程》进行了修订，其中第30条对高校图书馆学科服务探索提出了明确要求："图书馆应积极拓展信息服务领域，提供数字信息服务，嵌入教学和科研过程，开展学科化服务，根据需求积极探索开展新服务。"[2]高校图书馆的学科服务职能任重而道远，在未来也将会为更加适应新时代信息环境变化和高等教育发展趋势而不断革新。本文基于文献调研对我国高校图书馆的学科服务制度实施进行了回顾性分析，并对未来的发展态势进行了展望。

一、学科服务发展历程回顾

清华大学参考美国以及我国港台地区高校图书馆的管理经验，于1998年起建立"学科馆员"制度，正式开启中国高校图书馆学科服务制度之先河。以清华大学为标杆，国内多所重点高校也陆续开展了学科馆员制度，如西安交通大学图书馆、厦门大学图书馆、北京大学图书馆等。[3]发展至今，几乎所有重点高校图书馆均为所属高校提供学科服务。

（一）学科服务地点

从服务地点方面来看，学科服务在逐步突破两道"围墙"。一道是图书馆的围墙，走出图书馆，面向校园，将图书馆的资源带出去，变被动服务为主动服务，变集中式服务为泛在化服务；一道是院系所的围墙，与院系所取得更加紧密的联系，使得学科服务范围更加精准化，服务内容更有针对性。在没有学科服务制度之前，图书馆基本都是等待用户上门的服务姿态，学科服务制度为图书馆与院系所之间搭建了一座桥梁，使得学校的资源信息流通更加顺畅，使图书馆为高校科研教学提供有效助力。同时，两个主体之间形成正反馈，学科馆员针对性地将信息资源与服务推介给用户，而用户的需求和建议可以通过学科馆员的服务直接传达到图书馆，形成有益的双向循环。

（二）学科服务团队建设

从学科服务团队建设上来看，越来越多的高校由原来的为学科服务设立兼职岗位发展为设立专门岗位。1998年，清华大学建立学科馆员制度，是从原有部室选择了若干名具有学科背景的馆员作为学科馆员；1999年，设立了专门的学科馆员岗位；2002年，又由原来分散的学科馆员集中，组成专门的学科馆员小组。[4]中国科学院国家科学图书馆于2004年成立兼职的学科馆员队伍，于2006年新组建学科咨询服务部，并招聘多名专职学科馆员，分别在各大研究所启动学科化服务工作。[5]设立专门的学科服务岗位有利于为学科服务在人力、物力、时间等方面起到保障作用，从而保障为用户提供学科服务的质量。同时，高校图书馆学科馆员整体素质也在逐步提升。在20世纪初期，高校图书馆的高素质人才一直处于稀缺状态，大部分高校图书馆甚至没有研究生学历的馆员，且多为图情专业背景馆员，少有自然科学领域专业背景的馆员。[3]随着近20年的发展和建设，各大高校图书馆逐步建立起一批高学历、高水平、多专业的人才队伍。2015年修订后的《普通高等学校图书馆规程》对图书馆人才队伍建设提出了较高要求，"图书馆馆员包括专业馆员和辅助馆员，专业馆员的数量应不低于馆员总数的50%。专业馆员一般应具有硕士研究生及以上层次学历或高级专业技术职务，并经过图书馆学专业教育或系统培训"[2]。这也是图书馆为高校科研与教学提供高质量学科服务的人力资源前提。各大高校图书馆陆续引进具有学科专业背景的馆员作为学科馆员的储备力量，随着学科馆员团队的不断发展与壮大，各大高校中每位学科馆员平均对口的院系数量也在逐步下降，从而能为对口院系提供更高质量和更加精准的学科服务。

（三）学科服务内容演变

清华大学"学科馆员"制度成立之初，学科馆员的岗位职责包括为师生开展培训讲座、为对口院系提供文献资源服务、编写相关参考资料指南、定期征求意见等。[6]学科服务的重点最初是与院系建立联系，主要为满足用户的学科资源需求。在学科服务制度刚刚起步时任职的初代学科馆员被初景利教授称为第一代学科馆员，他们以联络人为主要特征，发挥学科资源建设、与用户联络、参考咨询、用户培训等基础职能。[5]后来随着信息环境、用户行为、社会需求发生巨大的变化，为适应图书馆服务模式与机制创新变革的需要，学科馆员的服务模式也逐渐发生改变。学科服务逐渐由"授人以鱼"演变为"授人以渔"，着力于提升用户信息素养能力。[7]第二代学科馆员以融入一线、嵌入过程为主要特征，初景利教授形象地将其比喻为信息环境的"战略顾问"、排忧解难的"社区民警"、提供全方位呵护的"私人医生"、善于推广知识和技术的"农业推广教授"、精于运用营销策略的"市场营销专家"、长征路上播撒火种的"工农红军"和具有综合管理能力的"图书馆馆长"。[8]嵌入式学科服务完全以用户为中心，以满足用户需求为目标，全过程融入用户的科研、教学过程，围绕学科发展，对科研、教学甚至学校的管理、决策起到支持服务。

二、学科服务未来发展态势

图书馆的用户是由需求不同的人群组成的多层次、多序列的动态综合体[9]，在深化学科服务的背景下，高校图书馆的学科服务在未来也许会呈现面向不同对象提供分层次全生命周期服务态势。

对于处于不同阶段、不同身份的用户，图书馆将会提供具有针对性的服务，且服务具有连续性，将贯穿于个体的整个教学科研周期（如图1所示）。无论是本科生、研究生入学或是新进教师入校，图书馆将在此阶段开展有关图书馆资源利用的相关培训，揭示图书馆资源及其使用方式。学科馆员将为本科生开展基础的信息素养教育，同时可以为特定的课程提供相应的嵌入式服务。对于研究生，学科馆员可为其开展中级信息素养讲座，比如相关学科数据库资源使用培训、开题、立项等阶段相应的针对性讲座，期刊投稿指南等，同时还提供相应的查收查引、科技查新等信息咨询服务。对于教师，图书馆学科馆员可为其科研提供热点动向跟踪服务，也可为其申报课题提供信息服务，当学术成果发表后，可跟踪了解研究成果的影响力。对于科研管理团队，图书馆学科馆员可以协助进行科研项目成果的全生命周期管理、人才引进的评估和学科评估与战略情报分析。

分层次的学科服务
- 本科生
  - 新生入学教育
  - 基础信息素养教育
  - 课程嵌入式服务
- 研究生
  - 新生入学教育
  - 中级信息素养讲座
  - 信息咨询服务
- 教师
  - 新进教师入校研修
  - 学科热点动向
  - 课题申报信息服务
  - 成果影响力跟踪
- 科研管理团队
  - 科研成果的全生命周期管理
  - 人才引进
  - 学科评估与战略情报分析

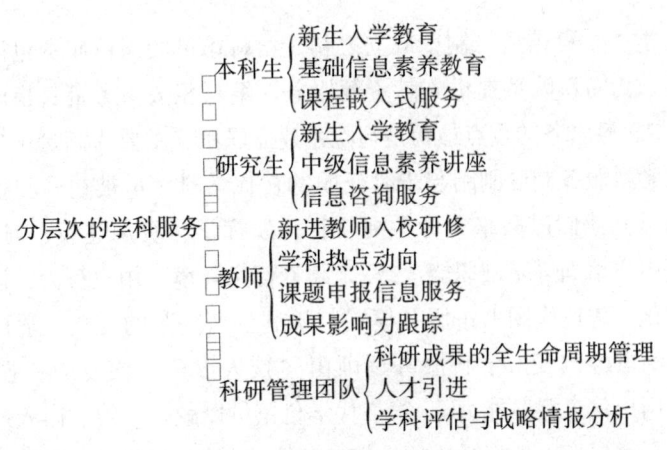

图1　分层次的学科服务

北京大学图书馆馆长陈建龙在安徽大学图书馆座谈会上，谈到有关图书馆发展的相关见解时，表示"学科服务"这个词使用频率在下降，我们不应仅停留在它的字面概念上，而应该更加深入和具体地探索它丰富的内涵。在英国、美国的顶尖高校，图书馆不仅可以提供学习场所和参考资料，甚至可以提供图书馆员作为科研助手参与阶段性的科研工作。[10]未来高校图书馆将会更加紧密地与各大院系联合，建立多个院系图书馆，院系图书馆将在图书馆主馆领导下成为强有力的学科服务抓手，充分支撑相应学科的教学科研发展。

在《"双一流"建设成效评价办法》的引导下，双一流高校图书馆还可助力建立高校"双一流"自评体系。"双一流"成效评价由大学整体建设评价和学科建设评价两部分组成，大学整体建设评价，分别按人才培养、教师队伍建设、科学研究、社会服务、文化传承创新和国际交流合作六个方面相对独立组织，综合呈现结果；学科建设评价，主要考察建设学科在人才培养、科学研究、社会服务、教师队伍建设四个方面的综合成效。[11]图书馆可与学校相应部门合作建立本校特色数据库，图书馆还可通过建立本校特色数据库助力高校建立"双一流"自评体系，在人才培养方面建立毕业生数据库，在科学研究方面建立机构知识库，在社会服务方面建立科研成果转化数据库，在教师队伍建设方面建立教师人才数据库。结合数据库为学校"双一流"建设成果提供自评依据，为学校"双一流"建设助力。

三、结语

高等教育、图书情报领域都是一个动态变化的复杂系统,当下也是一个充满了各种动态变化因素的复杂时代。自国内引进学科服务制度以来,它经历着内容、形式、对象等方面的变革,在不断的探索和完善中。学科服务无疑是高等教育事业和图书馆发展事业相互促进的科学途径,但是未来如何深化它的作用以及怎样规划它的发展态势仍值得我们深入探究。

参考文献

[1] 袁红军."双一流"大学图书馆学科服务调查分析 [J]. 图书馆学研究,2018,427 (8).

[2] 中华人民共和国教育部. 教育部关于印发《普通高等学校图书馆规程》的通知 [EB/OL]. (2016-01-20) [2021-10-31]. http://www.moe.gov.cn/srcsite/A08/moe_736/s3886/201601/t20160120_228487.html.

[3] 牛振恒. 建设有中国特色的学科馆员制度 [J]. 图书情报工作,2004 (8).

[4] 郭依群,邵敏. 网络环境下大学图书馆学科馆员职责的扩展——清华大学图书馆案例研究 [J]. 大学图书馆学报,2004 (5).

[5] 初景利,张冬荣. 第二代学科馆员与学科化服务 [J]. 图书情报工作,2008 (2).

[6] 姜爱蓉. 清华大学图书馆"学科馆员"制度的建立 [J]. 图书馆杂志,1999 (6).

[7] 于静,刘迎春,李书宁,等. 基于学科特点与用户信息行为分析的学科服务探索与实践——以北京师范大学图书馆3.0版学科服务为例 [J]. 大学图书馆学报,2017,35 (5).

[8] 初景利. 试论新一代学科馆员的角色定位 [J]. 图书馆理论与实践,2007 (3).

[9] 李书宁. 构建分层学科服务体系提供精准化嵌入式服务 [J]. 图书馆工作与研究,2017,1 (1).

[10] 陈建龙."十四五"时期图书馆发展七问 [J]. 大学图书情报学刊,2021,39 (5).

[11] 中华人民共和国教育部. 教育部、财政部、国家发展改革委 关于印发《"双一流"建设成效评价办法(试行)》的通知 [EB/OL]. (2021-03-23) [2021-10-31]. http://www.moe.gov.cn/srcsite/A22/moe_843/202103/t20210323_521951.html.

后疫情时代少年儿童图书馆阅读推广创新活动探索
——以武汉市少年儿童图书馆为例

何 庆

（武汉市少年儿童图书馆 430014）

摘 要：本文以武汉市少年儿童图书馆为例，探索在后疫情时代通过线上活动开展、进校园进社区、利用融媒体开展阅读推广等，主动转变服务理念，创新阅读推广方式，彰显少年儿童图书馆在后疫情时代的职能理念和价值作用。

关键词：后疫情时代；少年儿童图书馆；阅读推广

少年儿童图书馆作为以广大未成年人为服务对象的公益社会教育机构，应探索如何积极适应后疫情时代特点，探索新形势下的阅读推广服务，以彰显其职能理念和价值作用。本文以武汉市少年儿童图书馆在后疫情时代开展的一系列阅读活动为例对此进行探究，为在后疫情时代如何开展阅读推广活动提供参考。

一、后疫情时代未成年人阅读推广活动面临的困难和问题

（一）来馆读者数量减少

据《中华人民共和国文化和旅游部 2021 年文化和旅游发展统计公报》公布，我国公共图书馆 2019 年总流通人次 90135 万，书刊文献外借册次 61373 万；2020 年总流通人次 54146 万，书刊文献外借册次 42087 万；2021 年总流通人次 74614 万，书刊文献外借册次 58730 万。2020 年流通人次和外借册次相比 2019 年均有较大跌幅，2021 年虽然有所增加，但离 2019 年数据仍有一定差距。

（二）未成年人居家时间延长

因疫情时有反复，未成年人作为弱势群体，在家上网课、居家学习时间大

幅增加，对人群聚集的公共文化场馆，特别是属于室内密闭空间的少年儿童图书馆去的更少，更多的方式是家长到图书馆借书后即刻离开，由疫情前在馆内阅读改为借书回家居家阅读。

（三）馆内读者活动开展困难

由于疫情防控原因，对密闭公共文化场馆人员聚集提出了控流、保持社交距离等要求，致使以前在馆内组织的常态性读者阅读活动受到较大限制。少年儿童图书馆作为服务未成年人的公益社会教育机构，家长因疫情产生谨慎心态，更不愿过多参与馆内组织开展的阅读推广活动。

二、武汉市少年儿童图书馆后疫情时代阅读推广活动实践

后疫情时代，公共图书馆如何坚守服务理念，特别是少年儿童图书馆面对未成年人服务群体，根据疫情防控常态化特点及读者需求变化创新开展阅读推广活动是图书馆人应积极思考的问题。

（一）积极开展线上阅读推广活动

公共图书馆属于人员聚集场所，疫情常态化状态下不能完全对读者开放，线下阅读推广活动的开展也受到极大限制。少年儿童图书馆面对的服务群体为广大儿童，阅读推广作为少年儿童图书馆服务的重要组成部分，在疫情防控期间主动调整服务模式，积极推动线上阅读活动的开展，为广大少年儿童减轻心理压力，让其足不出户即可享受美好的阅读盛宴，在灾害中收获成长是少儿图书馆人的使命和担当。武汉市少年儿童图书馆面对突发疫情，于2020年1月27日推出"云上读书会"公益线上阅读活动，通过读者微信群直播分享优秀童书，分享人包括儿童阅读等推广人、儿童文学作家、童书出版编辑等专业童书创作、出版、推广工作者，为广大家庭搭建分享阅读、指导阅读、推广阅读的互助平台，受到广泛关注。至今已举办300余期，参与的同步转播微信群达百余个，参与人次已突破百万，遍及省内16个市县和北京、上海、重庆、洛阳、南昌等多个省外城市。在第37届国际儿童读物联盟（IBBY）世界大会上，武汉市少年儿童图书馆受邀线上参会并发表视频演讲，向世界推介"云上读书会"。"云上读书会"作为疫情封城后反应时间最快、影响力最大的线上阅读活动，已成为后疫情时代公共图书馆阅读推广创新服务实践的经典案例。

（二）阅读推广活动进社区进校园

为解决少年儿童在疫情反复期来馆困难问题，秉承"阅读无处不在"的理

念，图书馆人应更多地将阅读活动送入社区、送入校园，让孩子们在安全熟悉的环境里进行阅读。武汉市少年儿童图书馆通过打造"小种子流动阅读推广"活动品牌，深入学校、幼儿园，走进社区、广场，进入未成年人管教所、儿童福利院等地开展各类读书活动，覆盖武汉全市及所有郊县。后疫情时代更是将活动拓展到8+1城市圈，如与湖北省图书馆、巴东县图书馆联合开展"相约乡读·播撒爱阅小种子"阅读推广活动，走进巴东县贫困山区小学，推动文化共享，助力文化扶贫。2021年，开展"童心向党·薪火相传"百堂党课进校园活动，邀请武汉市老干部合唱团成员及优秀阅读推广人作为主讲人，以党课与故事、音乐相结合的新形式，走进武汉三镇及边远城区39所中小学及幼儿园、社区，开展活动111场，提升少年儿童学习党史的热情和兴趣，引导他们建立正确的人生观、价值观。

（三）联合各公共图书馆开展线上阅读推广活动

随着后疫情时代线上阅读活动的开展，武汉市少年儿童图书馆创新活动形式，联合各公共图书馆利用互联网拉近各地少年儿童距离，通过网络面对面交流，扩大阅读推广活动影响力，以消除地域隔阂，拉近了儿童心灵间的距离，使其了解不同地域之美。2020年，武汉市少年儿童图书馆联合重庆巴南区图书馆开展"共饮长江水·心系两地娃"、联合天津市南开区少年儿童图书馆举办"童心战疫情，津汉心连心"等未成年人云上阅读推广活动，以互通一封信、共读一本书、同办一件事，让武汉、重庆、天津小朋友以书为友、以网为媒，通过不同的阅读体验收获一段异地友情，共同为武汉加油，祝愿武汉早日走出疫情阴霾。2022年4月2日，武汉市少年儿童图书馆联合长江沿线省市公共图书馆，共同举办"我是长江的孩子"国际儿童图书节线上直播"云上嘉年华"，武汉市少年儿童图书馆设主会场，重庆、宜昌、长沙、咸宁、鄂州、南京等设分会场，围绕"立春、雨水、惊蛰、春分、清明、谷雨"六节气，通过六大研学版块，探访文化名城，研读传统文化，将长江沿线城市人文历史与各地图书馆特色儿童阅读推广活动相结合，引导孩子们在沉浸式阅读互动体验中读万卷书，行万里路，活动当天观看现场直播人次突破了百万。

（四）建立阅读推广志愿者队伍

少年儿童图书馆面临馆员人数少，工作任务重的困境，为更好地应对后疫情时代阅读推广活动开展，一支高素质、勤奉献的阅读推广志愿者队伍建设必不可少。武汉市少年儿童图书馆积极拓展志愿者群体，特别是从社会各行各业充实阅读推广志愿者，如职业教师、社会教育工作者、媒体人、会计、保险经济、全职妈妈等。成立馆内志愿者委员会，制定《武汉市少年儿童图书馆志愿者委员会管理条例》，组建武汉市少年儿童图书馆志愿者委员会，定期召开志愿者委员会会议，规范管理志愿者队伍，同时加强志愿者培训，打造一支指导阅读、推广阅读的专业志愿者教师团队。正因为有了志愿者的默默付出，武汉市少年儿童图书馆阅读推广服务才有了更迅捷的发展，惠及更多的儿童及家庭。2021年3月，武汉市少年儿童图书馆志愿者团队被市文明办评为"2020年度武汉市最佳志愿服务组织"。

（五）立体宣传彰显阅读活动效能

后疫情时代发挥多平台、融媒体作用，是快速提升图书馆影响力的重要方式。为更好地推广全民阅读，充分发挥媒体传播的优势，武汉市少年儿童图书馆与湖北广播电视台湖北教育频道联合打造《这就是好书》节目，集阅读、荐书、录制读书节目于一体，2021年共发布40集，数万人次观看。2022年，武汉市少年儿童图书馆与楚天音乐广播合作推出亲子阅读栏目《少图之声》，以"小而精""小而美"的小单元形式，以童书速递、亲子阅读小妙招、佳作展播等多角度，面对全省听众固定播出。同时注重充分发挥主流媒体舆论引导，运用新媒体传播优势，以视频、直播、图文等形式，在报纸、APP、微博、微信、小程序、视频号等同步推送，让更多人参与其中。2020年、2021年两年间，各级主流媒体累计宣传报道武汉市少年儿童图书馆阅读推广活动198次，其中CCTV、人民日报、新华网等国家级媒体报道53次，省级媒体报道59次，武汉电视台、长江日报等市级媒体报道76次，中共湖北省委办公厅等政务宣传10次，让更多人知晓少年儿童图书馆阅读推广活动的开展。

三、后疫情时代开展未成年人阅读推广活动建议

（一）精准的服务定位

2020年10月，中宣部印发《关于促进全民阅读工作意见》指出，"根据不同年龄段未成年人发展状况，推广阶梯阅读，建立阶梯阅读体系"，对少年儿童图书馆有针对性的推广全民阅读提出了更高的要求。少年儿童图书馆作为服务未成年人的公益公共文化机构，应根据不同年龄段儿童成长需要和认知规律开展分级阅读，针对不同阅读能力的孩子提供不同的阅读读物和开展相应的阅读推广活动，做到有的放矢，更好地培养儿童良好阅读习惯。

（二）提高数字资源利用率

数字资源购买在图书馆资源采购的比例中逐年增大，购买和自建的数字资

源在数量上已经初具规模,但少年儿童图书馆的数字资源利用率并不高,主要是由于少年儿童能力不够及家长对儿童电子设备使用有一定顾虑。随着后疫情时代的到来,孩子居家学习时间增长,在家上网课也成常态,对电子产品接触逐渐增多。少年儿童图书馆应充分发挥少年儿童图书馆馆藏数字资源优势,引导少年儿童正确接触网络,并利用优质的数字资源提高自身能力。在推广馆藏数字资源,提高数字资源利用率上,应根据少年儿童特点,同时也要针对家长和教育工作者的不同需求,开展深层信息服务和个性化服务,以更好地满足后疫情时代的数字阅读需求。

(三)加大家庭阅读推广比重

后疫情时代少年儿童居家学习时间的增长,更加体现出家庭阅读的重要性,但大多数家长未必掌握有效开展家庭阅读的方式方法。少年儿童图书馆可以根据家长的文化程度,以及孩子们的心理特征和读书需求,开展相对应的家庭阅读推广指导活动。如推荐家庭藏书书目、召开家长沙龙、辅助家庭制定有效的阅读方案等,为家长营造一个交流平台,传授家庭阅读的相关知识,帮助家长转变传统的阅读理念,促使家长认识到优秀书籍对儿童成长过程中的重要性,从小培养良好阅读习惯,提高阅读效率。

(四)专业化的馆员队伍建设

我国公共图书馆法明确指出,"公共图书馆是开展社会教育的公共文化设施,应当根据少年儿童的特点配备相应的专业人员,开展面向少年儿童的阅读指导和社会教育活动"。后疫情时代,阅读推广活动的开展已发生较大变化,少年儿童图书馆的工作模式也发生相应转变,对图书馆员自身的素质能力也有了更高要求。除熟悉图书馆馆藏资源,不断在深化阅读中提升自己的文化底蕴,加强自身业务知识学习外,还应加强阅读推广活动策划能力的提升。同时注重开展各类馆员培训,加强馆员间的学习交流,并提供平台在实际阅读推广活动中开展实践性训练,提升自身工作的专业性和规范性。

四、结语

文旅部发布的《"十四五"公共文化服务体系建设规划》明确,"要高度重视未成年人阅读习惯培养,进一步丰富亲子阅读活动。依托公共图书馆汇聚、培育一批领读者、阅读推广人、阅读社群"。少年儿童图书馆应该根据后疫情时代的防控要求,主动转变服务理念,针对服务群体积极创新阅读推广方式,以更高标准推动少年儿童图书馆事业的发展,让更多的家庭在后疫情时代掌握更多的亲子阅读方法，引导少年儿童多读书、爱读书、善读书。

参考文献

[1] 财务司．中华人民共和国文化和旅游部2021年文化和旅游发展统计公报［EB/OL］．（2022-06-29）．https：//zwgk.mct.gov.cn/zfxxgkml/tjxx/202206/t20220629_934328.html．

[2] 全国人民代表大会．中华人民共和国公共图书馆法［EB/OL］．（2018-11-05）．http：//www.npc.cn/npc/c12345/201811/3885276ceafc4ed788695e8c45c55dcc.shtml．

[3] 文化和旅游部．"十四五"公共文化服务体系建设规划［EB/OL］．（2021-06-23）．http：//www.gov.cn/zhengce/zhengceku/2021-06-23/content_5620456.htm．

[4] 吴建中．亦虚亦实新空间——后疫情时代图书馆下一步走向的思考［J］．图书馆建设，2021（4）．

[5] 陶丽珍．后疫情时代公共图书馆未成年人线上活动服务研究——基于对美国纽约公共图书馆的调查与启示［J］．晋图学刊，2021（4）．

[6] 郑钟毓．疫情下对少年儿童图书馆全面阅读服务的思考——以福建省少年儿童图书馆为例［J］．图书馆建设，2020（SI）．

文旅融合背景下公共图书馆的文化传承

——以来凤县为例

李树林

(来凤县图书馆 445799)

摘 要：文旅融合是近年来旅游经济、文化经济发展的新模式，在文旅融合背景下，公共图书馆如何发挥文化属性，强化文化传承，将文化魅力与旅游相结合，成为公共图书馆重要的发展方向。本文试图以来凤县为例，探索文旅融合背景下公共图书馆的文化传承路径，实现文旅高效融合，以期为公共图书馆与旅游产业深度融合提供借鉴，更好服务经济和文化事业发展。

关键词：公共图书馆；文旅融合；文化传承

一、文旅融合的内涵

文旅融合是在传统旅游业的基础上，结合文化，形成"旅游+文化"的融合。旅游是载体，辅以文化，让人们在旅游过程中对一个地区、一种文化进行全新体验与感受，享受文化带来的精神冲击，通过文化丰富旅游的内涵、增加旅游的趣味、提升旅游的品质。同时，旅游也带动了文化的传播，为文化产品和服务提供了手段和渠道，通过旅游能够让各种文化相互碰撞，让人们感受到不同地域条件之下孕育出的文化差异，地域文化和民族文化通过旅游得到传承。

2018年4月，文化和旅游部正式挂牌，文化和旅游的融合发展开启了新的篇章，文旅融合发展成为主旋律。文化和旅游部门秉持文旅深度融合的理念，不断探索分析文化和旅游业发展的规律和内在逻辑关系，促进文化与旅游业的深度融合。文化与旅游业的融合成为旅游业得以持续蓬勃发展的内生力量，文化产业的兴盛也正迎合了广大群众在新时代对文化、艺术的需求。

文化是一个国家、一个民族的灵魂。党的十九大报告强调要"满足人民过上美好生活的新期待，必须提供丰富的精神食粮"，要"完善公共文化服务体系,深入实施文化惠民工程,丰富群众性文化活动"。习近平总书记也曾说文化传承是非常有必要的,弘扬中华民族伟大的传统文化是现阶段非常重要的一件事情。公共图书馆作为基本的传统文化承载方,文旅融合的发展背景下对公共图书馆提出了新的要求和标准,公共图书馆要利用自身的文化优势,创新搞好文化传承推广,将文化资源融入旅游之中。

二、文旅融合背景下公共图书馆文化传承的必要性和可行性

(一)公共图书馆有责任进行文化传承

1. 公共图书馆作为文化服务体系中的重要组成部分,其在社会文化建设、打造书香社会的过程中承担的社会责任越来越大,理应思考如何实现文旅深度融合的问题,必须加快转型发展步伐,积极发挥主力军、排头兵的作用,拓展服务内容,创新发展思路,充分利用特色资源发展具有人文精神的文化旅游产业,探索文化与旅游深度融合的新模式,不断满足群众对美好生活向往的多元化需求,促进社会经济文化水平的提升。

2. 公共图书馆具有弘扬中华优秀传统文化的职责。公共图书馆承担着传播文化知识的使命,随着我国图书馆、博物馆等场馆免费开放政策的落实,越来越多的读者开始进入图书馆、使用图书馆。公共图书馆不仅应向读者提供馆藏资源服务,还应针对不同的读者群体提供精准推送服务,通过传播社会主义核心价值观和优秀的传统文化,引导他们树立科学的世界观,开展深阅读服务及研学旅行活动传播和弘扬中华优秀传统文化。要积极探索、深入挖掘文化旅游的内涵,讲好文化故事,开创"图书馆+"模式,打造文化旅游精品,这不仅有利于提高经济效益,更有助于守护、传承文化血脉。

3. 公共图书馆具有保护、开发地方特色文化的职责。公共图书馆作为公益性事业单位,其本质就是为社会公众服务,促进终身教育,努力构建学习型社会,不仅仅是提供资料供人参阅,同时也需要通过展览、讲座等群众活动,展开社会教育,提高群众文化素养,促进当地和谐社会文明的建设,要特别注重保护和发扬地方特色文化。公共图书馆不仅要善于整理地域文献资源,更要通过开展地域文化特色的主题阅读推广活动,讲好地域文化故事,提升地域文化自信,使地域特色文化从图书馆图书资料中走出来,变成游客身边生动鲜活的感受和体验。

(二)公共图书馆有优势进行文化传承

1. 馆藏资源优势。公共图书馆拥有丰富的馆藏资源,是一座文化知识的宝

库，特别是公共图书馆拥有底蕴深厚的古籍资源和特色鲜明的地方文献资源，是任何相关机构和部门都无法比拟和替代的。来凤县图书馆是一座集传统借阅与数字借阅于一体的现代复合型图书馆。馆藏纸质图书18多万册，自建电子书资源12万册。拥有超星数字图书馆、超星少儿资源库、博看电子期刊、地方特色数据库等数字资源库。近两年，总流通量达50万人次，书刊文献外借达10万多册次。

2. 文旅融合的行业优势。公共图书馆作为文旅系统的组成部分，具有文化和旅游的双重优势，能够更加周全地安排文化旅游活动，在选择旅行社、参观博物馆、游览历史名胜景点时都可以获得有关部门的协调和帮助。来凤县图书馆是国家县级一级图书馆，是县文旅局的二级单位，坚持全年无间歇、每周56小时以上开放制，努力为广大读者营造温馨、轻松、静雅、便捷的阅读环境，还积极开展丰富多彩的阅读推广活动，组织参与系统旅游活动，倾力打造广大市民生活、工作外的学习休闲第三空间。为全县经济、社会的发展，特别是旅游业的发展提供强大的智慧援助、文化给养和精神支持。

3. 人员优势。公共图书馆馆员具备图书馆学及其他专业的良好专业素养，具备较强的表达能力、思维能力和操作能力。随着公共图书馆阅读推广工作、文旅融合工作的不断推进，除图书馆学专业外，图书馆也有中文、计算机、外语等专业的人才。在文旅融合背景下，图书馆员也扩大了自身在文化、旅游方面的知识储备。来凤县图书馆现有事业编制数18人，目前在岗人员14人。其中本科4人，大专10人。图书档案专业2人，计算机专业5人，英语专业1人，中文专业6人。另有文化工作者4人，公益性岗位1人。

三、文旅融合背景下公共图书馆在文化传承中的尝试以及存在的问题

（一）开展的主要工作

1. 不断提升服务质量。为了更贴心地给予读者家一般的温馨服务，来凤县图书馆不断提质升级，洗手间配备了卫生纸、洗手液和暖手设备，5000平方米的馆舍面积空调、wifi全覆盖，免费提供饮水、参考咨询、打印、辅导阅读等服务，并且打造了冬暖夏凉、绿植环绕的阳光书房。利用图书馆人流量大，传播面广的宣传优势，在图书馆显著位置将旅游相关的书籍、旅游攻略、文明旅游资料以及全域旅游地图等宣传资料进行集中展示。让读者身临其境感受不同地域特色展览。通过服务提升，拉近了读者与图书馆的距离。

2. 探索文旅融合新模式。来凤县图书馆陆续在来凤县各大景区建立流动图

书服务点，定期更换图书并对游客免费开放，景区书吧的合理利用打造了文明旅游新风尚，让景区文化品位和文明程度相得益彰；在中国旅游日以及旅游旺季等重要时间节点，来凤县图书馆会把流动图书车开到景区，游客既可以近距离地享受阅读的乐趣，又可以参观本地历史发展、风土人情以及人文历史展览，并且能够聆听图书馆组织的长江读书节领读者宣讲。

3. 举办文化业务活动。来凤县图书馆围绕红色主题、家乡文化等主题开展讲座、作品征集、展览、朗诵、经典阅读会、好书推荐、清廉之声、亲子阅读、讲书、推介家乡比赛等系列活动。这些活动一方面有利于吸引人们走进图书馆，让人们在图书馆里享受文化之旅，另一方面也激发了来凤人民的文化自信以及推介自己家乡的积极性。一是以世界读书日、孔子诞辰日为契机，利用图书馆网站平台传播革命文化、红色文化；二是通过好书推荐、党史知识趣味竞答、"我为来凤献一计"等形式，开展"学党史、强信念、跟党走"青年党史学习教育读书活动；三是利用图书馆的视听室，开展爱国主义影片放映，树立社会主义核心价值观；四是利用流动图书车的便利，开展阅读进乡村、进社区、进机关、进乡镇、进学校、进景区活动；五是以中国传统节日为契机，开展各类文化主题活动，弘扬中华民族优秀传统文化；六是利用好来凤县图书馆新媒体平台，发动领读者、机关干部、学生、司机参加讲书人大赛和推介家乡的风土人情故事大赛，宣传推广家乡文化。

4. 挖掘区域特色，解读本地历史。深挖本土特色历史文化资源，引领具有地方文化的经典阅读，加大对地方优秀传统文化、自然景观、人文景观、非物质文化遗产资源的挖掘，收集整理身边英雄共和国勋章获得者张富清老人的相关书籍和资料。设立红色文化专栏，并在来凤县图书馆公众号上对这些地方文献资料进行分类展示。组建荆楚"红色文艺轻骑兵"图书馆小分队，定期到各个景区开展红色文化展览和宣讲。开展线上线下讲英雄学英雄活动，通过讲英雄故事来还原英雄场景，寻访英雄足迹。借助湖北省图书馆"书说战疫"直播间、声音倾城、荆楚网"为你讲书"等大平台宣传推介来凤特色，2020年6月27日，来凤县图书馆馆员在湖北省图书馆"书说战疫"直播间利用一个半小时的时间向全国各地的7000余名读者讲述了张富清老英雄一辈子坚守初心、扎根来凤的故事，并向大家推介张富清老英雄工作和生活的来凤县的风土人情、旅游线路。

5. 联合其他部门进行文化资源、文化活动的融合。促进地方旅游业的繁荣，带动地方经济发展，同时宣传地方文化的保护工作，打造文明旅游新风尚。目前，来凤县以一馆三点，即张富清先进事迹展馆、三胡乡狮子桥电站、大河镇独石塘村、百福司镇高洞村为主线，着力建成张富清初心教育基地，以红色文化筑牢乡村振兴的精神高地。来凤县张富清先进事迹展馆开展寻访英雄足迹活动，保护利用红色革命文物，2021年接待游客超12万人次，助推红色文化旅游健康发展。

（二）存在的问题

1. 思维固化，创新不足。依靠馆藏资源吸引读者，缺少"走出去"的想法，主动宣传工作不到位，难以吸引群众参与，未能很好地依托地域特色资源及馆藏资源进行自我创新，开发图书馆文旅服务产品，以实现文旅深度融合。

2. 项目与文化融合不够。图书馆的文旅融合项目逐渐增多，但对文化创意、图书馆元素的应用较少，没有挖掘出地方文化底蕴，图书馆的特色资源没有得到充分利用，缺少能形成产业链的特色项目。传统文化、地方文化、图书展览、艺术字画收藏等资源较难被转化为旅游产品，缺乏具有市场竞争力及影响力的项目和产品，难以推广文化旅游。

3. 缺乏品牌项目。在文旅融合背景下，大量旅游爱好者穿梭在各个城市，进入图书馆，以便及时获取所需知识，解决其去旅游过程中遇到的难题。目前，图书馆工作中发展旅游的服务存在一定难度，群众对该业务的了解不足，业务存在规模小、竞争力不足、影响力较弱，且旅游相关业务缺乏优秀品牌。

4. 与文旅企业缺乏深度合作。在开展图书馆服务过程中墨守成规，未能认识到和文旅企业深度合作的重要性，未能树立创新意识，从而使图书馆服务的质量水平难以提高。与文旅企业间的合作深度不够，难以做到资源优势互补，使文化资源输出、旅游资源融入难以保持一致性，进而难以将文旅融合的价值作用有效体现出来。

5. 复合型人才不足。图书馆作为公共文化服务体系的重要组成部分，需要既懂文化管理又懂旅游项目运营的复合型创新人才，以尽快落实文旅融合工作。目前，大部分公共图书馆的在职人员均无法胜任文旅融合相关工作，难以推动文化和旅游业的深度融合。

四、文旅融合背景下公共图书馆文化传承的路径

（一）与地方资源深度融合

文旅融合时代下，打造具有当地文化特色的旅游文化资源已经成为旅游产业发展的主要趋势。需要从自身实际情况和特点入手，打造全新的文化产业，并形成自身独有的文化品牌，提高影响力，扩大市场的覆盖率。首先，借助图书馆梳理本地历史,统计并保护物质遗产、历史建筑物等载体,尊重古树、古寨、古楼等历史元素;其次,继承和发扬非物质文化遗产,像民间手艺、戏曲、医药和餐饮等,在其中融入文化元素,在建筑、街道、环境等方面形成具有特色地域文化的特色风貌,增加文化认同感;最后,将旅游业与当地特色文化、特色农产品和林业相结合,利用农村传统体验、田园风光,加快农副产品向旅游商品的转化,大力发展生态旅游,推进旅游生态化,使旅游发展向"区景一体、产业一体"转变,促进旅游与其他产业融合,实现旅游产业全域辐射带动,进而提高乡镇内生经济动力。如来凤县要打好"土家文化"牌、"红色文化"牌、"地域特色"牌。

(二)积极开发多元文旅融合渠道

在文旅融合时代下,图书馆要将"住、食、行、游、购、娱"六要素作为图书馆服务创新的有效切入点,促进文旅融合的高效发展。例如,打造"图书馆+民宿"的融合之路,在餐厅或者酒店前台一些公共的区域都可以放置一些书架和书籍等,让游客停下脚步去阅读;从传统食品企业向文化旅游产业发展,推动食品产业转型,探索出一条产业与地域文化高度融合的文旅之路;在游客参观路线中构建小型图书馆;在图书馆不断增加、融入观光资源,把图书馆建设成景点;结合当地文化和景区特色生产文化创意产品等。

(三)创立旅游品牌

在文旅融合背景下,为提高图书馆影响力,应主动创立图书馆旅游品牌,满足群众对文旅的需求。图书馆管理人员应充分了解当地资源建设情况,提高图书馆服务水平,加大各类项目创新力度,使图书馆能够形成具有自身特色的旅游品牌。第一,图书馆应深入了解当地文化、历史及发展进程,对当地旅游资源进行收集,构建具有自身特色的旅游品牌,对图书馆的影响力进行提升,使文旅质量得到保障;第二,应充分考虑不同文化间的差异,对各民族文化进行充分了解,尊重文化差异,提供具有丰富性、差异性、针对性的旅游服务;第三,需将当地文旅资源挖掘出来,将其融入旅游品牌建设中,将图书馆与景区融合,提高图书馆的趣味性及景区的文化内涵。来凤可以依托张富清先进事迹展馆纳入国家建党百年红色旅游百条精品线路,不断开发红色资源,打造独具特色的旅游品牌。

(四)与文旅企业进行有效合作

图书馆管理人员应加强与文旅企业的沟通交流,促进双方有效合作,共同完成旅游产品及旅游项目的开发。在开发旅游项目时，要对各地文化资源进行深入挖掘，与文旅企业对这些资源进行筛选，将具有市场潜力的资源转化为故事或场景，构建独特的文化品牌。在文旅企业的产品开发中，可充分利用非遗信息资源库，帮助读者对民间文化进行深入了解，感受民间文化及中华传统文化的魅力。强化与文旅企业协作，优化社会资源。

（五）图书馆进景区

图书馆与旅游景点、博物馆等合作，将图书馆嵌入其中。通过"景区+图书馆"模式多渠道传播文化，提升景区的文化内涵。同时，还在一些公共区域都设有一定的免费阅读点，这也是文化传承的一种好形式，提升全域的文化氛围。这种景区图书馆无疑能够增加景区的文化内涵，提升景区的文化品质，也能激发游客的阅读兴趣，助力我国建设书香社会。此外，还可以与民宿结合，实现图书馆与旅游景区的完美融合，增加景区的经济附加值，拓展景区业务范围。

（六）强化复合人才培养

在以读者为中心的现代公共图书馆文化走读服务模式中，活动服务人员仍然是重要的构成要素。活动服务人员包括馆员、志愿者、读者社团、合作老师等，他们必须具备相应的职业技能，故而要构建复合型的人才培养、引进和激励体系。公共图书馆要加强与地方教育机构、专业学校的人才对接和合作，为人才输送提供专门渠道；召集具有相关专业背景的志愿者和读者加入服务队伍中，他们了解文旅融合的政策要求，熟悉图书馆资源，擅于活动设计。同时，可以根据实际情况设立人才培养和实践基地，培养能力与知识兼备的复合型人才。也可以聘请相关领域专家学者授课，以导师带徒的方式充实他们的业务知识、培养他们的团队精神、树立他们的服务意识，让他们在各自擅长的领域内为活动出谋划策。

参考文献

［1］夏超群.关于公共图书馆文旅深度融合的几点思考［J］.河南图书馆学刊，2020（9）.

［2］靳改花.文旅融合背景下图书馆开展文化研学的思考［J］.河南图书馆学刊，2020（9）.

［3］王慧.文旅融合背景下图书馆红色旅游服务探索［J］.河南图书馆学刊，2021（10）.

[4] 丁景发. 图书馆在文旅融合时代的使命与创新 [J]. 传媒论坛, 2020 (6).

[5] 王璐. 探讨图书馆在文旅融合时代的使命与创新 [J]. 传播力研究订阅, 2020 (19).

[6] 候淑香. 文旅融合背景下的图书馆服务与创新措施 [J]. 科技资讯订阅, 2022 (11).

[7] 李媛, 邱奥欣, 经莉. 文旅融合视域下的"阅读+旅游"推广创新研究 [J]. 新世纪图书馆, 2021 (7).

[8] 邱洋城. 文旅融合背景下主题图书馆发展新机遇与实践路径探究 [J]. 科技创新导报, 2021 (28).

[9] 周雪芹. 文旅融合下公共图书馆开展少儿阅读推广的创新路径研究 [J]. 河南图书馆学刊, 2020 (11).

[10] 丁文娟. 文旅融合下公共图书馆地方特色资源库建设思考 [J]. 新世纪图书馆, 2021 (5).

[11] 胡聪. 公共图书馆文旅融合发展路径 [J]. 办公室业务, 2020 (5).

[12] 秦志华. 文旅融合背景下图书馆全民阅读推广策略研究 [J]. 河北科技图苑, 2020 (1).

[13] 邓莹华. 文旅融合背景下公共图书馆少儿阅读推广策略 [J]. 科学与生活, 2021 (30).

基层图书馆助力乡村振兴战略的发展路径

向红梅

（宜昌市秭归县图书馆　443600）

摘　要：乡村振兴战略是党的十九大针对"三农"问题提出的重要战略部署，要实现建立产业兴旺、生态宜居、乡风文明、治理有效、生活富裕的社会主义现代化新农村，文化是必不可少的助力。基层图书馆是丰富农民精神生活的有效途径，可以通过优化农村阅读环境、激发农民阅读兴趣，培养农民良好阅读习惯等方式来吸引农民参与阅读服务，从而为乡村振兴贡献力量。

关键词：乡村振兴战略；基层文化建设；发展路径

引言

乡村振兴战略是党的十九大做出决胜全面建成小康社会、开启全面建设社会主义现代化国家新征程的新战略。我国社会主要矛盾转化之后，要满足人民群众的美好生活需要，不仅需要激活当地经济发展，更需要大力开展精神文明建设，推动移风易俗转变，发掘群众内生动力。基层图书馆作为一种常设性公益文化教育机构，在开启民智、提升国民素养、实现终身教育的职能上发挥着举足轻重的作用，越来越为当地政府所重视。但在当下，基层图书馆仍有许多亟待解决的问题，成为事业发展的瓶颈。

一、乡村振兴背景下加强基层图书馆建设的必要性

（一）基层图书馆是农民用户获取文献信息资源的有效途径

根据国家统计局最新发布的中国人口数据，其中农村人口占比仍超过40%。而进入信息化时代，农业农村信息化水平大幅提升，农业产业转型发展，农民用户对文献信息资源的需求也逐年攀升。公共图书馆作为公共文化服务体系中的重要一环，作用巨大。

首先,图书馆庞大的资源共享体系,完善的信息沟通网络,让广大农民用户也能第一时间搜集到政策信息、市场行情、产品供求、绿色生产等相关信息资源。其次,基层图书馆能立足本地特色农业,有针对性地搜集相关信息资源,有效提升当地农业技能水平和科技水平。比如湖北省秭归县,是著名的"中国脐橙之乡",秭归县图书馆工作人员,深入农村开展调研活动,搜集了大量有关柑橘种植的文献资料和网络信息,制作成宣传册、宣传单,将其输送到柑农手中,对于提高乡村居民的经济收入产生了良好的促进作用。

(二)基层图书馆是农民用户提升文化素养的重要场所

当下,农村的教育水平仍相对落后,很多农村学生在义务教育结束之后,就失去了继续学习的机会。基层图书馆作为基层群众开展素质教育的重要场所,具有引导、教育、聚集、激励等功能,是学校教育的有力补充,也是完善终身学习体系,构建全民学习型社会的重要抓手。广大农民用户可以在图书馆里借阅到自己所需的专业书籍和最新期刊,从而达到启迪智慧、拓宽知识面、提高文化素养的目的。

(三)基层图书馆是推进乡风文明蕴含的必然选择

一方面,图书馆搜集、整理、保存文献的功能可以让本土文化资源得到保护,这是传承发展当地历史文化,留住本土乡风民俗,推动文化产业与相关产业融合,走文化致富之路的基础。另一方面,图书馆通过创新服务供给方式,组织丰富的阅读推广活动来实现图书馆的社会教育职能,逐步改变农村落后的生活习俗,改正不良生活习惯,大力推进农村精神文明建设。

二、当前基层图书馆发展现状

(一)区域发展不均衡

我国基层精神文化建设很久以来都处于一种被忽视的状态,这一点从基层图书馆的建设上可见一斑。基层图书馆长期以来存在区域发展不均衡、吸引力不足以及管理混乱等问题。

首先,中西部地区基层图书馆数量少且分布不合理,很难形成对广大农民用户的全员覆盖。图书馆是公益文化事业,需要政府投入,越是经济不发达地区就越需要政府及社会从观念上、行动上重视、关心和支持,而实际情况却往往相反。以秭归县为例,县图书馆位于县城中心,远离基层农民,农民用户无法享受常态化、连续性的阅读服务。而近年实行的农家书屋,选址通常是村委,秭归是典型的山区县，山大人稀，户与户之间往返路途遥远，难以发挥农家书屋的功用。其次，我国基层图书馆的经费不足，购进新书数量少，更新慢，种类单一，难以满足民众的阅读需求。基层图书馆的建设属于公共建设，因此，从县、乡镇图书馆到农家书屋，无论是图书购买还是派送都需要相当大的资金支持，很多地方对于图书馆建设重视程度不足，忽视了这部分经费的支持，导致很多图书馆书籍常年不更新，难以激发民众的阅读兴趣。最后，基层图书馆的服务人员较少、服务意识不足。基层图书馆作为服务农民的最后一公里，其服务意识与服务水平在很大程度上影响着图书馆的实际应用，我国很多地区的基层图书馆在人员上岗之前缺乏良好的培训，很多人员对于图书工作认识不足，导致图书馆的图书编排、选购都出现了问题，极大地影响了基层民众对于图书馆的认可度。

（二）农民用户阅读学习意识不强

基层公共图书馆使用率不高的根本原因，还在于我国农民用户整体缺少强烈的阅读学习意愿。

出现这种情况的原因可以分为三个方面。首先，农村的多数民众物质生活水平仍然不高。马克思哲学讲"经济基础决定上层建筑"，高水平的物质生活是丰富精神生活的前提。在我国优先发展工业、优先发展城市的战略下，我国广大农村地区长期以来都是经济待发展区域，这就导致很多农村居民尚且要为物质生活奔波，没有精力通过阅读来建设精神生活。另外，留守在村里的大多是老人和儿童，他们的文化水平普遍较低，使用图书馆的频率相对低下。其次，大部分地区缺乏对农民精神生活的引导。我国很多地区在发展过程中都忽视了对农民精神生活的引导，很多基层管理者不愿意去考虑农民的想法，不愿意去关心农民的生活，更不要说引导农民的精神生活。最后，由于网络而给农民生活造成的冲击。信息技术不仅改变了城镇居民的生活方式，也给农村居民带来了巨大的影响，在结束一天的辛劳之后，大多数基层群众选择刷短视频、进行网络购物等方式消磨自己空闲的时间，没有时间也没有兴趣进行阅读。只有养成良好的阅读习惯，才能有走进图书馆阅读的兴趣。

（三）部分基层图书馆信息化不足

21世纪是信息化的时代，信息技术改变了人们的生产生活方式，从信息化城市到信息化农村，从城市的自动化驾驶技术到农田的信息化农业技术，人们日常生活与信息技术的距离越来越近，在基层图书馆建设过程中也应加强图书馆的信息化建设。但很多地方基层图书馆的信息化建设程度不足，有的甚至连图书馆的管理都还没有完全做到信息化,这大大降低了图书馆服务的现代化和便捷性。目前,部分地方图书馆还只能提供传统的纸质书籍,农民想要借阅只能到阅览室进行阅读,这种低效的方式难以满足农村日新月异的变化。很多地方认识到了这一点,但由于缺乏专业的技术人才,导致信息化图书平台稳定性较差,也大大降低了使用的效能。另外,大多数公共图书馆的数字资源目前尚不能根据用户的阅读内容和规律进行有针对性的阅读推荐,在服务的精准度上也需要进一步提升。相关部门应加强对信息化图书馆的建设,帮助村民建成足不出户就可以通过网络平台进行精准阅读的信息化图书馆。

(四)基层图书馆书籍选择脱离实际

农民进入图书馆一般有两种诉求:一是查阅农业相关的技术类书籍以解决农业生产过程中遇到的实际问题,二是阅读文学类书籍进行精神上的放松。因此,基层图书馆在选择图书时,一般基于这两点来进行选择。以秭归县图书馆为例,该县农业支柱产业为"两果两叶",即脐橙、核桃、茶叶、烟叶,具体到各县镇,特色经济作物又稍有不同。那么在农业科技类书籍的选择上,就应该围绕这"两果两叶"展开,兼顾其他品类,这样,一方面可以解决农户在农业生产中遇到的问题,另一方面,也可以吸引农户到图书馆进行阅读。但实际上,目前各农家书屋的书籍都是由政府进行统一采购、统一配送,忽略了各地需求的差异性,没有结合当地实际,难以提起农民用户的阅读兴趣。

对于阅读文学类书籍以进行精神放松的情况,在选择图书时要注重地域性与阅读群体的差别。很多农民文化修养并不是很高,部分严肃文学难以让农民在阅读过程中产生共鸣,因此,在选择图书时可以选择一些本地优秀作家的作品,一方面可以降低农民的阅读门槛,另一方面本地作家在写作时通常会有一些本地的语言架构,使农民用户更加容易理解。比如,在山西地区建设基层图书馆的过程中可以选择赵树理、李锐的小说,在湖北地区建设基层图书馆的过程中可以选择刘醒龙、黄运全的小说,等等。总之,基层图书馆在建设的过程中必须注重对书籍的选择,以保障其能够真实有效地为农民服务。

三、推动基层图书馆建设的措施

(一)引起全社会的重视

图书馆在文化发展中发挥着举足轻重的作用,是一个地区对外展示其文化内涵和文化发展水平的窗口,一定程度上代表着城市形象,图书馆的发展需要引起全社会的关注与重视。建设基层图书馆是提高基层群众认知水平的有效途径，只有提高基层群众对于社会发展的认知，才能更好地宣传中央提出的乡村振兴战略。通过基层图书馆建设，开展农业知识普及等工作，可以加快我国现代化农业的建设进程，提高农民对于现代农业技术的认可度，提高农村地区的土地利用率，真正实现现代农业的可持续发展。为了提高相关部门对于基层图书馆的重视，上级部门可以出台政策，对每个区域的图书馆数量以及浏览人数做出明确的规定，通过硬性要求来推动图书馆的建设；同时要加强对基层图书馆工作人员的培训，提高基层图书馆工作人员素质，通过优秀的服务与充足的藏书量来吸引农民参与到图书馆的阅读中来。

（二）加强人才队伍建设

基层图书馆工作人员直接参与到农民的阅览活动中，因此，基层图书馆工作人员的素质会对农民的阅读行为造成直接影响。针对部分地区基层图书馆人才队伍不足、专业素养较低的问题，可以通过开展针对性培训来解决。首先，树立服务意识，基层图书馆存在的前提就是为农民服务，基层图书馆工作人员要将这种服务意识贯彻到实际行为中，在工作实践中切实做到"为书找人，为人找书"。其次，提高管理意识，图书管理是一项专业性较高的工作，管理人员要能够根据图书的种类以及当地民众的阅读习惯来进行合理的编排上架，提高图书馆图书的阅览效率。最后，要培养一批农业技术水平较高的技术人员，基层图书馆不仅是农民看书的地方，更是可以为农业技术推广提供专业指导的场所，因此，要培养一批农业技术水平较高的技术人员，定期在各地的图书馆进行最新农业技术宣讲，帮助农民解答在农业生产过程中遇到的问题，切实解决农民的燃眉之急。

（三）科学选择书籍种类

基层图书馆图书的选择对于图书馆的利用率有直接的影响，在选择图书时要从两方面入手。第一，搞清楚农民需要什么样的图书。基层图书馆作为服务"三农"的基础设施之一，必须从解决农民面临的问题这一维度开展建设工作，比如农民在农业生产过程中会遇到各类农业技术问题，可以通过在图书馆内查阅农业技术类书籍进行解决，农民面临的农产品销售问题也可以通过图书馆查阅营销类书籍获得灵感等。第二，搞清楚什么样的图书有利于农民的发展。农民对于自己的发展规划很多时候都是盲目的，最常见的情况就是他们经常会根据其他种植户的种植情况规划自己的种植，这种种植方式忽视了市场以及土地等因素的影响，基层图书馆在建设的过程中，就可以通过规划图书种类来引导农民的生产生活。

（四）科学引导农民阅读习惯

阅读是一项深入的思考活动，但在这个流量为王、短视频当道的新时代，许多人都没有精力进行深入阅读，短视频的短暂快感并不能有效提高人的思维能力和认知能力，甚至有很多短视频本身就是一种情绪化的输出，毫无价值。针对这种情况，基层图书馆可以通过以下三种方式来吸引农民参与。一是定期组织宣传宣讲，如在图书馆定期组织农业技术推广活动，推广活动期间，在图书馆的显眼位置摆放相关的农业种植技术书籍以吸引农民对于阅读的兴趣。二是营造良好的阅读氛围，如打造一个温馨舒适的阅读空间，购入一些农民感兴趣的书籍种类，开展适合人人参与的交流分享活动，以此来培养农民的阅读习惯。三是提高服务的针对性和精准度，如多从留守儿童和留守老人的角度思考基层图书馆服务的内容和方式，将"请进来"与"走出去"有机结合，最大限度弥合公共文化服务的城乡差距，凸显文化服务的均等性。同时，基层图书馆还应加强信息化平台建设，将各类电子图书的资料通过信息平台向农民进行展示，使农民可以足不出户就享受到图书阅读服务。电子图书相较于传统图书其存储更加便利，而且价格相对便宜，可以很好地弥补部分地区基层图书馆建设经费不足的问题。

综上所述，基层图书馆的建设对于落实乡村振兴战略具有重要意义，在建设图书馆的过程中要注重结合实际，通过合理选择图书、科学布局以及加快图书馆信息化建设等手段有效推动我国基层图书馆的建设工作，使基层图书馆发挥出最大的经济效益与社会效益。

参考文献

[1] 黄春花. 基于丰富基层图书馆服务助力乡村振兴的思考 [J]. 产业与科技论坛, 2022, 21 (6).

[2] 刘京京. 乡村振兴战略下的基层图书馆建设 [J]. 山西农经, 2022 (2).

[3] 吴优优. 乡村振兴背景下六盘水市图书馆乡村文化服务的研究 [D]. 贵阳：贵州大学, 2021.

[4] 程伟丽. 乡村振兴战略背景下公共图书馆精准服务研究 [D]. 湘潭：湘潭大学, 2021.

[5] 王子成. 乡村振兴战略背景下乡村图书馆建设研究 [D]. 湘潭：湘潭大学, 2021.

[6] 陈怡颖. 乡村振兴背景下农家书屋的精准服务模式及对策研究 [D]. 曲阜：曲阜师范大学, 2021.

文旅融合背景下图书馆文化传承浅析
——以湖北省图书馆为例

张广振

（湖北省图书馆　430071）

摘　要：以文塑旅，以旅彰文，蛇山南麓中西合璧，古朴典雅的老馆舍，古典庄重的建筑美学传承着老馆百年沧桑，沙湖之滨律动的线性之美，高低错落的空间层次如"楚天鹤舞，智海祥云"彰显着新馆开放的现在和升腾的未来。两座图书馆跨越百年的建筑美学传承着这座城市的记忆与文明，是江城文旅融合潮流下一张亮丽的名片。探索推出馆舍建筑、典籍文献、印章书法、家谱传承系列文创产品，"打卡"文旅生活，传承文化经典，带动文旅消费市场，增强文化软实力。依托非遗传承，助力人才培养，典籍修复技艺传承，科技创新助力古籍"活"起来。

关键词：文旅融合；文化传承；文创产品

引言

图书馆是社会主义核心价值观传承与宣传的窗口，高校科研院所的智海书库，全民阅读的前沿阵地。近年来，全国公共图书馆发展欣欣向荣，文化传承与创新别出心裁，特色活动新颖独特，呈现出一片百花争艳的大好形势。始建于1904年的湖北省图书馆即将迎来建馆120周年，百年奋斗历久弥坚，历经磨难数移其馆，百年沧桑筑就今天盛世繁华。截至2020年年底，馆藏总量达903万余册（件），数字资源595 TB，近50个学科（领域）文献达到或接近区研究级水平，被誉为"楚天智海"。丰富的馆藏资源，誉冠中南，其中古籍善本、地方志、民国文献、湖北地方文献特色独领荆楚，驰名华夏，近年来充分发挥社会知识桥梁的职能，在服务全民阅读、建设书香社会中发挥了重要作用。

一、传承文化，传播知识是图书馆的历史使命

传承文化、传播知识、文献资源建设是图书馆立身之本。图书馆是国家文

化发展的重要标志，充实传统图书资源同时不断探索开发数字资源，保护、传承与活化古籍，是图书馆传承文化的重要职责。为传承典籍，增强文化底气，湖北省图书馆近年来先后推出优秀传统文化主题年，猜谜闹元宵等特色民俗活动，举办中医养生讲座、道德经系列主题展、永乐大典荆楚行巡展活动。2022年，联合长江沿线13座省级图书馆共同举办"沿着长江读中国——读一本书·品一座城"长江读书节第三届讲书人大赛系列活动。一条扬子江，传承着千年的文化基因，承载着华夏文明的跌宕起伏，见证着当今文化璀璨夺目的盛世繁荣。

　　文旅融合背景下，湖北省图书馆典籍保护与传承相映生辉，近年来充分利用中央经费的资助，积极开展地方特色资源数字化。先后上线湖北省戏曲多媒体资源库、湖北省图书馆数字国学馆、湖北方志库、湖北家谱库；对特色地域文献的搜集整理与传播利用方面，硕果累累，相继推出荆楚名胜、湖北三国文化、湖北地方志专题片、问道武当、文旅影像地图（武汉）等系列地方旅游资源优秀专题片；立足首义之都，弘扬传承荆楚红色文化，打造的辛亥革命专题数据库、红色历史文化数据库、廉政文化图书馆、清风颂主题展览广受赞誉。传承文化、传播知识，湖北省图书馆一直走在行业的前列。

二、文旅融合，馆舍建筑美学传承，打造城市亮丽名片

　　传承古典建筑美学，筑就省图百年基业。湖北省图书馆老馆于1934年始建，1936年竣工，是一座典型的中国传统复兴式近代建筑，建筑风格传承古典与西方建筑美学于一身，建筑造型庄重、风格鲜明、新旧交融，是中西合璧的典范之作，具有较高的艺术研究价值。2008年奠基，2012年竣工的新馆主体造型以"楚天鹤舞，智海翔云"为立意，创造性地提出运用东方绘画的线性之美，勾勒轮廓、表现形体、塑造空间。建筑沿湖层层退台，形成高低错落的空间形态，内部采用轻质灵活的隔断，可对空间做出弹性功能调整。与自然融为一体，通过外立面曲线的水平排列、律动组合比拟行云流水的顺畅自然，以建筑东西两翼的对称舒展暗喻楚天鹤舞的飘逸抽象，南侧入口的开阔大气、天花纹饰的简洁古朴，交相呼应。馆舍云纹装饰和沙湖波澜相映成趣，平面布局动静分明，竖向退台视野开阔，呈现出"知识殿堂"庄重大气、幽雅静谧的氛围。

　　以文塑旅、以旅彰文，蛇山南麓中西合璧，古朴典雅的老馆舍，古典庄重的建筑美学传承着老馆百年沧桑，沙湖之滨律动的线性之美，高低错落的空间层次如"楚天鹤舞，智海祥云"彰显着新馆开放的现在和升腾的未来。两座图书馆跨越百年的建筑美学传承着这座城市的记忆与文明，是江城文旅融合潮流

下一张亮丽的名片。探索推出馆舍建筑、典籍文献、印章书法、家谱传承系列文创产品，势在必行。

文旅融合大潮下，昔日的文化圣殿伴随蛇山风景区的崛起华丽变身为旅游景点，沙湖之滨的新馆舍已立足武汉十大地标建筑之列。老馆舍旧址于 2013 年被国务院确定为第七批全国重点文物保护单位，从此晋升国宝级近代建筑。"打卡"文旅生活，审视古典建筑之美，古朴壮观的老馆舍外形碧瓦朱檐，斗拱交错，极具古风，四周横梁与墙面上饰有祥云、飞龙、凤凰等精美的雕塑图案，屹立在碧瓦上的仙人走兽，檐下书"东壁灵光"匾额，向来往的游客展示着老馆舍百年风华。探索开发馆舍建筑印章等系列文创产品，让古朴与现代的建筑美学相互交融，化身精美的画轴模型、跃然纸上的创意印章，伴随文旅大潮，传递到海内外，润物细无声般传承着荆楚文化经典，带动旅游，推动文创产品消费市场发展，不断增强国家文化软实力。

三、文化传承，典籍传承是图书馆文创产品的创意之源

文旅融合以来，国风国潮受到普遍欢迎，与中华优秀传统文化相关的文创产品迎来了更好的发展空间。特别是自 2016 年 5 月《关于推动文化文物单位文化创意产品开发若干意见的通知》、2021 年 9 月《关于进一步推动文化文物单位文化创意产品开发的若干措施》等配套政策相继出台，直接推动了图书馆等文化文物单位深入发掘馆藏文化资源。开发文化创意产品，文化市场呈现出一片繁荣，优秀的文创产品登堂入室，走进寻常百姓家，很好地弘扬了中华优秀文化，推进了经济社会协调发展，提升了文化软实力。

文旅融合，重在文化创新，让优秀的典籍"活起来"。自古以来，印章文化与典籍文献若影随形，相辅相成，越来越多的图书馆纷纷在文创方面发力，湖北省图书馆与国家图书馆联合举办的"永乐大典荆楚行"促进了馆藏资源、文化创意、市场的共享，还带动了文创产品的消费。由湖北省图书馆出品的《永乐大典》文创在首届中国（武汉）文化旅游博览会直播间首次亮相，人气火爆。此次巡展现场，线装笔记本、精品书签、趣味冰箱贴、纪念币礼盒等 9 种品类丰富的文创，承载着《永乐大典》独特的文化符号，以"文化+时尚+流行"的全新组合，彰显出国潮的人文魅力。其中，"永乐之旅"盲盒以《永乐大典》的 4 个重要阶段为灵感——太祖动议、成祖始修、嘉靖重录、回归再造，以"盲盒"为载体，让古籍"活"起来；以选取自《永乐大典》古籍板式中的鱼尾符号，寓意年年有余，生活吉祥，作便签设计元素，推出了永乐大典"贵人不忘事"折叠便签本，广受好评。文创作品不仅诠释了这部旷世奇书 600 多年

间的沧桑浮沉，还充分发挥了公共图书馆主体作用，通过与社会力量深度合作，打造文化创意产品，不仅火出了朋友圈，还引领了国风国潮。

四、文化传承，传承与创新是文旅融合的大势所趋

文旅融合，传承是家谱文化的根脉。家谱文化是中华民族优秀文化的重要组成部分。截至2021年，湖北省图书馆已连续举办了13届"晒谱节"活动，面向海内外开展族谱征集活动，不遗余力地创建家谱数字资源库，服务海内外群众侨胞，不断传承推广炎黄文化。湖北省家谱收藏中心目前收集家谱2150种，其中1949年前旧谱400余种，家谱数字化600余种，汇集海内外湖北家谱书目数据5363种，编纂出版《湖北家谱总目》。百年以来，湖北省图书馆现藏古籍线装书40余万册，其中宋元明刻（写）本1500余部，明清稿抄本2000余部，清精刻本、稀见本、批校本3000余部；优秀藏品相继入选《国家珍贵古籍名录》、入选《湖北省珍贵古籍名录》180部、入选《中国古籍善本书目》2814部。自"中华古籍保护计划"实施以来，湖北省图书馆不断探索馆藏古籍的保护与开发，依托馆藏资源相继推出《现存湖北著作总录》《荆楚文库方志编》等数十部国家级图书文献。科技助力，古籍数字化，完成古籍扫描1755部854297拍，建成《湖北方志》《湖北家谱》两个古籍数据库。探索馆中馆建设，先后建成徐行可纪念图书馆、湖北典籍博物馆，多措施推进文旅融合。

文旅融合，重在文化创新，让优秀的文物"活起来"，走进市井生活，推广国学文化，印章文化，自古以来诗书伴随，推出印章典籍文创产品，"打卡"文旅生活，有助于传承文化经典。如今"打卡"成为当前年轻人生活一部分，"打卡"名胜古迹，美食生活，利用社交软件记录生活逐渐成为一种潮流，也推动了文旅融合下的一种新业态旅游博主，分享自己"打卡"心得，为别人的旅游生活提供参考。探索开发古籍里的印章文化，推广"打章"文化，如故宫博物院推出的免费盖章活动，游客在文创商店购买相应纪念产品后，工作人员根据不同印章的寓意，边盖章边讲解，既展示了传统古建知识，又推广了印章文化。辛亥革命博物院在文创商店有自助"打章"地点，游客可以自行选择喜爱的印章自行"打章"，"天下为公"、黄鹤楼、博物馆书法作品等十几款创意印章不仅无形中传播了革命文化，更把文化的传承体现在润物无声的境界。

五、文化传承，依托非遗传承、科技创新加快人才培养

文化传承，非遗传承助力人才培养。2008年，创建湖北省古籍保护中心；2015年，建成国家级古籍修复技艺传习中心湖北传习所；2016年，建成全国第一家省级古籍保护协会——湖北省古籍保护协会。自"中华古籍保护计划"实施以来，省古籍保护中心不断选派业务骨干参加全国古籍保护中心举办的培训班，持续举办湖北省古籍保护工作培训班，至2020年，已举办19期，培训人员达800余人次。通过全国"古籍修复技艺竞赛暨古籍修复成果展示"活动，通过参加古籍修复技艺评比，不仅展示了本馆古籍修复师的风采和力量，还涌现出湖北省非遗装裱修复技艺（古籍修复技艺）传承人盛兰等一批典范古籍修复师。近年来，持续引进具有博士学位的高端技术人才，依托古籍修复技艺传习中心湖北传习所优势，持续为古籍修复培养专业技术人才，打造全省古籍修复人才库。

文化传承，科技创新助力古籍"活"起来。如何让沉睡库房的古籍走入书架案头，湖北省图书馆目前已完成古籍扫描1755部854297拍，建成《湖北方志》《湖北家谱》两个古籍数据库，选取地方志107种757册63000余拍进行标引。2021年，在国家古籍保护中心举办的古籍数字资源共享联合发布活动中，湖北省图书馆推出的古籍数字资源同步在线发布，全面实现馆际共建共享，开创了古籍服务新模式。在线浏览古籍资源，有效缓解古籍藏与用的矛盾同时，极大地促进了典籍文化的传播，为中外学者研究历史提供了便利。不断创新模式，推出形式多样的古籍专题展览，积极探索多媒体、多渠道、多终端的古籍阅读推广活动，利用新媒体发布"馆长晒国宝"，线下组织非遗传承人现场开展"古籍修复技艺展示"等活动。未来可以和国家图书馆等兄弟馆与科技公司联合打造虚实结合的古籍文化传播共享空间，通过古籍VR资源制作、古籍体验游戏开发、古籍主题影视节目录制、古籍创意产品开发等方式，让"书写在古籍里的文字活起来"，不断走进社会生活，服务文旅文创市场，助力经济复苏。

参考文献

［1］竺佳怡，王俪颖.《永乐大典》荆楚行［EB/OL］.（2021-12-09）https：//wlt. hubei. gov. cn/bmdt/xydt/202112/t20211209_ 3906205. shtml.

［2］王晶.湖北省图书馆120部古籍入选《国家珍贵古籍名录》［EB/OL］.驻马店融媒，2021-12-24.

［3］万群华，张冀明.湖北省图书馆百年纪事［M］.北京：北京图书馆出版社，2004.

［4］贺定安，万群华，张清宇.论湖北省图书馆新馆建筑风格与特色［J］.图书馆，2013（2）.

我国高校图书馆残障学生服务探析

田雅君

（武昌理工学院　430200）

摘　要：高校图书馆残障学生服务建设是高校图书馆的发展趋势，也是高校建设和谐校园的必然要求。本文分析了IFLA"特殊人群"分类指南、高校图书馆残障学生服务建设的案例及特点，并对我国高校图书馆残障学生服务方案进行探析。

关键词：IFLA；高校图书馆；残障学生

一、前言

IFLA（国际图书馆协会联合会，International Federation of Library Associations and Institutions，简称IFLA）"特殊人群"分类指南，对包括残疾人在内的特殊群体进行了分类，这说明在世界范围内的图书馆建设，残障人士的服务已经成为独立的研究方向。根据第七次人口普查结果，我国登记在案的残疾人总数超过了3780万。基于教育公平进程有条不紊推进的大背景之下，我国高校对残障学生并没有区别对待，对所有有理想、有抱负的学生给予了平等的学习机会，参考《残疾人事业发展统计公报》，2017年我国普通高等学校录取的残障学生为7864人，2021年升至11154人。正因如此，残障学生因为实际存在的客观原因，在使用高校图书馆的过程当中会有诸多不便，现代图书馆如何为这样的特殊人群建设符合需求的空间已经成为国际图联长期关注的问题。

二、高校图书馆残障学生服务相关成果

（一）IFLA"特殊人群"分类指南

IFLA对于特殊人群分类如表1所示，本文研究对象为高校残障学生，特殊性主要体现在身体因素方面。为向"特殊人群"的服务提供参考和指导，IFLA

从 20 世纪 80 年代就开始了一系列专门性文本的制订,从早期的《医院病人、长期居住在护理机构中的老年人和残疾人图书馆服务指南》（*Guidelines for Libraries Serving Hospital Patients and the Elderly and Disabled in Long-Term Care Facilities*,1984）到 2018 年的《国际图联 0-18 岁儿童图书馆服务指南（2018 年再版）》（*IFLA Guidelines for Library Services to Children aged 0-18*(*revised version 2018*)）。不同的服务指南设置有着不同的针对性,需要图书馆根据自己的主要服务群体来进行有选择性的引进。

表 1 IFLA "特殊人群" 分类

特殊人群因素	类别
年龄	婴儿、幼儿
	儿童
	青少年
	老年人
身体	病人
	听觉障碍者
	视觉障碍者
	阅读障碍者
	智力障碍者
	其他残障
其他	多元文化群体（外国人、少数民族）
	犯人
	文盲
	无家可归的人

（二）IFLA "特殊人群" 服务指南的理念共识

1. 细分服务对象

IFLA "特殊人群" 分类指南相比于以往笼统地对 "特殊人群" 进行研究,细分服务对象有着明显优势,这种细化分类的方式在一定程度上解决了 "特殊人群" 涉及面较广,情况复杂等问题,如本文主要研究对象为高校残障学生,从 IFLA "特殊人群" 服务指南的角度研究的重点就是身体因素分类。细分服务对象,明确不同服务对象的服务需求,提出针对性的服务方案,已经成为不同图书馆建设服务方案的理念共识。

2. 围绕三大中心建设

IFLA"特殊人群"分类指南主要围绕三大中心进行建设，即信息中心、学习中心、文化中心。图书馆服务围绕的三大中心既是现代图书馆的基本功能，也是现代图书馆建设的主要提升对象。

信息中心是指图书馆是信息储存、查阅的中心。从服务角度来说，不同的图书馆应根据自身图书馆的主体服务对象提供针对性的信息推送。

学习中心是指图书馆的教育功能，帮助图书馆使用者终身学习。以本文研究对象高校残障学生为例，定期举办适合的讲座，提供培训教育的课程，引导残障人士健康的生活都是高校图书馆服务建设可以尝试的方向。

文化中心是指图书馆应对文化多样性包容、促进、重视。在此方面针对高校残障学生的实际需求要结合实际去建设，满足大多数图书馆使用者的需求，尊重不同图书馆使用者的文化内容。

三、各国高校图书馆残障学生服务发展现状

（一）加拿大高校图书馆

加拿大在政策方面对残障学生教育保障有着具体规定，如《特殊学生服务手册》（Policy and Guidelines on Disability，2020年颁布），明确地规定了高校图书馆对特殊教育应具备的具体支持内容，定量地规定了高校图书馆应该配备的书本、残障学生所需要的设备。另外，加拿大各类组织对高校图书馆残障学生的教育提供了实际的资源支持。如融合教育加拿大协会（Inclusive Education Canada）、曼尼托巴省特殊教育协会（Manitoba Special Education Associa-tion）等机构不管是硬件材料的支援，还是专业人士的人力支持都做出了巨大贡献，这也是加拿大高校残障学生服务建设先进的条件之一。

加拿大对于高校残障学生服务基本做到了有参考、有指导、有支援，不同高校都制定了能够满足学生需求的具体方案，主要可以归纳为如下几个方面：

第一，设立独立部门，组织化规范化地开展活动。调查发现，包括麦吉尔大学图书馆、多伦多大学图书馆、渥太华大学图书馆等知名高校图书馆在内的图书馆都设立了独立的针对性的部门，该部门的设立主要就是为了服务残障学生使用图书馆。残障学生能够通过这些部门接受成熟规范的帮助，具有针对性、多样性等优势。

第二，设立特殊空间，满足残障学生需求。除了独立的引导部门之外，经调查的加拿大高校基本设置了符合残障学生需求的阅读空间、辅助设施，如有

声读物资料库、屏幕放大器、语音转化器、盲文刻印机等设备，充分考虑到不同情况的残障学生。

图1 麦吉尔大学图书馆、多伦多大学图书馆

（二）日本公立图书馆

2020年日本枚方市中心图书馆调查研究了92名残疾学生的图书馆使用情况，具体情况见表2。本次调查结果显示，81.52%的学生在使用图书馆服务前接受过相关培训，5.43%的学生认为图书馆服务缺少系统，仅2.17%的学生不清楚设置了相关培训课程。这一结果说明该图书馆的残障学生使用体验较好，相关设施配备能够满足需求。

表2 统计人数、残疾类别、性别、统计响应情况

缺陷	女性	男性	合计	响应
失明	5	11	16	16
白化病患者	8	14	22	22
视力缺陷但不完全失明	10	3	13	13
脑部残疾	2	6	8	8
截肢	8	12		20
侏儒症患者	2	0	2	2
精神性疾病	5	6	11	11
合计	40	52	92	92

日本部分图书馆在残障人士的服务方面有着创新之处，比如日本枚方市中心图书馆从开馆之初就开始建设针对残障人士的服务。在建馆初期就建设了独立的残障人士专用资料室、语音阅读室、影像室。该图书馆会定期举办相关活动，活动的内容一般都兼顾残障人士和正常人士，尽可能地让残障人士能够更加顺利地和普通人进行沟通交流，同时消除正常人对残障人士的歧视。日本图

书馆对于残障人士服务不仅仅是考虑到残障人士因为身体原因产生的不便，同时也考虑到残障人士的尊严问题，日本图书馆的服务建设更多体现在服务人性化和实用性的兼顾，这一点值得关注和学习。

（三）我国公共图书馆

虽然说我国图书馆对残障人士针对性研究相对较晚，但部分图书馆已经积极地为残障人士考虑，设置相关设施。如广州市基层公共图书馆，包括越秀区图书馆、海珠区图书馆、天河区图书馆、白云区图书馆、黄浦区图书馆等，它们旨在为所有访客提供一个无障碍且包容的环境，其无障碍设施情况见表3。

表3 越秀区和黄浦区图书馆

设施	越秀区	黄浦区
无障碍地图	√	√
停车场色盲辅助标志	√	√
无台阶出入口	√	√
按钮辅助	√	√
无障碍厕所	√	√
图书馆备用轮椅	√	√
导盲犬和辅助犬	×	×
感应回路	√	√
大字排版	√	√
高度可调的桌子	√	√
残障人士专用服务台	√	×
语音阅读转化器	√	×
语音播放阅读器	√	√
小型独立阅读室	√	×

越秀区和黄浦区的图书馆不仅有这些基础措施，还安排了性格温良、具有较强的沟通及语言表达能力、富有耐心与爱心、有一定的心理学基础知识的专职图书馆馆员来从事专职服务工作，相较于高校图书馆来说，公共图书馆与残疾人图书馆有着相对完善的无障碍设施、辅助阅读设备及相对丰富的特殊馆藏

资源。为了克服无障碍设施及馆藏资源尤其是特殊馆藏资源匮乏的困难，高校图书馆应积极与公共图书馆、残疾人图书馆开展合作，实行馆际互借，资源共享，一起助力残障读者阅读推广服务取得实效。

四、高校图书馆残障学生服务的建设思路

（一）建设现代化、人性化的高校图书馆

高校图书馆中残障学生是一个较为特殊的人群，图书馆的措施要照顾到残障学生。在硬件方面不仅要参考已有的典型措施，如语音阅读室、视觉障碍引导措施、轮椅引导措施、轮椅阅读区、智力障碍阅读专区等，还要考虑到实际使用容易忽视的人性化设施。基础配套措施设置后，引导的标志标牌也要在醒目的位置进行设置，让残障学生能够很自然地注意到这些措施是给他们准备的，让投入的辅助措施真正发挥出应有的作用，让残障学生更加亲近图书馆，更加顺利地使用图书馆。

（二）精细化的残障服务关怀

硬件设备提升后，需要精细化的残障服务才能让这些设备更好地发挥作用，具体可以从以下两个方面开展残障服务关怀：第一，建立一个完善的自主学习系统及环境。高校图书馆和其他图书馆是有一定区别的，从三大中心的建设角度来说，高校图书馆的侧重点应该放在学习中心上，笔者认为高校图书馆的学习中心建设应该重平台，轻引导。高校学生对于自己的人生规划基本都有了一个思路，作为信息中心的图书馆方面不用对来图书馆的学生做更多的引导，只用提供充足的资料和学习机会即可，学生可以根据自己的需求自我选取。第二，建立一个平等、互相尊重的学习环境。目前社会范围内依然存在一些对残疾人歧视的情况，面对这样恶劣的社会现状，高校一定要坚守平等对待残障学生这一底线，只有在互相尊重的氛围中才能更好地开展教育活动。

（三）开展形式多变的无障碍活动

高校图书馆是社会公共文化服务的重要组成部分，为残障学生提供个性化的阅读服务是其人文修养与责任担当的缩影。图书馆应当在加强硬件建设的同时完善与改进残障人员阅读的服务方式，构建快捷高效的无障碍活动体系。例如大英图书馆会定期举办无障碍游览计划，其中包括了音频文本转化以及手语翻译等多项活动。在为盲人讲解文字从古埃及文发展到如今使用的通信工具的过程中，全程使用音频描述，带领弱视的阅读者共同体会人类追逐精神文明的伟大探索历程。最后，可以打造品牌化的阅读活动，发挥高校图书馆的社会影响力，不断优化图书馆的服务方式。例如组织残障学生参观盲人植物园等，拓展残障学生的活动领域，让他们更好地接触现实世界，更好地融入社会。

（四）提高从事残障读者服务馆员的业务能力

相比于普通学生，残障学生有着一定的特殊性，作为高校图书馆服务馆员应该从以下几个方面来提高自身的服务能力：第一，提高对残障学生的了解程度。残障学生范围较广，不同类型的残疾都有着不同的特点，作为图书馆馆员应该充分了解残障学生在图书馆使用中可能会出现的问题，给予及时准确的引导帮助。第二，提高沟通能力，增强交流的耐心。由于自身先天体质的问题，残障学生在图书馆使用中经常会出现反应迟缓等情况。遇到行动不便的残障学生，图书馆馆员应该给予比平时更多的耐心和残障学生沟通交流。第三，增强观察能力，维护残障学生的自尊心。残障学生包含的范围较广，比如视觉障碍学生中包括视力弱、色盲、失明等不同情况。对于失明学生来说，需要馆员的辅助是毋庸置疑的，但是对于其他有一定条件的视觉障碍残障学生，多数情况是渴望能够像正常人一样使用图书馆的，馆员需要提高观察能力，不要刻意强调这一类残障学生的缺陷，而要在更加恰当的时机提供帮助。

五、结束语

我国图书馆对于残障人士服务的发展较晚，理论研究也较少，基于这样的原因，针对我国高校残障学生的研究也较少。虽然说起步较晚，但是近年来我国对于图书馆针对残障人士服务的建设热情日益高涨，如何针对性、科学性地建设满足残障人士的图书馆已经成为各个图书馆建设重点讨论的话题。IFLA 特殊人群指南对于我国高校残障人士服务建设是一个有积极意义的参考方向，但在实施、引入相关方案的同时，需要结合我国的自身情况、结合每个图书馆的具体情况，做到因地制宜，有的放矢。

参考文献

[1] 中国残疾人联合会全国残疾人人口基础库主要数 [EB/OL]. [2022-07-12]. https：//www.cdpf.org.cn/zwgk/zccx/ndsj/zhsjtj/2020zh/6c948f9d97194a93a0d6e1ba23d32000.htm.

[2] 林宜榕，束漫. 加拿大高校图书馆残障学生服务现状及启示 [J]. 大学图书馆学报，2020，38（4）.

[3] 目の見えない人に本を届ける：視覚障碍者の読上げソフトとドットブックが手を結ぶ–ボイジャー [EB/OL]. [2020-04-02]. http：// www. voyager. cojp/ hodo /081121-hodo. Html.

[4] 李毅萍，耿纪昌，罗杏芬，等. 广东公共图书馆残障群体服务的现状、问题与对策 [J]. 图书馆论坛，2022，42（4）.

高质量发展背景下公共图书馆与企业合作的实践探索

——以湖北省图书馆为例

李良军

（湖北省图书馆　430071）

摘　要：随着高质量发展格局的构建和现代科学技术的进步，公共图书馆事业正面临着各种新的机遇和挑战。公共图书馆作为文献信息资源集散地，应不断拓宽其服务领域，充分发挥情报中心功能，提高资源利用率，在地区经济新发展领域发挥作用，助推地区经济腾飞。本文主要结合湖北省图书馆的实际情况，对公共图书馆服务企业的必要性、有利条件以及服务内容进行探讨。

关键词：公共图书馆；服务企业；湖北省图书馆

公共图书馆的主要职能有：保存人类文化遗产、开展社会教育、传递科学情报、开发智力资源以及提供文化娱乐。近年来，各级公共图书馆在发挥五大职能方面成果斐然。然而，随着高质量发展格局的构建和现代科学技术的进步，公共图书馆事业正面临着各种新的机遇和挑战。

2021年3月，国家发展改革委、文旅部、财政部三部委联合印发的《关于推动公共文化服务高质量发展的意见》明确指出，鼓励公共文化机构与企业合作，探索新型文化服务方式，引入符合条件的企业和社会组织，提高运营效率和服务水平。公共图书馆作为公共文化机构的重要力量，加强与企业等社会力量合作，是实现"十四五"时期高质量发展的重要路径。

以湖北省图书馆为例，该馆在全民阅读推广服务上采取"讲、阅、展、演、数"五位一体的模式，为读者带来全方位的阅读体验。该馆坚持驻守已有阵地，重视基础服务，与此同时，果断开辟特色赛道，打造了一批重点项目，凸显本馆文献保障功能，发挥资源整合、信息开发的优势，以服务省级领导决策参考为目标，不断推进文献信息服务新探索。比如在两会期间派专员到现场进行

"两会服务"、本馆自编刊物"《信息参考》+《领导参考》+《读者空间》+《点读》"也自成体系,此外还设有满足不同层面需求的代查、咨询、课题等信息服务项目,均取得良好成果。湖北省图书馆作为省内最大的文献信息资源中心,除了服务读者、社会团体、机关单位以及省委领导决策参考之外,更应该思考如何在高质量发展的新格局下,发挥情报中心职能,提高资源利用效率,服务地区经济特色领域,从而增加社会效益,助力全省经济高质量发展。

一、公共图书馆与企业合作的必要性

(一)重构现有信息资源,释放外部"智库"的巨大能量

现代企业竞争能力的构成要素不仅包括产业规模、技术水平、人才储备,更重要的是企业的信息资源质量,换言之,企业本身对信息的发掘收集、分析理解、灵活运用水平的高低,将直接决定企业在未来的行业竞争中究竟能走多远。企业决策者受到时间和精力的双重限制,内部"智囊团"不能确保时时刻刻高效运转,因此,企业从外部寻求帮助就显得十分必要。作为文献信息资源集散地,公共图书馆应开展企业信息需求的调查、分析和研究,为企业的长远发展提供立体化决策咨询服务,成为企业信赖和依靠的外部"智库",帮助企业订立合理目标、防范化解风险、激活研发潜能、破解财富密码、赢得行业竞争。

(二)寻求专业领域合作,凸显图书馆员的个体价值

公共图书馆在岗青年馆员大都是通过正式招聘考试进入的具备不同专业背景的高校毕业生,大部分都是本科学历,还有部分硕士研究生和博士研究生。很多专业素养高的人才被安排到了普通的读者服务岗位,日复一日重复着简单烦琐的工作,时间一久,这些馆员的专业知识逐渐淡忘,工作态度偶有懈怠,对职业发展前景缺乏信心,非常不利于图书馆的长远发展。因此,如果能够组织对口专业的馆员为相应的企业提供信息咨询等服务,将会在很大程度上激发馆内员工的工作热情,同时促进信息服务朝着专业化、精细化方向发展,有利于馆员职业生涯的可持续性发展。

(三)紧跟时代自我革新,拓展服务供给的渠道类型

时代发展的脚步不曾停歇,公共图书馆服务的对象和形式也不可能一成不变,不断适应新变化并随着新变化而促进自我革新才是正确的发展之道。馆企合作,公共图书馆为企业搜集整理市场信息,提供科学管理信息服务,国内外同行业成功经营范本和相关政策支持信息,能够最大限度促进知识信息向现实

生产力转化，从而进一步帮助企业兑现经济效益。由此，公共图书馆也不再仅仅局限于一个文化供给阵地，还能蜕变成高质量发展新格局中的一把利刃，这也是增强公共图书馆参与信息市场竞争能力的重要举措，有助于公共图书馆社会影响力的全面提升。

二、公共图书馆与企业合作的有利条件

（一）硬件设施优势

进入21世纪以来，各地公共图书馆都改造一新，不管是从馆舍面积还是各项设备条件，都已经达到了较高的水平。以湖北省图书馆为例，沙湖之滨的新馆占地逾100亩，馆舍总建筑面积逾10万平方米，总投资达7.8亿元人民币，是新中国成立以来湖北省重要的大规模文化基础设施建设工程。该馆文献总藏量可达千万册，各类阅览座席6000余个，日接待能力可达10000人次以上。新馆设有全国文化信息资源共享工程湖北分中心、湖北省古籍保护中心、少年儿童图书馆、数字图书馆体验区、盲文图书馆、专家研究室以及报告厅、展览厅等。此外，还设置了24小时自助图书馆、读者自助办证机、读者自助借还机，能满足读者全天候的借阅需求。馆内以一站式体验为设计理念，内部空间开阔，可通过自由隔断和重组拼装实现功能区域再造，以打造自主化、智能化、人性化服务为目标，读者置身馆内，仿佛进入了一家多品类文献超市，可以快速完成借阅手续，实现阅览自由。

（二）信息资源优势

湖北省图书馆是全国率先成立的云数字图书馆之一，云平台构建成熟，门户网站搭建完备，万兆局域网运行良好，无线网络实现了最大限度的全覆盖。海量馆藏实体及数字资源，让湖北省图书馆坐拥"楚天智海"的美誉。湖北省图书馆在人才储备方面也具有相当优势，通过对口招收具备图情及信管专业背景的馆员，主动开展业务素养培训和竞赛，定期组织学会论文征集和研讨，培育了一支理论扎实、业务过硬的高素质人才队伍，全馆学术科研及综合业务能力均领跑全省。

（三）开发成本优势

专业馆员队伍，可以充分发挥特长，结合中小企业需求开展工作，对文献信息的检索、筛选、传递运用自如。另外，馆内的学术科研系列活动经常涉及各学科领域的课题，通过对信息资源的整理、加工和编纂，积累了宝贵的信息

运用经验。因此，湖北省图书馆能够结合用户实际需求快速开发指向性信息产品，并能够快速融入不同企业的信息服务之中。在已有的人员、设备、技术、资源基础上，针对企业特殊需要的投入成本也是可以预见的，基本只是增加了科研板块的工作量，产生的是边际效益，产生的成本远低于其他社会性服务组织。

三、公共图书馆与企业合作的实践探索

公共图书馆应该着眼于地区经济发展的特色和亮点，提供专业领域参考咨询、特色数据库搭建、专业图书室建设、企业文化塑造、员工信息素养培训等服务。以湖北省武汉市为参详，湖北省图书馆可以在"中国光谷"新型产业圈、沌口汽车产业圈、双柳造船产业圈、东湖高新生态产业圈等多个领域，为企业做好服务。

（一）提供知识服务，帮助企业占领高地

公共图书馆可以根据本地发展重点与情报部门自身条件，确定几个行业，指定专人负责。根据企业特色，制定不同服务方案。对重点服务企业，定期深入工厂，调研情报需求，建立服务档案，针对用户提出问题，采取多种方式，提供对口情报服务。在互联网时代背景下，数字图书馆能扩充信息共享力度，让企业获得精准数据，提升企业核心竞争力。

落实到操作层面，公共图书馆可以系统地提供知识服务，购买专业特色数据库，设立专业图书室，进行超前行业情报分析，把握行业发展动向，熟悉行业情报源。公共图书馆应致力于将情报快速转化为生产力，服务地区经济高质量发展。公共图书馆利用自身情报资源与情报人才优势，可根据企业在决策、生产、销售等不同环节的需求，协助企业进行产品研发可行性研究，设计工艺知识产权专项分析和市场营销策略研究，帮助企业借助情报服务的力量，在激烈的市场竞争中占领高地。

（二）联合工会组织，帮助企业培育文化

企业文化由三个层级构成：其一，最表层的物质类文化，包括企业外部建筑空间、内部办公环境、生产设备设施、产品品控细节等，又被称为"硬文化"；其二，居于中间层面的制度类文化，包括企业决策机制、用人体制、管理原则、企业章程、各项规章制度和奖惩细则等；其三，最内层的精神类文化，包括企业的价值追求和人文情怀，职工的群体意识和综合素养，企业对社会责任感的解读，又被称为"软文化"，是企业文化的核心要义，即企业精神。

在高质量发展的大环境中，各大企业越来越注重自身企业文化的塑造。公共图书馆是企业培育自身文化的最理想的场所之一。以湖北省图书馆为例，社会教育培训部可以承担企业文化辅导工作——尝试编写企业文化培训辅导教材，聘请专家为职工辅导讲授；借阅部视听室可以丰富职工业余生活——选择恰当时机亲临现场，按照职工要求播放他们喜闻乐见的影视节目；汽车图书馆可以上门服务——通过汽车流动，定点定期上门，着重选择反映企业文化、对企业科技指导有帮助的文献资料，以此提高职工的专业素养；宣传策划部可以筹划座谈会——组织成功企业家以"沟通和创新"为主题开展企业文化交流会，增进企业界人士之间的交流学习，剖析成功创业案例，共享企业文化建设信息。

（三）联动社会力量，帮助企业凝聚合力

随着企业对情报需求的不断提高和增多，公共图书馆在为企业服务的过程中还应积极探索联动化合作服务模式，借助自身平台，向社会各界发出号召，联合不同社会力量，集思广益、群策群力，形成助推企业新发展的强大合力。如有需要，公共图书馆还可以考虑直接与企业和第三方单位联合创办专项服务机构。比如，辽宁省沈阳市图书馆与北陵乡民政机构及企业联合创办了"星火应用机械研究所"，充分发挥图书馆的情报资源与"读者科技咨询网"技术人才优势，建立起情报科研联合体，专门为中小企业提供情报、技术、人才、技术论证等多项服务，解决了中小企业与乡镇企业技术力量薄弱、自主创新能力不足的实际困难，加速了技术情报转化为社会生产力的进程。

（四）助推公益活动，帮助企业提升形象

对于企业而言，在解决社会问题、创造社会价值的同时，能够回归企业本质，实现自身可持续发展尤为重要。企业要实现可持续发展，从事公益活动，提升企业形象尤为关键。但企业通过自身力量参与公益活动的途径是有限的，通过与公共图书馆创设合作平台是一个有效路径。湖北省图书馆拥有强大稳定的文化志愿者团队，每一年，都有大量优秀的文化志愿者协助参与馆内文献加工、整理排序、验收记到、数据处理、窗口服务等工作，广大文化志愿者为维护馆内秩序、提升业务效率、提升服务效能做出了巨大贡献，综合形象大为提升。企业也可以尝试开展多维度志愿服务，公共图书馆可以帮助企业选拔、培训志愿者团队，凭借自身的经济实力和市场规模，企业一定可以通过成熟的志愿服务项目助力社会公益发展，提升自身形象。

四、结语

湖北省图书馆也应该借助中部崛起、武汉大发展的良好时机,联合社会实体,为企业提供多维度、多领域、多层次的专项服务。公共图书馆要把企业作为情报服务的重点对象之一,通过深层次开发馆藏文献资源,不断拓展供给产品的类型和渠道,强化馆员纵深化专业服务能力,完善全方位服务社会功能,形成社会经济领域高质量发展、高质量共赢的良好局面。

参考文献

[1] 黄唯. 发挥高校图书馆的智库功能 推进本地企业发展 [J]. 图书情报工作, 2011 (1): 147.

[2] 张秀华, 曹平. 高校图书馆为科技型中小企业发展服务的探讨与实践——以天津外国语大学图书馆提供信息援助服务为例 [J]. 农业图书情报学刊, 2014 (11): 190-191.

[3] 谢潘佳. 数字图书馆服务企业实践简要分析 [J]. 文化产业, 2020 (24): 149-150.

[4] 王亚利. 图书馆服务企业文化的设想 [J]. 科技情报开发与经济, 2008 (6): 80-82.

[5] 翟丽萍. 公共图书馆如何为中小企业发展经济服务 [J]. 现代情报, 1992 (2): 14-16.

[6] 周南, 王晓慧. 社会企业"公益+商业"的双赢答卷 [N]. 华夏时报, 2022-01-24 (5).

文旅融合背景下城市书房建设浅析

——以湖北省城市书房建设为例

叶青青

（湖北省图书馆　430071）

摘　要：城市书房作为图书馆公共文化服务延伸的重要创新形式，是城市文旅服务中不可或缺的一部分。本文从城市书房的概念、发展现状及特点入手，以湖北省城市书房建设为例，分析了文旅融合背景下城市书房建设中存在的问题，并提出了未来展望。

关键词：文旅融合；城市书房；建设

2018年，《中共中央关于深化党和国家机构改革的决定》发布，中华人民共和国文化和旅游部正式成立，"诗和远方"自此并肩同行。2021年4月，《"十四五"文化和旅游发展规划》明确提出："坚持以文塑旅、以旅彰文，推动文化和旅游深度融合、创新发展。"图书馆作为公共文化服务体系的重要组成部分，不仅肩负着保存文献遗产、传播文化知识的重要使命，同时还具有与旅游融合互促的天然性与可能性。近年来，随着文旅融合的不断深入，城市书房作为公共图书馆传统服务的有效延伸和创新形式，开始在全国各地发展壮大，融入人们的日常生活和休闲旅游中，为公共图书馆的发展转型注入了新的活力，也为文化和旅游高质量协同发展起到了推动作用。

一、城市书房的概念、发展现状及特点

（一）城市书房的概念

城市书房是由政府主导、社会力量合办，依托各级中心图书馆，采用自动化设备和无线射频技术，实现一体化服务，具备24小时开放条件的场馆型自助公共图书馆，顾名思义，就是开在城市居民家门口的书房。与传统的图书馆相

比，城市书房占地面积小、建设速度快，且依托于大型公共图书馆的资源和服务，融合纸质与数字资源、阅读与便民服务于一体，成为传统阅读阵地的现代延伸和有益补充，又因其设计感强、环境优雅、服务时间长等优势，满足了人们追求品质生活的需求。

(二) 城市书房的发展现状

2014年4月，全国首家城市书房在温州诞生，内部设置自助办证机、自助借还机、触摸屏阅读机等电子设备，零门槛、无障碍、全天候开放，匠心独具的装修、琳琅满目的书刊、温馨的阅读氛围迅速吸引了大量读者，成为市民看书学习的理想场所。这种全新的公共文化服务模式让图书馆真正融入了百姓生活，受到了各方群众的欢迎和业界专家的肯定。

继温州之后，上海、江苏、北京、山东、河南、重庆等地陆续以当地图书馆总分馆服务体系作为支撑，进行了城市书房建设。据不完全统计，截至2020年10月底，全国已有至少29个省（市、自治区）的193个地级市建成了3300多个城市书房。目前，城市书房已成为各地完善公共图书馆体系建设、解决城市中图书馆分布不均衡问题的新思路。

(三) 城市书房的特点

1. 自助式

自助式服务是城市书房的重要特征。利用现代化信息技术，城市书房可以通过门禁系统控制人员进出，实现无人值守、免费开放，市民凭身份证、读者证等有效证件可自由出入。同时，城市书房设置有图书自助借还设备，为市民提供自助办证、图书阅览与借还服务。在服务过程中，城市书房还依托智能化网络技术，将不同运营机构纳入统一平台，读者通过对应的平台不仅能够第一时间检索到自己所需的图书资源，还能享受就近预约、数据库检索、数字资源下载等"一站式"服务。

2. 亲民化

城市书房被认为是公共文化服务的"最后一公里"，其选址坚持以便民为准则，大多建在人口密集、交通便利的地方，使阅读服务和居民日常生活能够紧密相融。城市书房从外观到内部装修风格，都用心营造出温馨的阅读氛围，并配备饮水机、咖啡机、充电装置、医药箱等设施，为读者提供贴心服务。在藏书结构上力求类型全面，并划分不同的功能区域，以满足不同层面读者的阅读需求。

3. 全天候

在现代社会高速发展的背景下，快节奏的工作和生活方式给人们带来了巨大的精神压力，人们迫切需要一个可以休闲放松、舒缓压力的心灵港湾，图书馆成了市民心中的理想去处。但由于管理和运营等方面的因素，公共图书馆难以实现全天候服务，而城市书房提供的 24 小时不间断服务弥补了图书馆闭馆时的空白，为市民提供了更加灵活的阅读时间，让日间繁忙工作的读者在工作之余也能走进图书馆放松身心，享受阅读的快乐。

二、湖北省城市书房文旅融合建设探索

截至 2022 年 7 月，湖北全省已经建成 141 个城市书房（包括文化大院）。各地各级公共图书馆依托总分馆制，结合本地特色旅游资源，积极引入社会力量，推进"城市书房+景区""城市书房+商圈""城市书房+文化街区"等建设模式，将城市书房嵌入群众的日常生活，也打造了一批亮丽的"城市名片"。

（一）咸宁市"香城书房"

2019 年 5 月 1 日，咸宁市委、市政府为市民精心打造的公共文化服务平台"相山书院·香城书房"落成开放。自开放以来，先后有相山书院、十六潭公园、梓山湖等多家香城书房投入使用，以便民的区位、良好的环境、全自助服务受到市民好评。

"香城书房"在探索文旅融合的过程中，整合多方资源，统一规划布点，如"十六潭公园·香城书房"将古朴的木质建筑与蜿蜒的湖上长亭融为一体，配合公园日常举办的古琴雅集、茶道、太极等活动，让市民和游客流连忘返；"梓山湖·香城书房"主打亲子绘本主题，书房外有数百平方米的湖滨草地户外阅读区，被多家旅行社与周边 5 个景区串联整合成为研学旅游产品。

书房内部环境按照动静分离的原则进行布局，环境干净整洁，免费提供饮水和空调。外地游客也可享受与本地市民同等的无障碍、免押金借阅服务，读者无须办理借阅证，通过手机电子借阅系统扫码借还，实现了城市公共文化服务"主客共享"。

（二）丹江口市"均州书房"

2019 年 7 月 11 日，丹江口市"均州书房"正式对外开放。作为丹江口市图书馆总分馆建设与文旅融合的亮点，"均州书房"选址在南水北调中线工程源头、国家 3A 风景区——丹江口大坝景区内，利用景区原有的管理和游乐设施用房作为书房建筑，优美的阅读环境和景区知名度吸引了广大市民和游客前来。自开放以来，"均州书房"获得了读者们的一致好评，被誉为"最美图书馆""风景中的风景"。同年 12 月 6 日，位于丹江口市沧浪洲生态湿地公园的第二家

"均州书房"投入运营。目前,丹江口市已建成开放的两家"均州书房"总面积750平方米,阅览座席120个,藏书26000余册,开放以来已办理读者证3262张,日均接待读者500余人次。两家书房内均配备了自助办证机、自助借还机、电子图书借阅机等智能化服务设备,给广大市民带来了便捷、高效、舒适的阅读服务。

为应对工作人员不足的问题,丹江口市图书馆面向全市公开招募志愿者,并对志愿者进行了关于文明劝导和图书馆专业知识的培训。目前共招募了60个家庭,以"亲子志愿者"的形式提供每天早、中、晚三班志愿服务。志愿者们除了进行文明劝导、图书整理等志愿服务之外,还能根据自己的特长为书房录制开闭馆提示语音、拍摄宣传照片视频等,有效地缓解了图书馆在人力上的不足。

(三)武昌区"云曰书馆"

2021年10月1日上午,由武汉市武昌区文化和旅游局、武昌区图书馆精心打造的武昌城市书房"云曰书馆",在百年老街昙华林历史文化风貌区正式对外开放。近年来,武汉市推进"12分钟文体圈"建设,努力开拓社会力量参与公共阅读服务的通道。2021年,武汉市政府提出与企业共建"城市书房",在进行了多次考察与交流之后,决定将昙华林艺术创作基地3楼天堂映画公司原有的电影放映空间改造成阅读空间,以电影文化为特色打造城市书房,保留现有的老式摄像机、胶片放映机、母带、场记板等陈设,提供各类图书服务、技术设备和资金支持。

"云曰书馆"经改造扩建,总面积355平方米,馆藏纸质书达5000余册、电子图书10万册、云端听书3万集以及电子期刊200余种,馆内设座椅80余个,灯光、音响、投影、电子显示屏等配套设施齐全,整体氛围清新文艺,适合艺术创作、放映、展览以及阅读交流等。馆内还提供咖啡饮品等平价配套服务,阅读区、观影大厅既分区明确,又能相互打通,桌椅、隔断灵活移动,适配各种主题活动。书房内置门禁系统和自助图书借还机,接入武汉市图书馆管理系统,实现全市图书通借通还。

"云曰书馆"白天以图书借阅和参观为主,晚上提供电影放映和交流活动,每周固定放映多部公益电影,每月定期举办主题阅读活动,并不定期组织小型读书会、剧本围读等活动。

三、文旅融合背景下城市书房建设存在的问题

（一）建设和运营成本较高

城市书房的建设涵盖了场地选址、环境装修、设备引入、书籍配送以及管理人员配备等。从购置家具、安装设施设备，到配置图书期刊和工作人员，这些人力、财力、物力的消耗已是一笔不小的支出，而城市书房要融入旅游景区也需要考虑不同景区的文化风格，装修设计既要兼顾实用与特色，又要符合大众审美，在资源有限的情况下实属不易。此外，在城市书房投入使用后，运营成本也相当大，不仅有日常水电的消耗，还有设备的维护、书籍的折旧成本、书房管理人员的工资等。从规划建设到投入运营，城市书房的收入微乎其微，但消耗巨大，公共图书馆，尤其是县级图书馆每年经费有限，仅依靠政府的财政拨款难以满足城市书房的建设和运营开销。由此，如何有效地节省城市书房的建设和运营成本，将是今后面临的首要问题。

（二）管理有待加强

在文旅融合的背景下，城市书房由各地文旅主管部门依据相关条例、根据城市特色和读者需要自主建设，由当地图书馆统一提供配送图书、技术和设备，最后交由景区代为管理，但在实际运营中，存在管理主体不清、统筹不足、设施和服务不能统一标准化的问题。由于在管理模式上难以统一，个别城市书房会出现门槛设置过低、管理松散、设施设备的养护和图书的更新不及时、工作人员和志愿者队伍培训不到位等现象，且由于个别读者公德意识不强，不遵守公共阅读秩序，闲谈喧闹，随意丢弃杂物，甚至破坏图书、设备等，严重影响了阅读环境。我国城市书房的建设历史不长，建设经验和理论总结不足，在管理制度的规范化上还存在一定的差距，这就需要各地图书馆结合自身特点和读者需求探索出一条发展运行的新路，提高城市书房的管理质量。

（三）服务效果难以评估

城市书房目前主要通过读者人次、图书借阅册次等指标作为评价标准，虽然能够在一定程度上反映使用情况，却难以精准地判断实际使用效果和服务质量。不少城市书房的人流量和图书借还次数高峰往往只集中在开放后的几周或者几个月里，热度过去之后就读者寥寥，如果不分时段进行区别，则难以获得更加真实的数据。虽然城市书房突破了传统图书馆服务在时间和空间上的限制，但因为无人值守，拉大了读者与馆员之间的距离，使馆员不能很好地了解读者

的需求，出现问题也难以第一时间解决，导致问题拖延积压，影响了服务效果。如何提升城市书房的服务效能，让每个走进书房的市民能够享受更好的阅读服务，是目前城市书房建设需要积极探索的问题。

四、文旅融合背景下城市书房的未来展望

（一）完善制度建设

各地文旅主管部门要积极探索城市书房规范管理、科学运营的运行机制，研究制定并出台相关的政策法律，明确各方责任和义务，从制度层面保障城市书房的健康发展。同时，要加强城市书房的规划与管理，对城市书房的相关术语、职责、建设标准、管理服务等做出规范性要求，建立绩效评价机制，健全监督体系，通过绩效评定的方式，引导城市书房健康发展，促进城市书房整体服务质量的提升。

（二）引导社会共建

城市书房作为社会公共服务产品，其建设仅仅依靠政府财政投入是不够的，还需要社会各界的共同参与。文旅融合背景下的城市书房应加强多方业务合作，寻求企事业单位、社团、风景区、商场等多方社会力量的协助，探索"城市书房+书店""城市书房+咖啡店""城市书房+民宿""城市书房+酒店"等建设运营模式，并结合市场运作规律，将城市书房与经营项目相融合，打造亮丽精致的门面空间，凸显城市文化格调。鼓励社会力量参与共建，不仅能为政府支出减轻负担，弥补公共图书馆在人力、财力、物力上的不足，还有利于完善城市书房的网络布局，提升城市书房的建设质量，从而在全社会广泛形成共管、共运、共享的良好局面。

（三）提供特色服务

文旅融合背景下，提供特色服务是城市书房吸引读者到馆的要领，也是城市书房发挥文化职能、信息职能、教育职能的重要方式。不同的群体有不同的阅读需求，针对不同群体开展文旅阅读推广，打造多层次的用户体验，是城市书房提供特色服务的重要方式之一。如对于小学生，研学旅游的形式能帮助他们更好地将书中知识与实践相结合，达到"学中玩、玩中学"的效果；对于老年群体，考虑到他们对传统文化、民俗的关注度高，可以结合传统节日如春节、元宵节、重阳节等，开展节庆阅读推广。

此外，城市书房还可利用微信公众号、抖音等平台进行服务推送，将地方文献资源与旅游资源串联起来，推送特色文旅阅读活动，同时与线下活动进行联动，实现线上线下双向发展，将城市书房打造成一个24小时微型图书馆。

（四）解决人才短板

城市书房的日常运营主要依靠智能化设备，但仅仅依靠人工智能是不够的，还需要专业人员提供多元化、人性化的服务。公共图书馆需要设立专人专岗，对城市书房的书刊配送、服务数据统计、日常巡查监督等工作进行统一管理。工作人员不仅要具备服务意识和责任感，还要有过硬的专业素养，能为前来书房的市民提供专业的阅读指导，提高读者的满意度。此外，城市书房还应积极倡导读者自我管理，组建志愿者服务团队，并对志愿者进行培训，提升他们的专业素养，同时还应定期组织他们与内部人员进行交流，共同总结读者提出的意见和建议，查找城市书房在运行过程中存在的问题，为读者提供更优质的服务。

参考文献

[1] 关淦，赵丽梅．文旅融合背景下我国城市书房建设探析［J］．图书馆研究，2022（1）．

[2] 郭缨，刘汉鑫．城市书房的发展现状及模式探析［J］．新阅读，2021（7）．

[3] 吴蛟鹏．城市总分馆模式新探索——温州"城市书房"建设实践与思考［J］．山东图书馆学刊，2017（3）．

[4] 金武刚，王瑞芸，穆安琦．城市书房：2013-2020年——基层图书馆建设的突破与跨越［J］．图书馆理论与实践，2021（3）．

[5] 叶帆．公共图书馆打造"城市书房"案例研究［D］．安徽：安徽大学，2018．

[6] 汪蕾．文旅融合背景下城市书房的用户研究现状及推进策略——以上海市为例［D］．上海：上海师范大学，2022．

[7] 杨贤林．城市书房公共阅读服务体系建设研究［J］．图书馆学刊，2018（5）．

元宇宙环境下图书馆业务与服务创新发展

刘晓文

(武汉市少年儿童图书馆 430014)

摘 要：元宇宙的出现推动了图书馆的业务和服务创新。文章在论述元宇宙研究现状的基础上，从价值使命、社会环境和信息技术三个方面探讨了图书馆参与构建元宇宙的必要性，提出了图书馆在元宇宙环境下的业务与服务创新方向，认为元宇宙能促使图书馆虚拟场景的创新、数字资源的转型和人机融生的服务。

关键词：元宇宙；图书馆；虚拟现实技术

一、引言

元宇宙一词最早由科幻作家尼尔·斯蒂芬森在1992年发表的小说《雪崩》中提出，随着2021年3月"元宇宙第一股"Roblox在纽交所上市引发了全球关注，随后字节跳动、百度、腾讯、微软、英伟达等国内外巨头企业纷纷宣布进军元宇宙，2021年也被称为"元宇宙元年"。2021年5月由韩国政府领导的韩国科学技术和信息通信部成立了"元宇宙联盟"，旨在构建国家级元宇宙平台；2021年11月中国移动通信联合会元宇宙产业委员会正式成立，旨在推动元宇宙的健康可持续发展；2022年1月无锡市发布《太湖湾科创带引领区元宇宙生态产业发展规划》，计划未来将无锡市澳湖区打造成元宇宙核心产业区；上海、合肥、武汉、杭州等城市均在政府工作报告中提出积极推动元宇宙与实体经济融合，重点发展元宇宙相关产业。元宇宙成为各界关注的热点，其爆发的热度和市场响应程度，近似于互联网最初出现时的景象。

二、研究现状及文献回顾

目前对元宇宙尚未有一个统一的定义，国内众多学者和机构对其概念进行了探讨。北京大学的陈刚教授和董浩宇博士在发表元宇宙特征与属性 START 图谱时将元宇宙定义为利用科技手段进行链接与创造的，与现实世界映射和交互的虚拟世界，具备新型社会体系的数字生活空间。清华大学沈阳教授在清华大学新媒体研究中心发布的《2020-2021 年元宇宙发展研究报告》中将元宇宙解释为整合多种新技术而产生的新型虚实相融的互联网应用和社会形态，允许每个用户进行内容生产和编辑。武汉大学吴江教授认为元宇宙是基于数字技术而构建的一种人以数字身份参与的虚实融合的三元世界数字社会。国际咨询公司 Analysis Group 在为更名为 Meta 的 Facebook 公司发布的元宇宙白皮书报告中认为元宇宙是一个大规模、可交互操作、并且实时渲染的 3D 虚拟网络世界。综合上述观点，笔者认为元宇宙是整合 AR、VR、MR、数字孪生、区块链、三维建模、5G/6G、人工智能等多种技术构建的，能够允许用户生产和编辑内容并动态运转的沉浸式世界，其在图书馆中的应用具有以下几个特点：基于虚拟现实技术等构建虚拟场景提供沉浸式体验；基于区块链等技术搭建数字资源平台，允许读者自发生产内容并动态运转；基于人工智能等技术实现人机交互，虚实共生。

实际上，图书馆对于元宇宙的探索可以追溯到"第二人生"，一个被人们普遍视作元宇宙早期形态的现象级虚拟世界。"第二人生"在 2003 年上线后引发了图书馆的关注，2006 年联盟图书馆系统和联机图书馆活动在上面合作建设"信息岛"，麦克马斯特大学、斯坦福大学、哈佛大学等先后在信息岛上成立虚拟图书馆，尝试在虚拟世界中提供服务。我国首个虚拟图书馆由香港理工大学包玉刚图书馆 2009 年在信息岛上设立。图书馆在"第二人生"虚拟世界中的尝试为进入元宇宙奠定初步的实践基础。自 2021 年元宇宙概念强势来袭以来，我国图书馆界凭借敏锐的洞察能力迅速开展了相关学术研究，杨新涯等于 2021 年 11 月提出"元宇宙是图书馆的未来吗？"这是国内第一次出现元宇宙图书馆的概念，随后诸多学者围绕元宇宙在图书馆中的应用展开研究。林立对 4 个美国图书馆的 3D/VR 资源建设与服务项目进行研究，提出元宇宙图书馆 3D/VR 资源建设与服务的对策；王晔斌等通过上海图书馆读者阅读画像、智慧阅读空间等实例，探讨了元宇宙在未来图书馆智慧空间服务模式上的创新思路；储节旺等提出利用元宇宙技术能推进图书馆向全智慧图书馆发展；杨新涯等从元宇宙视角下提出图书馆虚拟服务体系的构建；郭亚军等探讨了元宇宙赋能虚拟图书馆的核心理念、技术赋能模式及五大应用场景，构建了元宇宙赋能虚拟图书馆的发展策略框架。综合来看，利用元宇宙技术赋能图书馆能够推动图书馆事业向全新的方向发展，让图书馆的业务与服务创新有了广阔的想象空间。

三、构建元宇宙图书馆的必要性

（一）价值使命的需要

元宇宙第一股 Roblox 公司在其上市招股书中定义了元宇宙八大要素：身份、社交、沉浸感、低延迟、多元化、随地、经济系统、文明。文明是元宇宙的关键要素之一，构建元宇宙离不开文化元素。作为公共文化机构，图书馆和博物馆无疑是承载文化元素最多的地方。我国博物馆界对元宇宙的到来率先发出倡议，于2022年3月26日发布了《关于博物馆积极参与建构元宇宙的倡议》，认为博物馆中承载着构建元宇宙必需的文化元素，呼吁博物馆积极参与建构元宇宙。图书馆作为同样保存人类文化元素、传承文化记忆的机构，也紧随其后，给予了元宇宙高度关注，于2022年5月16日举办了"天堂的具象：图书馆元宇宙的理想"论坛，指出元宇宙在对现实世界虚拟化的过程中，需要图书馆提供大量文化元素，在参与构建元宇宙方面有不可替代的特殊优势。图书馆是人类文明成果的集散地，记载了从古至今人类历史的发展和演变，承担着保存人类文化遗产的职能和使命，其使命与元宇宙是相通的，价值是相融的。

（二）社会环境的改变

在图书馆履行使命的过程中，社会环境的变化促使图书馆的业务和服务模式必须发生转变。近20年间社会的人群结构发生了显著变化，Z世代人迅速崛起（1995—2009年生人），成为社会活动的主流人群。这一代人也被称为互联网原住民，互联网是他们与生俱来的生活方式，从小习惯了的长期数字生活让互联网成为他们不可分割的一部分。近两年人们的生活习惯发生了转变，全社会的人均上网时间延长，线上生活变成了常态，人类日益习惯在数字世界中生活。为大众服务是图书馆的永恒价值和使命，既然如今越来越多的人适应了数字世界的生活，图书馆就应该顺应社会结构和人群习惯的改变，主动向元宇宙靠近，参与到构建元宇宙中，在元宇宙中为大众提供相应的服务。

（三）信息技术的驱动

一直以来，推动图书馆业务与服务创新发展的最大引擎是信息技术的应用，这也是图书馆没有被信息时代淘汰的重要原因。每一次的信息技术革命，都引发了图书馆的关注和对自身的审视，推动着图书馆在信息革命的浪潮中创新和转型。20世纪90年代，互联网的兴起推动图书馆从以实体文献为馆藏的传统图书馆向以数字资源为馆藏的数字图书馆转型。21世纪移动互联网和物联网的应用驱使数字图书馆向智慧图书馆转变。短短 20 多年间，在信息技术的驱动下，图书馆的业务和服务模式以超乎想象的速度发生了翻天覆地的变化。如今元宇宙的到来，已经呈现出类似 1995 年互联网所经历的"群聚效应"，成为新一轮的科技巨浪，图书馆应该把握这次重要机遇，紧跟信息技术发展趋势，主动探索元宇宙在图书馆的业务和服务中的应用。

四、元宇宙环境下图书馆业务与服务创新方向

（一）推动虚拟场景的构建创新

杨新涯等通过对国外元宇宙研究热点及元宇宙相关技术创新专利分析，得出目前元宇宙的技术创新核心以虚拟实境为主，研究热点集中在虚拟现实、虚拟世界、增强现实等领域。虚拟现实技术是建设元宇宙图书馆的基础技术，包括有 VR、AR、MR、数字孪生、三维建模等技术，使用虚拟现实技术构建虚拟场景是图书馆在元宇宙环境下业务创新的重要方向。

1. 建设虚拟图书馆，提供虚拟导览服务

元宇宙环境下图书馆虚拟场景的构建有两种形式，一种是以数字孪生的方式生成与实体图书馆完全一致的虚拟图书馆。实体空间紧张已经成为目前多数图书馆发展中面临的难题，无法靠无限制的修建和扩张场馆来解决，建设虚拟图书馆突破物理空间的限制可以有效应对这一问题。元宇宙环境下建设虚拟图书馆是通过数字孪生等虚拟现实技术重构与实体图书馆相对应的虚拟图书馆，将图书馆的环境、馆藏和状态在虚拟图书馆中复刻出来。基于虚拟图书馆向读者提供虚拟导览服务，可以使读者直接虚拟浏览图书馆的馆舍和资源。目前，VR、AR 等虚拟现实技术在虚拟图书馆导览服务中的应用已经初有成效。中国国家图书馆是我国最早探索 VR 技术在虚拟图书馆中应用的图书馆，于 2008 年成功推出了"国家图书馆虚拟现实系统"，实现了读者在 VR 体验区用特定设备对国家图书馆新馆的虚拟导览。美国布兰迪斯大学图书馆利用 VR 和 AR 等虚拟现实设备实现了布兰迪斯大学的虚拟校园导览，让学生能以虚拟的方式到达学校的任何地方。图书馆的成功经验证明了元宇宙环境下构建虚拟图书馆，提供虚拟导览服务的现实可行性，使图书馆的业务与服务能够突破物理空间的限制。

2. 打造沉浸式智慧虚拟空间

元宇宙环境下另一种构建图书馆虚拟场景的方式是由 AI 及虚拟现实技术等生成实体图书馆中所没有的场景。元宇宙是开放的可编辑世界，允许图书馆在元宇宙的环境下构建现实世界中没有的虚拟场景。开展社会教育于 1975 年被国际图联明确列为图书馆的四大社会职能之一，元宇宙环境下的图书馆可以打造沉浸式的智慧虚拟空间，如虚拟展览、虚拟讲座、虚拟读书会等丰富的多元化虚拟场景，为读者开展教育服务。传统图书馆为读者提供的服务一般是针对个人，是单一的线性互动，而元宇宙是具备新型社会体系的数字生活空间，元宇宙环境下的图书馆智慧虚拟场景具有强社交的特点，能够打破读者与图书馆之间的线性关系，让读者能沉浸式地在虚拟场景中面对面交流，从而形成全新的多层次网状社交体系。

（二）驱使数字资源的建设转型

1. 数字资源向 VR 资源扩展

资源建设是图书馆的核心，为读者提供资源服务是图书馆的基本职能。元宇宙的来临驱使图书馆的资源建设由平面化的 2D 纸质资源和数字资源向 3D 资源转型。元宇宙环境下图书馆的 VR 资源建设是通过虚拟现实技术将平面化的资源立体化、场景化，对其进行 3D 重构，给读者以沉浸式的感官体验，让读者能够更直观地加深对知识的理解。国内外已有图书馆进行了 VR、AR 等虚拟现实技术在 VR 资源建设方面的实践：俄克拉何马大学图书馆开展 VR 项目，将文字以三维图像呈现；哈佛大学图书馆在虚拟图书馆中使用 3D 模型预览，并使用 3D 模型浏览多个分馆的文献。中国国家图书馆 2021 年推出 5G 全景 VR 文化典籍《永乐大典》，应用 5G 和 VR 技术将书中的文字和场景进行立体化展示，为纸质资源的立体化重构提供了实用经验。图书馆应积极探索虚拟现实技术在资源 3D 立体化重构上的应用，做好数字资源向 VR 资源扩展的准备，为元宇宙的来临提供全视角立体化的 VR 资源。

2. 基于 UGC 的读者共建模式

元宇宙是区块链框架下基于 UGC 的内容平台，用户可以在元宇宙中进行内容生产和编辑。元宇宙环境下图书馆的资源建设模式不仅是依靠图书馆自身为主导的 PGC 模式（专业生产内容），还要向 UGC 模式发生转移，让读者主动参与到资源的建设中来，形成读者对资源开发和使用的良性循环，实现数字资源的自发生长。阮冈纳赞认为图书馆是不断生长的有机体，元宇宙图书馆即不断生长的智慧有机体，在基于 UGC 的读者共建资源模式下，读者能够以主人公的姿态参与资源的开发或二次开发，让图书馆的资源自发有机生长。对于 UGC 模式下的数字资源建设，资源版权问题将更加突出，使用区块链技术能够有效解决版权管理的问题。区块链技术是元宇宙的技术底座，本质上是由若干数据块按照时间顺序链接而成的去中心化数据库，是哈希算法、共识机制、时间戳等成熟技术结合而成的新技术，具有无法篡改和可追溯的特点。应用区块链技术解决数字资源版权管理的问题已经有了初步进展，中国国家数字图书馆利用区块链技术构建用户画像和确权登记，实现了"版权生成—版权流转—版权监管"的一体化运作。英国 eLib 数字图书馆计划成员馆利用区块链联盟链中的插件开发数字资源版权管理平台，对纸质文献数字化的版权使用行为进行监管，明确数字资源版权交易流程。元宇宙环境下通过区块链技术，将资源存储在数据块中，从原创开始记账，记录资源的创作者和变更状态，所有的修改和版权变更都会被打上时间戳记录在区块中，能够有效解决元宇宙环境下图书馆数字资源版权认证、流通、变更等多个环节的问题。

（三）实现人机交互的虚实融生

清华大学沈阳教授认为构建元宇宙的三个阶段依次是数字孪生、虚拟原生和虚实融生。虚实融生是元宇宙图书馆发展的最终状态，在这个阶段中虚拟人、自然人和机器人三者人机交互、共融共生。

人工智能的发展大大促进了虚拟数字人对于各行各业服务模式的创新：北京冬奥会为减少人员聚集，大量使用 AI 手语主播、虚拟气象主持人等虚拟人和机器人来提供服务；银行业打造虚拟数字员工更新服务模式，江南农商银行推出"言犀 VTM 数字员工"进行办理业务。元宇宙环境下图书馆可以打造属于自己 IP 形象的"虚拟数字馆员"，也可以构建人工智能机器人在导航和知识讲解中提供服务。"虚拟数字馆员"是通过图像识别、语义理解、语音识别与合成等人工智能技术来深度学习和模仿真实馆员从而高度还原，再借助人像建模等虚拟现实技术创建的具备一定认知和社交功能的虚拟数字人。"虚拟数字馆员"通过 AI 训练，在为读者提供服务的交互过程中将不断丰富和完善训练库自我成长，提高服务效能。中新友好图书馆于 2022 年 6 月 24 日第六届世界智能大会期间推出元宇宙驱动下的虚拟体验系统，让真人馆员化身虚拟讲解员为读者进行图书馆的介绍，同时引入了虚拟数字人"小博"为读者提供更亲切、有温度的虚拟人服务。人工智能机器人是将虚拟人实体化后，在现实世界衍生出的机器人。国家图书馆推出人工智能机器人"小图"，在公共数字文化展上提供人脸识别、语音交互、迎宾讲解等服务，为图书馆使用机器人实现人机交互和创新服务模式提供了成功的案例和实践经验。

五、小结

元宇宙的出现为图书馆的业务和服务提供了全新的发展方向。目前，元宇宙相关技术仍处于发展阶段，这决定了我们短时间内无法将元宇宙的整个理念和形态完全应用到图书馆中。但在元宇宙环境下，图书馆的业务和服务向虚实融生的方向发展是智慧图书馆发展的最终形态。在元宇宙环境下探讨其底层技术在图书馆中的应用是推动图书馆事业发展的方向之一，图书馆依据元宇宙相关底层技术的发展将不断演化出更多创新的方向，也让图书馆的业务和服务创新有了更为广阔的空间。

参考文献

[1] 北京大学学者发布元宇宙特征与属性 START 图谱 [EB/OL]. [2023-07-13] https：//share.gmw.cn/it/2021-11/19/Content_35323118.htm.

[2] 清华大学：2021 元宇宙研究报告 [EB/OL]. [2021-11-07]. https：//mp.weixin.qq.com/s/NTTFj0P7cYuvZJHM0E63eQ.

[3] 吴江，陈浩东，贺超城. 元宇宙：智慧图书馆的数实融合空间 [J/OL]. [2022-08-03]. http：//kns.cnki.net/kcms/detail/11.2746.G2.20220610.1843.002.html.

[4] 杨新涯，钱国富，唱婷婷，等. 元宇宙是图书馆的未来吗？[J]. 图书馆论坛，2021, 41 (12)：35-44.

[5] 付洁. 基于"第二人生"的虚拟学习环境创设 [D]. 上海：华东师范大学, 2013.

[6] 林立. 元宇宙图书馆3D/VR资源建设与服务——以美国图书馆3D/VR资源服务项目为例 [J/OL]. [2022-08-03]. http：//kns.cnki.net/kcms/detail/44.1306.G2.20220609.1846.007.html.

[7] 王晔斌，张磊. 虚实相生——元宇宙视角下智慧图书馆场景实现 [J]. 图书馆杂志，2022, 41 (7)：18-24.

[8] 储节旺，李佳轩. 全智慧图书馆——元宇宙成为实现途径 [J/OL]. [2022-08-03]. DOI：10.13266/j.issn.0252-3116.2022.09.004.

[9] 杨新涯，涂佳琪. 元宇宙视域下的图书馆虚拟服务 [J]. 图书馆论坛，2022, 42 (7)：18-24.

[10] 郭亚军，李帅，张鑫迪，等. 元宇宙赋能虚拟图书馆：理念、技术、场景与发展策略 [J/OL]. [2022-08-03]. http：//kns.cnki.net/kcms/detail/23.1331.G2.20220424.1847.004.html.

[11] Roblox Corporation. The preliminary prospectus [EB/OL]. (2021-02-22) [2021-12-14]. https：//www.sec.gov/Archives/edgar/data/1315098/00011931252

1049767/d87104ds1a.htm.

[12] 六十位馆长、学者联名倡议博物馆积极参与建构元宇宙[EB/OL]. [2023-07-13] https：//www.cngold.com.cn/202203265864562452.html

[13] 郭亚军，李帅，丁菲，等. 美国大学图书馆的虚拟仿真应用实践——对美国TOP100大学图书馆VR/AR应用的调查[J/OL]. [2022-01-14]. http：//kns.cnki.net/kcms/detail/44.1306.G2.20211119.1131.006.html.

[14] 张铭丽. 数字图书馆数字资源版权区块链管理研究——以中国国家图书馆数字资源版权区块链管理实践为例[J]. 图书馆工作与研究，2021（8）：31-39.

[15] 鲁金彪. 虚拟数字人重磅来袭 金融服务交互体验新升级[J]. 杭州金融研修学院学报，2021（12）：51-53.

[16] "中华传统文化典籍保护传承大展"在国家图书馆开展[EB/OL]. (2019-09-09)[2021-11-28]. http：//www.gov.cn/xinwen/2019-09/09/content_5428628.htm.

利用牌记和封面鉴定古籍版本致误举隅
——以湖北省图书馆藏古籍为例

刘倩

(湖北省图书馆 430071)

摘 要：古书牌记和封面页是鉴定版本的重要依据，但封面上有时会同时存在刻者与印者的信息，同一版本早期、晚期刷印的本子的封面上的堂号可能会不一致，容易将印者当作刻者，从而将同一版本著录为两个或多个版本。牌记亦有改刻或翻刻原书牌记的情况，前者可导致将同一版本著录为不同版本，后者则导致将不同版本著录为同一版本。

关键词：版本鉴定；牌记；封面

版本鉴定是古籍工作的重要内容，特别是古籍编目著录工作，要求工作人员能够对所著录古籍的版本做出准确的鉴定，包括抄刻时间、地点、抄刻者、刻印情况等，以期为读者提供准确、有效的参考信息，助力学术研究。版本鉴定的方法很多，其中利用牌记和封面页是最常见、最简单的方法。但是，古书牌记和封面页的信息未必属实，因此，在利用牌记和封面鉴定古籍版本时也容易出现一些错误。今以湖北省图书馆藏本鉴定为例，重点讨论前人对某些古籍著作版本的鉴定结论，指正其中的错误，并推求致误之由。

一、《通俗编》三十八卷（清）翟灏撰

《中国古籍总目》著录三个版本：清乾隆间无不宜斋刻本、清乾隆十六年（1751）无不宜斋刻本、清武林竹简斋刻本。（子51225297）《哈佛大学哈佛燕京图书馆藏中文善本书目》曰："馆藏此本与《续修四库全书》影印底本虽行款字体相似，但并非同版，此本似为较早刻本。"刘明《翟灏〈通俗编〉研究》"重点讨论翟灏无不宜斋刊本与武林竹简斋本的异同，肯定竹简斋本晚出且与前者并非同版"。

按：《通俗编》无不宜斋刻本、武林竹简斋刻本，皆据书前封面著录。笔者所见封面有两种：一、右栏无字，中刻书名，左栏镌"无不宜斋雕本"，哈佛大学哈佛燕京图书馆公布图像即是；二、右栏镌"无不宜斋雕本"，中刻书名，左栏刻"武林竹简斋藏版"，湖北省图书馆及《续修四库全书》影印者均属此类。沈津先生判定哈佛燕京图书馆藏本与《续修四库全书》影印底本"并非同版"，盖以此为原因之一。

今以哈佛燕京图书馆藏本与湖北省图书馆藏本比勘，发现二本版式相同，字体相似，其中部分文字存在明显不同。如卷一1A面"谈天"条"㮮云谈天"之"㮮"字，二本"木"字捺的起点不同；"天长地久"条"天长地久岁不留"之"地"字；4B面"白日昇天"条"俗见寒素者"之"者"字，哈佛燕京图书馆藏本作"者"，而湖北省图书馆藏本"日"字上无点；5A面"天公篛帽天"条"败笠"之"笠"字，哈佛燕京图书馆藏本作"笠"，而湖北省图书馆藏本作"竺"；等等。

可见，两个藏本确实存在笔画、字形不同，甚至文字有异的现象。不过，我们同时也发现在很多细节方面，两个本子又像是用同一块书板刷印出来的。如卷一1A面"谈天"条"谈天衍雕龙"的"谈"字，左边"讠"旁，二本均印刷不清，而其他字均比较清晰。二者之间同时存在同板印刷与异板印刷的明显证据，启人疑窦。面对这种现象，我们能想到的是，此书在前后印刷过程中，存在修补版的情况。果然，经比对，我们发现湖北省图书馆藏本断版严重，不仅板片断裂数量多，而且有的原板片只残留不到一半，另一半是重新补刊的新板。而我们发现的所有字体、文字不同之处，均在板片断痕以下，且均为有补刻新板的地方。而断痕以上的文字、字体全同，显然由同一块板片刷出。由此可知，原板片印刷过程中出现大规模断裂，有些板片损坏严重，甚至丢失，所以后来的印刷者做了相应的修补版工作。而通过封面刻字来看，原板由无不宜斋刊刻，后来板归武林竹简所有，正是武林竹简斋对残损板片做了修补。所以，我们看到封面刻有"武林竹简斋藏板"的本子上，文字、字形与哈佛燕京图书馆藏本不同。

我们知道，由同一套书板刷印而成的本子，属于同一个版本，而同一个版本前后不同时期的印本，可能存在修版、补版等情况。对于同一版本的不同印本，在版本鉴定与版本著录时，其印刷时间、印刷者可以不同，但刊刻者应该是一致的。所以，对于哈佛大学哈佛燕京图书馆藏《通俗编》，应著录为无不宜斋刻本，而湖北省图书馆藏本以及《续修四库全书》底本，应为无不宜斋刻武林竹简斋修补印本。然而，由于受到早期、晚期印本封面的干扰，《哈佛大学哈佛燕京图书馆藏中文善本书目》以及刘明先生，均看到文字不同，便骤然下了"并非同板"的结论，欠妥。

至于《中国古籍总目》著录的两个"无不宜斋刻本"，一作"清乾隆间"，一作"清乾隆十六年"，亦为同一版本。书前有清乾隆十六年周天度序，曰："比来都门，复见晴江手辑《通俗编》，则勾稽证释，视山舟详数倍焉。"可知，此书刊刻时间不早于乾隆十六年。据此序，有的单位直接写作清乾隆十六年刻本，而有的单位为了谨慎，写作清乾隆间刻本，两种表述并没有本质区别。而《中国古籍总目》在汇总数据时，二者并存，将同一版本著录为两个不同版本，再加上前面讲的封面的误导，一个版本误成了三个版本。

二、《困学纪闻集证》二十卷（清）万希槐辑

张骁飞《〈困学纪闻〉版本源流考述》载："是书今存六种，乃经正堂校刊《困学纪闻五笺集证》、嘉庆八年聚秀堂刻《困学纪闻集证》、嘉庆十二年山渊堂刻《困学纪闻集证合注》、嘉庆十六年刻《困学纪闻集证合注》、嘉庆十八年扫叶山房刻《困学纪闻集证合注》和嘉庆二十四年胡氏山寿斋刻《困学纪闻集证合注》。……聚秀堂本……在众集证本中当为最早者。"《中国古籍总目》载清嘉庆八年刻本仅一个版本，即清嘉庆八年聚秀堂刻本，南京图书馆等六家单位见藏。

按：湖北省图书馆藏此书三部，封面分别刻：

（1）嘉庆癸亥年新镌 黄冈万蔚亭辑 困学纪闻集证 承美堂藏板

（2）嘉庆癸亥年新镌 黄冈万蔚亭辑后附补遗 困学纪闻集证 会友堂藏板

（3）嘉庆癸亥年新镌 黄冈万蔚亭辑 困学纪闻集证 聚秀堂藏板

嘉庆癸亥即嘉庆八年（1803）。据此，三本皆为嘉庆八年刻本，或以嘉庆八年刻本为底本翻刻。经对比，实系同板刷印，则为同一版本。卷首凡例曰："余高祖舒季公（讳尔昶）读书承美堂，余幼随伯兄东溪（希濂）从祖惕斋公（讳礼祖）受读其中。"落款作"丙辰中秋荫堂槐识于承美堂"。丙辰即嘉庆元年（1796）。是书辑者万希槐，字蔚亭，号荫堂，即凡例作者。读此凡例可知，承美堂即万氏世代读书之所，此书刊印，当以承美堂家刻为最早。湖北省图书馆第（1）个藏本封面所刻"承美堂"，当即刊者堂号，此本即书原刊版本。那么，会友堂、聚秀堂又是怎么回事呢？我们认为，从三本实为同一板本来看，二者是藏板印刷，或仅为借板印刷。那么，哪个本子印刷时间更早一些呢？通过比对三本同一个断板处，我们不难发现，承美堂本裂口最小，会友堂本次之，而聚秀堂裂口最大。因此就刷印时间而言，承美堂本早于会友堂本，会友堂本

早于聚秀堂本。

综上，馆藏三部书应分别著录为：（1）清嘉庆八年（1803）承美堂刻本；（2）清嘉庆八年（1803）承美堂刻会友堂印本；（3）清嘉庆八年（1803）承美堂刻聚秀堂印本。张文以为聚秀堂本最早，盖仅见封面有"聚秀堂"字样者，未见其他印本，故误。《中国古籍总目》著录以印者为刻者，亦受封面影响而不审其原委。

三、《愈愚录》六卷（清）刘宝楠撰

《愈愚录》是清代学者刘宝楠所撰考据笔记，内容涉及人物典故、制度习俗等。姚继荣《清代历史笔记论丛》曰："《愈愚录》成书后，久无刊刻。今有抄本，存于中国社会科学院历史研究所图书馆。至光绪朝，收入《广雅书局丛书》，为广东广雅书局刊本。"姚氏指出《愈愚录》的最早刊本为清光绪间广雅书局刻《广雅书局丛书》本。今按：广雅书局成立于清光绪十三年（1887）前后，各家图书馆目录著录《愈愚录》版本，有清光绪十四年（1888）广雅书局刻本、清光绪十五年（1889）广雅书局刻本。湖北省图书馆藏本有两种，皆有牌记，一曰"光绪十四年秋八月广雅书局刻"，一曰"光绪十五年广雅书局刻"。但经比对，二者牌记虽然不同，但实为同一个版本，断板位置、版式、字体均同。由此推断，光绪十五年，广雅书局重印时改换了牌记。因此，都应著录为清光绪十四年刻本。为了表示区分，对于牌记改刻为"十五年"的，应在附录项中说明，或著录为清光绪十四年刻十五年重印本，而不能直接著录为清光绪十五年刻本。

在编目过程中，我们发现，同一套书板在刷印时，改刻牌记的情况时有发生。如清代胡林翼撰《读史兵略》四十六卷牌记刻"光绪纪元夏月湖北崇文书局开雕"。据此，则应鉴定为光绪元年（1875）崇文书局刻本。但经过比对，除更换牌记外，此本与我馆藏咸丰十一年（1861）武昌节署刻本完全相同，实为同一版本。咸丰刻本亦有牌记："咸丰十一年春刊于武昌节署。"所谓光绪崇文书局刻本，只是改刻了牌记而已，不能作为版本鉴定的依据。因此，应著录为清咸丰十一年（1861）武昌节署刻清光绪元年（1875）湖北崇文书局重印本。再如清代黄汝成撰《日知录集释》三十二卷《刊误》二卷《续刊误》牌记"中华民国元年鄂官书处重刊"与馆藏另一部牌记"同治壬申湖北崇文书局重雕"亦是同版，亦属改刻牌记之类。因此应著录为清同治十一年（1872）崇文书局湖北刻民国元年（1912）鄂官书处重印本。

335

四、《吕氏春秋》二十六卷《附考》一卷（秦）吕不韦撰，（汉）高诱注

今见湖北省图书馆藏一晚清刻本，牌记"光绪元年浙江书局据毕氏灵岩山馆本校刻"与浙江书局刻《二十二子》丛书本完全一致。在没有其他藏本对照的情况下，很容易著录为《二十二子》本。但通过与《二十二子》本对校，才发现此本纸质较差，二本断板位置均不同，二者并非同一版本，此本当为《二十二子》丛书本的翻刻本。其文字亦有较多明显差异。如卷一 11A 面双行小字"上志古记也"之"上"字，《二十二子》本作"丄"。毕沅序"者"字中"日"上一点，《二十二子》本笔势是从左上角向右下角，而翻刻本是右上角向左下角；卷一 1B 面"蛰读如诗文王之什"之"王"字，《二十二子》本作"王"，翻刻本误作"玉"；等等。因此该本刊刻时间要晚于光绪元年（1875），应著录为清光绪至宣统刻本。

类似情况还有唐王冰注、宋林億等校正、宋孙兆改误《补注黄帝内经素问》二十四卷《灵枢》十二卷，虽牌记镌"光绪三年浙江书局据明武陵顾氏影宋嘉祐本刻"，与本馆清光绪三年浙江书局刻《二十二子》本牌记内容相同，但亦据《二十二子》本翻刻，应著录为清光绪三年（1877）至宣统刻本。

在实际审校古籍版本数据时，因藏板者更迭、重印时改换牌记时间、翻刻原牌记等原因致使版本鉴定有误的例子还有很多，若不仔细比对、搜集材料，便很容易著录得不准确或者完全错误。作为图书馆古籍编目及审校人员，比一般读者更有机会同时比对馆藏多部藏本，这就需要我们在利用牌记和封面鉴定版本时怀有高度负责的精神，认真细致的态度，以及不断追求真相的探索精神，结合古籍自身信息（比如前后序跋、避讳等），《中国古籍总目》《中国丛书综录》等纸质书目，国内外各大图书馆官网检索平台及数据库中的书影等，力求更加准确地给出版本鉴定结论，并尽量提供给读者更多的有用信息，以助推学术研究的发展。

参考文献

[1] 中国古籍总目编纂委员会编. 中国古籍总目·子部：第五册 [M]. 上海：上海古籍出版社，2010：2033.

[2] 沈津. 哈佛大学哈佛燕京图书馆藏中文善本书目 [M]. 桂林：广西师范大学出版社，2011.

[3] 刘明. 翟灏《通俗编》研究 [D]. 沈阳：辽宁大学硕士学位论文，2021.

［4］张骁飞.《困学纪闻》版本源流考述［J］.中国典籍与文化，2009（69）：77.

［5］中国古籍总目编纂委员会编.中国古籍总目·子部：第四册［M］.上海：上海古籍出版社，2010：1799.

［6］姚继荣.清代历史笔记论丛［M］.北京：民族出版社，2014：319.

图书馆情报服务现状分析与突破性发展探究

翟欢庆　刘寒冰　张　哲

（国防科技大学信息通信学院图书馆　430035）

摘　要：在"双一流"高校建设规划背景下，图书馆情报服务水平的高低已然成为院校发展的重要支撑点，针对当下图书馆情报服务工作开展现状、存在问题及优秀服务案例展开研究，以期提升图书馆情报服务水平，深化图书馆服务职能。

关键词：情报服务；学院图书馆；数据库

一、背景介绍

国防科技大学信息通信学院（以下简称学院）地处武汉，2017年5月，以原国防信息学院、原西安通信学院为基础组建，合并之后多样化的教学任务对原有的图书馆情报服务工作提出了更高的要求，为进一步满足学院人才培养、教学科研及学科发展需求，提升情报服务能力，图书馆工作人员积极开展业务调研，探索适用于学院图书馆的情报服务工作突破性发展之路。

二、学院图书馆现有情报服务工作开展情况

（一）馆办情报资料持续更新推送

学院图书馆自2016年始开展情报资料的收集、分析、研究和推介工作，创建馆办刊物《热点推送》及《外文文献推送》，通过搜集新理论、新观点，了解中外前沿动态、技术，创新思路，为学院教学科研等提供参考与助力。总计编辑信息产品和专题资料《热点推送》324期，《外文文献推送》134期，合计下发24000余份，并持续更新。

（二）论文收录引证服务的拓展

学院图书馆自2021年始依托国防科技大学图书馆免费为学院教职员工提供

论文收录引证服务，旨在为硕博士毕业、职称评定、项目/基金申请与结题、人才遴选、奖励申报等工作的开展提供依据。具体通过检索数据库，查找文献被 SCIE、EI、CPCI-S、ESI、CSCD 及 CSSCI 等收录、引用情况，并根据检索结果出具检索报告，由大学本部图书馆审核，并盖章邮寄，确保读者在 7 个工作日内收到纸质或电子扫描件，为读者提供了便利。

（三）自建数据库资源聚合平台建设

学院图书馆 2021 年建成《自建数据库资源聚合平台》。资源建设主要来源于馆际交流、院外信息收集、院内数据采集、整理等。该平台是对研究生学位论文数据库、信息通信数据库、电磁频谱管理数据库等 23 个数据库的资源实现统一聚合检索，有效提高自建数据库的利用率，充分发挥其作用效益，实现了用户在线学习，个性化信息推送，用户自主建库等全新服务功能，为院校学科专业建设提供支撑，图书馆后续还将对内容不断地进行丰富与更新。

（四）辅助教学科研开展代查代检服务

学院图书馆情报资源组辅助教学科研针对各学科领域提供代查代检服务。针对研究课题的目的及需求，以描述课题的关键词作为检索入口，依托学院图书馆购买的数据库及印刷型馆藏资源、国防科技大学图书馆远程访问电子资源及各种公共资源等途径对读者所委托的课题进行全面的检索、筛选，从开题立项、研究中期到成果验收，并以书目、索引、文摘、全文、汇编等形式提供给读者。

（五）馆藏纸电图书信息推广服务

学院图书馆结合新书到馆、世界读书日活动开展、各类型数据库镜像更新及日常阅读引导等活动时间节点，适时开展馆藏纸质及电子图书信息推广服务，通过图书馆线上主页、学院微信公众号、读者活动群、图书馆馆舍宣传标志等方式持续推送阅读信息，深入开展阅读推广服务，认真践行习近平总书记在致首届全民阅读大会举办的贺信中说到的"阅读是人类获取知识、启迪智慧、培养道德的重要途径，可以让人得到思想启发，树立崇高理想，涵养浩然之气"。

（六）信息素养教育

学院图书馆按计划持续性开展信息素养教育。为更好地利用图书馆信息资源，积极发挥图书馆教育职能，各学期初，由图书馆承担新学员信息素养教育任务，重点介绍图书馆馆藏资源分布情况、电子资源购买现状及常用数据库的检索方法等，并对新生进行入馆教育，通过面对面沟通，了解学员读者对图书馆的认识和需求，有针对性地介绍信息的查询和获取方法。同时不定期开展线上信息素养培训活动，如线上直播公开课、书目共读、信息服务节等活动，通过学习并参与活动，不断提升学院师生的信息素养能力。

三、学院图书馆情报服务面临的现状分析

（一）情报服务资源基础有待加强

学院调整组建后，教学力量合并编组，培训任务归结，配合图书馆发展"十四五"规划中关于资源建设长远计划，以及教学评价中对于资源保障相关要求，增加资源构建力度，最大范围满足教学科研及培养任务所需，图书馆还需补充大量专业相关文献为学科建设提供支撑。加强特色学科专业网站资源建设、丰富原生教材专著资源库、完善自建数据库各子库建设；集齐汇聚视频、多媒体等非结构化教学资源。在资源构建的同时，图书馆还计划开辟特色鲜明的专业书刊阅览室、专家学术成果陈列室等，从纸质、电子、自建、外购，线上、线下等多维度打造完善的资源保障体系。

（二）特色情报服务体系建设有待进一步深入

学院图书馆现有的情报服务职能包括馆内自办刊物推介，论文查收查引，课题代查代检，研究生论文数据库建设、访问等，尚且没有完全深入教学科研一线、紧贴学员培训目标展开，部分"双一流"高校图书馆已经能够紧跟学科发展需求，开展丰富的情报服务内容，如教材教参平台建设、科技查新、单位学术影响力分析、智库建设等，能较好地保障教学科研。学院图书馆在调整组建后，着眼对标"双一流"高校发展要求，以多层次的培养任务为基础，以学院教学科研为指引，提高服务质量与深度，拓展课题查新、定题等服务内容，深入挖掘面向学科专业的特色情报服务职能，如针对课题代查代检的深入服务，科技查新服务的引入，知识产权相关知识的普及等。

（三）情报服务团队建设有待健全优化

学院图书馆技术类人员编制有限，情报服务工作按照部门岗位职责设置2人，主要负责研究生论文数据库资料室管理，两种馆办刊物内容的收集、编辑、打印与推送，课题代查代检等服务，勉强维持现有职能。目前，在学院服务对象和教学内容增加的情况下，现有的工作人员远不能满足需求，不利于全面、深入地提供情报服务，新的情报服务团队建设考虑在引进专业图书馆员的基础

上，联合学院相关专业教学科研人员力量，既可以缓解人员不足，又可以深度融合教学科研，打通图书馆情报服务的最后一米。且随着情报服务内容的深入，图书馆馆员在探索深层次服务的基础上，还需要加强自身学科知识体系建设，增强关于图书馆学、情报学、知识产权等相关学科领域知识构建，学习各大高校及公共图书馆优秀的情报服务案例，从服务对象出发，结合学院图书馆现有馆藏，提升自己，建成具有全面知识架构的情报服务体系团队。

（四）馆藏资源检索平台聚合不完全

图书馆纸电资源实现统一跨库检索，既实现了数据的规范统一，又方便了读者实施检索查询，较多图书馆已实现该功能，如国防科技大学图书馆的科图检索，武汉大学图书馆的全面检索等。学院图书馆现有的《自建数据库资源聚合平台》是对研究生学位论文数据库、信息通信数据库、电磁频谱管理数据库等23个数据库的资源进行统一管理，实现了部分数据库的聚合检索，但不能涵盖图书馆所有纸电资源，为方便读者一站式查询检索，有效提高数据库信息统计收集，新的聚合平台将瞄准解决跨平台数据资源的高度融合与统一检索，为大数据挖掘分析学院数字文献资源结构合理性提供支撑。

四、图书馆情报服务突破性发展研究

高校图书馆情报服务内涵包括：数据型情报服务、文献计量型情报服务、内容深化型情报服务及综合拓展型情报服务。数据型情报服务包括对门禁系统、图书馆管理系统、数字资源访问等数据源统计、分析；文献计量型情报服务是通过各数据库为科研学术、竞争力及学科趋势分析提供报告；内容深化型情报服务是指通过各数据库针对学科研究热点、前沿提供产品报告；综合拓展型情报服务是指通过各种纸电途径，进行综合性的情报服务。以下从4个方面浅谈图书馆提高情报服务质量的方法、举措。

（一）完善图书馆情报服务规范

任何机构的运行都需要有规范的管理机制，图书馆情报服务工作面向不同类型读者开展，且服务内容条目较多，涉及相应条目的办理流程和对接服务的工作人员，需要有完善的服务规范，用于在理清情报服务工作职能的同时，向读者揭示事务办理程序，有利于提高工作效率、便于服务的宣传推广，并确保该项工作开展的延续性。

（二）完善图书馆信息化管理平台数据规范

图书馆信息化管理平台可以有效将图书馆纸电资源与现代化信息手段相结

合，更大范围挖掘数据可用性，便于读者检索、使用，提升馆内资源利用率。图书馆信息化管理建设主要包括三个方面：硬件设施建设、软件平台建设及数据库建设。结合馆舍布局，学院图书馆硬件设施建设包括信息化建设设备，如检索机、借阅证自助办理机、门禁等，用于实现信息化管理的一切设备。软件平台包括图书馆管理系统、适用于用户检索的统一跨库检索平台、门禁系统、RFID射频识别管理等，在维护图书馆基础管理的基础上，实现数据的规范存储、提取、分析，为图书馆资源利用与工作的开展提供依据。数据库建设如同纸质图书建设一样，作为图书馆服务的基础资源建设，在信息化的管理中起到核心作用，规范的数据标引、录入，为资源的有效利用打好基础。

（三）完善情报服务内涵建设

情报服务内涵建设主要包括完善学科资源保障平台建设与情报服务内容的横向与纵向深入。原有的学院图书馆情报服务从读者参考咨询、学科情报服务介入、情报资料编辑到查收查引证明开具等，随着全国、大学双一流建设发展需要，学院新增本科教育教学发展驱动，急需在原有情报服务的基础上，深入学科发展、助力教学科研。比如学科资源保障平台的进一步建设与完善，需要在契合学科建立数据库平台的基础上，选取适合学科发展现状与态势的内容，并不断加以更新完善。同时，深入深层次的情报服务内容如专利情报服务，目前，学院科研部门购买部分专利资源，专利作为特殊的数据源，承载有技术、经济和法律的信息，贯穿于专利产品立项、开发及完成等各阶段，需要图书馆工作人员提供专业的服务。

（四）图书馆情报服务工作的推广

图书情报服务3步走：一是制作学科服务案例库，并对其进行宣传展示；二是将购买或自制的学科情报服务工具或产品罗列出来，便于读者使用，并配合使用说明页或微信小视频；三是借助平台对学科情报服务进行推广。在实际推广过程中也可以视情况结合推进。比如浙江大学图书馆的情报服务信息传播渠道呈现多样化特点：网站宣传和邮箱推送作为传统宣传渠道，网站宣传侧重于对情报服务工作进行模块介绍和对应案例展示，邮件推送根据内容需求进行适应性推送；此外，校内单位合作引荐也为图书馆决策情报服务的拓展提供了极大便利；另外，服务对象在使用情报产品中的结果或结论展示的过程也成为传播的补充途径。

五、结语

图书馆以读者为中心开展各项建设与服务工作，而情报服务既是对基础服务工作的提升，又为院校教学科研、学科专业快速发展起到有力的支撑作用。学院图书馆立足当前现状，通过梳理现有情报服务工作开展情况及不足之处，调研学习优秀情报服务案例，逐步建立健全图书馆情报服务工作规范及信息化管理平台数据规范，深化情报服务内涵建设，并借助情报服务工作推广进一步提升图书馆读者服务影响力。

参考文献

[1] 陈婷婷."双一流"建设背景下高校图书馆情报服务研究 [J]. 教育观察，2021，10（4）.

[2] 何晓刚. 信息化背景下图书情报机构服务模式提升研究 [J]. 吉林教育学院学报，2022，38（4）.

[3] 张畅斌，沈林林. 高校图书馆面向产品开发全过程的专利情报服务 [J]. 天津科技，2022，49（2）.

[4] 徐春，张静，卞祖薇."双一流"建设背景下高校图书馆学科情报服务现状及发展对策研究 [J]. 中华医学图书情报杂志，2021，39（2）.

[5] 陈振英，田稷. 决策情报服务营销：浙江大学图书馆的实践 [J]. 大学图书馆学报，2021（39）4.

高校智慧化图书馆建设与思考

余 震 刘寒冰 何 敏

（国防科技大学信息通信学院教研保障中心图书和信息中心 430010）

摘 要：本文基于湖北省某高校图书馆智慧化建设，对当前高校图书馆的智慧化建设存在的问题及难点进行了分析，并结合笔者在图书馆工作的体会，提出了相关的建设对策，以期为高校图书馆的智慧化建设提供参考与借鉴。

关键词：高校图书馆；智慧化；建设

随着 IT 和移动互联技术的快速发展，特别是移动互联终端的普及，促进了整个社会的快速发展，与此同时如何有效建设高校智慧图书馆也已经成为图书馆人的重点研究方向。笔者作为图书馆从业者，一直在关注前沿科技发展，学习同业者有关智慧图书馆理论研究，并结合自身图书馆发展实际将相关技术与服务运用到智慧图书馆建设中。本文将结合实际工作与智慧图书馆的建设需要展开相关思考。

一、智慧图书馆建设意义

高校智慧图书馆是在数字图书馆基础上融入了智能互联、感知技术、虚拟服务、交互空间等多维度、多视角、多角色的智慧化图书馆。高校智慧图书馆不仅有为教学和科研提供支撑服务的职责，还通过借助新技术、新服务解决了传统图书馆在碎片化服务方面的短板，更有着将多平台、多维度、多角色整合打通使读者拥有更广边界的能力。综合其智慧图书馆优势具体体现在：

（一）提高综合资源的利用效率

图书馆全馆物理资源以感知技术（RFID）为基础，借助自助化设备，实现全天候无人自助借还图书，提升图书馆的图书流通效率，盘活图书馆资源。能快速识别、追踪、保护图书馆的所有资料。采用自动化或半自动化盘点，运用智能机器人实现精准、高效盘点图书。通过自动分拣系统，实现自动分拣图书，将图书分类。对图书馆的设备实现智能电控、能耗分析、智能运维，让图书馆更节源、更环保。

（二）提供自助服务，打造一站式平台，提升服务质量

通过门户或图书馆 APP 自助办理各项业务，让图书业务移动化、便民化。整合多家数据机构数字资源，利用一站式检索服务提高资源获取率。利用 APP 及各类移动终端增加读者碎片化阅读渠道，提升读者阅读能力。

（三）借助大数据分析，提升图书馆员专业素质

通过 RFID 技术、5G 技术、大数据及图书管理系统等一系列智慧软硬件，绘制读者画像，分析图书热度，为读者提供贴心温馨服务。

二、高校智慧图书馆建设的评价体系

大多数高校图书馆在进行智慧化建设时应清楚智慧图书馆的建设方向具体指标是什么。段美珍博士在最新的研究中将智慧图书馆指标划分为四个评价维度，即馆员、基础建设、管理、服务。馆员具体指人才结构与分布、人才培养制度、主体能力与认知；基础建设包含信息通信基础设施建设、公共空间智能化建设、信息平台建设；管理包括文献资源建设与管理、人员管理、运营管理；服务体现在空间类服务、资源保障和管理类服务、能力彭阳和智力支持类服务。通过自身现有发展水平结合这套评价维度我们不难看出，智慧化图书馆的建设并不仅仅在于硬件资源的投入，也不能盲目地陷入用高科技去堆砌图书馆设备从而达到智慧图书馆的误区。

三、高校智慧图书馆建设存在的问题及对策

（一）硬件发展不均衡，应科学规划建设内容

多数高校在智慧图书馆的建设中往往容易陷入误区，认为最新的科技运用到图书馆中就是智慧图书馆的表现，其实不然。因为智慧图书馆是综合硬件建设的总体展现，是一个循序渐进全面发展的过程，很多的高校图书馆目前还处于从数字图书馆过渡到智能图书馆的状态，但是随着时代的进步和科技的提升，高校又希望快速地把图书馆升级成为一个智慧图书馆。在这种情况下，大多高校都会选择升级图书管理软件，但往往发现管理软件升级后，相应的感知设备（RFID）尚未跟进安装，使得如"馆藏盘点""图书定位""读者分析"等工作

无法智能化。这是因为缺失了感知技术（RFID 技术）作为支撑。该技术是智能化甚至智慧化图书馆的基础神经网络，也是将图书馆实体进行物联网系统化的关键，这个是大多数尚未进入智能化图书馆所必需补齐的基础建设短板。针对这类在智慧图书馆建设开局如何切入的问题，建议以实际设施设备硬件基础条件为出发点，结合当前建设重点搞清楚自身的需求，以需求为实际出发点，不能为了智慧而去智慧。

（二）数字资源难统一，应加强数据库扁平化建设

智慧图书馆在信息化建设过程中将会拥有门户资源、OPAC 资源、电子资源、自建资源等，这些资源如何有效地整合到图书馆门户资源上，如何将多种数字资源数据整合，为读者提供一个一站式服务的资源检索类目，也是困扰不少智慧图书馆建设者的难题。由于电子资源中软件都是采购模式，商家与商家之间系统不兼容、格式不统一、元数据不通用的情况使得整合难度系数高。针对这种情况采购相应的软硬件。软件与软件，软件与门户，软件与服务器之前就应提前规划匹配问题，硬件设备的考虑尤为重要，眼光一定要有前瞻性，尽可能提前三到五年。当你拥有了一站式检索的能力，读者就能更轻松地找到自己需求的资源，而各学院在做相应的科研教学时获取知识更为便捷，如此才是为学校科研提供助力。

（三）存在忽视图书馆智慧空间问题，应重视图书馆智慧化成果展示和宣传

不少图书馆的智慧化已经初具规模，但读者却没有能感受到智慧图书馆带来的种种便利。那如何让读者直观感受到技术才是智慧化图书馆建设的关键呢？读者获取图书馆信息是没有物理限制的，只要读者通过移动终端，达到移动互联互通，随时都能接收到图书馆推送的信息并便于办理图书馆相关业务。通过穿戴设备，让读者从进馆开始，便与馆内的感知设备关联。通过 VR、AR、MR 技术打破空间闭锁，让读者和图书馆多维度结合。图书馆自身也要利用智慧空间技术，将学校更多科研成果展现出来，图书馆成为读者了解学院各个学科发现现状的最佳展示平台。利用智慧化图书馆的软硬件去进行读者互动，并通过大数据进行行为及需求的分析。

（四）存在对馆员业务素质重视程度不够的问题，应加强人力资源建设

也有不少高校图书馆发现软硬件设备更新后图书馆馆员对新设备新软件的业务能力提升不够。当图书馆的智慧化设备越来越多，相应地也应该同步提升

馆员的智慧化能力。如道德素养能力，作为图书馆工作人员，要时刻牢记全心全意为读者服务的中心思想，明辨是非，坚持正确的世界观、人生观、价值观，处处严格要求自己，以积极认真的态度去对待读者，在学习新知识的过程中理论联系实际，不断提高自己的道德素质。努力提高自身的硬件软件技术，智慧化图书馆必然要用到很多先进的软硬件设备，如若自身都不能熟练使用，就更谈不上为读者服务与解答了。再比如数据分析软件和数据挖掘，是为了更好地去了解用户、分析用户需求，不掌握软件又何来实事求是的分析呢？一个合格的智慧馆员首先是在坚持终身学习的前提下诞生的，纵向拓展知识，有一技多长的智慧馆员应成为未来的主力军。

四、结语

智慧图书馆最终的目的是结合一系列的软硬件手段，为读者营造更为便捷的学习空间，为高校的科研提供坚实的基础支撑。在运用新兴技术建设智慧图书馆、服务好读者的同时力求把学校整个科研保障能力提高到一个新高度，利用馆舍空间有效地进行科研成果的展示等才是智慧化图书馆建设的意义。

近日由科技部、教育部、工业和信息化部、交通运输部、农业农村部、国家卫生健康委等六部门印发的《关于加快场景创新以人工智能高水平应用促进经济高质量发展的指导意见》出台，借由这个意见，笔者相信图书馆在未来人工智能场景应用上一定有自己的舞台，愿图书馆在新的时代潮流中永立鳌头。

参考文献

[1] 段美珍，初景利，张冬荣，等."双一流"高校智慧图书馆建设现状调查与分析［J］.图书馆论坛，2022，42（1）.

公共图书馆在党史党建文化教育中的路径探析
——以湖北省图书馆为例

钟 源

(湖北省图书馆 430071)

摘 要：本文阐述了公共图书馆在党史党建文化教育中的地位和作用，并以湖北省图书馆为例，从红色文献资源建设、空间建设、服务载体等方面分析了公共图书馆参与党史党建文化建设的现状和具体举措，找出了存在的问题，并提出解决对策，以实现图书馆党史党建文化传承、服务育人的新方向、新路径。

关键词：公共图书馆；党史党建文化；教育路径

自2021年党史学习教育开展以来，图书馆党史党建文化教育已逐渐成为国内学术界的研究热点。习近平总书记在给国图老专家回信时指出："图书馆是国家文化发展水平的重要标志，是滋养民族心灵、培育文化自信的重要场所。"在党史学习教育常态化、长效化背景下，公共图书馆作为党建文化和党史学习教育的重要宣教阵地，在推进党史宣传教育活动、党史资料文献收藏、党史党建专题研究等工作中具有独特优势，理应抓住这一历史机遇，将党史学习教育与红色文化推广结合起来，把党建服务与读者社会教育结合起来，融合推进，从而探索出一条图书馆红色文化传承、服务育人的新方向、新路径。

一、公共图书馆在党史党建文化教育中的地位和作用

(一) 公共图书馆在党史党建文化教育中的地位

红色文化是一笔宝贵的精神财富，具有巨大的社会教育意义。习近平总书记多次强调要"把红色资源利用好，把红色基因传承好"，体现了国家对红色文化建设的重视。《公共图书馆法》也从法律角度强调了公共图书馆在传承传统文

化上的职责。公共图书馆作为文献信息资源中心和社会教育中心，红色文化资源建设是其重点建设对象，党史党建文化作为红色文化的重要组成部分理应被重视。公共图书馆在党史党建文化建设中占有重要地位。首先，公共图书馆为党史党建文化建设提供了物质保障，其丰富的馆藏是党史党建文化的重要来源。随着大数据时代的到来，读者的阅读习惯发生改变，图书馆的数字资源建设和红色馆藏建设，可以充分满足读者对党史党建知识的需求。其次，公共图书馆是党史党建文化教育的重要阵地。公共图书馆作为地区文化中心，通过丰富的文献资讯满足大众精神需求。同时，立足自身优势，开展相关全民阅读活动，可以使广大读者在潜移默化中接受党史党建文化熏陶，加深对党史党建文化的了解和认识，从而加强民族自豪感和文化自信。通过图书馆信息知识检索，也可以获取更多的党史党建文化信息，增强认同感，启迪心灵。

（二）公共图书馆在党史党建文化教育中的作用

图书馆是党史党建文化的传播地，也是党史党建文化的创新点，在党史党建文化建设中有着重要的作用。首先，红色文献资源作为红色文化的重要载体和公共图书馆的重点保存对象，可以为党史党建文化建设提供强有力的文献支撑。广大读者通过图书馆可以了解中国共产党伟大革命发展史、建设史，接受爱国主义教育，增强社会责任感和使命感。其次，公共图书馆是传播红色文化理念，满足社会大众对党史党建文化知识需求的重要场所。随着社会的发展，公共图书馆通过各种阅读活动形式对红色理念进行传播和推广，既保存着红色文化遗产，又赋予其新的时代特色。最后，通过图书馆搭建起红色文化交流平台，为社会主义精神文明建设提供强大的价值引导力、文化凝聚力与精神推动力。图书馆是社会大众进行文化交流的重要场所，不仅提供了丰富的文献信息资源，而且也是举办各种文化阅读活动的最佳场所。图书馆提供的交流平台，使红色精神进一步宣扬，红色基因得到传承。

二、湖北省图书馆在党史党建文化教育中的举措

湖北省图书馆以中国共产党成立 100 周年为契机，开展党史学习教育。立足资源优势，创新服务形式和内容，通过加强红色及党史党建文献资源建设、打造专属文化空间载体、开展品牌阅读推广活动等形式，将党史学习教育与红色文化推广融合推进。

（一）以红色文献资源建设为基础，筑牢党建文化育人根基

丰富的红色文献资源是公共图书馆开展党史党建文化教育的物质基础，也

是图书馆将专业文化资源融合红色文化传承、提升社会价值的有力抓手。公共图书馆应充分发挥在文献保存上的优势，打造科学的红色文献资源体系。湖北省图书馆历来重视红色文献资源馆藏建设。一是通过加大红色文化专题书籍的购置力度，从红色政治、历史、军事、文学等方面挑选红色文献，提高红色文献的馆藏比例，满足读者的红色文献阅读需求，并专辟6楼湖北省图书馆党员干部学习基地区域集中展示，方便读者直观便利地获取红色文献。二是重视红色专题数据库建设，立足湖北地方特色，开发了独具本地区特色的红色文化数据库：红色历史文化专题数据库和红色历史动漫数字资源库。还购买了人大"复印报刊资料"全文数据库、党报党刊资料库、辛亥革命专题数据库等。依托湖北省图书馆党员干部学习基地网站，建立红色文化专题网站，最大限度地满足读者对红色数字资源的需求。

（二）以红色主题空间为载体，打造党史党建学习阵地

2014年3月，湖北省图书馆专辟6楼西区，实体馆舍面积300平方米，建设以廉政文化为主要特色的"馆中馆"——廉政文化图书馆，2019年被授予成为湖北省省直机关党员干部学习基地，由此开始了党史学习教育与红色文化推广的融合推进之路。基地内设文献阅览区、新书展示区、数字体验区、影视观摩区、风采展示区、小组研讨区等特色空间，馆藏红色图书1.8万余册、红色期刊10余种、红色视听文献200余种、相关二次文献30余种，提供红色书籍推荐、文献阅览、影视观摩、党员宣誓、活动交流等服务。社会读者和党员干部置身其中，不仅能进行实地交流、读书研讨，还可以利用智能化设施实现沉浸式体验。湖北省图书馆党员干部学习基地通过党员干部参观学习、红色文献收藏借阅、志愿文化服务体验、专业学术研讨交流于一体的多层次、多领域的服务方式，现已成为湖北省引导公众研读红色文献、开展党史党建宣传和教育、传承红色基因的重要学习阵地。

（三）以品牌阅读活动为核心，推动党史党建教育精神传播

2021年，以中国共产党成立100周年为契机，湖北省图书馆利用多个阅读品牌，开展了形式内容丰富的红色文化阅读推广活动，活动效应不断扩大，促进了社会各界红色阅读与分享的广泛链接。"长江读书节"开展系列长江文化交流活动，引领全省各级各类型图书馆庆祝建党100周年，全年共举办"六百"系列活动5000余场，近1000万人次参与活动。"书说百年路 启航新征程"红色故事讲书人大赛受到读者和媒体的广泛关注。另一品牌"长江讲坛"紧紧围绕庆祝建党百年主题，走进长江沿线省市开展6场系列讲座，受到省委宣传部肯

定。另外湖北省图书馆还充分挖掘红色馆藏,举办馆藏党报党刊展、书画作品展等主题展览10场,6万余人次参访。通过开展系列主题图书推荐、主题季度书刊展,设置"红色阅读"专柜,举办影视欣赏、音乐欣赏等丰富的主题活动,引导广大读者知史爱党、知史爱国。通过"楚天云递"、残疾人红色文化周和"学朗诵、颂党史"等主题活动和主题征文,加强红色互动,持续传递党的温暖关怀。同时,积极拓展线上宣传渠道,湖北省数字图书馆"家庭领读者"栏目举办一系列红色阅读线上互动活动。微信公众号开展了系列红色经典图书推荐,带领读者追寻红色记忆,传承红色基因。通过活动的开展,广泛传播了红色精神,培养了爱国主义情怀。

三、湖北省图书馆在党史党教文化教育中的不足及对策

湖北省图书馆通过多种方式加强红色文化建设,进行党史党建文化教育,取得了一些成效,但也存在制度建设不到位,协同合力发挥不足,宣传及影响力有限等问题,需要多措并举,从而实现红色文化资源与党史党建教育的融合。

(一)制度建设不到位,需构建可持续发展机制

公共图书馆进行党史党建文化教育的根本任务是实施爱国主义教育和传承红色精神。因此相关制度建设应该以"红色精神"为指引,围绕传播红色文化知识和爱国主义情怀为目标,立足地区特色和自身资源优势,全面保障红色文化建设。这是一项长期事业,需要高度重视并发挥图书馆各部门力量共同参与。图书馆在进行业务规划时应当把党史党建文化教育纳入总体规划中,全盘部署,综合考虑。例如在文献资源建设规范中,要将红色资源、党建文化资源作为一种特色资源来建设,确定购置范围、数量等具体指标。在数字资源建设规划时,应根据现有馆藏和地方特色,统一规划红色文献资源的数字化建设和数据库建设。在文献收藏和征集工作中,应有意识地将红色史料征集、收藏和保护作为特藏建设的一部分。在全年阅读推广计划中,应明确党史党建宣传活动的主题、方式和场次。具体工作应明确到部门,对应具体岗位和业务流程,通过长效性的制度建设保障党史党建文化教育工作顺利开展,取得良好效果。

(二)协同合力发挥不足,需加强联盟建设和合作交流

目前公共图书馆开展党史党建文化教育活动基本都是依靠自身力量完成,没有形成合力。比如目前图书馆红色数据库建设就存在同质化现象严重的问题。一些活动开展也只局限于图书馆内,影响力有限。公共图书馆可以充分利用文旅融合的大趋势,与本地区其他党员干部教育基地、红色旅游景点、纪念馆、

博物馆等建立长期合作联系，开展红色故事分享会、红色研学游等活动，拓宽图书馆服务党史党建文化教育的渠道，丰富服务形式和内容。同时，也可以通过图书馆联盟建设，以各类型党史党建文献共建、共享、展览、传播、研究和开发为核心，带动省市县公共图书馆党史党建文化教育联动，互联共享，扩大图书馆社会教育功能的影响辐射面。

（三）宣传及影响力有限，需开展多渠道、全方位宣传

公共图书馆在党史党教文化教育中的宣传渠道较为单一，主要以官网、微信公众号、宣传简报为主，受众面及宣传效果有限。公共图书馆可以根据读者层次、特点、类型和偏好，有针对性地开展宣传，拓宽宣传渠道。针对青少年读者喜欢使用新媒体，利用抖音、哔哩哔哩、微信等开展活动宣传和书籍推荐活动。也可以主动和社区、学校、机构等开展联系，通过走出去的方式，主动开展对外活动，扩大活动影响力。还可以与地方权威纸质媒体、电视媒体等加强合作，对于重要时间点开展的大型红色文化活动进行宣传报道，提升社会影响力。

四、结语

随着党史学习教育的常态化、长效化开展以及党和国家对弘扬红色文化与传承红色基因高度重视，公共图书馆自觉服务党史党建文化教育，搭建党建文化服务平台和阵地，在近期内一定会成为图书馆界的共识和趋势，这既是时代的要求，也是图书馆人职责与担当所在。本文立足于湖北省图书馆党史党建文化教育建设实际和问题，提出优化路径，以便更好地发挥图书馆社会教育功能。

参考文献

[1] 林菲菲，周喆，林包明. 高校图书馆党史学习教育专题服务建设 [J]. 中华医学图书情报杂志，2021，30（7）.

[2] 胡永强，王宇. 图书馆党史学习教育与红色文化推广融合路径探究 [J]. 图书情报工作，2022，66（2）.

[3] 朱君妍，明均仁. 省级公共图书馆参与红色文化推广的实践分析与启示 [J]. 情报探索，2022（7）.

智慧化环境下数字媒体技术在公益文化展览中的应用

——以《永乐大典》湖北巡展暨湖北古籍保护工作成果展为例

竺佳怡　刘利军

（湖北省图书馆　430071）

摘　要：《永乐大典》湖北巡展暨湖北古籍保护工作成果展有机融合数字媒体技术，全方位、立体化呈现了国之瑰宝的文化魅力。本文旨在回顾、提炼与总结智慧化环境下，图书馆公益文化展览中数字媒体技术的应用与实践，在保持古籍保护意识高站位的基础之上，不断创新工作方法，迎接党的二十大胜利召开。

关键词：数字媒体；公益展览；《永乐大典》

历史长河腾起巨澜，书香缱绻融通古今。五千年古老文明，六百载珠还合浦。中华典籍浩如烟海，连接一个民族的过去、现在和未来。习近平总书记指出："中华民族在几千年历史中创造和延续的中华优秀传统文化，是中华民族的根和魂。"2022年上半年，《永乐大典》湖北巡展暨湖北古籍保护工作成果展圆满收官。湖北省古籍工作长期践行以文培元，中华优秀传统文化的保护与传承功在当代、利在千秋。

一、本次展览对湖北的重要意义

《永乐大典》湖北巡展暨湖北古籍保护工作成果展由文旅部公共服务司指导，国家图书馆、湖北省文化和旅游厅主办，湖北省图书馆、湖北省博物馆承办，并联合湖北省18家古籍重点保护单位共同参与。本次展览对于湖北省加强文化强省建设，弘扬中华优秀传统文化，提高国家文化软实力具有深远意义。巡展的形式和内容具有三个"唯一性"。一是三册《永乐大典》嘉靖副本首次出京，亮相湖北省图书馆。二是《翰林记二十卷》《明渤海孙氏积善堂题赞手卷》等来自湖北省 18 家古籍重点保护单位的馆藏古籍首次与《永乐大典》嘉靖副本共同展出。三是读者一站式体验三个展览，"东壁宝籍 荆楚灵秀——湖北省古籍保护工作成果展"、湖北省博物馆馆藏古画展与《永乐大典》湖北巡展同步展出。历经六百年沧桑的典籍，恰如有源之水，滋养着一代代华夏儿女的精神沃土。

  2021 年 11 月至 2022 年上半年，《永乐大典》巡展的图文展示部分在省内 20 个市、州图书馆和博物馆巡展。此次参与巡展的图书馆和博物馆中，湖北省图书馆、武汉图书馆、武汉大学图书馆、湖北大学图书馆、湖北省博物馆、华中师范大学图书馆、浠水县博物馆、襄阳市图书馆 8 家单位为全国古籍重点保护单位；宜昌市图书馆、襄阳市少年儿童图书馆、谷城县图书馆、荆州市图书馆、黄冈市图书馆、恩施土家族苗族自治州图书馆、三峡大学图书馆、竹溪县图书馆、建始县图书馆、江汉大学图书馆 10 家单位为湖北省古籍重点保护单位。

二、数字媒体技术的优势

  《永乐大典》湖北巡展暨湖北古籍保护工作成果展广泛运用数字媒体技术，体现了现代科技与典籍文化的碰撞和交融，全方位展现了数字技术的优势，主要从三个方面体现。一是数字媒体技术为展览的延续性提供了便利条件；二是数字媒体技术带来了沉浸式观展的优势，为展览引入了更多交互性的观展方式，从而使得观展者的文化体验更加丰富和多元；三是数字媒体技术改变了传统阅览方式，从纸张上获取、从展板上读取的文献变得更加立体和鲜活。通过技术手段，让古籍"活"起来，让观者切切实实闻到墨香，感受书香萦怀。

（一）数字媒体技术的延续性

  本次展览受到社会广泛关注，为满足市民精神文化需求，两次延长展期，然而还有很多读者未能一睹《永乐大典》的风采、了解《永乐大典》传承至今的沧桑历程。因此，湖北省图书馆特设了"珠还合浦 历劫重光——《永乐大典》的回归和再造"湖北巡展暨湖北省古籍保护工作成果展的3D网上展厅，永久免费供读者观看。一方面，数字技术打破了时间界限，观众可根据需求灵活选择观展时间，不限制时长，并可多次进入展厅；另一方面，数字技术还克服了空间阻隔，现场展览的地点虽设置在湖北省图书馆，但线上展厅却便利了不同地域观众的观展需求，足不出户便可尽览中华优秀传统文化。

（二）数字媒体技术促进阅读方式的优化提升

纸上得来终觉浅，绝知此事要躬行。纸质媒介通过非线性层次结构传递信息，具有一定局限性。一方面，在纸质文本上进行信息批注使得阅读过程得到更完整和持久的保存；另一方面，纸质阅读是视觉与触觉感官的融合过程，赋予纸质读本以情感体验，有助于记忆的存储，有利于读者对所读内容的理解和认知，并能激发读者反思，为深层次阅读奠定基础。而以电子阅读器等为代表的移动媒介优势在于信息获取的迅速和便捷。通过在展厅内设置触摸屏软件，设置新媒体交互游戏，开设字帖临摹小程序等方式，拓展了观众获取永乐大典相关知识的途径。

（三）数字媒介技术打造沉浸式观展体验

展厅打造的泛阅读空间具有沉浸式体验的特点。读者使用数字工具和新媒体平台，共享与展览活动相关的图片、音频、视频的过程，体现了新时代阅读推广的个性化需求，营造了全民阅读的浓厚氛围。沉浸式观展形式使得广义的阅读内容趋向层次化和多元化。阅读内容既包括纸质的文献书藏，也包括大量电子信息、数字媒介。而阅读者之间的新型关系在数字化阅读环境下趋向成熟，包罗万象的数字媒介提供了畅通的信息交流与共享渠道。

三、数字媒体技术在《永乐大典》湖北巡展的广泛应用

本文从以下几个方面探讨数字媒体技术在《永乐大典》湖北巡展的广泛运用，分别是3D展厅云服务，具有文学艺术化的创意形式、多媒体及网络化的交互表现手段的数字媒介等，并通过新媒体推广的手段，形成宣传矩阵，进一步扩大了数字媒体技术应用的覆盖面和影响力。

（一）《永乐大典》3D展厅惠享虚拟图书馆云服务

《永乐大典》3D虚拟展厅云服务是运用先进的矢量图形技术对文献资源和空间资源进行迭代数据加工的一种新型读者服务产品。

720°全景图支持匹配多终端，可应用于PC端、移动端等各类多媒体设备展示端口。空间资源可视化服务，720°全景展示支持空间场景管理，多样式热点（文字、图片、音频、视频）深度展示，手机端可一键分享。720°全景高清展示服务与展厅实景底图相结合的方式，可自由切换场景，让读者对展品的空间位置及展览区域有更深入的了解。3D展厅的多样性功能支持嵌入图文热点；支持背景音乐，含背景音乐开关按钮；支持VR眼镜，含VR模式开关按钮；支持

PC端、移动端的自适应显示；支持小行星载入效果；支持场景切换特效；支持多媒体弹出框；支持弹出图像缩放；支持缩略图分类导航；支持地图组件；支持热点图集/相册功能。

3D展厅颠覆了传统展厅的观展方式，让用户身临虚拟现场，对服务内容一目了然，以最短的时间，最大限度地满足自身的信息需求。

笔者以观展读者为调查对象，统计其对3D虚拟展厅云服务的满意度，发现3D展厅的互动推广中存在诸多因素，如支持点赞、评论、分享等功能，展厅设计观展路线的科学合理性，全景图的清晰立体呈现，多终端匹配观展，均对读者满意度有所影响。

从图1"3D展厅观展体验的影响因素图"可以看到，该图由"多样式热点深度展示""观展支持匹配多终端""全景高清展示服务""支持点赞评论分享"等影响因素构成。其中，"多样式热点深度展示"对读者参观3D展厅的体验影响较大（37%），"支持点赞评论分享"的功能对读者参观的体验感影响较小（10%）。"观展支持匹配多终端"提供给读者使用手机、iPad、电脑等多类型电子设备观展的选择，占据影响因素的28%。同时也产生了一定影响的因素是"全景高清展示服务"，说明读者对观展的画质体验感有较高需求（25%）。

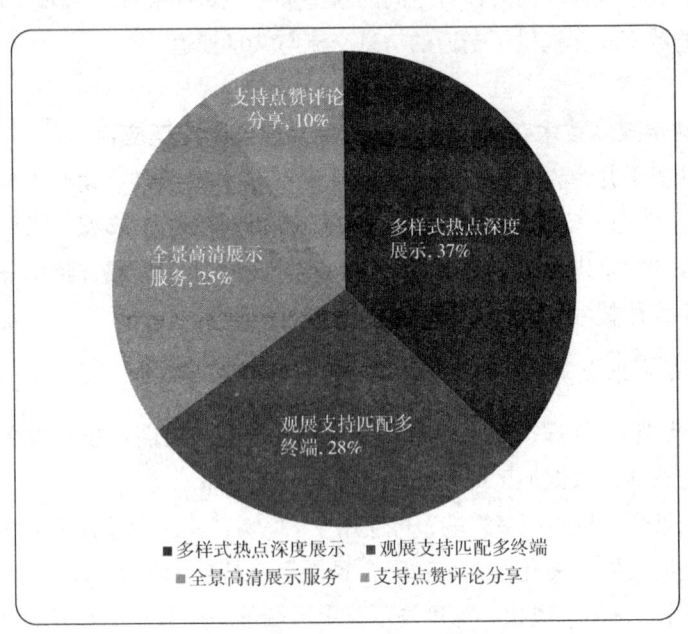

图1　3D展厅观展体验的影响因素图

(二)《永乐大典》湖北巡展的数字媒介运用

《永乐大典》湖北巡展中广泛应用数字技术,具有文学艺术化的创意形式、多媒体及网络化的交互表现手段、多学科领域交叉整合的特点。展厅通过多媒体弧幕平台、多媒体触摸互动屏一体设备、透明屏互动设备等硬软件设备系统来实现。这些硬软件系统布置了"永乐回归弧幕投影""带你临大典""笔墨纸砚互动游戏""永乐板式透明屏互动游戏""永乐大典互动游戏"等,增强观众和读者的情景互动体验。其中,由高清投影仪进行图像融合,使2D的历史图片变成三维立体影像,让观众徐徐走进永乐大典的前世今生,切实感受永乐大典的历史魅力。例如,笔墨纸砚互动游戏。游戏规则:系统随机抽取20道单项选择题,共计100分,每道题答对得5分,答错不得分。观众在待机界面点击需要了解的资料类型,点击确认选择。观众开始看资料内容,观看结束后点击返回等步骤。该款游戏中存储了大量的古籍科普知识,记载了《永乐大典》誊写均用徽墨,以黄山松烟加多种配料制成,不干不酥,湿润有光,古香古色,而朱墨则以朱砂矿物质制成,经久不褪颜色,便于阅读。又例如,透明屏互动游戏也体现了学科领域交叉。游戏中提到,《永乐大典》开本宏大,单册高50.3厘米、宽30厘米,颇具皇家风范,每册约50页,大多两卷一册,也有一卷一册或三卷一册的。板框高约35.5厘米、宽23.5厘米,四周双边,大红口,红鱼尾,朱丝栏,皆系手绘。观展者在参与游戏的过程中,既增强了展览的互动性和参与性,同时也汲取了中华典籍的知识。

湖北省图书馆楚天数字书院国学课堂在展览现场开展实践教学,零距离感受《永乐大典》的独特魅力,体悟原典精神的博大深邃。一名同学怀揣着对大典的敬畏与喜爱,拿出笔记本,匍匐在投影前,一笔一画记下《永乐大典》的内容与知识。

笔者统计观展期间,读者借助数字媒介参与互动体验的相关数据,发现数字媒介的运用频率和互动游戏设计的体验感、设备所在的区域位置、设备上载的文献资源等因素相关。其中,读者使用频率最高的是"永乐回归弧幕投影",其次还有"永乐板式透明屏互动游戏"等。

从图2"展厅数字媒介运用频率统计图"可以看到,63%的读者体验了"永乐回归弧幕投影"。本款数字媒介通过上载丰富的文献资源,区域位置居于展厅入口周边,吸引了大量观展者参与体验。其次受读者欢迎的还有"永乐板式透明屏互动游戏"和"带你临大典",分别占据使用频率的17%和12%。

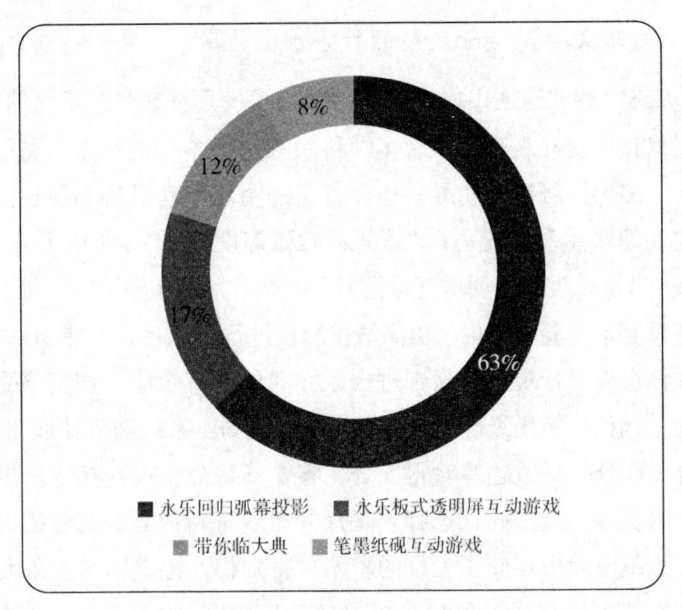

图 2　展厅数字媒介运用频率统计图

（三）新媒体宣传与推广

《永乐大典》湖北巡展暨湖北古籍保护工作成果展期间，湖北省图书馆联合主流媒体，倡导湖北各级图书馆利用网站、抖音、bilibili、微博、官方小程序、APP 等新媒体平台设置互动话题、主题专栏、主题文创直播带货、主播看展、古籍修复技艺展示、网红打卡点合影集赞等推广形式，形成全方位、立体化的推广矩阵，以数字化媒介为抓手，扩大巡展活动的覆盖面，全媒体矩阵传播量超 7500 万次，掀起观展热潮，破圈传播引发全民关注。

新媒体平台接力传播，活动策划新意频出。多场直播在各新媒体平台广聚人气，线上线下口碑双收。开启《永乐大典》专题网络直播，包括《永乐大典》主题文创亮相首届文旅博览会、长江讲坛系列主题讲座、主播带你逛巡展、当文创遇上《永乐大典》、"看，古籍'活'起来了"古籍互动体验互动等直播。通过极目新闻直播 1 场、长江日报直播 1 场、武汉电视台见微平台直播 1 场、湖北卫视抖音号直播 3 场、长江云文旅频道同步直播 3 场、湖北省图书馆抖音平台直播 3 场、湖北省图书馆 B 站平台直播 5 场，直播总观看人数突破 60 万人次，直播互动不停，网友评论不断，网络反响极佳。

《永乐大典》湖北巡展相关话题"永乐大典原件对公众开放展览"登抖音同城热搜榜。微信公众号、微博、B 站、喜马拉雅等新媒体矩阵叠加造势，接力传播。

1. 打造爆款：湖北古籍修复技艺展示短视频热播

湖北省图书馆、武汉图书馆、武汉大学图书馆和浠水县博物馆等湖北重点古籍保护单位集中展示古籍修复技艺，5条短视频在湖北卫视抖音号、湖北省图书馆抖音号、湖北省图书馆微信公众号平台等新媒体端发布，播放量突破2000万。

2. 齐聚人气：网络文创投票收获网友热捧

湖北省图书馆微信公众号、微博、抖音等新媒体平台联合极目新闻共同发起《永乐大典》最佳网络人气文创票选投票，吸引5万名网友热情参与。

3. 网友点赞：大咖探馆掀起《永乐大典》观展热

开展首日，华中师范大学古典文学教授戴建业受邀打卡湖北省图书馆，通过文字、图片、小视频全方位展现大咖探馆过程，抖音发布短视频"大咖"邀您来打卡，通过文化名人效应达到推荐观展的效果。

图3 湖北省图书馆新媒体用户性别比例图

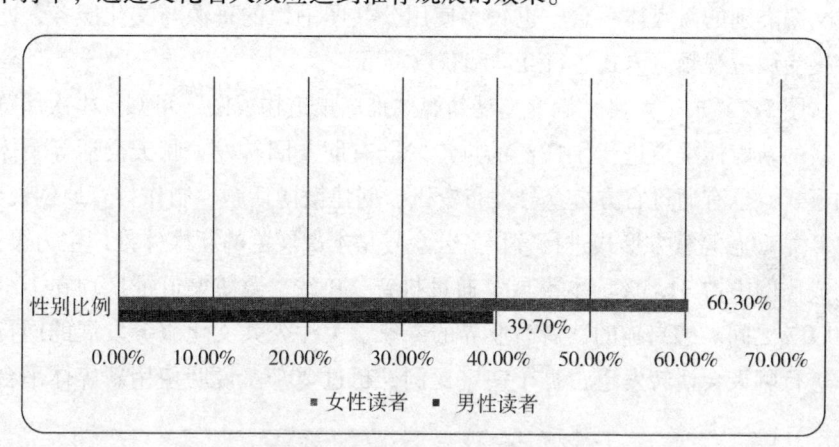

从图3"湖北省图书馆新媒体用户性别比例图"可以看到，图书馆的新媒体用户男女比例不均衡。其中女性读者明显多于男性读者，女性读者占60.3%，男性读者占39.7%。

从图4"湖北省图书馆新媒体用户年龄结构图"可知，图书馆新媒体用户的年龄层次可以划分为18岁至25岁、26岁至35岁、36岁至45岁、46岁至60岁4个主要年龄组，同时也包括了其他年龄段。其中，湖北省图书馆新媒体用户年龄层次最集中的是26岁至35岁（35%），随后依次是36岁至45岁、18岁至25岁，分别占据年龄结构的28%和22%。图书馆新媒体平台收到45岁至60岁的读者关注相对较少，仅占9%。余下6%纳入其他年龄段进行统计。说明图

359

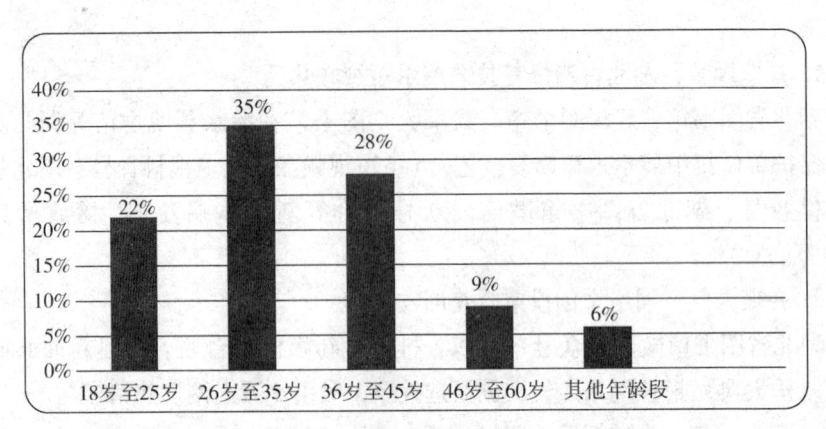

图4 湖北省图书馆新媒体用户年龄结构图

书馆新媒体用户呈现年轻化的趋势，18岁至45岁的读者群体为主力。这部分读者群体使用抖音、微信、微博、B站、喜马拉雅等新媒体平台的频率更多，更关注文博类别的新媒体平台，也较多使用公共图书馆的资源与文化服务，比较能够接受用短视频等方式进行互动和获取资讯。

从图5"《永乐大典》湖北巡展新媒体推广渠道构成图"可知，本次展览通过丰富的新媒体渠道进行了广泛的推广。既有朋友圈转发、聊天会话等个体互动的形式，也有通过官方公众号发布资讯、创建微博话题、制作抖音原创视频、发布B站动态等官方形式进行宣传。公众号是本次展览的新媒体推广主力渠道，在构成比例中占31.5%。本次展览通过抖音、B站、微博渠道推广均在10.0%至20.0%之间。感兴趣的读者、业界的专家、关注公共文化服务发展的同行等群体进行聊天会话转发也占据了一定比例，超过20%。说明使用新媒体平台推

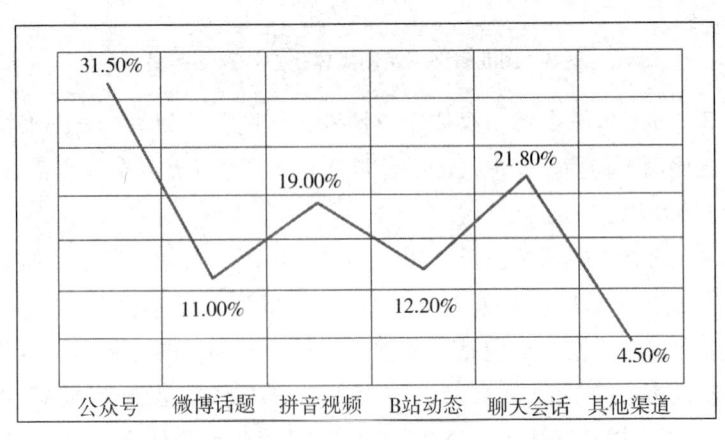

图5 《永乐大典》湖北巡展新媒体推广渠道构成图

广展览是读者喜闻乐见的方式，后期图书馆举办展览，还可以继续采用新媒体平台持续不断输出优质的原创内容。

4. 互动积极：巡展打卡点走红出圈

在展览现场设置卡通人物打卡牌，合影发到朋友圈，集满20个赞，凭朋友圈截图可到二楼东服务台领取展览纪念门票的读者互动项目，增加展览的趣味性和吸引力。

5. 同屏共振：专栏、专题叠加传播效果翻倍

通过湖北省图书馆公众号、官方微博等平台创建《永乐大典》荆楚行话题专栏，展期内每日更新。公众号累计发布推文59篇，阅览量7.25万。微博发布图文视频共计42条（包括长江讲坛《永乐大典》主题微博18条），总浏览量为39.4万。B站发布视频10条，动态15条，抖音发布视频18条，总浏览量15.8万。微信公众号推文发布：《永乐大典》荆楚行专题页面上线！在线畅游大典前世今生。共同推介本次巡展专题网页。

四、结语

融合发展是当今世界的主流趋势。《中华人民共和国公共图书馆法》要求公共图书馆运用现代化的信息技术与传播手段提高图书馆服务效能，并利用数字化和网络化技术向社会公众提供优质的信息服务。数字媒介的有机融合对阅读习惯、阅读方式、阅读环境、阅读空间等方面产生了深远的影响。本文通过探讨智慧化环境下，数字媒介在图书馆公益文化展览中的应用和实践，将涵养人文精神与科学技术创新相结合，为推动文化强省建设赋能。进一步揭示了全民阅读的积极价值导向，传递了文化自信的精神内核，弘扬了中华优秀传统文化。

参考文献

1. 马春红. 博物馆数字化展示技术的应用及虚拟展览研究 [J]. 商展经济，2021，40 (18).

2. 王红松. 数字技术在博物馆文物展览中的应用 [J]. 文物鉴定与鉴赏，2020，187 (8).

3. 方佶偲. 数字媒体技术影响下博览建筑中沉浸式展览空间的设计策略 [J]. 华中建筑，2022，40 (3).

新时代图书馆高质量发展

2022年湖北省图书馆学会年会论文集

（下）

刘伟成　杨　萍◎主编

光明日报出版社

文旅融合背景下公共图书馆文化传承方式的探索和创新

李 黎

(宜城市图书馆 441000)

摘 要：当前文旅融合背景下图书馆作为公共文化服务机构，进行了面向文旅融合的积极探索。在文化和旅游产业融合发展的进程中，图书馆是文化工作的中坚力量，更是文化战线的排头兵，承担着保存、开发、利用和传承民族优秀文化的重担。在文旅融合的大背景下公共图书馆要更多跟进新形势新变化，积极探索创新文化传承方式，将传统与创新有机结合，在传承文化的同时顺应时代发展的步伐。

关键词：公共图书馆；文旅融合；创新；文化传承

一、文旅融合背景

2018年4月，文化和旅游部正式挂牌。2019年，文化和旅游部部长雒树刚提出，要推动文化和旅游工作各领域、多方位、全链条深度融合，实现资源共享、优势互补、协同并进，为文化建设和旅游发展提供新引擎新动力，形成发展新优势，并提出了"理念融合、职能融合、产业融合、市场融合、服务融合、交流融合"的文旅融合新路径。

文旅融合是基于我国文化和旅游产业在发展得比较成熟和完善的情况下顺势而为的必由之路，文旅融合是公共图书馆发展的新机遇，但并不意味着图书馆要无限放大旅游的新功能，而是要结合当地文化和旅游资源开展创新型服务，借助文旅融合契机提升社会影响力，将文化的传承与推广作为最终落脚点。公共图书馆作为公共文化机构，在文旅融合背景下，如何挖掘和整合当地文化资源并将其与旅游要素完美融合，在文旅融合中扩大文化传承影响面，是公共图书馆业界面临的一个现实课题。

二、文旅融合背景下公共图书馆创新文化传承方式的必要性

(一) 公共图书馆发展创新的必要性

文旅融合是在旅游业中融入具有特色的文化内涵，文化在旅游业的助力下发展，旅游业在文化的烘托下壮大。文旅融合让阅读融入群众生活，提高文化素养。在文旅融合的时代大趋势下，公共图书馆的发展也应遵循大发展、大融合的理论。应将文化传承通过与旅游的完美融合融入普通群众生活中，让更多群众由此感受到精神的满足和富饶，提升群众的精神文明水平。在这样的大环境下，公共图书馆现有的管理和使用制度已经呈现疲态，必须不断地完善和创新才能支撑文旅融合未来的发展，所以公共图书馆必须不断探索文化传承的新形式，适应文旅融合发展的新方向，才能继续担当推动我国文化旅游业的中坚力量。

(二) 保护和发展各地方文化是公共图书馆在文旅融合时代的使命

公共图书馆的基本职能就包括对各种地方图书文献资料的整理和传承，这里也是各种地方出版文献的汇集地，在这些地方文献中从各方面记录和分析了该地区的历史和发展现状，能够展现地区内的民情、民风、民俗的变化，以及该地区的历史沿革、地理变化、政治生态、教育发展及风俗世情等基本情况。通过阅读，来往游客能够清晰地了解本地的发展历程，促进了当地的文化传播，提高了群众的文化素养。

而从文旅融合的发展来看，图书馆的主要任务是为旅游产业的发展给予支持，同时要兼顾地方的文化传承和发扬，为文化和旅游产业提供发展动力。但从根本上来讲，图书馆的职能是保护人类文化遗产、开展社会教育、传递科学情报、开发智力资源和提供文化娱乐，所以在实际的业务工作中我国公共图书馆还肩负着保护、发展地方文化的重要使命。利用公共图书馆已有的藏书和文化资源，开展传承和保护地方文化，促进地方文化发展的活动，以推动地方旅游业的进步和发展，是公共图书馆在文旅融合进程中所发挥的重要作用。

三、公共图书馆文旅融合背景下文化传承的创新形式

(一) "图书馆+研学旅游"模式

研学游就是研学休闲旅游也就是我们古书中常说的"读万卷书，行万里路"。在应试教育向素质教育转化的时代变迁中，人们对于精神层面的文化需求越来越多，而研学旅游因为迎合了素质教育中"知行合一"的教育理念和学习

方式，得到越来越多家长和学生的认可和青睐，成为新一代家长与学生读书和学习的新趋势。

基于公共图书馆信息资源、专家资源等多方面的优势下，公共图书馆能为研学游提供更丰富的文献信息资源，更专业的专家导师资源，直接提升研学游的深度和广度，使研学真正达到"读万卷书，行万里路"的目的，为研学游的发展提供坚强有力的后盾。

2011年，国家图书馆推出了"阅读之旅"文化活动研学旅行项目；2018年，湖北省少儿图书馆推出"游学记"活动；2019年，威海市图书馆开展了"春天与阅读相伴"研学旅行活动。可见，研学休闲旅行和图书馆相结合的方式已经在公共图书馆进行了尝试，公共图书馆的参与也让研学旅行呈现更多可能。

（二）"图书馆+展会活动"模式

会展旅游是借助举办会议、研讨、论坛等会务活动以及各种展览而开展的旅游形式，这是一种商务旅游形式。会展旅游是将会展业与旅游业有机结合的一种新型都市旅游形式，会展旅游有兼容性强、辐射面广、消费档次和文化水平高等特征。

在公共图书馆往往有一些"镇馆之宝"，他们都具有极高的文化价值，利用这些馆藏优势特色结合会展举办文献展览不仅可以展示馆藏、传承文明、传播文化，更可以吸引大批游客前来参观，同时拓展了公共图书馆服务领域。

国家图书馆等相关图书馆都先后举办多次有规模的国际会议和学术论坛，以及在世界范围内都比较有影响力的各种类型的文化主题展览。例如，上海国际图书馆在2014～2018年期间，就先后举办了九届论坛。国家图书馆典籍博物馆就在2014年举办了面向公众的首展——"国家图书馆馆藏精品大展"，吸引了大批游客前来参观。图书馆展览和会展，在展示馆藏的同时更是一种文化传承的过程，在展览之际充分展现了"图书馆+展会活动"模式的生命力。

（三）"图书馆+网红打卡"模式

网红打卡地指网上特别火的某个地方，包括一些景点、饭店或者图书馆等。"打卡"一词来自职场，本意是"工作人员上下班把考勤卡放在磁卡机上记录上班和下班的时间"。但在网络中传播后，衍生成为来"提醒戒除某些坏习惯所做的承诺或者为了养成一个好习惯而努力的一种记录"，继而演变成为"新生代对某种坚持事宜或态度的记录"。

网红打卡就是记录自己到某地去旅游的意思。"网红"已经成为社交圈乃至这个时代最具号召力的词语，年轻一代对于自己表达个性的诉求正日益强烈。

年轻一代在"网红"以及社交流行文化的影响下,义无反顾地参与到了这场"网红打卡"的浪潮。上传打卡的照片与视频,获得更多的关注,让身边的人知道我来过这里,从而得到认可与关注,是每一个人最基本的心理诉求,而去"网红打卡点"正是获得这些诉求的捷径所在。

图书馆往往是由名家设计的具有独特的建筑风格,例如襄阳市图书馆,以"知识树"为设计灵感,结合襄阳本地穿天石传统文化设计独具特色的内外景观,成为襄阳市的城市新地标,吸引不少市民前来打卡。好的图书馆能够成为一种独特的文化微景观,这具备成为网红打卡地的特质。图书馆是文化传承的载体,在独特的文化特性下吸引日益被电子阅读侵蚀的年轻人前来打卡,感受阅读的魅力,激发年轻一代对传统文化的兴趣。现在国内已经有很多公共图书馆成为"网红打卡地",例如号称"读书之眼"和"书山有路勤为径"的天津滨海图书馆,获得"十佳夜读空间"的六安市图书馆,被称为"孤独的网红"的阿那亚图书馆等等。可见,网红打卡地也是图书馆扩展读者群的新手段、新途径。

(四)"图书馆+文化IP"模式

"IP"是英文"intellectual property"的缩写,其原意为"知识财产所有权"或者"智慧财产所有权",也称为智力成果权。伴随着新媒体的崛起,文化IP已经成为一种文化产品之间的连接融合,有着高辨识度、自带流量、强变现穿透能力、长变现周期的文化符号。

图书馆丰富的馆藏、富有文化气息的空间布局、独特的建筑形态都是可以打造的文化IP元素。在设计感、空间感和体验感上可以进行全媒体、多维度、多角度的宣传营销推广,打造具有独特文化气息的IP,将公共图书馆以全新的形象进行推广,通过高科技的手段如AR技术、VR技术、MR技术等将文化植入其中,也是文化传承的创新模式。

(五)"图书馆+乡村旅游"模式

乡村旅游是以旅游度假为宗旨,以村庄野外为空间,以人文无干扰、生态无破坏、以游居和野行为特色的村野旅游形式。乡村旅游的概念包含了两个方面:一是发生在乡村地区,二是以乡村性作为旅游吸引物,二者缺一不可。

以往乡村旅游是到乡村去了解一些乡土人情、风俗习惯等,也可以欣赏当季种植的一些瓜果蔬菜、乡村特产等。现在游客更多地注重于在乡村沉浸式的体验乡村生活模式,学习乡村生活智慧和了解乡村风土人情、风俗习惯,更倾向于体验的过程而非以前的"到此一游"式旅游。

公共图书馆可发挥文献资源保存与分类整合的优势,在乡村设立各种主题的小型图书角,将它们融入各种业态和主体中,比如在乡村设立农家书屋,配置更贴合乡村生活、农业生产和乡村文化的书籍。在农家书屋开展实践性活动,将农家书屋和乡村旅游有机结合,扩宽乡村旅游的知识面,加强乡村旅游的知识性和趣味性。也可以参考河南省图书馆把南太行分馆建设成为河南省公共文化服务的优秀创新试点,设立公共文化服务试点"红色书屋"暨河南省图书馆南太行分馆,传承红色文化。也可以将图书馆与民宿结合起来,打造民宿书吧,图书馆为民宿书吧专门提供的讲述当地乡村文化的书籍和开展相关风俗、民宿主题阅读实践活动,营造本地文化艺术气息,让游客以及周边村民就近感受文化的魅力,在增强民宿对游客的吸引力的同时,也丰富当地的文化生活,带动了所在乡村的文化发展。

四、结语

文化是旅游的灵魂,旅游是文化的载体。在文旅融合背景下,公共图书馆迎来了新一轮发展机遇。公共图书馆要积极参与文旅融合进程,同时也应有危机感,图书馆也有被替代、被边缘化的可能,尤其是在履行文化传承的使命过程中更应该大胆创新、积极探索、积极转型,才能在迅速发展变化的新时代,筑牢阵地,为文化传承做出应有的贡献。

参考文献

[1]黄安妮,陈雅.文旅融合下的公共图书馆服务创新路径[J].图书馆,2020,305(2).

[2]李茜.文旅融合形势下图书馆业态发展的河南模式[J].河南图书馆学刊,2020,40(8).

[3]刘敏.公共图书馆文旅融合发展的实践与探索[J].科技资讯,2021,19(34).

[4]焦武.文旅融合背景下公共图书馆参与文旅融合之我见[J].西部论丛,2020(4).

[5]王莺.文旅融合背景下公共图书馆的创新发展研究——以江西吉水县图书馆为例[J].兰台内外,2019,266(29).

[6]徐益波,毛婕.打造公共图书馆文旅融合的"宁波样本":宁波市图书馆文旅融合服务实践探析[J].图书馆研究与工作,2019,183(9).

[7]韩晔,胡娟,阴宇轩.公共图书馆文旅融合实践与模式研究[J].图书馆,2020,305(2).

文旅融合背景下公共图书馆传承红色文化的实践模式研究

桂霄雨　刘静桐　聂　曚

（湖北省图书馆　430071）

摘　要： 红色文化是我国社会主义先进文化的重要组成部分，本文旨在探索国内公共图书馆为传承红色文化所进行的有益实践，选取三类典型模式进行分析，从中揭示经验和不足。

关键词： 公共图书馆；红色文化传承；实践模式

一、概述

自2018年行政机关层面的文化和旅游部门融合以来，文旅融合共生互助、协调发展已成为趋势所向。文化是旅游的精神内核，旅游是文化的落地形态，文旅融合具备天然的契合度。

基于厚重的历史哲学底蕴和多元的民族人文架构，我国文化生态体系历来繁荣。红色文化，是在中国共产党领导下，中国人民经历革命、建设和改革后形成的一切精神伟力、实践创造和价值追求，红色文化兼有精神性和物质性。折射到现实生活中，红色文化包括各类革命老区、纪念馆、纪念碑和遗物遗址、重要大会会址、领导人故居、红色文献、红色文学、红色声像制品、红色教育基地以及优秀革命传统及精神等等，是极具中国特色社会主义的强大文化谱系，是我国社会主义先进文化的重要组成部分。

《中华人民共和国公共图书馆法》第三条规定："公共图书馆应当坚持社会主义先进文化前进方向，坚持以人民为中心，坚持以社会主义核心价值观为引领，传承发展中华优秀传统文化，继承革命文化，发展社会主义先进文化。"传承红色文化，是公共图书馆的使命担当。

笔者进入CNKI数据库，以"红色文化"为主题进行检索，结果显示，中文总库总数为2.59万，主要主题排名前6位分布情况如下：红色文化（7628）、红色文化资源（1700）、红色旅游（1450）、文化融入（997）、红色资源（983）、思想政治教育（974）。以"公共图书馆""红色文化"同时作为主题进行检索，结果显示中文总库总数为103，与以"红色文化"为主题的检索结果2.59万相比，占比还不到0.4%。用上述两个主题词检索后，主要主题排名前6位分布情况如下：公共图书馆（41）、红色文化（26）、红色文献（17）、阅读推广（14）、图书馆（13）、文旅融合（13）。以"公共图书馆""红色文化""实践"三组词同时作为主题进行检索，结果显示中文总库总数为67，与以"公共图书馆""红色文化"为主题的检索结果103相比，占比高达65%，而主要主题排名前6位分布情况与以"公共图书馆""红色文化"为主题的主要主题排名顺序完全一致，只存在具体数据上的差别。综上得出，红色文化与红色旅游具有相当的研究热度，但是当前"公共图书馆+红色文化"的学术研究还十分有限，而从实践视角着手研究"公共图书馆+红色文化"是一个操作性较好的思路。因此，本文选取了很多实践案例用以论证分析。

通过文献调研、网站调研和微信公众号调研，笔者发现，国内公共图书馆传承红色文化的实践模式类型多样，传统的常态化模式主要包括红色文献资源建设，红色实体空间和虚拟平台筑造，红色文化阅读推广，红色互动体验及文创产品研发，红色主题展览、征文及讲座等形式。而特色模式主要有以下几类（详见表1）。

表1 公共图书馆传承红色文化特色实践模式示例

类型	主办单位	主题内容
重要时间节点纪念活动	广州少年儿童图书馆	庆祝中国共产党成立100周年："童心向党"系列活动
研学旅行	湖南省图书馆	"追寻伟人足迹·传承红色基因"——"读步课堂"红色研学之旅
知识竞赛	内蒙古自治区图书馆	"百年荣光·薪火相传"知识答题竞赛
演诵	青海省图书馆	"以史为鉴·重温百年波澜壮阔史诗"红色经典表演诵读

二、现实意义

（一）助力文旅融合

近年来，立足红色旅游资源和红色文化资源的文旅融合类项目日益增多。

比如《铸魂·传承》《闪亮的坐标》《爷爷的故事》《母亲》等文化节目向广大公众讲述了不同人物的红色故事；比如，瑞金、井冈山、古田、大别山、红旗渠、沂蒙、韶山、西柏坡、延安等多个红色教育基地向广大公众展示了不同时期的革命历程；《红色故事绘》《党史上的今天》《毛泽东诗词经典联诵》等推广阅读向广大公众剖析了不同类型的文史经典。以上项目，多以历史事件、真实人物、革命老区为依托，被冠以绝佳的红色文旅气质。在文旅融合背景下，公共图书馆大有可为：以传承发扬红色文化并创造性转化红色文化成果为目标，充分利用各类馆藏文献和实体空间，将"图书馆+"服务样本嵌入地区红色旅游、红色研学、红色主题馆等项目开发之中，打造具备图书馆属性的新型文旅品牌。

(二) 发挥资源优势

公共图书馆是资源多元的公共文化服务综合体。馆藏文献，馆员队伍，数字化、智能化技术，软硬件设备设施，实体及虚拟公共平台，专项财政及政策支持，文创理念、渠道及产品，本馆馆舍、馆外流通点、共建书房及馆外馆等空间，以上内容构成了公共图书馆的重要资源。特藏及地方文献，是一个地区显著文化符号的缩影，它可以与特色研学活动实现有机融合。通过知行合一的活动设计，公共图书馆完全有能力让沉睡的珍贵红色典籍活跃起来。馆内外实体空间，大大拓展了公共图书馆的立体感和存在感，在红色旅游景点之中，可以尝试建立嵌入式红色主题馆，设立学习研讨、特色宣讲、交流茶座等多维空间，丰富红色文旅的业态。文化创意产品能够最大程度利用公共图书馆本身的特色资源，"馆藏文献+X"文创模式，"X"可以引入美食、方言曲艺、手工制品等元素；"馆舍空间+X"文创模式，"X"可以与红色地标建筑、革命场馆、教育基地有机融合。

三、典型模式

(一) 红色空间建设

红色空间是由图书馆规划设计的传承红色文化空间再造客体，涵盖红色书房、红色书屋、党建书房、红色图书馆、红色文献主题馆等具体类别。

当前比较成熟的红色空间建设案例主要有辽宁省图书馆"东北抗联历史资料馆"，重庆图书馆"抗战文献陈列室"，杭州图书馆"少儿红色书房"，太原图书馆"马克思书房"等等。

上述红色空间的共同特点有：第一，以客观存在的实体空间为依托；第二，以学、展、阅、讲、研多种活动形式为蓝本；第三，以塑造沉浸式体验感和亲历式真实感为追求。

红色空间建设的本质是一个红色化功能分区的设立，既具备依附性——红色空间运行需要本馆人、财、物的支撑体系，又具备独立性——区别于本馆宏大包容度之外的专属存在。

（二）红色主题文献展览

红色主题文献展览一般都立足本馆馆藏红色文献，以契合时代发展为主线来搭建逻辑框架。本文选取湖北省图书馆于2021年、2022年参与主办的两场大型专题百年展进行对比研究（展览信息详见表2）。策展团队从海量馆藏资源当中甄选珍贵文献及实物，以"展板+展柜"的形式办展，为广大公众带来了两场红色文化盛宴。

表2　湖北省图书馆百年党史展、百年团史展具体信息

时间节点	合办单位	主题名称	主体架构	开展形式
中国共产党成立100周年	湖北省图书馆 武昌区新时代文明实践中心 武昌区妇女联合会	"学党史 铭初心 巾帼奋斗新征程"——庆祝建党100周年馆藏党报党刊展	1. 新民主主义革命时期； 2. 社会主义革命和建设时期； 3. 改革开放和社会主义现代化建设新时期； 4. 中国特色社会主义新时代； 5. 巾帼奋斗新征程。	1. 线下举办； 2. 集体参观； 3. 本馆职工以讲解员身份宣讲。
中国共产主义青年团成立100周年	湖北省图书馆 共青团武昌区委员会 共青团湖北大学委员会	"学团史忆百年芳华 树榜样促踔厉奋发"——庆祝中国共产主义青年团成立100周年主题文献展·学·研系列活动	1. 新民主主义革命时期； 2. 社会主义革命与建设时期； 3. 改革开放和现代化建设新时期； 4. 走进新时代 迈向新征程； 5. 追忆青年时代楷模 激荡武昌青春力量。	1. 线上展厅+线下展览； 2. 二维码知识拓展； 3. 展·学·研一体化设计； 4. 有奖团史知识竞答； 5. 大学生志愿者语音导览、现场讲解。

从表2可以看出，两场专题百年展的策展初衷和主体架构都非常类似，在技术层面高度重合，仅仅是具体开展形式存在一些差异，百年党史展更为庄严

厚重，而百年团史展更注重凸显青春风采和互动体验。

(三) 红色文化阅读推广

阅读推广是公共图书馆极为擅长的专业领域，红色文化阅读推广的难点在于方式方法的创新。笔者梳理了一些公共图书馆的创意设计（详见表3）。

表3 红色文化阅读推广创意设计示例

单位名称	活动/项目名称	创意亮点
南京图书馆	雨花石"红色"主题展	"以石话史"是该活动的最大亮点。主办方从百余位收藏家手上征集了300多枚精品雨花石。文字石从"七一""八一"到"红军不怕远征难"，从"南湖红船"到"上海一大会址"等富有象征意义的雨花石，生动演绎了中国共产党波澜壮阔的征程。
嘉兴市图书馆	"红船·书苑"	"体系化建设"是该项目的最大亮点。嘉兴市图书馆设立总馆"红船·中心书苑"，建立专题"红船"数字化馆藏资源；全市重要旅游景区和游客较多的新农村则设立"红船·特色书苑"，文献资源以党建和地方文化类为主。
厦门市翔安区图书馆	"翔安红色记忆"——挖掘革命文化 传承红色基因	"讲好翔安红色故事"是该项目的最大亮点。翔安区图书馆深入革命老区挖掘活教材，整理为《翔安红色记忆》连环画出版，鼓励打卡"红色地标"、揭秘"红色家底"，充分发扬翔安"星火早燃，红旗不倒"的光荣革命传统。

上述三项创意设计突破常规，充满灵性，在创新本馆传统业务类型的基础上，开辟了文旅融合的新路径，值得推广和借鉴。

四、实践启示

(一) 有效经验

第一，激发馆藏文献活力。对公共图书馆而言，"红色"实践离不开对馆藏文献的组织、挖掘、研究、利用。传承红色文化，与特藏、与地方文献收集、专题数据库建设一脉相承，可以最大限度赋予馆藏文献生命力。

第二，丰富红色文化内涵。图书馆的"智库"属性，决定了公共图书馆"红色"实践的高层次和高水准，通过公共图书馆运作的以弘扬红色文化、开展红色旅游的文旅融合新业态，会极大丰富红色文化的体系架构和内涵。

第三，引起广大读者共鸣。"红色"代表着庄严和权威，公共图书馆开展的"红色"实践，自带神圣的使命感和责任感，更能与广大读者产生共情，广大读者在参与的过程中能充分感知红色文化的厚重感，得到良好的思想启发。

（二）不足之处

第一，缺乏系统性。"红色"实践探索呈现多点、散发的态势，缺乏更为高远宏大的理论指引和技术指导。另外，线上与线下之间，总馆与分馆之间，图书馆与其他机构之间，没有产生强有力的虹吸效应，"红色"实践长远发展后劲不足。

第二，缺乏持续性。"红色"实践就实际执行能力来说，缺乏精准落地执行的规范指引设计；就受众群体覆盖面来说，缺乏针对读者群体的全年龄段设计；就专业队伍建设来说，缺乏传承红色文化的专业岗位设计。

第三，缺乏联动性。当前，公共图书馆"红色"实践，大多数情况下都是自立门户，与社区、学校、科研机构等单位的合作还远远不够。另外，公共图书馆"红色"实践在地区文旅融合的深度、广度也还有待拓展。

五、结语

传承红色文化，是公共图书馆履行职责、发挥功能、提升形象的题中之义。未来的"红色"实践，需要进一步明确站位，做到"理论先行、执行在后"，确保设计思路清晰可行；也需要科学统筹，完善标准化、规范化、体系化机制建设；更需要集思广益，吸收群众智慧，鼓励社会力量共同参与。

参考文献

[1] 习近平. 在庆祝中国共产党成立 100 周年大会上的讲话 [EB/OL]. [2021-07-01]. https: //www. 12371. cn/2021/07/01/ARTI16251226624003841. shtml.

[2] 全国人大常委会办公厅. 中华人民共和国公共图书馆法 [M]. 北京：中国民主法制出版社, 2017：3-7.

[3] 胡娟, 袁珍珍. 我国公共图书馆与红色旅游高质量融合发展模式与路径研究 [J]. 图书馆学研究, 2021, 511 (20).

[4] 朱君妍, 明均仁. 省级公共图书馆参与红色文化推广的实践分析与启示 [J]. 情报探索, 2022, 297 (7).

[5] 聂矇, 何菁. 建党百年背景下公共图书馆红色文献阅读推广实践与思考——以"学党史铭初心 巾帼奋斗新征程"党报党刊展为例 [M]. 聚焦, 湖北科技出版社, 2022：321-326.

社会力量参与的公共图书馆城市书房建设与管理模式分析

刘学丹

（湖北省图书馆　430071）

摘　要：随着我国社会经济飞速发展，人们精神文化方面的需求也越来越高，城市书房作为人们了解知识文化的重要途径和提升城市品位的文化风景，必须通过合理的方法与社会力量共同建设。基于此，本文通过简单分析社会力量参与的公共图书馆书房建设途径，并深入探讨城市书房在社会力量参与下的管理模式优化策略，以供参考。

关键词：社会力量；公共图书馆；城市书房

引言：文化传播在推动社会文明发展过程中发挥着重要作用，来自各个领域的社会力量在新时代背景下不断发展壮大，为公共图书馆城市书房建设与管理提供有力支持，因此必须在满足其参与过程中各种需求的前提下真正实现合作共赢，从而推动各项城市书房管理优化策略顺利实施。

一、社会力量参与的公共图书馆城市书房建设途径

（一）增设志愿者服务团队

志愿者团队是城市书房建设过程中一股坚实的社会力量，志愿者招募制度被我国图书馆广泛运用。长期以来，这些志愿者不仅为公共图书馆提供人力物力以及各种资源的支持，而且还承担了大部分图书馆服务管理工作，在推动现代城市书房建设管理过程中发挥着关键性作用。在图书馆管理过程中，志愿者不仅能够负责大部分书籍资源加工整理、上下架借还工作，还可以负责城市书房日常宣传以及开展各项讲座展览等读者活动业务，很大程度上减轻了图书馆管理员的工作负担，有助于形成更加系统化、规范化的图书管理模式。志愿者

通过不断增强自身文化素养、学习图书管理知识使得城市书房建设更加细致化、合理化，从而为人们提供更加舒适的阅读空间。

（二）组织企业参与捐赠活动

社会各界在建设城市书房过程中的捐赠形式多种多样，主要通过个人以及单位名义进行图书馆基础设施捐赠以及整体资金扶持方面的慈善捐赠。图书馆通过不断组织吸引社会各界喜欢文化知识的个人团体的捐赠活动，开通多种捐赠渠道并严格按照国家相关法律法规执行将捐赠人员与捐赠物资根据捐赠本人意愿实施公开化、透明化处理。城市书房建设中对捐赠人员身份与形式没有特殊限定，针对个人而言可以是普通读书者也可以是社会名流、演员明星等，捐赠者可采用实名捐赠与匿名捐赠两种方式进行。图书馆捐赠多以慈善主题开展捐赠活动，在大部分捐赠活动中以企业名义捐赠居多，吸引企业捐赠不仅可以获取大量城市书房建设资金还能在活动过程中对企业起到一定宣传作用，从而使社会力量在参与捐赠的同时也会获得相应效益。社会力量捐赠活动可以将图书馆价值完美展现的同时也充分利用了公共文化传播书籍资源，在解决图书管理与建设资金问题的同时还提高了社会各界力量参与城市书房建设的积极性[1]。

（三）融合政府与社会资本

政府支持可以将社会资本得到充分利用与协调，对于促进城市书房建设方面有着积极作用。有关政府部门可以通过合理协商与相关企业签订协议将城市书房建设与企业资本完美融合，建立社会资本、图书馆以及当地政府共同合作模式，从而让资源共享最大限度发挥其应有的优势。由当地政府联合各个投资企业，为城市书房建设提供主要资金扶持，并结合建设区域的物业管理经验、管理体系等共同建设，社会各界可以根据企业意愿与能力提供建筑装修设计、技术、资金以及人员等方面的支持，在共同参与中达到社会效益与企业效益同步前进。只要符合相关要求的企业就可以进入到城市书房建设当中，这种建设模式可以有效增强当地有关部门的经济扶持力度，从而提升整体城市书房建设水平，尤其一些具有影响力的企业与政府部门的合作可以有效增加城市书房建设社会力量的参与度，并根据具体情况对图书馆分层建设，即将不同消费层与不同知识层书籍分别整理，从而增加人们在公共图书馆的读书体验。

（四）购买图书馆公共服务

城市书房采用政府购买服务方式进行运营，一方面是响应政府购买服务政策，充分满足读者对公共图书馆的多元化服务需求，鼓励更多的社会力量参与公共文化服务建设。另一方面是希望改变图书馆的传统管理模式，提升图书馆的服务效能。大力开展图书馆公共服务宣传，使社会各界企业在当地政府的支持与鼓励下积极参与购买活动，根据具体情况将图书馆全部业务或者部分业务进行外包。这样一来就会使更多优秀企业加入城市书房建设当中，促使现代图书馆融入现代企业管理思想，摒弃传统图书管理模式，这也是城市书房建设公共服务与现代企业管理体制完美融合的重要体现。

二、社会力量参与的公共图书馆城市书房管理模式优化策略

（一）多渠道招募志愿者

志愿者服务在推进我国社会文明发展过程中发挥着重要作用，因此必须从多种不同渠道展开志愿者招募活动为建设公共图书馆提供人力支持。新媒体时代的到来，各种招募方式也随之增多，可以通过微信公众号、微博、快手、抖音等新媒体等网络平台，通过发布视频文字信息等形式进行志愿者招募活动，还可以与各大高校合作在社区、商业区进行广告宣传，制定完善的志愿者招募流程以网络报名以及现场报名等多种方式进行，再通过馆内专业工作人员对报名者信息进行审核测试并按照考核标准确定志愿者候选人。具体招聘流程如图1所示[2]。

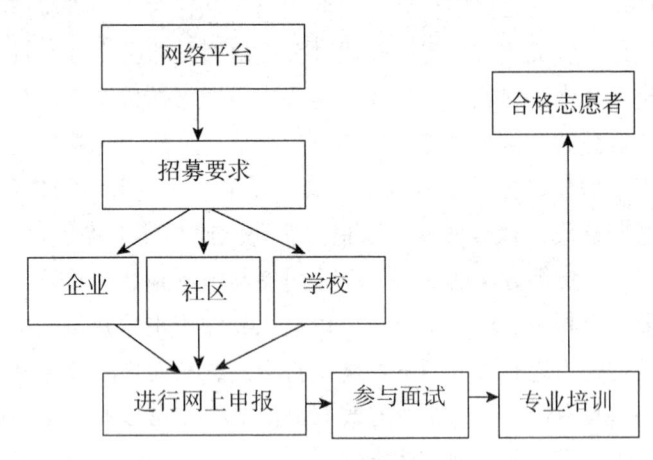

图1 志愿者招募流程图

（二）提供多种专业培训

城市书房为读者提供每天24小时不间断阅读服务，智能设备的运用必不可少，不过单单依赖先进人工智能设备辅助管理是远远不够的。需要结合人员实

际管理经验实施人性化、多元化服务才能真正满足人们的阅读需求以及阅读体验。公共图书馆建设的工作人员通常由两部分组成：一是从事图书馆工作的专业人员，二是社会各界非图书馆行业志愿者，因现代化图书管理模式与传统图书管理模式存在很大区别，故而两类人员都要经过一系列系统培训才能更好完成城市书房建设管理工作。图书馆需要不断组织馆内工作人员进行阅读推广以及专业管理方面的研究与探讨，并适当组织角色互换等活动让部分馆内人员作为读者来体验阅读服务，从另一个角度换位思考寻找公共图书馆建设与运营当中的不足，同时开通多种读者交流渠道及时搜集读者信息，根据读者提出的建议和意见适当修改建设方案。除此之外，还需要通过开展各种知识讲座学习来提升图书管理员的专业技能，为实现更加优质的图书服务管理模式奠定基础。

（三）完善城市书房管理结构

现代图书管理必须结合计算机技术建立完整的图书管理系统，创建数据模型将书籍资源信息与图书馆设施详细信息录入数据库。利用现代编程技术结合SQL数据库搭建线上图书管理网站，并在网站中合理设置各种服务选项以供读者自由选择，还要对读书库存、租借、归还等信息详细保存以方便掌握图书整体管理信息。引入智能设备将主服务页面设置成集图书目录查询、办证、图书租借、图书归还、图书续借、图书预约以及逾期缴纳费用等主要功能为一体的页面，并且将后台管理系统与用户系统区分开并创建小型线上借书模块，使读者不用到图书馆就可以预约书籍，只要借书预约成功就可以到图书馆借取相关书籍，从而节省大部分读者选书、挑书及借书手续办理时间，并在一定程度上提高了图书租借管理信息的准确性[3]。

如果想要图书信息化管理系统更加合理化、精细化则必须将管理员操作平台与用户平台分别建设。城市书房管理系统主要以应用层、处理层及用户层三个层面为主分别构建，将读者信息通过用户操作界面存入数据库并在系统中对不同读者的图书类型浏览量以及所借书籍详细信息和借书次数等进行保存，以便后期对其进行针对性图书推荐。除此之外还要在平台用户层中开通实时沟通与留言通道，从而能更加清楚地了解读者的读书体验以及图书管理中存在的不足并及时加以改正。处理层作为图书网络管理员与读者之间主要沟通渠道在整体图书管理过程中发挥着承上启下的作用。通过读者借书记录以及浏览记录确定读者的日常阅读方向，并将数据进行综合性分析针对读者不同读书喜好推送相应的图书订阅类型。最后，应用层要做的就是对读者在平台的留言问题及时回复并加以解决，在最短时间内将问题处理结果反馈给用户端。

（四）加强对社会力量的管理

加强对社会力量的管理主要体现在对参与建设企业的管理、对志愿者服务的管理以及对社会捐赠者的管理三个方面。首先对企业参与管理需要加强对外包企业资质考察，以及企业曾经的业务往来信誉状况和运营情况。城市书房实施部分业务外包有效节约人力物力的同时，也需要加强对相应负责外包业务公司的监督力度，需要不定时在日常工作期间对所属外包业务运营情况实施明察暗访，从而保障部分业务正确有效开展。

除了对本身馆内工作人员与部分业务外包人员实施科学有效的管理外，对志愿者的管理也极为重要。应从社会各行各业中广泛招收有意愿、有能力并且喜爱图书、热爱读书的志愿者参加志愿者活动。在志愿者日常工作中应按照相关法律法规给予相应的奖励与激励，同时根据实际情况制定上、下班时间并同馆内人员一样建立考勤制度。而且，还需根据志愿者日常工作时间和工作状态进行读者投票活动，并以投票结果为基准选出年度最佳志愿者给予相应的物质奖励。除此之外，还需要重视志愿者专业知识培训工作，让志愿者从一名普通读书爱好者升级为专业图书工作者，从而更好地为读者提供服务[4]。

城市书房应该足够重视社会各个层面的捐赠形式，可以通过在人员密集区设置条幅搭建舞台以及网络手段宣传并积极鼓励个人捐赠行为，吸引企业提供人力物力的支持，加强与各个慈善组织合作公开进行捐赠活动。同时将各个媒体联系到一起，在组织捐赠活动时由政府为捐赠企业或个人颁发荣誉证书，从而大大增强捐赠者荣誉感，加大社会捐赠与城市书房建设宣传的曝光率，以此吸引更多组织或个人参与捐赠活动。应由政府正确地社会向各界力量引导宣传突出城市书房建设的社会意义，从而提升社会各界对城市书房建设的认知更好满足多元化文化传播需求，为公共服务业建设提供更加专业化、标准化的发挥空间。满足文化企业与城市书房建设的合作需求，将服务效能提升到最大限度从而使社会力量与政府保持密切联系，在相互协调发展的同时实现利益共赢。

（五）结语

综上所述，城市书房建设需要顺应时代，在满足读者基本需求的前提下改革服务模式、更新服务理念并不断吸引更多的社会力量参与其中，将政府、图书馆与社会力量完美融合。在实现合作共赢、互惠互利的同时，为推进我国文明社会发展与进步贡献一份力量。

参考文献

[1] 钱竑. 新形势下社会力量参与公共图书馆建设的思考 [J]. 文化月刊, 2021, (11).

[2] 邱洋城. 社会力量参与公共图书馆建设创新路径探究——以厦门市湖里区图书馆为例 [J]. 海峡科技与产业, 2021, 34 (5).

[3] 林遥芝. 社会力量参与公共图书馆建设的实践与思考——以广州市越秀区图书馆社会力量参与共建分馆为例 [J]. 河南图书馆学刊, 2021, 41 (4).

[4] 邓志芳. 社会力量参与公共图书馆建设与服务的价值及策略探究 [J]. 文化创新比较研究, 2021, 5 (2).

公共图书馆高质量服务农民工策略研究
——以湖北省图书馆服务中建七局世茂十里星河项目部为例

聂 矇 李良军 师晓景

（湖北省图书馆 430071）

摘 要：农民工为城市建设做出了重要贡献，但是由于受主客观条件限制，往往不能充分地享受公共文化服务。湖北省图书馆一直将农民工作为重要服务群体，以开展"下基层察民情解民忧暖民心"实践活动为契机，调查农民工文化需求，制定服务方案，建立示范点，对公共图书馆高质量服务农民的实践与启示进行了探索。

关键词：公共图书馆；高质量服务；农民工

一、引言

当前我国处于城镇化快速发展时期，农民工作为城市建设的重要力量，已逐步向新型产业工人转型。根据国家统计局2022年发布的数据显示，2021年全国农民工总量2.9亿人，比上年增加691万人，增长2.4%。2021年3月，文化和旅游部等三部委联合印发《关于推动公共文化服务高质量发展的意见》中指出，推动公共文化服务高质量发展，发展社会主义先进文化的重要任务，也是让人民享有更加充实、更为丰富、更高质量的精神文化生活，保障人民群众基本文化权益，满足对美好生活新期待的必然要求。

公共图书馆是公共文化服务体系的重要组成部分，如何为农民工管提供高质量公共文化服务，帮助其更好地融入城市发展是新时代的重要课题。本文以湖北省图书馆服务中建七局西南公司湖北分公司世茂十里星河项目部的工作实践为例，对公共图书馆高质量服务农民的意义与实践进行了探索。

二、公共图书馆为农民工提供高质量服务的意义

公共图书馆为特殊群体提供高质量服务，是新时代高质量发展的要求。根据 2020 年《公共图书馆评估指标》中关于为特殊群体服务内容，分为未成年人服务和其他特殊群体服务，包括但不限于老年人、残疾人、农民工、监狱服刑人员等群体。

（一）切实解决基层的实际问题

自湖北省文化和旅游厅启动党员干部"下基层察民情解民忧暖民心"实践活动以来，湖北省图书馆第一时间传达学习、制定方案、动员部署，全力服务公共文化服务质量提升专项行动，扎实推进实践活动有序开展。农民工群体作为图书馆服务的特殊群体，存在着交通不便、生活圈较小、人均收入偏低等诸多实际困难，但是对公共文化服务的需求却是非常迫切的。贯彻落实公共文化服务质量提升专项行动，积极探索服务新模式，不断提升服务质量水平，多办得人心、暖民心的实事，切实提升农民工的幸福感和满意度。

（二）促进图书馆高质量服务创新

保障弱势群体享有均等的文化服务是公共图书馆重要的社会责任。弱势群体既有生理性的，也有社会性的。农民工由于自身活动范围有限，同时并不一定了解相关公共文化服务政策，利用公共文化服务方面是相对弱势的。农民工群体文化水平高低不同，与其他服务对象相比，往往服务难度更大，需要不断完善自身高质量服务体系。作为汇聚人类知识和城市文化的公共空间，公共图书馆只有不断提升服务半径，扩大公共服务受益面，创新高质量服务形式，对农民工产生真正的吸引力、提供对其工作和生活中实际的帮助，才能实现高质量发展下的创新服务。

（三）促进农民工群体融入城市发展

农民工是城市建设的主体力量，但往往也是城市生活的边缘人群。由于户籍不在城市，很难全面享受城市的相关福利政策，加上平时工作繁重、交际圈有限，很难全面感受城市的文化生活。虽然目前在受教育条件、居住环境、就业制度方面的政策支持力度较大，但比较突出的问题是，农民工从思想观念、风土人情、价值判断、生活习俗等方面认同城市的文化要素。公共图书馆能让农民工全方位感受城市文化服务，提升其融入城市的内驱力。农民工群体也有获得城市基本公共服务的诉求，公共图书馆提供满足这些诉求的过程，有利于拆除他们融合过程的心理栅栏和表达城市人文关怀。

三、农民工阅读需求调查分析

只有全面了解农民工实际的文化需求，才能有针对性地为其提供公共文化服务。本文以中建七局西南公司湖北分公司世茂十里星河项目部的农民工为调查对象，通过实地走访、座谈、调查问卷的方式，调查农民工的阅读需求、信息需求及其他文化需求。

（一）满足知识学习需求

一是法律知识欠缺，对依法保障个人权益方面的知识较为欠缺。如个人平等就业的权利、休息休假的权利、如何签订劳动合同、如何维护女性劳动者合法权益、保障同工同酬等。尤其是针对如何保障自己合法收入，一旦出现纠纷如何理性、合法维权，有哪些调解和维权的途径；二是对专业知识工作技能方面的学习。新生代农民工不再是不善于学习，而是对专业技能有迫切的渴望，愿意花时间来提升和充实自己。主要包括建筑知识、施工安全知识、工作技能提升、个人职业规划等。

（二）促进个人身心健康

一是身体健康知识。农民工由于职业的特殊性，职工职业病较为普遍，对职业病如何防治比较关注。同时对常见疾病知识、施工现场急救、夏季科学防暑降温、冬季防寒保护知识等也有大量需求。二是保持身心愉悦。长期的工地生活会较为枯燥，职工心情也需要保持愉悦以便更好投入生产。所以如何通过书刊，丰富自身业余生活，调节自身心理状态，保持愉悦心情也是重要诉求。

（三）维护和谐家庭关系

一是维护和谐的夫妻关系。大多数职工及工友与家人分居两地，农民工夫妻在时间、空间上都产生了一定的距离，交流也逐步减少，夫妻关系可能就此疏远。如何增加夫妻之间联络感，增加联系的机会与纽带，是他们迫切关注的问题。二是亲子关系处理。针对子女未成年的新生代农民工，他们普遍存在亲子教育焦虑。尤其是不在身边的留守儿童，孩子对父母的情感、道德品质、知识学习、身体健康一无所知，因此怎样加强异地子女教育，都需要指导和帮助。

四、湖北省图书馆服务农民工实践探索

按照《全省公共文化服务质量提升行动实施方案》《省文化和旅游厅党员干部下基层察民情解民忧暖民心实践活动实施方案》要求，省图书馆动员全馆党

员干部提高思想认识，践行"一线工作法"，在一线服务窗口解决问题，将图书馆各项服务向基层、向一线延伸，着力提高服务水平和服务效能，更好满足农民工日益增长的精神文化需要。

（一）制定活动实施方案，落实服务主体责任

5月下旬，省图书馆组织召开预备会，研究制定《省图书馆党员干部下基层察民情解民忧暖民心实践活动实施方案》，明确组织领导、主要任务、重点工作、实施步骤及工作要求。方案中由馆领导牵头，中建七局西南公司湖北分公司世贸十里星河项目成为基层联系结对对象之一。方案将活动进度安排为四个阶段：一是动员部署阶段（5月下旬—6月上旬），明确活动任务，为扎实开展好实践活动提供有力保障；二是全面开展阶段（6月底前），梳理问题清单、任务清单、效果清单，着力为群众办一批看得见摸得着的实事好事；三是持续深化阶段（10月底前），集中解决难点问题，化解推进过程中的障碍；四是巩固提升阶段（12月底前），总结经验，查找不足，将活动中行之有效的做法和经验形成工作方法与制度规范。

（二）以实地调研为基础，制定服务工地计划表

在充分调研和沟通的基础上，湖北省图书馆制定全年服务活动计划表：

湖北省图书馆服务中建七局十里星河项目活动计划表（2022年度）

序号	类别	活动内容	活动形式	活动地点	时间段
1	党史教育	观红色电影、听红色历史课堂、参观红色主题展览等	观影、参观、授课学习等	省图书馆	7月
2	健康讲座	职业病防治，如腰肩颈病、痛风等疾病预防；良好的生活习惯，如何养生，远离疾病；安全应急救护知识，如中暑、休克、失血等应急情况处理	授课学习、现场体验	项目部	8月
3	文化传承	中秋节开展传统文化节日宣传讲课及DIY活动	授课学习、现场体验	不限	9月
	座谈交流	通过宣传"楚天云递"使用方法，与孩子共同参观图书馆，解决在聚少离多背景下，如何构建和谐的夫妻、亲子关系的问题	座谈交流、现场体验		

续表

序号	类别	活动内容	活动形式	活动地点	时间段
4	党史教育	音乐欣赏、观影、庆祝共和国生日	现场观摩	省图书馆	10月
5	环保讲座	增强全员环保意识，倡导大家保护环境	授课、实验等	不限	11月
6	普法宣传	保障职工权益，开展普法活动。提升职工知法、懂法、用法能力，构建和谐、稳定的劳资关系。	授课学习	项目部	12月

（三）以实际需求为导向，多种形式开展服务

在具体服务过程中，湖北省图书馆探索出一条双向沟通机制，以项目部农民工实际需求为主，做好疫情防控的同时，既不耽误工地正常生产，又能让工友充分享受图书馆公共文化服务的服务模式。

一是开展"图书馆服务宣传周"活动送知识，5月下旬，湖北省图书馆走进中建七局西南公司湖北分公司世茂十里星河项目部职工书屋，项目职工书屋赠送流动书刊500余册、精选电子书100册、数字图书30万册。这些电子书种类丰富，既有普法、技能提升类图书，也有休闲、科幻小说等图书，不仅可以帮助工人们学习更多使用技能，还能丰富他们的精神生活。在授书仪式上，湖北省图书馆共为职工书屋带来40余种广受读者好评的期刊，包括《三联生活周刊》《大众医学》《作家文摘》《中国银幕》《NBA特刊》等。开展"楚天云递"活动促感情。二是针对改善家庭关系方面，开展"楚天云递"促家庭和谐活动。2022年4月，湖北省图书馆正式开启"楚天云递"全省信用网借服务，线上借阅的书籍可快递到家。"楚天云递"全省信用网借服务弥补了湖北公共图书馆在地理区位上分布不均衡的现实痛点。精准对接读者服务，服务距离由身边书房的一公里，缩短为零距离。七夕节到来之际，项目部组织工友们参与"为爱人选一本书"活动，通过精选一本书并寄送到家人手中，增进彼此联系，让阅读成为感情的纽带。三是针对农民工身心健康需求，开展"智海杏林送健康"活动。长期在户外工作，农民工既有常规血压、血脂等常规健康指标检测需求，也有对职业病防治、过量饮酒危害、防暑防寒作业等方面需求。湖北省图书馆特邀湖北省中医院相关医学专家融入更多研学内容，在授课、交流、互动和实

操中,让工友深入领会中医哲学与药理保健常识,有针对性地解决个人健康问题。同时馆员向项目部工友推荐了馆藏健康类中文报刊,资源覆盖公共卫生、健康保险、医疗服务、中西医药学、养生保健、饮食营养、心理健康教育等多个大健康领域,让他们在繁重的劳动后也能保持身心健康。

五、结语

农民工是城市建设的重要力量,也是对公共文化服务有迫切需求的群体。湖北省图书馆在服务中建七局世茂十里星河项目部的具体实践过程中,根据农民工实际需求,制定有针对性的阅读推广活动方案,多层次开展立体化服务。在这一实践探索基础上,省图书馆以此项目为试点,将服务农民工项目形成制度化、系统化,形成以点带面、向全省辐射的良好局面。

参考文献

[1] 中华人民共和国文化和旅游部.2020年公共图书馆评估指标 第2部分:省、市、县级公共图书馆［EB/OL］.［2020-09-28］. https：//zwgk.mct.gov.cn/zfxxgkml/hybz/202012/t20201205_915575.html.

[2] 魏小兰.公共图书馆服务新生代农民工存在的问题及解决办法［J］.智库时代,2020,222（2）：247-248.[3] 陈丽丽.高质量发展背景下的公共图书馆农民工服务策略研究［J］.图书馆研究与工作,2022,217（7）：20-26.

[4] 钟惟东,王桂新.快速城市化背景下公共图书馆促进流动人口社会融合的研究［J］.农业图书情报学报,2021,33（10）：36-45.

[5] 国家统计局.2021年农民工监测调查报告［EB/OL］.［2022-04-29］. http：//www.stats.gov.cn/xxgk/sjfb/zxfb2020/202204/t20220429_1830139.html.

[6] 文化和旅游部、发展改革委、财政部联合印发《关于推动公共文化服务高质量发展的意见》［EB/OL］.［2022-03-08］. http：//www.gov.cn/gongbao/content/2021/content_5602033.htm.

公共图书馆特殊人群高质量服务研究

顾志芹　胡苑萍

（华中科技大学图书馆　430074）

摘　要：公共图书馆基本特征是公共、公益、平等、包容。公共图书馆是提升特殊人群的服务品质，是提高社会精神文明水平的重要内容之一，阐述推动服务特殊人群的必要性，国内研究现状，通过完善公共图书馆制度保障建设，服务应内容多样化、打造精品化、品牌化服务、深化均衡发展，通过完善公共图书馆志愿者服务模式，促进社会各界力量融合，进一步纵深推进图书馆建设，做好特殊人群服务管理工作，实现公共图书馆高品质服务发展。

关键词：公共图书馆；特殊人群；高质量服务；信息获取障碍；服务管理

图书馆学理论早已奠定了现代图书馆信息和教育两大职能，公共图书馆特殊人群服务一直是图书馆学理论与实践的重要领域，引领着图书馆教育职能的发挥。推动公共图书馆服务是提升社会精神文明进步的重要举措。特殊人群的信息获取障碍、服务管理研究、实践和思考，以期为推动社会服务事业发展提供点点参考。

一、公共图书馆基本特征

（一）公共、公益

公共图书馆是公共物品的组成部分，公共图书馆必须发挥自己的作用，参与到提升我国公共事业的发展过程中。

（二）平等、包容

公共图书馆向社会成员提供平等包容服务。公共图书馆服务体系需全面覆盖，从公共图书馆的特征可以看出，公共图书馆应该成为特殊人群服务体系的一个重要支撑，一个重要力量，因为公共图书馆是向社会提供均等化服务，在均等化服务中就是要消除数字鸿沟,所以由公共图书馆提供这样的服务是非常适合的,而且公共图书馆从城市到乡村,从乡村到社区,从发达地区到贫困地区要全部覆盖,只不过我们现在的覆盖还远远不够,要细到"末"字,有时候到社区是不够的,但是现在我们国家在公共图书馆整个全国的支撑体系是够的,有了这样的体系,公共图书馆就可以通过这样的体系加强服务下去,有效提升我们国家的国民素质,所以由公共图书馆做特殊人群服务是非常恰当的。

二、公共图书馆推动特殊人群服务的必要性

(一)特殊人群的界定

图书馆特殊群体是指一般读者以外的读者人群,包括未成年人、老人、残疾人等弱势群体,以及以其他原因导致不能获取图书馆服务中的特殊群体范畴,随着社会的发展而不断改变。

1. 为什么要推动特殊人群服务的高质量发展

2020年9月7日《解放军日报》发表一篇《没有预约就不能看病?老人就诊之难:不会网上挂号,去医院这咋就是白跑一趟》文章。疫情防控期间,有一位老人乘公交车,司机喊了一声,上车请扫码。老人掏出手机,笨拙地按着屏幕,对着司机的头,一个劲地狂扫。扫了半天,老人委屈地问,我扫了,咋没有反应啊?旁边的乘客们,看到手机屏幕,哄堂大笑。老人在旁边却急得要哭了。黑龙江鸡西的谢大爷在超市买了8块8毛钱的葡萄,结账时,老人掏出钱,收银员却告诉他,"我们不收现金!只扫微信和支付宝。"对于老人而言,类似的"不便"比比皆是:不会用打车软件、招手打不到车;没有智能手机,没有健康码,没法乘坐公共交通,不能进小区;没有智能手机,没法扫码点餐;不会用12306,逢年过节抢不到火车票等。公共图书馆肩负着社会终身教育的重要职能,开展公民的信息培训教育是公共图书馆事业发展的重要内容。目前公共图书馆信息教育问题:(1)顶层设计不足。(2)意识不强。(3)内容缺乏。(4)形式单一。(5)人才紧缺。

三、公共图书馆要为特殊人群做什么

2010年3月美国公布了国家宽带计划,认识到图书馆在提供数字技能的培训和支持以及高速网络和社会信息服务方面的关键地位,并请博物馆和图书馆服务协会(Institute of Museum and Library Services,IMLS)制订相关发展方针。2012年,IMLS同华盛顿大学的技术与社会变革组、国际城市/县管理协会合作,提出并建立了数字包容社区框架，确定了促进国际数字包容的总体原则和关键要素。特殊人群服务对象是一个动态的过程，并且每个省、市、地区因经济发展，社会结构的差异，特殊人群服务的范畴也不同。

（一）公共图书馆逐渐成为社区服务中心

（1）美国公共图书馆在全国范围内各种规模的社区中有16500多个公共图书馆（含分馆），数量众多且分布均匀。（2）公共图书馆被视为社区支柱，是解决社区经济、教育和健康差异的"社区锚"，其作为"社区锚"的功能之一就是提供获得技术和数字内容的公平途径。（3）图书馆＝强大的社区：美国的社区图书馆被认为是社区的教育文化中心、信息中心、休闲娱乐中心和其他公共服务中心，业已成为社区居民生活不可缺少的公共服务机构。（4）2019年，美国人访问公共图书馆的频率（13.5亿人次）高于看电影的频率（12.4亿人次）。（5）提供免费宽带、公共访问技术、数字内容等帮助构建数字包容社区。（6）图书馆工作人员培训社区人员用智能手机，辨别信息的真伪等。（7）IMLS资助PLA开通了数字技能网站DigitalLearn.org，帮助公共图书馆和社区成员学习基本的数字技能。

（二）坚持公平化、多元化和包容性

（1）为无家可归者提供书籍、电脑网络等资源。（2）为吸毒和酗酒史的非暴力犯罪者提供生活技能培训。（3）开设教育和学习项目、培训工作应聘技巧和简历制作服务。（4）为老人提供数字包容服务项目——计算机网络基础服务、医疗健康信息资源服务、视力和听力障碍者服务、生活主题类数字资源整合服务、特殊老年群体数字服务、代际项目服务。

（三）关注健康、强化健康信息服务能力

（1）PLA和全国医学图书馆网络（NNLM）发起提高公共图书馆馆员关于用户健康服务的知识和技能的倡议计划。（2）超过70%的美国人认为图书馆可以帮助人们寻找有关卫生保健的信息。（3）超过一半的公共图书馆为用户提供寻找保险机构方面的帮助。（4）57.7%的公共图书馆提供在线查询和评估免费卫生和健康信息。（5）56.2%的公共图书馆使用订阅的卫生和健康数据库。（6）48.1%的公共图书馆帮助用户了解特定的健康或保健信息。（7）18%的公共图书馆引进医疗保健提供者在图书馆提供有限的医疗检查服务。（8）23%的公共图书馆举办健身或者瑜伽课程。（9）公共图书馆为6岁以下的儿童及其父母提供免费的阅读资源和教育课程，帮助父母完成儿童的启蒙教育。

（四）公共图书馆对特殊群体信息教育的内容

（1）向特殊人群提供免费上网的设备，并提供免费的计算机、网络培训课程。（2）教授特殊群体使用智能手机、3D打印、视频制作、软件应用等新技术新技能。（3）教授特殊人群通过数据库获取信息、利用网站获取信息、使用搜索引擎等技能。（4）教授特殊人群辨别信息真假、评价信息质量、有效使用信息的能力。（5）教授特殊人群使用图书馆、了解图书分类法、熟悉书目索引及特定主题服务的知识。（6）为特殊人群提供就业帮助、家庭作业的帮助、某些仪器的使用指南等。（7）教授特殊人群获取与使用信息应具备的信息道德与法律规范。

四、进一步纵深推进图书馆建设，做好特殊人群服务管理工作

（一）强化组织领导

及时组织召开党政班子专题会，研究成立工作专班，进一步明确工作职责，工作要求落实处，见实效。

（二）强化排查登记

积极对社会特殊人群进行排查，排查情况备案后建档备案，同时做出分析研判，风险评估，精准施策，"点对点"做好服务工作，确保情况清、去向明。

（三）强化服务管理

对社会特殊人群开展随访、帮教工作，分门别类，落实管控措施和责任人员，做到一人一班，一人一方案，全面压实管控责任，增强管控实效。

（四）落实—行动—活动

"岗位大练兵，业务大比武"活动，以"我为特殊人群办实事"为抓手，聚焦特殊人群的急难愁盼问题，全面扎实开展关爱服务行动。开展此行动要精心安排部署，各公共图书馆党组织积极带头，"一对一"上门帮扶，了解特殊人群的实际困难，开展关爱服务，服务针对个人需求和自主意愿，内容不一，形式多样，切实做到因人施策，对症施助。

（五）推进公共图书馆事业高质量发展

推进公共图书馆事业高质量发展，是适应新时代经济社会发展、满足人们多元化需求，加强制度安排，发挥行业组织作用，搭建馆员交流学习平台。倡

导各类主体合作。

（六）在公共图书馆开展"心连心、面对面"馆员下访活动。

对公共图书馆辖区居民全覆盖走访，做到"走访不漏户、户户见馆员干部"。通过进一步做好特殊人群的实际困难，妥善处理特殊人员的合理诉求。

（七）馆员下访工作措施

刑释解教人员帮教工作：（1）加强刑释解教人员无缝对接机制。（2）加强对特殊人群的衔接管控。在公共图书馆建立特殊人群信息库的基础上，强化对重点人员管控，健全完善帮扶措施，减少脱管失控现象，最大限度地降低重新违法犯罪率。

五、加快和完善保障制度

（一）公共图书馆服务应内容多样化、打造精品化，提升服务化品质

公共图书馆以内容多样化、打造精品化，提升服务品质，意味着勤思考、多研究、多了解特殊群体阅读兴趣和需求，提供多样化、个性化、精准化服务。对特殊人群实行三个优先：（1）培训上优先辅导。公共图书馆要从培训方向对特殊人群逐一进行分类、分组，落实到每一位任课馆员。（2）生活上要指导儿童学会生活自理，养成吃苦精神，自己的事情自己做。（3）公共图书馆要高度重视并认真组织特殊人群人员参加集体活动，使其愉悦身心。

（二）深化均衡发展，夯实高质量服务

"四个一"推进公共图书馆均衡发展，公共图书馆坚持以公平可及、统筹线上线下服务资源，不断提升读者的获得感。（1）省、市、区、镇四级"一套标准"。统筹推进公共图书馆标准化、规范化、便利化。（2）推动公共图书馆资源"一沉到底"。持续推进资源、服务向基层延伸、向特殊人群延伸，实现公共图书馆事业"一窗办理"。（3）构建多点通办"一张网络"。公共图书馆区域居民，凭身份证可以在支付宝或者微信上办理一张公共图书馆网络卡，就可以享受线上线下的公共图书馆资源服务。（4）组织好综合受理"一支队伍"。在人员统筹的同时，强化人员整体素质水平，实施以业务技能等级考核认定为主要内容的综窗人员考核制度，实现从"人员"向人才转变。高品质服务是公共图书馆持续发展的核心理念。高品质是未来图书馆发展趋势与着力点，以此加快方式转变，均衡化发展是向特殊群体延伸服务，提高高质量服务水平，全面覆

盖公共文化服务，使公共图书馆成为每个人终身学习的地方。

（三）完善勤工志愿者馆员服务模式，提升服务能力

志愿者馆员是图书馆服务要进入社区和家庭趋势，但随着现代化图书馆的发展，对志愿者责任感、荣誉感，从服务中体现助人为乐的精神。有条件的公共图书馆招募特殊群体的志愿者，同属于特殊人群在做志愿者服务时可以相互沟通，心理上会占优势。

（四）促进融合发展，扩大社会力量的参与

以媒体融合发展助力公共图书馆治理。我们要深刻把握媒体融合发展在构建社会治理体系中的作用，使公共图书馆成为人人享有的图书馆治理共同体。促进特殊人群高质量发展，社会力量的参与使公共图书在未来有无限的可能。

总结：今后，图书馆将在政府的主导下，继续担负这份使命，关爱特殊人群，根据特殊人群意愿和需求，从小事做起，从特殊人群急需的身边事做起，有心用情，周到细致，及时有效地帮助特殊人群解决一个个具体困难，做到"事有人管，难有人帮，苦有人问"，解除他们的后顾之忧，保障他们的生活质量，切切实实把公共图书馆的温暖送到他们的身边，送到特殊人群的心里。让特殊人群难有所助、幼有所教、贫有所依。在不断实践中创新积累经验，实现为特殊人群高品质服务达到目标。

参考文献

[1] 中华人民共和国文化和旅游部. 2020年公共图书馆评估指标第2部：省、市、县级公共图书馆［EB/OL］．［2021-05-21］. https：//eva.ggwh.net/hopshine/evaluation/fileDownload.

[2] 中宣部印发《关于促进全民阅读工作的意见》[J]. 传媒，2020（21）.

[3] 王世伟. "十四五"时期公共图书馆高质量发展应具备的五大指向[J]. 图书馆理论与实践，2021，249（1）.

[4] 方家忠. 公共图书馆高质量发展：实质与内涵[J]. 图书馆论坛，2021，41（2）.

[5] 李燕. 图书馆特殊人群服务高质量发展管见[J]. 图书馆学刊，2021，43（11）.

从立足本地到走向全国
——湖北省图书馆讲座2002-2022

李 茜

（湖北省图书馆 430071）

摘 要：有别于20世纪断断续续开展的讲座服务，湖北省图书馆21世纪以来的讲座服务进入持续发展的快车道。2002年，讲座服务一经恢复便走向定期化，继而牵手本地媒体等机构，逐步形成四大讲座品牌；2012年，湖北省图书馆倾力打造"长江讲坛"，呈现出"创品牌讲座，引名家访鄂，推活动出省，送资源到手"的特征，讲座从线下走向线上，服务从本地走向全国。

关键词：湖北省图书馆；讲座；历程

一、引言

数年前，笔者曾在《20世纪的湖北省图书馆讲座》一文中梳理了鄂图举办讲座（报告会）的历史进程：从1953举办首场讲座到1985年最后一场讲座结束，湖北省图书馆持续开展讲座活动的时段仅20年左右，只占百年历程的五分之一，但却交上了一份举办讲座约460场、服务读者近46万人次的答卷。概括来讲，这一历史时期的讲座活动可以划分为两个阶段，第一阶段是从1953年到1965年，讲座主题逐渐从倡导文艺阅读转向主讲政治理论；第二阶段是从1977年到1985年，讲座主题逐渐从学习改革政策转向服务企业发展。两个发展阶段从侧面反映了时代变迁大背景下公共图书馆工作的变革。

进入21世纪之后，湖北省图书馆讲座进入新的发展阶段。2000年12月，休眠了15年的讲座活动再次启动。在湖北省首届"全民读书月"期间，湖北省图书馆举办中华诗词演讲会暨《晓春诗选》捐赠仪式，邀请杨叔子院士演讲，弘扬中国传统文化。这一活动拉开了湖北省图书馆讲座发展新阶段的序幕，但讲座的再度兴起还要等到一年半以后。2002年起，湖北省图书馆讲座逐步常态化,陆续建立四大品牌;2012年,湖北省图书馆迁入新馆,合力打造"长江讲坛",广邀国内外嘉宾,服务逐渐走向线上,赢得更多海内外观众。近20年来,湖北省图书馆讲座走入了全然不同于20世纪的新阶段,本文旨在梳理湖北省图书馆讲座从立足本地到走向全国的发展历程。

二、2002-2004:讲座逐步定期化,牵手本地媒体

据《湖北省图书馆百年纪事》记载,2002年,关于湖北省图"讲座、报告会、年内于每月第四周的周六举行"的记载,这是湖北省图书馆开展讲座以来首次将时间固定下来。讲座地点则一般设在"图书馆4号楼的一个自修室,只能容纳100多名听众"。当年4月21日,"中文图书借阅部恢复免费讲座及报告会。首场讲座在中文楼举行,由《长江日报》著名新闻人余秉和主讲《放眼看世界——美国、加拿大介绍》,听众100余人。"与此同时,7月28日起,"《弘扬民族文化系列讲座》开讲,年内每月一讲",也呈现出周期性的时间规律。这一年,省图讲座"共举办31场,听众达8130次",其中还包括在每月最后一周的周日下午与湖北电视台《焦点透视》、楚天广播电台联合举办《时代论坛》报告会,并由省电视新闻中心、楚天广播电台开辟"论坛"专版,转播现场实况,这也是省图历史上首次出现与媒体合作举办讲座的记载。

2003年,因"非典"而暂停的讲座、报告会于6月1日起恢复,还应读者要求,"把报告会(讲座)由上年的每月1次改为每周2次","特邀相关学科领域的著名专家、教授、作家、艺术家主讲",涉及话题包括:"美伊战争、军事科普、环境保护、'三农问题'、武汉城市史、中国茶文化和食文化、民俗、姓名学、书法艺术、现代诗歌作品欣赏、西方音乐美学问题、京剧艺术、中国曲艺漫谈、象棋水平的提高和训练、现代礼仪、中国谋略漫谈、企业战略管理、现代物流管理、瓷器鉴赏、创新与突破自我、国家劳动者核心能力培训测评、成功漫谈、面试如何成功、电脑小玩家、漫谈电影中的电脑特技、读书与写作、《水浒》英雄群像塑造、如何利用图书馆、好书伴我成长等",同时承接上年工作,继续举办《弘扬民族文化系列讲座》,新增《保健系列讲座》。这一年,省图共举办讲座46场,并受到媒体关注,"《楚天都市报》连续3次跟踪报道,《中国文化报》头版头条刊载《湖北省图书馆知识讲座听众盈门》,湖北电视台作专题报道。"

进入2004年,讲座工作持续开展,至省图举办百年馆庆系列活动之前,中文图书借阅部已"主办讲座、报告会共32场,听众达6500人"。内容同上年一样丰富多元,涉及国际形势、国内政策、经济发展、历史文化、文学艺术、时

尚潮流等内容。与此同时，其他部门还举办了 21 场讲座，为下一年整合资源、建立专门的讲座部门奠定基础。也正是在这一年 9 月，省图讲座开始了与楚天广播电台长达三年的合作，由电台同步播出"名家讲坛"栏目，栏目"分为讲座与对话两部分，内容涉及政治、经济、文化、科技等各层面"，讲座地点则"从自修室换成图书馆 4 号楼 6 楼的报告厅"，设有 300 个座位，同时可容纳更多读者旁听。著名作家池莉、熊召政、董宏猷，剧作家沈虹光，作曲家王原平，中国南极测绘研究中心主任鄂栋臣、武汉大学中南医院传染科主任桂希恩、京剧表演艺术家朱世慧，著名经济学家温铁军、茅于轼，长江出版集团总编辑周百义等人先后做客"名家讲坛"演讲。

21 世纪之初的湖北省图书馆，不仅重启了沉寂多年的讲座工作，还通过定时、定点办讲座的方式将这项服务定期化，逐步扩大讲座规模，同时牵手本地媒体，将讲座内容广泛传播出去，为讲座活动的后续发展打下了有益基础。

三、2005-2012：四大讲座品牌形成，合作广泛铺开

2005 年起，湖北省图书馆讲座进入快速发展轨道，成立了以举办讲座为主要工作任务的读者活动部，先后创办"精英论坛""荆楚讲坛""大家讲坛"等品牌。这三个讲坛与早前创立的"名家讲坛"一道，构成了这一时期湖北省图书馆的四大讲座品牌。

"精英论坛"始于 2005 年 7 月，由湖北省图书馆主办，最初采用会员制，以产业形式起步，后回归公益。该品牌以"凝聚精英，求实创新，面对现实，你我同行"为宗旨，"力求以讲座和对话交流的形式为社会提供一种生动而凝练的精神文化资源，其内容包括文化传承、青少年教育和综合栏目（精英音乐会）等几个组成部分"。讲座主题有：《论语》五讲、古代礼制与中国传统社会、朗诵艺术、走近古典音乐系列讲座、电影创作的新鲜气象、中部崛起与湖北发展等等。两院院士杨宏远、樊明武、艺术大师周韶华、武汉大学哲学学院院长郭齐勇、文学院院长尚永亮、著名画家陈立言、省作协主席王先霈等社会名流先后做客精英论坛。

"荆楚讲坛"始于 2006 年 3 月，由湖北省图书馆与湖北省社会科学界联合会、长江商报合作举办。该品牌被称作是"哲学、社会科学走向大众、普及教育的又一新的创举"，其宗旨是："以邓小平理论和'三个代表'重要思想为指导，树立和落实科学发展观；以贯彻落实湖北在中部率先崛起和建设湖北社会主义新农村为战略重点；以坚持马克思主义在意识形态领域的指导地位，弘扬主旋律、打好主动仗；以推进构建和谐社会，满足广大干部群众多层次、多样

化的精神文化需求为己任,以坚持用科学之理说服人、艺术之美感染人,坚持贴近实际、贴近生活、贴近群众为特色,为加快湖北在中部率先崛起和建设湖北社会主义新农村做出贡献。"开办当年共举办10场讲座,主题包括:中国封建社会的再认识、古典诗词与当代人才素质、儒家文化与和谐社会、历史建筑漫谈——从武汉的城墙说起等。武汉大学传统文化研究中心主任冯天瑜、武汉大学文学院教授李敬一、华中师范大学文学院副院长谭邦和、著名戏剧导演余笑予等先后来到荆楚讲坛演讲。

"大家讲坛"始于2007年7月,由湖北省图书馆与湖北日报编辑部、荆楚网联合主办。该品牌在开讲之初的定位是围绕"大家思想,大家关注","通过国内外一流专家学者的学术讲演,对重大时政、社会、经济和历史文化热点话题,作出理性的学理分析和诠释。旨在为社会搭建一个公共文化服务平台,满足公众的精神文化需求,提高公众的思想文化素质,为经济发展和社会进步提供精神动力和智力支持。"力求做到"思想性、学术性、针对性、贴近性"并重,成为"思想者的家园、聆听者的乐园","打造成湖北及至全国有一定知名度的讲坛。"讲座主题涉及:世界政治格局与中国角色定位、全球气候变暖与我们的生活、中国电影的文化身份、中国房地产市场发展模式与出路、中医传统与中药现代化等等。来自中央外事办公室综合局、外交学院国际关系研究所、北京大学艺术学院、中国社会科学院金融研究中心、中共中央党校科社教研部、北京师范大学政治学与国际关系学院等机构的专家学者纷纷来到大家讲坛演讲。

到2008年,湖北省图书馆四大讲座品牌并存,各有侧重:"名家讲坛"中文艺界名家出现的频率最高;"精英论坛"的主题最贴近生活;"荆楚讲坛"以湖北的哲学、社会科学界名家为主打;"大家讲坛"则邀请到不少省外的政治、经济学者到访。但是,从现有记录来看,"大家讲坛"似乎于2009年停办,"荆楚讲坛"在此后数年间的年均举办场次一直停留在28场左右,后续几年占主要地位的是"名家讲坛"和"精英论坛"两大品牌,且彼此之间的讲题多有相似甚至重叠之处,已不似最初那般有明显区别。

通过打造四大讲座品牌,湖北省图书馆广泛铺开社会合作,在创办讲坛、人员支持、讲师邀请、节目播出、后续报道等各个环节引入主流媒体和社科联的支持,几乎将武汉本地社会科学界、文艺界乃至其他的名家、专家——网罗,个别省外专家也莅临演讲,给武汉市民带来了异彩纷呈的演讲享受,在大力推进精神文明建设的社会大背景下发挥着公共图书馆的职能。

四、2013—2022：合力打造"长江讲坛"，让服务走向全国

2012年12月，湖北省图书馆搬迁至新馆，全新打造的讲座品牌"长江讲坛"于2013年3月1日正式开坛。在湖北省委省政府"图书馆不仅是藏书读书之地，还应该成为传播弘扬社会主义先进文化的阵地"指示要求下，省委组织部、省委宣传部、省委省直机关工作委员会、省文化和旅游厅联合发文《关于举办"长江讲坛"活动的通知》（鄂文化文〔2013〕9号），和旅游提出整合资源，统筹安排，在湖北干部讲堂、省直机关周末大讲堂、名家讲坛的基础上，将我省周末公益讲座合力打造成全国著名文化品牌。与全国同类公益讲座相比，"长江讲坛"自诞生之时起，就在领导重视程度、活动规格、经费保障等方面，处在全国相对领先位置。从省图新馆开放至今，国内外多领域名家、专家纷至沓来，带来的讲座主题广泛涉及自然科学、人文科学、社会科学各方面，吸引省内外读者积极参与，讲座影响力逐渐扩大。

（一）海内外嘉宾云集，形式丰富多样

每周六上午九点半，"长江讲坛"都会在湖北省图书馆长江报告厅准时开讲。创办9年多以来，已有近500名国内外著名专家学者到访演讲，其中不乏院士、诺贝尔奖得主、著名作家等众多领域的领军人物。这既得益于"长江讲坛"专项资金的经费保障，又得益于更多合作单位的加入，在法国驻武汉总领事馆、湖北省作家协会、章开沅文化交流基金会等机构的协作下，省图讲座能够邀请更多海内外嘉宾来汉演讲。

"长江讲坛"的主讲嘉宾既有学术实力和前瞻力，又有较高的社会知名度，他们来自中国社会科学院等研究机构、北大清华等知名高校、湖北省统计局等行政机关、湖北省文联等人民团体、故宫博物院等文博单位。经地域统计，"长江讲坛"创办以来，45%的嘉宾来自武汉本地，其他55%来自全国其他地区甚至海外（图一）。其中，来自北京的嘉宾占比26%，远超其他地区20多个百分点，是仅次于本地的主要嘉宾来源地。来自上海、湖南、江苏、广东、江西、安徽、湖北其他地区、中国台湾地区、法国、美国等10个地区的嘉宾由多到少占比4%~1%不等，合计占比20%。

天南海北的专家学者们纷至沓来，带来了丰富多元的讲座主题，广泛涉及自然科学、人文科学、社会科学等各方面，持续吸引不同爱好的读者参与讲座。在活动形式方面，"长江讲坛"不断尝新，交替开展演讲、见面会、多人对话、音乐会等活动，并以"讲赏结合"（将讲座与艺术赏析结合起来）、"讲展结合"

（将讲座和各种展览展示结合起来）、"讲藏结合"（将讲座和馆藏资源结合起来）、"讲动结合"（将讲座与举办各类活动结合起来）等不同形式，以点带面，为读者串联起更丰富的体验内容，受到读者热捧。

（二）线下深入基层，足迹远至海外

湖北省图书馆不仅在本馆主阵地开展讲座服务，还把近百场"长江讲坛"讲座送到高校、基层、边疆甚至海外。省内，"长江讲坛"多次邀请专家学者赴二十多个市县举办讲座，受到当地干部群众欢迎；省外，"长江讲坛"连续数年将讲座送到新疆乌鲁木齐和博州、四川阿坝、西藏拉萨和山南等多地，开展援疆援藏工作。湖北省图书馆还曾邀请著名作家熊召政远赴俄罗斯举办"长江与伏尔加河的对话"主题讲座，将"长江讲坛"的品牌带到海外。

2013年5月，湖北省图书馆还首次发起了长江中游湘鄂赣皖四省图书馆联盟系列讲座，联合湖南图书馆、江西省图书馆、安徽省图书馆共启巡讲，以《湘鄂赣皖历史文化名人解读》为题，邀请分别来自四省的四位专家学者赴四地依次解读当地历史名人屈原、曾国藩、王安石、曹操，这是一次深化中部省份文化发展战略合作、推进省际公共文化服务的有益尝试。此后数年，长江中游四省巡讲已成为惯例，每年进行一次。

2020年，四省联盟扩展至六省。2021年，作为中部六省公共图书馆联盟成员之一，湖北省图书馆参与举办"传承红色基因 再铸中部辉煌——中部六省（湘鄂赣皖晋豫）公共图书馆联盟庆祝建党100周年专题讲座巡讲"活动，"长江讲坛"与"湘图讲坛"互邀嘉宾，顺利开展党史讲座。此外，湖北省图书馆联合上海图书馆，联动省内地市图书馆，举办了"百年奋斗 接力辉煌——庆祝建党百年"系列讲座，让党史主题讲座的足迹走到上海、嘉兴等多地。

（三）线上创新传播，服务延至"指尖"

湖北省图书馆非常重视讲座在传统媒体和新媒体渠道的传播。2013年起，湖北省图书馆在湖北广播电视台教育频道开设"长江讲坛"同名栏目，讲座视频节目以每周一期的频率播出至今，便利省内电视观众收看。之后，省图陆续与楚天交通广播电台、楚天音乐广播合作播出"长江讲坛"音频内容，覆盖全省广播听众。2014年至今，还陆续推出"长江讲坛"年度讲稿实录和视频光碟、U盘，不断更新出版物。

新媒体方面，湖北省图书馆支持"长江讲坛"开设微博账号、微信订阅号、微信视频号，开发同名APP客户端，是公共图书馆中唯一一个实现"三微一端"全覆盖的讲座品牌。"长江讲坛"微博账号，以图文短消息为主，持续发布讲座预告、现场报道，开展互动留言；APP以传播讲座完整视频为主，发布讲座预告、报道、互动内容为辅；微信订阅号以编辑发布微信推文为主，定期推送讲座相关信息、开通讲座报名通道，同时提供讲座音频和视频点播链接；视频号以直播服务和传播讲座短视频为主，为读者参与讲座提供便捷通道。2020新冠疫情突发后，"长江讲坛"新增线上服务，精选B站、微博、视频号三个平台开展直播，在湖北省图书馆哔哩哔哩、喜马拉雅账号上分别上传历年讲座视频、音频数百个，使讲座以更便捷的方式触达受众，服务延至"指尖"。

统计显示，通过B站、微博、视频号等自媒体渠道观看"长江讲坛"直播的人次往往是线下活动参与人数的数倍；用户在B站、喜马拉雅点播"长江讲坛"视频、音频资源的次数也屡创新高。以在自媒体观看的视频播放量为例，同一场讲座视频在B站的点击量是"长江讲坛"APP上点击量的300多倍；音频播放方面，"长江讲坛"专栏播放量占据全馆音频播放量的9成多。

得益于移动互联网的技术优势，湖北省图书馆的讲座用户不再局限于本省。在湖北省图书馆B站APP账号，"长江讲坛"讲座视频的观看者中往往有八九成来自湖北以外。以其中播放量最高的讲座视频为例，观众来自在湖北、广东、山东、北京、江苏等地，省外用户占比共计90.2%；在喜马拉雅APP中，"长江讲坛"专栏用户中有85%来自湖北省外。从"长江讲坛"微博粉丝来源地看，用户遍布全国所有省级行政区；微信订阅号关注者除省内用户外，有不少用户来自广东、北京、河南、山东、湖南等地；微信视频号关注的省外用户中来自上海、北京、广东省的粉丝最多。新媒体传播方式大大延展了湖北省图书馆讲座的服务半径。

五、结语

从2002年到2022年，湖北省图书馆已持续开展讲座20年，共举办讲座约2000场，线下活动服务读者近70万人次，线上直播服务观众超过170万，"长江讲坛"同名电视、广播栏目覆盖全省，网络传播受众遍布全国，陆续吸引武汉电视台见微直播、湖北电视台长江云、中央电视台阅读频道等各级主流媒体加入直播队伍，获得包括《光明日报》《中国文化报》《湖北日报》、湖北卫视、《长江日报》《楚天都市报》、新华网、人民网、光明网、凤凰网、腾讯网等报纸持续深入报道。湖北省图书馆近20年来的讲座发展，呈现出了"创品牌讲座，引名家访鄂，推活动出省，送资源到手"的特征。对湖北省图书馆讲座来说，名家云集带来了较高的社会关注度，持续开展线下服务积攒了忠实读者，技术创新进一步拓展了服务范围，吸引更多受众，湖北省图书馆讲座服务进入良性循环。

参考文献

[1]. 李茜. 20世纪的湖北省图书馆讲座 [C] //湖北省图书馆学会. 湖北省图书馆学会, 2016.

[2] 湖北省图书馆. 湖北省图书馆八十年纪事 [M]. 内部资料, 1984.

[3] 万群华, 张冀明. 湖北省图书馆百年纪事 [M]. 北京: 北京图书馆出版社, 2004.

[4] 刘杰民, 焉虹, 贺定安. 唱响先进文化主旋律 打造图书馆讲座新品牌——湖北省图书馆公益讲座的回顾与展望 [J]. 图书情报论坛, 2007, 000 (3).

[5] 佚名. 湖北省图书馆: 湖北省图书馆倾力打造"讲座之书"周年记 [J]. 图书情报论坛, 2014 (1).

论析地市级公共图书馆古籍传承性保护工作

——以黄冈市图书馆古籍保护利用工作为例

顾 玲

(黄冈市图书馆 438021)

摘 要：地市级公共图书馆古籍收藏单位作为古籍保护利用工作的一支重要力量，但许多地市级公共图书馆，尤其是位于中西部经济欠发达地区的公共图书馆普遍面临着古籍保护利用综合型、技能型人才不足，工作经费短缺，宣传推广形式不够丰富，古籍传承性保护工作难以形成品牌等问题。地市级公共图书馆古籍收藏单位应一方面提高从业人员专业技能，挖掘馆藏古籍文化内涵，彰显地域文化特色，打造古籍传统文化宣传推广服务品牌，进一步发挥古籍在传承和弘扬优秀传统文化中的作用；另一方面积极争取政府更大的资金扶持力度，寻求更多社会力量的支持解决古籍保护利用工作资金缺乏、人才短缺、古籍传承性保护工作创新点不多等问题。以形式多样的活动或合作提高社会大众对古籍保护利用工作的知晓率和参与度，唤醒民众对古籍保护利用工作的社会责任感，形成多元力量共同守护中华民族文化遗产的社会氛围。

关键词：古籍传承性保护；古籍保护利用；宣传推广；社会力量

史学界认为文字的产生是文明形成的一个重要标志，而古籍是文字和中华文明流传数千年的最重要载体，"睹乔木而思故乡，考文献以爱旧邦"，古籍对增强民族归属感、自豪感和信心，传承和弘扬优秀传统文化可以发挥重要作用，但如何使其当代价值得到更充分发挥，关键还是要看我们的保护利用工作做得怎么样。文化和旅游部"十四五"文化和旅游发展规划指出：统筹推进古籍普查登记、保护修复、数字化建设和宣传推广等工作。随着古籍保护利用工作的深入推进，近几年有学者提出古籍传承性保护概念，这是对古籍原生性保护、再生性保护概念的发展。"原生性保护是不改变古籍原始特征和载体形式的一种保护形式，主要包括按原样修复和按特藏书库标准保存等；再生性保护是改变古籍的原始特征和载体形式，对古籍内容进行保护的一种方式，主要包括古籍影印、数字化、缩微复制和整理出版等"，而传承性保护的概念内涵，笔者认为目前学界代表性的解释为"古籍的传承性保护，是在原有原生性保护和再生性保护工作基础上的又一拓展，有着更为广大的参与群体，能取得更好的保护效果。同时反过来，古籍的传承性保护也会促进对古籍的原生性和再生性保护工作"，国家图书馆副馆长张志清先生在2021年12月湖北省第十九期古籍保护工作培训会上，提到古籍传承性保护是以传承优秀传统文化为宗旨的古籍保护工作类型，重点是传古籍之"神"。笔者认为古籍传承性保护是在古籍原生性保护和再生性保护基础上，对古籍所承载知识文化内容及其本身的文物、文化或艺术等价值进行宣传推广、继承和创造性转化、创造性发展的工作类型。

地市级公共图书馆古籍收藏单位作为从事古籍保护利用工作的一支有生力量，在古籍宣传推广、展览展示、古籍传统文化创造性转化和创新性发展等工作上成果很多，但相较于国家级和省级公共图书馆古籍收藏单位仍面临着资金缺乏、人才短缺、传承性保护工作手段单一等问题，笔者以黄冈市图书馆的古籍传承性保护工作实践为例，分析、探讨地市级公共图书馆古籍保护利用工作的现状、问题，并提出针对性的改进措施，以期对推动今后的相关工作有所裨益。

一、开展古籍传承性保护工作的现实意义

（一）推进古籍传承性保护工作，是公共图书馆履行社会教育职能，传承文明的重要表现。2017年《公共图书馆法》指明公共图书馆有"提高公民科学文化素质和社会文明程度，传承人类文明，坚定文化自信"的职能。2022年政府工作报告提到要"加强文物古籍保护利用和非物质文化遗产保护传承"，古籍保护利用工作第一次写入政府工作报告，强调了现阶段古籍保护利用工作的重要性。古籍传承性保护工作是对古籍进行保护基础上的利用，重在对古籍及其所蕴含文化的宣传展示，公共图书馆开展形式多样的宣传展示活动、学习教育就有着对读者进行社会教育，传承优秀传统文化的意义。

（二）进行古籍传承性保护是公共图书馆弘扬优秀传统文化、滋养民族心灵的有效手段。习近平总书记给国图老专家回信中指出"图书馆是国家文化发展水平的重要标志，是滋养民族心灵、培育文化自信的重要场所"，古籍传承性保护工作是古籍保护利用工作的重要一环，是针对古籍传统文化的输出工作，是对古籍优秀传统文化的宣传推广、传承或发展，有助于提升民众对传统文化的认识度，是培育文化自信的有效途径。

（三）实现古籍传承性保护是实现古籍传统文化的当代价值、社会效益的首选途径。古籍工作者对尘封千百年的古籍文化内容进行挖掘、传承、宣传、推广，实现这一优秀传统文化创造性转化、创造性发展，组织的古籍类文化活动、开展的古籍非物质文化遗产传承技艺教学培训、研发的古籍文创产品都促进了古籍传统文化的传播，丰富民众的精神文化生活，提高民众文化素养，从而发挥古籍保护利用工作的社会效益和经济效益，服务于当代社会。

二、地市级公共图书馆古籍传承性保护工作的现状

很多地市级公共图书馆古籍收藏单位为全国或省级古籍保护重点单位，是古籍保护利用工作的一支重要组成力量。湖北省有10个市州级公共图书馆古籍收藏单位，存藏着少则两三百部，多则上万部的古籍。地市级公共图书馆在国家古籍保护中心和各省级古籍保护中心指导下，开展各项古籍保护利用工作，致力于古籍传统文化的展览展示、宣传教育、创造性转化等工作，活动形式多样，精彩纷呈，力求用通俗易懂、轻松活泼的形式让古籍里的文字"活"起来，走进大众的生活。但在做这些工作的同时，笔者深切体会到地级市图书馆面临着古籍保护专业人才不足、技能有限、工作经费缺乏、各收藏单位各自为战等问题，不同程度地影响着各馆古籍保护利用工作的持续推进。

（一）地市级公共图书馆古籍传承性保护工作措施

1. 多途径开展古籍宣传展示活动。各地市级公共图书馆结合馆藏特色，开展形式多样的线上、线下古籍传统文化展览展示活动。一是参加全国性或全省性的古籍联合宣传推广活动，如黄冈市图书馆参加省古籍保护中心每年举办的"馆长晒国宝"活动，宣传推介馆藏国家珍贵古籍，提高古籍传统文化的社会知晓率；作为承办单位之一，参加国家古籍保护中心主办的"珠还合浦，历劫重光——《永乐大典》的回归和再造"湖北巡展，通过图书馆微信公众号开展线上展览，并同期进行线下展览，在10天的展期里，线下累计接待读者3000余人，让黄冈的读者了解《永乐大典》等古籍保护利用的艰难历程。二是结合馆情、市情，开展特色古籍传统文化的宣传推广活动，如2021年，馆藏古籍《本草纲目》亮相湖北卫视黄冈文化特别节目，助力宣传黄冈的传统中医药文化，打造黄冈中医药文化名片；策划"传统文化微学堂"栏目，定期在馆官方微信公众号上推送与传统文化知识相关的文章，拓宽了传统文化阅读推广工作渠道，获得众多读者的关注点赞。

2. 举办古籍传统文化教育活动。各地市级公共图书馆结合实际情况，组织线装书制作、传拓实践、古书摹写等各种形式的传统文化教育活动，推动古籍传统文化的传承。黄冈市图书馆在古籍传统文化教育工作方面也做了一些尝试，如举办"遇见书香，品读古籍"活字印刷术DIY体验活动，带领小读者体验传统活字印刷技艺，通过欣赏古籍书影、品读古诗词来感悟古籍之美，提升文化素养。

3. 推进古籍传统文化创造性转化、创新性发展工作。为实现古籍传统文化的创造性转化、创新性发展，黄冈市图书馆在进行馆藏珍贵古籍影印工作的同时，深入挖掘古籍文化要素，尝试与当地旅游文化公司联合开发古籍文创产品，产品在讲求艺术性的基础上，以生活日用品为主，采用文旅深度融合模式，让古籍传统文化更加贴近民众生活，实现古籍传统文化的社会效益和经济效益。

（二）地市级公共图书馆古籍传承性保护工作存在的问题

由于人力、资金、技术手段、专业知识等多方面存在不足，地市级公共图书馆古籍收藏单位，尤其是位于中西部经济欠发达地区的地市级公共图书馆古籍保护利用工作经费、综合性人才的短缺使区域性古籍保护利用工作推进缓慢。

1. 工作经费有限。黄冈市图书馆位于革命老区黄冈，属于中部地区农业人口大市，经济发展居于湖北省中游水平，从2014年到2021年，政府财政每年的古籍保护利用经费为5万元，这只能满足古籍库房专用设施设备维护和更新、日常开支等基础性保护支出，在古籍传承性保护工作上的支出少之又少。所以古籍传承性保护工作的深入推进亟须政府、社会第三方力量的资金扶持。

2. 技能型、综合性人才短缺。古籍传统文化的宣传展示、传承教育学习活动和创造性转化工作对创新性和专业性要求较高，需要掌握深厚的古籍传统文化知识或古籍修复等技艺的专业人员来操作，地市级公共图书馆，尤其是位于中西部经济欠发达地区的公共图书馆，囿于薪酬待遇和社会地位不高等现实因素，对古籍保护利用综合性专业人才的吸引力相对不足，古籍保护利用综合型人才不足。如黄冈市图书馆古籍没有专业的古籍修复人员，但馆藏古籍中有近5000册古籍需要修复，更无力开展诸如古籍修复等传承性教学活动。

3. 传承性保护工作创新性不足。许多地市级公共图书馆对古籍保护利用工作的人力配给普遍不足或专业人员年龄结构老化。这些不利因素的叠加使古籍传统文化的宣传展示活动、学习教育、创造性转化等工作具有以下局限：一是缺乏创新性，宣传推广手段较为单一，如黄冈市图书馆古籍宣传推广活动以线下展览、线上文章推送为主，沉浸式活动较少，易造成读者被动接受的局面；二是活动较为分散，持续性不强，并且对馆藏古籍传统文化内容挖掘深度不一，地域特色不够鲜明，难以形成地域性阅读服务文化品牌；三是古籍修复、传统装裱等技艺型人才缺乏，开展形式更加多样的实操性传承教育活动难度较大。

三、地市级公共图书馆古籍传承性保护工作的改进措施

（一）积极争取，拓宽工作经费来源渠道。地市级公共图书馆的古籍传承性保护工作推进程度相较于国家图书馆和省级公共图书馆，深深地打上了地方经济发展水平的烙印，若所在区域经济形势好，则古籍保护利用事业就大概率会做得深入、异彩纷呈，反之，所在地区经济发展不够好，则古籍保护利用工作就不会发展得好。面临着这样一种僧多粥少，但事业必须发展的局面，地市级公共图书馆必须要有积极争取地方政府、社会力量的资金支持的意识，多途径加大对馆藏古籍的宣传推广，唤醒整个社会承担起对保护传承中华民族优秀文化遗产的社会责任，争取更多元的社会力量的资金支持。同时，也希望国家、省级各种项目资金能够根据古籍保护利用工作的需要程度，对地市级公共图书馆的古籍保护利用项目申报给予适当的帮扶性倾斜。

（二）选才任能，满足古籍保护利用工作人才需求。地市级公共图书馆古籍保护专业人才队伍的建设应根据馆情，选择性地采取内部培养、专项引进、专家兼职等多种方式来进行，以满足古籍保护利用工作的需求。一是在馆内有针对性地培养适合从事古籍保护利用工作的馆员，通过参加国家、省级古籍保护利用工作培训和日常工作实践来提高古籍保护利用工作技能；二是通过专项招聘，引进古籍保护利用综合型或技术型专业人才；三是根据需要，聘请古籍专家或古籍保护利用民间能手来馆兼职，一则可充实古籍保护利用专业力量，二则或可进行传承性授课，在工作中用以师带徒方式，培养本馆的专业人才。

（三）创新机制，提高社会公众参与度。在古籍保护利用工作资金、人才缺乏现状下，创新工作机制，建立社会参与渠道，吸引多方社会力量直接参与到古籍传承性保护利用工作上来，也是推动这项工作的一种有效方式。如建立便捷、高效的合作机制，与学校、文旅单位或机构联合举办古籍宣传展示活动或学习教育，既可集聚多个单位的人力、智力等资源，又可拓展馆藏古籍的宣传渠道，形成古籍传统文化传播的规模效应，提高古籍传统文化的知晓率。公共图书馆作为公益性事业单位，受到资金、政策、市场等多方面的限制，单凭一己之力，古籍文创产品的开发工作很难保持持续性，品牌效应不强，针对这个问题，我们可借鉴故宫博物院与润百颜合作开发"故宫口红"等彩妆系列的方式，使故宫文化元素与美妆结合，因其兼具艺术性和实用性，在国潮彩妆界大受欢迎的案例。让地市级公共图书馆深挖馆藏古籍的文化要素，结合地方文化

特色，与第三方企业合作持续性地研发、营销古籍文创或打造古籍文创品牌的可行途径。在这些合作中，社会大众也实现了角色变化，由古籍保护利用工作的被动受众，转变为参与者、体验者和受益者。

四、结语

"保护为主、抢救第一、合理利用、加强管理"是古籍保护利用工作的基本方针，"传承"也是一种"保护"。自2007年"十一五"时期"中华古籍保护计划"启动以来，古籍保护事业不断发展，全国古籍收藏和保护状况得到了全面普查，古籍人才建设成效显著，古籍原生性保护、再生性保护和传承性保护工作均取得不同程度的效果。随着"十四五"的开局，古籍保护利用进入新阶段。2022年4月，中共中央办公厅和国务院办公厅联合印发《关于推进新时代古籍工作的意见》，对古籍工作提出新要求，并指出"鼓励社会各界积极参与古籍事业，营造全社会共同关心支持古籍工作的良好氛围"，这说明做好现阶段古籍保护利用工作需要更多的力量来支持，古籍事业的繁荣发展离不开全社会的关心和支持，古籍保护利用工作应成为整个国家、整个民族的责任和义务。作为地市级公共图书馆古籍收藏单位，古籍保护利用专业力量需要充实，更需要政府和社会更多的人力、物力、资源等外力扶持。同时，古籍保护利用专业人员既要寻求"外援"，更要能够"自救"，不断丰富自身业务知识和技能，提升古籍保护利用成效，进一步发挥古籍在传承和弘扬优秀传统文化中的作用，助力增强国家文化软实力，实现古籍传统文化的当代价值。

参考文献

[1] 中华人民共和国公共图书馆法学习问答编写组. 中华人民共和国公共图书馆法学习问答 [M]. 北京：中国法制出版社，2019.

[2] 周余姣，田晨，武文杰，等. 古籍传承性保护的理论探索 [J]. 图书馆杂志，2020，39（12）.

[3] 中华人民共和国公共图书馆法学习问答编写组. 中华人民共和国公共图书馆法学习问答 [M]. 北京：中国法制出版社，2019：170-171.

[4] 周余姣，田晨，武文杰，等. 古籍传承性保护的理论探索 [J]. 图书馆杂志，2020，39（12）：14-19，42.

疫情下公共图书馆线上活动推广的实践与思考
——以湖北省图书馆为例

李文婷

(湖北省图书馆 430071)

摘 要：在2020年初突发新冠病毒疫情的背景下，全国公众场所普遍关闭，公共图书馆转战线上，推出许多形式新颖、内容丰富的线上活动，同时也暴露出一些有待改进的短板。本文以湖北省图书馆线上读者活动为例，探讨公共图书馆在新冠感染背景下展现的责任与担当，并提出一些思考。

关键词：湖北省图书馆；新冠感染；线上活动

2020年初，新型冠状病毒感染疫情在全国范围内爆发，为控制疫情发展，各地启动了重大突发公共卫生事件Ⅰ级响应，暂停开放包括公共图书馆在内的所有公共文化场所。在这一背景下，公共图书馆的线下读者服务和活动受到很大影响。如何拓展读者阅读推广线上平台，创新读者服务方式，是公共图书馆面临的巨大挑战。本文以湖北省图书馆线上读者活动为例，探讨公共图书馆在新冠感染背景下展现的责任与担当，并提出一些建议。

一、新冠感染疫情下公共图书馆开展线上活动意义

(一) 必然性

在突发公共卫生事件时期，公共图书馆因疫情不能举办线下活动，活动的阵地自然转移到了线上。公共图书馆利用网络平台多样性、互动性、时效性的特征，开展线上活动，能够让读者在线上及时地和图书馆进行互动。

(二) 彰显公共图书馆开展社会教育，传递科学情报的职能

新冠肺炎疫情由于其突发性，难以预测，一经发生以来便快速在社会中蔓延，给大众带来极度的恐慌，并诱发巨大的社会问题。作为社会的一员，公共

图书馆作为公益性的信息服务和传播机构,它的职责包括关注社会问题、承担社会责任,在此背景下,公共图书馆开展了一系列的线上活动,通过直播和线上资源平台的打造,既向公众第一时间传播了健康信息,又注意结合突发事件新闻,使人们在面对新冠病毒肺炎疫情时增强抗疫必胜的信心。

(三)体现公共图书馆人文关怀,彰显以人为本服务理念

在公共图书馆各项服务工作中,处处强调人文关怀,体现"以人为本"的服务理念。湖北省图书馆一直坚持"读者第一,服务至上"的工作原则,及时公开信息,宣传正确的防疫知识,在疫情防控期间打造方舱书屋,让方舱医院的患者感受到书籍的力量,也体会到来自图书馆人的关怀。开展的多样化线下活动充分调动参与者的主观能动性和创造性,与公共图书馆"以人为本"的服务理念完全契合。

二、湖北省图书馆新冠感染疫情下线上活动概况

(一)方舱书屋建设铺开数字资源惠享矩阵

在方舱书屋建设中,湖北省图书馆牵头建设"方舱书屋"10座,指导建设4座,共提供图书2000册,期刊6000册;同时,主导研发的"方舱数字文化之窗"陆续覆盖所有方舱医院,并向居家群众推广,总访问量高达几百万次。随着方舱医院的休舱,"方舱数字文化之窗"现已更名"智海方舟",向公众提供心理治疗,持续向公众提供丰富的数字资源。

(二)"我的战'疫'"阅读马拉松线上快闪赛

"我的战'疫'"线上阅马快闪赛,由上海图书馆携手湖北省图书馆、武汉图书馆、南京图书馆、浙江图书馆、安徽省图书馆和阅读马拉松组委会主办,四省一市及其他地区的300多家图书馆积极响应。大家以马拉松快闪的方式来表达普通人抗击新冠病毒的决心,在推动科学战"疫"的同时,展示了阅读与思考的力量。2020年3月5日晚上7点,2020"我的战'疫'"阅读马拉松快闪赛在线上开跑。来自全国的15545名选手们以网络为媒,携手共赴这场特殊的马拉松之约,收获最特别的马拉松证书,为战"疫"助力!

这次阅读马拉松快闪赛是一次全新的阅读体验活动,参赛选手需要在比赛开始时下载比赛用书、"争分夺秒"地阅览书籍、掌握书中内容,在规定时间前完成答题并提交一句"我的战'疫'宣言",参赛完以后获得自己的专属证书。互联网端的读者们通过共同阅读《张文宏教授支招防控新型冠状病毒》这本书,

在学习病毒防控相关知识的同时，以阅读马拉松快闪的方式，坚定战胜新冠病毒的决心，致敬所有正在抗击疫情一线的工作者。

（三）书香战"疫"，共享阅读资源

湖北省图书馆闭馆期间服务不打烊，提倡在家阅读，使用我馆的数字资源与线上阅读推送服务。读者可通过湖北省图书馆官方网站或通过掌上鄂图APP、微信公众号、微信服务号等渠道获取阅读资源与更多贴心周到的线上服务。

湖北省图书馆充分利用本馆丰富的数字资源，在微信公众号开展线上阅读活动，听书或电子书资源，随读者所愿。开展的具体活动有：一是"e 海悦读·宅家看书"系列活动，包括网上数字展厅、连环画数字阅读、健康图书介绍等专项活动；二是向广大读者推荐各类数字资源库，每天一期专题资源服务；三是举办在家阅读，书香战"疫"系列活动，通过书香伴读、领读者讲书、真人阅读、馆长荐书特辑等内容，陪伴读者度过这个特殊的假期；四是开通"一网读尽"阅读小程序平台，整合海量数字资源，让读者宅在家里充实精神世界。

据统计，疫情闭馆期间，省图书馆网站访问量达20余万次；微信公众号阅读点击322万次，阅读人数36万次；掌上鄂图APP总点击量525万次。

（四）云冲浪，打造多平台宣传

新冠感染疫情防控期间为满足读者阅读需求，湖北省图书馆在CCtalk平台打造线上阅读直播间，开展"在家阅读·书香战'疫'"系列活动，包括湖北省图书馆领读者讲书人在线讲书、我拆你思、书说战'疫'、真人阅读三个栏目。与读者互动，在线交流，相互学习，以读攻"毒"，书香战"疫"，营造和谐共进的书香氛围。疫情防控期间共开展直播活动一百余场，共计几十万人学习参与。在跨平台宣传方面，湖北省图书馆加大了在官方微博和更年轻化的抖音平台的宣传，增加了平台作品的上传量，其中推出的"零距离 vlog"馆员带你逛省图等作品吸引了更多的年轻读者，得到了大家的点赞和转发。

（五）楚天云递，线上借阅

湖北省图书馆自2020年6月14日恢复开馆以来，同时提供"楚天云递"网约书服务，通过这一便捷的无接触式借还图书服务，读者足不出户也可实现畅游书海的梦想。

楚天云递借助"图书馆+互联网O2O平台+物流"的服务模式，读者只需登录湖北省图书馆微信公众号或官网，便可预约借还图书，享受快递送书上门服务。目前"楚天云递"网约书平台上可供读者借阅的图书种类丰富，内容涵盖文学、经济、历史等种类，后期还会持续更新。平台开通以来，已有几百个图书包裹通过快递送到读者手中。

(六) 助力少儿阅读，实现人群全覆盖

2020年初始，面对突如其来的新冠疫情，湖北省少年儿童图书馆积极转换思路，第一、在湖北省图书馆微信公众号数字资源板块开放"中华连环画""奥通乐儿""云图有声"等多个板块，将各个数字资源整合推送，让少儿读者共享数字资源；根据少儿读者需求整合适合少年儿童阅读的电子期刊和电子书籍，足不出户在线阅读。第二，以读者QQ群为依托，尝试更多推广方式，通过在微信、微博、抖音、CCtalk等平台发布活动信息、公开馆藏资源、举办线上活动等各种形式，增强与读者的互动，让读者能够进一步了解少儿馆，走进少儿馆。先后举办"童心战'疫'·云游书香"和"云上品书香 亲子好时光"两期线上活动，为广大小读者提供足不出户的阅读服务。另外在内容的选择方面，不局限于文字和图片的形式，以拍摄小视频的方式，生动形象的展示图书馆少儿活动，激发读者兴趣。

三、对新冠肺炎疫情下公共图书馆线上活动的意见和建议

(一) 扩大平台，吸纳多平台用户

公共图书馆利用网络平台开放性、交互性、即时性的特征，发展网上图书馆服务，开展线上活动，能够让读者在任何时间、任何地点，及时和图书馆进行互动。后疫情时代下，公共图书馆将服务平台转战线上，让读者能不出家门体验图书馆服务。

疫情防控期间活动宣传方式主要以微信公众号、官网报道、QQ读者群、新闻媒体报道为主。但是很多读者对于活动的报名方式、具体内容和参与条件不甚了解，尤其是老年读者对于网络使用不是很熟练，因此，公共图书馆需要扩宽宣传平台和方式，关系照顾特殊群体。一方面，在活动前期，可以通过官网、微信等平台，充分增强活动的可见度，对于老年读者公共图书馆应该提供相关电话咨询服务；另一方面，在活动过程中，也可以借助直播或者媒体现场报道方式，让更多的读者参与进来，进一步提升活动参与度和知名度；最后，在活动后期，更需要加强宣传报道，在内容方面不局限于文字和图片的形式，可以以拍摄小视频的方式，生动形象的展示图书馆活动，强化活动效果。目前湖北省图书馆开展的活动宣传平台主要集中在微信公众号上面，但是在微博和抖音等平台上的宣传和运营还远远不足，加大在官方微博和更年轻化的抖音平台的

宣传，增加平台作品的上传量，可以推出云上"带你逛省图"、线上直播等多种方式吸引更多的年轻读者，拉近公共图书馆和读者之间的距离，更好地宣传图书馆的工作。

（二）提升馆员素质，打造专业运营团队

2020年新冠肺炎疫情背景下，包括湖北省图书馆在内的公共图书馆开展了一系列丰富的线上活动，虽然取得了很大成效，但在对软件操作、公众号的运营、文案编写、版面排版、图片筛选、文字校对等方面依然存在不足，因此加强对馆员相关知识的培训和建立专门的运营团队至关重要。公共图书馆可以开展员工培训，邀请相关专业的老师对馆员进行相关专业知识和多媒体平台的运营技巧，建立属于自己的一支专业运营团队。

（三）完善服务体系，加强内外交流与合作

首先，加强图书馆内部交流与合作。窗口服务实现一站式服务，落实"首问负责制"，主动做好读者咨询接待、问题受理或指引转办对接工作。加强图书馆内部各部门之间的沟通与合作，做到部门活动开展、责任部门办事流程等事项在工作平台宣传和下发，杜绝出现"不知道、不清楚、不归我管、我还有事"的现象，让一线工作人员了解"这个活动是什么？哪个部门负责这个活动？如何参与这个活动……"在全馆创建诸如图书馆活动群、服务台交流群、书库找书群等专项工作交流群，想读者之所想，答读者之所答，急读者之所急，帮读者之所帮。

其次，加强与学校、机构和企业合作。新冠感染疫情影响社会的发展，开展健康信息服务推广活动不仅仅是公共图书馆的责任，也是全社会应该关注的重点。为了更好地承担起图书馆的社会教化功能及职业责任，必须加强与社会各界的合作。加强与新闻媒体合作，借助新闻媒体的力量宣传活动的内容及成效，及时通报突发事件的进展，解答人们共同关心的问题等；加强与医院机构的合作，通过开展讲座等形式，宣传新冠感染相关知识和注意事项，让公众更科学的了解相关知识；加强与学校等教育机构合作，让更多的学生为图书馆增加更多关注度。加强与其他图书馆合作，共享数字资源，通过与社会各方合作，公共图书馆能够为公众提供更广阔的平台，更多的资源，更丰富的合作，更健康的信息。

四、结语

新冠肺炎疫情虽然给公共图书馆的工作带来不便，但也蕴藏着图书馆服务

方式创新的机遇和挑战。在互联网时代，广大图书馆工作人员应该积极思考，创新服务，不仅应该加强公共图书馆线上活动的推广，还要充分利用图书馆丰富的资源库为广大读者提供丰富的文化服务和资源，使得疫情之下的图书馆读者服务方式更加新颖，服务工作更加完善。

参考文献

[1] 李爱明，吴珣．新型冠状病毒肺炎疫情背景下公共图书馆健康信息服务研究［J］．大学图书情报学刊，2020，38（6）．

[2] 湖北省图书馆．敬告读者——湖北省图书馆闭馆期间相关事宜［EB/OL］．（2020-04-27）http：//new．library．hb．cn：10039/wps/portal/Home/Library/Details/! ut/p/a1/04_ Sj9CPykssy0xPLMnMz0vMAfGjzOJNLD0MDI28DbwMQlwNDQJ9Q4zMLYJ9DN1DTYAKIoEKnN0dPUzMfQwM3ANNnAw8zX39vV2DLI wNPM2I02-AAz-gaENIfrh-FqsTCxMsZqMTVKMw01MfI3c8UqgCfE8EK8LihIDcOwiDT UxEAbG7ibA!! /dl5/d5/L2dBISEvZ0FBIS9nQSEh/？id＝446435&urltype＝1．

[3] 张靖．美国国立医学图书馆灾害应急信息服务与启示［J］．图书情报工作，2016，60（7）．

[4] 湖北省图书馆．湖北省图书馆书香助力战"疫"［EB/OL］．［2020-04-27］http：//news．cnhubei．com/content/2020/04/27/content_ 12997468．html．

[5] 苗凤丽．新冠肺炎疫情对公共图书馆阅读推广的影响及应对策略——以安徽省图书馆为例［J］．大学图书情报学刊，2021，39（4）．

[6] 李文婷．湖北省少年儿童图书馆公共文化服务满意度调查及对策研究［D］．华中师范大学，2021．

[7] 别鸣．湖北省图书馆书香助力战"疫"［N］．湖北日报，2020-04-27．

[8] 瞿祥涛．湖北省图书馆：打个电话，阅读包快递到家［N］．农民日报；2020-09-16．

411

基于移动互联网和流媒体技术的智慧报告厅建设实践
——以孝感市图书馆智慧报告厅建设为例

何楚龙

(孝感市图书馆 432099)

摘 要：公共图书馆作为文化知识的传播中心常年会举办一定数量的公益文化活动。如文化讲堂、科普讲座、学术报告、阅读推广等。这些活动从宣传推广、现场人员管理、音视频资料的录制存储等往往要耗费大量的人力和管理成本。本文以孝感市图书馆智慧报告厅的项目建设为例，介绍通过综合运用移动互联网和流媒体技术构建智慧报告厅管理平台成功解决相关问题的方法。项目实施后，馆内工作人员可以通过图书馆数字媒体发布活动信息、审核公众的活动预约、管理活动现场手机签到、完成活动直播和录播存档等功能，大大节约了图书馆文化活动的人力资源和管理成本，同时也极大地提高了公众参与活动的方便性。

关键词：智慧报告厅；视频直播；会议管理

一、建设背景

《"十四五"公共文化服务体系建设规划》明确指出"以全国智慧图书馆体系建设为核心，搭建一套支撑智慧图书馆运行的云基础设施，搭载全网知识内容集成仓储，运行下一代智慧图书馆管理系统，建立智慧化知识服务运营环境，在全国部分图书馆及基层服务网点试点建立实体智慧服务空间，打造面向未来的图书馆智慧服务体系和自有知识产权的智慧图书馆管理系统，助力全国公共图书馆智慧化升级和服务效能提升"。而孝感市图书馆作为国家一级图书馆，建筑面积达到14000平方米，全年举办各类读者活动（线上、线下）300余场。但在智慧空间建设及智慧化服务方面仍需紧跟时代发展步伐，继续探索、积极实践。

关于我馆一楼的多功能报告厅是开展各类活动的重要场所，常年举办文化讲堂、科普讲座、学术报告、阅读推广等活动，是文化知识传播与交流的重要平台。报告厅内设有座席 300 个，配备有舞台扩声系统、专业灯光设备、舞台音响、数字 LED 拼接屏，可举办各类中小型活动。每年举办的活动相对简单，参与人员也少，其活动相关管理都是由馆内工作人员负责，包括活动海报布置宣传、现场人员管理、活动资料的录制整理等。然而随着活动频次不断增多，活动要求升级以及公众参与的热情不断高涨，加上近两年疫情防控任务重，复杂而繁重的活动管理工作占用了大量的人力资源与时间，而且由于社会公众参与人员过多往往座席不够，常常出现争抢座席的情况，难以管理。随着读者需求和活动要求增加，报告厅的单一功能已无法满足各类活动举办需要。

二、建设意义

智慧报告厅建设目的是实现各类活动的智慧化管理，通过开发、整合和利用相关硬件平台、信息资源，以流媒体技术为手段、基于移动互联网平台为社会公众、广大市民提供信息服务，从而实现本馆活动系统规划发展能力、设备水平、服务能力提升，使活动系统达到"智慧"状态，提供更高质量的服务。智慧报告厅建设意义有以下几点：

（一）减少成本

我们以往举办的活动需要制作海报进行预告，或在电子显示屏、微信群、网站进行活动投放，活动开始前，安排工作人员进行手写签到核销，活动中需要安排工作人员进行录制，活动后需要统计人数，存储视频，极大耗费人力物力财力。智慧化报告厅建成后将实现活动发布、活动预约、信息介绍、线上观看、线下核销、录制存储、数据统计等一系列功能，个别环节将实现无人值守，减少成本、解放人力。

（二）扩展功能

传统的报告厅，可举行讲座、交流、研讨等，但仅限于线下。智慧报告厅将引入直播系统，通过直播举办多样活动，不限于读者、不限于疫情防控要求，读者不必进馆即可参与，打破空间性；录制存储的视频再行处理、上传，读者可随时观看往期活动视频，打破时间性。

（三）提升质量

报告厅线下承载能力有限，可容纳观看人数也受限制。引入智慧管理系统后网上发布活动，参与人数、人员信息、活动主题等活动信息一目了然，读者可根据相关信息选择线上线下参与，避免出现抢座、占座、无座等情况，提升服务质量，且参与活动平台提供的便利性，大大提升了用户的体验感。馆员通过对硬件设备利用、互联网功能使用提升馆员自身数字化能力，通过平台数据分析、用户需求统计也反过来帮助活动不断改进升级、促使活动质量不断提升。

（四）提高影响

经统计，截至2022年1月，每天有10.9亿用户打开微信，有7.8亿用户进入朋友圈，1.2亿用户发表朋友圈，智慧报告厅采用的微信直播平台有着庞大的用户基数，通过微信分享功能、邀请功能可一键分享给朋友；分享到朋友圈，扩大活动影响面，系统预留的抖音、快手多平台直播接口，多平台覆盖，拓宽读者参与渠道，进一步扩大活动的影响力。

三、建设过程

（一）需求调研

经过对当前图书馆报告厅活动管理面临的问题、社会公众普遍需求、网络技术发展程度进行深入分析，通过调研、广泛征求意见后整理了以下系统功能需求：

（1）活动的发布

活动管理者能通过图书馆微信公众号发布活动信息，并且能通过分享进行推送。活动信息包括活动的题目、活动的性质、活动的内容、活动举办方、活动的主讲人、活动的举办时间和地点、活动参与要求等相关信息。

（2）活动的预约及签到

活动参与者可以通过扫描活动二维码进行活动预约。每场活动都会设置线下活动的参与人数，当达到限制人数则不能再预约线下活动。每个活动参与者成功预约后都会由系统生成一个二维码凭证。当参加活动时需要扫描报告厅门口的活动二维码进行验证签到方可进入会场。

（3）活动现场音视频直播和录制

活动现场的音视频可以通过推流设备进行推流直播，无法现场参加活动的用户可以通过手机端微信公众号或其他预留平台地址观看直播，直播画面可以根据用户需要进行多视角（主席台、观众席、终端屏幕）切换，方便快捷。活动直播的同时腾讯云点播平台对直播内容进行同步录制，对录制视频进行转码上传到我馆网站，方便读者点播观看往期活动视频。

(4) 相关数据的统计与查询

系统可以对每场活动的预约人数、签到人数进行记录和统计，并且活动管理员能通过后台按活动名称、活动类型、时间范围等限制条件进行查询和统计。

此外，针对预期用户规模和馆内现有 IT 信息技术运营能力和条件制定了系统的性能和运行环境需求。如下表 1 所示：

表 1. 系统性能和运行环境需求表

需求类型	技术要求	需求说明
活动预约并发要求	能满足 10000 人同时预约请求，响应时间不超过 3 秒	当同一时间请求用户过多时，系统会弹窗提示，并屏蔽多余请求，避免系统宕机。
活动直播观看时并发要求	能满足 5000 人同时观看直播，画面质量不低于 720P	能实现音画同步且流畅观看，当用户网络不佳时会自动提示。
远程互动	可远程进行文字和语音互动，平台有筛选机制	管理平台开放远程互动功能，屏蔽不良发言，同时可反馈到直播界面。
环境监测及智慧门禁	实时监测活动现场温湿度、声场强度、远程开门、远程开关灯	对温湿度进行智能调节、对相关设备进行远程管理。
系统运行平台	系统管理平台部署在馆内机房的服务器中便于管理。直播推流服务器采用腾讯云服务器。	充分利用馆内现有硬件资源和腾讯云的大带宽承载能力。
系统技术平台	系统采用 Web 端后台和微信公众两种技术平台。	Web 管理平台用于活动管理者的管理操作。微信公众号平台用于活动参与者进行活动预约、签到和观看直播，直播画面可以进行多视角切换。

(二) 建设规划

根据需求调研内容，建设方进行了系统建设规划，对系统的功能结构及相关软硬件产品进行划分。其系统结构图如下图 1 所示：

从上图中可以看出，活动管理员通过 Web 端管理平台进行活动的发布，并通过馆内现有的广告发布系统和广告屏进行活动宣传。对该活动有兴趣的公众可通过手机扫描该宣传页面中的活动二维码进行活动预约，当预约成功后会生

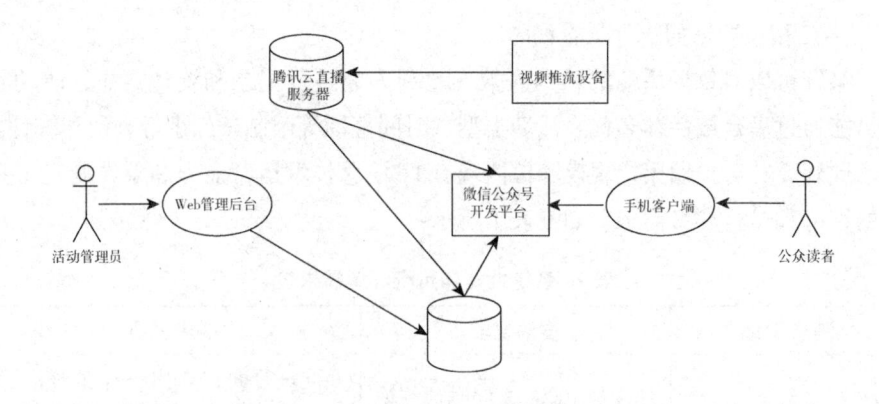

图 1　预约系统结构示意图

成预约记录。活动开始前半小时已经预约的公众可通过扫描报告厅门口的签到屏上的签到二维码进行验证，然后进入报告厅内。在活动开始后，通过摄像机和直播推流设备将音视频流采用 rtmp 协议传送到腾讯云直播服务上，由腾讯云直播服务器进行视频转播。为了便于多平台不同用户观看需求，系统了预留了微信、抖音、快手等多平台直播接口。线上参与者通过相关平台链接地址即可观看活动直播。

（三）详细设计

经过上述分析和设计我们对系统的整体有了一个初步的架构，接下来由我馆数字化部联合系统开发商进行详细的开发。具体包含以下工作内容。

（1）数据库的设计

数据库是整个系统的数据存储中心，存储了活动发布数据、活动预约数据、活动签到数据等重要信息。在本项目中采用了 mySql 数据库对关键数据进行存储，此外为了应对活动预约时的集中并发请求还采用了 redis 数据库作为缓存数据库。

（2）管理后台的 Web 开发

管理后台是处理系统业务逻辑及提供活动管理 Web 操作界面的部分。这部分采用了 php 语言进行业务逻辑开发，vue 框架进行前端界面开发。相关开发框架的使用让开发过程变得简洁和高效并提高了软件质量。

（3）微信公众号接口开发

为了便于活动参与者简单快捷的使用系统，针对普通用户的需求，采用了广为使用的微信公众号开发平台。通过调用微信公众号开发接口可以很方便实现用户信息和预约信息的绑定，并且便于活动签到时核销。大大减少了项目用户管理模块的开发工作量。

（4）基础硬件的搭建

整个智慧报告厅系统除了软件部分外还有配套的硬件设施，如用于活动信息发布的广告屏，用于报告厅门口的签到扫码的签到屏，以及用于直播功能的摄像、音响、推流设备等。在软件系统开发的同时，对这些设备进行了安装调试。

（四）运行调试

软件系统开发完成且硬件平台搭建好后，项目就开展相关的测试与调试工作。首先是软硬各自的独立测试。系统软件内部测试由外部合作开发商完成，主要验证开发的系统是否符合需求说明，并且不存在逻辑错误。测试工作在开发环境下模拟运行，查找 bug 并修复，同时检验是否满足需求说明书中所列功能。硬件测试主要测试硬件设备是否连接正确、功能运行是否正常。

在软硬件的独立测试完成后系统被部署到主机房开始进行联合调试。首先开通腾讯云直播账号购买直播流量包并进行相应的配置。配置好后进行了多轮模拟运行的调试工作，包括各硬件设备的参数调整，软件功能的测试与配置，确保整个系统的运行顺畅效果良好。调试过程也是对使用人员的一个培训过程，便于系统正式运行时操作人员就能很快熟练操作。

调试完成后又进行多次活动演练，进一步检验系统和考察操作人员的操作熟练程度，从而验证系统的完整性和可靠性，同时也提高了操作人员的熟练性。

四、结论

通过对我馆报告厅的智慧化改造，各类活动和会议的管理工作压力大为减轻，很大程度上节约了人力资源和管理成本。更为重要的是通过该平台使得对参与活动人员的管理更为规范和有序，并且用户体验感也得到了提升。同时通过对活动的参与度数据分析还可帮助活动举办方不断改进，促使活动的质量不断提升。

参考文献

[1]《"十四五"公共文化服务体系建设规划》印发［J］.城市规划通讯，2021（13）：12.

[2] 曾凡保. 基于 IoT、AI 和 Cloud Services 的会议系统功能及应用探讨［J］.智能建筑，2019，230（10）.

[3] 朱伟. 互联网直播技术进展研究 [J]. 现代信息科技, 2018, 2 (10).

[4] 李昂. 基于 Android 移动终端的音视频直播系统设计 [J]. 湖南邮电职业技术学院学报, 2020, 19 (2).

[5] 黄永根. 基于微信平台的会议管理系统的研究与设计 [J]. 科技创新与应用, 2017 (2).

[6] 罗维源. 教育会议管理系统的设计与应用 [J]. 福建电脑, 2019, 35 (7).

基于物联网的"智慧图书馆"建设初探
——以中国地质大学（武汉）图书馆为例

孙　明　陈庆蓉　胡霍真

（中国地质大学（武汉）图书馆　430074）

摘　要：随着物联网技术的发展，智慧图书馆的建设越来越多地体现在如何将图书、人和设备联系在一起，实现降低人员成本、提高管理效率和提供优质服务。笔者以中国地质大学（武汉）图书馆为例，对基于物联网的智慧图书馆建设进行详细研究。

关键词：物联网；智慧图书馆；RFID；信息发布

一、背景

高校是国家人才培养的重要场所和机构，近年来随着我国高等教育不断深化及发展，高校教育规模在不断扩大。高校图书馆承担了学校教学和科研服务的双重任务，是培养人才和开展科学研究的重要基地之一。

随着网络技术更新发展，智慧图书馆可视为是传统自动化图书馆、数字图书馆发展的高级阶段，它依托互联网、云计算、大数据等技术，运用智能化的设备和管理系统，实现面向用户的个性化、智慧化服务，具有高效、智能、便捷、实用、好用的特点。

中国地质大学（武汉）图书馆（以下简称地大图书馆）作为学校的文献信息中心，根据学校的性质和专业设置进行馆藏建设，坚持以地学为主要特色，以特色带动综合，以综合促进特色，保持理工文管诸学科协调发展，建设特色鲜明的高水平大学图书馆。经过多年精心建设和积累，目前已形成了以科技文献为主体，以地学文献为特色的馆藏体系。地大图书馆目前拥有两座馆舍，南望山校区馆和未来城区馆。

二、地大图书馆的物联现状

（一）无线网络的建设情况

"物联网"一词所涉及的范围已经超越了计算机这个领域。在物联网时代，网络将我们身边的物品和设备连接了起来，带给人类新的服务和体验。其中，无线网络的建立连接不再成为最主要的挑战，而是物联网建设的必要和基础。

南望山校区馆无线网络建设始于2014年，馆藏面积2.4万平方米，初始安装66个AP接入点。2017年为满足学校办公平台建设工作需要，在办公区域内新增AP接入点13个。这些无线设备大部分仅支持802.11b/g/n协议，部分无线设备支持802.11ac协议。2022年5月，南望山校区馆进行无线网络升级改造，通过了解现有无线点位覆盖情况和实地勘测，对存在无线点位死区的位置进行增补134个AP接入点，达到无线网络覆盖无死角的效果。新增无线AP采用WiFi6设备，满足智慧图书馆应用需求。设备安装完成后对整个南望山校区馆进行无线网络调优，兼顾信号覆盖和上网体验。无线网络覆盖线缆敷设端，链路达到千兆水平，线缆采用六类非屏蔽网线。

（二）地大图书馆基本应用系统

1. RFID图书智能管理系统

为提升图书馆的自动化管理，2014年地大图书馆采购宁波市远望谷信息技术有限公司的"RFID图书智能管理系统"。根据图书馆面向的对象不同，该系统分为RFID管理平台和RFID服务平台。RFID管理平台针对管理人员，根据各个应用的功能独立创立应用子系统。应用层面清晰简洁，便于管理人员快速掌握系统的应用程序。RFID服务平台面向读者用户，设计界面简洁、操作简单，便于读者使用。RFID图书馆智能管理系统包括室内图书自助借还系统、安全门禁系统、智能盘点系统、图书三维定位系统、标签转换系统以及安全监控系统等（如图1所示）。

至2021年11月底，两馆舍藏图书达178万余册，其中中文图书达159万余册，外文图书6万余册，过刊12万余册；可用数据库118个，其中中文数据库56个，外文数据库62个。RFID智能管理系统合计借阅图书册次79952册，归还图书册次79492册，其中自助借阅比例98.37%，自助归还比例94.67%，自助缴费占比65%。

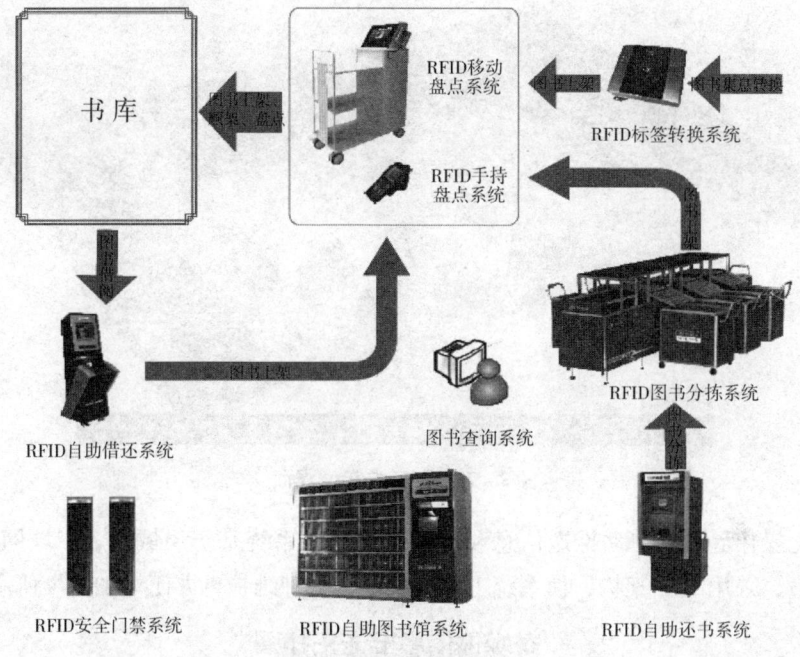

图 1　RFID 系统总体结构

2. 汇文文献信息服务系统

为提升图书馆的智能化水平，2015 年起地大图书馆开始使用江苏汇文软件有限公司的"汇文文献信息服务系统"。作为图书馆的业务支撑核心系统，汇文包括采访、编目、典藏、流通、异地委托借阅、阅览、期刊、统计、OPAC、系统管理、应用服务等。同时可提供校园卡（IC 卡）的读卡、缴费、读者证件管理等；提供 OPAC 子模块的用户认证接口，帮助用户在该数字化校园系统的网络应用中实现"单点登录"和信息展示等。

汇文文献信息服务系统与 RFID 图书馆智能管理系统相互数据通信，实现借书、还书、续借、图书及人员信息查询等功能（如图 2 所示）；实现 CALIS 统一认证服务系统与汇文 LIBSYS 图书馆系统的数据交换和数据验证，确保用户对系统访问的有效性、合法性和准确性。

三、地大智慧图书馆初建

（一）信息发布系统

为丰富馆舍信息的展示，地大图书馆设置有 4 * 3 液晶拼接屏、电子文化长廊和播放一体机等。新采购的信息发布系统，以"非技术"用户为中心，采用

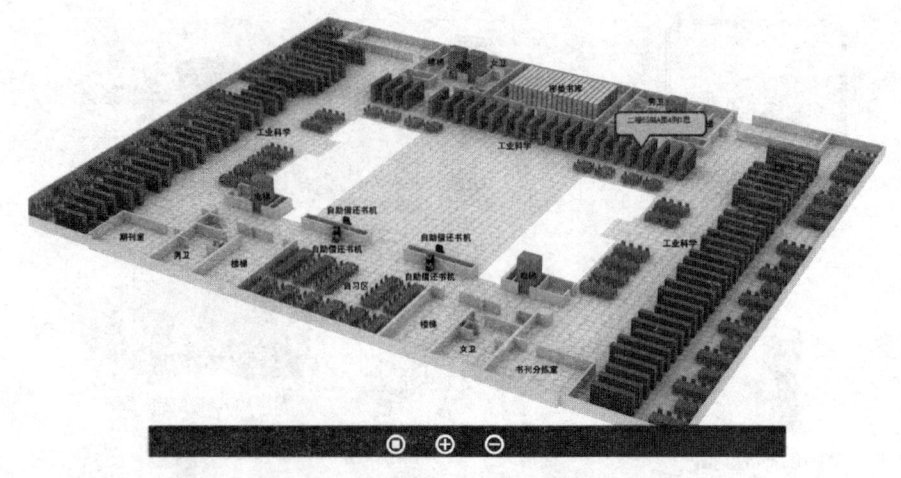

图 2 RFID 三维定位界面

人性化操作界面，自动推送信息和资讯给用户。系统基于局域网、广域网的网络环境，采用 B/S 架构，使系统工作更稳定，管理维护更方便（如图 3 所示）。

多媒体信息推送拓扑图

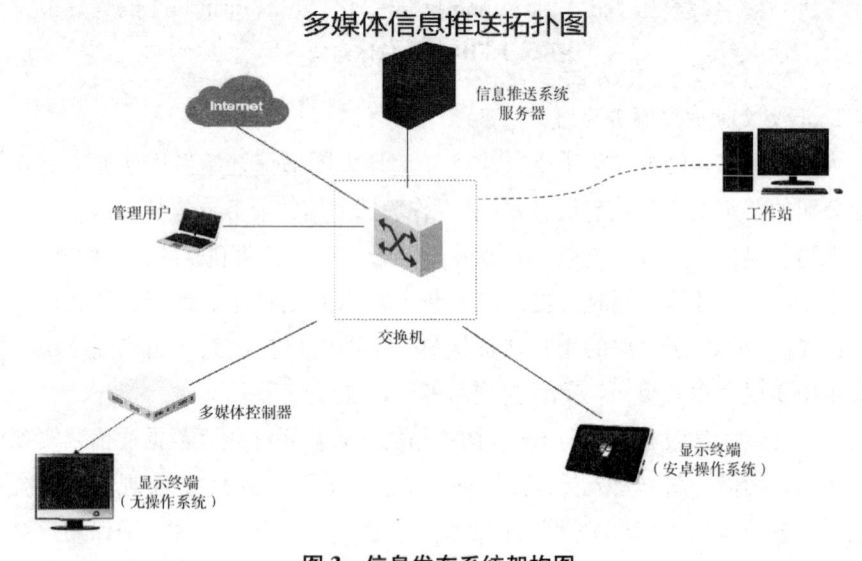

图 3 信息发布系统架构图

信息发布系统将视频、音频、图片信息和滚动字幕等多媒体信息，通过网络传输到各个媒体播放端实现信息发布功能。采用多媒体控制器将组合的多媒体信息分组、分时段到相应的显示设备上，系统可以把一个屏幕划分为多个窗口，并在多个窗口同时播放不同的多媒体信息，并可以随时插播各种临时信息。

信息发布系统采用开放式接口，并根据需要，灵活地增加其他功能，可以接入更多的复杂应用,包括OA办公系统、预约系统等。还可以远程对媒体播放终端远程开机、关机、重启、运行状态监控、远程屏幕查看,媒体播放终端无人值守;实现服务器集中管理与维护,任务的远程分发,包含临时任务的插入和播放,任务集中编排、发布、播放和监控等;完成终端软件版本的更新、终端点位支持线性可扩展。

(二)信息设备电源电路控制系统

在智慧图书馆建设中,引入智慧楼宇的理念,通过智能PDU实现馆内信息设备电源群组控制。信息设备电源包括RFID设备、信息发布设备和空调、照明、墙面插座等。利用阅览区电控管理,可以将插座与图书馆预约系统、门禁系统和学校统一身份登录系统联动。例如,用户预约馆内座位,在预约系统登录后,由门禁闸机记录进出数据,控制座位旁插座电源通/断,实现在预约时间段内设备自动上电,预约时间段结束后设备自动断电。实际操作时,根据楼层需要选用1、2、4、8路PDU设备,通过物联网控制系统的应用,实现根据用户预约阅览区座位,精准管控桌面电源,从而解决座位管理的问题(如图4所示)。

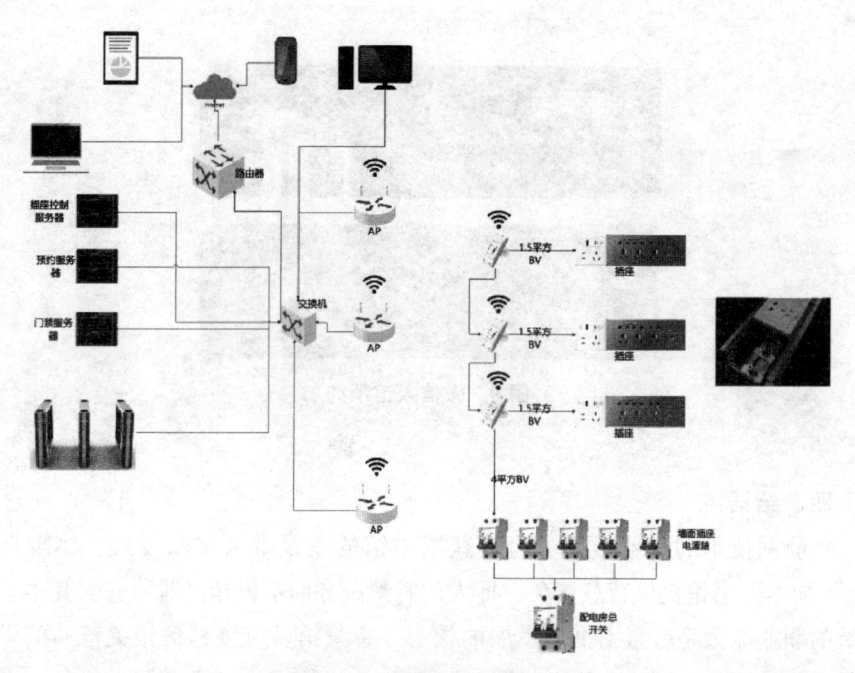

图4 控制系统架构图

最终通过系统运行,收集整理数据,如座位使用率、学生预约到场率等，自动生成统计分析报表，便于提高图书馆管理效率（如图5所示）。

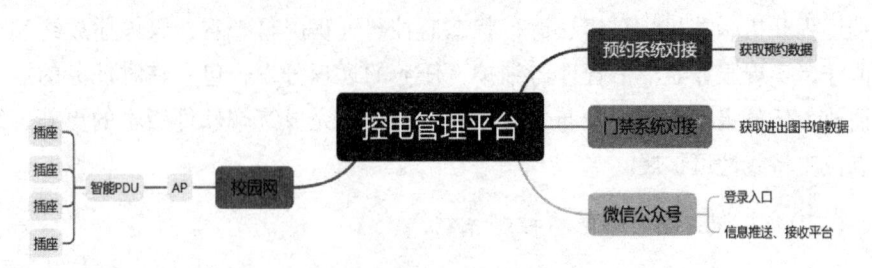

图5 控制系统结构图

除此之外，读者可以通过智能手机、平板电脑、笔记本电脑等移动终端，登录图书馆微信公众号查询借阅信息，接收图书馆的信息发布、讲座通知、新书通报等内容。读者还可以通过移动终端完成入馆及空间预约等功能（如图所示）。

图6 微信入馆预约

四、结语

物联网技术的日益成熟，为智慧图书馆的建设带来飞跃发展，体现在以"人"为本图书馆提供智慧服务，即人的智慧服务而不仅是机器服务。其中智慧馆员的职业能力是智慧图书馆发展的核心，智慧馆员应该具备相关范畴的学科专长，有较强的知识服务能力，同时要驾驭一定的智能技术工具。另外，在连接图书、人、物联设备之后实时产生的数据，需要智慧图书馆有一定的对数据驱动产生智能化的能力，即如何通过高效的方式处理这些数据，给我们提供有价值的信息，也是智慧图书馆发展面临的问题。

参考文献

［1］朱先远．一种基于物联网技术的智慧图书馆管理服务系统设计与实现［J］．齐齐哈尔大学学报（自然科学版），2018，34（6）．

［2］李炯．基于物联网的智慧图书馆服务与管理．信息与电脑，2019（8）．

［3］段美珍，初景利．国内外智慧图书馆研究述评［J］．图书馆论坛，2019（11）．

［4］初景利，张国瑞．面向智慧图书馆的官员能力建设［J］．图书馆理论与实践，2022（4）．

基于 InCites 数据库的高校图书馆助力科研与学科建设分析
——以江汉大学图书馆为例 *

卢炎香

（江汉大学图书馆 430056）

摘 要：利用汇集和分析 Web of Science 核心合集引文数据的 InCites 科研评价工具，对江汉大学科研产出情况进行出版物计数和指标计算，从量化的角度对高被引论文、热点论文、期刊层级等指标进行统计分析，对科研人员绩效表现进行全面画像，为高校多维度科研评价、扩大学术影响力、发掘具有学术影响力的研究人员、规划优势学科和潜力学科等工作提供参考和依据。

关键词：高校图书馆；InCites；科研分析

在"教育部高校图书馆事实数据库"2020 年基本业务统计数据中，1278 所高校图书馆电子资源购置费均值为 343.6 万元，占馆均文献资源购置费的 56.8%，均值与比例自 2006 年以来基本上呈抬升趋势，表明电子资源的需求相当强劲[1]。随着普通本科院校办学层次的提高和对科研工作的重视，全面、准确反映机构科研能力和学科发展状况成为高校的工作需要。高校图书馆拥有丰富的电子资源，为教学科研提供文献信息保障[2]。图书馆还可以利用已有数据库和平台，对高校科研发展和学科建设状况进行统计分析，为学校的科研评价和学科规划提供参考。江汉大学图书馆近三年（2019 年—2021 年）电子资源购置费均值为 922.8 万元，占文献资源购置费的 74.3%，其中 Elsevier ScienceDirect、Wiley、Web of Science 及 InCites 平台、ACS 这四个外文数据库占馆年度文献经费的比例为 45.3%。图书馆利用 InCites 数据库功能，进行科研产出和学科分析评价，充分发挥图书馆电子资源的作用，助力高校科研管理和学

---

* 本文系国家社科基金"高校图书馆影响力研究"的阶段性研究成果之一，项目编号 19BTQ014。

科建设。

一、基于 InCites 分析的科研产出整体概览

（一）利用 InCites 数据库，分析科研产出和影响力整体概况

以江汉大学为例，基于 Web of Science 数据库和 InCites 分析平台，2011 至 2020 十年间，江汉大学共发表了 2721 篇国际可见的文献（如图 1 所示）。由于数据库收录期刊数量的差异，Scopus 和 Scival 的分析结果是：2011 至 2020 十年间江汉大学共发表了 2815 篇国际可见的文献，这些文献来自 1866 位作者。江汉大学的 FWCI（全球学科影响力）为 0.95 接近全球平均水平 1。学校文献篇均影响力为 12 次/篇（如图 2 所示）。

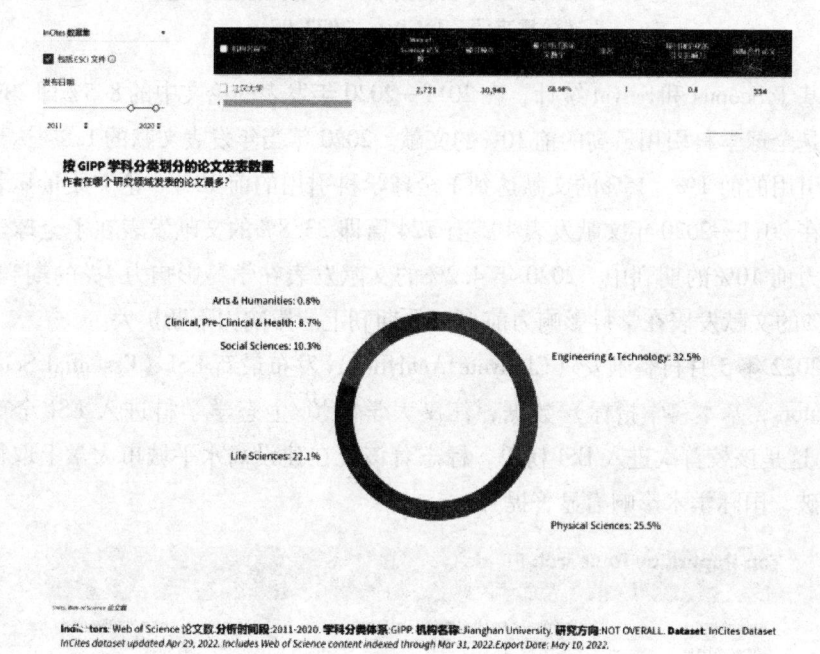

图 1　2011—2020 年江汉大学论文发表情况（数据来源：InCites，2022.05）

综合两大数据库分析平台，结果可见：近十年江汉大学所发表的论文学科主要集中在工程、化学、材料、生化、环境、医学等学科，且达到全球平均水平，是该校优势学科。

（二）学校科研文献发文态势

在 2011—2021 年，江汉大学 WOS 发表论文的总体量为 3225 篇，发文数量总体呈上升趋势（如图 2 所示）。在 2019—2021 年，学校的科研文献发表情况

427

快速增长，三年发文数量超过 2011—2016 年六年总和。

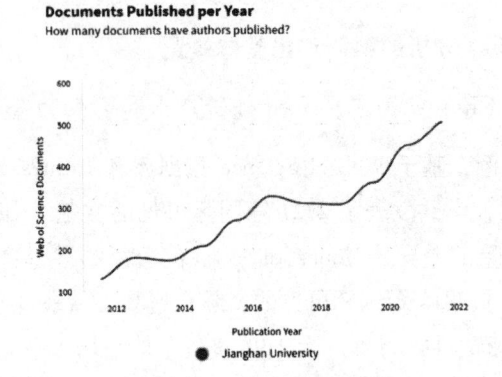

图 2 2011—2021 年江汉大学 WOS 发表论文数量
（数据来源：InCites，2022.05）

基于 Scopus 和 Scival 统计，在 2011—2020 年发表的论文中的 8.5% 即 239 篇文献是全球学科引用最高的前 10% 的文献。2020 年当年发表文献的 1.8% 达到了学科引用的前 1%，15% 的文献达到了全球学科引用的前 10%。论文质量显著提高。在 2011—2020 年文献发表中，有 724 篇即 33.8% 的文献发表在了全球学科影响力前 10% 的期刊中。2020 年 4.2% 的文献发表在学科影响力 1% 的期刊中，43.1% 的文献发表在学科影响力前 10% 的期刊上。影响力不断扩大。

2022 年 5 月科睿唯安（Clarivate Analytics）发布最新 ESI（Essential Science Indicators，基本科学指标）数据，江汉大学环境/生态学学科进入 ESI 全球前 1%，这是该校首次进入 ESI 榜单，标志着该校在建设高水平城市大学上取得重要突破，国际学术影响力显著提升。

图 3 2022 年 5 月江汉大学 ESI 环境/生态学论文发表数量及被引情况

以上客观实时性数据反映了学校科研水平的快速上升，无论是从论文发表的期刊还是文献本身的质量都显著提高。江汉大学以此次 ESI 排名为契机，进一步加快科研能力建设，提升学术水平与人才培养质量，以高水平科研促进学科专业协同发展，为城市环境质量改善和区域特色发展培养人才。

二、挖掘数据信息，助力科研建设和学科发展

利用汇集和分析 Web of Science 核心合集引文数据的 InCites 科研评价工具进行出版物计数和指标计算，改变常用 h 指数单点指标评价方法，选择四大典型分析指标：论文数、学科规范化的引文影响力（CNCI，同学科、同出版年、同文献类型论文进行比较，相对于同行论文的相对被引表现，CNCI>1 即被引表现高于同行论文的全球平均水平）、期刊规范化影响力（JNCI，机构发表的科研论文在其所在期刊的表现，JNCI>1 即高于平均影响力水平）、百分位数（被引频次排名前10%的论文百分比，被引频次的百分位数是X%，意为该论文的被引频次在同学科、同出版年、同文献类型的论文中位于前X%）[3]，通过规范化指标，从量化的角度对高被引论文，热点论文，期刊层级等指标全方位去对科研人员的绩效产出进行分析，多维度对科研人员绩效表现进行全面画像。

按 WOS 学科类别分类 2017—2021 年江汉大学文献发表数量前五的学科是（见表1）：

表1 2017-2021 年江汉大学文献发表数量排名

名称	排名	WOS论文数	被引频次	CNCI
ENVIRONMENTAL SCIENCES	1	297	3666	1.19
MATERIALS SCIENCE, MULTIDISCIPLINARY	2	251	3286	1.38
CHEMISTRY, PHYSICAL	3	154	3389	1.55
CHEMISTRY, ULTIDISCIPLINARY	4	151	1681	1.09
NANOSCIENCE & NANOTECHNOLOGY	5	129	2049	1.28

近五年江汉大学的作者发表论文数量最多的学科是环境科学，材料、化工、生物医学、工程等学科表现活跃。

按期刊规范化引文影响力进行排序，按照相同文章的引文影响力进行比较，确定机构发表的文献具有最大影响力的期刊（见表2）：

表2 2017-2021 年江汉大学发表文献期刊影响力排名

名称	排名	WOS论文数	被引频次	JNCI
BIOCHEMICAL AND BIOPHYSICAL RESEARCH COMMUNICATIONS	1	11	131	3.00

续表

名称	排名	WOS论文数	被引频次	JNCI
MEDICINE	2	12	13	2.02
APPLIED SURFACE SCIENCE	3	15	524	1.85
ENVIRONMENT INTERNATIONAL	4	10	183	1.32
CHEMICAL COMMUNICATIONS	5	11	192	1.08

江汉大学作者发表在《BIOCHEMICAL AND BIOPHYSICAL RESEARCH COMMUNICATIONS》等期刊上的文献的平均引用率高于期刊平均水平。通过JNCI分析，以上期刊有助于作者在投稿时投到更高影响力的期刊，展示学校科研人员成果，扩大科研影响力，打造学术名片，提高学校声誉。

2017—2021年江汉大学被引用前五的论文（见表3）：

表3 2017-2021年江汉大学被引用论文排名

论文标题	作者	来源	出版年	被引频次	JNCI	CNCI
Clinical characteristics of novel coronavirus cases in tertiary hospitals in Hubei Province	Liu, Kui; Fang, Yuan-Yuan; Deng, Yan; Liu, Wei; Wang, Mei-Fang; Ma, Jing-Ping; Xiao, Wei; Wang, Ying-Nan; Zhong, Min-Hua; Li, Cheng-Hong; Li, Guang-Cai; Liu, Hui-guo	CHINESE MEDICAL JOURNAL	2020	723	40.36	32.45
Enhanced Catalysis of Electrochemical Overall Water Splitting in Alkaline Media by Fe Doping in Ni3S2 Nanosheet Arrays	Zhang, Geng; Feng, Yu-Shuo; Lu, Wang-Ting; He, Dan; Wang, Cao-Yu; Li, Yong-Ke; Wang, Xun-Ying; Cao, Fei-Fei	ACS CATALYSIS	2018	278	6.37	12.23
Interfaces in Solid-State Lithium Batteries	Xu, Lin; Tang, Shun; Cheng, Yu; Wang, Kangyan; Liang, Jiyuan; Liu, Cui; Cao, Yuan-Cheng; Wei, Feng; Mai, Liqiang	JOULE	2018	245	1.46	3.708

430

续表

论文标题	作者	来源	出版年	被引频次	JNCI	CNCI
Nanocomposites of graphene and graphene oxides: Synthesis, molecular functionalization and application in electrochemical sensors and biosensors. A review	Xu, Junhui; Wang, Yazhen; Hu, Shengshui	MICROCHIMICA ACTA	2017	192	2.13	4.33
Prevention and Treatment of Venous Thromboembolism Associated with Coronavirus Disease 2019 Infection: A Consensus Statement before Guidelines	Zhai, Zhenguo; Li, Chenghong; Chen, Yaolong; Gerotziafas, Grigorios; Zhang, Zhenlu; Wan, Jun; Liu, Peng; Elalamy, Ismail; Wang, Chen	THROMBOSIS AND HAEMOSTASIS	2020	188	9.2	17.80

基于InCites数据库分析，目前为江汉大学科研带来影响力最多的5篇文献的研究方向为：医学，化学，物理，能源和燃料，材料科学。从高被引论文的研究领域可以看到：新冠病毒、社会热点和与人类健康相关领域得到更多的关注和引用。

2017—2021年江汉大学研究人员Web of Science论文被引频次前十名为（见表4）：

表4 2017-2021年江汉大学研究人员被引频次排名

研究人员名称	WOS论文数	被引频次	CNCI	X%
Li, Cheng-Hong	1	746	30.13	100
Cai, Yaqi	11	658	3.65	100
Liang, Jiyuan	9	548	3.44	100
Lu, Wang-Ting	4	473	7.17	100
Jiang, Guibin	7	436	5.26	100
He, Dan	2	410	8.53	100
Xu, Zhihua	5	373	4.22	100
Liang, Yong	11	357	3.25	100

续表

研究人员名称	WOS论文数	被引频次	CNCI	X%
Liu, Jiyan	6	357	3.75	100
Liu, Cui	3	330	3.55	100

InCites 数据集更新日期 2022 年 7 月 29 日。包含 Web of Science 标引内容 2022 年 6 月 30 日。

根据科研人员的论文被引情况，既可以体现论文的影响力，也可以帮助学校发掘高层次人才，有助于高校人才队伍建设。通过 InCites 数据库，用户能够实时跟踪机构的研究产出和影响力，发掘机构内具有学术影响力和发展潜力的研究人员，优势学科和潜力学科，通过多维度、细颗粒度的数据和指标分析，为制定适合学校发展的战略与规划奠定坚实的基础。

三、聚焦科研合作，提升学术水平

图 4　2017—2021 年江汉大学合作学术机构排名

在过去五年（2017—2021 年）江汉大学合作论文数排名前五的学术机构（见表 5）：

表 5　2017-2021 年江汉大学合作论文数机构排名

名称	WOS论文数	被引频次	CNCI
Chinese Academy of Sciences	478	6174	1.22
Research Center for Eco-Environmental Sciences (RCEES)	314	4538	1.22
University of Chinese Academy of Sciences, CAS	300	4218	1.26

续表

名称	WOS论文数	被引频次	CNCI
Huazhong University of Science & Technology	236	3111	1.26
Wuhan University	137	2122	1.21

江汉大学现有科研合作主要来自中国科学院及其生态环境科学研究中心、中国科学院大学、华中科技大学、武汉大学等国内机构。2015年江汉大学成立环境与健康研究院，建立院士工作站，建成了高水平的实验仪器平台，教师队伍也得到快速发展，并承担大量国家级研究项目。通过与生态环境科学研究中心"科教结合协同育人"合作，实现了学科和教学高质量发展。在持续加深现有合作机构的基础上，还需开拓、探索新的合作伙伴，在国内外开展广泛合作，为科研人员搭建多层面促进学术交流的平台。

四、全面画像，为学科建设和科研决策提供循证依据

在InCites数据库中，提供了一系列的指标辅助对科研人员全面画像。除了一些规范化的指标，还可以基于特定的需求使用定制化指标，如利用WOS自定义数据集可以了解某一研究方向或重点实验室的科研产出表现，多角度呈现实验室的发展情况。

多角度、多层级、多指标的事实数据赋能图书馆资源采访决策支持。利用InCites数据库，可以统计分析高校科研人员发文期刊、引用期刊、被引用期刊等情况，以江汉大学为例，2017—2021年江汉大学作者最常发文期刊排名前五的是：《ENVIRONMENTAL SCIENCE & TECHNOLOGY》《SCIENCE OF THE TOTAL ENVIRONMENT》《ACS APPLIED MATERIALS & INTERFACES》《ENVIRONMENTAL POLLUTION》《ECOTOXICOLOGY AND ENVIRONMENTAL SAFETY》，2017—2021年江汉大学的作者引用前五的期刊是：《ENVIRONMENTAL SCIENCE & TECHNOLOGY》《ADVANCED MATERIALS》《ACS APPLIED MATERIALS & INTERFACES》《JOURNAL OF THE AMERICAN CHEMICAL SOCIETY》《JOURNAL OF MATERIALS CHEMISTRY A》。图书馆订购的ACS、Elsevier ScienceDirect、Wiley等数据库，对以上期刊有较高的保障率，较好地满足了本校学者的信息资源需求。

挖掘数据与指标下蕴含的更为丰富的信息，助力一流学科高质量内涵式发展。在学科细分领域和层面，可以进行对标分析，比较优势和差别，找到更好提升学科发展的策略和方法，进一步优化学科结构，凝练学科发展方向。通过对学校的学科、科研、人才、前沿研究等信息的梳理，可以助力学校定位发展方向与空间，更好地进行一流学科群规划与建设[4]。

定量与定性相结合，全面客观分析评价。论文发表、参考引用、被引情况等指标从量化的角度呈现了高校科研产出和影响力。全面客观的展示科研工作者的整体学术影响力，需要将定量分析与定性评价相结合，构建较为完善的绩效分析管理体系[5]。部分指标，如被引情况会随着时间发展而增长变化，定期跟踪统计可以客观评价论文的影响力及活跃程度。

疫情防控常态化使教学和科研对在线利用信息资源的需求大幅提升，图书馆需要不断优化信息资源建设，提升师生读者便捷高效利用和获取信息资源的能力，为学校科研和学科发展提供信息资源支撑和保障。

参考文献

[1] 王波, 吴汉华, 宋姬芳, 等. 2020年中国高校图书馆发展报告[EB/OL]. [2022-08-06]. http://www.scal.edu.cn/tjpg/202202230248.

[2] 刘丹, 叶继元, 王敏芳, 等. 基于学术数据库的高校图书馆事实型数据资源建设研究[J]. 图书与情报, 2020 (5).

[3] 任勇. 长三角地区高校科研竞争力比较及合作分析——基于ESI和InCites数据库[J]. 大学图书情报学刊, 2020, 38 (6).

[4] 许丹, 杨颖, 韩爽, 等. 基于ESI和InCites的高校学科竞争力分析[J]. 中华医学图书情报杂志, 2021, 30 (7).

[5] 黄民理, 段雪茹, 李英远. C9高校与常青藤联盟科研绩效及一流学科比较研究——基于ESI和InCites数据库[J]. 图书情报导刊, 2022, 7 (3).

基于物联网的图书信息资源建设与共享研究

张 倩

（国防科技大学信息通信学院 430019）

摘 要：在一个追求成本和效率的时代，我们正试图寻找更好的技术和方法对图书文献资料进行管理、建设和共享，物联网技术因其读取方便、识别效率高、使用寿命长、保密性强等特点，在图书馆信息资源的建设和共享中，提升了信息资源建设和共享的效率，发挥着智能化创新的作用，成了适合图书馆发展的新兴技术。基于此，大部分图书馆已经将物联网技术应用于图书馆信息资源建设与共享工作中，并取得了较好的应用效果。本文中，将分析以物联网技术为基础的图书馆信息资源建设和共享服务的特点，并结合该技术应用过程中存在的问题提出针对性的解决对策。

关键词：物联网；信息资源建设与共享；图书馆

一、引言

物联网作为近几年开始广泛应用的新兴技术，在生产和生活中的多个领域都发挥着重要作用，促进了科技的进步和经济、社会的发展。在图书馆的信息资源建设和共享工作中，物联网同样得到了广泛的推广和积极的应用，并在其中发挥了比较重要的作用[1]。通过深入研究物联网技术在图书馆信息资源建设与共享工作中的应用则可以发现，该技术的具体应用过程存在一些需要解决的问题。这些问题的存在，不仅限制了物联网的进一步推广和应用，也对图书馆信息资源建设与共享效率的提升产生了不利影响。而本文的主要研究目标，就是通过分析物联网技术的特点和应用过程中存在的具体问题，制定针对性的解决策略，促进物联网技术在图书馆信息资源建设和共享中得到更加科学的应用。

二、物联网技术简介

物联网是一种融合了多种先进技术形成的智能化网络，其融合的技术包括射频识别、无线遥感通信、人工智能等。物联网能够通过事先设定的协议，通过信息有效连接那些需要进行交换的事物，进而对这些事物实施全面的识别和监管。物联网技术的应用实际上是一次科技创新的结果，在科技和社会经济的发展中有着非常重要的作用[2]。相对一种新兴技术而言，物联网并没有单一的定义，它是随着技术的发展而不断变化的，物联网是端点、数据、人员和流程之间的交互组合（如图1所示）。

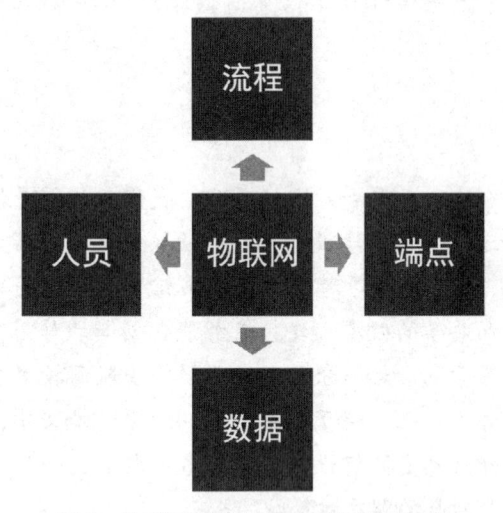

图1　物联网系统组件之间的相互关系

三、基于物联网技术的图书馆信息资源建设与共享的特点

（一）信息传播丰富且安全

物联网是一种能够和互联网有机结合的新兴技术。在运用物联网技术的过程中，可以同时运用多元化的网络通信技术，快速地对已知的所有信息进行有效的识别和反应，进而进行安全保密的数据传输，这种技术结合了当前多种类别的先进技术，能够对物理世界的任何事物进行高效率的识别、定位和监管。以物联网为基础的图书馆信息资源建设和共享，不仅能够快速识别图书中的关键信息，而且能够从不同角度获取多维度的综合性数据，最终实现数据共享[3]。此外，通过利用物联网技术，图书馆管理人员也能够掌握任何一本图书的所有状态信息（即书籍是否被借阅等方面的信息），并在这一基础上进行更加高效地管理。

（二）智慧型决策和管理

在利用物联网技术开展图书馆信息资源建设和共享的过程中，相关人员可利用物联网、云计算、模糊识别等多种先进的智能化技术，针对海量的数据和信息进行识别、分析和处理，对多种类型的书籍和其他相关文献进行有效的管理。在这一过程中，物联网技术不仅能够实现对信息流的有效操控，也能够实时了解和掌握不同文献之间的关联信息。图书馆工作人员就能够实现对图书的实时有效监管，并根据实际情况，进行更加智能化的图书馆管理决策，从而促进图书馆管理效率的进一步提升。

（三）实体之间存在密切关联

物联网的应用可以对物理事物进行承载，并实现对大量信息的传输，其本质和互联网存在共性的同时，也存在着非常明显的差异，物联网中包含了更多的客观实体。正因如此，物联网的应用过程中需要多样化的信息和通信接口，对其中的大量数据进行容纳和传输，从而使物联网能够确保实体之间较为紧密的联系。因此，在进行图书馆信息资源建设和共享的过程中，物联网体现出了较大的应用价值。

四、物联网用于图书馆信息资源建设与共享过程中存在的问题

（一）图书信息采集问题

在将物联网用于图书馆信息资源建设和共享的过程中，图书信息的采集问题是图书馆首先需要解决的问题。在当下，图书馆需要采集的信息资源主要包括图书的借阅情况、图书的实体信息、馆藏资源信息以及读者的个人信息等多个方面。部分图书馆在采集这些信息的过程中，应用了比较专业的信息采集和处理系统，但是大部分图书馆所使用的信息采集和处理系统还存在一定的缺陷，导致其采集和整理的信息数据存在重叠或遗漏的问题[4]。这也是当前图书馆信息资源建设和共享工作中存在的主要问题之一。此外，当前大部分图书馆将条形码作为采集信息的重要工具，全部馆藏图书上都会粘贴条形码（如图2所示），用于识别图书的相关信息。

MZ98000031

图 2 图书管理条形码

但是这种类型的识别工具过于简单，一旦出现污染或破损，就会导致信息无法识别或信息识别错误。因此，在利用物联网开展图书馆信息资源建设与共享的过程中，需要对信息采集工具进行升级，在这一方面，常用的新技术为射频技术（如表1所示）。

表1 条形码与射频识别技术

对比项目	条形码	射频识别技术
便捷性	接触操作	非接触操作，长距离识别
安全性	不可加密	可密码保护，实现算法安全
损耗性	寿命短	寿命长，可适用各种恶劣环境
识别性	识别单个标签	可识别多个标签
使用率	一次性	可重复使用，随时写入增加的信息

（二）信息资源管理问题

物联网技术应用于图书馆的信息资源建设中，主要的作用在于其能够为图书馆信息资源利用和管理的全程提供便捷和高效的应用体系。而部分图书馆在利用物联网技术开展图书信息自建和共享的过程中，在信息资源的管理方面也存在一些需要解决的问题。具体来说，首先，部分图书馆在利用物联网技术进行技术升级的过程中，并未针对管理流程进行有效的简化，因而在实际操作中难以实现图书信息的快速查找和图书的快速借还。其次，部分图书馆并未利用物联网技术对现有的安全管理体系进行升级改造，因而导致本图书馆的安全管理水平在短时间内并未得到有效提升，这也是影响图书馆信息资源建设和共享进程的重要问题之一[5]。

（三）信息资源服务问题

物联网在图书馆信息资源建设和共享中能够发挥比较重要的作用，但是图书馆在信息资源服务方面存在的问题限制了物联网发挥作用。具体来说，表现在以下几方面：第一，在进行图书资源建设和共享服务的过程中，部分图书馆虽然利用了物联网技术对信息数据进行了智能化处理，但是在这一过程中并未充分考虑到用户的需求和习惯，导致用户难以熟练使用相关的信息系统进行图书借阅。第二，很多图书馆没有按照本学校重点专业学科、重点科研领域，有区分的将价值较高的信息和数据进行分类、检索、采集、筛选，并将网络中流动的数据固定，进而有重点的、有方向的丰富和补充馆藏资源。第三，部分图书馆并未充分利用物联网技术有针对性地对信息资源建设和共享服务进行深层次的研究、扩展和应用,物联网技术都是浮于最基础的服务,这也导致图书馆整体信息资源服务水平难以得到进一步提升。

五、利用物联网提升图书馆信息资源建设与共享服务水平的策略

(一)构建信息资源共享服务平台

在开展信息资源建设和共享服务的过程中,图书馆可以充分利用物联网技术构建更加先进的信息资源共享服务平台。该平台可以实现对信息资源的自动汇总和整合,并将其纳入图书馆标准数据库中。在这一前提下,用户就可以随时利用互联网对相关信息进行检索。而基于物联网模式下的共享服务平台不仅能够帮助用户快速检索本图书馆中的纸质和数字信息资源,而且能够向用户共享其他图书馆的相关信息。同时,在物联网技术模式下,信息资源数据中心可以利用互联网通信网络对文献资料进行数据采集,并在这一基础上利用物联网技术进行统一分析,再将采集到的信息与其他图书馆、出版社以及用户等相关单位和个人进行共享。基于物联网技术的信息资源共享服务平台能够为用户提供更加全面的信息检索、借阅等服务,并在提升图书馆服务水平方面发挥比较重要的作用。

(二)建设信息资源数据中心

图书馆的信息资源数据中心建立,在图书馆信息资源建设和共享工作中发挥着比较重要的作用。图书馆在建设了信息资源数据中心之后,其他的协同机构全部以数据中心为核心运行,为图书馆的管理提供全面的信息共享和保障。建设信息资源数据中心应该包括图书馆的信息服务机构、保障机构、网络支持机构以及信息整合机构等。图书馆可以利用物联网技术,加强虚拟信息资源建设,对大数据中的数据进行加工、筛选和重组,使数据中无序的信息变成有利于利用的有序数据,组建成不同类别的数据库,并对其进行网络信息的跟踪,对数据库内的信息随时进行补充和更新。在这一基础上,图书馆信息资源建设和共享服务的开展效果也能够得到更大幅度提升。

(三)统一信息资源传播方式

运用各种现代通信设备和传输技术之后,图书馆需要对各种文献资料进行数字化处理,并在这一基础上进行数字化管理。在物联网技术得到广泛应用的基础上,图书馆的信息资源管理系统要求信息资源有统一的数字化格式,这就需要图书馆对不同类型的信息资源进行更加高效的整合与数字化加工。而图书馆在统一信息资源传播方式的过程中，需要首先确定信息资源的划分标准，并制定出详细的数据库格式标准。在这一基础上，对信息资源进行标准化处理。而在数据处理的过程中，需要应用物联网技术中的感知、识别、转换等多项技术，并按照信息资源共享化的相关要求链接网络，录入相关信息。只有如此，才能实现不同图书馆之间的标准化信息共享。信息资源的传播并不局限于某一个或几个图书馆中的共享，而是整个图书馆领域的共享和传播。通过物联网技术的应用，可以将图书馆的馆藏分为实际和虚拟馆藏两个部分，二者是一个统一结合的整体，有着两个不可分割的构成，具有相互性和相融性。实际馆藏就是本馆的藏书，虚拟馆藏就是通过物联网技术对其他馆的馆藏资源和网络相关资源进行共享。因此，在应用物联网技术的过程中，图书馆需要不断扩大自身的信息共享范围，统一信息共享标准，从而实现信息资源建设和共享服务水平的不断提升。

六、结论

综上所述，将物联网技术用于图书馆的信息资源建设与共享，能够在很大程度上促进图书馆服务水平的提升。在图书馆的信息资源建设和共享服务问题进行调查的过程中发现，部分图书馆虽然应用了物联网技术，但是并未将物联网技术充分开发利用，缺少整体性的体系构建。在针对这些问题进行了深入研究之后，本文提出了相关的解决方案，希望能够促进图书馆信息资源建设与共享服务水平的进一步提升，也望在全体图书馆人的共同努力下，图书馆成为全球数据包容共享中心。

参考文献

[1] 赵国忠. 智慧图书馆背景下高校图书馆信息资源建设策略研究 [J]. 情报探索, 2021, 12 (9).

[2] 胡海燕. 全媒体时代高校图书馆信息资源建设与服务研究 [J]. 时代报告（奔流）, 2021, 11 (11).

[3] 燕娜. 科技智库图书馆信息资源用户满意度评价指标体系研究 [J]. 文献与数据学报, 2021, 3 (3).

[4] 苏力. "十四五"时期图书馆信息资源建设的发展转向 [J]. 甘肃科技, 2021, 37 (14).

[5] 袁瑰霞. 基于区块链技术的高校图书馆信息资源建设 [J]. 无线互联科技, 2021, 18 (14).

以人为中心的公共图书馆服务创新研究
——以湖北省图书馆为例

刘林玲　汪　敏　张雅俐

（湖北省图书馆　43071）

摘　要：建设"以人为中心"的图书馆，是促进公共文化高质量发展的责任使命和内在要求。公共图书馆要依托现代智能技术，以满足读者个性化需求为核心，发挥图书馆在全民阅读活动中的引领和推动作用。文章以湖北省图书馆为例，探讨了公共图书馆如何贯彻《"十四五"公共文化服务体系建设规划》中提出"以人为中心"转型要求的具体做法，促进图书馆满足读者多元化和开放式需求的知识共享中心的体系建设。

关键词：公共图书馆；以人为中心；创新

2021年6月23日，文化和旅游部正式发布《"十四五"公共文化服务体系建设规划》，提出建设"以人为中心"的图书馆，推进公共图书馆功能转型升级。《规划》指出，要建设开放、智慧、包容、共享的现代图书馆，将公共图书馆建设成为滋养民族心灵、培育文化自信的重要场所。进入新时代，全球科技的高质量发展和社会逐步转型，公共图书馆的信息资源优势受到重大冲击，从"书的图书馆"到"人的图书馆"，从图书馆建筑实体空间到以读者的体验和需求为核心的空间再造，从藏书阅览为主到全方位的阅读推广活动为重，图书馆核心功能和服务工作也面临着巨大的挑战。公共图书馆要顺应文化产业高质量发展的新阶段，践行不断提供丰富优质的精神食粮，全方位满足人民群众多层次、多元化、多形式的精神文化需求的初心使命。

一、以人为中心的必要性

1931年，阮冈纳赞在《图书馆学五定律》中指出，"图书馆是一个生长着的有机体"。作为公共文化体系重要组成部分的公共图书馆就是一个生长着的有机体，即由馆藏资源、读者和图书馆员三个不断发生变化的有机部分构成的有机空间。在图书馆的发展过程中，互联网带来的"智能化""数字化""去中心化"等让信息获取变得更加方便快捷，传统图书馆的文献资源、知识信息、数据等核心竞争力受到严重的冲击和挑战。新的业态环境下，公共图书馆应该树立"用户泛在化"的服务理念，深入挖掘潜在用户，围绕用户需求提供精准服务，任何时间、任何地点都能够为用户提供任何类型、任何语言和任何格式的信息资源。

二、图书馆"以人为中心"服务理念的主要措施

（一）聚焦顶层设计　打造有温度的文化社交中心

2022年政府工作报告中指出："丰富人民群众精神文化生活。培育和践行社会主义核心价值观，深化群众性精神文明创建。深入推进全民阅读。"从"倡导"到"大力推动"再到"深入推进"，全民阅读的深度和广度越来越受到国家的重视，也是提高国民整体科学文化、丰富人民群众精神文化生活的重要途径和任务。新时期公共图书馆的发展呈现出馆藏资源配置和开发科学化、服务体系标准化和专业化等方面的发展趋势，充分体现出阅读推广工作的高效、均等、便民等核心竞争力。而公共图书馆阅读推广活动以人为中心，向个性化、精品化、多元化发展，能够对馆藏资源的流通率和利用率起到积极的促进作用，不断扩大图书馆的认知度和社会影响力，有效提升人民群众的获得感和幸福感。

湖北省图书馆以长江讲坛、长江读书节、"童之趣"少儿读书节、"成长导师""草根梦想空间""银龄e时代""沙湖书会"等品牌活动为抓手，广泛凝聚各类社会力量和群众携手建设覆盖不同年龄层次、各种类型读者的阅读服务品牌矩阵，同时加强与传统媒体、新媒体机构的融合推广交流，通过微信、微博、小程序、短视频等新媒体向读者精准推送阅读信息，打造阅读推广品牌的规范化、个性化以及特色化服务，传递公共图书馆的核心价值。随着阅读推广的智慧化发展，阅读活动形式也在不断创新，不仅使数以万计的普通读者感受到全民阅读的力量和乐趣，也让少儿、老年人、特殊人群感受到阅读的温度和广度，让图书馆成为有温度的文化社交中心。

（二）细分读者需求　开展有特色的服务项目

湖北省图书馆除了开展均等化、普遍性的公共文化服务，更加注重以读者的需求为导向，开展优质、精准的文化服务模式，针对不同读者群体的特点和文化需求，为不同年龄层次、文化程度、收入水平等读者开设各具特色的阅读

空间，提供个体化、精准化、多元化的文化服务。一是针对深度老龄化发展趋势，让更多老年能够从容面对突飞猛进的数字技术、数不胜数的数字工具和眼花缭乱的应用模式，面向老年人群体开展"银龄E时代'网'罗智生活"品牌活动，以"资源零距离——省图书馆数字资源认识与应用"系列讲座为基础，微信公众号、"楚天云递"为支撑，开展"看、听、享"多维度数字资源服务，让老年人享受数字化、智能化带来的更加便捷高效的文化生活。二是不断完善、升级面向残障群体打造的无障碍服务体系，联合全省各级公共图书馆、农村书屋等组织开展"光明阅读 文化助残"百家图书馆文化助残公益行动，内容涵盖首届视障读者阅读快闪赛，评选出各地的"盲文阅读达人"；"折翼天使——真人图书馆"活动，鼓励优秀残障读者通过征文、演讲等形式分享自身的励志故事，激发残障群体阅读、学习的热情；"光明直播室"将电台和图书馆合二为一，邀请全省各地残障嘉宾分享盲文书籍、分享阅读感悟，并录制《爱心有约》节目定期播出，传递残障人士的阅读故事和正能量。三是携手妇联、高校图书馆和社会力量，以"乡村学校+家庭领读者+数字服务"的模式，联合开展"当相约乡读遇上家庭领读者"城乡一体化系列阅读推广活动，推动全省公共图书馆区域协同发展。广泛招募"爱心妈妈"、乡村教师、领读者、大学生等群体加入乡村阅读推广志愿者队伍，通过城乡联动，以城乡家庭结对、景区研学、读书分享交流、流动教学等形式为载体，打造"馆员姐姐讲故事""故事妈妈伴成长""风景读好城乡家庭研学营"等系列品牌活动，形成城市与乡村公共图书馆家庭阅读联动模式，有力促进城乡文化协调发展。

（三）"转角可遇"的城市书房 畅享文化新空间

近年来，湖北省各级公共图书馆在省图书馆的引领和带动下，积极引入社会力量参与公共文化建设，推进"城市书房+"模式，将书房嵌入社区、公园、书店、商圈等空间，为广大读者提供了触手可及的优质公共文化服务，有效提升了图书馆的服务效能和辐射范围，也增强了城市文化的归属感和认同感。

湖北省各级公共图书馆在创建城市书房的过程中，依托总分馆制推动服务模式创新，将图书馆的建筑服务空间、特色主题空间、社会文化空间以及智慧阅读空间融为一体，为市民提供高质量、高品质的服务。目前，湖北省已有141家城市书房正式对外开放，深受广大市民和游客的青睐，成为湖北省崭新靓丽的公共文化新名片。如，武汉市精准对接市民文化需求，创新实施文化惠民工程，自2021年起打造"12分钟文体圈"，让市民在12分钟步行路径内可享受到图书馆服务，已建成各具特色的城市书房近20家，50个街头24小时自助图书馆和 147 个地铁自助图书馆。汉口第一个开在老建筑里的"江城书房";以长江为主题的江边玻璃书房"蒹葭书店";开在公园里的自然主题书房"德芭与彩虹";以电影文化为特色的昙华林"云曰书馆";有 24 小时开放的"琴台书院"和"阅秀书店"等为市民提供免费的自助式图书阅读、图书外借、电子书阅读、听书、上网、音乐欣赏等服务,营造融入市民日常生活的高品质文化空间。

(四)优化借阅流程　图书流通服务提质增效

文献借阅是图书馆最基础的服务工作之一。公共图书馆应不断运用新技术改进借阅服务的方式方法,优化借阅服务流程,提高借阅服务质量,推动图书馆的文献借阅管理制度适应时代新形势和读者需求新变化,做到真正"以人为中心"地服务于广大读者。湖北省图书馆创新性地运用支付宝芝麻信用积分升级电子借阅证功能,不仅可以实现免押借书,还能体验到"刷脸借书"的快捷方式,体验到读者至上的借阅体验。面对疫情常态化的新形势,湖北省图书馆还运用"互联网+物流"服务模式,推出了"楚天云递"网借书服务,读者通过线上选书下单,自由选择自提或快递到家的方式,足不出户就能轻松阅读到图书馆丰富的馆藏资源。同时,"书邮你心　点亮光明"盲文书籍免邮到家借阅服务也同步上线,视障读者通过电话预约的方式就可享受书籍邮寄到家的服务。

三、"以人为中心"的现代图书馆建设策略

(一)以群众需求为导向　激发全社会创造活力

社会力量参与是现代图书馆高质量发展和有效运行的趋势和不竭动力。国际图联《公共图书馆宣言》在"图书馆的运作与管理"中指出:"必须确保与有关合作伙伴(用户群体和其他专业人员)进行地方、区域、全国甚至国际性合作。"社会力量有效参与的合作模式,使图书馆不仅在资源共享、阅读推广方面得到发展,而且在差异化、个性化服务和城市特色文化发展等方面得到促进与提升。公共图书馆真正成为灵活多样的彰显城市独特气质的文化大客厅。如佛山市邻里图书馆,精准把握群众阅读需求,以邻里关系为出发点,以家庭为单位构建"图书馆+家庭"的服务模式,将公共图书馆的服务阵地延伸到一个个家庭和社区,充分激发全社会文化创造主体积极性,构建成可以复制的,以人为中心、面向群众、精准服务的阅读推广服务体系。

(二)加强区域一体化建设　突破城市壁垒

2021 年,湖北省委、省政府印发了《关于推进"一主引领、两翼驱动、全

域协同"区域发展布局的实施意见》，明确提出打造武汉城市圈升级版，建设"襄十随神"城市群和"宜荆荆恩"城市群。公共图书馆要积极践行公共文化一体化战略要求，依托总分馆建设，建立共建共享、高效便捷、可持续的流通借阅服务。广西北部湾经济区图书馆服务联盟经过联盟"六市八馆"的共同努力，建成了全国首个跨行政区域图书馆联盟共同体，实现跨区域"一卡通"借阅服务。联盟各成员图书馆统一使用 Interlib 图书馆集群管理系统实现资源和服务优化配置与共享，打造统一的编目和数字资源服务平台，实现了数字资源、在线阅读、实时检索、线上办证、信息咨询等"一站式"服务，为区域内读者提供统一检索、共建共享与通借通还的优质高效服务。同时，联盟还向海而生，建立高铁读书驿站和智慧书房，

让图书突破城市的界限自由流动起来，让旅途的读者身体和灵魂都在路上。

（三）创新服务方式　共建开放融合的"知识共享中心"

从数字图书馆到智慧图书馆的转型，图书馆的发展应该始终围绕着不断变化的读者的需求。智慧图书馆的建设就应该以满足人的需求为核心目标，以大数据、人工智能等先进的技术为支撑，馆员与资源、读者之间的互动为核心竞争力，不断挖掘和分析用户的需求，为读者提供智慧型检索、智慧分析等知识服务及知识产品的高质量服务模式。近年来，人工智能技术的飞速发展促进了智慧图书馆的转型，让图书馆的工作与服务更加便捷、专业化和个性化。同时，虚拟现实技术又将现代图书馆和传统图书馆的空间感结合起来，让读者在享受智慧图书馆带来的差异化、个性化服务的同时，感受到多元化的沉浸式和开放式阅读体验。因此，图书馆馆员需要具备掌握、分析以及运用大数据、人工智能等技术的能力，收集读者、资源的数据信息，挖掘读者现实需求和潜在需求，向特定的读者提供智慧型知识信息和服务，构建人人可及的智慧"信息共享中心"。

四、结语

"以人为中心"是公共图书馆高质量发展的核心基石，也是现代图书馆的发展转型方向。它以人的需求为根本出发点，在处理读者与图书馆、读者与馆员、馆员与图书馆之前的关系时赋予了公共图书馆源源不断的发展和创新动力，不断提升公共图书馆服务效能。新时代背景下，公共图书馆运用新工具、新技术分析人民群众的文化需求，以人为中心，探索多元化、开放式的体验式服务，满足目标用户不断增长的个性化需求，建设开放、智慧、包容、共享的现代图书馆。

参考文献

[1] 文化和旅游部. 文旅部：《"十四五"公共文化服务体系建设规划》（附全文）[EB/OL]. [2021-06-24]. https：//www.sohu.com/a/473792771_425901.

[2] 蒋璐珺，顾烨青. 以用户体验为中心的高校图书馆短视频推广策略探究 [J]. 图书馆，2022（2）.

[3] 申晓娟. 建设以人为中心的图书馆 [J]. 图书馆建设，2021（6）.

[4] 覃翠红. 新时期公共图书馆向"以人为中心"转型刍议——以北海市图书馆为例 [J]. 河南省图书馆学刊，2022（2）.

[5] 周叶玲. "以读者为中心"的高校图书馆借阅服务创新研究 [J]. 现代商贸工业，2022（13）.

基于区域联盟的公共图书馆阅读推广服务探讨
——以湖北省公共图书馆为例[*]

游梦娜

(湖北省图书馆 430071)

摘 要：在区域一体化发展背景下，从湖北省公共图书馆区域联盟建设及开展阅读推广服务的现状入手，针对区域联盟开展阅读推广服务存在的问题提出建议：扩总量，促进区域阅读推广联盟均衡发展；强管理，完善区域联盟联动合作管理制度；提质量，丰富联盟开展阅读推广活动内容；增质效，健全阅读推广服务评价反馈机制。

关键词：区域联盟；阅读推广；公共图书馆

自2014年以来，"全民阅读"连续九次被写入国务院政府工作报告，各级党委、政府对全民阅读的重视度不断提高；2022年，习近平总书记致信首届全民阅读大会，希望全社会都参与到阅读中来，形成爱读书、读好书、善读书的浓厚氛围。在全民阅读的时代背景下，各级公共图书馆一直致力于推进阅读推广服务，创新推广方式，扩大服务范围，提升服务绩效。

一、湖北省公共图书馆开展阅读推广服务现状

近年来，湖北省公共图书馆充分履行公共文化服务职能，积极开展阅读推广活动，创新推出各类阅读推广服务，在延伸湖北公共文化服务体系、打造湖北特色阅读推广品牌上推出大量举措，形成了以下几个特点：一是阅读推广服务品牌化。全省115家公共图书馆中，地市级及以上的公共图书馆、部分县级馆均形成了自己的阅读推广服务品牌，如湖北省图书馆的"长江读书节"、武汉

---

[*] 本文系2022—2023年度湖北省科研重点项目"湖北省公共图书馆区域协同发展路径研究"（鄂图科2022-01）的研究成果之一。

图书馆的"江城读书节"、宜昌市图书馆的"三峡文化讲坛"、恩施州图书馆的"悦读恩施"等。二是服务开展时间节庆化。各地公共图书馆的阅读推广服务，大多集中在世界读书日、图书馆服务宣传周、六一儿童节及重大节庆假日开展。三是阅读推广组织专业化。大部分图书馆均安排馆员或专门人员负责阅读推广活动，设置了阅读推广组，或成立阅读推广部门，积极调动社会力量参与图书馆的阅读推广活动，公共图书馆阅读推广的组织化、专业化不断增强。

二、依托区域联盟开展阅读推广服务情况

湖北省公共图书馆在推进阅读推广服务品牌创建、模式创新的同时，还力求通过区域联盟创立，推进阅读推广服务。部分公共图书馆根据《湖北省文旅行业落实区域发展布局实施方案》（下称《方案》），成立区域性公共图书馆联盟，在联合开展阅读推广服务上进行有益探索。

（一）武汉都市圈公共图书馆联盟

2011年，武汉图书馆发起成立了武汉市公共图书馆联盟；2022年，在《方案》引领下，武汉图书馆联动武汉周边的黄石、鄂州、孝感、黄冈、咸宁、仙桃、天门、潜江九市成立武汉都市圈公共图书馆联盟，联合举办"江城读书节"，发布《武汉城市圈公共图书馆联盟倡议书》，深入推进文献资源建设、阅读推广等领域的交流合作。2022年4月，联盟内的各地图书馆结合各馆自身品牌特色，在线上线下策划推出了系列活动。武汉地区公共图书馆组织开展了讲座沙龙、知识竞赛、少儿书画大赛、城市导览服务、电台读书分享、"你阅读我买单"等主题活动130余项；黄石市图书馆推出"古书之美系列讲座之敦煌遗书之美"讲座；黄冈市图书馆阅读推广服务走进广场；天门市图书馆举办亲子绘本阅读进社区活动……"江城读书节"的规模、内涵、服务进一步扩充延伸，阅读推广的区域联动效应进一步凸显。

（二）"宜荆荆恩"城市群图书馆联盟

2010年，宜昌荆州和荆门三地联合成立宜荆荆图书馆联盟；2021年，恩施州图书馆加入宜荆荆图书馆联盟，宜荆荆恩城市群图书馆联盟正式成立。2022年4月，"宜荆荆恩"城市群公共图书馆在宜昌当阳举办"宜荆荆恩"城市群公共图书馆一体化发展座谈会，共同参加当阳沮漳读书节活动，开启了宜荆荆恩地区阅读推广活动联办的合作新局面。湖北省图书馆积极助力联盟建设，成立楚天数字书院当阳分院，助力当地传统文化弘扬、数字阅读推广。宜昌市图书馆举办"阅读设计在中国"主题展览；荆门市图书馆举办"你读书·

我买单"读者选书活动；荆州市图书馆举办"书海泛舟乘风远航"主题阅读活动；恩施州图书馆启动"书香恩施，喜迎盛会"恩施州全民读书月活动；枝江市图书馆举办"悦读枝江"讲书大赛；恩施市图书馆开展"土家娃"亲子阅读活动。

（三）"襄十随神"地区联盟

2022年5月，襄阳、十堰、随州、神农架四地图书馆联袂推出"襄十随神"悦读行系列活动，促进区域图书馆之间全民阅读品牌的深入交流互动，努力形成图书馆区域品牌集群优势。襄阳市图书馆联合随州市图书馆开展"童阅中国·童悦好书"主题阅读推广活动，十堰市图书馆开展"最美阅读推广人"评选、地方历史文化故事进校园活动，神农架林区图书馆开展书香文化进校园活动。阅读推广服务上的活动共办、品牌共建，使得"襄十随神"地区公共图书馆阅读推广工作系统化、品牌化得到进一步加强。

三、公共图书馆通过区域联盟开展阅读推广服务存在的问题

通过湖北省公共图书馆区域联盟推进阅读推广服务的情况，能够看出区域联盟可以有效整合公共图书馆的文献、服务、人才、活动、宣传等资源，形成优势互补联动发展的阅读推广服务布局，进一步提高区域内阅读推广服务水平，但在实际工作中也还存在以下问题。

（一）各区域发展不平衡，阅读推广服务均等欠缺

尽管通过区域联盟建设可以促进阅读推广服务形成集群效应，扩大服务范围，但湖北各地公共图书馆的资源禀赋和发展现状存在较大差异，区域联盟数量有限、地区分布不均。联盟成员馆的购书经费、人员编制、活动经费等分布不均，县级馆更是存在人员编制少、学历职称较低、专门从事阅读推广活动的馆员少等短板，直接导致区域联盟建设上省市热、县区冷，阅读推广服务上也是省市级馆的服务品牌叫得响做得强，县区馆活动少品牌弱，各联盟、各成员馆之间均存在明显差异，极大影响全省的阅读推广整体水平，通过区域联盟开展阅读推广服务的均等化、系统化难以持续。

（二）区域联盟管理松散，合作联动服务机制不强

虽然湖北省文化和旅游厅于2022年印发了《方案》，力促各地公共图书馆建设区域联盟，强化阅读推广和公共文化服务合力。但区域联盟各成员馆在经费、人员、业务等方面仍旧由各地主管部门管理，活动和服务在现实中仍然受

行政区域管理的条块分割影响。公共图书馆区域联盟建设和管理上，存在重倡议轻实效、重宣传轻机制的情况，在行政体制、管理机制等因素影响下，联盟管理运行缺乏健全的制度保障与有效的监督，在联动推进阅读推广等服务时，协商统筹多、执行效率低，宣传造势多、活动系统度低，区域联盟阅读推广服务的联动集群效应不佳。

（三）活动绩效评估欠缺，阅读推广服务效益不高

从文化和旅游部第六次公共图书馆评估定级统计数据和湖北省公共图书馆近3年的年报来看，各级公共图书馆均比较重视阅读推广服务的活动场次、参与人次，将以上两项指标作为衡量阅读推广服务效果的主要标准。但阅读推广服务的绩效评估是综合群众参与率、资源利用率、群众满意度、宣传效果、活动效果等多方面因素的综合体系。公共图书馆区域联盟在阅读推广活动绩效评估上缺乏科学的调研总结、评估论证，不能科学合理有效地评估联盟联合开展阅读推广服务的实际效果和质量，难以为联盟持续开展阅读推广服务进行数据支撑，无法保证阅读推广服务和活动的质量与效果。

四、湖北省公共图书馆优化阅读推广区域联盟的策略

（一）扩总量，促进区域阅读推广联盟均衡发展

继续发挥省级馆引领促进作用，加大建设区域联盟的号召，吸引更多图书馆加入或成立联盟，建设形成"1个龙头馆+多个公共图书馆区域联盟+多项阅读推广服务活动"的服务网络，扩充区域联盟的总量，推进联盟的网络化、系统化、协同化。针对资源禀赋不足的公共图书馆，吸纳其加入比较成熟的区域公共图书馆联盟，整合各级各类公共图书馆的读者信息、文献资源、活动平台等资源，增加区域联盟总数量和参与度，巩固联盟稳定性，为各地公共图书馆阅读推广服务均衡发展打下组织基础。

（二）强管理，完善区域联盟联动合作管理制度

建立区域联盟共同推进阅读推广服务、加强联盟合作的管理制度，用刚性的制度来对各成员馆的服务目标、活动类别、资源供给、宣传联动等进行明确的规范，在倡议书的基础上加强重点服务项目、重大阅读活动、品牌讲座展览的合作联动力度。同时，成立联盟领导小组，统筹各成员馆的现有资源、活动与服务，确定联盟年度服务目标和重点工作任务，积极促进区域内成员馆共同开展讲座、展览、讲书等阅读推广活动，围绕重大节庆、重大活动策划推出区

域大型阅读推广服务品牌，打破公共图书馆阅读推广品牌各自为政、多而不强、广而不精的局面，充分发挥各成员馆的积极性、创造性和主观能动性，汇聚区域联盟的联动合力以及联合开展阅读推广服务的集群效应。

（三）提质量，丰富联盟开展阅读推广活动内容

公共图书馆区域联盟首先需不断丰富阅读推广服务内容和活动形式，提高服务的质量与内涵。一方面，加强阅读推广专业队伍建设，做好馆员培训，与社会力量合作，共建阅读推广人队伍，为阅读推广服务提供有力人才保障；另一方面，完善各成员馆的信息宣传平台，不断积累用户并获取读者的最新需求，重视服务互动体验，从创意、方式、组织等方面促进阅读推广活动推陈出新、更加贴心。其次，打造区域联盟阅读推广服务品牌，通过各成员馆的服务与活动数据，评估成效好、反应热烈、影响力大的服务及活动，对相关活动进行品牌孵化、内涵深化、质量优化，不断丰富服务形式、优化服务质量、打造服务品牌，最大限度发挥区域联盟的品牌共建效应，共同构建全民阅读服务体系。

（四）增质效，健全阅读推广服务评价反馈机制

重视公共图书馆区域联盟开展阅读推广服务的读者满意度调查、活动总结回访等工作，从活动保障、活动规模、宣传效果、活动参与度、参与者满意度等方面对阅读推广服务的质效进行总结评价，采取专家评估、问卷调查、年度统计分析等对服务活动进行评估，总结活动内容、组织、类别、宣传上的优势与不足，分析活动需要改进、完善之处或者需要取消之处，汇总形成系统、客观的反馈和评估报告，为后续服务的开展提供依据。从而为区域联盟开展阅读推广服务的出发点、侧重点找到依据，促进区域联盟对阅读推广服务的年度规划、重点任务、组织形式、活动内容、宣传方式等做出相应调整，使得各项服务更加贴合群众需求，达到区域联盟共建共促阅读推广服务的效果，为全省读者提供更高质量、更有口碑、更加便捷的阅读推广服务。

参考文献

[1] 9城图书馆共聚江城读书节，130余项活动邀你共读好书．[EB/OL]．[2022－04－23] http：//news.cnhubei.com/content/2022－04/23/content_14689447.html．

[2] "童阅中国 童悦好书"拉开"襄十随神"悦读行系列活动序幕 [EB/OL]．[2022-05-13]．https：//baijiahao.baidu.com/s？id＝1734128389200710587&wfr＝spider&for＝pc．

［3］佟艳泽.黑龙江省公共图书馆阅读推广联盟运行模式［J］.图书馆学刊，2019，41（2）：30-35.

［4］王凌宇.阅读推广联盟机制研究——以深圳市光明新区图书馆为例［J］.图书馆界，2017（4）：70-73.

［5］谢秋发.基于区域图书馆联盟的联合阅读推广服务探讨——以广西区域图书馆联盟为例［J］.桂林师范高等专科学校学报，2021，35（1）：73-78.

［6］孙晓瑞.高校图书馆阅读推广绩效评估指标研究［J］.图书情报导刊，2021，6（7）：17-22.

公共图书馆少儿阅读品牌建设实践与思考
——以宜昌市图书馆"快乐小屋"为例

刘文涛

（宜昌市图书馆　443008）

摘　要：文章阐释了少儿阅读品牌对促进全民阅读的重要意义，以宜昌市图书馆"快乐小屋故事会"的品牌建设实践为例，从品牌定位、品牌内容策划、品牌团队建设、品牌宣传推广等方面探讨打造少儿公益阅读品牌的途径，并对少儿阅读推广品牌的进一步完善提出了几点思考，以期对其他公共图书馆的少儿阅读品牌建设提供一定的参考。

关键词：公共图书馆；少儿阅读；品牌建设

一、引言

作为全民阅读的重要组成部分，少儿阅读具有重要的战略意义，被称为"根的工程""花的事业"[1]，儿童阅读的作用，甚至被认为能改变、能照亮整个国家。作为全民阅读的突破口和切入点，少儿阅读推广也因此成为公共图书馆的核心业务之一，很多公共图书馆倾力打造了诸如故事会、经典诵读、阅读之星大赛等有影响力的少儿阅读推广品牌，有效吸引了未成年读者的关注，提升了图书馆的服务效能。本文以宜昌市图书馆"快乐小屋"的品牌建设实践为例，从品牌定位、品牌内容策划、品牌团队建设、品牌宣传推广等方面探讨图书馆少儿阅读推广品牌建设策略，以期为深化全民阅读、打造读书品牌提供参考。

二、宜昌市图书馆"快乐小屋故事会"品牌建设实践

阅读推广品牌是指以图书为核心，以活动为载体，以阅读群体为对象，通过科学设计，连续开展三年以上，并覆盖一定范围，群众喜闻乐见，阅读参与

面广、特色鲜明并产生广泛社会影响的阅读推广项目。[2]品牌是图书馆阅读推广的重要手段，一方面，图书馆可以借鉴品牌管理的方法进行阅读推广项目的管理，从而规范项目生成流程，实现阅读推广项目的常态化和优质化，另一方面，图书馆也可以利用品牌效应增强读者对图书馆的信任，提升阅读推广的知名度，强化阅读推广效果。基于此，宜昌市图书馆非常重视品牌建设，以严格项目管理、规范项目流程、保证项目质量，积极打造项目的高品质，将"快乐小屋"打造成特色鲜明、声誉良好、影响深远的阅读推广品牌。

(一) 品牌概况

宜昌市图书馆少儿阅读推广品牌"快乐小屋"从无到有，从线下到线上，从粗放单一到精细多元，历经10年的艰苦探索和锐意创新，形成了面向未成年人的三大阅读推广子品牌——面向学龄前儿童的快乐小屋故事会，面向全龄段儿童的快乐小屋悦读会和面向特殊儿童的蒲公英漂流书屋，通过丰富多彩的图书分享、经典诵读、民俗文化鉴赏、红色故事会、科普阅读等活动，帮助孩子们汲取经典养分，助力文化传承，普及科学知识，培育和践行社会主义核心价值观。

1. 快乐小屋故事会

快乐小屋故事会创办于2011年3月，是面向低幼儿童的公益性早期阅读推广活动，它以讲读绘本故事为主，以开发智力的音乐欣赏、美术鉴赏、经典诵读、手工制作、绘本剧表演等为辅助形式，由馆员和文化志愿者共同搭建的一个开发少儿领悟力、口头表达及表演才能的阅读分享平台。围绕故事会组织成立了快乐小屋读者沙龙，建立了沙龙QQ群、微信群，拥有会员900多人。截至2022年7月，快乐小屋故事会已开展260多期，服务少儿6万多人次。2021年，"快乐小屋故事会"被评为"湖北省2021年示范阅读推广项目"。

2. 快乐小屋悦读会

2020年年初，新冠疫情肆虐，图书馆日常开放工作受阻，为继续服务读者，宜昌市图书馆打造了全新线上少儿阅读推广品牌"快乐小屋悦读会"，新组建少儿阅读微信群，群人数达600人。截至2022年7月底，联手武汉市少年儿童图书馆云上读书会定期在群中推送故事音频，邀请童书编辑、作家、绘本研究院讲师等专业老师直播故事会200多场。在世界读书日和六一儿童节等重要节日打造大型直播3场，开启了多场跨时空跨区域的云上研学之旅，单场最高吸引90多万网友观看，大大拓展了服务范围，把少儿阅读活动做到线下无法达到的广度和深度。

3. 蒲公英漂流书屋

"蒲公英漂流书屋"是由宜昌市图书馆和宜昌市妇联于2013年4月开始联合创办的少儿阅读推广品牌。主要以绘本精读课、国学经典课、法制教育、图书赠送、成长励志讲座、红色故事分享等形式，向孩子们推介中外优秀经典少儿读物，激发其阅读潜能，促进其身心健康成长，培养爱读书、会读书、读好书的良好习惯。截至2021年底，"蒲公英漂流书屋"共开展活动20场，累计捐书12150册，数字读书卡2360张，校服131套，为五峰、当阳、秭归、长阳等多个县市区的留守儿童和特殊儿童送去了丰盛的"文化大餐"。

（二）品牌定位

1. 精准定位，契合市场需求

一个真正的品牌只有找准价值定位和目标受众，才能打造和形成核心竞争力。10多年前，宜昌市图书馆早期幼儿阅读推广活动还是一项空白。而相关研究发现，儿童时期是培养阅读习惯的黄金时期，其中三岁至六岁是提升儿童阅读能力的关键阶段。绘本因为故事有趣、文字精练、图画唯美被公认为是符合儿童身心发育和认知特点的最佳读物。绘本阅读对于发展学龄前儿童语言，开发儿童智力，丰富儿童想象力，提高儿童综合素养等方面具有重要的价值和意义。为了满足广大学龄前儿童及其家长对阅读指导的需求，快乐小屋故事会应运而生。故事会定期举办主题多元、形式多样的绘本讲读和亲子阅读活动，以喜闻乐见的形式，让孩子认识绘本，爱上阅读，高效地满足少儿的阅读需求。

2. 规范流程，坚持常态化高品质运行

图书馆的公益品牌需要长期经营维护，只有长期坚持，不断宣传，日积月累，才能逐步培养自己的读者群，产生美誉度和影响力。快乐小屋故事会每期都有主题策划、活动预告、组织报名、课程精讲、读者反馈、活动报道等一套完整流程；同时延续了每两周一次课程，每次在周六上午10点举行故事会的做法，确保绘本阅读服务定时定点，常态化运行。2020年年初，受新冠肺炎疫情影响，线下故事会暂停。开始组织线上故事会，开通网上直播课程，做到线上服务不停步。2020年8月起，在做好疫情防控工作的前提下，逐步恢复周六上午的故事会活动。

三、品牌内容策划

（一）甄选优质绘本，以经典树品牌

快乐小屋故事会是以绘本讲读为中心的阅读交流平台，所以优质绘本的选

择是开展故事会的首要环节。一般情况下，快乐小屋故事会会尽量选择获奖绘本，比如美国的凯迪拉克奖和中国的丰子恺图书奖等获奖作品，它们都是经过时间检验、流传甚广的高质量绘本，内涵丰富，意蕴深厚，耐人寻味。如经典绘本《想吃苹果的鼠小弟》《满月》等作品，能给人带来持久的温暖和感动，在各类故事会现场常讲不衰，经久弥新。

（二）坚持价值导向，精准选择主题

作为宜昌市少儿公益阅读品牌的代表，"快乐小屋"始终坚持以人为本，歌颂真善美，传播正能量，大力弘扬社会主义核心价值观，让高雅、积极、向上的主流文化引领人们的思想。策划活动时十分注重对中国传统文化的传承，在春节、端午、孔子诞辰日、父亲节等节庆时点，结合时代热点，先后策划了"传统节日""家风家教家训""科普宣传周""红色故事会"、英文原版绘本等系列主题活动，将传统文化、科普知识导入绘本讲读中，将孝敬长辈、尊师重教等美德教育融入亲子互动过程中，让孩子们在轻松的阅读中传承经典，践行美德，坚定自信，推动优秀传统文化与经典读物的创造性转化和创新性发展。2021年在迎接建党100周年之际，快乐小屋推出了红色故事会系列，从图书馆珍藏的连环画、小人书中精选出适合小朋友阅读的读本，邀请社会各界红色故事讲述者以此为题材为孩子们讲述红色故事，让孩子们学史明理、学史爱党、学史增信。

（三）人文关怀导向，温暖特殊儿童。

在公共图书馆开展特殊儿童服务的过程中，可以把不能正常享有阅读资源和服务的群体，也可以说是阅读弱势群体，作为特殊儿童。[3]具体来讲，特殊儿童的群体就包括视残、智残等残疾儿童和因家庭环境或社会环境造成的无法正常享受公共文化服务的农民工子女、孤儿、罪犯子女等。公共图书馆作为公共文化服务的推广单位，理应成为连接社会和特殊儿童的桥梁，通过各类活动的开展给予他们更多人文关怀和成长的力量，让他们能够享受到和普通儿童一样的文化服务，这样方能彰显公共文化的普惠性。

2021年和2022年，"快乐小屋"子品牌"蒲公英漂流书屋"分别走进枝江特校和宜昌博爱特校，为智障儿童和孤独症儿童带去了精彩的阅读辅导课，同时还带去了相关的心理拓展、音乐疗法、光影剧表演、能力康复训练等特殊课程。孩子们在活动中树立了自信、展示了自我、开阔了视野，度过了一段溢满书香的快乐瞬间。

四、品牌团队打造

故事会师资团队是品牌故事会的具体推动者和执行者，因此建立一支独立高效运作的师资团队，对保障故事会品牌的运作和推广至关重要。快乐小屋故事会团队是一支充满爱心和朝气、具有强烈责任心和强劲战斗力的高素质文化团队。在少儿阅读推广服务过程中，团队精准的策划、专业的控场、亲和的态度、精彩的授课、高质量的采访报道和良好的人际沟通，赢得了读者朋友的肯定和喜爱。主讲老师主要由富有经验的少儿部馆员、绘本馆老师、幼儿园老师、文化志愿者组成。讲课老师一般对绘本都有一定的认知，善于动手制作手工，讲课生动有趣。参加"蒲公英漂流书屋"的主讲老师，除绘本老师外，还有来自各行各业的专家，如童书作家、心理咨询师、律师、培训机构讲师、社会工作者，大家为了播撒阅读的种子走到一起，共同为关爱留守儿童和残疾儿童贡献着自己的一份力量。

五、品牌宣传推广

图书馆阅读推广品牌建设的重要取向，是将品牌加以推广，使品牌活动惠及更多人群，让品牌发挥示范作用，促进全民阅读向纵深发展。

（一）坚持每次活动有报道，保有品牌活动影响力

服务的延续性和持久性非常重要，只有坚持这种延续性和持久性，才能在实践中不断创新思想，提升服务品质。"快乐小屋"坚持每次活动有文图，有报道，有台账，长期坚持在图书馆官微、网站、读者微信群、QQ群分享活动图片及文字报道，保有了品牌活动的影响力。对于一些重要节庆活动或者新颖的选题，常邀请电视台、报社、网站记者到现场采访报道，将品牌活动通过屏幕、报纸、网络呈现给更多的读者和观众，扩大受众面，提高品牌的知名度。2022年5月20日，"快乐小屋"走进宜昌市点军图书馆，表演"千手观音"的18名小演员们为点军博爱特校的孩子们带来了精彩的文艺表演，听绘本、看节目、交朋友，孩子们一起欢庆六一，感受阅读的快乐。人民网、中国网、宜昌发布等等争相报道，快乐小屋的影响力进一步提升。

（二）"引进来、走出去"宣传品牌

"快乐小屋"不仅立足宜昌，还积极"引进来、走出去"，将品牌活动经验推广到宜昌各县市区和培训机构，起到了引领示范作用。2018年湖北电视台来宜昌专访拍摄了宜图少儿部陈思如开展亲子阅读活动的情况，节目在湖北卫视

《领读者》栏目播出。2021年6月，三峡电视台《科教宜昌》邀请快乐小屋陈思如、余露云老师分别主讲红色经典读物，录制成专题节目在全市播出，快乐小屋故事会通过荧屏延伸空间，扩大了受众人群。

"蒲公英"活动所到之处，更是带动了各县市区图书馆共同开展少儿阅读推广活动，联合打造了17家"蒲公英漂流书屋"，"蒲公英"飘到哪里，快乐小屋的绘本故事就讲到哪里，哪里就掀起一阵少儿阅读推广的热潮。宜昌市各县市区相继学习快乐小屋推出少儿阅读品牌活动，如宜都市图书馆的"小童星"系列活动，夷陵区图书馆的向日葵读书会，猇亭区图书馆的轻松听书等。宜昌市各社会机构、学校也逐步推进开展类似的公益阅读项目，如慧爱家庭教育指导中心、栋梁美术绘本馆分别邀请了"快乐小屋"主讲老师为孩子们上绘本课，点军桥边小学邀请陈思如老师为一、二年级学生开展了为期一年的绘本阅读课，并辅导该校老师"读写绘"课程等。

六、关于优化少儿阅读品牌活动的几点思考

宜昌市图书馆少儿活动品牌经过多年的坚持和打磨，取得了不俗的成绩，但也存在一些短板和不足，还有一定的提升空间。具体来说，一是活动组织方式相对固定单一，易引起审美疲劳；二是活动场地多限于图书馆内，服务人数有限，影响力大打折扣；三是宣传渠道狭窄，宣传推广渠道多为自身的网站和微信公众号，自娱自乐痕迹严重，立体化传播力度不够，在当今自媒体发达的时代背景下，品牌传播渠道显得弱势和力微；四是人手不足，专业人才缺乏，创意创新乏力，发展面临突破瓶颈，品牌活动发展后劲不足。针对以上情况，特提出以下改进策略，以供参考。

（一）优化活动内容，创新阅读形式

要保持品牌的生命力。必须根据时代的变化、读者需求的变化，不断推陈出新，创新品牌形式，丰富品牌内涵，使品牌具有持续的竞争力。在内容的优化方面，可以考虑利用现代传媒技术，嵌入动画、混响，立体呈现绘本讲读内容；利用VR虚拟现实技术、AR增强现实等新兴硬件，为少儿带来沉浸式的阅读体验，如针对科普图书推广开展的消防安全、地震避险体验，以及针对传统文化图书推广开展的历史重演、文化地点重游等虚拟现实阅读方式。[4]也可以考虑到户外开展故事会活动，将阅读与游学相结合，在游走山水间读书，让游与学结合，真正做到"行千里路，读万卷书"。不断创新绘本讲读延伸环节，通过绘本剧、绘本再创作、亲子手工展、绘本玩具秀、绘本+皮影等形式，提升活动的趣味性和参与度，给孩子们带来常听常新的体验。

（二）发展"图书馆+"模式，丰富品牌内涵

多元合作是少儿阅读公益品牌的发展趋势，加强与政府机关、社会团体、公益机关、大众媒体、社会机构等相关各方的沟通与合作，发展"图书馆+"模式，将有助于缓解公共图书馆在少儿阅读推广方面专业人才不足、形式单一等短板问题。面对师资不足的问题，可以主动联系各绘本馆、幼儿园、中小学、教培机构、社区等多家单位，以及知名作家、专家、资深阅读推广人等文化志愿者，把绘本精品课、作家进校园、经典阅读讲座、心理咨询辅导、心理拓展游戏等特色活动融入"快乐小屋"的课堂，打造了精彩纷呈的阅读推广活动。在挖掘绘本资源、设计推广内容方面，公共图书馆可以与绘本馆、国学馆、童书作家、出版社开展协作，争取对方的专业支持。在扩大推广覆盖面、丰富读书活动形式方面，可与学校、社区、民间公益组织等社会力量合作，拓展推广渠道，激发推广活力。在助推宣传效果方面，可与传统媒体及网络媒体开展合作，打造线下线上的立体化传播平台。

（三）创新宣传手段，扩大品牌影响力

采取多元化的宣传方式，将活动信息传递给更多的目标读者。可以采取线上线下相结合，事前事后相呼应，线上借助官微、APP、微信公众号、短视频平台、广播电视媒体、图书馆网站、朋友圈等网络平台，推送相关主题活动信息；线下可以在馆内派发活动宣传单、悬挂宣传海报，充分利用公告栏、展牌、电视墙展示活动信息资讯等方式开展活动宣传，方便读者及时掌握活动信息。活动结束后，鼓励参加过活动的读者向周围人群宣传，定期制作有关主题活动精彩回顾和总结的宣传手册等，便于读者了解活动内容、过程和效果，积累读者黏性和关注度，以期达到更好的宣传效果。

（四）重视人才培育，促进可持续发展

图书馆要建立人才培养的长效管理机制，树立馆员打造阅读品牌活动的意识，定期组织馆员进行阅读推广相关工作培训，将理论学习与实践经验相结合，提高馆员的活动策划、绘本讲读、外联沟通、新媒体运用等综合能力，为推动阅读活动品牌化提供有力保障。注重建立阅读活动效果评估，形成第三方评价机制，提高馆员积极性。通过对读者需求、阅读推广制度、保障机制、活动实施及活动产生的影响进行评价，既可以了解阅读推广活动运行成果，又可以找出活动实施过程中的问题和缺陷，以评促建，以评促改，为今后更好地开展阅

读推广活动指明方向。

七、结语

儿童阅读推广是一门貌似简单却蕴含着科学的规律和无穷的奥秘、值得我们不断地探索和精进的科学，它是提升公共图书馆影响力和竞争力的重要环节，是促进全民阅读、构建书香社会的重要保障。品牌的塑造是图书馆少儿公益阅读平台可持续发展的必由路径，需要与时俱进，不断创新，整合更多社会资源，寻求多方合作，持续优化活动内容，丰富品牌内涵，提升品牌质量，让优质阅读品牌惠及更多的少年儿童。

参考文献

[1] 许红. 根的工程 花的事业——论儿童阅读的重要性 [J] 语文，2009 (10).

[2] 李敏. 公共图书馆阅读推广活动品牌建设 [J] 科技与创新，2018年 (14).

[3] 郝天晓. 公共图书馆特殊儿童服务中的 ARCS 动机模式应用探究 [J] 图书馆研究，2019 (2).

[4] 刘映潇. 新时代少儿智能图书馆建设——基于 AI 技术的阅读推广 [M] //湖北省图书馆长江读书节2018年卷. 北京：北京时代华文书局，2018.

馆校合作模式下未成年人阅读推广工作的实践与分析

张 珺 吴宇昊

(十堰市图书馆 442000)

摘 要：学校是未成年人阅读推广的主阵地，公共图书馆未成年人阅读推广应该充分重视学校阵地，通过馆校合作，形成阅读推广的合力，着力推动未成年人阅读推广服务的升级和优化，为未成年读者带来更加多样、更为精彩、更具乐趣的阅读体验。

关键词：公共图书馆；馆校合作；未成年人；阅读推广

未成年人是民族的未来和希望，关系到整个民族素质的提高，是全民阅读活动的关键。在这个意义上，2017国家出台的《全民阅读促进条例》，将未成年人作为全民阅读活动中的重点群体，并设专门机构立法保障阅读。该条例第三章从第十九条到第二十三条共5条涉及保障未成年人阅读，内容包括国务院教育行政部门应履行的职责，未成年人的父母或其他监护人、教师应起到的指导作用，促进学龄前儿童的亲子共读，开展中小学生书香校园文化建设，涉及政府、学校、家庭和社会等各个层面。[1]可见，国家对于未成年人的阅读是十分重视的，抓好未成年人的阅读就等于抓好全民阅读活动的未来，也是建设书香社会的关键。

阅读是未成年人获取知识、发展思维、形成审美的主要方式，也是其认识世界、认识自我的重要途径。图书馆作为公益性的社会文化机构，其承担着开展社会教育与开发智力资源的重要使命。[2]故此，公共图书馆对促进未成年人阅读具有重要的责任。公共图书馆如何利用自身优势挖掘更多的阅读主体，未成年人通过怎样的渠道寻找到更多的优质阅读资源，这是当前推广未成年人阅读遇到的难题。基于此，本文就"馆校合作"阅读推广模式进行探索，以期为公共图书馆开展未成年人阅读推广带来新的启示。

一、当下馆校合作的现状

（一）家长对孩子阅读的意识不到位

家长作为孩子的第一任教师，对于孩子的阅读启蒙具有重要的作用。但是大多数家长在对待孩子阅读方面认识不到位，多数家长对孩子的教育忧心忡忡，觉得孩子应该专注于学习，看书会影响学习的专注度。另一方面，部分家长因为经济的不宽裕，无法为孩子提供丰富的图书资源，同时由于工作的原因缺少陪伴，无法进行亲子阅读，言传身教陪伴孩子养成阅读的习惯。就目前而言，家庭阅读方面是进行未成年人阅读推广要突破的重大难题。

（二）学校对于阅读缺少引导

学校是未成年人阅读的主阵地，应该对未成年人的阅读多加引导，培养孩子阅读的兴趣，从而养成阅读的习惯，但是学校在阅读引导环节存在些许问题。在我国现行的教育体制下，多数学校在"唯分数论"面前，忽视学生的阅读，仅以课本替代阅读。其次，多数学校在开设了阅读课和阅读兴趣课的情况下，也是任由学生"野蛮式"阅读，对于学生书类选择没有专业引导，并且提供给学生阅读的书籍过少。因此，仅仅依靠学校的力量，是无法深入推进未成年人阅读的。

（三）馆校合作还需进一步深入

自馆校合作的模式提出以来，大多公共图书馆进行了这一模式的尝试。在中国知网搜索"馆校合作"这一词条出现结果601条，关于"图书馆"的共有256条，研究论文不到50%。这也说明对于馆校合作这一模式公共图书馆还处于探索阶段，发展还不够成熟。虽然公共图书馆和学校建立了合作，但是并没有形成一种可以广泛推广的模式。学校的馆藏书籍偏少，数字资源更是少之甚少。而公共图书馆拥有大量书籍文献和海量的数字资源，但是与学校并没有实现数据终端的共享，读者需要到馆内才能享有图书馆的数字资源。当下信息技术发达，有声阅读受到未成年人的广泛喜爱，一是获取比较便捷，二是听觉观感对于信息的接受要比纸质书籍所带来的视觉感官更为便捷，同时还可以保护未成年人的视力。如果学校能共享公共图书馆的数字资源，就能为教学提供更多的方式并且促进学校和公共图书馆数字阅读服务能力的同步发展。

二、馆校合作的可行性

（一）未成年人阅读现状

笔者通过对中国新闻出版研究院 2018 年至 2022 年近五年发布的全国国民阅读调查结果报告进行梳理，整理出下图。从图中可以发现，各年龄段未成年人的图书阅读率整体均呈现出稳步增长的态势，可见未成年人阅读呈一片向好发展趋势，阅读意识在未成年人中普遍存在。同时从图中可看到我国 0~17 周岁未成年人中，不同阶段未成年人阅读率也存在一定的差距，其中 0~8 周岁未成年人阅读率与 9~13 周岁未成年人阅读率差距较大，还需进一步抓好未成年人的阅读，尤其是全民阅读视域下未成年人的分级阅读推广。

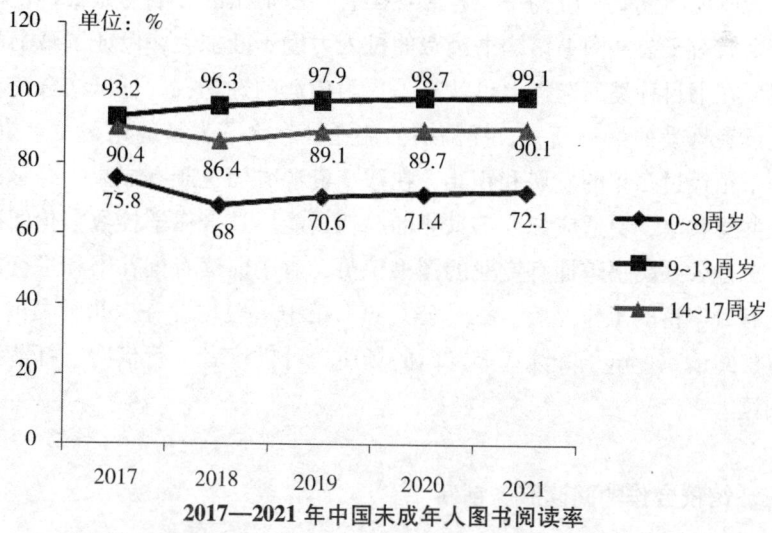

数据来源：中国新闻出版研究院　全国国民阅读调查

图 1　2017-2021 年中国未成年人图书阅读率

自 2021 年秋季学期"双减"政策落地以来，有效减轻了义务教育阶段学生过重作业负担和校外培训负担，未成年人可自我支配的时间增多，这为阅读活动的有效开展提供了广阔空间和有利契机，解决了未成年人"没时间阅读"的突出问题，激发了未成年人的阅读兴趣和激情。

（二）"双减"背景下学校面临的教学新形势

在"双减"政策背景下，随着部编版教材的推广使用，阅读的重要性也在不断提升，语文教学也不断出现新的契机。语文知识本就具备人文性与综合性特征，仅靠教材中的知识实施教学是远远不够的，课外阅读既是弥补教材教育短板的一种方式，又是提升学生自主学习能力的有效途径。学校通过支持鼓励在校学生参与图书馆的阅读推广活动，学校的阅读教学实践将更具科学性以及系统性，不仅减少了学校自主进行阅读实践课程的经费开支，而且可以极大地丰富中小学生阅读的内容，摆脱长期以来中小学校阅读实践课程内容单一、吸引力不足的不利局面，学校的阅读实践课程教学质量也可获得有效的提升。[3]目前学校越来越重视学生的综合发展，多数学校依据学校实情开设了课外活动课，据了解阅读课是每个学校的必开课程。可见，学校对于提升学生阅读素养、培养学生阅读习惯是非常重视的。

（三）公共图书馆的优势

在现有的阅读服务机构中，各级各类公共图书馆的影响力是最广泛的。一是国家财政对于公共图书馆购书经费的投入力度不断加大，保证了藏书的种类和数目，在书目种类的选择上也就有了更为广泛的选择权，可以结合读者需求购买受读者喜爱的好书新书，提高书的流通性。除了丰富的馆藏文献资源外，公共图书馆经过多年的发展和积累，在数字资源方面也颇有成果，海量的信息资源的共建共享，更适应如今信息化的时代，能增强合作学校数字化阅读服务能力。二是公共图书馆拥有专业的图书馆员，对于向读者推荐书和进行阅读推广活动有着丰富的工作经验。三是公共图书馆中一般均设有少儿图书馆，提供借阅室、阅览室、电子阅览室等专门的场所，可供读者自行借阅，打造沉浸式文化阅读。

三、馆校合作的阅读服务创新

（一）内容多样化，针对性研发特色课程

公共图书馆可依托丰富的馆藏资源、图书馆服务指南及馆员的专业知识与岗位技能，开设关于乡土特色文化、历史名人、民俗文化等方面的知识课程，通过系列课程的讲授，普及图书馆常识与文化知识，提升未成年人对图书馆的认知，激发阅读兴趣，增强阅读意识。针对不同年龄段的未成年人的特点和发展需求，结合图书馆的服务特色，为读者提供精准化、个性化、创新化的服务内容，增强读者服务黏性。公共图书馆可开设文献检索与借还课程、读者服务课程、经典好书推荐、领读者之声、共读一本好书，以图书、文献、视频、音频等多种形式的图书馆方面的知识分享为核心，以"理论+实践"为抓手，增进未成年人对图书馆的认知与了解，培养图书馆情结，传播中国传统文化知识，培育未成年人的文化自信。

（二）"引进来"+"走出去"双轨架构馆校合作桥梁

馆校合作，双向赋能。一方面，公共图书馆通过增设馆外流通书屋和流动图书车送服务进学校，并与大型文旅活动合作打造高质量的社会教育项目，开展未成年人图书阅览、未成年人专题讲座、电影欣赏、读后感及征文等活动，丰富未成年儿童精神文化产品供给，进一步提升其精神素养，紧紧立足图书馆主阵地，不断提升图书馆服务特色。以"小小管理员""小管理员志愿活动"这种社会实践活动，创新打造沉浸式阅读体验。以春节、学雷锋日、母亲节、儿童节、端午节等节日节庆为契机，打造多样体验项目。以"引进来"为导向融入未成年人文化生活，助推"双减"。另一方面，坚持"走出去"加强馆校互动，组建专业的馆员队伍，联动市内名师、协会会员、书房工作人员，走进学校，开展各种个性化阅读推广活动，有效衔接学校课后服务需求。同时公共图书馆可以尝试共建学校阅读室，持续推进"你看书，我买单"项目，在少儿图书采购方面可以广泛征集学校老师和学生的诉求，在购买新书时参考他们所列举的清单。与此同时，为拓展未成年人阅读推广服务的外延，可通过举办各类亲子活动，依据各年龄段的未成年人阅读心理不同，认知范围和接受能力也不相同，低年段的孩子对漫画、绘图本及寓言神话比较感兴趣，中年段则喜欢特色故事、科幻故事、科普知识，高年段的学生喜爱长篇小说、百科知识等书籍，注重分层阅读推广，营造快乐和谐的阅读氛围，增强家长在少儿阅读推广过程中的作用，开展讲绘本、好书荐读等系列少儿品牌活动，将家庭支持的因素纳入助力未成年人阅读推广的有效引导机制，使图书馆阅读推广活动深入学校。[3]

（三）合作多元化，带动社会力量共同营造全民阅读的氛围

打造多元化的合作体系，以公共图书馆为中心点，馆员为核心力量，积极需求与各个行业的合作，发展多方面力量，形成阅读推广的延长线，共享社会各界资源，为阅读推广注入新能量，以点共线形成社会合力共同营造全民阅读氛围。以当前未成年人"红色教育"阅读推广为例，公共图书馆可将少儿阅读室和研学教育实践基地为基点，组建专业的图书馆员队伍，结合特色活动引进来、馆员推广走出去，双轨并行，利用丰富的馆藏资源打造"红色书籍"阅读角，展列红色书籍，打造成中小学研学教育实践基地。并与学校加强合作，邀请学生观展阅读。同时这样的阅读角可以延伸到市县内的学校以及社区，让公共图书馆的书流动起来，深化全民阅读社会力量的参与，让未成年人浸润在阅

读的氛围中，享受常效化的公共图书馆服务。

四、结语

馆校合作进行阅读推广为公共图书馆面向未成年人开展阅读推广带来了新的发展机遇，也是公共图书馆和学校服务未成年人，保障未成年人阅读的重要合作模式。今后，馆校双方应进一步加深合作，着力优化阅读服务内容与模式创新，对未成年人的阅读内容、习惯、技巧进行正确指导，培养良好的阅读习惯与能力，让未成年人亲近书籍，喜欢阅读，习惯阅读，在阅读中快乐，在快乐中成长。

参考文献

［1］单华艳．全民阅读背景下未成年人阅读概况研究［J］．出版广角，2017，（21）．

［2］吴慰慈，董焱．图书馆学概论［M］．北京：国家图书馆出版社，2014．

［3］王乐．协同论视角下的馆校合作研究［J］．基础教育，2017（2）．

［4］那艳，崔月．未成年人阅读推广新模式——绍兴图书馆"馆校联动"实践研究［J］．新世纪图书馆，2015（11）．

基于读者数据的阅读分析及服务提升
——以十堰市图书馆2021年度阅读报告为例

张 珺 田 蜜

（湖北省十堰市图书馆 442000）

摘 要：当下，自动化管理系统已经广泛应用于各个公共图书馆。图书馆在利用其提高工作效率的同时，对其在运行过程中产生的数据也应引起重视并加以利用。本文以十堰市图书馆年度阅读报告为例，从阅读数据、阅读推广、媒体宣传等方面进行实践和思考，以期对今后的工作提供经验和参考。

关键词：图书馆；阅读报告

大数据时代，公共图书馆通过对自身运营过程中产生的海量数据进行搜集、整理和分析，形成年度阅读报告，有助于图书馆了解自身实际现状并为制定未来发展策略提供依据。[1]十堰市图书馆于2013年完成自动化管理系统的升级，引进Interlib图书馆集群管理系统。如何充分利用自动化管理系统中的数据统计功能，加以个性化的分析和整理，指导图书馆各项业务工作协调发展是值得探讨和实践的课题。

本文以编制十堰市图书馆2021年度阅读报告为例，就阅读数据的统计、分析，阅读推广、媒体宣传等问题进行了思考和实践。

一、本馆概况

十堰市图书馆体系由总馆和分馆组成，分馆包括汉江师范学院图书馆、中小学校图书馆、村文化室、农家书屋、职工书屋等馆、点总数达67个。2021年7月到8月图书馆对大厅进行了改造升级，新增了大数据展示平台、自助检索机等设备，同时对两个外借窗口的152组书架进行了升级更换，进一步完善了服务设施设备，改善了读者借阅条件，优化、美化了阅读空间，规范了书刊流通，提升了服务效能。

2021年优化书刊结构，完成65万元、9500余种、1.9万余册纸质图书采购加工任务。入藏成人图书5127种、10271册；少儿图书4560种，9007册，馆藏文献达到85万册（件）。征订报刊15万元、913种、971份，加工处理新报刊4万多份，完成过报刊整理装订4万多册。入藏地方文献168种，287册。可利用数字资源150TB，深化了与联合超星、中国知网、神州共享、云图有声等多家数字阅读推广机构的合作，充实了我馆《超星数字图书馆》《连环画阅览室》《十图悦读》《云图有声听书》《中华优秀传统文化知识专题数据库》等数据库。

二、阅读数据的统计

（一）读者借阅画像

图书馆是图书和读者之间的桥梁，为书找人、为人找书是图书馆工作的重中之重。读者到访图书馆的目的是寻找其所需要的图书及服务。读者到馆的次数、借阅图书的次数直观反映了图书馆能否满足读者的阅读需求。

1. 年度进馆人次

读者是各公共图书馆的服务对象，图书馆作为一个常年开放，尤其以节假日期间为重的公共服务场所，掌握读者到访图书馆的频率和规律有助于图书馆协调各种资源，始终保证较好的服务质量。

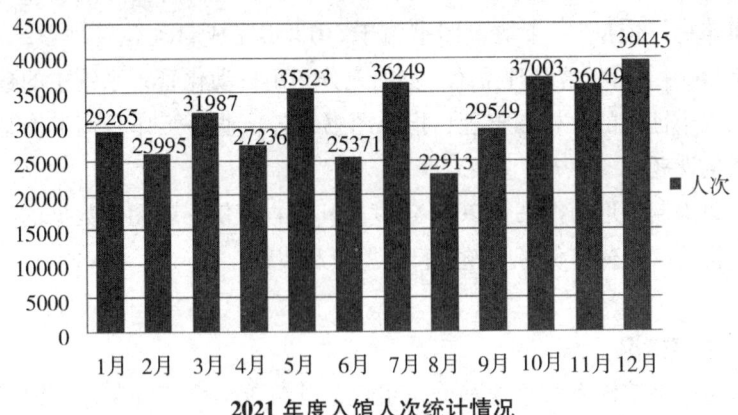

2021年度入馆人次统计情况

月份	人次
1月	29265
2月	25995
3月	31987
4月	27236
5月	35523
6月	25371
7月	36249
8月	22913
9月	29549
10月	37003
11月	36049
12月	39445

2021年十堰市图书馆全年接待服务读者36万余人次，平均每月约有30000人次进入图书馆。受疫情影响，市图书馆多次临时闭馆，各月入馆人次略有起伏，但总体来看与往年借阅情况基本吻合。其中，12月为全年进入图

书馆人次最高月份，达 39455 人次。8 月正值暑期，往年借阅人次都创下当年新高，但 2021 年 8 月因文学外借处更换书架暂停对外开放，借阅人次反而有所下降。这与往年中小学寒暑假期间图书馆门庭若市的情况相符。10 月到 12 月读者借阅量大幅增加，可见，随着时代的发展，"文化过节"已经成为一种新的生活方式。

2. 读者借阅量统计

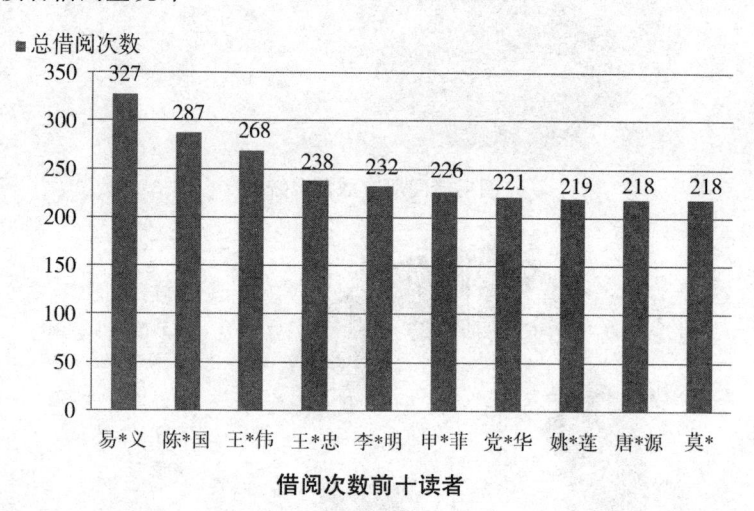

借阅次数前十读者

读者	总借阅次数
易*义	327
陈*国	287
王*伟	268
王*忠	238
李*明	232
申*菲	226
党*华	221
姚*莲	219
唐*源	218
莫*	218

以上是 2021 年全体读者中借阅次数前十名的读者。考虑到部分少儿读者大多使用家长身份证办理读者证，此处未区分成人读者和少儿读者，仅以发布读者借阅排行榜的方式鼓励所有读者多读书，推广全民阅读。

(二) 图书借阅数据

图书是图书馆为读者提供服务的重要载体。各类图书借阅的册次，反映出读者对图书种类的偏好，同时也有助于图书馆优化馆藏结构，增加更受读者青睐的图书藏量。

1. 图书借阅总册次

2021 年市图书馆全年免费开放 365 天，每周开馆达 70 小时，新增读者 5970 人。自 5 月 10 日开始，恢复夜馆服务，第三外借处、少儿借阅处、报刊部延时开放至晚上 7 点，保证了常态化疫情防控形势下市民的阅读需求。2021 年度全馆借阅总册次达 38 万，图书借阅情况如下：

■ 马克思主义、列宁主义、毛泽东思想
■ 哲学
■ 社会科学
■ 自然科学
■ 综合性图书

图书借阅册次数情况统计

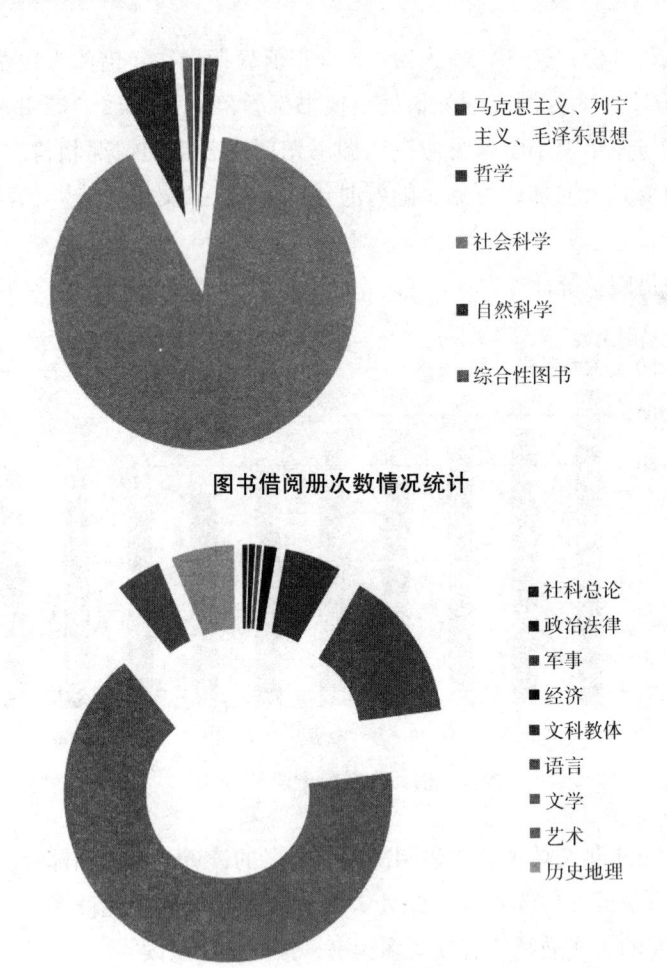

■ 社科总论
■ 政治法律
■ 军事
■ 经济
■ 文科教体
■ 语言
■ 文学
■ 艺术
■ 历史地理

社科类图书借阅情况统计

  图书馆的图书依据《中图分类法》确定分类体系，在五个基本部类的基础上，细分为二十二个大类。通过图书借阅册次情况统计，可以看出，在图书外借方面，借阅最多的为文学类、艺术类和文化、科学、教育、体育类等社会科学图书，这些均为人文素养提升书籍，受到所有读者的欢迎。其中，文学类图书占比较大，成为市图书馆外借流通的"绝对主角"，这在成人和少儿图书借阅情况中均有所体现。语言文字类图书在少儿图书借阅中占有较大比例，这与少儿的年龄特点和阅读习惯有关，带有拼音类的书籍更受低幼儿童及其家长的喜爱。

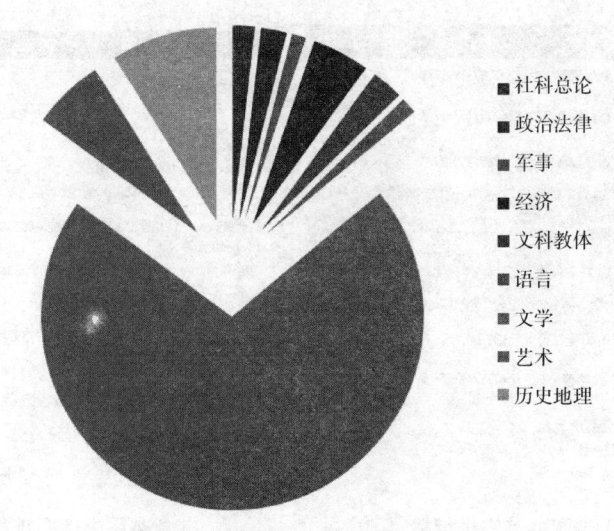

成人外借部社科类图书借阅情况统计

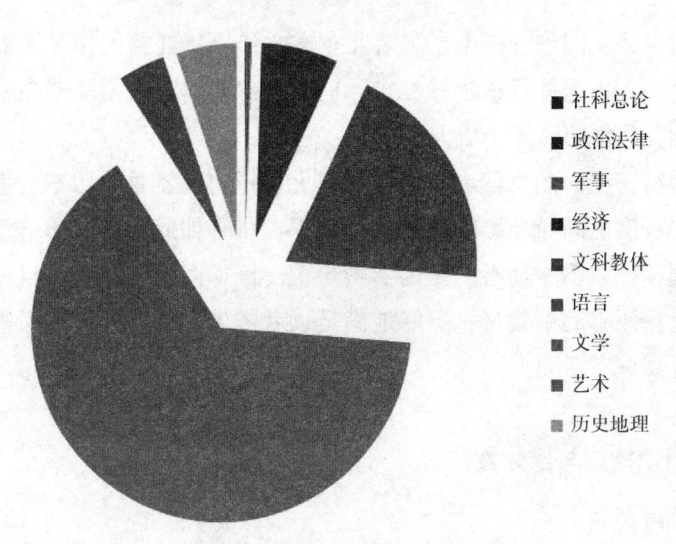

少儿部社科类图书借阅情况统计

2. 图书借阅榜单

图书借阅数据作为图书馆基础数据，体量大，在不同的图书馆管理系统及服务之间具有良好的可比性，也较能反映读者的阅读态势。[2]2021年度成人及少儿类图书借阅排行榜如下：

成人类图书中，《三体》系列图书连续三年蝉联榜首，路遥的《平凡的世界》也多次进入榜单。余华、金庸等作者的经典作品也颇受读者喜爱。《解忧杂货铺》《人类简史》等时下热门图书同样挤进图书借阅前十。

书名	著者	索书号	总借阅次数
三体：典藏版	刘慈欣著	I247.5/17687:1	86
三体. II, 黑暗森林：典藏版	刘慈欣著	I247.5/17687:2	79
三体. III, 死神永生：典藏版	刘慈欣著	I247.5/17687:3	69
平凡的世界	路遥著	I247.5/2909=5	69
白夜行	(日)东野圭吾著	I313.4/1105	47
嫌疑人X的献身	(日)东野圭吾著	I313.4/536=3	36
许三观卖血记	余华著	I247.5/3527=4	33
解忧杂货店	(日)东野圭吾著	I313.4/855	32
笑傲江湖：怀旧版	金庸著	I247.5/1107=3	29
人类简史：从动物到上帝: a brief history of humankind	(以色列)尤瓦尔·赫拉利(Yuval Noah Harari)著	K02/26=2	29

成人类图书借阅排行榜

书名	著者	索书号	总借阅次数
不可思议事件簿. 3, 海盗王的秘宝, The pirate king's secret treasure	雷欧幻像著	I287.4/3024:3	29
猫和老鼠. 超级神猫	(美)汉纳-巴伯拉作	J238.2/70	28
怪物大师. 3, 危险的蓝胡子战士国：升级版	雷欧幻像著	I287.4/2258:3	26
绿狗山庄	杨红樱著	I287.7/855	25
寻找黑骑士	杨红樱著	I287.7/854	24
姜小牙上学记. 我的变形记	北猫著	H125/1416	23
侦探小组在行动	杨红樱著	I287.4/2436	23
猫和老鼠. 永远的朋友	(美)汉纳-巴伯拉作	J238.2/67	23
同桌冤家	杨红樱著	I287.4/279=3	23
从外星球来的孩子	杨红樱著	I287.7/848	22

儿童类图书借阅排行榜

少儿类书籍借阅排行榜中，著名儿童文学作家杨红樱的作品无疑是最受欢迎的图书之一，占据排行榜半壁江山。同时，少儿读者借阅图书多受家长和学校引导，阅读热情明显高于成人。

借阅排行榜中的图书读者借阅次数多，但图书复本量、版本、借阅周期等因素在一定程度上同样会影响图书的借阅率。尽管如此，它对图书馆的业务工作尤其是阅读推广仍然具有一定的参考价值。例如，采编部门可以依据借阅排行榜加大上榜图书的馆藏量，更好地满足读者需求；阅读推广部门则可以针对上榜图书开展读者活动。

三、阅读推广与媒体宣传

（一）阅读推广

2021年，十堰市图书馆继续探寻多样化的阅读推广模式，全年推出讲座、展览、培训、流动服务、少儿活动等线上线下阅读推广活动239场次，累计364328人次参加。其中受众参与度最高的是"阅读月"的活动。时值中国共产党建党100周年，十堰市图书馆突出建党百年华诞和党史学习教育主题，开展以"读红色经典，传红色基因，扬红色精神"为主旋律的系列阅读推广活动。多样且集中的活动吸引了不同年龄层读者的阅读兴趣，掀起了阅读的热潮。

目前由于疫情，无法举办大型的线下聚集活动，读者和图书馆之间的黏性有些中断。我馆适时推出了在线服务，通过扫码参与阅读和线上主题展览，高效便捷地把书籍输送给读者，延伸阅读服务范围。

（二）媒体宣传

数字化环境下，新媒体和移动终端应运而生。十堰市图书馆现有传播渠道：官方网站、微信和移动图书馆 APP。2021 年十堰市图书馆微信公众号共发布推文 807 篇，累计浏览量达 6.9 万次，微信公众号成为图书馆与广大读者沟通交流的重要纽带，成为宣传图书馆空间资源与服务的主阵地。

四、基于十堰市图书馆 2021 年度阅读报告的思考

在年度阅读报告中对各类数据进行了挖掘、整合和分类，让图书馆年度阅读报告更具具象性和导向性。基于上一年度的阅读报告分析为下一年的工作进行指导，笔者提出以下几点建议：

第一，针对不同群体读者提供个性化的精准阅读推送。图书馆作为为公众提供信息、知识服务的重要平台，在以用户为基础和核心的时代，有效利用读者信息这一工具能更好地贴近"精准"的趋势。[3] 图书馆通过对读者群体数据进行分析后，应利用数据进行科学决策，决定购书种类，并对潜在用户阅读行为进行预测分析。一方面通过线下传统的展览方式，提升读者参与度；另一方面运用多媒体手段吸引年轻受众群体，如短视频、微博话题、直播、扫码阅读等开展有针对性的阅读推广服务，从而带动不同年龄层的阅读热情，全方位实现精准化的主动服务。

第二，拓展阅读宣传新路径。随着数字化时代的到来，信息传播手段日益增多。微信因为便捷和隐秘性受到用户的喜爱，但是阅读宣传仅仅依靠这一方式是不够的。近些年兴起的抖音、直播、短视频更为吸引大众，且年龄层涵盖年轻人和中年人。利用好这些新媒体手段，多方位的宣传，形成传播合力，更有利营造全民阅读的氛围，让大众受到浸染从而自主去阅读。

参考文献

[1] 朱瑞芹. 公共图书馆年度数据报告实践与思考——以佛山市联合图书馆阅读报告为例 [J]. 公共图书馆, 2018 (4).

[2] 李海燕, 孙振强. 这些问题你遇到过吗？手把手教你编制更专业的借阅排行 [N]. 图书馆报, 2021-03-26 (5).

[3] 裘惠麟, 邵波. 基于用户画像的高校图书馆精准服务构建 [J]. 高校图书馆工作, 2018 (2).

微信公众平台在智能化图书馆建设中的应用与探索

吴宇昊　张珺

（十堰市图书馆　442000）

摘　要：随着信息化、智能化时代的到来，微信公众平台作为信息传递的新方式，应用功能强大。公共图书馆应抓住时代机遇，紧跟时代新形势，利用微信公众平台应用功能的丰富性、信息传播的便利性，做好阅读推广服务，以此作为智能化图书馆建设发展的方向，优化图书馆服务质量，以期创新公共图书馆阅读服务智能新平台，促进全民阅读和图书事业的发展。

关键词：微信公众平台；智能化图书馆

随着互联网的普及，人们开始通过各种各样的线上平台来实现日常的活动。为了更好地满足读者阅读需求，公共图书馆也应当开辟新的智能服务平台，使图书馆管理、服务等工作与微信公众平台联系起来，使人们更方便地利用图书馆资源。现如今，微信已经拥有了大批的用户，微信公众平台的模式、技术也已经日趋成熟。本文探索基于微信公众平台的智能图书馆服务模式，以期创新公共图书馆阅读服务新平台。

一、公共图书馆微信公众平台发展的背景和意义

随着微信公众平台发展日趋完善，其影响力也越来越大，越来越多的机关单位、企业以及个人在微信上开通了微信公众号。公共图书馆也纷纷迈出了追逐现代化服务模式的步伐，拥有了颇具自身特色的微信公众平台，以激发更多用户的阅读兴趣，为用户提供专属的阅读推广内容，这样可以培养更多的读者群体。从而使图书馆实现智能化、多样化、精准化阅读服务模式。

（一）平台用户群体较大

微信自 2011 年发布，就凭借简洁的界面、快捷的文件传输等功能，迅速地吸引了一大批用户。通过近些年的发展，微信拥有了更广大的用户群体，月活用户更是突破 2 亿。为公共图书馆构建依托微信公众平台的读者服务奠定了用户基础，有利于扩大用户群体，推动全民阅读的发展。

（二）平台信息传播速度快

微信作为新媒介的组成部分，为信息传播提供了更多的路径，提升了信息传播的速度。首先，微信用户只要拥有智能手机、平板电脑或者笔记本电脑等终端，就可以在移动网络的支撑下随时随地接受微信消息。所以，微信打破了信息传播的空间限制，加快了信息的传播。[1]其次，微信朋友圈、公众号等为用户传递信息提供了平台，使得信息传播速度再一次提升。微信用户在接收信息的基础上，还可以通过转发朋友圈等方式，向微信好友分享信息，使信息得以再次传播。所以，微信公众平台发挥了用户主动传播信息的潜力，使得信息传播速度提升。

（三）平台内容丰富供接口多样

微信公众平台上丰富的接口，可以进行小程序开发、微官网等多样化功能拓展，覆盖馆藏查询、图书借阅、读者咨询、新书好书推荐、阅读电子资源、阅读推广活动线上报名等功能。还可根据自身服务场景，实现多媒体阅读，将文献的音频化、视频化实现听书、看书等智能化功能。

二、公共图书馆微信公众平台的现状与分析

以湖北省各地公共图书馆微信公共平台运营情况为例，将湖北省辖内的 13 个地级行政区和 4 个省直辖县级行政单位所属公共图书馆的微信公众平台作为样本对象进行分析。

表 1　湖北省部分公共图书馆微信公众平台开通情况

地区	公众号名称	微信号	公众号类型	是否认证	认证主体
武汉市	武汉图书馆	whlib85718020	订阅号	是	武汉图书馆
黄石市	黄石图书馆	HSSLIB7	服务号	是	黄石市图书馆（黄石少儿图书馆）

续表

地区	公众号名称	微信号	公众号类型	是否认证	认证主体
十堰市	十堰市图书馆	SY_tushuguan	订阅号	是	十堰市图书馆（十堰市少儿图书馆）
宜昌市	宜昌市图书馆	yclibrary	订阅号	是	宜昌市图书馆
襄阳市	襄阳市图书馆	xystsg	订阅号	是	襄阳市图书馆（襄阳市少儿图书馆）
鄂州市	鄂州市图书馆	ezhoulib	订阅号	是	鄂州市图书馆
荆州市	荆州市图书馆	jzstsg	订阅号	是	荆州市图书馆
孝感市	孝感市图书馆	xglib2014	服务号	是	孝感市图书馆
荆州市	荆州市图书馆	jzstsg	订阅号	是	荆州市图书馆
黄冈市	书香黄冈	hgslib	订阅号	是	黄冈市图书馆
咸宁市	书香咸宁	Hbxnlibrary	订阅号	是	咸宁市图书馆
随州市	随州市图书馆	Szlib2017	订阅号	是	随州市图书馆
恩施土家族苗族自治州	恩施州图书馆	esztsg	订阅号	是	恩施土家族苗族自治州图书馆
仙桃市	仙桃市图书馆	xttsg2014	订阅号	是	仙桃市图书馆、仙桃市少年儿童图书馆、湖北省残疾人文献中心
潜江市	潜江市图书馆	qjslibrary	订阅号	是	潜江市图书馆
天门市	天门市图书馆	gh_2b2a96441df4	订阅号	是	天门市图书馆
神农架林区	神农架林区图书馆	gh_7320612ee80	订阅号	是	神农架林区图书馆

（一）微信公众平台开通情况

从表 1 可以看出，湖北省辖内的 17 个地区公共图书馆均开通了微信公众平台的服务，开通率达 100%。由此可见，在微信平台的功能模块进一步完善后，各大图书馆紧随信息时代的潮流，抓住大众的平台使用爱好和现下的"指尖文化"，运用微信公众号开始探索和进行图书阅读推广服务。这是图书馆采用数字化宣传的第一步，也为图书馆智能化建设增添了新的途径。

（二）微信公众号名称规范

通过此次对湖北省各市级图书馆微信的调查显示，市级公共图书馆对于微信公众号的命名形式分为两种：（1）地域名+图书馆，大多图书馆以此种方式命名，这样起名简洁且具有代表性，让大众一目了然，熟记于心，方便大众的使用查找。在调查的17所图书馆中有15所图书馆采用这种方式命名，如"十堰市图书馆""襄阳市图书馆"等。（2）书香+地域名，有两所市级图书馆的微信公众号采用这种形式命名，黄冈市以"书香黄冈"命名，咸宁市以"书香咸宁"命名。相较于第一种命名方式官方规范度低一些，大众最开始的记忆时间要长一些。"书香"一词，紧贴图书馆的属性，具有指代性，用词很贴切。另一方面从文学角度来说，"书香"一词具有文艺气息，让大众读到时能感受到阅读的快乐和收获知识的满足。此种命名方式具有新颖性，大众记忆也会更加深刻。

（三）微信公众号类型及认证主体

微信公众号常用账号类型，分别是：订阅号、服务号。订阅号主要是为用户提供信息和资讯。每天可推送一次群发消息，群发消息可在订阅号列表中查看。服务号偏于交互服务，群发的消息显示在用户的微信聊天列表中，更为醒目，但是每月仅可推送4次群发消息[2]。从调查结果来看，有15所图书馆采用订阅号，另有2所图书馆采用服务号，由此可见，订阅号类型公众平台可推送消息更多，更受到图书馆公众平台运营者的青睐。从认证主体来看，17所图书馆的微信公众号均已得到微信官方的审核认证，说明管理呈现规范化，也意味着微信公众号将是图书馆发布官方消息和服务的指定平台。

（四）智能化菜单栏设计

在用户访问的菜单设计方面大多数图书馆设计的比较丰富，都有5个选项以上的服务。其中潜江市图书馆是没有通过微信公众号在对话框进行其他服务的。大多数图书馆完善的线上服务将数字资源进一步整合，方便用户除了接收资讯外，还能足不出户完成查阅书献资料、续借、预约入馆等服务。表中仅有3所图书馆设有"联系我们"这一服务栏目，这样既方便用户和图书馆进行直接的沟通，并且针对不同的情况给了用户更直接的联系方式。其中，特别是十堰市图书馆采取了智能机器人对话，如图1所示，读者可以通过对话了解到开馆时间、如何找书等信息，智能机器人的使用可以快速解决读者的诉求，提升读者服务的满意度。

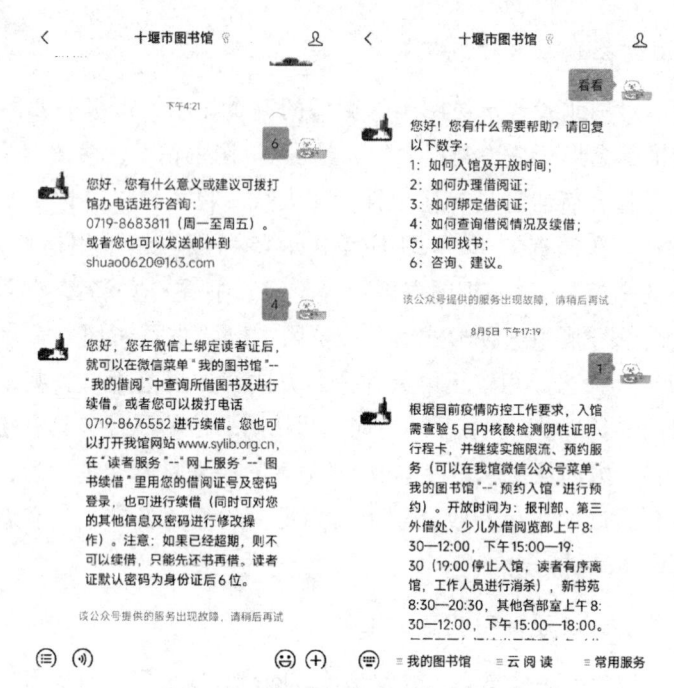

图 1　十堰市图书馆智能机器人对话

表 2　湖北省部分公共图书馆微信公众平台推送内容

公众号名称	馆藏查询	借阅/续借	绑定/解绑读者证	预约入馆	通知公告（新闻动态）	好书推荐	移动图书馆（电子资源）	讲座/展览	访问菜单个数	联系我们	月推频率
武汉图书馆	√	√	√	√	√	√	√	√	7		30
黄石图书馆		√	√	√	√	√	√	√	12		4
十堰市图书馆	√	√	√	√	√	√	√		15	√	30
宜昌市图书馆	√	√	√	√	√	√	√		12		30
襄阳市图书馆	√	√	√	√	√	√	√		10		30
鄂州市图书馆	√	√	√	√	√	√	√		11		29

续表

公众号名称	馆藏查询	借阅/续借	绑定/解绑读者证	预约入馆	通知公告(新闻动态)	好书推荐	移动图书馆(电子资源)	讲座/展览	访问菜单个数	联系我们	月推频率
荆州市图书馆	√	√	√	√	√	√	√	√	11		4
孝感市图书馆	√	√	√		√	√	√	√	14		4
荆州市图书馆	√	√	√		√	√	√	√	9		28
书香黄冈	√	√	√		√	√	√	√	15		29
书香咸宁	√	√	√		√	√	√	√	12		30
随州市图书馆	√	√	√		√	√	√	√	5		15
恩施州图书馆	√	√	√		√	√	√	√	6	√	30
仙桃市图书馆					√	√	√	√	5		30
潜江市图书馆					√	√	√	√	0		30
天门市图书馆				√		√	√	√	11	√	6
神农架林区图书馆					√	√	√	√	5		5

（五）推送服务内容

通过对17所图书馆的微信公众号进行关注，并对各个图书馆微信公众号的服务内容进行了周期性的跟踪观察。通过调查发现，17所图书馆均有通知公告、好书推荐、讲座/展览功能，说明各图书馆均将微信公众平台作为阅读推广、活动宣传、通知公告的重要平台，效果受到广大读者用户的认可。14所图书馆有馆藏查询、借阅/续借、绑定/解绑读者证服务，开通率达82%，馆藏查询、续借等服务是图书馆信息化、智能化建设的重要途径，方便读者随时随地在手机端掌握自己的借阅情况，还可以进行查书、续借等服务。16所图书馆开设有移动图书馆（电子资源），开通率达94%，方便读者在手机端阅读海量的电子资源。另外为应对常态化疫情防控的要求，15所图书馆设有预约入馆的服务，这大大规范了疫情防控期间图书馆对入馆人流量的管控，为科学智能化的管理提供了新途径。

（六）推送频率

在微信公众号内容推送方面，根据表2可以发现，17所图书馆中有12所推送频率可达15条以上，5所图书馆的推送频率在10条以下。说明大多数图书馆都在积极使用微信公众号，有的图书馆可达到一天一条消息的推送，持续不断的推送可以将图书馆的新动态及时分享给用户，增强用户的黏性。长时间的未推送消息动态会被用户遗忘，关注度也会降低，微信公众号存在的意义也就失去了。

三、公共图书馆微信公众平台的发展策略与展望

（一）统筹规划微信公众平台资源及服务功能

图书馆微信公众平台是图书馆服务的延伸，为读者提供海量、便捷、多样的服务是重点。在优质内容资源上，在一定区域内可以进行资源的共建共享，如成立"襄十随神"图书馆联盟，可以将众多图书馆丰富的电子资源、具有地方特色的馆藏资源进行整合共享，避免多方建设，节约资金。各地方公共图书馆应根据本馆实际和读者需求，充分利用第三方平台以及微信服务菜单栏目，设置好各服务功能模块，打造成为一个功能齐全、规划科学、设置合理的在线服务平台。

（二）科学合理设置菜单栏目

微信公众平台菜单栏目的本质就是目录，用户可以通过菜单栏快速检索到自己想要看的内容。菜单设置不宜过多，并且符合使用逻辑，功能集约，让常用功能和资源"小而美"的精致呈现。加入智能机器人对话功能，方便回答读者常见的问题。地方公共图书馆微信公众平台设置菜单栏目需要站在用户的角度，以用户的需求为主，应把用户最感兴趣、利用率最高的资源放置在最醒目的地方。此外，其菜单栏目应随着用户需求的改变及时调整更新。

（三）专业团队规范运营微信公众平台

微信公众平台的运营好坏会直接影响读者对图书馆微信公众平台的满意度和持续使用意愿。图书馆微信公众平台发布的信息不准确、不及时或提供的链接已经失效会降低用户的使用率和满意度。[3]微信公众平台的建设与运营需要专

业团队，以及创意策划、内容创作、素材收集、图文美化等多个环节的协调与配合。[4]因此，地方公共图书馆应设置专人专岗负责微信公众平台的日常维护和更新。主管领导对文稿的信息质量、系统的易用性和有用性等使用体验进行审核把关，引入新媒体运营人员，专门负责新媒体平台运维、在线咨询和信息发布等工作。同时，还需要及时了解和学习微信公众平台的最新功能和小程序使用技能，结合图书馆阅读推广、信息服务目的和用户使用习惯，做好各功能模块的优化修改。

（四）运用大数据实现阅读服务的精准推送

运用大数据算法加持，做到阅读资源的精准推送。根据读者用户的阅读历史，运用大数据算法推算出读者的兴趣爱好，为不同类型的读者针对性地推荐书籍、讲座活动、数字资源等服务，呈现界面的个性化，实现千人千面。

四、结语

公共图书馆微信公众平台是开展阅读推广的新媒体，是服务读者的新平台，是图书馆人性化、便捷化、智能化发展的必由之路。在疫情防控常态化的背景下，微信公众平台服务成为各级公共图书馆的重点工作之一。当前，公共图书馆微信公众平台服务还存在着不少问题，比如地区发展不平衡、人员经费不足、服务内容同质化、个性化功能欠缺等，这些严重制约着公共图书馆的升级转型。今后，公共图书馆应从自身实际出发，拓展服务途径，搭建稳定的服务平台、创建合理的服务组织、推出具有原创性的系列主题、整合优势资源，通过微信公众平台与读者建立强连接，让更多层次、更大范围的读者加入图书馆的服务体系中来，只有这样公共图书馆才能在有限的财力、物力、人力的环境中发挥出更高的社会价值。

参考文献

[1] 程鹏. "央视新闻"微信公众号新闻传播研究［J］. 新闻战线，2016（20）.

[2] 段玲玲. 高校图书馆微信知识传播平台管理效果研究——基于河南55所本科院校图书馆微信公众号的调查［J］. 河南图书馆学刊，2017，37（8）.

[3] 赵乃瑄，刘佳静，金洁琴. 高校图书馆微信公众号用户持续使用意愿研究［J］. 图书馆论坛，2019，39（3）.

[4] 吴金敦. 公共图书馆微信公众平台服务发展策略探析［J］. 图书馆工作与研究，2021（S1）.

公共文化服务均等化背景下图书馆细分服务研究
——以湖北省公共图书馆女性人群为例

曾 铖

(湖北省图书馆 430071)

摘 要：湖北省推动文化高质量发展，满足人民对美好生活的向往，需要公共文化服务体系充分发展。在湖北省公共文化服务均等化背景下，研究主要以性别研究为方法论，以文献研究为对象，在女性主义理论指导下，深入探讨公共图书馆女性人群服务中需要关注的若干问题。

关键词：女性；性别平等；服务；公共图书馆

2022年4月16日，湖北省委省政府印发《为推动湖北省公共文化服务高质量发展意见》中的基本原则部分明确指出，要推动基本公共文化服务均等化。同时，根据自2019年2月1日起试行的《湖北省公共文化服务保障条例》第一章总则第八条规定："各级人民政府应当根据未成年人、老年人、妇女、残疾人和流动人口等群体的特点与需求，提供相应的公共文化服务。"

公共文化服务满足人民群众的基本文化需求，作为"底线标准"，必须像义务教育、基本医疗那样，按照一定的标准提供服务，为保障人民群众基本文化权益提供刚性约束。公共图书馆作为公共文化服务体系的重要组成部分，同样必须注重机会和过程的均等，保障好每一名公民的基本文化权益。公共服务体系均等化建设以机会均等为核心要义，本研究通过性别研究引入一个新的视角，考察公共图书馆服务机制中的基础理念和被视为天经地义的理论与真理中，过去认为习以为常的东西实际上是否存在问题，打破传统思维寻找解决问题的新的思路，以促进实现公共服务均等化。

保护女性权益，也是塑造公民身份与国家认同的有效方式，是国家现代化必经路径之一。本研究在女性主义理论的基础上，研究公共图书馆女性人群所需服务机制特征，看能否展开新的图景把握问题核心，探讨性别平等对促进公共图书馆服务效能精细化管理的现实意义。

一、理论背景

1994年在联合国教科文组织与国际图联修订发布的《公共图书馆宣言》和相关纲领性文件中明确倡导了"平等无区别服务、无偿服务"等现代图书馆精神。1996年，法国卢浮宫每月第一个周日向社会公众开放，同时在特殊节庆日开放。现代图书馆精神理念的改革导向实践行动，从梁启超、陶行知等学者对公共图书馆向公众平等开放的大力倡导到现代图书馆精神的广泛讨论与研究，其中，提供平等与免费的服务逐渐成为大众广为认可的共识。

性别既是生理概念（sex），更是社会概念（gender），时代经济社会结构与性别概念定义息息相关，琼·凯利指出性别也可以跟阶级一样用来分析制度结构，性别关系不是自然而然的，经济决定性别原动力，两性关系运转贯穿于经济之中。理想中公共图书馆提供服务的对象、主体、机制应囊括男性与女性，共同书写图书馆发展历史。性别研究不仅为妇女运动提供方向和理论基础，它与各个学科紧密联系的特质也正在引导当今时代不同行业女性意识觉醒，成为各学科新的学科生长点。实际上，女性主义发展到今天已成为显学，且各个学派之间观点分歧巨大。本研究在公共图书馆专业领域内，主要引入社会性（gender）概念含义的女性人群视角，来思考服务构建的方法论意义。从反面角度假设危害，社会是由两性共同构成的，如果两性运转失衡，任何一方，例如女性压抑自己的需求与体验，当她的体验得不到充分公开沟通，会放慢社会进步的脚步。或者其中一方不了解另外一方的体验，盲目关注自我需要，也无法造就完整人格，两性由此产生隔膜演绎冲突，这并非公共服务所期待的愿景。

最早在1928年，杜定友在《图书馆与女子职业》一文中，从责任、择业、个性、机会四个方面阐释图书馆与女子职业的关系，明确了两者之间的紧密内在联系。到近年来，杨蓉在公共图书馆女性细分服务研究中提出"平等、包容、关爱、发展"理念，图书馆应充分运用性别平等理念细分服务，更好地服务女性读者。早期甚至如今许多研究归纳"温柔、细致"等感性特征为女性人群特征，那么感性思维之外女性是否具备提供优质图书馆服务理性思维能力？为进一步了解研究现状，察觉潜在的社会结构歧视，探求包含实质平等、变革性平等、机会平等以及结果平等在内的更为深层的平等，本文以"图书馆""女性"为关键字在知网搜索了1982年以来的1320篇文献，经过筛选，保留了416篇相关文献，运用VOSviewer对研究成果主题词进行了共现网络分析与可视化，如图1所示：

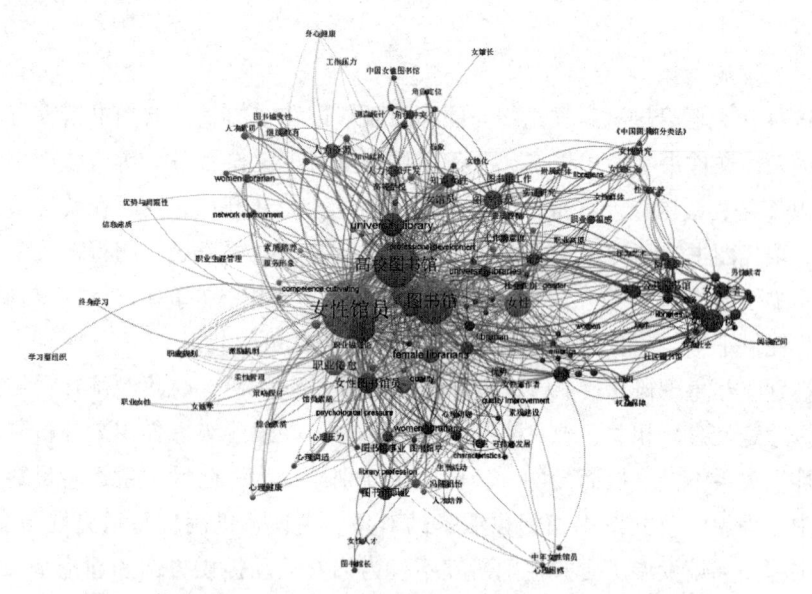

图1　截至2022年有关图书馆女性人群研究关键词共现可视图

二、分析

（一）图书馆女性人群服务研究现状

由图1可知，目前相关研究文献主要从六个方面展开：第一个方面，研究图书馆女性人群文献中，对女性馆员关注度最高，而且主要集中在高校图书馆女馆员群体，公共图书馆、专门图书馆等其他类别图书馆研究则几乎没有。徐建华在《实证是行动更需要规范》（2009）一文中指出许多研究并非从心底由衷尊敬女性馆员，国内有关女性馆员的研究处于与女性大比例基数从业现状不符的尴尬境地，感性思悟居多，缺乏成体系的研究成果，并给出了实证研究的方法建议。很好地指出了早期阶段图书馆女性人群相关研究缺陷本质：更多展现的是男性视角下的女馆员，性别平等观念任重而道远。第二个方面，公共图书馆领域研究在公共空间下主要关注读者角度所需公共服务的性别差异，探讨了阅读空间男女读者表现出的个性。我国城乡二元体制下农村人群属于弱势群体，丁玉霞以河北省农村女性居民信息需求为考察对象，得出35~50岁农村女性对村镇公共图书馆有强烈的信息需求结论。第三个方面，新兴女性学研究的学科归属。从女性研究在《中图法》中的地位入手，女性主义研究属于新兴研究领域，学科定位较为模糊，内容涉及多个学科交叉的文献被分散到不同的类目，从事相关研究查找较为费劲。由图2可知，2008年之后女性馆员研究兴起，徐亮认为原因是社会转型期人才结构调整从量到质的变化，明确女性群体地位认知向女性馆员倾斜。杨文珠则认为《中图法》4版D大类"妇女运动与组织"类目可删除，增设"女性学"类目，下设子类目较为符合当下及今后女性研究越来越丰富的发展情况。第四个方面，许多实证研究调查从人力资源角度统计了图书馆的性别结构，解析图书馆员综合素质形象和角色冲突，分析了女性群体图书馆工作所需要的素质教育。与早期研究不同，康新宇，张晋鹤，王萍基于图书馆管理者职业胜任力模型，进行性别比较发现：女性管理者的总体胜任力高于男性。第五个方面，职业锚理论下的图书馆职业女性的职业规划管理与激励机制，承担的心理压力，成才心理，性别意识，展现的心理健康和心理调适方法。林岚通过对江西省高校女性馆员妇科疾病调查发现，女性馆员乳腺癌发病率高于一般人，这些疾病的发生与女性馆员的工作性质有关。第六个方面，研究了著名女图书馆学家冯陈祖怡的生平，并由此延伸出了人才培养研究。

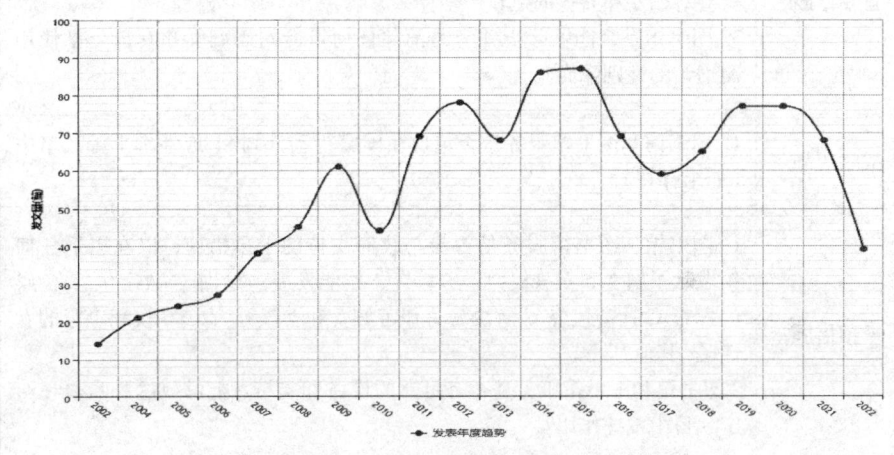

图2 跨库检索主题或者题名含"图书馆""女性"年度
发表文献数量趋势（2002—2022）

（二）公共图书馆女性人群服务研究

由以上图书馆女性人群研究内容可以得出目前公共图书馆女性人群研究的现状：首先，相比于高校图书馆，公共图书馆女性人群研究起步晚数量少，参照《湖北省公共服务保障法》围绕图书馆相关群体，如老年女性、女残疾人、女性流动人口打工者、女性移民、未成年女性等，其他可能影响公共图书馆服务公平发挥效能的弱势群体研究较少。其次，女馆员职业倦怠问题提及频次较高，女性馆员的心理问题不容忽视，但公共图书馆女性馆员研究关注度较低。最后，男女不平等现象确实存在。朱影在《冲破图书馆无形屏障》一文中形象地用"玻璃天花板"隐喻形容男女不平等现象。罗昌娴认为，女性馆员存在职业高原现象。李超经考察得出多数女性拥挤在底层职位，而甘于滞留在这种瓶颈状态的原因，是女性特质刻板印象限制她们对职业的自由选择，也减少了女性获得晋升与发展的机会，社会对两性的刻板印象与传统观念对女性的职业选择形成消极影响。因国内性别因素相关图书馆服务研究数量呈现总体数量少，女性研究数量约是男性研究的一倍，在参考研究不多的情况下，本文查找了IFLA 服务性别研究相关资料数据（如表1所示）。

表1 图书馆参与妇女赋权清单（表格来源：IFLA 官网）

问题类别	问题内容
自我诊断	1. 所有性别的人都能平等地获得图书馆服务吗？ 2. 该国的每个人是否都能很好地获得高质量的图书馆服务（如果没有，这会对妇女和女孩的赋权产生什么影响）？ 3. 图书馆是否能够分析并努力消除任何可能妨碍妇女和女孩公平使用图书馆的性别障碍？
战略规划	1. 图书馆和图书馆服务是否包含在国家行动计划和/或性别平等战略中（如果存在）？
干预措施	1. 图书馆和图书馆服务是否参与政府支持的干预措施，以在以下任何领域赋予妇女和女孩权力：○教育、技能发展和培训 ○数字包容 ○媒体素养 ○社会包容 ○解决暴力侵害妇女和女孩行为 ○掌权和决策的女性 ○ 其他？ 2 图书馆和图书馆服务是否有足够的设备和支持，能够以这种身份在给定项目中发挥作用？

2021 年3月11日，IFLA 在官网重申了2020 年《北京宣言》和《行动纲领》的美好前景与精神，并草拟了一份清单草案帮助图书馆自我评估，是否充分利用了图书馆的资源和能力参与国家实施的性别平等平权政策实施，其表示如果清单问题答案否定，可援引清单中的示例，向决策者或资助者宣传支持加强图书馆参与的价值。

（三）湖北省公共图书馆女性人群服务问题特点

因国际图联出发点宏括国际图书馆界，故其示例更多关注力度点在不发达大洲及地区女性教育平等、弥补性别数字鸿沟差距、解决针对妇女和女孩的暴力行为等问题解决中，图书馆能起到的作用。结合湖北省实际，有几个值得考察湖北省公共图书馆女性人群服务机制的思考问题：湖北省所有读者都能平等地获得图书馆服务吗？湖北省图书馆能否分析并努力消除任何可能妨碍妇女和女孩公平使用图书馆的性别障碍？湖北省公共图书馆和图书馆服务是否包含在已有的政府政策计划或者性别平等战略中？

为回答以上问题，研究统计了湖北省图书馆新馆建成以来与举办的与性别平等研究相关的活动。首先是惯例上，湖北省图书馆每年三八国际妇女节都会为女性读者举办女性期刊、女性文化图书推荐，活动专设女性图书专架，定期举办英文原著零距离读者交流活动，多次邀请国外知名女性作家导读女性主义小说；其次，跟随文化系统扶贫工作"与爱同行相约乡读"，联动全省各级各类图书馆为乡村学校、留守儿童开展的阅读活动公共图书馆在行动；最后人力资源方面随国家假期调整为女性馆员增长假期并制定系列人事政策。女性图书资源、女馆员之外，女性读者也是公共图书馆服务的重要对象，为此研究查阅了湖北省最新女性就业现状与职业分布情况，如表2所示。

表2 截至2020年分行业在岗女职工人数（数据来源：2021湖北统计年鉴）

行业	城镇全部单位（不含私营）	国有经济单位	城镇集体单位	其他经济单位
总计（人）	2405603	1002867	34724	1368013
农、林、牧、渔业	6962	5716	136	1110
采矿业	5844	159	191	5494
制造业	472817	8842	1306	462668
电力、燃气及水的生产和供应业	42163	23306	742	18114
建筑业	133224	6724	2262	124237
批发和零售业	175319	8721	6185	160414
交通运输、仓储和邮政业	74025	19045	1327	53653
住宿和餐饮业	56962	2401	847	53713
信息传输、软件和信息技术服务业	63393	4969	30	58394
金融业	135169	4791		130378
房地产业	79520	3113	724	75682

续表

行业	城镇全部单位（不含私营）	国有经济单位	城镇集体单位	其他经济单位
租赁和商务服务业	70275	16280	2096	51899
科学研究、技术服务业	49443	20107	540	28796
水利、环境和公共设施管理业	34141	21805	1439	10897
居民服务、修理和其他服务业	10542	2782	466	7294
教育	422606	329137	10455	83014
卫生和社会工作	297640	263733	4922	28986
文化、体育和娱乐业	29355	16597	391	12367
公共管理、社会保障和社会组织	246204	244637	664	902

2022年分行业在岗女职工人数表及数据来源于2021年湖北统计年鉴数据。

由表2可知，女性在20个行业门类中分布广泛，制造业、教育业、卫生和社会工作业是湖北省吸纳女性就业的最主要行业，与同行业性别结构分析发现，较大一部分职业有性别隔离现象，性别结构平衡较为难得。现有湖北省公共图书馆提供的公共服务，无论是广度还是深度上对比之下十分不够，提供优质服务大有可为。下一步，湖北省公共图书馆在为公众提供服务时，借鉴文化认知层次分析法分析公共图书馆的服务机制也可从四个层次思考，以改进服务（如图3）所示。

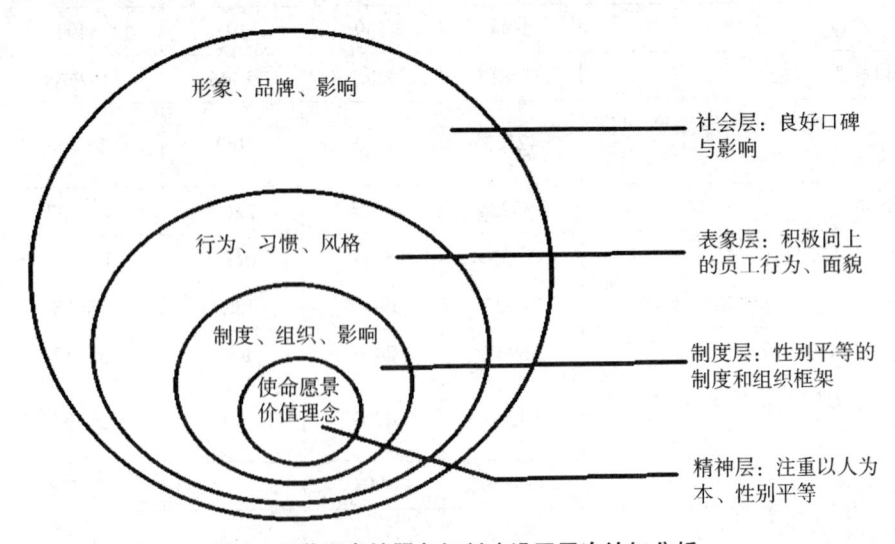

图3 公共图书馆服务机制建设四层次认知分析

三、对策建议

(一) 宣传性别平等价值观念，充分发挥女性人群优势

尹湘娟编译的《女性图书馆管理人员在美国的崛起》描述了美国图书馆员性别比例经历女性由少到多逐渐占据大多数的过程，多个发达国家图书馆过去经历相似发展历史。由此可以预见湖北省公共图书馆以女性馆员为主体，未来图书馆人性别比例的走向依然是女性化。消除人们思想深处男女两性不平等的认识和习惯性的双重标准就显得尤为必要。

公共图书馆作为公众获取性别平等书籍媒体的重要媒介，或者作为发起者、联合组织者或助手参与各种活动实践，可以促进性别平等传播，帮助提高认识并消除负面的性别刻板印象。更广泛地说，男女平等并不意味着两性群体在图书馆服务中何时何地都完全一样，反而是尊重男女之间由性别带来的客观差异，提供合理的可差别处理的服务机制，允许个体追求相同的目标而不被区别对待，并能得到同样的支持。

(二) 推进服务供给主体多元化，增添女性资源与活动

调动社会力量参与推进公共文化服务参与主体的多元化，有助于推进图书馆女性服务。研究显示非营利部门在促进女性服务质量方面有显著提升作用，服务供给主体不仅单靠图书馆某部门，而是协调联合多个政府部门，民间组织，企业，家庭以及公民个人在内的行为体都可以参与服务建设。不排斥市场调配，吸引社会资源参与图书馆女性人群相关服务建设，提升湖北省公共文化服务质量。

公共服务高质量发展，要求公共图书馆向公众开放的阅读活动不能仅注重形式，要从关注数量转变为提升质量，通过创新发展实现好的推广效果，目前国内许多公共图书馆在这方面已有有益尝试，探索观众的分众化教育，聚焦老年女性群体，例如2022年成都市公共图书馆开展的系列女性读者读书会等活动。

(三) 建筑设计以人为本，借鉴国内外图书馆女性服务设计

公共图书馆构造公共空间，其建筑设计如果能考虑到女性使用者的深度参与，有适应女性使用者的方案表达，能更加完善的贯彻为读者服务人文关怀。例如：因女性难找到公共聚会场所，在格鲁吉亚两个地区的13座市政大楼中建立了"妇女房间"，这些房间配备电脑、图书馆、互联网接入和儿童角落，也可

作为女性聚会点；在黎巴嫩，越来越多的妇女在国家图书馆、博物馆总组织和国家音乐学院担任领导职务，这被认为是在让更多妇女担任公共权力职位方面取得进展的主要例子之一。

研究发现湖南"女子图书馆"充分体现了这种趋势，湖南图书馆在前期调研结果女性读者比男性读者足足多一倍的基础上，采用"馆中馆"的形式开办女性图书馆，装修采用女性特色营造了女性化阅读氛围，提供女性主题读物和主题活动。更值得注意的是，"女子图书馆"对读者并没有严格的性别规定，男性读者同样可以进馆读书。也就是说，该图书馆在细分读者性别之后，并没有局限于性别角度限制，以"男女平等"为理念，依然很好地履行了公共图书馆对公众开放的服务功能。相信在不久的未来，会有更多更人性化的公共图书馆服务于广大人民群众。

参考文献

[1] 刘菡, 任佳艺. 女性图书馆的设立、运营与前景 [J]. 图书馆, 2022 (1).

[2] 肖巍, 石珊. 当代女性主义伦理学发展的新趋势——基于2015—2020年研究成果的描述分析 [J]. 山西师大学报（社会科学版）, 2022, 49 (1).

[3] 张丽. 女性馆员对美国儿童图书馆服务工作职业化发展的推动 [J]. 图书馆杂志, 2021, 40 (8).

[4] 夏维依. 公共图书馆女性阅读推广服务研究 [D]. 哈尔滨: 黑龙江大学, 2019.

[5] 杨熔. 公共图书馆女性细分服务探索——以深圳南山图书馆为例 [J]. 图书馆, 2017 (10).

[6] 康新宇, 张晋鹤, 王萍, 等. 性别对图书馆管理者职业胜任力的影响 [J]. 图书馆论坛, 2017, 37 (8).

[7] 杨熔. 公共图书馆女性细分服务探索——以深圳南山图书馆为例 [J]. 图书馆, 2017 (10): 6.

[8] 刘菡, 任佳艺. 女性图书馆的设立、运营与前景 [J]. 图书馆, 2022 (1): 103-111.

[9] 康新宇, 张晋鹤, 王萍, 等. 性别对图书馆管理者职业胜任力的影响 [J]. 图书馆论坛, 2017, 37 (8): 7.

智慧图书馆转型时期高校图书馆第三空间的实践路径探索

卢 红

(江汉大学图书 430056)

摘 要：第三空间理论为图书馆空间再造和服务模式创新提供了新思路。本文通过梳理国内外图书馆第三空间相关文献，分析近年来第三空间理论在图书馆转型发展中的研究与应用现状，并结合其在高校图书馆的实践，探讨高校图书馆第三空间的实现路径。

关键词：高校图书馆；第三空间；大学生

一、引言

1989年，美国社会学家雷·奥登伯格（Ray Oldenburg）提出"第三空间"概念，认为"第三空间"是在家庭（第一空间）、办公室（第二空间）之外，没有家庭角色束缚，没有职场等级意识，不受功利关系限制的地方，是人们释放自我、自由交流的社交场所。"第三空间"自由、宽松、便利、超常时间开放的基本特征，使其能为人们提供心理上的抚慰，进行彼此"交心而持续"的对话。

图书馆是学校的文献信息中心，是为教学和科研服务的学术机构，在高校教育中发挥着至关重要的作用。对于高校大学生来说，宿舍是第一空间，教室和实验室是第二空间，而具有开放、自由、平等、非营利等特色，且能超长时间开放的图书馆则具有明显的第三空间特征。作为大学生学习及交流的重要场所，运用"第三空间"理论支持大学生获取知识和信息，促进个人和团队学习，提供社会和文化交流具有重大意义。教育部在修订的《普通高等学校图书馆规程（2015）》中，对高校图书馆的体制与机构、人员、管理、服务、资源建设等所做的规定，正是在终身教育理念、构建学习型社会背景下，对高校图书馆在第三空间社会新要求上的反映。

然而,目前国内高校图书馆相关研究主要侧重于新馆的建设与服务类型的创新,而在如何运用"第三空间"理论指导改造既有空间为信息获取、知识学习、社会交往的综合性服务空间,使其成为高校辅助研究、培育文化的重要场所则较少涉及。本文通过梳理国内外图书馆第三空间相关文献,并结合江汉大学图书馆的实践,探讨基于第三空间理论的高校图书馆转型策略与实现路径。

二、相关研究

(一)第三空间与图书馆

2009年,国际图联在意大利召开的以"图书馆作为场所与空间的更新"为主题的年会中,"作为第三空间的图书馆"成为讨论热点之一并引起了强烈反响。之后,在国际图书馆界,无论哪种类型的图书馆以第三空间为理论指导的转型已经成为新趋势。在我国,吴建中馆长是较早关注图书馆第三空间理论的业界专家。在吴建中等人的倡导下,国内图书馆界各类型图书馆,开启了第三空间理念指导下的理论研究与实践探索。2021年7月,中国图书馆学会学术委员会组织召开了"面向智慧时代的图书馆空间服务创新学术研讨会",北京大学图书馆副馆长刘素清以《空间的力量——北京大学图书馆空间再造探索》为题,铿锵有力,震撼心灵,把空间的力量传递到每个图书馆人的心中。她认为高校图书馆应创新空间布局及其资源配置打造全方位育人格局,助力学生成长。

(二)文献梳理

纵观国内外第三空间相关文献可以看出,国内外关于公共图书馆的研究文献无论是数量还是实践上都远远超越高校图书馆。图书馆的"第三空间"研究内容主要体现在第三空间的理念、价值及功能等理论方面的论述,以及基于图书馆空间再造和服务创新实践两大方面。其中,从国外有代表性的文献来看,Bruxvoort Diane认为高校图书馆作为校园的第三空间,需要为教学和科研提供便捷的电子资源获取支持方面的作用和责任。Gray Martin认为学校图书馆应规划第三空间,为读者提供交流与休闲服务。从国内有代表性的文献来看,杨淑敏将空间建设的对象分为"传统物理空间""虚拟空间"与"文化空间",将服务转型的内容定为"服务理念""服务内容"与"服务能力",进而提出基于"第三空间"理论的高校图书馆空间再造不仅是传统的物理实体空间的改变,更是深层次的服务理念、服务内容和服务水平的创新。张平通过系统分析同济大学图书馆构建"第三空间"的实践案例,提出高校图书馆"第三空间"应创新服务模式，通过构建文化服务品牌，以用户需求为核心，探索自主导航服务模式，配合人性化的管理制度，构建开放性服务体系。

值得关注的是，大部分基于第三空间的研究，主要还是从理论角度探讨如何营造一个具有缓解心理压力的第三空间，既没有进一步的实证案例，也没有引入其他相关学科理论作为支撑，缺乏深入的交叉学科研究。

三、江汉大学图书馆作为校园第三空间的实践探索

高校图书馆应成为兼具学习研究、文化交流、休闲社交的"第三空间"。为此，江汉大学图书馆结合本校的人才培养目标和学科建设，从空间再造、服务创新以及休闲服务等多方面对如何营造具有时代特点的第三空间，进行了许多有益的探索与尝试。

（一）实体学习空间

1. 自主学习空间

江汉大学图书馆开辟了社会科学典藏阅览室、自然科学典藏阅览室、期刊阅览室、艺术图书阅览室、外文图书阅览室、古籍阅览室、自习室等，丰富的文献资源、安静的学习环境、优雅的设施和催人奋进的学习氛围，并在自习区配备空调和饮用水，以满足不同年级大学生的不同需求。针对考研学生，还专门开辟了考研专区。有利于读者按照自己的思路和爱好选择合适的学习空间。

2. 读者共享空间——江小图书吧

为培养大学生的信息素养，充分发挥图书馆空间的教育职能，2020年9月在图书馆二楼大厅进行新空间改造工程，新空间用图书馆卡通形象"江小图"命名为"江小图书吧"。江小图书吧用于专题图书展示和读者阅读、交流、休闲等。江小图书吧体现了以人为本的第三空间的服务理念，将设计的舒适性、艺术性，与读者之间互动、合作共享的理念融为一体，如图1所示。

（二）虚拟学习空间

改造原有的电子阅览室，推动"数字化资源检索与利用"，为举办各种类型的数字资源培训，为学校教学、科研服务。营造虚拟第三空间为读者之间互动与合作提供场所，促进数字资源的交流与利用。

（三）开放性的服务理念

江汉大学图书馆参与中国图书馆学会组织的各项活动，如：申报中国图书馆学会"集体智慧——图书馆跨部门合作实践"业务案例征集、中国图书馆学

图1 江小图书吧

会"同城共读、万卷共知"读经典、"书海拾贝——师生荐书"活动暨"武汉高校校园阅读推广特色品牌"申报项目工作以及专家教授文化讲座等等，积极发挥武汉市十佳阅读基地的作用。

（四）人性化的管理制度

制定一系列人性化的管理制度。如：每年世界读书日期间，设置读者逾期豁免周，享受豁免逾期罚款；到图书馆办理遗失赔偿业务，所遗失图书的逾期罚款也予以免除等。

（五）校园文化交流空间

2021年，在图书馆一楼报告厅改造扩建供读者学习、交流、休闲的新型空间工程，为师生们营造了一个开放、自由、平等、人性化的氛围。新空间有很强的视觉冲击力。装饰体现着本校的文化特色与传承，景观与学校的校训"立德致用兼容创新"协调一致，具有一定的象征意义，是高校文化的聚集场。图书馆根据学校和本馆的具体特点组织开展的各项文化活动，促进文化交流，弘扬校园文化精神。

（六）缓解心理压力的场所

为缓解大学生的心理压力，加强与读者心理层面的交流与沟通，营造虚实结合的第三空间。在虚拟空间推送相关的电子资源，在实体空间与读者互动体验。促进信息获取、知识学习和社会交往。在每年的大学生心理健康日5月25日，与大学生园艺协会开展园艺疗法活动。志愿者参与的基于不同文化背景的外籍真人图书馆活动,获得 2017 年江汉大学报"好新闻"奖;大学生可参与的绿色生态深阅读空间的营造案例,获得首届湖北省高校图书馆馆员风采大赛征文三等奖。

四、转型时期高校图书馆第三空间实践路径

基于国内外第三空间理论与实践文献的梳理,结合江汉大学图书馆第三空间的实践探索,高校图书馆为实现第三空间的价值,应结合本校的现有空间的实际情况,制定切实可行的方案,总体来说,第三空间实践路径包括以下几个方面。

(一) 实体空间再造

将传统图书馆以借阅为中心的布局,改造成以分享为主体的交流空间,促进图书馆与读者、社群以及社会之间的联系。实体空间再造是一个漫长而艰辛的过程。需要在现有馆舍功能构成及内部空间的基础上,整体规划分步实施,重塑图书馆的场所活力,逐步将以"书"为中心的传统观念的物理图书馆,改造成以"人"为中心的图书馆。

(二) 数字空间再造

以信息技术为依托,实现数字资源的开放共享,营造虚拟第三空间。举办各种类型的数字资源讲座,促进数字资源的利用,促进师生的交流与沟通。

(三) 构建服务品牌

结合高校在人才培养、文化传承创新中的作用,打造本馆的服务品牌。如:阅读推广系列活动、读书活动以及图书馆文创产品制作等。

(四) 搭建交叉学科应用平台

交叉学科是人类认识自然、改造自然的实质性突破,是对图书馆学的挑战和补充。第三空间图书馆改建涉及:心理学、环境科学、生命科学、建筑学、计算机等交叉学科,应结合本校学科建设实际,切实从读者心理体验出发,实现跨学科理论互补,真正发挥高校图书馆第三空间的价值。

(五) 释放压力的休闲空间

"以人为本"是第三空间图书馆的灵魂所在。图书馆改建时,需要从心理体验和读者品位等心理层面打造一个具有缓解压力、修身养性的第三空间图书馆。高校图书馆应更新服务理念,结合本校的专业设置以交叉学科视角与相关学科合作，积极推进第三空间图书馆的建设与发展，充分发挥图书馆空间的重要作用。

五、结语

高校图书馆是学校的文化中心，体现着学校的校园文化，承担着文化教育的职能。随着智慧图书馆的到来，高校图书馆的职能产生了新的定位。伴随着师生群体需求的多元化，高校图书馆逐渐向着个性化学习、人际交往、文化休闲娱乐的多功能场所转变。丰富师生精神文化生活、体现校园文化价值、激发校园群体活力成了新时期高校图书馆建设的主旋律。高校图书馆是校园"第三空间"的最佳载体，饱含着对人的包容、尊重与理解，潜移默化地传递着空间的力量。

参考文献

［1］HENDERSHOTT A，OLDENBURG R. The Great Good Place：Cafes，Coffee Shops，Community Centers，Beauty Parlors，General Stores，Bars，Hangouts，and How They Get You Through the Day［J］. Contemporary Sociology，1991，20（1）.

［2］吴慰慈. 图书馆学基础：第二版［M］. 北京：高等教育出版社，2017.

［3］王世伟. 全球大都市图书馆服务的新环境、新理念、新模式、新形态论略［J］图书馆论坛，2014，34（12）.

［4］DIANE B. Library as Third Place［J］. Sconul Focus，2016，68.

［5］MARTIN G. School Libraries as the Third Place［J］. Access（10300155），2017，31（4）.

［6］张平. 高校图书馆"第三空间"构建及服务模式创新研究［J］. 河南图书馆学刊，2018，38（11）.

［7］李媛、江涛、赵兴华. 第三空间视阈下高校图书馆创新服务转型研究综述［J］. 图书馆界，2021（1）.

基于情境认知视角的农村留守儿童阅读赋能路径研究

——以湖北省图书馆"相约乡读"项目为例

李 丹 白樱子

（湖北省图书馆 430071）

摘 要：当前阅读资源匮乏、阅读模式单一、阅读结构失衡、阅读环境不佳、阅读引导缺位等问题在农村地区尤为突出，严重影响了乡村留守儿童阅读素养的培养与提升。本文结合情境认知和阅读素养相关理论，以湖北省图书馆"相约乡读"活动为对象，分析提高阅读素养的发展框架，探索为农村留守儿童阅读赋能的路径。

关键词：情境认知；农村留守儿童；阅读素养；阅读赋能

一、背景

随着改革开放浪潮的不断推进，自20世纪80年代起，我国大批农村劳动力向城市转移，不少农村儿童成为留守儿童，截至2018年8月，我国农村共有留守儿童697万人。阅读资源匮乏、阅读模式单一、阅读结构失衡、阅读环境不佳、阅读引导缺位等问题突出，严重影响了留守儿童阅读素养的培养与提升。

近年来，全民阅读热潮兴起，社会各界越来越关注阅读对留守儿童素质提升的重要意义。国家广播电视总局也曾明文要求，保障农村留守儿童的基本阅读需求。因此，如何激发留守儿童的阅读热情，提高他们的阅读能力，培养良好的阅读习惯，成为当前阅读推广工作中亟待解决的问题。

二、核心理论

（一）情境认知

情境认知是一种有助于将知识从一种情境迁移至另一种情境的学习方法。

它强调学习、知识和智慧的情境性，认为知识是不可能脱离活动情境而抽象地存在的，学习应该与情境化的社会实践活动结合起来。

美国德雷克赛尔大学计算机与信息学院的 Denise E. Agosto 教授认为未成年人信息实践是社会的、多元形式的、多元情境的、多元代际层次的以及内嵌文化定位的。她指出，未成年人阅读素养的提升有赖于社会、家庭与学校三大主场景的相互配合。可见，情境认知对未成年人阅读素养的培养具有积极作用。

（二）阅读素养

由经济合作与发展组织发起并组织实施的教育成效评价研究项目 PISA 提出，阅读素养是指一个人为达到个人目标、增长知识、开发潜能以及参与社会活动，而理解、运用和反思书面材料的能力。与传统阅读理念不同，它关注的是有利于终身学习及与未来生活有关的知识和技能，强调的是联系实际、独立思考、主动阅读、持续发展，如从外界取得信息、解决问题，并与书本里的知识相结合，建立起自己的知识结构。

结合该概念、我国儿童分级阅读的实践探索和我国高考考试大纲对阅读能力的描述，笔者认为"阅读素养"是对以往"阅读能力"的进一步发展。它不仅涵盖了"阅读能力"所涉及要素，如语言知识、阅读技巧、阅读理解能力、提取信息能力、分析综合能力和评价能力等，还包涵了阅读的动机、态度、习惯等促进个体参与社会活动、促进其全面发展所需要的综合素养，也就是阅读品格。为留守儿童阅读赋能就是要综合提高其阅读素养，实现阅读能力的提高与阅读素养的塑造，详见图1。

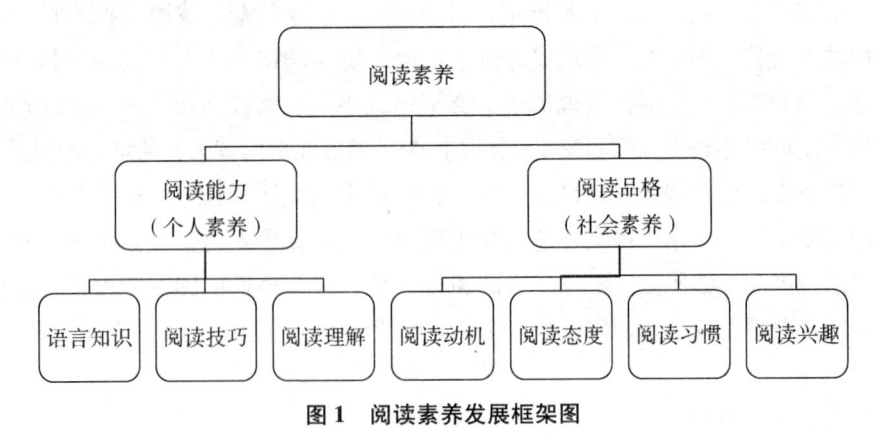

图 1　阅读素养发展框架图

三、实践案例：湖北省图书馆"相约乡读"项目

（一）"相约乡读"项目简介

2019年，湖北省图书馆以乡村文化振兴为抓手启动"相约乡读"家庭阅读推广项目，针对全面提升农村小学生阅读素养开展积极探索。该项目充分发挥公共图书馆在阅读中的核心作用，联动社会力量，完善硬件设施，开展针对学生、家长、教师、文化志愿者的阅读培训。并在此基础上，以学校为主阵地，将农村小学生阅读素养提升作为着力点，引导农村学校开展"相约乡读"家庭讲书人和班小组读书会，通过一对一和群体性的情境阅读，营造家庭、学校、图书馆阅读生态圈。

家庭讲书人是指组建家庭读书会，倡导亲子共读，开展家庭讲书活动。活动以家庭情境阅读为单位，以共同选择的"文字之书"为基础，以家人处于不同生活环境获取的"生活之书"为补充，通过亲密的文本沟通交流，提升家人整体阅读能力，营造良好阅读氛围。

班小组读书会则是组建班小组读书会，开展小组共读。鼓励学生通过自主策划组织将阅读内容转化为阅读成果，定期轮流在班级内展示。通过群体性参与的阅读情境，将学习知识与情境化的社会实践相结合，深化学生阅读品格养成，将阅读融入农村学生日常学习和生活中。

两项活动在总体思路和设计理念方面有着一致性。首先，整体思路方面，两者均以儿童为突破口，将阅读行为从被动向主动转变，从个体向群体转变，从一元向多元转变。通过多维度、多角度、全方位的阅读情境迁移，为农村儿童阅读赋能。其次，外部环境优化方面。一是充分体现公共图书馆核心作用，以图书馆资源和活动为基础，通过省、市、县图书馆联动的形式，积极发挥流动服务和数字服务作用，将优质阅读指导资源引入农村地区。二是发挥学校在外部环境创设中的纽带作用。利用其在农村家庭中的影响力和凝聚力，通过图书馆跟学校联动发力，鼓励家庭和班级积极参与阅读指导。三是用好社会力量在外部环境创设中的补充作用。引入资本优化乡村文化站、学校图书馆建设，挖掘专业团队、培育本地志愿者，在农村地区开展持续化阅读指导，营造良好阅读环境。

（二）情境认知视角下为农村留守儿童阅读赋能的路径

由于家庭讲书人和班小组读书会活动关联的场景、人物关系和个体存在差异，二者在助力阅读赋能路径上也有着明显的差异。基于此，笔者分析"相约

乡读"项目为农村留守儿童阅读赋能两个路径。

1. 家庭情境下的阅读赋能路径

习近平总书记指出，家庭是社会的细胞，是人生的第一所学校。相对于集体和社会，家庭人际关系简单、沟通成本低、组织效率高，但阅读水平受年龄、学历等因素影响差异较大。针对农村家庭阅读水平相对较低的现状，将家庭生活和阅读行为结合起来，把未成年人阅读行为迁移到良性的家庭互动中，有助于形成良好的家庭阅读氛围。家庭讲书人活动正是基于此，弱化家庭中的个体的社会关系，强化阅读本身，探索形成了"阅读能力提升为主，阅读品格养成为辅"的阅读赋能路径。具体活动流程如下：

（1）组建家庭讲书人团队。本着家庭成员全员参与的宗旨，组建家庭共读小组，鼓励根据阅读背景及能力，共同确定阅读计划。

（2）明确任务分工。家庭成员民主讨论角色分工，确定主讲人和助讲人。主讲人选择阅读书目，进行深度阅读，并对图书文本内容解构加工，通过有效形式，分享给家庭成员。助讲人在主讲人分享后，结合自身经历，分享个人感悟。

（3）呈现阅读成果。家庭成员在充分理解文本内容的基础上，延伸阅读内容、丰富阅读形式，组织跟所读书籍相关的阅读沙龙、影视欣赏及研学等活动。

根据以上活动流程，笔者认为家庭讲书人在为农村留守儿童阅读赋能的过程中突出了以下几点：

首先，从阅读场景看，营造了简单舒适的阅读环境。家庭中，人物关系单纯、环境轻松自由，且空间相对密集，阅读行为易受到家人行为影响。因此组建家庭讲书人小组，在固定时间将多元化的家庭生活统一到阅读行为中，排除干扰，创建一个相对安静、氛围浓厚的阅读情境，有利于留守儿童开展深度阅读，加强阅读理解。

其次，从阅读主体关系看，家庭成员是情境认知的主体。在考虑分工时，忽略家长制关系以及家庭成员各自的社会身份，单纯参考阅读能力及背景进行分工。农村家庭主要成员是留守老人、妇女和儿童，文化程度相对较低，阅读基础能力不高。在活动中，可引导家庭成员分工如下：一是孩子为主讲人、家长为助讲人。这种情境主要适用于家长文化水平低或者孩子阅读能力强的家庭。例如部分家庭监护人为老人，眼花或者不识字，他们在讲书活动中主要充当聆听者角色，提升留守儿童阅读满足感。二是家长为主讲人、孩子为助讲人。此情境主要针对家长文化水平强或者孩子阅读能力弱及无独立阅读能力儿童的家庭，便于家长发挥阅读引导作用，深厚亲子关系。三是家长和孩子共同作为主讲人。此情境主要针对家长文化一般或者孩子阅读能力有限的家庭。家长和孩子可以通过互动、合作式的阅读，扬长避短，促进共同进步。每个家庭可根据实际，选择合理情境，有效促进成员间的沟通互补，实现阅读技巧的迁移和阅读理解的分享。

再次，从阅读行为设计看，转变单一文本输出为多元输出。家庭讲书人充分发挥了不同角色在阅读行为中的作用。主讲人通过朗读或情境表演等形式，诠释书籍内容，传达作者观点。助讲人在聆听观赏基础上，结合自己生活经历补充交流，延伸文本内容。例如儿童在分享有关农作物生长的书籍时，家长可以分享自己劳动经历或者关于农耕的谚语，将生活实际和书本相结合，让阅读不再局限于文本本身。同时，通过分享交流阅读感悟、共同观看图书相关影视作品、开展家庭研学活动等互动，还可以进一步强化文本的输出。

最后，从外部环境看，促进了优质亲子阅读资源引入农村地区。充分发挥学校纽带作用，利用其在农村家庭中的影响力和凝聚力，通过图书馆跟学校联动发力，鼓励家庭和班级积极参与亲子阅读指导，作为家庭讲书人活动的外力补充，帮助家庭成员提升阅读技能。

对照阅读素养提升理论框架，项目形成了家庭讲书人活动助力阅读赋能的专题内容与实施要点，具体见表1。

表1 家庭讲书人活动设计与阅读素养提升对照表

活动设计	实践要点	阅读素养提升
阅读场景情境设计	1. 倡导家庭成员全体参与 2. 倡导家庭亲子共读 3. 营造浓厚的阅读氛围 4. 鼓励家庭成员共同确定活动的开展频率和主题	阅读理解深入
人际关系情境设计	1. 根据家庭实际，创设不同情境 2. 充分发挥家庭成员不同优势 3. 鼓励一对一、深入、多元的沟通交流	阅读技巧迁移 阅读理解深入
阅读行为情境设计	1. 提供多元阅读素材 2. 鼓励主讲人多种方式输出文本 3. 引导助讲人提供多元素材补充文本 4. 提倡文本内容多元输出	阅读理解深入 语言知识丰富

续表

活动设计	实践要点	阅读素养提升
外部环境情境设计	1. 图书馆邀请社会力量提供书籍和亲子阅读指导 2. 图书馆和学校在活动过程中起倡议、指导和监督作用	阅读习惯养成 阅读技巧端正

2. 集体情境下的阅读赋能路径

除开个人和家庭，未成年人面对的还有集体环境，以班级和学校为主。当前"书香校园"建设如火如荼，但阅读水平参差不齐、阅读意识不强不主动等问题在农村学校依旧突出。班小组读书会是在班级中通过自由组合形式产生的阅读社群，旨在将学生的个体阅读行为和班小组"小社会"阅读环境相结合，通过团队相互作用，全面培养学生阅读品格，探索出了以"阅读品格养成为主，阅读能力提升为辅"的阅读素养提升路径。具体流程如下：

（1）组建班小组读书会。在老师的引导下自主分组，组建10人左右的班小组读书会。小组成员在民主讨论基础上，共同确定小组名称、口号、组长，共同商定阅读计划和书目，组织共读。

（2）细化活动分工。在小组长的引导下，发挥组员特长，确定人员分工，确定班小组活动中的主持人、领读者、信息员、记录员等角色。此过程要求全员共同参与策划、组织，推荐大家轮流体验不同角色。成员可根据需求，主动邀请老师、家长作为志愿者参与其中。老师主要作为引导员、教练员，家长作为观察员和后勤保障员。

（3）展示阅读成果。鼓励班小组成员发挥主观能动性，将阅读内容通过阅读分享、朗诵、情境小剧场、知识擂台赛、沉浸阅读分享等不同形式阅读成果，定期轮流在班级内展示。

根据以上活动流程，笔者认为班小组读书会在为农村留守儿童阅读赋能的过程中突出了以下几点：

首先，从阅读场景看，班小组读书会将未成年人置于一个更加多元化的阅读环境中。通过引导个体同班小组成员民主讨论共读内容，给予每个成员选择文本的自由和发表意见的空间。一方面，通过鼓励每个小组成员分享自己的阅读经历，让大家在分享中收获满足感的同时，也相互激励促进，从而提升阅读主动性；另一方面，可以通过聆听他人分享，吸纳更加多元的阅读内容，化解阅读局限性问题。同时，在多元选项中学会自主选择。

其次，从阅读角色看，转换传统的讲授式师生关系，鼓励班小组成员在组织班小组读书会活动过程中发挥各自优势，让每个成员都沉浸在阅读行为中，让每个孩子成为阅读行为中不可或缺的主体，而不是阅读任务的被动接受者，帮助儿童端正阅读态度，提升阅读体验。

再次，从阅读行为设计看，将班小组读书会同学校阅读课堂区分开来，能让学生在更加轻松的阅读活动中提升阅读信念、延伸阅读思维。

最后，从外部环境看，充分发挥教师的教练员和家长的陪练员作用，在充分发挥学生主观能动性的基础上，通过阅读课程与读书会相嵌套，实现教师和家长对未成年人阅读过程的柔和式嵌入与指导，有效地促进了学生多元素养的整体提升和协调发展。

对照阅读素养提升理论框架，项目形成了家庭讲书人活动助力阅读赋能的专题内容与实施要点，具体见表2。

表2 班小组读书会活动设计与阅读素养提升对照表

活动设计	实践要点	阅读素养提升
阅读场景情境设计	1. 成员结构兼容多元化的阅读个体 2. 鼓励以主题阅读形式开展文本阅读 3. 鼓励小组成员加强交流和学习	培育广泛阅读兴趣 培养良好阅读习惯
人际关系情境设计	1. 根据成员优势做好分工 2. 确定统一的团队名称和口号提升凝聚力 3. 突出每个成员在人际关系中的作用	明确阅读动机 端正阅读态度
阅读行为情境设计	1. 充分发挥多元主体的作用 2. 突出文本内容的多层次解析 3. 用游戏、对抗等形式将学生带入文本内容中 4. 引导成员近视文本再创作	端正阅读态度 培养阅读习惯
外部环境情境设计	1. 开展阅读活动引导 2. 开展信息素养教育活动 3. 突出学生主体地位 4. 当好教练员和陪练员	端正阅读态度 提升阅读技巧

3. 成效分析

家庭讲书人以文本为着力点，从深化阅读行为上下功夫，促进家庭成员阅读能力的提升，具体成效表现在以下几个方面：一是充分发挥儿童在家庭这个社会基本单位中的重要作用，让家庭成员在儿童的激励下参与阅读活动，在相互帮助中提升阅读技巧。二是将文本阅读同个体生活经历相结合，降低阅读门槛，增强了家庭成员特别是文化素质较低的留守人员以及低幼儿童阅读成就感，阅读对他们来说不再高不可攀。三是通过一对一精准化的亲子共读，突出语言知识、阅读技巧及阅读理解等能力的锻炼和提升，即更加侧重于阅读基础能力的培养，促进家庭成员之间在活动中共同进步，促进良好家风的形成。

班小组读书会以团队协作为着力点，从提升综合素养上下功夫，促进小组成员阅读品格的养成，具体成效表现在以下几个方面：一是帮助每位成员在阅读行为中，认清自己在团队中的位置，找准定位，发挥特长，明确阅读动机。二是通过与不同背景、层次、兴趣的个体交流，丰富阅读眼界，提升阅读兴趣。三是在图书馆专业人员和师长的指导下，有目的地培养正确的阅读兴趣、动机、态度、习惯，在深度参与中形成良好的阅读品格。

四、经验及启示

通过案例中两种阅读赋能路径分析，笔者基于情境认知视角为农村留守儿童阅读赋能，提升公共图书馆阅读推广水平提出以下建议。

（一）认清阅读素养的多元价值属性，延伸阅读推广内涵

从"阅读"到"阅读素养"，其根本是从一元的"功能主义"素养观向涵盖社会性素养、文化素养、功能素养、批判性素养等多元素养观的转换。我国图书馆界阅读推广，首先，要从个体层面不断提升未成年人阅读能力，在策划活动时，重视未成年人语言知识的丰富、阅读技巧的提升和阅读理解的深化。其次，结合个体的社会性属性，从全面发展角度，拓展阅读内涵，重视未成年人阅读动机、态度和习惯等综合素养的培养，重视他们基于阅读与外界交互的体验过程。在策划阅读活动时，除了阅读内容的输出，还应该增加阅读理论、阅读策略、读物选择、阅读工具等技能的培训，整体提升未成年人的阅读素养。

（二）为阅读行为创设多元化情境，提升阅读推广专业水平

阅读素养培养目标是在多元阅读情境中，通过与文本内容的互动与构建，促进阅读者由"浅层阅读"到"深度阅读"再到"创意评论"的思维能力发展，进而获得解决实际问题的社会化能力。传统的粗放、单向输出的阅读推广模式已经不能适应更高要求的阅读素养提升需要。公共图书馆需要转变服务理念，将阅读推广服务嵌入读者阅读过程，发挥未成年人主观能动性，注重方法和信息素养培训，有效地引导未成年人自主开展针对文本多元化解析和创作，收获文化自信，促进未成年人多元素养的整体提升和协调发展。

（三）转换关系创设合作式阅读情境，提升阅读推广服务成效

阅读推广的根本目的是通过提升阅读素养，促进全面发展。长期以来，学校特别是农村阅读观念传统，模式落后，方法不够灵活，导致阅读效果欠佳。新一轮课程改革指出，要改变以"教师为中心、课堂为中心和课本为中心"的局面，强调自主、合作与探究的学习方式，促进学生的主动学习和自主发展。这一理论在阅读实践中同样适用。公共图书馆在引导农村学生开展阅读活动时，要在综合考虑个体阅读环境基础上，转变传统的讲授式或领导式师生、亲子关系，结合环境的特色和环境中人物关系和背景，将儿童作为阅读主体，在充分发挥其主动性的基础上，引导其学会团结协作，创建良性互动、合作式的阅读情境，促进阅读活动的有序开展，帮助学生在活动中整体高效提升阅读素养。

参考文献

［1］中华人民共和国民政部．图表：2018年留守儿童数据［EB/OL］．http://www.mca.gov.cn/article/gk/tjtb/201809/20180900010882.shtml，20180901．

［2］360百科．情境认知［EB/OL］．https://baike.so.com/doc/9994960-10342739.html．

［3］刘菡，杨乃一，李思雨，等．未成年人阅读、学习与赋能国际研讨会综述［J］．图书馆建设，2019（3）．

［4］OECD. Assessing Scientific, Reading andMathematical Literacy: A Framework for PISA 2006［M］. Paris: OECD, 2006．

［5］徐双定，陈淑霞，张雪梅．公共图书馆未成年人阅读推广［M］．兰州：甘肃人民出版社，2017．

［6］陈雯．农村留守儿童阅读现状分析探讨［J］．福建图书馆学刊，2020，3（4）．

［7］赵晨洁，叶志锋，段梅．从"阅读"到"阅读素养"——基于PIRLS、PISA、PIAAC的比较研究［J］．图书馆建设，2019（6）．

基于 CIS 理论的公共图书馆讲座品牌形象塑造研究

李 蓉

（湖北省图书馆 430071）

摘 要：公共图书馆讲座是社会公益活动的一种重要方式，为了建立和完善公共图书馆讲座品牌形象，扩大讲座影响力，惠及更多读者，提高全民文化素养，本文借鉴 CIS（企业形象识别系统）理论，探讨研究公共图书馆讲座形象的塑造。

关键词：CIS；图书馆讲座；品牌形象

一、CIS 理论概述

CIS（Corporate Identity System），是指企业形象识别系统，是当今企业管理对内对外文化、形象的基础理论。CIS 将企业文化与经营理念通过整体表达体系（特别是视觉表达），来促进企业销售和发展，它主要由三个方面构成，包括企业的理念识别（Mind Identity，简称 MI）、行为识别（Behavior Identity，简称 Bi）和视觉识别（Visual Identity，简称 Vi）。CIS 理论在企业品牌发展中的良好应用，可以提高品牌知名度、塑造企业形象，从而扩大市场占有率获得效益。

二、基于 CIS 理论的公共图书馆讲座品牌形象塑造

品牌形象是大众接触到该品牌产生的视觉与心理印象，通过有效地塑造可以影响和引导这种主观感受。公共图书馆讲座是依托馆藏资源、提升大众文化素养的公益服务型活动，在素质教育的当代社会具有十分积极的作用，而通过系统的品牌形象塑造可以明确传达公共图书馆讲座的品牌理念和品牌内涵，从而吸引读者关注。CIS 作为品牌管理和发展的系统，已经十分成熟和完善，在企业品牌形象塑造上已经过长时间的实践积累，在公共图书馆讲座吸引大众关注

度和扩大知名度的诉求上与企业是一致的,在业务管理上也逐渐向企业管理靠拢,因此 CIS 在图书馆讲座形象塑造上十分有参考价值。基于 CIS 理论,针对公共图书馆讲座的品牌形象塑造,笔者从 CIS 三个主要方面进行探讨。

(一) 公共图书馆讲座的理念识别

理念识别是确定企业特色经营理念的识别系统,是对当下和未来发展的一个总体规划和界定。表现为企业精神、企业价值观、经营宗旨、经营方针、发展规划等。对于经营者来说,企业的理念需要首先确定,从而确定整个企业的发展方向和目标。将理念识别应用在公共图书馆讲座中,可以理解为开展讲座的目的、讲座传达的思想和服务理念等,建立品牌理念需要先从以下几个方面进行确定。

1. 找准讲座定位

公共图书馆讲座定位与其他类型讲座不同点在于以下几点。其一,隶属于图书馆品牌,其发展方向和服务理念不能与所在图书馆有所背驰,不能够完全独立于图书馆整体理念识别系统之外。其二,公共图书馆讲座不含商业性质行为,对所有听众免费开放,不涉及收费宣传推广等商业活动。讲座发展环境更为单纯,讲座目的更加直接,即通过主讲人的演讲分享经验见解,成为知识的桥梁从而向听众传播知识。其三,承担提升全民文化素养的责任。公共图书馆讲座的听众群体范围广,讲座主题和讲座内容也需要适应不同听众群体的需求。总结下来,公共图书馆讲座定位应着重在立足本馆、传播知识和社会责任三个方面。

2. 确定讲座类型

公共图书馆讲座属于对大众的一个服务活动,在讲座主题、讲座方式等方面应从听众的角度出发,因此笔者服务理念认为应以读者需求为中心,以优质讲师资源为保障,以丰富讲座内容为主体。根据调查,公共图书馆讲座主题多以人文艺术、历史文化、生活健康、科技信息为主,讲座方式多为主讲人讲述、读者倾听的形式,可通过问卷调查、现场反馈和学习优秀案例等方式确定讲座类型。

3. 规划讲座未来

现在不少公共图书馆讲座存在"躺平"心态,拘泥于基础服务,在理念识别上没有创新发展,图书馆讲座能否持续地优质地输出优秀文化,在越来越多的网络资源环境中占有一席之地,需要在开始和运行中不断调整和规划好讲座的未来。包括图书馆讲座在某一时间段要形成怎样的规模? 达到什么样的影响?

成为怎样的形象？都需要提前进行设想规划，从而在实践中指明方向。

（二）公共图书馆讲座的行为识别

CIS中的行为识别是企业以经营理念为基础，对内行为如建立完善的组织制度、管理规范、职员教育等；对外行为如产品开发、公共关系、营销活动等方式来传达企业理念，从而获得社会公众对企业识别的认同。因此公共图书馆讲座也应建立起一套合理的流程管理制度，使讲座服务行为更加规范和高效，从人才队伍、服务水平、社会合作等方面进行提升建立行为识别。

1. 塑造讲座服务人员优质形象

图书馆讲座服务人员负责讲座选题策划、讲师邀请、讲师接待和现场管理、新闻宣发以及后期讲座内容整理等多方面的细节工作。经了解，公共图书馆讲座服务很少成立单独部门，大都与其他馆内业务并行，因此讲座难以做大规模，业务范围受到局限，从而难以扩大品牌认知度。讲座服务人员是读者接触讲座服务的直接感受来源，提高讲座服务人员业务能力和专业素养，打造专业优质讲座服务人才队伍，是保证讲座品牌形象的重要一环。讲座服务人员形象，包括外观形象、服务形象、专业形象，不仅需要具备良好的文字功底、精准的时事敏感性、足够的文化知识储备，还需要有较高的亲和力和沟通能力。受到公共图书馆在编人数限制，可以通过招募志愿者并进行培训，从而扩大讲座服务人才队伍。

2. 提升讲座服务水平

讲座服务是实际的行为传达，如何满足读者需求，留下良好的品牌印象，笔者认为可从以下几点进行：

（1）改进讲座空间：增加现场布置，改善灯光大屏设备，根据不同讲题可以调整布置风格，创造温馨舒适的讲座环境。

（2）拓展讲座场地：不局限于图书馆内，主动将讲师资源带到有需要的地区举办讲座。如湖北省图书馆长江讲坛的援疆援藏讲座，将讲座服务拓展到更远的地方。

（3）准备工作充分：包括讲座信息的整理、讲师的提前沟通、讲座内容方向的把控，提前做好完善的资料准备，从而保证前期讲座宣传和现场演讲的顺利进行。

（4）建立反馈渠道：读者可反馈讲座中遇到的问题和提出的建议，能够直接了解到读者的需求从而进行改进，如线上发布问卷或者线下放置留言簿等方式。嘉兴市图书馆南湖讲坛曾召开听友座谈会，听众代表们畅所欲言，建言献策，提出了不少有效的改进措施。

（5）线上线下服务：在互联网时代，尤其在疫情常态化环境下，除了线下面对面的接触，线上服务更为即时和频繁，开展讲座线上直播、服务线上读者群体，做好线上互动和答疑，维护好各平台的粉丝群，积极创造良好的线上讲座氛围。如微信公众号的留言回复、讲座直播间的互动交流、微博上的限量抽奖等。

（6）讲座知识传播：对每场讲座的内容经过筛选和加工进行分享传播，如讲座文字出版、讲座视频制作、讲座音频制作等，将讲座所传达的理念思想以更加多元的方式保留下来提供给读者，扩大了讲座服务的广度。

3. 合作产生更大影响力

公共图书馆讲座日常服务形式比较单一，可以结合图书馆丰富的图书资源与社会机构合作，给讲座带来新的元素。如湖南图书馆湘图讲坛与湖南文艺出版社合作邀请著名作家韩少功演讲，现场既是一场分享见解的讲座，也是一场新书分享会，相比传统的讲座，现场氛围更加活跃，读者互动性更强；上海图书馆上图讲座与典易影音推广机构合作，邀请到唱片收藏家欧鸥分享和品鉴其收藏的黑胶唱片，与读者一起感受岁月留声。通过与社会机构合作的方式扩大了讲师资源，丰富了讲座形式，可以不断给予读者新鲜感和惊喜感。

（三）公共图书馆讲座的视觉识别

CIS系统中视觉识别（VI）是能够最直观传达出企业理念和品牌内涵的部分，它通过系统化、标准化的视觉传达将品牌核心转化为抽象符号，形成独有的品牌形象，是传播企业经营理念、扩大企业知名度、塑造企业形象的快捷方式。目前VI已经发展得十分全面，在融媒体环境下，一个优秀的VI设计可以加速品牌形象的传播。公共图书馆讲座导入VI可以快速地建立起讲座品牌特征，塑造个性化形象。

VI设计包括品牌名称、标志、标准字、标准色、象征图案、宣传语等。图书馆讲座VI设计可以广泛应用于讲座现场布置、宣传海报、品牌文创、音视频制作、媒体报道、新媒体发布等，在互联网环境下，简约吸睛的VI设计十分适合新媒体的传播。笔者通过调查发现，多数公共图书馆讲座品牌没有设置标志、象征图案等，也就是并没有进行专项的VI设计，而是以图书馆VI设计进行宣传，没有建立起印象深刻的独立品牌形象，从而影响了图书馆讲座的进一步发展。

同样以演讲为主的"一席"讲座，在建立的一开始以独特的名称和耳熟能详的口号"听君一席话，胜读十年书"便拉近了与读者的距离，展示出自己的定位，其VI色彩以红、黑两种简约的色彩为主，不仅具有视觉上的美感，红黑对比还具有鲜明的记忆点和冲击力，能够使读者注意力集中。因此为了形象能够深入人心，公共图书馆讲座在VI上还有很大的改进空间。在公共图书馆讲座VI设计中，宁波图书馆天一讲堂和湖北图书馆长江讲坛在视觉识别（VI）上的成功实践，可为公共图书馆讲座品牌形象设计方面提供参考。

宁波图书馆天一讲堂以宁波图书馆VI设计为基础进行调整变形，标准字和标准色与图书馆保持了一致，既与所在馆保持了统一协调，还发展了自己独立的品牌标志，这十分值得借鉴。图书馆在开启VI设计时便可以设计出系列统一美观的VI，囊括旗下所有品牌，既可以避免重复设计的资源浪费，也避免了再设计风格的不协调，从而造成图书馆内VI五花八门的情况。

湖北省图书馆长江讲坛VI设计也相对成熟，其VI已经包括logo、主形象和宣传语，并衍生设计出特色风格海报。根据该VI设计，读者在湖北省图书馆馆内可以立刻识别到长江讲坛的信息，在线上的湖北省图书馆官网、微信公众号、微博、B站等平台可以清晰识别到长江讲坛栏目。并且由于海报美观性高，传播性好，吸引了不少媒体主动转载，如北大清华讲座公众号引用长江讲坛海报作为头条封面，极目新闻、武汉市文化与旅游局微博、湖北卫视微博、湖北日报客户端等平台的主动转发宣传，扩大了长江讲坛讲座的传播度、受众度。

三、图书馆讲座形象的传播

在CIS理论下建立起图书馆讲座形象后，需要通过媒介来进行宣传和传播，才能使形象主动靠近读者，加深品牌的印象，在传播过程中还能够发现问题从而改进。

（一）现场传播

视觉形象上，可在图书馆张贴展示图书馆讲座的VI设计产品，如标志牌、海报等，在讲座现场以VI色彩为主进行布置，固定品牌风格；以VI设计延伸开发文创，如书籍、笔记本、信封等赠送读者从而进行传播；在内容上开展特色讲座，吸引读者讲座打卡，主题深入读者生活，拉近与读者之间的距离；在服务上保证讲座服务专业素养，给读者留下良好印象。

（二）媒体传播

1. 传统媒体传播

可与报刊媒体合作，建立品牌讲座活动专栏，发布讲座信息和讲座报道，形成一个稳定的宣传渠道，对于老年读者获取信息更为方便。还可充分利用讲座内容资源，与广播电视台、广播电台以及新闻媒体合作，将讲座音视频通过电视广播等媒介传播，开设品牌专栏，从而对讲座品牌进行传播。

2. 新媒体传播

互联网时代，人们获得信息的渠道更加多样，要在人们脑中留下深刻的讲座形象，需要多方位地进行新媒体传播。新媒体内容形式包括文字、图片、短视频、长视频、直播、VR/AR、问答等，新媒体渠道包括微信公众号、小程序、微博、视频网站、线上直播平台等。图书馆讲座理念形象通过新媒体能够传达给更广泛的群体；视觉形象可以在新媒体平台充分利用，如微信公众号的微信封面、内容美编、微博背景封面、超话头像、网站轮播图封面等等；行为形象上可以根据需求来选择合适的形式进行信息推广，把握时代特征，紧跟社会热点，选择优质资源，利用新媒体优势进行传播，触达更广泛的受众。通过新媒体的合理利用能够扩大图书馆讲座传播范围，提升读者"流量"，从而提高图书馆讲座品牌的认知度和知名度。

参考文献

[1] 用户农夫. CIS 战略 [EB/OL]. [2013-01-02]. http://baike.soso.com/v8327344.htm [2023-07-14]

[2] 李波. 图书馆导入视觉识别的理论探讨 [J]. 图书馆界, 2007 (3).

[3] 苏云, 张庆来. 基于 CIS 理论的图书馆形象塑造与传播 [J]. 兰州大学学报, 2014, 42 (33).

[4] 冯广珍. 基于 CIS 战略的新时期图书馆形象塑造 [J]. 农业图书情报学刊, 2014, 26 (1).

"双减"政策背景下公共图书馆家庭阅读服务研究
——以恩施土家族苗族自治州图书馆为例

毛银秀　蹇利华

（恩施土家族苗族自治州图书馆　445000）

摘　要："双减"政策应时、应势而出，在此背景之下，公共文化服务机构需用好"加减法"提质增效，迅速补位支撑，推动教育高质量发展。恩施州图书馆作为少数民族地区的地市级公共图书馆，在社会教育方面延伸出灵敏的触角，在家庭阅读服务上展开了最前沿的探索，其阅读活动化、活动品牌化的亲子阅读实践有力地诠释了素质教育的内涵，演绎出"双减"政策下阅读服务的精彩解读。

关键词："双减"政策；减负不减质；家庭阅读服务

2021年7月24日，《关于进一步减轻义务教育阶段学生作业负担和校外培训负担的意见》正式出台，提出着眼建设高质量教育体系，有效减轻义务教育阶段学生作业负担、校外培训负担和家长经济负担，不断提高人民群众的教育获得感、幸福感。"双减"政策的落地为公共图书馆履行社会教育职能提出了新的要求，如何与学校、家庭打好"组合拳"，以兼具温度、厚度与广度的家庭阅读充实素质教育板块布局，成了恩施州图书馆等不少地方公共图书馆不断努力探索的新课题。

一、政策体系支撑

一项政策的落实落地必定伴随着一系列相关政策和法律法规的出台与实施，这些规范也许出自不同时期，来自不同领域，侧重于不同社会维度，但却如一个房屋的每根屋梁，彼此交叉、相互支撑，共同架构起挺拔结实的房屋。"双减"政策的顺利实施得益于社会机构、学校、家庭等方面法律法规的与时俱进与配合支持,而与之相呼应的是,公共图书馆在阅读服务工作方面也做出了适应和调整,发挥应有的社会教育功能。

在"双减"政策出台前,已有不少大小层面的政策奠基定调。2016年的《关于指导推进家庭教育的五年规划(2016—2020)》指出:"公共图书馆、博物馆、文化馆、纪念馆、美术馆、科技馆等公共文化服务阵地,每年至少要开展2次公益性的家庭教育讲座或家庭亲子活动,积极开发家庭教育公共文化服务产品,提升儿童和家长科学文化素养。"2018年1月1日《中华人民共和国图书馆法》开始实施,要求:"政府设立的公共图书馆应当开展面向少年儿童的阅读指导和社会教育活动,并为学校开展有关课外活动支持。"而在近一年,2021年5月1日,湖北省则出台了家庭教育促进条例,也相应提出公共图书馆、文化馆、美术馆等公共服务设施管理单位,应当组织开展家庭教育活动。由此可以看出,公共图书馆在促进家庭教育方面一直为国家、省市所重视,并且越来越重视其对少年儿童的社会教育功能,这些都为"双减"政策出台提供了扎实的政策基础和有力的支撑,也为公共图书馆的阅读服务给予了方向性指导。

恩施州地处鄂西山区,经济文化相对落后,恩施州图书馆作为地市级民族图书馆,是极为珍惜的公共文化资源。为补足家庭教育短板,缩小地区经济文化差距,恩施州图书馆一直把少儿阅读工作放在比较突出的位置,特别是随着一系列法律法规的出台,家庭阅读服务已占据馆内阅读推广工作相当大的比例,为"双减"政策的实施和效果实现奠定了良好的基础。随着2022年1月1日《中华人民共和国家庭教育促进法》的正式实施,恩施州图书馆更是把以"家风家教"为主题的家庭阅读上升到极其重要的位置,与"双减"工作紧密衔接,通过拓展全民阅读的深度与广度,让素质教育提质增效。

二、阅读阵地建设

公共图书馆是重要的文化传播阵地。家庭教育与家庭阅读需要依托不断优化的服务阵地,才能实现全民阅读的最大普及,实现公共图书馆的社会教育职能。在阵地建设方面,恩施州图书馆作为基层公共图书馆,始终以读者需求为导向、坚持"一盘棋"思维,建设起线上与线下联动、馆内与馆外结合、城市与乡村结合的服务阵地,把阅读服务送到"家门口",不断完善公共文化服务体系。

(一)线上线下服务阵地同频共振

在移动互联网社会,公共图书馆线下阅读活动的体验感可以说是其运行存在的最大优势和意义。然而，移动互联网时代同样需要加强线上阵地建设，紧跟时代步伐，与线下活动同频共振，满足不同社会形势、不同读者群体的阅读需求。

一方面，恩施州图书馆积极强化线下阵地社会文明"灯塔"功能，不断优化馆内硬件设施，引进自助借还机、打造数字阅读听书墙和瀑布流，同时与社会热点结合、与传统经典紧密衔接，不断提升馆内藏书质量和书目多样性，通过阅读服务的便利化、阅读氛围的营造和阅读质量的提升，强化其城市文明的"灯塔"作用，吸引更多读者走进图书馆、爱上图书馆、爱上阅读。近几年来，恩施州图书馆在不断优化线下阵地建设的基础上，接待的读者数量和开展的线下阅读活动逐年增加，吸引了越来越多的社会关注，仅2021年全年入馆人次达6万人次，创历年新高。

另一方面，恩施州图书馆以多品牌线上服务矩阵扩大阅读"辐射"范围。自新冠疫情暴发以来，恩施州图书馆把线上阅读工作作为重要服务阵地，不断扩大线上服务矩阵、不断壮大阅读品牌效应，以应对疫情之下入馆限流和线下活动限制的情况，满足读者阅读需求。例如，开辟"恩图讲堂"，从家庭阅读、科普知识、传统文化等方面开展线上讲座与培训；开辟馆长领读、恩图之声、悦读自然、家庭阅读等线上读书栏目，馆员带头阅读，引领阅读志趣，同时面向读者征集作品进行展播，激发大众阅读热情。

（二）"以点带面"线下阅读阵地布局

家庭阅读并不特指在家庭里进行的阅读。随着社会文化建设步伐的不断推进，家庭阅读越来越多地走出家门，与社会交际产生紧密联系，孩子的综合素质也因此在社会化阅读中得到不断提高。其中相关服务设施的跟进和完善起到了基础性作用。

在发展家庭阅读中，恩施州图书馆的阅读阵地建设始终走在前端，把分馆、城市书房、流动服务点建到机关、学校、社区、乡村、景区等基层各处，打通阅读"最后一公里"，为阅读提供栖息之所，为亲子交流提供优质平台。迄今为止，恩施州图书馆已建立起5个分馆、3个城市书房、40个流动服务点，流通图书约6万册，服务人次达20万人次。

恩施州图书馆以总馆为大本营，通过品牌阅读链接分馆、城市书房和流通服务点的家庭阅读活动，形成了馆内馆外结合、城乡联动、以点带面的阅读格局，是恩施州图书馆积极融入社区基层治理的具体成果体现。如，城市书房建设与社区养老服务相结合，已成为恩施州图书馆阅读推广的新平台和市民活动的"文化角",助推着社区基层治理,2021年,"恩施书房"已开展家庭阅读、红色阅读、国学教育等活动共计28场,服务读者近2万人次,活动主题丰富、形式多样,吸引了越来越多的读者走进书房、爱上阅读。此外,乡村图书流动服务点与农村书屋、村小学相结合,链接起读者末梢,为基层送知识,拓展了全民阅读的广度和深度。

不难看出,恩施州图书馆已构建起图书馆、社区、企业、文化志愿队和读者共建、共治、共享的阅读服务模式,为家庭阅读提供了良好的阅读平台,大大提升了公共图书馆社会教育的实效。

三、家庭阅读活动矩阵打造

"双减"政策背景下,创新发展家庭阅读活动已成为公共图书馆赋能教育高质量发展的重要实践内容。恩施州图书馆主要围绕深耕阅读品牌、链接读者末梢、凝聚阅读力量等来提升阅读效能,培养阅读意识和能力,进而厚实教育文化内涵。

(一)围绕阅读品牌拓展家庭阅读知识疆界

"悦读恩施"是恩施州图书馆立足本地、寄情远方所打造的特色阅读品牌。践行着"诗在远方 更在故乡 悦读恩施 阅见美好"的核心理念。通过该品牌,恩施州图书馆已形成恩图之声、为您读书、相约乡读等多栏目矩阵和线上线下齐发力的家庭阅读探索模式。2021年,全年累计开展各类活动300场次,服务读者近20万人次。

1. 线上有声阅读,丰富家庭阅读交流渠道

2021年,恩施州图书馆推出"恩图之声"全新线上阅读栏目,由馆员和文化志愿者精选阅读书目,分享并朗读给读者,每周定期更新,并面向广大读者征集朗读作品,为大众提供有声阅读平台。栏目内容题材广泛,包括传统节日文化、国学经典、少儿绘本故事、"护苗开学季"亲子故事、红色书香等。自开辟专栏以来,该栏目接收到大量学生的投稿,并通过择优筛选进行展播,目前已展播56期,服务读者3万余人,为家庭阅读拓宽了交流渠道,提升了家长与孩子的阅读意识和阅读积极性。如结合中国共产党成立100周年重要时间节点,聚焦恩施本地老区革命历史,通过线上讲述红色革命故事,探寻红色革命足迹,挖掘地方红色文献资源,打造红色主题阅读活动,积极践行"绿色山河红色魂"的阅读推广理念,不断提升家庭红色阅读意识。

此外,恩施州图书馆还专设了"为您读书"亲子朗读栏目,结合如母亲节、

父亲节、儿童节、教师节、重阳节等重要节日，面向读者征集朗读作品，亲子家庭通过个人朗诵或亲子互动朗诵的形式，朗读个人感悟或经典文学作品，传达对长辈、对家人的敬爱之情，有效促进家庭阅读，筑就和谐温馨的家庭教育环境。

2. "相约乡读"，链接家庭阅读读者末梢

为打造纵横交错的阅读网络，链接基层读者需求，恩施州图书馆积极发挥阅读推广的中间阵地作用，联合省图书馆和各县市公共图书馆形成纵向"阅读链"，并结合流动图书服务点、村小学、村委会、社区等形成横向阅读"网络"，开展"相约乡读"主题阅读活动，把阅读送到"家门口"，不断培养起基层末梢的家庭阅读意识和阅读能力。据统计，2021年全年，恩施州图书馆开展了"相约乡读 悦读恩施"阅读推广活动26次，包括故事分享会、班小组读书会交流及指导、留守儿童文化志愿服务等。如，2021年9月，与省馆联合走进巴东县野三关镇，开展"相约乡读"阅读季活动，在当地小学与幼儿园开展绘本讲座与阅读指导讲座共4次，服务近千余名师生。"相约乡读"系列阅读活动打通了城乡学生阅读壁垒，缩小了阅读差距，为"双减"政策背景下家庭阅读提供了发展路径，深刻诠释了"双减"的潜在含义。

（二）依托亲子读书会打造家庭阅读"磁力场"

为凝聚家庭阅读热情，畅通交流渠道，恩施州图书馆组建了专门的亲子读书会——童心·童梦读书会。该读书会是一个集线上与线下阅读活动为一体，聚焦于幼儿及少年儿童阅读活动的读书会，目前已有成员400余人。一方面，读书会通过微信群开展线上阅读活动，主要由群里的专业老师不定期荐读优秀书目、有声朗读绘本故事、分享亲子培训视频等家庭阅读内容。另一方面，童心·童梦读书会与以青年读者为主的"施南读书会"和以老年读者为主的"千里读书会"，以及深圳彩虹花公益阅读的"漫读公益读书会"密切合作，每周末为孩子们开展少儿读书会、热门图书专题讲座等。目前，各读书会固定成员达到1000余人，长期活跃在图书馆的各项阅读活动中，今年开展各类活动150余场，服务读者近8000余人。

以2021年为例，恩施州图书馆开展各类家风家教活动15场，服务读者近5000人次。如在"9·28"孔子诞辰日，在国学分馆开展"山河交响 共读百年红色经典"家风家教活动；在11月至12月期间，在恩施书房连续开展5期"悦创空间"系列科普活动；在年末岁初，邀请书法艺术家辅导亲子家庭开展写春联、送祝福活动，在弘扬传统文化节日的同时，涵养良好家风，拓展了家庭

教育和阅读文化的知识疆界。

(三) 携手社会合作注入家庭阅读新力量

不管是家庭阅读还是大众阅读，阅读始终需要社会合力。在壮大家庭阅读人才队伍、提升服务质量上，恩施州图书馆积极引入社会力量，让家庭阅读更专业、更广泛、更深刻。

1. 组建大学生文化志愿服务队

为引入家庭阅读新鲜血液，注入青春活力，恩施州图书馆组建了一支大学生文化志愿者服务队伍，建立健全志愿服务登记注册、服务记录等机制。来自湖北民族大学、恩施学院的志愿者团队在图书馆内与馆外为少儿读者讲绘本故事、做阅读指导。全年带领文化志愿者在馆内及馆外图书流通服务点开展文化志愿服务 20 次，把青春活力、校园阅读文化、专业知识等融入亲子阅读课堂中，有力地补充了恩施州图书馆公共文化服务力量。

2. 联动社会阅读机构

为丰富家庭阅读内容，充实服务队伍力量，恩施州图书馆积极与射虎、恩施悠贝绘本馆、爱阅大眼睛绘本馆等阅读培训机构合作，开展多样化的阅读活动，提升全民阅读工作的广度与深度。如开展"小小故事人大赛"、红色亲子故事大赛等活动，增强了少儿阅读的趣味性和主流意识。同时，与恩施晚报小记者团合作，开展"小小图书馆管理员"少儿实践活动，让小朋友们在职业体验过程中感悟阅读力量。

四、成绩与思考

"双减"政策下，社会公共文化服务机构需要履行起更突出的职能作用，补足学校和家庭教育的不足。家庭阅读是家庭教育的重要组成部分，恩施州图书馆近年来把阅读推广工作重心放在家庭阅读上，一方面契合了国家大政方针走向，开始重视家庭教育与家风家教的培育；另一方面也是基于社会阅读现状，随着移动互联网技术的不断进步，传统阅读日益式微，成人读者注意力越来越多地集中于电子终端设备，而少儿读者则成为当下主要的传统阅读群体，在这种情况下，公共图书馆加大家庭阅读推广的力度正好满足了现实社会需求。具体成绩主要包括以下两方面。

一是强化阵地作用，被评为家庭教育实践"双基地"。在 2022 年 1 月，恩施州图书馆因为在家庭阅读方面的出色成绩，连续被授予"湖北省家庭亲子阅读体验基地"和"恩施州家风家教实践基地"牌匾，并以此为契机，在馆内开展家风家教系列活动，深度贯彻落实注重家庭、注重家教、注重家风的重要指示精神，仅2022年上半年，已陆续接待了30余批次机关单位和学校班小组的集体参观学习，把家庭阅读工作上升到全州比较重要的位置和高度。

二是"减负不减质"，培育起全民阅读"生力军"。在"双减"政策背景下，公共图书馆发力家庭阅读并不是与其背道而行，增加教育负担，而是在"减轻学生作业负担，减轻校外培训负担"的基础上，让社会教育聚焦学生全面发展，指向学生核心素养，以提高阅读意识和阅读能力实现教育的高质量发展。恩施州图书馆通过形式各样的家庭阅读活动把阅读的种子种进孩子心里，培养起阅读能力和阅读志趣，这种潜移默化、集阅读与实践于一体的学习教育模式提高了家庭教育和社会教育的质量和效益，符合当前素质教育发展要求，同时有力地推动了全民阅读发展，培育起一批又一批好奇求知的全民阅读"生力军"，为社会文化建设提供源源不断的后备力量。

"双减"政策的落地实施为家庭阅读打开了大门，公共图书馆也在不断探索发展中深化着文化传播的阵地作用和社会教育职能。纵观恩施州图书馆在家庭阅读方面的耕耘探索，从对一系列政策的贯彻实施，到线上线下结合、以点带面的阵地建设，再到创新家庭阅读服务并取得不错的相关成绩，它无疑把握住了时代发展的脉搏，把家庭阅读提升到一定的社会高度，集聚起庞大的阅读力量，创造了不错的社会效益，让全民阅读意识触及社会神经末梢，既缩小了社会知识鸿沟，也厚实了教育的内涵。

参考文献

[1] 由春凤. 用加减法提质增效落实"双减"政策 [J]. 黑龙江教育（教育与教学），2022（9）.

[2] 李健，薛二勇，张志萍. 家庭教育法的立法议程、价值、原理与实施 [J]. 北京师范大学学报（社会科学版），2022（1）.

[3] 林艳蕾. "多孩时代"公共图书馆家庭阅读服务探究 [J]. 河南图书馆学刊，2022，42（7）.

[4] 侯旭彤，苏瑞竹. "双减"背景下，公共图书馆"家庭阅读"推广研究 [J]. 南宁师范大学学报（自然科学版），2022，39（2）.

[5] 李玲. 公共图书馆推进家庭阅读推广的创新实践与策略研究 [J]. 文化产业，2021（36）.

儿童阅读推广文献综述

罗 嫒

（湖北省图书馆 430071）

摘　要：儿童阅读推广是开展全民阅读，提升儿童阅读素养的重要渠道，开展儿童阅读推广评价有助于改进儿童阅读推广方式，提升推广效能。梳理儿童阅读推广评价文献有助于丰富儿童阅读推广评价体系，为提升儿童阅读推广成效夯实理论基础。

关键词：儿童；阅读推广；综述

儿童阅读长期以来一直受到国内外广泛重视。1994年，IFLA和UNESCO共同发布的《公共图书馆宣言》指出，从小培养和加强儿童的阅读习惯应当成为公共图书馆服务的核心内容之一。在我国，儿童阅读亦受到党和政府的高度重视。2022年4月23日，习近平在致首届全民阅读大会举办的贺信中指出，希望孩子们养成阅读习惯，快乐阅读，健康成长。开展儿童阅读推广评价研究有利于更好地指导图书馆有效开展儿童阅读推广。本文梳理国内外儿童阅读评价文献，深入了解儿童阅读推广评价情况，以期为进一步丰富儿童阅读推广评价体系，提升儿童阅读推广成效打好理论基础。

一、国内儿童阅读推广评价研究

为全面了解我国儿童阅读推广评价的研究成果，笔者以图书馆，评估、评价、体系、指标，阅读推广，儿童、少儿、青少年、低幼、学龄、少年、未成年、幼儿、婴幼儿、早期进行组配主题，在中国知网开展专业检索，检索时段设置为2011—2021年，去除重复及不相关文献，共有文章162篇。其中期刊论文为115篇。同等条件下，以SU='图书馆' AND SU=（'评估'+'评价'+'体系'+'指标'）AND SU='阅读推广'为检索式进行检索，得到1199篇关于图书馆阅读推广评价的文献。在2011—2021年间，我国图书馆阅读推广评价已取得一定成果，但儿童阅读推广评价研究的文献很少。在文献发布趋势上，2011年至2019年，图书馆阅读推广评价文献数量不断增加，儿童阅读推广评价文献也持续缓慢平稳增加；2019年以后，两者发布数量都有所减少。如图1所示。

图1　文献发表量趋势图

在儿童阅读推广评价研究中，涉及主要主题有服务指南与政策研究、推广要素评价、推广分众评价、绘本阅读推广评价、推广合作评价研究、推广活动评价和对港澳台地区儿童阅读推广评价的研究。

（一）图书馆儿童阅读推广服务指南与政策研究

我国儿童阅读推广工作起步较晚、缺少政策支持。1981年，全国少年儿童图书馆工作座谈会由原文化部、教育部和共青团中央联合召开，为我国探索未成年人阅读推广事业拉开了序幕。近年来，我国越来越重视儿童阅读，出台了《公共图书馆少年儿童服务规范》（2018），《中国儿童发展纲要（2021—2030）》（2021）等政策和文件。但我国公共文化服务体系中儿童阅读推广缺乏明确法制保障作为行动指南，服务评估流程缺失。

（二）图书馆儿童阅读推广要素评价研究

我国对图书馆儿童阅读推广要素的评价主要集中于馆藏资源、人力资源和空间环境三个方面。打造满足儿童阅读需求的特色文献资源建设体系对推进儿童阅读十分重要，戚敏仪从全媒体视角构建少儿文献评价指标体系，总结已有馆藏评价标准，从图书馆和读者两个主体构建指标体系。儿童阅读推广人力资源管理有利于正确引导儿童阅读，培育儿童养成阅读习惯。封晔基于角色认知理论，结合《图书馆员核心能力》（ALA）等7种职业标准、指南，构建儿童阅读推广馆员能力评价指标体系。对儿童阅读推广环境进行专门讨论的文献相对较少。

（三）图书馆儿童阅读推广分众评价研究

《中国儿童发展纲要（2021—2030）》指出要重点保障农村留守儿童、低收入家庭儿童、福利院儿童等特殊儿童群体的基本阅读需求。农村、偏远地区留守儿童、残疾儿童、流动儿童、经济弱势型儿童和其他边缘儿童群体都是公共文化服务的重要对象，但是由于传统社会认同、家庭实际情况等多种障碍，造成了这些儿童群体成长困境，导致其公共图书馆资源利用明显不足。丁冬、周改珠等对农村儿童开展阅读研究，发现农村儿童阅读推广存在活动要素的弱化和缺失。张希、戚敏仪以阅读障碍儿童为主体，评估特殊服务活动效果。

（四）图书馆儿童绘本阅读推广评价研究

研究主要集中在绘本分级阅读和亲子阅读两部分。张晔根、毛韵寒建立少儿图书馆分级阅读推广评价体系。在亲子阅读方面，围绕"故事会"形式的亲子阅读推广受到学者肯定，周珊莉认为目前儿童读书会是阅读推广的重要方式，但是存在政策支持不够、定位不明确等问题，需要发挥公共图书馆孵化器作用，完善儿童读书会推广机制。

（五）图书馆儿童阅读推广合作评价研究

图书馆需要通过与学校、社会力量、出版机构等多方合作来增强儿童阅读推广效果，提升影响力。唐小姣、孙蕊、刘莹莹从多主体进行合作现状和效果出发，提出要构建有效阅读评估机制等对策。目前，社会力量参与阅读推广存在制约因素，还需要建立有效活动计划和评估机制。

（六）图书馆儿童阅读推广活动评价研究

学者们从不同角度对儿童阅读推广活动进行评价。王素芳、孙云倩、王波设计侧重图书馆投入和参与度受益指标，构建了图书馆、参与者、社会影响三个评估维度的指标体系，影响力较大。随后有学者基于相关理论和视角开展评价，周同、谢欢借鉴"全评价"分析框架，就构建我国青少年阅读评价体系进行阐述。刘斯博根据托马斯"五因素"理论和儿童权利原则理论，借鉴LibQUAL+模型，建立适用于未成年群体的阅读服务评价标准。

（七）对港澳台地区儿童阅读推广评价的研究

港台地区未成年人阅读相关论文集中在优秀阅读推广经验、阅读服务总结与启示方面。2009年，台湾地区开始推动"阅读推广与馆藏充实实施计划"，每年邀请评审委员对各地区的计划开展审核，同时辅助实地调研和综合辅导，了解计划实施的真实情况和效果。

目前，我国图书馆儿童阅读推广存在重形式、轻效果，重宣传、轻评估的情况。近年来，我国学者对图书馆儿童阅读推广评价进行了理论探讨和初步实践，但还需要吸取发达国家儿童阅读推广评价经验，研究优秀案例特点，对参与者满意度和经济社会回报等多方面进行评估。

二、国外儿童阅读推广评价研究

笔者以"reading prompt""evaluation"与"library""children""teenager""child""pre-school""youth"对 Web of Science、EBSCO 的 Library & Information Science Source 等常用的外文数据库进行组配检索，同时浏览著名儿童阅读推广活动网站后发现欧美和亚洲发达国家已对儿童阅读推广评价开展了丰富研究，主要是基于儿童阅读项目来进行针对性的研究。

（一）美国儿童阅读推广评价

美国十分注重活动的评估。美国 ALA 公共图书馆分会（PLA）与美国儿童健康与人类发展研究中心（NICHD）于 2000 年联合发起"每个孩子准备好在你的图书馆阅读"（Every Child Ready to Read，ECRR）项目。在 2008 年完成第一版评估后，于 2009 年，组织早期识字领域专家根据调查反馈以及对用户和非用户的访谈，衡量 ECRR 对准备阅读的儿童的影响，并评估是否进行更改。

美国于 20 世纪 50 年代起已开展了"暑期阅读计划"项目评估，但目前美国公共图书馆的暑期阅读项目评价尚未形成统一的范式，美国多明尼克大学图情学院对公共图书馆暑期阅读计划项目实施评价。主要评价方式为对三年级下学期学生进行前测，在参与暑期阅读项目后，再次进行后测以检验其阅读成绩。同时对学校老师、图书馆员、监护人和学生开展问卷调研和访谈，丰富数据全面性。

（二）英国儿童阅读推广评价

夏季阅读挑战（Summer Reading Challenge）项目评估。组织者英国阅读社按年度评价总结，并在官方网站公布评价结果，每 4 年还会评价一次该计划是否仍满足其目标受众的需求，提出改善挑战的方法。阅读起步走（Bookstart）项目评估。为明确计划能取得实效，调研人员向项目组织者收集评价意见，还通过委托外界学术、研究机构，使用实验法、问卷调查法、访谈法等多种定性定量结合的方法，不间断地对该项目进行了 20 余年的跟踪研究。

在英国，79% 的公共图书馆都对自己的阅读推广活动进行评估，评估方式一是通过国家协调的评估计划，例如夏季阅读挑战；二是进行本地管理的"反馈问卷"以检验阅读推广活动的成效。由于对项目评估需要较高学术关注度和前瞻性视角，英国公共图书馆会联合高校和研究所对阅读项目进行评估，注重思考和评估后期服务数据，对与其他机构合作活动的效果评价提出了新思路。

（三）日本儿童阅读推广评价

日本文部科学省委托第三方机构，于2016年开始，每年开展《关于儿童阅读活动促进计划的调查研究》，调查以实施结果为导向，注重定量信息反映客观事实，连续多年评价、综合分析绩效评价和事业评价等核心指标。日本儿童阅读推广评价的特色是其行业协会发达且保持长期调研传统。日本读书推进运动协会从2003年至今每五年开展全国阅读小组调查，调查阅读志愿者小组开展活动的情况。

（四）其他国家儿童阅读推广评价

德国由图书馆联合计算机专业人士和儿童心理学、教育学专家以及好莱坞团队研制应用程序推广儿童智慧化阅读，评估用户阅读效果。加拿大国家图书馆和档案馆负责制作阅读推广活动调查表格、监督协调评估和后期数据分析，安格斯列特公众意见调查机构收集整理各地图书馆上报数据信息，多机构协作完成对图书馆儿童阅读推广活动的评估。澳大利亚昆士兰州立图书馆和众多技工、媒体等共同合作Read4 Life项目，旨在提高0~5岁儿童对阅读重要性的认知。中央昆士兰大学完成Read4 Life项目评估工作，收集并深入评估项目的参加人次、项目内容、项目成果、项目场次等定量信息。俄罗斯于2009年提出《俄罗斯儿童图书馆指南》，2016年依时代进步要求改进后发布新版《儿童图书馆指南》，通过绩效指标来衡量儿童图书馆服务的效率和质量。

三、国内外研究述评

综上可见，公共图书馆是儿童阅读推广最重要的推动者、实施者和引领者。目前，国内外儿童阅读推广评价在理论和实践上均取得了较为显著的成果，但在阅读推广评价研究上仍存在一些差异。

第一，国外注重从国家政府层面确立整体指导框架，以法律法规、行业指南为依据，鼓励包括图书馆、学校和各类社会机构开展体系化儿童阅读推广项目，合作方式成熟，制度保障完善。而国内儿童阅读推广评价缺乏国家法律层面的指导，主要由行业学会发起阅读推广活动，缺乏对各图书馆的阅读推广计划的整体指导，目标不明确，约束机制不强，导致各地区执行效果打折扣。

第二，国外儿童阅读推广评价研究多从心理学、教育学角度出发，利用问卷调研、访谈等实证研究，尤其是利用实验法设置实验组和对照组，比较参与相关阅读项目的儿童与未参加阅读项目的儿童在学业成绩、阅读素养等方面的区别，以判断阅读项目的有效性。国内儿童阅读推广评价主要针对阅读推广的某一部分如绘本阅读、文献资源的评价，对于活动评价多停留到参与人数、活动场次等层面，而针对儿童个体、农村及偏远地区和阅读障碍儿童等较少涉及。

第三，国外对儿童阅读推广评价主体丰富，协作方式成熟。国外图书馆通常与高校、研究机构、行业协会等合作，对大型儿童阅读推广项目开展定期评估，以不断改进阅读推广项目实施。国内图书馆儿童阅读推广虽然实践丰富，但其评价研究还处于萌芽阶段。学者主要从理论上提出儿童阅读推广评价的重要性、必要性，设置相关评价指标，但研究主体仍然是图书馆，缺少第三方单位、机构对图书馆儿童阅读推广的整体评价。

鉴于对以上研究现状的述评和判断，可在已有图书馆儿童阅读推广评价的研究基础之上，结合大数据环境下数字阅读推广趋势，对图书馆儿童阅读推广进行指标构建，为图书馆改进儿童阅读推广方式，优化儿童阅读推广环境提供参考。

参考文献

[1] 联合国教科文组织. 公共图书馆宣言［EB/OL］.［2022-7-28］. https://repository.ifla.org/bitstream/123456789/691/1/pl-manifesto-zh.pdf.

[2] 李梦竹, 张莉, 任姝萍, 等. 我国未成年人阅读推广政策研究（1980—2020）——基于国家层面相关政策文本分析［J］. 图书馆理论与实践, 2021（4）.

[3] 戚敏仪. 基于德尔菲法的少儿文献评价指标体系构建［J］. 情报探索, 2018（1）.

[4] 封晔. 儿童阅读推广馆员能力评价指标体系构建及实证分析［D］. 保定: 河北大学, 2020.

[5] 丁冬, 张长秀, 周文娟, 等. 农村儿童阅读推广全要素系统构建——基于活动理论视角［J］. 图书情报工作, 2017, 61（S2）.

[6] 周改珠. 不发达地区县级公共图书馆家庭阅读推广路径探析——基于甘肃省天水市麦积区家庭阅读现状的调研［C］//中国图书馆学会. 中国图书馆学会年会论文集: 2017年卷. 中国图书馆学会: 中国图书馆学会, 2018.

[7] 张希. 关爱智障儿童阅读——广少图智障儿童主题阅读服务记录与分析［J］. 山东图书馆学刊, 2012（6）.

[8] 戚敏仪. 图书馆面向未成年人阅读障碍症群体服务评价指标体系构建

与实证研究 [J]. 情报探索, 2021 (3).

[9] 张晔. 以需求为导向的少儿图书馆分级阅读推广研究 [D]. 扬州: 扬州大学, 2021.

[10] 毛韵寒. 我国公共图书馆少儿分级阅读服务评价研究 [D]. 哈尔滨: 黑龙江大学, 2021.

[11] 周珊莉. 全民阅读视角下我国儿童读书会发展策略探析 [J]. 图书馆研究与工作, 2020 (5).

[12] 唐小姣. 多主体合作视角下安徽省公共图书馆儿童阅读推广的调查 [D]. 合肥: 安徽大学, 2018.

[13] 孙蕊. 馆校合作儿童阅读推广现状调查研究 [J]. 图书馆工作与研究, 2019 (12).

[14] 刘莹莹. 基于图书馆与出版社合作的儿童阅读推广活动优化研究 [D]. 湘潭: 湘潭大学, 2018.

[15] 王素芳, 孙云倩, 王波. 图书馆儿童阅读推广活动评估指标体系构建研究 [J]. 中国图书馆学报, 2013, 39 (6).

[16] 周同, 谢欢. 青少年阅读评价体系初探 [J]. 图书馆理论与实践, 2015 (6).

[17] 刘斯博. 图书馆未成年人阅读服务评价研究 [D]. 沈阳: 辽宁大学, 2020.

[18] 邱维. 美国儿童图书馆服务协会研究 [D]. 福州: 福建师范大学, 2016.

[19] 周恩妮. 美国公共图书馆暑期阅读项目研究 [D]. 保定: 河北大学, 2017.

[20] 张文锡. 英国"夏季阅读挑战"对我国图书馆的启示 [J]. 图书馆学刊, 2020, 42 (5).

[21] Dr Cathy Burnett, Karen Daniels, Chris Bailey. The Contribution of Early Years Bookgifting Programmers to Literacy Attainment: A Literature Review (2014) [EB/OL]. [2022-07-28]. http://booktrustadmin.artlogic.net/usr/resources/1124/final-bookgifting-lit-review.pdf.

[22] SCL Leading&Managing Public Library. Review of Reader Development Activities in Libraries and Training Needs [EB/OL]. [2022-07-04]. https://www.librariesconnected.org.uk/resources.

[23] 日本文部科学省. 子どもの読書活動の推進に関する基本的な計画

[EB/OL].[2022-07-27].https：//www.kodomodokusyo.go.jp/happyou/hourei.html.

[24] 张麒麟,姜霖.日本儿童阅读推广的长效促进机制［J］.图书馆论坛,2020,40（3）.

[25] 寻海燕.德国公共图书馆少儿阅读推广服务研究——基于"阅读起跑线"计划的实证［J］.出版广角,2019（10）.

[26] 王学贤,董梦晨,杨园利.加拿大少年儿童阅读推广活动研究［J］.图书馆工作与研究,2018（8）.

[27] 权丽桃.澳大利亚Read4Life项目对我国儿童阅读推广的启示［J］.图书馆工作与研究,2015（6）.

试论红色旅游资源开发中的红色文化传承

胡忠坤

(十堰市图书馆 442000)

摘　要：红色文化资源是我党与人民群众在革命历史时期所保留与传承下来的最珍贵的文化记忆，特别是在新时期社会发展的今天，做好红色文化传承、强化红色文化传承思维意识，对促进社会发展有着巨大的历史意义。同时，红色旅游作为我国特色文化工程，其在继承中华民族传统文化以及保护中华民族先进文化方面有着重要且不可替代的作用，此项工程发展不仅弘扬了爱国主义精神，同时也促进了各区域经济发展，实现了惠民政策的充分落实。但是，红色旅游在国内发展取得一定社会效益与经济效益的同时，在文化传承与红色旅游发展方面还存在不同程度问题。对此，本文对红色旅游资源开发中的红色文化传承进行分析。

关键词：红色旅游；资源开发；红色文化；传承

　　针对与当前红色旅游资源开发实际情况，我国还结合其现实意义与实际情况制定与颁布了相关政策文件，其目的是更好地促进红色旅游发展，强化爱国主义教育和革命教育实际效果，培育与践行社会主义核心价值观，促进社会主义精神文明建设工作的全面推进，以此保障红色旅游资源开发工作向着更加健康且正确的方向前进，同时也能保障红色文化得到科学传承。再加上红色文化资源属于我国宝贵的精神文化资源，做好当前红色文化传承直接决定着我党与未来国家发展命运，同时对中华民族发展与传承也有着极为密切的关联。因此，不管是从其自身价值还是对我国社会发展，新时期红色旅游资源的开发对于强化红色文化传承效果、扩大其传承价值有着极为重要的意义。

一、红色旅游与红色文化概述

（一）红色旅游

红色旅游必须具有特定的文化载体，中国共产党在领导人民进行革命与战争时，在特定时期取得的丰功伟绩，并随着时间推移逐渐形成的具有纪念意义的地址、标志物等，并以此为载体，其中涉及红军长征时期、全面抗战时期、解放战争时期等有着重要革命意义的纪念地和纪念物，并从中所展现出的革命精神等。而红色旅游最本质的含义在于将红色革命中所承载的革命历史、革命事迹、革命精神等作为主要内涵，然后景区按照工作部署接待游客，同时向游客开展缅怀学习、主体参观、游览等各种主题性旅游活动。另外，红色旅游资源也有着一定的特殊性，相比于其他旅游资源，红色旅游资源更能展现出其精神文明教育性、历史革命性、爱国主义神圣性以及精神与物质相统一性。

（二）红色文化

文化不管是在任何时期都属于一种比较抽象的概念，并且其主体涵盖范围和内容也比较广泛，一般都涉及物质、知识、信仰、法治、道德、艺术、习俗等，其中还包含个体在社会行动中获得的各种能力以及行为习惯等在内的复杂结合。而作为中华民族传统文化重要组成的红色文化，其重要性更加明显，主要包含物质则分别为物质文化与非物质文化。也就是说在中国共产党的领导下，中国人民为了更好地实现民族解放、复兴伟大历史事业过程中所进行的各种文化现象综合体，其中蕴藏着丰富的红色革命精神与厚重的历史文化内涵。

二、红色旅游资源开发中红色文化传承存在的问题

（一）对红色文化传承指导性文件理解问题

各地区在进行红色旅游资源开发时，相关政策文件或者是指导性纲领在其中起着至关重要的作用，其不仅可以保障我国红色旅游资源开发向着正确的发展方向前进，同时还能更深层次的保障红色文化传承目标的实现。特别是党和国家对于红色旅游资源开发重视程度一直很高，并且还成立了专门的组织机构和办公室等负责与指导全国红色文化旅游资源的开发，而且还有针对性的红色纲要文件对其进行辅助。但是实际反馈出的效果却不是很理想，特别是在贯彻落实红色文化资源纲领文件时，没有正确的认清文件导向性，也难以将其正确用到实际工作当中，从而限制了红色文化传承工作的全面开展。

（二）红色文化传承景观建设问题

在红色旅游资源开发过程中，对于红色文化传承最主要的工具就是相关文化景观与场所，整个文化传承载体的实际效益直接决定着红色文化传承效果。但是，综合分析目前我国红色文化景观以及各种文化场所建设情况来看，整体

都存在着一些关键问题，比如目标存在一定误区，认识有明显不足，特别是在实际运营中，大部分的主体单位都比较重视最终的经济收益，并且还存在红色旅游区相互竞争的现象，导致其实际建设体系严重偏离最初预期，对本地区所特有的红色文化形式与内涵挖掘程度也存在明显不足，难以发挥自身吸引力，游客也不会主动参与到红色文化传承当中，资源利用不充分。还有部分旅游区为了尽可能地贴合旅游口味，会降低红色文化体系的真实性，轻视革命历史，导致其后期工作开展严重影响红色文化传承的原生性。

（三）红色旅游资源开发中宣传工作问题

在红色旅游资源开发与红色文化传承工作中，做好基础宣传工作对于后期工作效益延伸与传承有着极大的推动作用，并且所反馈出的效果和实际效益也能得到有效延伸，对此，为了尽可能强化红色旅游资源开发工作质量，实现更深层次的红色文化传承工作，各单位部门应切实提高自己对红色旅游资源开发的宣传工作。截止到现在，我国各地区红色文化旅游发展基本已经呈现出了常态化趋势，并且随着各项工作的不断推进，各地区所展现出的红色旅游热现象也越来越强烈，这在很大程度上提高了红色文化传承效果，也让红色文化传承影响力得到全面提升。但是，针对其内部红色旅游宣传工作却与当前红色文化消费市场存在明显偏差，整体宣传工作的欠缺导致其无法更加深入的扩大红色文化传承市场，也无法保障旅游资源与红色文化的结合度，久而久之，会影响红色文化传承效果，甚至好多旅游景区和场所都呈现出冷场的现象，以至于最终目标的偏差。

三、红色旅游资源开发中红色文化传承措施分析

（一）深入理解纲要文件，指导红色文化传承

当前在进行红色文化资源开发工作中明显存在指导性不足等现实问题，因此，需要切实加强这方面的工作，并且要更深层次的强调与规范政策纲要引导的重要性与现实意义，以此来实现对各个地域红色文化资源开发工作的引导，同时也能保障资源开发建设工作的实际效益，保障后期红色文化传承能具备更加强劲的推动力。首先，要根据不同地区红色旅游资源现实情况对后期红色文化传承工作进行系统化布局，另外要考虑到各地区红色文化传承后期发展方向，从政策制度等各方面来保障红色文化传承方向的正确性，这样也能更好地开发和利用我国丰富的红色文化资源。其次，各地区的红色文化旅游局或者是相关单位部门应该强化组织协调工作，对国家颁布实施的红色旅游开发纲要文件进行深度学习与理解，坚持红色旅游资源产业化开发方向，不断地对现有红色文

化资源开发途径进行创新优化，深入贯彻落实红色文化传承工作。最后，各地区在进行红色旅游资源开发时，要在全国红办领导下进行，保障红色旅游资源开发的真实性与政治性，推动其可持续发展，以此来实现红色文化科学传承。

（二）大力建设红色文化传承景观

深入研究当前红色文化传承实际情况可以看出，其中载体缺失或者是实际效益不高问题相对突出，其主要原因在于后期落实红色文化传承工作时，其文化学习载体难以充分展现出实际价值。为了有效解决此问题，应该加大对红色旅游中红色文化传承景观的建设力度，特别是要从硬件和软件两个方面实现对红色旅游资源的开发，以此丰富红色文化内容，让其内涵与价值更加突出，这样就可以更深入的凸显出红色文化传承元素，落实红色文化传承目标。比如，不同地区的红色旅游局以及建设单位应该结合当地资源优势，建设红色文化传承硬件设施，比如各种能彰显出红色旅游资源的文化景观，以此来强化红色文化教育内涵以及红色文化传承效果。或者是可以按照当地特有的红色旅游景观进行工作开展，对红色文化教育价值进行挖掘，并通过本地特色红色旅游服务进行文化传承。同时，对于红色旅游资源的开发，要保障红色文化传承主题的鲜明性，融合进一些现代文化元素，创新与调整红色旅游服务模式，这样可以保障各地区红色旅游景观能印上红色文化传承标志。

（三）做好红色文化宣传工作

考虑到当前红色旅游资源开发工作中各方面所做的宣传工作存在明显不足，以至于造成在进行红色文化传承时难以达到预期效果，故此，各地区红色旅游资源开发部门和相关单位应该结合自身情况优化红色文化宣传工作，构建完善工作宣传体系，这样可以很好的扩大人民群众对红色文化传承的认识，也能保障后期文化传承效果，引导更多人民群众积极参与到红色文化学习当中。另外，各地区在进行红色旅游资源开发时，要根据当地特色红色文化传承规律进行，同时还要掌握不同地区旅游消费者的实际文化需求，尽可能地创建出更多全新且丰富多样的红色文化传承模式。比如，借助现在广泛普及的互联网、媒体信息技术等，这样能缩短红色文化与消费者之间的距离，实现与文化直接对话，进一步强化消费者对红色文化的认识，保障红色文化目标的充分实现。其次，在进行红色旅游资源宣传工作时，要尽可能地贴近人民群众，改变以往语言灌输的宣传方式，从而强化红色文化传承感染力。

（四）不断创新红色文化传承方式，强化体验性

要尽可能地扩大红色文化传承影响力，增加其受众群体、吸引到更多的游

客，壮大红色旅游传承群体，必须不断地创新红色文化传承模式，开发出更多符合游客需求的产品，以此保障游客在红色文化传承中的参与度以及互动性需求，实现对传统红色旅游方式的变革。这样不仅可以强化红色旅游产品的体验性、参与性和趣味性，同时还能带给游客一种身临其境的感觉，让其能切身感受到红色历史，领悟红色文化，从而提高红色文化内涵灌输效益。比如，可以结合当地红色文化背景与内涵，在旅游景区内构建模拟革命时期战地实况，情景演绎该地区发生过的革命故事，也可以让游客参与其中，穿上符合时期背景的服装，如红军服装、军帽等一同进入到场景内，身临其境的体验与感受战争文化、红色文化，提高其红色文化传承意识。

四、结束语

综上所述，红色文化作为我国传统民族文化的关键组成，在推动社会发展以及民族意识提高方面有着极大的现实意义。特别是在各种文化体系相互交织文化发展的新时期，更要提高弘扬与培育红色文化的力度，不断对我国红色文化进行宣传，实现真正意义上的与红色旅游实质载体相结合，以此来推动红色文化的创新性发展，保障后期传承工作的落实。对此，各政府部门要强化自身责任意识，协同努力、齐抓共管，不断结合实际工作情况来制定出更具智慧且建设性的措施，共同推进红色文化传承以及红色旅游资源开发向着更具深度和广度的方向进行。

参考文献

[1] 许芳. 红色旅游与红色文化传承关系浅析 [J]. 文化创新比较研究, 2018, 2 (31).

[2] 罗纯, 吴先勇. 文化传承中的红色旅游资源开发 [J]. 中学政治教学参考, 2021 (31).

[3] 白莎. 红色旅游开发中的红色文化传承探析 [J]. 旅游纵览, 2021 (12).

[4] 罗盛锋, 梁连健, 黄燕玲, 等. 红军长征沿线红色旅游资源开发潜力研究 [J]. 桂林理工大学学报, 2021, 41 (3).

[5] 蔡亚男. 红色旅游资源开发中的文化传承 [J]. 中学政治教学参考, 2020 (39).

[6] 邵冬梅. 红色旅游资源开发中的红色文化传承策略分析 [J]. 旅游与摄影, 2021 (19).

公共图书馆党建文化宣传教育活动的模式分析
——以湖北省图书馆党风廉政建设宣教月系列参考活动为例

白樱子

（湖北省图书馆　430071）

摘　要：湖北省图书馆党风廉政建设宣教月系列参考活动已开展数年。作为面向特定群体开展的服务，其取得了积极的成效。本文以该活动为例，分析公共图书馆党建文化宣传教育活动的现状、特点与不足，并提出优化意见。

关键词：公共图书馆；党建文化；宣传教育

习近平总书记曾说："图书馆是国家文化发展水平图书馆是国家文化发展水平的重要标志，是滋养民族心灵、培育文化自信的重要场所。"作为新时代培育和践行社会主义核心价值观的重要阵地，公共图书馆开展党建文化宣传教育活动是大势所趋。

一、公共图书馆开展党建文化宣传教育活动的意义

（一）开展党建文化宣传教育活动是公共图书馆的职能所在

保存人类文化遗产、开发信息资源、参与社会教育等是图书馆的主要职能。党的十八大以来，以习近平同志为核心的党中央高度重视党建文化建设，对党史党建、红色文化等学习利用作出明确指示。在此背景下，公共图书馆作为社会主义先进文化的推动者和传播者，贯彻落实上级指示精神，开展党建文化宣传教育活动是其职能所在。

长久以来，各级公共图书馆都致力于面向不同群体开展内容丰富、形式多样的宣传教育活动。在这些分龄分众的活动中，有面向未成年人的，有面向残障人士的，有面向老年群体的，但很少有针对党员干部开展的。即使有，也多

是工作任务或者单次的、未形成系列规模的。可以说这是公共图书馆服务的一个盲区。因此，开展党建文化宣传教育活动，不仅能在稳固既有读者群体的基础上提升用户规模，还可以更好地实现服务对象的全覆盖，增强公共图书馆文化品牌的影响力。

（二）开展党建文化宣传教育活动是公共图书馆提高认可度的有效途径

近年来，国内外形势复杂多变，各行各业面临不同的机遇与挑战。作为公益性的公共文化单位，公共图书馆要想保障好、发展好，必须赢得上级主管部门、领导和广大读者的支持。除开相关研究、典藏机构和高等院校，公共图书馆在推进党建文化宣传教育、党史资料文献收藏、党史党建专题研究等方面具有独特优势。在党史学习教育常态化、红色文化传承的大背景下，公共图书馆如果能抓住这一历史机遇，把党建服务与读者社会教育结合起来，融合推进，便能探索出一条图书馆文化传承、服务育人的新方向、新路径。一方面，既可以刺激图书馆不断提升自身的管理水平和业务水平，塑造更加良好的形象，有效提升社会影响力和核心竞争力；另一方面，还可以直接吸引社会各界尤其是上级部门领导的关注，增加其到馆次数，提升其对公共图书馆的认知，为公共图书馆赢得更多的话语权和权益创造条件。

二、案例分析：湖北省图书馆党风廉政建设宣教月系列参考活动

2014年，湖北省图书馆专辟6楼区域建设廉政文化图书馆，开始为党员干部提供专属阅读服务和活动。2019年，湖北省图书馆被省委省直机关工委授为湖北省省直机关党员干部学习基地。作为正式授牌的党员干部学习基地，湖北省图书馆全年接受党员干部来访学习，开展形式多样的党建文化宣传教育活动，其中根据实际，党风廉政建设宣教月系列参考活动是参与人次最多、最密集的。为便于研究，本文即以该系列参考活动为例进行分析。

（一）湖北省图书馆党风廉政建设宣教月系列参考活动概况

湖北省图书馆党风廉政建设宣教月系列参考活动是该馆根据全省党风廉政宣教月活动安排部署开展的系列党建文化宣传教育活动。活动以党风廉政为主题，涵盖了廉政文化、红色文化、家风文化等多个内容。活动在以往各式主题活动的基础上，自2015年起形成系列，至今已有8年。系列活动立足本馆资源，采用菜单式的服务模式，以集体参与为主，每年为期1个月。活动内容主要包括以下几方面：

一是主题文献的展示借阅。湖北省图书馆通过购买、征集、获赠等方式对党风廉政主题的文献进行了收集整理，逐步建立系统完备的廉政特色资源库和研究级文献收藏标准。目前，在馆内6楼的专属区域藏有正式出版图书1.8万余册，非正式出版的廉政资料380余册，廉政视听文献200余种，廉政自建二次文献资源20余种，"清风颂"省直机关廉政书画展入藏作品近1500幅。内容涵盖政治、经济、法律、哲学、历史、文学等诸多领域，可充分满足线下阅读需求。同时，为了顺应数字化潮流、适应碎片化阅读趋势，该馆还以丰富的馆藏数字化资源为依托，建设专属网站内容，实现主题文献的线上展示与传播。

二是主题阵地的服务交流。湖北省图书馆在馆6楼西区开辟专区为广大党员提供服务。区域内设有文献阅览区、数字体验区、影视观摩区、小组研讨区、党史宣传区、专家研究室、新书展示区、风采展示区等特色空间，提供党建书籍推荐、文献阅览、影视观摩、党员宣誓、活动交流等服务，能够更好地营造红色文化的学习传播氛围，让党员干部在了解学习红色资源中铭记党的历史，传承红色基因。

三是主题展览的引导呈现。形式有书画展、文献展等。以2021、2022年的活动为例，展览包括："清风颂"——省直机关廉政书画作品展，参展作者基本为省直机关事业单位员工，参展作品经广泛征集、评选评审得出，展现广大省直机关党员干部崇廉尚廉的良好精神风貌；"家和万事兴"——家风家教主题展，展示中国经典家训家书、老一辈无产阶级革命家红色家风和当代优秀共产党员感人事迹；"廉心书韵"——廉政专题文献联展，由湖北省图书馆牵头，联合省内部分市级公共图书馆同期联展，构建廉政文化交流平台；"学党史铭初心 巾帼奋斗新征程"——庆祝中国共产党建党100周年馆藏党报党刊展，以报刊图片展板和实物展柜相结合的形式，选取了部分馆藏，展示了党的光辉历程。

四是主题活动的推广拓展。依托已有的品牌活动，在党建文化宣传教育中挖掘图书馆特色，邀请党员干部和社会读者共同参与。如"长江讲坛·廉政讲堂"，通过邀请知名专家学者讲授党建文化相关知识，引领党员干部坚定理想信念。定期制作主题书目索引或推荐，主动向党员干部及广大读者推荐主题性强、内容新的书目信息。发挥专业参考咨询优势，围绕主题制作系列二次文献，将最新的信息咨文、理论成果和实践经验汇编成册，方便党员干部学鉴、研究和决策参阅。除此以外，还有主题书画拓印、剪纸等其他活动，达到以文化人、以情感人的目的，切实增强党风廉政宣教活动实效，更加贴近普通群众，扩大廉政文化宣教的覆盖面和影响力。

（二）湖北省图书馆党风廉政建设宣教月系列参考活动成效分析

通过多年的努力，湖北省图书馆党风廉政建设宣教月系列参考活动受到党员干部和广大读者的广泛欢迎，影响力逐渐扩大。2019年8月，湖北省图书馆被中共湖北省委直属机关工委列为全省党员干部教育基地，是全省18家党员干部教育基地中是唯一一家以学习为主要特色的基地，也是唯一一家以图书馆为主要阵地打造的党员干部教育基地。这在业内尚属首创，也探索出了一条图书馆文化传承、服务育人的新方向、新路径，并为省内各级公共图书馆起到了示范引领作用，通山等地图书馆也纷纷拉开清廉书屋、廉政书架的建设。

从活动举措和形成效果来看，湖北省图书馆党风廉政建设宣教月系列参考活动主要具有以下特点：

一是充分利用优势。立足省图书馆庞大的馆藏资源，结合"清廉"等热点，建立起较完整的主题文献收藏体系，提供专业化平台和一站式阅读体验。坚持以品牌活动为抓手，致力于将图书馆品牌活动有效融合到党建文化宣传教育中来，在活动中挖掘图书馆特色，邀请党员干部共同参与。通过线上线下多措并举，逐步搭建起党建文化的学习平台和宣传窗口，展现良好的社会效应。

二是极力彰显特色。活动每年根据省委省直机关工委活动部署，开展相关活动。截至去年，已累计服务党员数万人次。每年活动期间，除举办"清风颂"廉政书画作品展外，省图书馆还充分发挥特色优势，举办"长江讲坛·廉政讲堂"专题讲座。同时，制作文化书签、资讯汇编等二次文献资料集，供党员干部取用。

三是狠抓转型创新。近年来，为适应疫情常态化防控需要，图书馆的服务逐渐从线下为主向线上线下并举转变。2020年，省图书馆增设线上VR展厅，全景呈现展览实景。2021年，为庆祝中国共产党成立100周年，举办"我们的中国梦——文化进万家""红色经典图书"展览、"红色经典书展"等线上活动。引进智能化设施实现沉浸式体验，打造更加生动的文化体验环境和更大的信息共享空间。同时，积极利用微信公众号等新媒体平台，向读者系统推介经典著作和党建文化书籍，让党员干部无论身处何处都能参与到党建文化的学习推广中，得到丰富的精神食粮，感受阅读的魅力。

当然，活动也反映出了一些问题与不足：

一是资源更新不够及时。虽然馆藏丰富，但在党建文化资源的更新时效上还不够。纸质资源尤其是图书需要经过加工才能上架，电子资源一部分依托于数据库商的更新频率，一部分因版权问题会相对滞后。编纂的二次文献在书目信息及最新资讯方面等内容也相对缺乏，未深入挖掘，导致主题不够聚焦，内容不够新颖，广度和深度不足。除此以外，本地党建文化资源深入还不够。

二是活动不够鲜明。党建文化宣传教育要取得实效，需要不断创新形式，丰富载体。从党风廉政建设宣教月系列参考活动情况来看，虽然省图书馆已经举办了相关党建主题活动，但目前主要活动形式还是以参观展览为主，活动形式依旧存在单一化的问题。讲座、影视观摩等形式开展的活动虽然取得了一定成效，但受到时空、场次等主客观因素的影响，覆盖范围有限，且主题不是十分突出，存在内容广而散的问题。

三是宣传推广力度有待加强。文献资源开发利用以及依托新媒体有效传播不够，许多人对图书馆能提供的资源及文化不够了解。廉政文化宣教活动辐射面较窄，受益的集体和人群还不够多，公共图书馆应有的功能作用没有得到充分发挥。

四是共建共享尚未成势。在社会上，具备一定优势开展党建文化宣传教育的单位和机构并不多，但图书馆在党建文化服务推广工作中，仍处于独立实践操作阶段，没有建立资源有效链接，馆与馆以及馆与其他相关机构之间联动共享和公共服务的机制尚未形成。

三、意见与建议

（一）夯实资源

从内容上，挖掘本地区党建文化特色，充实主题资源。如搜集、整理本地区革命历史人物、孝廉人物、时代先锋、劳动模范、最美人物等事迹、家书家训等。从维护上，努力提升资源更新速率。对于纸质文献，要加快采购、加工、整理的效率；对于电子文献，一是要督促数据库供应商及时更新，二是要加快自建党建文化资源的建设步伐；对于二次文献，要进一步将研究与实践相结合，为党建文化建设与宣传教育提供更多资讯和建议。

（二）升级服务

应在原有的基础上，对服务进行创新升级，进一步明确目标，形成党建文化宣传教育的良好氛围；扩充优质服务内容，围绕宣传贯彻习近平新时代中国特色社会主义创建精品活动及服务，把党性教育、党史教育、廉政教育、作风教育等有机地结合起来；创新宣教模式，让活动和服务更生动、更贴心，努力做到寓教于乐、寓教于思、寓教于悟、寓教于行；推动服务向基层延伸，由党员干部向广大群众延伸，由党政机关向企事业单位、学校等延伸，由省向市县区延伸；等等。

（三）扩大宣传

适应碎片化、数字化的阅读趋势，积极利用"两微一端"等新媒体平台，加强党建文化的宣传推广。如在网页、应用程序的醒目位置设置党建文化专栏，有意识地引导读者前往阅读学习，对党建书刊目录等进行推送等。一方面，可有多渠道推送党建文化资源，打造传播矩阵，正确引导网络舆论；另一方面，化被动为主动，与广大读者建立起双向交流的良好互动模式。

（四）形成合力

应开展多方合作，促进特色资源共建共享，尤其是跨地域、跨行业的融合发展，凸显联盟集群的聚合效应。加强图书馆间的合作，以省图书馆为锚点，引领全省公共图书馆共建共享。加强与党员干部教育基地、红色教育基地之间的合作，彰显地域特色，打造党建文化交流中心。加强与全国廉政文化教育基地等的合作，共同致力于党建专题文化资源的收藏、教育、服务、展示、研究。

四、结语

大力加强党建文化建设，推动党建文化宣传教育是当前的一个重大课题。公共图书馆服务党建文化宣传教育不仅符合图书馆职能，也是其文化育人、服务育人的有效途径，值得图书馆持续探索、研究、深入。

参考文献

[1] 胡永强，王宇. 图书馆党史学习教育与红色文化推广融合路径探究[J]. 图书情报工作，2022，66（2）.

[2] 钱明辉，潘菲，李天明，等. 基于服务创新视角的我国省级公共图书馆文化品牌建设研究——面向省级公共图书馆管理者的调查[J]. 国家图书馆学刊，2021，30（5）.

[3] 姚璨，文瑜. 公共图书馆党建文化建设及品牌打造路径研究[J]. 中文科技期刊数据库（全文版）图书情报，2021（8）.

[4] 张维，邓丹妮，李昕. 党史学习教育提升高校育人实效性的路径探析——以商洛职业技术学院图书馆为例[J]. 大学，2021（40）.

[5] 胡爱. 高职院校图书馆党员教育服务模式研究——以上海旅游高等专科学校为例[J]. 才智，2021（6）.

文旅融合背景下公共图书馆地方文献服务旅游的实践与思考
——以十堰市图书馆为例

涂小红

（十堰市图书馆　442000）

摘　要：地方文献具有丰厚的历史文化底蕴，是地域文化的承载体，为本区域旅游发展提供了各种直接的信息支撑和服务。本文以十堰市图书馆地方文献为本区域旅游服务的实践为例，探讨了文旅融合背景下公共图书馆为旅游发展服务的策略及思考。

关键词：文旅融合；地方文献；旅游服务

2022年是党的二十大召开之年，是实施"十四五"规划关键之年，以文化为核心，旅游为平台的文旅融合，通过五年的努力，我国的文化建设和旅游发展都上了一个大台阶。文旅融合发展的背景，给公共图书馆带来了新的发展机遇。作为新时代文化传播的重要阵地，图书馆要实现"以人民群众的需求为导向、满意为标准，推动公共服务补短板、提效能"。打造公共文化服务的"领头雁"，就必须以自身馆藏文献为基础，发挥地方文献资源开发优势，收集、整理、开发与旅游相关的文献内容，跳出传统的藩篱并进行职责功能扩容，为旅游注入人文历史、民俗文化、非物质文化遗产等元素，助力开发各类文创产品，对接旅游、服务旅游，助推旅游的发展。

一、公共图书馆为旅游服务的优势

旅游是借助各区域历史、文化资源，通过打造旅游产品，实施旅游服务来完成和实现的，它是一种文化活动，也是一种文化现象。

（一）地域优势

十堰地区历史悠久，源远流长，有深厚的文化底蕴，有武当山、丹江水、汽车城三张世界级精品名片，有"中华诗祖"尹吉甫的故乡，有我国第一部天文历法《容成历》以及被誉为汉民族创世史诗《黑暗传》的诞生地，具有发展旅游业的先天优势。从文化遗存来看，仰韶文化、龙山文化、屈家岭文化和石家河文化融合交会地也在十堰地区，这是中华民族的共有财富，更是十堰地区的骄傲。因此，深入挖掘十堰地区区域内历史文化资源，研究其历史文化价值，是十堰市图书馆为旅游服务的根基。

（二）资源优势

旅游和文化是密不可分的，特别是地域文化，不同的地域都有属于自己不同的语言、文字、艺术、道德和民俗习惯。地域文化一旦形成，就会沉淀于社会群体、组织中，成为一种稳定因素，并成为这个地区区域内强有力的黏合剂和凝聚力。因此，所谓开发旅游资源实质上很大程度上是对地域文化的开发，将其转化为旅游者所接受的产品和商品。而图书馆所收集的大量地方文献正是地域文化的承载体，其丰富、厚重的历史文化底蕴，为本地区旅游资源的开发提供了多种直接的信息支撑和服务。

（三）服务优势

作为公共文化服务体系重要组成部分的公共图书馆，提供服务是最基本的职能，贯穿于图书馆事业和旅游业发展的主线始终是服务。图书馆作为服务机构，服务范围及质量会直接影响广大读者和社会公众的体验。十堰市图书馆紧抓"服务"这个核心价值理念，充分利用地方文献资源将文旅融合的理念贯穿于具体服务中，以期促进文化和旅游协调发展。

二、十堰市图书馆地方文献为旅游服务的实践

（一）优化馆藏

丰富的地方文献资源是图书馆开展旅游信息服务的基础。"名山、秀水、汽车城"是十堰市的三大旅游名片，因此，前期工作人员把征集的重点放在与这三大品牌相关的文献资源上。2020年十堰评选出首批"历史名人"10名，"历史文化"6项，十堰市图书馆又将这10名历史名人和红色革命文化、诗经文化、古人类文化都纳入重点征集范围内。文献的征集范围主要有以下几方面：历朝

历代与武当山相关的古书，志书，如《续修大岳太和山志》《武当山志》等；名人传记，各个时代与十堰有关的名人史料，如明代郧阳文教的振兴者、著名文学家王世贞，明代政治家、首任郧阳抚治原杰，等等；游记散文，重点收录历代文化名人在武当山旅游的随笔和诗文，如《武当山游记》等；摄影书画，各景区的摄影和书画作品集，如《莫麓云 张军 吴俊化 国画作品集》、银道禄的摄影作品集《武当》《美丽的神农架》等；民风民俗类书籍，包含非物质文化遗产类在内，如《十堰记忆 方言》《十堰记忆 掌故》等；旅游指南和景区规划，主要为各景点的宣传画册、旅游手册、手绘地图、景区开发规划方案，如《武当山旅游手册》等。

（二）媒体宣传

定时在媒体，网站上宣传本馆地方文献资源建设情况。十堰市图书馆定期在十堰日、晚报，秦楚网，文旅局网站及本馆网站、微信公众号上，发布地方文献具体内容的展示、捐赠信息、本土作家文库的建设情况等，既扩大了地方文献的影响力，加深了公众对本地历史文化的了解，又能发动社会力量共同关注地方文献的征集和利用工作。2021年，市图书馆开办了《话说地方文献》《赠书留芳名》等新的线上栏目，对地方文献重点馆藏进行有效宣传、推介，对新近捐赠图书的单位和个人在十堰市图书馆微信公众号和网站上实时推送宣传。

（三）举办展览

十堰市图书馆面临本市最大的人民广场，地处繁华的市中心地段，图书馆外墙和广场中央都建有大型LED电子显示屏，可及时发布最新政治要闻和播放精彩的视频资源，是本市最大的文献信息集散地和市民文化休闲的最佳场所。优越的地理位置和环境为举办各种展览提供了得天独厚的条件。近几年来，市图书馆举办了"弘扬地域文化 共建精神家园"十堰地方文献展、"武当风光摄影展""鄂西风光图片展""魅力十堰书画展""郧阳石器展"等等，这些展览的举办不仅重点宣传了本市精品景区，还使人们了解了十堰市一些新开发建设的景区。

（四）建立地方特色数据库

地方特色数据库以地方文献为基础和支撑，以丰富多样的形式保留和复原了本区域的地理环境、社会变迁和历史风俗等，涵盖了当地宗教信仰、民风民俗、风景名胜、文学艺术、饮食习惯等方方面面。几年前，十堰市图书馆与十堰广播电视台、十堰日报集团、原市文体局、市移民局等单位签订了其所有出版发行作品的使用权协议，收集并存贮了大量的特色文化产品，为地方特色数据库做好了储备；与北京汇雅电子有限公司签订协议建设了十堰地方文献全文数据库；与湖北省图书馆合作建设了"问道武当多媒体资源库"。经过多方面的努力，地方特色数据库已初具规模。

三、公共图书馆开发地方文献为旅游服务的思考

尽管目前十堰市图书馆已具备了诸多有利因素，奠定了较好的基础条件，也付出了很多努力，但利用地方文献为旅游服务的方式还是相对传统单一，仍需要我们从以下几方面加以重视，开展特色服务。

（一）建设旅游特色文献分馆

开发利用旅游文献资源是一项系统工程，图书馆可积极争取资金或社会支持，建设旅游特色文献分馆。随着"湖北省十堰市图书馆总分馆体系+建设"国家级示范项目的持续推进，目前十堰市已建成总分馆、基层服务点67个，条件成熟的情况下可以将旅游特色分馆或景区分馆纳入总分馆建设范围。

十堰拥有武当山、丹江水和汽车城三个世界级精品名片，我们可开办"武当文化""汉水文化""汽车文化"等分馆，集中收藏反映武当文化、汉水文化、汽车文化等各类型文献资料，方便广大市民读者借阅、查询，同时在分馆内开辟文创产品展示区，以便市民更直观了解本地旅游文化。

（二）挖掘文化内涵，提升旅游品位

文化是旅游的灵魂，旅游是对文化的放大和叠加。十堰区域文化底蕴深厚、源远流长，几乎包涵了古文明的全部要素，专家学者们一致认定其为中华文明的起源之一。深入挖掘这一区域内的历史文化资源，充分了解认识这一区域的历史文化价值，对于传承中华民族文明发展的脉络，增强民族凝聚力和自信心，提高整体区域形象，扩大影响力，促进旅游产业的发展，都具有巨大的作用。许多著名景区之所以闻名遐迩，是以它们深厚的文化底蕴和高品位文化取胜。首先，可与一些相关的行业部门联合，共同开展地域特色文化研究，如郧阳文化、诗经文化、七夕文化、迁徙文化、三线建设文化等。其次，开展对本地旅游景区民间口承相传的人物故事、历史故事、地名故事、山水故事等进行收集、整理工作。十堰市图书馆曾抽调专人，组成白马山民间故事专题小组，深入白马山周边山村、田间地头，寻访考察，收集并整理编辑出版了《白马山民间故事集》，促进了当地旅游文化的发展。可见，深入开发挖掘区域文化内涵，综合利用地方特色文化来提升当地旅游文化的品位，对推动旅游事业的发展具有重要意义。

(三) 多部门共建旅游服务品牌

多年来，十堰市图书馆征集了大量有关十堰旅游文化的文献资料，包括：反映十堰形象的图片、照片；十堰地区各旅游景点的文字、声像资料，包含地方志、地图、名人游记、历代人物资料等；反映十堰地区自然和社会各方面的文艺资料，如戏曲、诗歌、小说、绘画、故事等等，十堰市图书馆已初步形成了旅游文献资料的系统性，并建立了地方文献数据库。但要打造特色旅游服务品牌，还必须加强与其他公共文化机构合作共同开发文旅产品和服务品牌。同时，旅游景区、景点的开发、旅游热线的变化、旅游地整修情况、天气变化等旅游信息是动态发展的，可以联合各景区等社会机构共同打造一个实时数据库联机服务与多媒体动态、动画、虚拟多维实景全过程为一体的"一站式"旅游信息服务系统，作为全市统一的全方位介绍十堰旅游资源的数据库，以提高整个十堰地区的旅游管理水平。

(四) 利用新媒体拓宽宣传途径

公共图书馆可以积极寻求新形式，广泛利用新媒体，同时不断创新文献资源的形式内容，创新地方文献为旅游服务模式，利用抖音、官方微信公众号、网站开展"线上展""线上游"，将旅游文献和旅游景点更直观、更鲜活地呈现在大众面前。例如，在"文旅通州"微信公众号上，线上"云游"系列之旅——武当山，以手绘地图加图片的形式介绍了武当山三日特色游，使人油然向往。还可以使用VR、AR技术在特色分馆和景区分馆内设置现场展示区实现景区全景体验，使人身临其境。

地方文献是中国数千年文明史在发展过程中保留下来的文化遗产，是人类文明的历史载体。在文旅融合的背景下，把地方文献的开发与旅游事业的发展巧妙地结合起来，充分体现本地区政治、经济、文化发展的历史渊源，形成鲜明的旅游特色，才能更有效地促进十堰地区文旅事业的可持续发展。

参考文献

[1] 2022年湖北省文化和旅游局长及地方志工作负责人会议召开 [EB/OL]. http://hb.sina.com.cn/news/zlzx/2022-01-29/detail-ikyamrmz8211196.shtml. 2022-01-29 20：58.

[2] 孙国茂，郭闻钧，岑映，等. 公共图书馆地方文献服务当地旅游经济的路径探索：以舟山市图书馆为例 [J]. 图书馆工作与研究，2021 (2).

[3] 胡红贞. 开发衢州地方文献为旅游业发展服务 [J]. 科技文献信息管理，2019 (4).

浅析和谐图书馆的构建策略

涂小红

（十堰市图书馆　442000）

摘　要：图书馆是开展精神文明建设的重要阵地，是积累、传播文明的重要场所，也是和谐社会发展必不缺少的要素。构建和谐的图书馆，对图书馆的全面发展具有重要意义。本文从图书馆与社会的和谐、图书馆与内部组织的和谐、制度化管理与人性的和谐、个人与群体目标的和谐、图书馆与读者的和谐、人际关系的和谐、内部文化与外部形象的和谐七个方面探析和谐图书馆的构建策略。

关键词：图书馆；管理；和谐

　　图书馆是开展精神文明建设的重要阵地，是积累、传播文明的重要场所，也是和谐社会发展必不缺少的要素。和谐是我国传统文化中具有代表性的理念，直接表现为社会共同体各方面处于融洽状态，是人类社会健康运行的润滑剂，是一切美好事物的共有特点，也是事物存在的最佳状态。实现和谐是自古以来人类梦寐以求的美好理想和意愿，和谐图书馆是一个符合社会发展和信息利用规律的生态系统，具有科学、民主、人文、开放四大特征，调动所有积极因素构建一个和谐文明的图书馆环境也将是我们共同的理想和追求。

一、构建和谐图书馆的重要意义

　　和谐是人类文化关怀的普遍主题。和谐思想作为一种反映社会普遍运行规律的管理思想，其价值理念被日益重视。弗雷德里克·巴斯夏认为社会世界普遍法则是和谐协调的，这些法则从各方面趋于完善人类。"和则生物，同则不继"，人与人、自然、社会之间的和谐是世间万物产生的根源和事物存在的基本方式。现代管理本质上是对人的行为和心理的管理，组织环境是否和谐直接关系到人们的工作效率和获得感，是组织管理成功与否的重要标志。公共图书馆不仅是一个文化机构，也是国家文明程度的体现，要想在这个繁杂的社会实现和谐发展，必须在图书馆与社会，图书馆内部之间形成和谐的互动关系。只有构建和谐的图书馆环境，图书馆的各相关因素才能稳定地运行，各个部分才能达到最佳的协调状态，从而实现图书馆的高效管理。

公共图书馆反映了社会信息发展水平的标准，担负着知识、文化娱乐服务、终身教育及促进和谐社会发展等重要历史重任。广大民众可以利用图书馆丰富的馆藏资源提升知识水平和思维能力，接受先进文化，提高综合素质，陶冶情操，促进其意志、品格的完善，引导其价值取向，形成积极健康的心态，进而不断培育社会发展中的和谐因素，潜移默化的促进和谐社会建设。因此，构建和谐的图书馆环境有助于为和谐社会营造良好的基础和社会氛围，达到社会组织和社会系统的和谐。

二、构建和谐图书馆的策略

（一）图书馆与社会的和谐

图书馆与社会的和谐是图书馆宏观层面的和谐，是从图书馆整体角度考虑和谐发展问题。为了达到宏观层面的和谐，必须提高图书馆与国家、图书馆与本区域、图书馆与周边社区等范围的和谐度。图书馆是承载文明、传播文化、大众终身学习的重要场所。1994年联合国教科文组织颁布的公共图书馆宣言指明公共图书馆应该具有公益性。图书馆的公益性体现了公平和民主，公民都有无偿利用公共图书馆、接受图书馆提供文化服务的权利。公益性是公共图书馆的一项基本原则，它代表一种社会制度。而图书馆的公益性正是图书馆与社会和谐的基础，公共图书馆的公益性原则就是为了满足不同国籍、不同地区、不同年龄、不同语言的公民自由、平等地享受公共图书馆的服务，并获取最大的社会效益，实现图书馆与社会的和谐。

（二）图书馆与内部组织的和谐

这不仅要求图书馆为内部各部门的工作和发展提供支持，还要求图书馆各组织的行为和决策要与图书馆整体决策和发展定位相协调。不仅要求图书馆内部各组织结构合理，还要保证各组织部门间相互支持、相互配合，做到各方协作，信息与资源共享，协调发展。总体看，图书馆各内部组织间运行的和谐就是图书馆行政和业务之间，各业务部室之间，后勤支撑与专业服务之间必须形成良性的生态运行体系。

（三）制度化管理与人性的和谐

制度化与人性的平衡是制度化管理的基础，制度化将隐晦的伦理要求和行为价值导向转换为具体明确的制度规范。制度规范要求图书馆工作人员在实施个人利益、实现个人价值的同时，满足图书馆的整体利益。制度规范会改变人的预期和行为，设置不当会影响工作人员的工作效率。制度化管理具有无差别和强制性，所有工作人员都必须执行特定的规范和制度。人性化管理把人作为图书馆最重要的要素，所有管理工作都围绕调动人的主动性、积极性、创造性开展。工作人员是图书馆的灵魂，要充分发挥图书馆馆员的"灵魂"作用，在制度化管理与尊重人性之间相互协调，重视每个馆员的内在需求，使他们具有参与感、归属感，提高图书馆工作效率和水平，实现图书馆的工作目标和功能。

（四）个人与群体目标的和谐

图书馆馆员是社会中的"原子单位"，图书馆是社会中的"分子单位"，每一位"原子"的行为都会影响到整个"分子"的行为。图书馆馆员彼此间的摩擦、工作效率的低下、馆员个人目标和图书馆整体目标的矛盾，都将会导致图书馆运行低效。解决运行低效的方法在于提高馆员的思想结构和认识能力，提高他们的综合素质。同时，图书馆要把馆员的成长和发展，馆员对图书馆满意度的提高作为目标，使馆员由被动变主动，使其个人子目标，更适应和接近图书馆整体目标，使其理想信念，更好地融入整体的理想信念中。增强图书馆的向心力和凝聚力，促进馆员与图书馆形成一种、团结进取、奋发向上，荣辱与共的精神氛围，达到个体与群体目标的和谐，实现组织和个人双赢的局面。

（五）图书馆与读者的和谐

对读者而言，这种和谐主要体现在阅读环境、文献利用效果和心理满意度方面，表现为图书馆富有人文气息的舒适借阅环境，充满人文关怀的图书馆服务，读者对文献利用的愿望、要求、内容、方式所需和所求的统一，以及读者良好的阅读心态和积极乐观向上的精神状态。图书馆要努力为广大读者创造一种和谐共进的阅读环境，使一位读者的文化需求都能得到高效地满足，进而成为人们文化消费的重要场所，同时每一位读者只要在图书馆置身于浓厚的文化氛围中，都会在思想、行动、心理上潜移默化受到图书馆服务和精神的影响。

（六）人际关系的和谐

图书馆的管理行为中，馆员的行为对图书馆有直接影响，人际关系是否和谐对图书馆的发展极为重要，良好的人际关系可以发挥全体图书馆员的潜力。建立和谐的人际关系也是科学管理的重要因素之一。注重人际关系是继科学管理之后的又一种重要的管理理论，它强调以人为本，在重制度管理的同时注入关爱员工,讲人情的柔性管理,产生积极的人际互动。它倡导"柔性化"管理,强化部门间、人际交流与合作,为图书馆发展创造一个和谐融洽的内外环境,营造成全新的文化氛围,为每个人的思想发挥提供充分的资源和空间。图书馆馆员只有在和谐的人际关系、良好的工作环境中才能充分发挥自我能动性,保持高涨的工作积极性,自觉地为图书馆发展奋斗。

(七)内部文化与外部形象的和谐

内部文化即图书馆文化。公共图书馆文化是公共图书馆在不断发展中逐步建立的,是图书馆馆舍环境、馆藏资源、规章制度、价值观等的共同呈现,是体现一个图书馆的风格、特色和价值观念的特有文化,价值观是图书馆的灵魂,是图书馆文化的核心。图书馆文化具有导向作用。一方面,图书馆通过具体的管理模式、规章制度、服务理念,引导馆员的思想意识,使其在潜移默化中改变;另一方面,图书馆利用馆藏资源、公益讲座、各种形式的读者活动对读者进行文化引导。图书馆文化包括价值观念、图书馆精神及职业道德三方面。图书馆只有将文献、馆员、文化三者融合,才能促进图书馆事业的发展,形成新的图书馆形象。

图书馆形象是图书馆文化的直接反映,它不只表现在馆舍外观、室内外环境、服饰标牌、馆旗馆徽、服务用品上。塑造良好的图书馆形象,关键在于提高图书馆内在整体素质,增进公众对图书馆的整体了解,提高图书馆的社会价值,展示图书馆的良好形象,向外界传递图书馆的新理念。可见,只有达到图书馆文化与形象的和谐,才能使图书馆文化真正成为增强图书馆凝聚力的黏合剂,成为图书馆激励作用的催化剂。

总之,图书馆的和谐存在于文献、设备、经费、人员、方法等因素之中,是图书馆各类资源经过一系列整合而形成的一种新的能量。和谐的状态是由管理机制、规章制度、文化环境及人员素质等因素相互作用而展现出的有序化关系。我们要把构建和谐图书馆放在建设和谐社会,推动和谐文化建设的高度,从而提高图书馆的整体实力,推动图书馆事业迈上新的台阶。

参考文献

[1] 梁新潮.论图书馆文化的培育与图书馆形象的塑造[J].图书馆研究,2004(2).

[2] 陶晓渝.新范式解决图书馆服务的科学发展[J].图书馆,2005(2).

[3] 翟娟娟.试论和谐图书馆的构建[J].兰台世界:上旬,2006(06S):2.

高校图书馆事实数据填报创新思考
——以湖北省民办/独立院校图书馆为例

魏家涛

(武昌首义学院图书馆 430064)

摘 要：民办/独立院校图书馆起步晚，发展不均衡，高校图书馆事实数据库填写存在诸多问题。为最好地保存数据、构建图书馆核心竞争力，强化同类型图书馆的对比分析，为决策者提供决策依据，建议完善和修订统计指标体系，做好指标解释、填报说明、指标间校验，强化平台交互性。同时强化图书馆事实数据库填报培训，提升填报率和数据利用率，为民办/独立院校图书馆发展助力。

关键词：民办/独立院校；图书馆事实数据库；解决思路

一、事实数据库概述

（一）事实数据库发展背景

我国高校图书馆统计工作起源于1985年，最初采用邮寄纸质调查问卷的方式收集，统计占比小，调查数据不连续且缺乏代表性，参考价值也有限。1990年高等教育图书情报工作委员会下发"普通高校图书馆统计表"，以纸质报表形成高校图书馆事实数据库的统计工作模式，统计更加规范。2001年，高校图书馆事实数据库网络版（Beta版）正式启用，由此开启我国高校图书馆在线统计的新时代。2005年，教育部高校图工委正式发布《高等学校图书馆数字资源计量指南（2004）》和《普通高等学校图书馆评估指标及评估办法（2003）》，同时发布了修改版的网络统计系统。2009年又对事实数据库指标体系进行了第三次修订，形成了"高校图书馆事实数据库指标体系（第三版）"（2010—2015年），该系统一直沿用至今。这也是高校图书馆统计指标体系以及网络统计系统不断完善的阶段。

高校图书馆事实数据库（以下简称"图书馆事实数据库"）是由教育部高

等学校图书情报工作指导委员会主管，负责收集全国高校图书馆的馆情状态。它试图通过对全国高校图书馆每年运行情况的实时掌握，达到从顶层推动高校图书馆事业发展的目的。该数据库每年由各省级高校图工委以发文形式安排具体填报事宜，数据库填报事项翔实并会根据有关意见建议适时调整填报项目。目前根据学校的性质不同，针对高职高专、普通高校、入选"985计划"和"211工程"的高校的图书馆，分别推出精简版、基本版、扩展版。需填报的门类由图书馆基本情况、年度经费情况、当年新增文献量、文献资源累积量、阅览室情况、开放时间、资源利用情况、信息素养课开设情况、自建数据库、设备、院系资料室情况等11个大类组成，每类又有若干子项目，采集信息几乎涵盖高校图书馆年度工作的全部内容。该项工作由高校图书馆直接填写上报，不需经过学校其他部门审核批准。

（二）民办/独立院校填报事实数据库的意义

我国民办高校始创于20世纪90年代，民办高校图书馆规范发展基本是在2000年以后，大部分民办/独立院校图书馆统计工作更是在2010年以后才起步，这一类高校图书馆做好事实数据库填报同样具有非常重要的意义。

第一，收集和保存图书馆资源、服务等软、硬实力方面的定性和定量数据，记录图书馆的建设和发展现状，记载图书馆的历史信息，为民办/独立院校图书馆的发展存史。

第二，为图书馆构建核心竞争力提供依据。从馆舍、设备、文献资源、经费等硬实力和信息素养教育、服务等软实力方面找准定位，提供管理决策依据，为构建民办高校图书馆核心竞争力提供依据。

第三，提供图书馆之间的对比和分析，为民办/独立院校图书馆的自我评估和发展提供决策。事实数据库将全国高校图书馆对统计项目采用相同的定义和方法，统计标准一致，为高校图书馆之间的横向和纵向比较分析、交流提供依据和参考，特别是民办/独立院校图书馆更具有指导和决策意义，有助于了解本馆在全省、全国高校图书馆中的地位、办馆水平情况。

第四，有助于图书馆以数据来说服投资方加大对图书馆的投入，促进民办/独立院校图书馆的发展。

二、民办/独立院校图书馆填报高校图书馆事实数据库的现状和问题

（一）湖北省民办/独立院校事实数据库填报现状

以湖北省为例，近10年（2011—2020）高校图书馆事实数据库填报情况如

下表：

表1 湖北省2011—2020年高校图书馆事实数据库填报情况

图书馆类型＼年度	2011	2012	2013	2014	2015	2016	2017	2018	2019	2020
大学图书馆	16	12	5	5	6	16	17	18	19	20
学院图书馆	15	9	4	4	4	18	17	25	27	26
独立学院图书馆	1	0	0	0	0	2	3	4	2	1
高等职业学校图书馆	6	5	0	0	1	19	12	24	32	20
高等专科学校图书馆	0	0	0	0	0	0	0	1	2	0
合计	38	26	9	9	11	55	49	72	82	67

（注：该统计表数据来源于2020年湖北省高校图书馆发展报告）

近三年湖北省民办/独立院校图书馆事实数据库填报情况如下表：

表2 湖北省2018—2020年民办/独立院校图书馆事实数据库填报情况

图书馆类型＼年度	2018	2019	2020
民办高校图书馆	12	12	11
独立学院图书馆	4	2	1
合计	16	14	12

（注：该统计表数据来源于2018、2019、2020年湖北省高校图书馆发展报告）

通过以上统计，发现湖北省32所民办/独立院校图书馆集中在学院图书馆和独立学院图书馆中，填报提交率均不高。近三年提交率分别为50%、37.5%、37.5%。笔者通过走访、网络、电话等方式对湖北省32所民办/独立院校图书馆中未提交的图书馆进行调研后，发现未提交高校图书馆事实数据库的单位主要有以下原因：

1. 校方认为填报数据中有少量敏感信息，不愿意填报。民办/独立院校图书馆发展初期，办学不规范，部分校方认为"年度经费、文献资源累计量、当年新增文献量"等统计数据信息敏感,所以未正常填写提交。

2. 填报较烦琐,缺乏规范和日常统计数据积累。目前的高校图书馆事实数据库共有三个版本供选择,其中扩展版本项目最多。985/211 高校推荐填写"扩展版",普通高校推荐填写"基本版",高职高专推荐填写"精简版"。民办/独立院校图书馆多填写"基本版",但对 11 个大类若干子项目的填写中,缺乏明确的规范,特别是涉及经费、资源累积量和新增量中有关电子资源方面的统计数据的标准和规范不一,与状态数据、高基报表等统计口径、维度不统一。另外民办/独立院校图书馆起步晚,日常统计规范不明确,业务统计工作没有进行常态化、标准化的积累。

3. 缺少统计业务培训。民办/独立院校图书馆缺乏专业性馆员,同时缺乏统计业务培训,相关业务统计缺少积累,导致填报时不畅,索性放弃。

4. 部分馆缺乏重视,认为填报的数据不好看,甚至连基本的填报账号和密码信息都不清楚,这势必也是填报提交率不高的一个原因。

(二) 存在的问题

1. 目前我国高校图书馆统计项目侧重在馆舍条件、文献资源拥有量和资金等硬实力投入等指标,较少关注图书馆服务和推出的新业务点统计。

2. 填报指标体系更新不及时,不能全面反映当前图书馆的发展状况,未纳入新技术、智能设备、阅读推广、学科服务、知识产权服务、决策支持等重要内容。在文化影响力,文化传承和社会化服务方面统计基本没有。

3. 填报表格中部分指标项目含义模糊、计量方法复杂,尤其是电子资源统计标准不统一,导致统计错误或者误差。有的统计项目层次不清晰,统计指标之间缺乏内在的逻辑性;有的统计项目含义不清晰,各馆理解不同,导致数据填报标准不一致;还有部分指标与高校其他部门的统计指标(如高基报表)在口径上不一致或者在内涵上有差异。

4. 部分统计指标未考虑民办/独立院校体制和公办院校图书馆的差异,导致统计指标理解不清,填报的数据缺乏准确性。

三、解决问题思路

(一) 完善指标体系,及时修订数据指标

事实数据库 2001 年上线,2011 年完成一次指标体系的修订和系统更新,以后 10 多年一直未有大的修订,指标体系已经不足以反映图书馆业界的变化,特别是与 2015 版的《图书馆规程》的要求不能匹配,需要缩短修订时间、更新统计指标体系。如软件设施、开放资源、阅读推广等指标都未纳入统计范畴，应进一步科学修订。可以参考和借鉴国外相关统计指标体系，与国际标准和国际标准的修订同步，具体可参考 ISO 11620：2014、ISO 2789：2013、ANSI/NISO Z39.7-2013、GB/T13191-2009 等标准。

（二）明确指标内涵，做好解释说明

对高校图书馆事实数据库的相关指标内涵进行明确定义和解释说明，如对专业馆员数量、电子资源计算标准等，建议更新、增加指标解释、填报说明、指标间校验等功能，提升填报效率和准确率。同时要注重定量与定性指标相结合，对不同类型高校进行分类比较，提高统计的权威性和可信度。

（三）加强培训推广，提高数据准确率，增强数据利用率

建立培训机制，每年开展填报培训会，形成推广。同时建立填报缴存制度，提升填报率，强化平台的交互性，增强数据的利用率，为图书馆的发展助力。

四、结语

通过不断更新和完善事实数据库的统计指标，增加配套解释说明，会更加科学合理，采集的数据更加准确有效，提供的功能更加便捷丰富，为辅助民办/独立院校图书馆管理决策、支持教学科研、加强过程监控、优化考核评估等提供强有力的数据支持，从而可以为民办/独立院校图书馆事业发展发挥更大作用，提升民办/独立学院图书馆的核心竞争力。

参考文献

[1] 陈建龙，邵燕，张慧丽，等. 大学图书馆现代化指南针报告 [J]. 大学图书馆学报，2022，40（1）：22-33.

[2] 观教育部高校图书馆事实数据库系统有感 [EB/OL]. [2021-04-11]. http://blog.sciencenet.cn/blog-213646-380629.html

[3] 黄运红. 大数据时代高校图书馆事实数据库建设的思考 [J]. 大学图书馆学报，2020，38（5）.

[4] 詹长智. "高校图书馆统计与评估研讨会"综述 [J]. 大学图书馆学报，2017，35（5）.

[5] 陈柳青. 从指标角度浅谈保障高校图书馆数据统计——以事实数据库系统为例 [J]. 文化产业，2022（6）.

[6] 陈涛. 高校图书馆馆情填报工作研究 [J]. 图书馆研究与工作，2018（2）.

全媒体时代公共图书馆阅读推广服务工作研究
——以武汉地区公共图书馆阅读推广为例

张 鑫

(湖北省图书馆 430071)

摘 要：文章以武汉地区公共图书馆为例，梳理了利用全媒体开展阅读推广的服务成效，探究了阅读推广工作中存在的问题，提出了全媒体时代公共图书馆阅读推广服务提升的策略。

关键词：全媒体时代；公共图书馆；阅读推广

习近平总书记强调，推动媒体融合发展，建设全媒体是我们面临的一项紧迫课题。随着全媒体时代的到来，媒体格局、传播方式发生了深刻变化，公共图书馆阅读推广工作面临新的挑战和机遇，要顺势而为，运用新技术、新工具，加快融合发展步伐。近年来，武汉地区公共图书馆积极挖掘全媒体在阅读推广方面的潜力，利用新技术、新平台，融合传统媒体和新媒体两种形式，实现多终端、多层次的传播，开展多种形式阅读推广活动，增强大众阅读参与意识，强化阅读推广效能，提升全民人文素养，打造书香武汉。武汉地区公共图书馆有16家（包括湖北省图书馆、武汉图书馆、武汉市少年儿童图书馆及13个区级图书馆），文章以这16家公共图书馆为研究对象。

一、武汉地区公共图书馆利用全媒体开展阅读推广的服务成效

（一）数字服务提档升级，阅读推广成绩斐然

武汉地区16家公共图书馆均已开通微信公众号和移动数字图书馆APP，取得了不同程度的规模效益。新洲区图书馆与武汉图书馆合作，在新洲辖区建设分馆，实现区镇村三级文化服务网络，通过充分建立分馆和服务点，武汉地区15家公共图书馆（除湖北省图书馆外）实现馆际互借或通借通还。同时，各公

共图书馆积极参与数字图书馆推广工程，完善数字阅读设备。湖北省图书馆在对外服务窗口部门都配置电子读报屏，包含各种电子图书、报纸和期刊，便捷了数字阅读。《2020年度中国数字阅读报告》显示，武汉获评十佳数字阅读城市，排名全国第八。十佳城市排名由各城市数字阅读指数决定，可见武汉地区在数字阅读推广方面成绩斐然。

（二）服务网络日臻完善，阅读理念深入人心

2018年1月1日正式施行的《中华人民共和国公共图书馆法》明确规定，公共图书馆应当通过开展阅读指导、读书交流、图书互换共享等活动推广全民阅读。武汉地区16家公共图书馆都设立馆内导读岗，提供个性化导读服务，通过面对面、读者微信群指导、亲子阅读活动等方式，为不同年龄、不同职业的多群体读者提供图书馆电子借阅机使用方法、文献检索、数字阅读指导等服务。武汉市少年儿童图书馆创办于2013年的小种子流动车，以流动图书车为平台，推广和传递快乐阅读理念，深入学校、社区及特殊人群聚集地，如农民工子弟学校、未成人犯管教所等，将图书馆文化资源送到青少年读者身边，进行阅读指导和培训，月均出车2~4次，截至目前组织各类少儿阅读活动近400次，打通了公共文化服务的"最后一公里"，让更多的人了解图书馆，爱上阅读。

（三）技术应用扎实推进，推广模式全面开花

公共图书馆开展阅读推广活动的目的是引导读者走进图书馆，利用图书馆资源。因此，宣传与推广方式就显得尤为关键。在全民读书月、世界读书日等重大活动期间，武汉地区公共图书馆利用广播电视、网站、微信、微博、抖音等方式进行宣传，利用多渠道、多媒体、多平台发布活动消息，覆盖更广人群，吸引更多公众走进图书馆，享受公益文化服务。阅读活动的宣传不再单纯依靠电视报纸等传统媒体，而是构筑了电视、报刊等传统媒体，微信、微博、抖音、哔哩哔哩等新媒体，以及图书馆、读书会等三大阅读平台矩阵，与读者进行全方位互动。数据显示，武汉地区现有的公共图书馆均已开通微信公众号，通过公众号订阅服务，第一时间为读者推送图书馆服务活动讯息、推荐文章等数字资源，读者可通过手机终端能获取阅读资源。武汉图书馆利用互联网技术精准服务，开发"文旅e家"应用程序，推出文化地图功能，结合精准位置服务，实现线上线下无缝对接体验。

（四）阅读品牌不断创新，普惠均等成效显著

近年来，武汉地区加大对公共图书馆投入力度，完善了软硬件设施，为全

民阅读推广创造了条件。在现代化的软硬设施支撑下，武汉地区公共图书馆突出本馆服务特色，着重打造活动品牌体系，结合馆藏特色开展各种阅读推广活动。现在整个武汉地区已形成有一定规模和社会影响力的阅读品牌30多个，每年开展各类活动近1000场次，相继成立了多个全民阅读媒体联盟，利用"4·23"世界读书日、全民读书月等活动契机，开展图书推介、书刊展览等活动，提供现场办理读者证、阅读咨询等社会服务，利用流动图书车将图书、期刊等资源送至馆外，实现与群众文化互动，形成了各具特色的品牌活动体系。同时，开展各种全民阅读活动。武汉图书馆开设"武汉悦读""市民学堂"，利用图书馆资源优势，推广全民阅读。江汉区图书馆举办"金桥书评"，通过图书馆牵线搭桥，加强读者、作者、编者之间的联系，紧扣时代脉搏，拥有易为群众接受的好形式，使活动富有较强的参与性和吸引力，形成了"万人读、千人评、百人赛"的恢宏气势，迄今共举办了26届，培养了数以千计的学习骨干和各类人才，为提高市民素质做出了贡献。

二、全媒体时代阅读推广服务发展问题分析

（一）传统观念解放不彻底，全媒体阅读推广积极性不高

受传统观念影响，武汉地区部分图书馆工作人员宣传阅读推广积极性不高，阅读推广内容较为浅显，形式较为单一，大多仅限于发放宣传资料、派送图书等内容，缺乏创新性和丰富性。当前，整个武汉地区的公共图书馆开通了官方网站，然而网站维护、内容更新不及时。据统计，武汉地区16家公共图书馆都已经开通微信公众号，由超星公司提供技术及资源支持，开通率100%，然而部分平台后续利用不理想，信息更新周期不稳定，仅仅成为图书馆新闻动态的宣传工具，渠道利用效率较低，长期不更新内容。

（二）全媒体知识储备不到位，员工队伍专业素养需提升

全媒体时代阅读推广工作以公共图书馆阵地服务为资源保障，以形式多样的阅读活动为推手，对公共图书馆工作人员提出了新要求，需要熟练掌握互联网技术、数字设备使用及维护的专业人才，能够利用新媒体技术开展线上线下相结合的阅读推广活动。目前，武汉地区公共图书馆在工作人员数量上存在着较大差异，专业素质和服务能力差距也大。在人员数量方面，湖北省图书馆、武汉图书馆、武汉市少年儿童图书馆有绝对优势，但是区级图书馆人员紧张，工作负担重。业务能力方面，区级公共图书馆工作人员掌握新媒体技术应用的熟练程度，利用新媒体进行阅读推广的意识，无法与湖北省图书馆、武汉图书

馆相提并论。整体而言，随着全媒体时代的深入发展，对公共图书馆人才队伍的知识结构、水平能力、人才储备等方面提出了更高要求，需要具备深层次知识结构，精通现代科学技术的创新型服务人才，需要具有高水平的活动组织策划和执行能力。

（三）数字资源利用不充分，全媒体阅读推广力度不够

虽然武汉地区公共图书馆完成了国家文化信息资源共享工程与公共电子阅览室建设计划，实现了省市区数字资源的共享共建，但是数字资源推广和利用上依然不够充分，与年数字阅读比的要求存在很大差距。年数字阅读比以电子书外下载次数为准，不含在线浏览次数。图书馆年数字阅读比在 0.06%~97% 之间变动，这现象表明当前部分图书馆的数字资源尚未充分有效利用，纸质图书等非数字资源处于闲置状态，图书馆数字资源利用程度不高，全媒体阅读推广力度较弱。

（四）信息维护更新不及时，阅读推广宣传效果不佳

武汉地区部分公共图书馆，特别是区级图书馆，存在网站信息更新不及时、网站打开出错、微信公众号无法正常运行，网站界面缺乏明确的指导信息，平台利用不理想，线上宣传渠道利用效率较低，给读者获取信息造成困难，宣传推广效果不佳。例如，区级图书馆对举办活动宣传报道较少，微信公众号发布活动信息少，造成读者获取信息不便。推广渠道利用率不高，部分图书馆存在活动推广信息不全面的问题。在利用率方面，公共图书馆对微信公众号的利用率最高；多数公共图书馆已经开通微博账号，但发布信息较少，忽略了该宣传渠道的使用。

三、全媒体时代公共图书馆阅读推广服务效能提升的策略

（一）增强主动宣传意识，拓宽推广宣传渠道

强化主动宣传意识，坚持全程宣传、全方位宣传，让更多公众知晓图书馆，参与图书馆活动。实施"引进来"与"走出去"相结合的战略，提供文化资源"走出去"的图书馆服务。实现线上推广和线下宣传相结合，充分利用新媒体平台，丰富宣传载体，夯实宣传内容，强化宣传效果。在利用传统宣传方式的基础上，加大新媒体平台的应用力度，新媒体短视频可及性强，在阅读推广上成效显著。当前湖北省图书馆利用互联网技术，开通微博、抖音、哔哩哔哩等平台账号，做好各种阅读推广活动的前期宣传及活动实时讯息报道，月活跃度高

居各省市公共图书馆前列，阅读推广品牌活动影响力和知名度大幅提升。

（二）激发智慧管理潜能，培养行业推广精英

强化馆员队伍建设，完善阅读推广人才培养机制，是全媒体时代阅读推广发展的关键保障。一方面，定期开展专业技能培训再教育，制定年度人员学习和培训计划，进行馆际交流学习；与高校开展学术交流实践合作，夯实知识储备，将全媒体信息素养列入培训计划，如微信推文的编辑推送、抖音 APP 的应用等技能。另一方面，完善阅读推广人才培养机制，开展阅读推广人才培训实践。联合其他省市公共图书馆，形成阅读推广人才培养孵化基地，借鉴和学习先进经验，开展与其他图书馆合作，与高校图书馆合作培养，为公共图书馆培养专业阅读推广人才，打造战斗力强的阅读推广队伍。

（三）强化技术融合支撑，创新阅读推广方式

根据读者的个性化需求，利用现代网络技术，创建网络平台，实现远程服务，开通微信、微博、抖音、哔哩哔哩等新媒体账号，实时推送图书馆活动信息，拍摄并上传活动精彩视频、阅读推广活动场景等，实现图书馆服务的网络化、实时性，探索"图书馆+""互联网+""家庭阅读"等读书活动新模式，开辟专栏为读者提供更加丰富有用的信息资讯，实现媒体内容、渠道、功能层面的融合，满足受众细化需求，使其获得高质量的阅读体验感。通过线上线下培训、以活动代培训等形式，拓展服务渠道，创新服务形式，整合各类文化资源，推出"互联网+公共文化"公益文化服务平台，构建"图书馆+"的阅读推广新模式。

（四）持续整合社会资源，汇聚多元力量参与

加强社会力量合作，广泛引导社会力量参与图书馆阅读推广活动，与社会公众、企业团体、社会机构、政府组织等多方主体携手合作，寻找合作点，细化合作方式，利用社会力量的技术、财力优势，弥补宣传推广能力和技术不足，延伸阅读推广信息覆盖范围，深化阅读推广内容层次，强化推广效果，提升图书馆活动的社会参与度。譬如，武汉图书馆与武汉卓尔控股、泰康人寿等企业加强合作，联合创设分馆，开展一系列阅读推广活动，发挥合作功效，实现阅读推广效能最大化。

参考文献

[1] 崔娜.全媒体时代公共图书馆阅读推广策略研究[J].图书馆学刊,2020(9).

[2] 王听波.湖北省公共图书馆全民阅读推广对策研究[D].武汉:华中师范大学,2019.

[3] 杨荔雯.全媒体时代公共图书馆阅读推广工作探析[J].河南图书馆学刊,2020(8).

[4] 韩冰.全媒体时代公共图书馆阅读推广服务发展的几点思考——以东营市图书馆阅读推广为例[J].河南图书馆学刊,2020(10).

从 4P 营销理论看公共图书馆信息公开作用和价值
——以 8 家国家一级公共图书馆年报发布为例

董思涵 余 梦 徐韵涵

(湖北省图书馆 430071)

摘 要：本文结合营销学 4P 理论，对全国 8 家国家级一级公共图书馆最新发布的年报进行充分调研，通过了解各馆年报发布形式、体例、要素等公开内容，分析当下公共图书馆年报的呈现特点和不足，提出公共图书馆可以借鉴营销学 4P 理论中的观点，从产品、价格、渠道、促销等角度，在高质量的产品输出、全方位的细节覆盖、深层次的寻求合作和客观性的绩效评估等方面，提升年报的编制质量和宣传方向，为各馆信息公开提供参考和借鉴。

关键词：4P 营销理论；年报；信息公开；公共图书馆

本文系 2022—2023 年度湖北省图书馆科研项目——"公共图书馆信息公开制度及事实数据开发策略研究"项目成果。

一、引言

近年来，"营销"一词，在公共图书馆领域悄然走红。随着信息时代的飞速发展和数字经济的兴起，人们的传统阅读习惯和公共文化需求发生了巨大的变化，图书馆服务面临着如何进一步与用户需求相匹配的压力与挑战。这使得"营销"这一在商业领域广泛应用的词汇在图书馆领域找到其适用性和价值。IFLA（国际图书馆协会联合会）的图书馆管理与营销分会，自 2002 年起，便每年组织开展国际图书馆营销奖（International Library Marketing Award）的组织与评审活动，向全世界的图书馆征集那些富于创造性和启发性的图书馆营销活动，并广泛推广。可见，营销理论在全球图书馆界的应用已经形成了共识。

二、4P 营销理论与图书馆信息公开的关联性

2017 年 3 月 1 日施行的《中华人民共和国公共文化服务保障法》[1]完善了

我国文化法律体系，其中第二十一条内容规定，"公共文化设施管理单位应当建立健全管理制度和服务规范，建立公共文化设施资产统计报告制度和公共文化服务开展情况的年报制度"。自2017年起，第六次全国公共图书馆评估、定级细则[2]均将公共图书馆年报信息公开纳入考核范围，文件要求：1.按照相关要求及时完成年报编制工作，占考核分数5分；2.年报在图书馆网站或以其他方式公开发布，占考核分数5分，总计10分。2022年刚刚开展的公共图书馆第七次评估定级对年报编制及公开也做了同样的要求。年报是公共图书馆信息公开的重要组成部分，也是反映图书馆建设现状、挖掘潜在问题、推进科学发展的重要途径，更是新时期公共图书馆宣传自身文化服务发展情况、积极开展营销推广的重要途径和手段。

4P营销理论主要是指以下4个层面的营销策略，即product——产品、price——价格、place——渠道，以及promotion——促销。结合本文研究方向，在年报编制、公开中，这4个方面主要是指：（1）图书馆生产的产品——年报。年报是图书馆向社会公开的以提供事实数据为主要内容的文化产品，它是公共图书馆全年参与公共文化服务的集中概况和体现，具有真实性、独创性、权威性等特点。其统计、归纳的各项事实数据，是检验全省阅读推广、社会教育等公共文化服务情况的重要数据来源，对于相关科学研究也具有重要的参考价值。（2）价格。公共图书馆以其公益性，向社会免费提供各项公共文化服务，包括其编制的年报产品。事实上，定期发布年报也是公共图书馆的一项义务和责任。我国公共图书馆服务的免费性是其参与社会竞争的主要优势之一，这也是其他付费文化服务机构望尘莫及的。（3）发布渠道。年报的发布渠道通常选择图书馆官网。随着网络媒体的日新月异，图书馆也将尝试更多途径对自身工作进行更广范围的宣传和推广。（4）促销、营销。在国内图书馆中我们通常使用宣传、推广这两个词。近年来，自媒体的发展极大地丰富了图书馆的宣传渠道。"三微一端"（指微博、微信、微视以及客户端）已经成了图书馆选择的主流宣传阵地。而事实上，年报也可以成为图书馆重要的营销方式。年报是对全年开展的公共文化服务活动等各项工作向全社会进行一次全面的总结和宣传，其全面性、概况性是其他宣传方式无法匹敌的，同时它翔实数据资料也是无可取代的。由此我们可以看出，营销理论在公共图书馆年报的公开领域，依然具有很强的适用性。我们可以结合4P理论在图书馆的信息公开工作中，为图书馆打开一条新的宣传营销之路（详见表1）。

表1 4P理论与图书馆信息公开的关联性

4P	营销理论	年报体现
product——产品	企业生产的产品或提供的服务，需展示独特性	本馆全年的工作概况、人员机构、业务数据、学术成果、表彰及大事记等事实数据及相关证明等
price——价格	产品的售出价格，包含产品或服务的成本，如人、财、物的消耗	鉴于国内公共图书馆的公益免费性质，应重点考量图书馆服务的工作绩效，以及用户的所付出的时间成本等
place——渠道	企业产品的销售、发布路径、方式	图书馆的推广方式、发布平台等
promotion——促销	企业对产品的宣传方法，如广告发布等	年报的设计创新、结构要素、宣传方案等，以及年报中包含的各项活动、服务的品牌推广等

三、4P营销理论下图书馆的图书馆信息公开

国内关于图书馆年报的研究始于1987年，目前各馆已逐渐形成了相似的年报体例，但在要素呈现上各有特色。本文选取8个国家一级图书馆，分别为安徽省图书馆、陕西省图书馆、上海图书馆、广东省立中山图书馆、吉林省图书馆、浙江图书馆、深圳图书馆、重庆图书馆，对其发布的最新年报进行收集和分析（详见表2），结合4P营销理论，得出了如下观点。

（一）高质量的产品输出——年报发布

国内图书馆大多在图书馆的信息公开方面重视不足或存在认识不够的情况，能够将年报的发布作为重要的宣传途径和营销推广渠道的馆少之又少。在笔者调查的8家图书馆中，有6家提供了2021年最新年报，均设置了年报专栏，呈现在官网二级、三级检索页，半数以上的图书馆选择在下一年的年度中期公布年报信息。除重庆图书馆仅提供线上浏览外，其他7家图书馆均同时提供了年报的在线浏览和下载浏览两种获取方式。在呈现形式上，7家提供年报下载的图书馆均采用的pdf格式，重庆图书馆则采用的ppt格式。事实上，ppt形式的年报，就是年报在营销方式上的一种创新，重庆馆在年报发布的同时，很好地兼顾了读者的可读性，这本身就体现出了图书馆的服务姿态。无论采用何种呈现形式，都是以图文结合的方式对图书馆数据进行统计汇报，但相较在线浏览，提供下载更能帮助各馆互相借鉴，取长补短。

（二）全方位的细节覆盖——特色营销

调查可见，各馆年报事无巨细，大多由工作概况、人员机构、业务数据、学术成果、表彰及大事记几块组成，但在细节要素的选择上仍有较大区别，主要突出体现了各自的特色和优势，这也是图书馆营销的立足点。

1. 重视文献资源建设

对文献资源情况的汇总分析，对服务图书馆高质量文献资源建设有着十分积极的指导作用和借鉴意义。文献资源建设是图书馆开展阅读推广活动的基础，能更好地满足读者阅读需求，是关系着馆藏质量和服务水平的重要一环，同时，也是图书馆不断激发阅读文化传播渗透力的重要载体。

调查发现，在实体文献资源上，几乎所有图书馆都详细统计了藏量和外借数量，包括文献藏量、数字资源量和报刊订阅量，而在"文献征集及受捐赠情况"上，仅1家图书馆进行了关注。

2. 扎实基础读者服务

读者服务时图书馆引导读者使用图书馆各类资源的服务，包括阅读服务、资源推介、读者答疑、参考服务、文化推广等。随着文化需求的不断提升，读者服务不再局限在图书借还、读者和员工之间的互动，还包括图书馆举办的各类活动。这对图书馆的服务形式、服务内容和服务人员都提出了更高的要求。

调查显示，在文献服务上，各馆多以外借册次、外借人次的方式呈现，仅有50%的图书馆对调阅服务进行了统计，75%的图书馆标注了数字资源使用情况。其他服务内容，主要关注在信息咨询服务、读者活动、硬件设施和人员投入上。其中，7家图书馆对员工教育培训情况进行了统计。

3. 充分利用新媒体

公共图书馆作为文化传播的重要渠道，需要不断挖掘潜在读者，并提高现有读者的阅读意识，教育和引导用户充分利用图书馆资源，并从中获取最大收益。因此，图书馆需要在具备了丰富的馆藏资源和读者服务模式的基础上，尽可能多角度地向公众宣传，加深图书馆对公众的亲和力和影响力。

本次调研的8家图书馆均对主流媒体报道进行了统计，同时，半数以上的图书馆对本馆官网的访问量进行了分析。随着全新的网络环境对民众生活的影响不断深化，数字信息技术和新媒体的发展，深刻改变着人们阅读和信息获取的方式。因此，公共图书馆纷纷在新媒体发力，8家图书馆中有4家都实时关注着新媒体粉丝量。

（三）深层次的多元合作——拓宽渠道

图书馆是公共文化服务的主要阵地，但在市场竞争中尚处于劣势地位，因此寻求强强联合，拓宽合作渠道尤为重要。调查显示，在合作模式上，各图书馆多采取的是行业合作和政府合作的方式。75%的图书馆均采用行业合作的方式，扩大文化传播的范围，如吉林省"公共文化一体化服务信息平台"，浙江省"长三角有声阅读联盟"等。半数以上图书馆均与政府部门合作，如深圳图书馆的"图书馆之城"等。1家图书馆拓展了跨领域合作"图书馆+"模式，与商业综合体合作等。

合作领域的拓宽促进了文化资源的深入挖掘和充分利用，共享平台的建设多渠道丰富了特色资源。未来不仅更多图书馆可以互联互通，更将打破各行业之间的文化壁垒，让图书馆为各领域赋能。

（四）客观性的绩效评估——提升价值

年报中良好、客观的绩效评估为反思不足、改进做法提供了思路，在一定程度提升了年报的使用价值。在我们所调查的8家一级馆中，有6家公共图书馆对该馆的全年工作绩效及服务效益做了客观的评价，内容涵盖：文献资源建设分析、读者服务分析、读者活动分析、参考咨询服务分析、新媒体服务分析、人力资源队伍建设分析等各个方面。这既是对全年工作的充分回顾及评价，也能积极地查找到工作中存在的不足，以便新的一年工作中更好地改进。但同时，我们也应当看到年报发布中的一些不足，如在文献资源建设及使用方面，在馆藏文献数据汇总的前提下，没有进行深入的数据分析，无法让文献使用情况进一步为阅读推广和文化传播服务；文献征集及受捐赠情况受重视程度不足，未能积极发挥社会力量充实文化养料；经费的使用情况也是各馆信息公开的薄弱方面，这也恰恰是公众关心的重要内容。

四、4P营销理论给图书馆信息公开带来的启示

（一）接受读者的检验和质疑

我国公共图书馆虽然是公益性、免费的机构，但也是在市场检验和群众需求中不断发展、进步的，因此，要经受且应该经得起市场的检验和用户的质疑。年报的发布和图书馆信息的公开，一方面是尊重市场规律的表现，另一方面更是对所提供的公共文化服务的自信和勇气。读者也呼唤公共图书馆能够提供规范的、有吸引力的、客观真实的信息公开数据，帮助他们了解图书馆。

<<< 从4P营销理论看公共图书馆信息公开作用和价值

表2　8家国家一级图书馆年报基本要素

		安徽省图书馆	陕西省图书馆	吉林省图书馆	浙江图书馆	中山图书馆	上海图书馆	深圳图书馆	重庆市图书馆
官网查询层级		3	3	2	2	2	2	2	2
官网发布时间		20220613	20220715	未标注	未标注	20210730	20210616	未标注	20220518
线上浏览方式	在线浏览	√	√	√	×	√	√	√	√
	下载浏览	√	√	√	√	√	√	√	×
编辑格式		图文	图文	图文	图文	图文	图文	图文	图文
有无装帧设计		有	有	有	有	有	有	有	有
呈现形式		pdf	pdf	pdf	pdf	pdf	pdf	pdf	PPT
工作概况		×	√	√	√	√	√	√	√
重点工作		×	√	√	√	√	√	√	√
人员机构		√	√	√	√	√	√	√	√
文献资源情况	总藏量	√	√	√	√	√	√	√	√
	数字资源量	√	√	√	√	√	√	√	√
	数字资源使用情况	√	×	√	√	√	×	√	√
	报刊订阅量	√	√	√	√	√	√	√	×
	文献征集及受捐赠情况	×	×	×	×	√	×	√	×
业务数据	流通量	√	√	√	√	√	√	√	√
	外借册次	√	√	√	√	√	√	√	√
	外借人次	×	√	√	√	√	√	√	√
	调阅册次	√	×	√	√	√	√	×	√
	持证量	√	√	√	√	√	√	√	√
	信息咨询服务	√	√	√	√	√	√	√	√
	读者活动场次	√	√	√	√	√	√	√	√
	读者活动参与人次	√	√	√	√	√	√	√	√
	主流媒体报道	√	√	√	√	√	√	√	√
	网站访问量	×	√	×	×	√	√	√	√
	新媒体粉丝量	√	×	×	√	√	×	×	√
	经费使用情况	√	√	√	√	√	×	√	√
	硬件设施情况	√	√	√	√	√	√	√	√
	人力资源情况	√	√	√	√	√	√	√	√
	教育培训情况	√	×	√	√	√	√	√	√
服务效益	文献资源建设分析	√	×	√	√	√	√	√	√
	读者服务分析	√	×	√	√	√	√	√	√
	读者活动分析	√	√	√	√	√	√	√	√
	参考咨询服务分析	√	√	√	√	√	×	√	√
	新媒体服务分析	√	√	√	√	√	×	√	√
	人力资源队伍建设分析	√	×	√	×	√	√	√	√
协作协调	行业合作	√	×	√吉林省公共文化一体化服务信息平台	√长三角有声阅读联盟	√	√图书之城	√"图书馆+"如商业综合体等
	政府合作	×	×	√吉林省公共文化一体化服务信息平台	×	√	√	√图书之城	√
学术成果		√	√	√	√	√	√	√	√
表彰情况		√	√	√	√	√	√	√	√
大事记		√	√	√	√	√	√	√	√

数据来源：2022年7月21日查询于各馆官网

（二）提高年报信息的利用价值

对于年报信息的发布，公共图书馆应当将其视作与群众沟通、向社会汇报、扩大自身宣传、影响的有效途径，积极提高年报的质量、可读性与可达性，让更多人能够更便捷地了解到图书馆的相关信息，提高年报信息的利用率和利用价值，使其在图书馆营销方面发挥出事半功倍的效果。

（三）将信息公开与发展战略有机结合

年报不仅仅是图书馆一年工作的回顾，更应当与图书馆的发展战略规划有机结合起来，通过反思与总结，积极地调整图书馆的业务活动，更好地、更有针对性地为未来发展提供改进方案。

（四）重视任何形式的图书馆营销

年报是新兴的图书馆营销渠道。国外图书馆甚至为了迎合读者的阅读需求，提升读者的阅读体验，特制了海报款年报供读者使用阅读。这是图书馆服务理念的转变和进步。国内图书馆也应当积极地将年报视作图书馆正面的营销路径，重视年报的编制、发布和推广，促进图书馆服务的提升。

参考文献

[1] 第十二届全国人民代表大会常务委员会. 中华人民共和国公共文化服务保障法［EB/OL］.（2017-3-1）［2022-7-20］. http：//www.hgxa.gov.cn/index.php？c=article&id=3308.

[2] 中华人民共和国文化和旅游部. 省级（副省级）图书馆等级必备条件和评估标准［EB/OL］.（2017-1-5）［2022-7-20］. https：//zwgk.mct.gov.cn/zfxxgkml/ggfw/202012/t20201205_916591.html.

[3] 柯平. 法治化环境下公共图书馆信息公开制度［J］. 国家图书馆学刊，2018，27（5）.

[4] 颜运梅. 澳大利亚国家图书馆年报公开制度研究［J］. 晋图学刊，2018（6）.

[5] 高美云. 公共图书馆年度报告调查研究［J］. 新世纪图书馆，2019（4）.

基于 Citespace 对公共图书馆法治建设研究的计量分析

游梦娜

（湖北省图书馆　430071）

摘　要：以中国知网 1982—2022 年 1070 篇公共图书馆法治建设研究文献为研究对象，采用文献计量学方法及 Citespace 可视化软件，对国内公共图书馆法治建设研究历程、热点与现状进行分析，分别绘制相应知识图谱，为本领域的进一步研究提供借鉴。

关键词：公共图书馆；知识图谱；法治建设

引言

公共图书馆法治建设研究始于 1982 年，自 1997 年依法治国方略提出后相关研究日益升温，2017 年《中华人民共和国公共图书馆法》出台后，公共图书馆法治建设研究成为公共图书馆研究领域的热点。

基于 1982—2022 年 CNKI 数据库文献，使用 Citespace 以可视化方式分析展示该研究的历程、现状、趋势，可为公共图书馆法治建设的理论研究、地方规章的修订完善、配套政策制度的制定出台提供理论参考借鉴。

一、研究数据与方法

利用文献计量学方法及 Citespace 可视化软件，选取中国知网（CNKI）学术期刊库作为研究样本来源，通过 SU＝'法律'*'公共图书馆'，检索文献发表时间为 1982—2022 年，共检出 1262 篇文献，剔除关联度不高的期刊论文后，得到 1070 篇有效文献。通过 Refworks 进行导出转换后，导入 Citespace 绘制知识图谱，对内容进行可视化分析研究、数据运算，结合文献分析法梳理研究主题，总结公共图书馆法治建设研究的趋势与特点。

二、公共图书馆法治建设研究计量分析

（一）总体数量分析

对公共图书馆法治建设研究领域在不同年度的发文量进行分析后得出图1。从图中可看出，公共图书馆法治建设研究发文量自1997年之后逐步增长，得益于依法治国方略的提出与贯彻；2018年发文111篇达到顶峰，主要原因是2017年《中华人民共和国公共文化服务保障法》、2018年《中华人民共和国公共图书馆法》相继施行，有力推动了文化立法、公共图书馆立法进程，促进学者对这一主题进行重点关注。

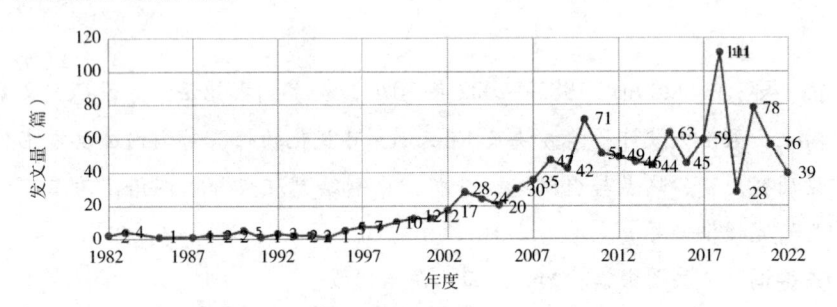

图1　公共图书馆法治建设研究发文量及年度分布

（二）作者及机构分析

1. 作者分析

通过对研究公共图书馆法治建设的学者及其机构进行分析，可以反映该研究领域学者的科研实力和合作紧密度。本文将NodeTypes设置为Author，Time-Slicing中时间区间设置为1980—2022年，Year Per Slice为1，其他参数设置为默认值，运行Citespace，生成作者分布可视化图谱后，按照发文量进行降序排列，取前十位学者，具体见表1。

表1　公共图书馆法治建设研究发文量前十作者

序号	作者	发文量	序号	作者	发文量
1	李国新	15	6	张丽	6
2	欧阳爱辉	11	7	柯平	5
3	盛小平	7	8	邓杰明	5
4	马海群	7	9	张力	5
5	秦珂	6	10	毛赣鸣	5

李国新[1]、柯平[2]等学者对公共图书馆立法的思路、基础、进展、支撑、背景进行了较为细致的研究,充分肯定了《中华人民共和国公共文化服务保障法》《中华人民共和国公共图书馆法》的历史贡献,认为需要完善配套实施细则及规章制度,强化各级政府对公共图书馆的相关保障,促进各级公共图书馆依法管理、运行和提供服务,保障公众更好享受公共图书馆服务的权益。欧阳爱辉[3]、马海群[4]等学者侧重于公共图书馆发展中的法律问题及开放性研究,认为需完善公共图书馆法的安全法治条款,妥善处理公共图书馆推进数字图书馆建设、开展有声阅读推广、真人图书馆服务中的著作权问题。盛小平[5]等学者针对日本、美国、英国公共图书馆法律体系进行研究,认为中国应借鉴相关经验,在公共图书馆立法及标准规范制定时,增强实用性与操作性。

2. 机构分析

将 Node Types 设置为 Institution,Time Slicing 中时间区间设置为 1982—2022 年,Year Per Slice 为 1,其他参数设置为默认值,运行 Citespace,生成研究机构知识图谱,图谱中圆形节点越大、机构字体越大,表示发文量越多(图 2)。按照发文量对研究机构进行降序排序,发文量排名前十机构见表 2。

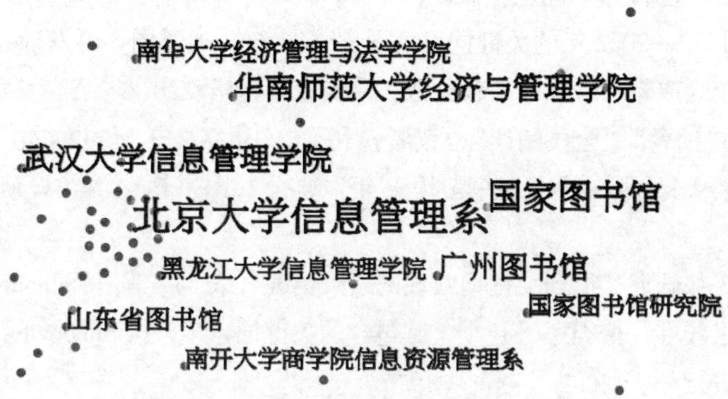

图 2 公共图书馆法治建设研究机构图谱

可以看出,发文量大于 30 篇的机构为北京大学信息管理系、国家图书馆(国家图书馆研究院为其内设机构),北京大学信息管理系对公共图书馆的立法进展、国内外立法比较,以及公共图书馆相关法律规定的落实、完善与细化进行了研究;国家图书馆对公共图书馆与读者之间的民事法律关系、公共图书馆法颁布对图书馆事业发展的影响等方面进行了研究。各研究机构多数为图书情报、图书馆相关的机构,公共图书馆法治建设研究的主力集中在公共图书馆及高校信息管理学院,他们对公共图书馆法治建设的发展起到了促进作用。但各机构之间的合作研究线不明显,合作研究仍需加强。

表2 公共图书馆法治建设研究发文量前十研究机构

序号	机构	发文量	序号	机构	发文量
1	北京大学信息管理系	38	6	山东省图书馆	9
2	国家图书馆	29	7	黑龙江大学信息管理学院	8
3	华南师范大学经济与管理学院	16	8	国家图书馆研究院	8
4	武汉大学信息管理学院	16	9	南开大学商学院信息资源管理系	8
5	广州图书馆	15	10	南华大学经济管理与法学学院	8

（三）关键词分析

1. 关键词聚类分析

通过关键词聚类分析可以了解公共图书馆法治相关研究的热点，对Citespace软件进行如下设置：Years Per Slice=1，Node Types=Keyword，TopN=50，绘制1982—2022年的关键词可视图谱（图3）。通过图3可发现公共图书馆法治研究较为成熟，研究网络较分散，分支较多，呈现出"立法""图书馆法""著作权""读者""全民阅读""读者权利""文化立法""公共文化""服务体系"等主要关键词，说明这些是1982年以来公共图书馆法治建设研究的热点主题。

在图3基础上，得到关键词共现网络聚类表（表3），其中Silhouette>0.7表示聚类效果较好，聚类序号越小，其包含的关键词越多，按Silhouette大小排列，选取前十进行分析。

表3 公共图书馆法治建设研究关键词共线网络聚类表

类号	大小	轮廓系数	年份	前5个词条
0	83	0.853	2008	俄罗斯、必要性、读者服务、读者、罚款
1	80	0.895	2001	立法研究、事业、图书馆事业、价值取向、发展
2	37	0.937	2009	合理使用、著作权、公益性、古籍、无形资产
3	31	0.884	2005	读者、法律地位、地位、权益、权利
4	29	0.94	2011	弱势群体、全民阅读、保障机制、阅读立法、图书馆员
5	25	0.826	2008	读者权利、法制、读者、权利、法人治理

续表

类号	大小	轮廓系数	年份	前5个词条
6	23	0.9	2010	日本、美国、中国、比较研究、比较
7	23	0.963	2010	文化法、文化立法、乡村振兴、法律体系、《著作权法》
8	22	0.989	2015	公共文化、对策、个人信息、政府购买、软法
9	14	0.936	2009	和谐社会、服务体系、信息、政府信息、公共文化

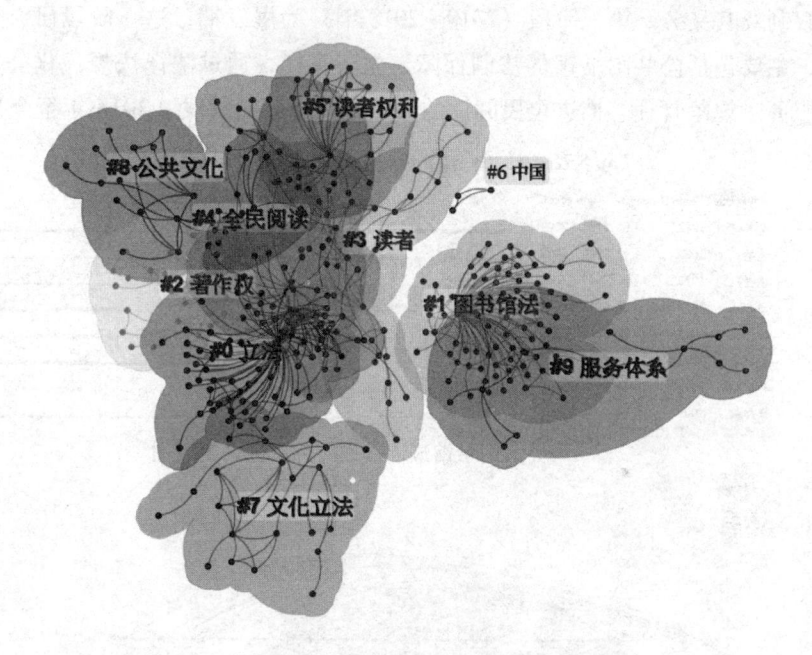

图3 公共图书馆法治建设研究关键词聚类图谱

由表3可知，聚类效果较好的分别是#2、#4、#7、#8、#9，五类之间紧密度较强。对各聚类的关键词进行分析，对高频关键词和聚类图谱进行整理，将公共图书馆法治建设相关研究主题归纳为法治建设比较、法治支撑与保障、法治建设与服务优化三大类。一是法治建设比较。包含俄罗斯、日本、美国、中国、比较、比较研究等关键词。二是法治建设支撑与保障。包含必要性、文化法、文化立法、法律体系、公共文化、阅读立法、政府购买、保障机制、权益等关键词。三是法治建设与公共图书馆服务优化。包含读者、弱势群体、全民阅读、图书馆员、法人治理、乡村振兴、《著作权法》等关键词。

2. 关键词突变分析

通过 Citespace 生成关键词突现图和关键词聚类时区图谱，突现图中深色区域是对应年份的热点关键词，聚类时区图中曲线起始部分代表研究热点的出现节点和持续时长，通过突变和聚类时区分析可以看出各时间段研究重点。从图 4 及图 5 中可看出，公共图书馆法治研究可分为四个阶段：第一阶段（2007 年之前）为起步阶段，宏观及比较研究为主，关于图书馆法立法必要性、中外图书馆政策法规的比较研究、读者权利保障的研究较多。第二阶段（2007—2010 年）为发展阶段，以读者权利研究为主，着重探讨读者在公共图书馆内应享受的权利及其义务。第三阶段（2010—2018 年）为爆发期，这一阶段研究热点较多，主要包括公共图书馆的法制保障、立法支撑，通过法律法规优化公共图书馆服务、规范管理、推进全民阅读的路径研究。第四阶段（2018 年至今）为新

Top 8 Keywords with the Strongest Citation Bursts

Keywords	Year	Strength	Begin	End	1980 - 2022
图书馆法	1982	4.43	1982	2003	
读者	2000	4.47	2000	2005	
读者权利	1998	7.56	2007	2010	
日本	2011	4.2	2013	2018	
全民阅读	2011	9.11	2015	2019	
理事会	2004	4.24	2015	2018	
政府购买	2016	4.24	2016	2018	
著作权	2001	3.94	2020	2022	

图 4　公共图书馆法治建设研究关键词突现图

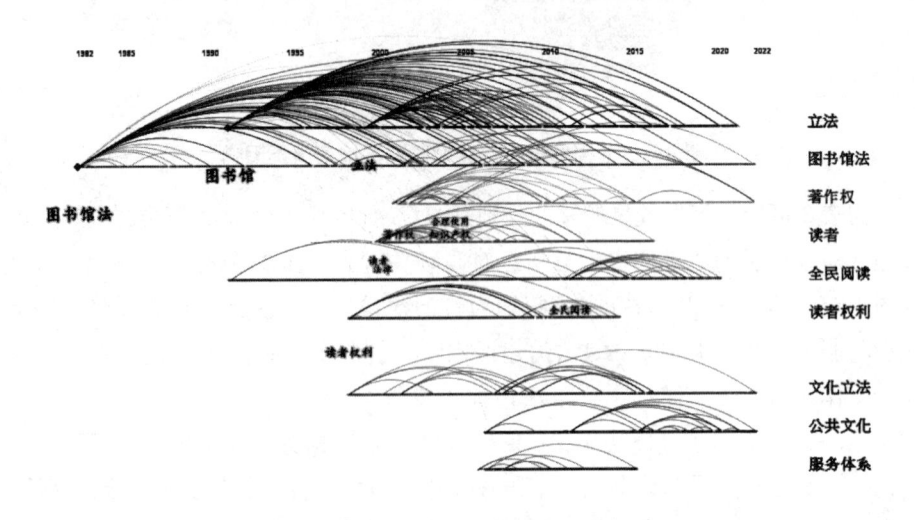

图 5　公共图书馆法治建设研究关键词时间线图谱

时期，在《中华人民共和国公共文化服务保障法》《中华人民共和国公共图书馆法》施行、《著作权法》修订的背景下，分析探讨公共图书馆在数字资源建设、无障碍服务等工作中的合理履职与相关限制，倡导著作权保护与维护公共文化服务权益的平衡。

三、结论与建议

（一）加强实践与合作研究

公共图书馆法治建设研究中，法治支撑保障、条款适用解读、通过法治建设促进服务提升等理论研究较多，仅有少数学者通过实践案例、司法判例对公共图书馆相关法律法规施行中的问题进行分析并提出法律风险防范建议，整体而言司法适用实践研究偏少。另外，公共图书馆法治研究属于图书情报界与法学界交叉的研究类目，但目前研究发文较多的仍为图书情报界学者及机构，且学者间、机构间的合作研究不多，相关研究未能充分运用具有法学特征的研究方法，缺乏法学界的研究视角与案例实践分析，导致目前研究仍具一定局限性，研究视角亟待拓展，合作研究仍需加强。

（二）加强实施效果及评价研究

法律的生命力在于实施，法律的权威也在于实施。相关法律法规的实施效果评价及立法后评估是提高公共图书馆立法质量、提升公共图书馆法治建设水平的有力举措。自《公共图书馆法》、地方公共图书馆系列条例规章施行后，仅有少数文献进行了相关实施效果及评价研究，与大量立法支撑研究、法治建设比较研究文献形成鲜明对比。不断加强公共图书馆法律规章制度的实施效果及评估研究，将为健全公共图书馆法律体系、提高立法层级质量提供更科学客观的分析数据，更好地促进公共图书馆提升服务、规范管理，补齐相应短板。

（三）加强配套规范制度优化研究

不少文献认为公共图书馆法治建设需建立体系、具化标准、规范制度、加强配套，地方法规和规章制度需在上位法基础上提出更具体化、针对化、地方特色化的措施，更好落实公共图书馆法治要求；公共图书馆界需在标准规范建设上发力，通过国家、行业、地方标准，丰富法治化建设的规范内容，为运行管理服务提供更具操作性、实施性的指南和规则[6]。故而应在遵循上位法精神的前提下，加强对地方性法规修订完善、实施效果的探讨，对公共图书馆现行法律法规所需的配套规范制度进行研究，对健全公共图书馆法治建设的优化路径进行分析梳理，进一步明晰地方立法、行业规范制度的重点突破方向。

（四）关注新时期研究热点

2018年后，分析探讨公共图书馆在平衡著作权保护与提供公共文化服务方面的相关文献增多。在公共图书馆大力开展智慧图书馆建设、移动阅读推广服务、古籍数字化保护利用的时代背景下，根据公共图书馆法治建设现状，提出公共图书馆在开展相关服务时规避著作权侵权风险、建立相应业务规范、健全相关法律法规等可行措施，将是新时期公共图书馆法治建设的研究趋势和热点。

参考文献

[1] 李国新. 公共文化服务保障法律制度的完善与细化 [J]. 中国图书馆学报, 2021, 47 (2).

[2] 柯平. 图书馆事业法治化：环境、模式与道路 [J]. 图书情报研究, 2019, 12 (1).

[3] 欧阳爱辉, 李东梅. 公共图书馆有声阅读推广服务中的法律问题研究 [J]. 山东图书馆学刊, 2022 (2).

[4] 马海群. 解读《公共图书馆法》的学术研究视角 [J]. 图书馆建设, 2020 (6).

[5] 盛小平, 张旭. 美国图书馆法律制度体系及其作用分析 [J]. 图书情报工作, 2014, 58 (10).

[6] 金武刚.《中华人民共和国公共图书馆法》配套制度建设现状与突破——基于地方立法需求视角 [J/OL]. 中国图书馆学报, 2022-11-24.

湖北省公共图书馆历次评估定级回顾总结

代新欣

（湖北省图书馆　430071）

摘　要：从1994年第一次全国县级以上公共图书馆评估定级工作开始，至今已历经六次，在"以评促建，以评促改，以评促管，以评促用"方针指导下，湖北省公共图书馆事业在此过程中得到健康长足的发展。本文对湖北省公共图书馆历次评估定级数据进行梳理和分析，从而对发展过程中出现的问题提出建议及解决策略。

关键词：公共图书馆；评估定级；湖北省

正如柯平教授所说："评估定级是与政策法律和发展规划并称的公共图书馆事业管理的'三驾马车'之一，是公共图书馆事业发展的重要助推器。"自20世纪90年代初开始，全国公共图书馆历经六次评估定级，由最初的标准化建设转向对服务质量的评价，评估标准不断提高、评估策略不断更新，但上等级馆的数量也在不断上升，足以说明在历次评估定级的推动下，全国公共图书馆在整体上均有所提升，与此同时湖北省公共图书馆在各个方面也得到了长足有效的发展。

一、湖北省公共图书馆历次评估定级数据统计分析

从1994年的第一次评估到2017年的第六次评估，湖北省各级公共图书馆都积极参与。参评馆从最开始的101个到第六次评估的112个，一级馆从第一次评估的3个到第六次评估的45个。从这一系列的评估数据中，我们可以看出二十几年来湖北省公共图书馆事业的发展和变化，这其中有喜人的成绩，当然也有待提升和进步的空间。

(一) 评估定级工作推动湖北省公共图书馆事业整体发展

湖北省公共图书馆在1994年第一次评估中被评为一级馆只有3个（占比3%），而2017年第六次评估一级馆数量达到45个（占比40.2%），一级馆数量的提升比较显著。与第一次评估标准相比，第六次的评估标准提高很多，但上等级馆数量却在逐年提高，足以说明湖北省公共图书馆的发展水平在整体上有显著提升。

表1 湖北省公共图书馆历次评估结果统计表

评估时间（年）	全省总数	一级馆	占全省总数比例%	二级馆	占全省总数比例%	三级馆	占全省总数比例%	未达等级标准馆	占全省总数比例%
1994（第一次）	101	3	3	54	53.5	26	25.7	18	17.8
1998（第二次）	100	9	9	58	58	19	19	14	14
2004（第三次）	103	21	20.4	40	38.8	24	23.3	18	17.5
2009（第四次）	104	28	26.9	34	32.7	30	28.8	12	11.5
2013（第五次）	111	47	42.3	32	28.8	17	15.3	15	13.5
2017（第六次）	112	45	40.2	35	31.3	26	23.2	5	4.5

(二) 评估定级工作促进湖北省公共图书馆基础设施建设跨越式提升

在第四次评估时，全省公共图书馆总数为104个；而第五次评估中，机构数量则达到111个。这项数据表明，在"十一五""十二五"时期，全省各级政府对文化事业重视程度上了一个新台阶，在公共文化设施建设中投入力度加大，使全省公共图书馆基础设施建设进入一个快速发展的轨道。

以湖北省图书馆新馆为龙头，以建成中部地区市级馆舍面积最大的襄阳市图书馆为代表，全省新馆建设进入一轮新高潮。至第六次评估期间，全省已新建成和开工在建图书馆34个。12个地市图书馆中，襄阳市、荆州市、孝感市、鄂州市已建成新馆并即将投入开放，荆门市已开工在建，黄冈、随州已争取政府立项；96个县级图书馆中，黄冈地区的武穴、黄梅等，孝感地区的汉川、云梦已建新馆并即将投入使用；十堰地区竹山、竹溪已建新馆并对外开放；襄阳地区南漳已建成开放，谷城、保康新馆已在建设中；宜昌地区宜都市、枝江市图书馆已立项开工建新馆，五峰县、巴东县等已建新馆并投入使用。评估定级受到湖北省各级政府的关注和重视，湖北省各级公共图书馆在馆舍条件和建筑面积上也得到了较大改观。

（三）评估定级工作有力地促进了欠发达地区图书馆的发展

至第六次评估，湖北省未达到国家等级标准的图书馆降到5个（占比4.5%），说明评估工作促进各级图书馆，尤其是基层图书馆科学化、标准化、规范化地建设发展，实现了"以评促建、以评促改、以评促管"的目的。

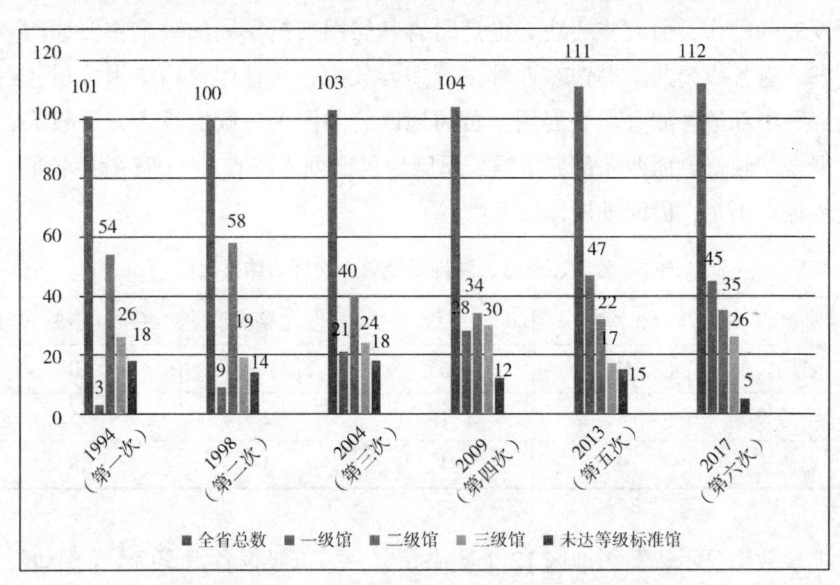

图1 湖北省公共图书馆历次评估结果统计柱形图

（四）评估定级工作使湖北省公共图书馆服务能力明显提升

在第五次和第六次评估中，一级馆数量接近全省总数的一半，由此可见，我省在公共文化财政投入上稳步增长，使全省各级公共图书馆办馆条件得到明显改善，全省各级公共图书馆的运行经费也在稳步增长。1985年全省县以上公共图书馆文献购置费为120.1万元，2000年达到699万元，文献购置费增加4.82倍。2016年全省各级公共图书馆事业总经费达90455.2万元，与2012年相比，增长了56697.2万元。由此全省各级公共图书馆藏书量和流通量不断增长，文献资源建设更加科学合理，品牌活动不断创新，服务效能稳步提升。

二、湖北省公共图书馆依然存在的问题

从第一次评估定级算起，历经二十几年的发展，在评估定级的促进下，湖北省各级公共图书馆在整体上得到了全面、长足的发展，但也存在一些困难和不足，主要体现在以下四个方面。

（一）区域发展不均衡不充分

区域发展不均衡体现在城市与农村、发达与欠发达地区。首先，城市图书馆发展状况较好，乡镇尤其是农村图书馆发展滞后，这个原因是多方面的，图书馆事业运行经费的多少受制于地方财政的状况，事业经费投入不足是图书馆事业发展的硬伤，而人才的缺乏也是阻碍基层图书馆发展的一个主要原因。其次，湖北省各级公共图书馆东西部发展差异较大，从整体评估结果分析，我省东南部和中部地区如宜昌、襄阳、黄冈地区公共图书馆政府投入力度较大，因此发展现状较好。而西北部如十堰、恩施地区已列入我省37个贫困县名单，财政投入经费不足，因而发展比较滞后。

表2 黄冈、十堰、恩施三地第六次评估结果比较

地区	图书馆	一级	二级	三级
黄冈	12	6	6	0
十堰	8	1	2	5
恩施	9	1	3	5

上表数据显示，黄冈地区12个图书馆，一、二级馆各占50%，而十堰、恩施地区一、二级馆相加数量均不足50%，数据相差甚大。依据第六次评估数据统计，全省34个已新建成和开工在建的图书馆，其中黄冈地区有9个新建馆，而地处我省西北地区的恩施、十堰仅有2家。欠发达地区图书馆建设经费远不及我省东部发达地区，因此发展比较落后，这一问题应引起政府部门的重视，加以有效解决。

（二）业务工作规范性不足

公共图书馆业务工作的规范化和专业化是做好读者服务工作的根本，而有些图书馆，尤其是基层馆在业务管理规范化和业务研究的专业化方面比较欠缺，有些图书馆在本馆规章制度的制定或工作流程的规范方面，没有充分考虑自身

图书馆的特点，而是照搬其他图书馆，造成实际工作中出现种种问题或不必要的麻烦，读者体验差、服务效能差。

（三）专业人才队伍建设欠缺

人才是公共图书馆事业发展的根本和动力，人才的不足是阻碍图书馆发展的重要因素。首先，基层公共图书馆大多因为经费不足、编制不够或薪资待遇低等原因，导致工作人员数量不足、一人身兼多职等问题，而且还存在文化和专业素质低、知识更新慢、人员青黄不接或断层严重、骨干力量不足、人才外流等现象。其次，省市级发展较好的大馆虽然编制和经费充足，但在图书馆逐步走向高质量发展的今天，也普遍存在专业人员结构不合理，创新人才、冷门人才、科研人才、管理人才等缺乏的弊端。而这类人才的培养也不是一蹴而就的，除了自身素质的具备，还需实践和经验的加持。

（四）创新能力较弱

现代社会瞬息万变，近几年疫情的影响可见一斑，大部分图书馆服务由线下转为线上，这一形式颠覆了固有服务模式，促使图书馆转变思路和服务方式，开发线上服务新模式。有些图书馆积极应对，创新服务，创造出丰富多彩的线上活动，收获好评，但大多数图书馆因为种种原因，无法应对新变化，疫情防控期间无法提供服务或照搬其他馆活动，读者体验较差。少部分图书馆有一些比较固定和优质的品牌活动，但大部分图书馆创新意识不足或创新能力不够，图书馆工作墨守成规，图书馆服务不充分。

三、未来湖北省公共图书馆发展的建议

（一）加大对欠发达地区的财政投入

统筹规划全省公共图书馆的经费投入，对于区域之间和城乡之间发展相对落后的地区予以侧重，从馆舍基础设施建设、文献资源建设、人员编制等各个薄弱环节加以扶持，使欠发达地区图书馆尽快提升，以达到整体发展的总目标。

（二）提升图书馆业务工作的规范性

目前，国家相继颁布了《公共文化服务保障法》和《公共图书馆法》，有些地区还颁布了地方图书馆条例和相关法规，有法可依，有规可循，让图书馆服务更有保障的同时，对服务的要求也变得更高，因此图书馆业务工作的规范化和专业化显得至关重要。各级图书馆要切实加强自身制度建设，要制定符合

本馆实际情况的工作规划。

（三）加强专业人才队伍建设

加强专业人才队伍建设，一是不拘一格选拔人才。要形成一套科学合理的选拔机制，有条件的情况下，对于特殊人才可以破格录用。二是建立科学有效长期的培训规划。不同专业的人员建立不同的培训规划，分级进行形式多样的培训项目，因材施教。三是制定奖惩机制。对于培训项目完成度高，提升显著或业绩优异的人才，给予奖励，形成良好的文化氛围和积极向上的精神引领。

（四）促进图书馆创新发展

随着时代的进步和发展，越来越多元的需求有待公共图书馆的满足，而公共图书馆的评估工作也从建设绩效导向转向服务成效导向。创新是公共图书馆评估定级中的加分项，未来图书馆的发展更要求不断创新，打造品牌效应，提高服务效能。公共图书馆日常的服务工作也需要不断挖掘新 IP，创造新品牌，更新服务理念，使服务更加多元化。

参考文献

[1] 李红. 湖北省公共图书馆第六次评估分析与思考 [C] //2018 年湖北省图书馆学会年会，2018.

[2] 柯平. 公共图书馆评估的历史现状与未来 [J]. 云南图书馆，2022 (1).

[3] 中国图书馆学会. 第六次全国县级以上公共图书馆评估定级一级图书馆授牌仪式举行 [EB/OL]. [2019-03-25]. http://www.lsc.org.cn/contents/1190/13308.html

[4] 柯平. "后评估时代"公共图书馆的战略重点与发展方向 [J]. 图书馆论坛，2019 (7).

公共图书馆评估工作浅析

李 红

(湖北省图书馆 430071)

摘 要：本文对公共图书馆在历次评估定级中的数据进行系统梳理，并对第六次评估中中部六省的数据进行比较，肯定优势，发现不足，并提出问题及对策，以期对公共图书馆事业的发展有一定的参考意义。

关键词：公共图书馆；评估；问题；策略

一、公共图书馆评估定级的重要意义与作用

（一）公共图书馆评估定级

1994年3月，文化和旅游部图书馆司在武汉召开了全国图书馆评估工作座谈会，至此便部署"以评促建、以评促改"为原则的业务评估，开展了面向全国的全面性公共图书馆评估工作。此后，1998年、2003年、2009年、2013年和2017年，文化和旅游部又先后组织实施了第二次到第六次全国公共图书馆评估定级，这项工作逐步作为一项制度被长期延续下来。

（二）公共图书馆评估定级的重要意义

文化和旅游部每四年在全国范围内开展一次公共图书馆评估定级工作，对于强化各级政府对公共图书馆事业的关注重视，促进各级财政加大资金投入力度，全面提升公共图书馆设施建设和服务水平具有重要意义。具体体现在以下方面：一是对政府投入与效益进行评估，实现政府投入与产出的社会效益最大化；二是对公共图书馆功能作用进行评估，确定图书馆的社会职能和地位作用；三是对公共图书馆运营能力进行评估，促进图书馆各项工作科学化管理；四是对公共图书馆各项工作进行评估，促进图书馆业务规范化和标准化建设；五是对公共图书馆服务项目进行评估，激发图书馆服务不断创新与发展。

（三）公共图书馆评估定级的重要作用

业务评估是建立完善公共图书馆监督考核机制，强化服务标准的具体举措。通过考核评价，可以完善公共图书馆工作标准，实现"以评促建、以评促管"评估目标要求，有利于提高各级公共图书馆建设水平和服务质量，有利于完善公共图书馆服务体系，在保障人民群众最基本文化权益、推进全面建设小康社会进程中具有重要作用。

二、全国公共图书馆历次评估定级大数据统计

根据文化和旅游部的工作部署，每一轮评估期间，各地文化主管部门需要对照评估标准，组织对本地区公共图书馆进行初评、复评、终评，并提交本地区的评估报告及评估等级结果，由文化和旅游部确定一、二、三级图书馆级别，并对其进行公示和表彰。笔者从历次评估定级结果进行了统计和分析，对我国公共图书馆事业发展进步的整体脉络做了简要梳理。

表1 全国公共图书馆评估基本情况表

评估时间（年）	参评馆（个）	等级馆（个）	占参评比例（%）	一级馆（个）	占参评比例（%）	二级馆（个）	占参评比例（%）	三级馆（个）	占参评比例（%）
1994（第一次）	2189	1144	52.3	68	3.1	451	21	625	28.6
1998（第二次）	2323	1551	66.8	215	9.3	581	25	755	32.5
2004（第三次）	2038	1440	70.7	344	16.9	412	20.2	684	33.6
2009（第四次）	2219	1784	80.4	480	21.6	410	18.5	894	40.3
2013（第五次）	2884	2230	77.3	859	29.8	640	22.2	731	25.3
2017（第六次）	2994	2522	84.2	969	32.4	519	17.3	1034	34.5

根据文化和旅游部有关统计数据，参评图书馆由1994年第一次的2189个逐年递增至2017年第六次评估的2994个，说明国家对公共图书馆建设的投入在逐年递增，图书馆建制数量呈上升趋势。上等级馆数量从第一次的1144个增加至

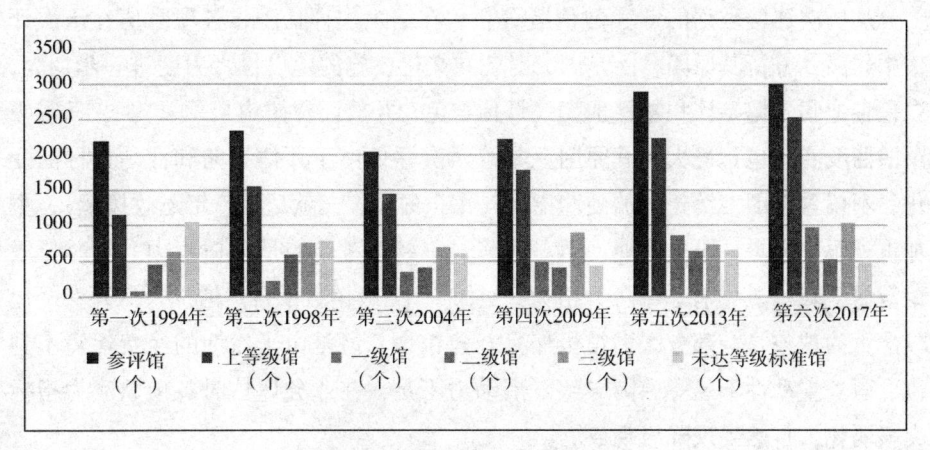

图1 全国公共图书馆评估基本情况

第六次的2522个，显示出改革开放40年中，国家对图书馆公共文化事业建设的重视与图书馆自身建设成正比，图书馆在规范业务管理，提高服务成效等诸多方面有了极大的提升。

从历次评估数据的曲线变化分析，较之上次变化最大的为2013年的第五次评估，参评馆增加数值都高于历次评估，其中一、二等级馆的上涨幅度也是最大的，在历次评估中变化最为明显。数据说明，2009—2013年是我国"十二·五"建设中期，国家对公共文化事业的投入力度加大，特别是在公共文化基础设施方面，新改扩建图书馆数量加大，新馆建设"如火如荼"，四年间新建馆舍260多个，公共文化服务场所增加，服务能力增强。

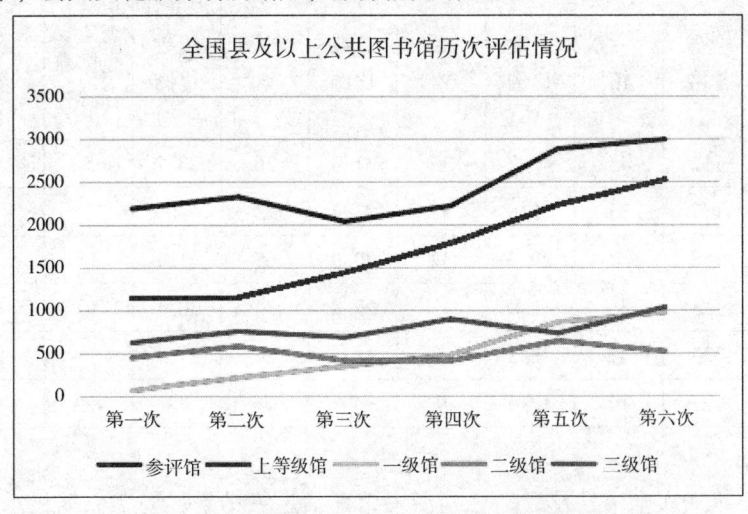

图2 全国公共图书馆评估基本情况曲线图

从历次评估数据的"大数值"分析，在第六次评估中，各项数值在历次评估中居高，分析其原因，一是国家对公共文化设施的建设投入力度进一步加大，二是各地图书馆参评积极性加大（评估与免费开放经费挂钩），一、二、三等级馆的曲线变化也是最大。其原因一是第六次评估由于评估导向和评估指标的变化，不仅着重图书馆建设的硬性指标（馆舍面积、文献藏量、年财政拨款），更加重视服务成本、服务效能，相对而言，一级馆考验的是办馆实力。同时二级馆数量下降（其中有一部分升格为一级馆），三级馆数量自然增加。另外一个比较严重的现象是，部分图书馆虽然是新建馆舍，但是由于后期的经费保障不到位、服务主动性不足等原因导致发展动力不足，在业务评估时各项软实力指标突显弱化，自然出现降级现象。

三、中部六省公共图书馆第六次评估定级数据统计分析

"十二五"规划以来，湖北省各级政府对公共图书馆持续加大经费投入、加强政策保障，全省公共图书馆事业获得了显著发展，湖北省图书馆更是以新馆建设为契机，各项业务指标得到大幅提升。但研究数据表明，全省公共图书馆整体发展水平不容乐观，湖北公共图书馆各项指标虽在中部六省暂时处于领先地位，但优势不够明显，与经济发达地区相比存在显著差距，迫切需要进一步巩固和提高。

表2 中部六省公共图书馆第六次评估结果统计表

参评地区	全省总数	一级馆	占全省总数比例（%）	二级馆	占全省总数比例（%）	三级馆	占全省总数比例（%）	未达等级标准的馆	占全省总数比例（%）
湖北	112	45	40.2	35	31.3	26	23.2	5	4.5
湖南	137	35	25.5	32	23.4	63	46	7	5.1
河南	158	47	29.7	33	20.9	65	41.1	13	8.2
江西	113	36	31.9	33	29.2	34	30.1	10	8.8
安徽	123	41	33.3	23	18.7	26	21.1	33	26.8
山西	127	16	12.6	9	7	61	48	41	32.3

基于第六次全国县及以上公共图书馆评估定级结果，表二数据显示，湖北省在中部六省中机构数总量最低，但上等级馆数量，尤其是一级馆、二级馆占

比都遥遥领先于其他五省，未达等级标准的馆数量和占比最低，说明湖北省公共图书馆事业发展水平暂时位居中部六省前列。另外，公共图书馆数量，与各省行政区划数量和建制相关。目前，我省已建设完成较为完善的县以上公共图书馆服务体系，116个县级以上建制，建成公共图书馆112个，覆盖率超过96%。因经济发展而新增设的市辖区级建制存在空缺，目前也正在加紧解决。

表3 中部六省公共图书馆各项指标列表（2016年）

指标	省份	湖北	湖南	江西	安徽	河南	山西	全国平均
本省GDP	数值（亿元）	32298	31245	18364	24118	40160	12928	25164
	排名	7	9	17	13	5	24	
财政拨款	数值（万元）	50865	39260	26095	28176	34813	35281	44240
	排名	9	10	26	23	15	14	
人均馆藏量	数值（册）	0.56	0.42	0.47	0.35	0.28	0.47	0.65
	排名	14	27	21	29	31	23	
人均购书经费	数值（元）	1.467	0.726	0.705	0.778	0.456	1.307	1.562
	排名	10	23	25	22	31	13	
每万人拥有面积	数值（m²）	118.9	63.1	80.4	71.7	64.1	129.9	103
	排名	11	31	22	26	29	8	
总流通人次	数值（万人次）	2082	1955	1375	1994	2539	981	2064
	排名	10	13	17	12	7	21	
从业人员数量	数值（人）	2198	2094	1379	1559	2955	1676	1787
	排名	8	10	22	19	5	15	

从表3可以看出，虽然在中部六省中河南省GDP高于我省，但对于公共图书馆的财政拨款我省远高于河南省，说明我省对公共文化事业的支持和重视程

度较高。河南省是人口大省，除总流通人次和从业人员数量高于我省，其他人均指标均远低于我省，其余中部四省各项指标一直排在我省之后。综上，湖北在文化强省战略背景支持下，大力推动公共文化服务体系建设，公共图书馆事业实现了跨越式发展，各项业务都有大幅提升，基本实现了"中部领先"的战略目标。但放眼全国，与经济发达地区相比差距还比较明显，因此，还需在政府大力扶持的基础上，学习借鉴北广江浙沪地区成功经验和做法，早日跻身"全国一流"。

四、公共图书馆评估中亟待解决的问题

（一）事业发展投入不均衡

在历次评估中，第六次公共图书馆评估标准变化最大，如"年财政拨款""建筑面积"等指标，比较第五次评估细则，标准提高幅度增大，整体指标增幅一倍有余。

表4　第五、六次评估建筑面积（万平方米）指标比较

级别	评估等级	第五次评估	第六次评估	增长率
市级	一级	0.8	1.3	63%
	二级	0.6	1.1	83%
县级	一级	0.2	0.5	150%
	二级	0.15	0.45	200%

就仅"建筑面积"一项指标对比，第六次评估指标比第五次评估指标平均高出124%，而在四年评估期内，大部分的图书馆馆舍面积是没有变化的，馆舍面积百分之百的增长是达不到的。馆舍面积不足、服务场馆布局不合理、服务设施陈旧等，硬件条件与现代化服务需求不匹配，没有充分的体验感和个性化服务。所以这项指标对各基层图书馆而言，作为必备条件，面临巨大的保级压力。部分区（县）馆舍建成在20世纪80年代，面积偏小，设计落后，功能欠缺，制约了图书馆服务的开展和读者人气的提升，新馆建设迫在眉睫。

（二）事业经费投入依旧不足

各项业务经费投入不足，依然是制约市县（区）公共图书馆事业发展的瓶颈。图书购置费的短缺、读者活动经费没有保障、其他的专项经费没有更新等等这些因素，直接导致图书馆为广大读者提供阅读的基础文献资源不能更新，

在品种和数量上始终维系在较低的水平；各项读者服务活动不能开展，图书馆人气不足；汽车图书馆等专项经费不到位，没有专职司机，导致图书馆分馆服务停滞，延伸服务不到位等现象突出。由于经费严重短缺，部分图书馆只能保持"守大门"式的服务，想把图书馆服务"做大做强"显得力不从心。

（三）缺乏评估激励机制

虽然评估促进了各图书馆业务规范化、标准化建设，但也有些图书馆迎接评估的积极性不高，特别是基层设施薄弱和业务发展滞后的图书馆。由于缺乏必要的与评估关联的奖惩机制，评估没能引起各级党政领导和社会的足够重视。

五、未来公共图书馆评估的提升策略

（一）建立评估奖惩机制

历年来的评估等级都由中图书馆学会颁发评估等级奖牌，评估等级名单在国家文化和旅游部官网公布，但没有制定出具体的奖励或惩罚措施，严重影响了公共图书馆应对评估的积极性。未来应建立相应的奖惩机制，对达标升级的图书馆给予经费或政策方面的奖励。例如，增加免费开放经费和专项经费补贴等；对降级或未上等级的图书馆减少免费开放经费或扣除部分专项经费，给予通报批评等措施。

（二）保持评估体系稳定

评估体系框架的稳定性对公共图书馆事业发展极其重要，未来评估标准的制定应在核心指标上保持相对稳定。科学性强、前瞻性强是第六次全国公共图书馆评估指标最大的亮点，评估体系和指标的设计，突出了以评促建等诸多的创新元素，对未来图书馆业务发展具有导向作用。

（三）简化评估程序

各地公共图书经过评估管理平台的自评、初评、复评及终评的评估环节，评估模式具备科学性与科技型的新理念，但在各省市依旧要在一次组织专家组进行实地复评，而实地复评耗时、耗人、耗力。一方面是各类型专家行程段难以组织，另一方面是各基层公共图书馆还得把所有评估提交的资料制作成纸质版备查，这样存在人力、物力、精力的大量消耗浪费。本人认为，未来评估在复评环节仅组织对有疑问单位个别抽查，进一步简化评估流程，或可全权委托第三方进行评估复查，这样更具客观和中立性。

(数据来源：国家统计局官网、湖北省统计局、《湖北图书馆年鉴》、湖北省档案馆、CNKI年鉴数据库、中华人民共和国文化和旅游部官方网站）

参考文献

[1] 李丹，申晓娟. 从评估定级看我国公共图书馆事业发展20年[J]. 图书馆杂志，2014，33（7）.

[2] 文化和旅游部关于公布第六次全国县级以上公共图书馆评估定级上等级图书馆名单的通知

[3] 柯平. "后评估时代"公共图书馆战略重点与发展方向[J]. 图书馆论坛，2019，39（7）.

搬迁过渡时期的湖北省图书馆：
兼及讲述老馆时期馆员与读者的情缘故事

孙智龙

（湖北省图书馆　430071）

摘　要：抗战期间谈锡恩先生任职鄂图馆长。正值中华民族危难深重之际，谈馆长不辞艰辛，勇于担当，尽职尽责，报效祖国。既筹办鄂图新馆，扬我国粹于前；又一路护书西迁，存我文籍于后。其奉献精神感人肺腑，其历史贡献令人铭记。

关键词：抗战时期；谈锡恩；图书馆；西迁

　　湖北省图书馆始建于1904年，是我国最早建立的省级公共图书馆。抱冰堂下的省图书馆舍坐落在武昌高观山（蛇山）南麓。特藏楼为其标志性建筑，于1936年11月建成。1980—1993年间，在特藏楼周围分别扩建了10层楼书库、中文楼、外文楼和行政楼。老馆舍与辛亥革命纪念馆、中南财经大学相比邻，与黄鹤楼遥相呼应，面积达3万平方米。省图发展至今，藏书500万册。相对藏书而言，馆舍偏小，书库架位紧张，已不能适应图书馆未来发展需求。为此，省图筹建新馆，选址于沙湖南侧。

　　新馆占地面积100.5亩，总建筑面积10万平方米，总投资6.4亿元。藏书能力达到1022万册，日接待能力逾1万人次。为新中国成立以来，湖北省直文化部门建设规模最大、投资最多的大型公共图书馆，建制规模号称"中西部第一"。新馆舍主体建筑为地上八层、地下两层。集学习阅读、信息交流、文化休闲为一体，超越传统图书馆功能，成为湖北的"文化总库"。

　　目前，新馆建成并投入使用，老馆于2012—2013年整体搬迁至沙湖新馆。俟搬迁工作结束，老馆移交给武汉市政府，老馆特藏楼作为民国历史文物建筑永久保留。

一、搬迁过渡时期的图书馆

2011年3—4月，省图启动搬迁过渡时期的调整工作，为纪念辛亥革命100周年，配合政府筹划首义文化区和蛇山"显山透绿"工程，根据规划，省图2-4号楼于4月份前须完成腾退拆迁的任务。老馆原有5栋楼，已拆2号10层楼书库（1980年建）、3号中文楼（1990年建）、4号外文楼（1993年建）。

省图老馆全景，原供读者借阅和活动的3栋大楼即2、3、4号楼已经拆除

仅存1号特藏楼（1936建）和5号行政楼（1993建），这2栋楼作为搬迁过渡时期临时办公和对外开放的服务场所。特殊时期省图设工作点3处：1. 新馆尚在建设中，在沙湖设新馆建设办公室；2. 因老馆腾退拆楼，安排人员看管外存书籍；3. 老馆维持对外开放。

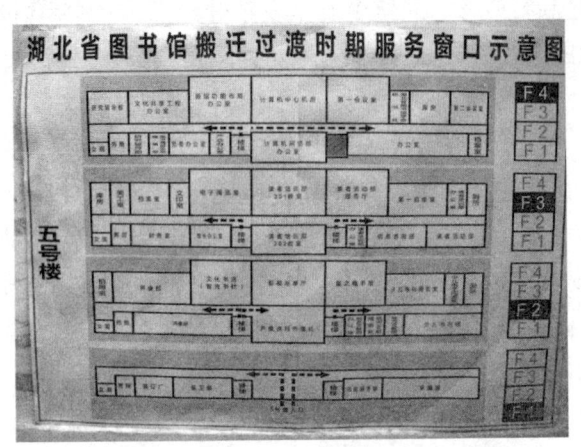

湖北省图书馆搬迁过渡时期服务窗口示意图

搬迁过渡时期省图调整措施如下：1. 特藏部历史文献阅览室停止对外开放；

2. 特藏楼一楼设临时外借处和报刊阅览室；3. 声像部、信息部、少儿部和地方文献部搬至行政楼；4. 老馆保留部分书刊供读者借阅，维持对外开放；5. 打包新中国成立后主体书刊，临时为其另觅"新家"，暂租邮政仓库存放。

拆 3 号楼时移出的办公用品

数万箱图书打包暂存邮政仓库

  图书馆非常重视外存图书的安全工作，制定库房安全防范措施，更新了监控、警报和消防系统。先进的视频监控系统可以 24 小时观察到各个角落。书库有专人 24 小时值守，确保图书安全。邮政仓库门外有进出关卡，所存图书可谓层层保护，戒备森严。

  省图在搬迁新馆之际，为回顾其百年发展历史，拟定在新馆承办馆史展览，组建了馆史展筹备组。筹备组成员面向馆员、读者征集省图不同历史时期的办公用品、服务成果及各类证书等实物。已收集到的实物有：1. 清张之洞创办两湖书院时定做的南库、北库书柜；2.印有"中南图书馆（1951年鄂图馆名）对外流通"字样的木箱；3.著名藏书家徐行可先生向省馆捐赠图书时附带的多种樟木书柜；4.20世纪50—90年代省图多种办公桌椅及读者个人借书证和集体借书证（包括借书证存根）；5.几代馆员的老照片；6.20世纪50年代馆员写给读者的交流信；7.20世纪50—90年代编目人员用的铁笔和钢板；8.20世纪90年代以前采编部和外借部用的打号机、日期号码机及办公室用的铅印打字机等。这些旧时的办公用品见证了省图不同时期的发展历程。

1996年9月，图书馆引进了中端（早期的计算机，9寸黑白显示屏），标志着馆员手工办理借还图书①时代结束，这一传统服务方式成为了历史。2000年以后，计算机在图书馆得到了广泛的应用。图书馆使用计算机建馆藏书目数据库、网上解答读者咨询、办理借阅证、借还图书，提供代检索和下载数据服务。传统的打号机（用于打图书财产号）被条形码取代。20世纪50—90年代编目人员用的铁笔、钢板及配套的油印工具被计算机及相关配套设施所取代。传统油印式卡片目录亦逐步退出历史的舞台。特藏部古籍书目数据库尚在建设，而其他部门的藏书，读者无须翻检目录卡片，通过互联网便可在家中查询馆藏书目。

新时期读者借书证可用光笔扫描条形码，读者个人信息及借还书记录能迅速显示在计算机屏幕上。读者在网上可自行办理图书续借。2011年省图老馆少儿部引进FRID自助借还机，少儿读者可自行办理借还图书登记手续。2012年省图新馆引进新设备，读者办证、借还书刊全部实现自助。

二、省图历史上数次搬迁和馆名的变更

（一）省图数次搬迁

省图经历过数次搬迁。1904年，时任清政府湖广总督张之洞在武昌兰陵街模范讲演所创建省图。

1908年，因馆舍不足使用，省馆从兰陵街西侧迁至兰陵街东侧原博文书院校舍（今武昌区公安局处）。

1938年抗日烽火逼近武汉，为使宝贵的中华文化遗产不落敌手，省图于是年6月奉省政府之命开始西迁。辗转于秭归、巴东、兴山、恩施各地，想办法向当地读者开放，尽可能地传播知识和文化。

1945年抗战胜利，省图于翌年5月14日开始复迁，于8月8日进入武昌蛇

---

① 传统借还方式：在借书证和借书证存根上分别填写读者借还图书记录。

山抱冰堂下馆舍。

新时期省图为满足未来发展需求，拟建新馆于沙湖南侧。2007年底开工建设，2012年基本建成。2012—2013年省图制订分批搬迁馆藏近500万册图书的工作计划，此次搬迁，规模空前。将于2013年前后完成整体搬迁工作。

（二）馆名的变更

湖北省图书馆，1904年称鄂省图书馆，1905年称湖北图书馆，1927年称湖北省立图书馆，1946年9月称湖北省立武昌图书馆，1949年7月称湖北省立人民图书馆，1950年9月称湖北省立武昌人民图书馆，1951年11月称湖北省武昌人民图书馆，1951年9月称中南图书馆，1954年10月至今称湖北省图书馆。

三、难舍老馆情怀

抱冰堂下的老馆，前临紫阳湖，后靠高观山，交通便利，文化氛围浓厚。整体为中西合璧，宫廷式建筑风格，绿砖碧瓦，古朴清新典雅。从远处看，宛如山下林中的碧玉或翡翠。

老馆周围环境

许多馆员和读者喜欢省图传统馆优雅的学习环境。馆员与读者和谐相处，在学习交流和互助中共同进步。图书馆是连接馆员、书刊资料和读者之间的纽带，文化氛围浓厚，馆员与读者在学习交流和互助中易结友情。随着时间的推移，交往频率的积累，馆员与读者由陌生到相识，由相识到相知。许多读者对图书馆有很深的情感，是因为图书馆藏丰富，阅读环境温馨，馆员服务热情。

读者在这里感受如同一个大家族的温暖，称图书馆为其第二个"家"。有的老读者路过图书馆，暂不查阅资料，特来历史文献阅览室与馆员打声招呼，或在调书登记本上签借一二种自己常看的书，请馆员立即签还，实为签到之意，表达爱馆情怀。如留心收集，定能收集许多感人的故事，以下讲述老馆时期三个故事。

故事一 郭荣晃先生与图书馆结下的情缘

郭先生字瀫源，湖北大悟人，国学大师黄侃的再传弟子。毕业于华中师范大学。嗜好读书，学识丰富，熟读经书，通晓汉字形音义。家藏典籍颇丰，达数千册。常备有诗词、辞书、书法、金石类图书。

先生年过八旬，为省图书馆几代馆员的挚友，不多见的资深读者。先生原在省民政厅工作，居住地距省图老馆很近，退休后常来馆看书，坚持不懈长达30余年，数十年如一日。除家中有事或身体偶感不适以外，来馆阅读风雨无阻。先生到图书馆比馆员上班早，阅读出勤率比一般馆员工作出勤率高。

先生慈祥可亲，思维敏捷，读书勤奋。能识诸多异体、繁体、篆体等稀见字，熟练掌握数十种工具书的检字方法，了解多种大型辞书集字的特点。先生乐于助人，无论是馆员还是读者向先生请教阅读古籍遇到的问题，先生能放下正在阅读起兴的书，耐心解答咨询者提问。

读者向先生请教，多为阅读古籍文献遇到的异体字（音、义）、草字难以识别的问题。疑难字在读者看来如同拦路虎，影响阅读内容，影响古文断句；馆员向先生请教，多为古籍建库工作中遇到的稀见疑难字问题，识字目的是解决疑难字输入问题，不知读音则无法录入疑难汉字，难以准确揭示文献著录信息。古籍书上经常会遇到稀见的异体字、篆书、手写体及草书难以识别。对此，先生很热心地帮助馆员和读者辨识。如遇到不能解决的问题，先生能根据咨询者不同需求选择相应的工具书，如同中医辨证施治分析病情一样来解决疑难字的字音和字义问题。笔者曾向先生请教某一稀见疑难字的字义，先生在历史文献阅览室工具书架上选《中文大辞典》为笔者查字，该书共40册。观先生熟悉工具书程度让人吃惊，其检字竟可直接定位于相应的册数，很快查到笔者需要的内容。不仅如此，其了解哪本工具书有何错误、应该如何使用等。在馆员和读者的心目中，先生是良师益友，是特藏部的一宝，读者和馆员称其为"活字典"。

先生之能不只善用工具书，还精书法、篆刻、诗词和楹联。先生书法篆、隶、楷、行、草五体皆能。小篆、金文尤为出彩，书风高古，沉稳健拔，行书气韵不凡，遒丽俊逸。列举先生关于书法的三件事：其一，湖北省图书馆历史文献阅览室之匾额系先生所题，该匾额已悬挂20余年。其二，特藏部于2007年在四库阅览室举办"金秋读者座谈会",馆员请先生帮助书写会议标题,先生欣然应允,即兴书写。老馆四库阅览室正面墙壁上存有先生当年书写的红底黑字。其三,特藏部藏珍贵古籍善本《史通训故补》为徐行可捐藏本之一,有清纪晓岚行书朱批,金镶玉装帧,特藏部主任请先生为该书题签书名。由此可见,先生书法在省图几代馆员心目中占据了很高的地位。向先生索字的友人较多,其中有图书馆员、院校师生及商界人士等。先生书法作品被省图书馆、宝通禅寺及惠宛宾馆收藏。

先生喜好篆刻,研究过唐醉石等大家篆印章法,颇有悟性,自学成才。先生篆刻以小篆为主,金文为辅。章法布局得体,清秀有神,耐人回味。据先生介绍,家藏印章80枚,多为50~60岁时篆刻。先生年轻时常有友人求其治印。先生约20分钟就可完成一枚篆刻作品,其中不乏篆刻精品,好友索去用于收藏或作点缀字画用途。先生将自己篆刻的作品钤盖成一本印谱,观其篆刻风格各异,自然成趣。有的是钤印看上去是字,又像是图,亦似符号,让人赏心悦目。

馆员喜爱先生的篆刻作品,希望能系统收集先生的篆刻印迹。先生向馆员提供存印50枚。为了能更好地欣赏和保存先生篆刻印迹,古籍修复人员特制印谱一种十册,并钤盖印章,每方印同钤于各单册相同的册页。书衣题签为《荣晃先生印存》。翻开新制印谱,朱色印迹古朴、清秀、典雅,跃然于宣纸册页上。该谱图书馆珍藏两册,先生留存一册,余册由若干馆员惠存。

先生集"活字典"、诗人、书法和篆刻家为一体,其能得到升华与利用图书馆分不开。图书馆为先生提供了施展才华的领地,先生用书法技能服务于图书馆。

2011年初,先生打算编辑出版《中国历代书法诗歌及题跋辑略》。时值省馆将迁址于沙湖新馆,老馆已启动搬迁过渡时期的调整工作。历史文献阅览室从3月4日起停止对外开放,给诸多读者查阅带来不便。唯对先生例外,3—12月间,先生一如既往常来馆查阅古籍资料。馆员克服部分图籍已打包以致书库走道拥挤,不便调阅等困难,特为先生提供调阅《四库全书》服务。

2012年省图将告别老馆,先生倍感惆怅,老馆和几代馆员给先生留下了美好深刻的印象。先生现年八十有五,居住地距新馆远了,不能常来图书馆阅读了,只能默默地祝福图书馆的明天更美好。先生心系图书馆,图书馆眷恋老读者。过渡时期的图书馆特藏楼分属特藏、外借、报刊三个部门,原特藏部历史文献阅览室改成了图书借阅处和报刊阅览室。先生常在报刊阅览室阅读古籍,习惯坐同一位置。如先生几天没来馆会引起几个部门馆员的共同关注,猜测先生是否家中有事或是生病了,馆员给先生打电话表示关心和问候。

先生是省馆阅读年数最长的一位读者,是唯一不持借阅证可常来馆阅读珍贵古籍的老读者，亦是老馆历史文献阅览室最后一位常来阅读的特殊读者。先生在耄耋之年不顾身上病痛，为编著《中国历代书法诗歌及题跋辑略》多次核查四库系列，努力做到勿让历代具有书法理论史料价值的数据有所遗漏，计划在老馆搬迁前完成数据的收集工作。先生严谨治学的态度和坚持如一的精神令人钦佩。图书馆人希望先生编著早出成果，祝愿先生健康长寿。

故事二 徐大纲先生与图书馆、馆员、读者的情缘

徐大纲先生曾是湖北省体委（现湖北省体育局）的编辑，也是一位在特藏部看书长达数十年的读者。徐先生博学，古文功底扎实，熟悉武汉掌故，熟练掌握多种古籍工具书的使用方法，擅长书法，主攻魏碑和颜体，书艺得到馆员和读者的称赞。

笔者初来特藏部工作时，对古籍工具书不熟，难以从深度做好参考咨询工作。凡有学习方面的问题经常向徐老师请教，得到了他耐心的指导和帮助。徐先生告诉笔者，特藏部是学习和出成果的地方。在这里工作，须学会使用多种古籍工具书的查阅方法。学习查阅古籍工具书，刚开始应从《文史哲工具书简介》入手。他说，"文革"初期，其经常来馆看书，就读书问题，曾请教于徐孝宓（著名藏书家徐行可先生之子）馆长，当时徐馆长在特藏楼门口扫地，语重心长地对徐老师说："人的精力有限，要读的书很多，书是读不完的，书要有选择的读，多读有益的书，最好选读一本你认为最好、最有实用价值的书，对这本书要多读、深读和精读。"徐老师体会"精读一本书论"对他后来的学习和研究有很大的帮助。徐先生为精读一本书，参考和阅读了很多很多的书，因而增长了知识，增强了悟性。其理解、分析、判断和考证能力得到了升华。

徐大纲先生和郭荣晃先生在老馆特藏部历史文献阅览室

徐先生为撰清初无神论者《熊伯龙传》常来馆阅读，考证熊伯龙（字次侯，号塞斋，别号钟陵，汉阳人）史迹十余年，从诸多的历史文献和参考资料中，发现了不少的错误。笔者常听他阅读时自语："这本书（有的地方）错了"！笔者钦佩徐先生考证古代典籍的分析和判断能力，其丰富的学识与他博览群书有关。凡有馆员和读者问学，都能耐心解答或提供查询线索。有一次，徐老师为笔者讲解"游"字的用法。"游"不单指游玩、游泳、游行，还有求学、问学之意，古指离开本乡到外地求学、问学。还有一次，徐先生为笔者讲二十四史与二十五史之别。二十四史，上起传说中的黄帝（前2550），止于明朝崇祯十七年（1644）；二十五史上起传说中的黄帝，止于清朝宣统三年（1911）。

2007年特藏部举办"金猪读者书画展"，徐先生应馆员邀请交送两幅书法作品，一为隶书，一为颜楷。其中隶书引人注目，为徐先生自创律诗并手书。观徐先生书法典雅秀丽，诗文深邃，融古烁今。如下：

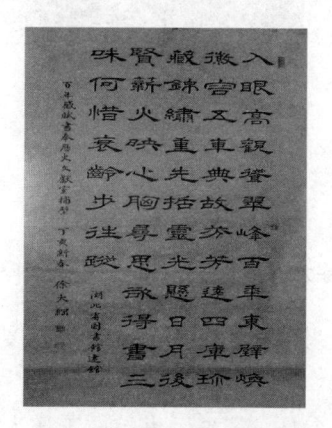

徐大纲先生书法作品

"入眼高观耸翠峰，百年东壁焕徽容，五车典故芬芳远，四库珍藏锦绣重，先哲灵光悬日月，后贤薪火映心胸，寻思欲得书三味，何惜衰龄步往踪。"款识语："湖北省图书馆建馆百年感赋书奉历史文献室补壁"。高观：旧指蛇山，省图老馆坐落在高观山抱冰堂山脚下。百年：指省图创建于1904年，已逾百年历史。东壁：星宿之名称。《晋书》卷十一《天文志上》记载：东壁二星主文章，天下图书之秘府也。东壁因以称皇室藏书之所。唐张说《恩制赐食于丽正殿书院宴赋得林字》诗："东壁图书府，西园翰墨林。"老馆特藏楼上方牌匾有"东壁灵光"四个大字，徐先生诗句中的"东壁"用此典故。

馆员和读者赞叹徐先生的律诗意境和书艺，笔者向徐先生请教书画方面的知识，如书法作品钤印有何讲究，治闲印选什么内容。徐先生说，作品首字钤印为引首闲章，款尾为书画者姓名（字号）章，亦可增添压角闲章。闲章多表达个人情趣和志向，可自己构思内容，亦可选古诗文佳句。徐先生以自用印章举例，称其书法作品引首印为"看云寄怀（小篆）"，表达志向高远意境。

徐先生还介绍，同一幅书法作品如出现重复字相邻，用笔结体须力求变化，忌讳雷同，不然显得贫乏、呆滞。要同中有异，异中见趣，结体变化不仅能丰富作品艺术表现力，还能展示书者的情趣。以特藏部读者杨兴萍女士求字为例，徐先生为其书写："康德说：世界上有两种东西能够深深震撼人们的心灵，一种是人们心中崇高的道德法则，另一种是头顶上的星空。"

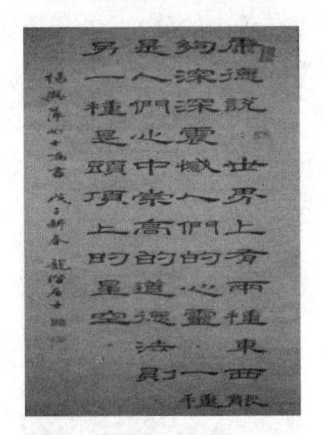

徐大纲先生赠杨兴萍女士书法作品

以上徐老师赠读者杨兴萍女士的书法作品，重复字有"的""上""一""深""人"，写法异同。

徐老师因病离世前两个月，特来图书馆向工作人员和老读者道别，称其视力模糊不能来馆看书了，最后深情看着他常阅读的地方、常坐的座位（老馆特藏部西边靠墙边的第一张桌椅是徐老师常坐的位置）、熟悉的工具书架……徐先生离馆时，多次回看特藏楼，依依不舍地离开了图书馆。据其弟徐再勉先生讲述，他在徐先生弥留之际，代徐先生做了两件事：一是将《熊伯龙家世及行年考略》手稿交送出版社审校；二是到省图查徐先生手稿引用馆藏典籍的出处，转达徐先生对图书馆的感激之情，感谢几代馆员热心提供资料服务。数月后，徐再勉先生来馆告知徐老师手稿出版，并赠送徐老师遗著《熊伯龙家世及行年考略》分别给图书馆和馆员留作纪念。见此书我感慨不已，徐老师数十年心血，可谓数十年磨出一剑，未待手稿出版，却撒手人寰！

故事三 郑颐贞先生在耄耋之年施才艺为图书馆作贡献

郑颐贞先生为省图书馆老读者。时年88岁，爱好书法、诗词、楹联。曾在华中师范大学读书,在武汉第31中任教,与藏书家徐行可先生之女徐孝婴是同事。先生国学功底扎实,幼读私塾,熟背四书五经、古文观止。翻译古文《尚书》《论语》,对甲骨文很有研究,能解释常用汉字的形音义,创作诗词楹联,识古帖中的行草字,研习书法数十年。

先生书写小楷篇幅较长,或录中国古代文学作品,或录佛教经文等。曾录《史记·屈原列传》(约1800字)达十多次。先生书法功力深厚。小楷一丝不苟,结构严谨,疏密有致,点画到位。行草活泼生动、俊秀。内含筋骨,方圆并用,笔力稳健,笔画干净利索,不陷油滑,颇具神采,书风日趋成熟,没有长期不倦的刻苦磨炼是达不到此境界的。

先生好读书,经常来图书馆借书,每天读书两小时。先生88岁高龄,身体好,走路不用拐杖,到图书馆借还书和外出散步不带家人陪同。步速接近常人,每天步行十多里路,常在紫阳湖公园、中南财经大学散步,常从千家街住处行至大东门登上蛇山途经阅马场至黄鹤楼下山回家。

先生与图书馆有不解之缘,其书艺的提高在一定程度上受益于省图书馆,为表达感激之情,特向省馆赠送墨宝。其用工整小楷抄录《史记·屈原列传》,大约1800字;手书自己创作的对联表达心声,内容为:"脱俗医愚频临此,藏金贮粟悉在兹"。上款录高尔基语"我每读完一书至于人生阶梯前进一步",下款录谚语"书中自有黄金屋,书中自有千钟粟"。馆员和读者见如此佳作出于耄耋之年手笔,惊叹不已,赞不绝口。借此机会,笔者诚邀先生用小楷抄录特藏楼碑文之一:程其保撰《湖北省立图书馆记》,先生欣然应允。几天后,先生再次来馆赠送应邀书法作品。我们展开书卷,蓝底金字别具风格,一行行清秀工整的小楷映入眼帘,字迹金光闪耀,点画一丝不苟,笔笔到位,字字珠玑。全篇疏密有致,整观细品皆具神采。行款起止与程其保撰《湖北省立图书馆记》碑文完全相同,称得上是一件难得的书法精品。

湖北省图书馆藏珍贵地方文献光绪《洪山宝通寺志》缺页,给图书馆收藏和读者阅读带来了缺憾。为此,笔者留心找到缺页内容带上宣纸,特到先生家求助,先生热情接待,欣然命笔。观先生为缺页补字不失原件整体风貌,行格长短、字数起止与原件相同。该志得先生相助自此完整,先生之善举为馆藏和读者弥补了缺憾。读者在阅读该志时可欣赏到先生的佳作,回忆曾经发生的故事,愿先生对图书馆事业的大力支持,与馆员的深厚情谊传为佳话。

老馆时期,有关古籍文献的征集、整理与收藏,馆员与读者,读者与读者,馆际之间的交流与合作的故事太多太多,有讲不完的精彩故事。有读者感慨地说,其幼年时就来馆阅读和玩耍,在这里度过了快乐的时光;有馆员说,进馆

图书馆门前

多年，非常熟悉和喜欢老馆的工作环境，对中文楼、外文楼及特藏楼前的花草树木等有很深的感情。有几位馆员已调离省图多年，身居外地，心系省图，闻讯省图拆楼情形，倍感心痛。不由感叹自己的青春年华在这里愉快地度过，拆的不仅仅是馆舍，而是我们最美好的记忆！

参考文献

[1] 别鸣.46万古籍悄然迁居[N].湖北日报，2014-07-15.

[2] 湖北省图书馆.湖北省图书馆百年纪事[M].北京：北京图书馆出版社，2004.

国内外公共图书馆全民阅读服务比较研究

黄英运

（湖北省图书馆　430071）

摘　要：公共图书馆是全民阅读的重要推动力量，本文通过对国内外全民阅读服务领域涉及的立法、资金、评估体系、管理体制以及参与主体五个主要方面进行了比较分析。结果表明，我国虽然在全民阅读社会化方面起步较晚，但是目前与西方主要国家相比，在各个方面差异并不大。通过近年来的持续发展，我国全民阅读与发达国家的发展差距正在逐步缩小，在政府持续投入的加持下，我国全民阅读服务的未来可期。

关键词：公共图书馆；全民阅读；比较

近些年来，国家与国家之间、民族与民族之间的竞争在全球化的背景下日益激烈，而阅读作为提高人口素质和提升国家综合实力的重要引擎，自然也是各国比拼的发力点[1]。近些年来在国家的大力支持下，全国开展了广泛的全民阅读活动，推动整个社会的阅读提升，取得了不错的效果，2021年我国成年国民包括书报刊和数字出版物在内的各种媒介的综合阅读率已达到了81.6%[2]。公共图书馆是国民终身教育的学校，是全民阅读的承载者、践行者和引领者，在全民阅读推广活动中扮演着重要的角色。因此，为继续深入推进书香社会建设，本文选取立法、资金、评估、管理和参与主体等五个维度，通过比较国内外全民阅读服务在这些方面的差异，以探究我国与世界其他国家的发展差距和异同点，为我国深化全民阅读服务和书香社会建设提供经验借鉴。

一、全民阅读服务比较

（一）立法保障的比较

中国的阅读立法启动较晚。1997年中央九部委联合发出了《关于在全国组织实施"知识工程"的通知》,倡导全民读书,建设阅读社会。2006年起,在中央多个部委的倡导下,全民阅读活动在各地积极开展。图书馆界、出版界和教育界等相关行业积极配合,主动引入国外阅读推广的先进经验,全民阅读活动规模不断扩大,内容不断充实。2013年,全民阅读立法列入当年国家立法工作计划。[3]自2014年开始,"全民阅读"相关内容连续9年写入政府工作报告。从2016年开始,《全民阅读促进条例(征求意见稿)》[4]、《全民阅读"十三五"时期发展规划》[5]、《中华人民共和国公共文化服务保障法》[6]、《中华人民共和国公共图书馆法》相继推出,阅读立法走上了快车道。全民阅读在国家层面得到法律的确认,为地方制定全民阅读方面的政策法规提供了上位法依据。从2014年至今,江苏、湖北、辽宁、深圳、上海以及吉林等18个省市出台了相关阅读立法(见表1),全民阅读立法进程加快推进,标志着各地全民阅读工作已进入依法促进阶段。

表1 全国各省、市已发布全民阅读地方法规、意见列表

地区	政策文件名称	实施时间
江苏	江苏省人民代表大会常务委员会关于促进全民阅读的决定	2015年1月1日
湖北	湖北省全民阅读促进办法	2015年3月1日
辽宁	辽宁省人民代表大会常务委员会关于促进全民阅读的决定	2015年3月1日
四川	四川省人民代表大会常务委员会关于促进全民阅读的决定	2016年4月23日
黑龙江	黑龙江省人民代表大会常务委员会关于促进全民阅读的决定	2017年4月1日
吉林	吉林省全民阅读促进条例	2017年12月1日
河南	河南省人民代表大会常务委员会关于促进全民阅读的决定	2019年4月23日
广东	广东省全民阅读促进条例	2019年6月1日
贵州	贵州省全民阅读促进条例	2019年8月1日
宁夏	宁夏全民阅读促进条例	2021年1月1日
山西	山西省全民阅读促进条例	2021年7月1日
甘肃	甘肃省促进全民阅读工作的实施意见	2021年12月8日
深圳	深圳经济特区全民阅读促进条例	2016年1月1日

续表

地区	政策文件名称	实施时间
石家庄	石家庄市人民政府关于促进全民阅读的实施意见	2017年4月21日
常州	常州市人民代表大会常务委员会关于促进全民阅读的决定	2017年6月30日
烟台	烟台市全民阅读促进条例	2019年4月1日
宁波	宁波市全民阅读促进条例	2020年4月1日
温州	温州市全民阅读促进条例	2022年1月1日

西方发达国家的阅读服务立法普遍较早。例如，1964年英国重新修订的《公共图书馆和博物馆法案》（The Public Libraries Museums Act 1964）就提出图书馆鼓励成人及儿童充分利用馆藏，2003年发布的《未来的框架》，提出建立专业阅读组织，改善阅读设施，设立专门基金，开展了针对不同群体的阅读活动。

而为阅读保障领域专门立法，最早始于美国，逐渐成为文明社会共同的制度选择。1986年，美国总统里根签署了公共法，该法案提出将1987年设为"全国读者年"，以鼓励民众参与阅读。1998年，美国出台了第一部专门为青少年阅读立法的法律《卓越阅读法案》（Reading Excellence Act），2001年出台《不让一个孩子落后法案》（No Child Left Behind Act of 2001）。随后《残疾人教育法案》《中小学教育法案》和《美国残疾人法案》等法律也随之出台。

日本2002年出台的《关于推进儿童读书活动的基本计划》、2005年出台的《文字和印刷品文化振兴法》、2008年出台的《第二次儿童读书活动推进基本计划》、2013年出台的《第三次儿童读书活动推进基本计划》等措施都保障了阅读推广的实施。

欧盟中的德国出台了促进阅读基金会章程，西班牙推出了阅读、图书和图书馆法，法国的地方政府推出了促进公众阅读和为电影院提供优惠的法律，瑞典出台了文学、文化杂志与阅读提高活动国家财政补贴条例[7]。澳大利亚受英国和美国的影响较为深远，该国以全民阅读的缺口为突破口，以2012年全国阅读年的实践为基础，编写出版了《2012年全国阅读年报告》[8]。

（二）资金来源比较

各国开展全民阅读推广活动的资金来源大致可以分为三大类：阅读推广领导主体的拨款，企业及社会团体的捐赠，活动组织者的其他收入等。

我国目前并没有针对全民阅读推广活动设立专项经费，阅读推广活动所需的资金基本由活动组织机构自行解决，但我国的阅读推广活动行为主体中以政府机关和事业单位为主，因此大部分活动经费都来自本单位事业经费，也就是来自中央和各级地方政府的财政拨款。公共图书馆作为政府文化部门的下属公益性单位，其公共服务性质决定了其本身创收很少；而高校图书馆作为学校的组成部分，其开展阅读推广活动的经费主要都是来源于学校预算拨款，其他业务收入非常有限。因此我国的阅读推广资金来源相对单一，不够丰富，对活动组织者来说能够投入的经费也比较少。

近年来，也有部分图书馆开始利用社会资金开展阅读推广活动，如寻求与图书馆有业务合作的企业进行赞助、冠名，寻求慈善组织及社会爱心人士捐助，等等。但总的来说，我国的阅读推广资金保障基础的建设并不完善。[9]

美国公共图书馆的资金来源主要有四部分：通过各州图书馆机构拨付到各图书馆的联邦拨款、州政府拨款、当地政府拨款，以及其他收入包括公共图书馆收到的赠款、利息收入、罚金、图书馆服务费用（如文献传递等），其中当地政府拨款是公共图书馆收入的主要来源。[10]在美国图书馆其他收入中，来自财团、法人或个人的捐赠资金所占的比例在日益提高。另外，美国国内高达数千个各类基金会的捐赠也是图书馆收入的来源之一。根据美国的慈善法，捐赠者可以免税，这就鼓励更多的财团、法人或个人积极捐资。[11]

英国公共图书馆事业的经费主要来自地方政府拨款，以及当地政府的资助、慈善基金会捐赠等。由于英国政府近些年来大幅度、大规模地削减公共服务资金（尤其是公共图书馆的经费），英国地方政府曾一度尝试以拓展服务领域、增加服务内容，但在一定程度降低服务水平的方式来满足民众对图书馆服务的多样化需求。南非公共图书馆的资金也主要是主要来自中央、省级以及地方三级政府，以及社会捐赠，大部分的经费还是来源于地方政府。而南非的阅读推广工作形式较为严峻的一个主要问题也是政府经费的欠缺。[12]

（三）阅读服务评估体系比较

全国县级以上公共图书馆评估定级，在历次的评估定级项目中都设置了与阅读推广相关指标，并且相关项目的赋分越来越高。2015年颁布的《公共图书馆评估指标》[13]，针对不同类型不同层级的公共图书馆，在社会教育活动类栏目下设置了展览、培训、阅读推广、活动宣传等指标对参加人数、场次等方面作出统计要求。[14]中国新闻出版研究院通过对居民的阅读率、阅读量、阅读观念、阅读公共服务普及度、利用度和满意度的考察，研究创建了书香社会指标体系。

国外阅读推广工作比较注重设置评估评价的机制和办法,以评价和总结活动的成效,以便进一步修改阅读推广服务。如提前制定项目实施效果的评估标准,执行阶段进行第三方监管,事后进行项目调查和效果评估,以及发布各种工作报告和调查进行总结。这些工作尤其在美国做得最好,如美国著名的"早期阅读优先"计划取得很大成功的一项重要措施就是设定计划实施效果的标准,并根据5项标准进行自我评估,给出年度绩效报告数据。日本的"玩偶读书会"通过数据统计证明,玩偶读书会能直接引起儿童对阅读的兴趣。英国 BookStart 项目对参与家庭和儿童进行长期跟踪,调查其在阅读态度和行为方面的变化。[15]澳大利亚阅读年委托埃迪斯科文大学早期儿童研究中心受托评估 NYR,通过定性方法访谈和调查,收集统计数据。[16]韩国制定了《阅读文化振兴基本计划(2014—2018)》阅读文化政策,Gum-Sook 对阅读文化推广项目创建评估工具。[17]

（四）管理体制比较

我国公共图书馆的管理体制是集中型,构建了从中央到省市县的公共图书馆体系,馆长由上级行政部门任命,有时候由非图书馆专业人员担任,图书馆内部实行馆长负责制,图书馆内设若干部门,由主任牵头负责各部分业务工作,形成垂直型的管理体制;英美两国为分散型,图书馆内部事务管理主要由图书馆委员会或理事会负责,但馆长是聘任制,一般由资深的图书馆专业人士担当;南非则是位于集中和分散型中间,内部事务的管理也是实行馆长负责制,馆长是聘任制,一般由具有相应图书馆学和情报学资历的专业人士担当。另外,英美两国图书馆馆长除了正常的业务管理之外,经常还肩负着对外募集活动经费的任务,这使得他们特别注重树立图书馆对外整体形象,有助于增进外界对图书馆的了解和认可。

（五）参与主体比较

中国全民阅读的推进,是通过政策和行政命令导向自上而下进行推动,比如知识工程、全民阅读计划、读书节等。[18]所以,参与主体主要是政府机关和事业单位,政府是主要的推动者。图书馆作为"没有围墙的大学",开展全民阅读推广是图书馆的重要工作之一。大型出版集团、出版社等也积极参与推动全民阅读建设,北京出版集团、凤凰传媒、长江出版传媒等都积极投身于全民阅读活动。近年来随着城市书房、社区书屋、农家书屋、职工书屋等项目持续推进,全民阅读向社会各角落延伸趋势更加明显。

英国的公共图书馆、博物馆、出版商、独立的协调机构、基金会等都是阅读活动的重要推动者。美国图书馆协会、出版商、书商、网络媒体之间通力合作，广泛参与到全民阅读中来。日本的新闻出版业界、学校、读书推进协议会，通过设立专门机构、基金、举办相关活动，也是日本学习型社会建设的主力军。[19]

澳大利亚也采取政府主导，其他力量共同推动的形式，政府、图书馆、出版界、学术界合作成立澳大利亚青少年阅读指导委员会，针对青少年进行阅读推广。新鲜阅读（Book Alive）和2012年全国阅读年，都是选派作家大使深入和行业进行阅读交流，发动媒体的力量。[20] 全国阅读年创始者为全国图书馆、信息协会，选定内容和框架，由不同地区、行业和组织自选推广模式。

二、国内外全民阅读服务比较分析

（一）立法保障分析

通过国内国外阅读立法情况的比较可以看出，欧美等发达国家都将全民阅读视为一项国家文化工程来开展，并已上升为国家战略，且已经出台了真正意义上的阅读法，并且把促进儿童和知识信息弱势群体阅读放在了全民阅读战略之首，更加关注弱势群体的立法保障。相较来说，我国对全民阅读的认识和相关工作开展比较晚，因此《全民阅读条例》和各省市全民阅读法律政策的出台也晚于欧美等发达国家，许多法律条文还处于不断完善阶段，但阅读近年来日益受到重视，阅读立法的脚步也明显加速。特别是十八大以来，党和国家提出建设书香社会，各级政府在全民阅读领域持续投入大量资金，建设全民阅读服务体系。各地也跟进以立法或者制定行政法规的方式，为全民阅读保驾护航，加快全国阅读立法的步伐，为公民阅读权提供法律保障。

（二）资金来源分析

资金是全民阅读活动开展的重要保障，通过比较可以看出，不论是发达国家还是发展中国家，公共领域的全民阅读资金来源主要还是政府的财政资金支持。区别在于欧美国家资金的来源相对多元，有财团、企业、个人捐赠，也有各类基金会的捐赠，而发展中国家的资金主要还是靠各级财政的拨款。因此，结合我国的发展情况和国情特点，现阶段社会全民阅读的发展，还是需要政府加大资金投入，持续地开展全民阅读活动，在阅读引导、环境打造，软硬件投入方面发挥主导作用，推动我国全民阅读持续健康发展。

(三) 评估体系分析

评估是了解全民阅读项目效能的有力保障。目前,我国的全民阅读评估体系正在逐步建立,各环节的评估尚不健全。欧美国家大都已开展全国性的阅读推广评估项目,开发和创建了国家统一框架和成熟的评估工具包,评估范围广、持续时间较长。在评估合作方面,我国的主要力量还是图书馆,面临孤军奋战的局面,缺乏社会各界力量的参与,而欧美国家具有一个庞大的合作网络,与博物馆、文化馆、教育机构、政府部门、出版社、家庭、书商等都有广泛合作。在覆盖面上,虽然我们一直在关注弱势群体,但对弱势群体的研究、服务评估等方面与发达国家还有不小差距。在评估方法方面,国外的评估方法更加多样,既有定量方法、定性方法,又有定性定量相结合的混合法,同时对阅读推广软指标进行详细研究,如态度、兴趣、情感等多方面进行对比研究。[21]因此,建立一套全国范围内统一的、同口径的、可比较的评估指标体系势在必行。

(四) 管理体制分析

管理体制的差异也会影响阅读推广的成效。目前来看,我国大多数图书馆实行的是延续了多年的管理体制,大都没有设置专门的阅读推广部门来从事阅读推广活动,促进全民阅读的持续性发展,社会机构参与全民阅读活动也较薄弱。相较而言,英美两国公共图书馆重视制定长期而科学的阅读推广规划,由图书馆专业人员构成的图书馆委员会或理事会在具体推广业务管理上具有专业化优势,有利于科学和系统地开展长期的阅读促进活动。近年来我国公共图书馆在管理体制上已做出了一些调整,特别是沿海较发达地区,专门设立了阅读推广机构,成立了人才团队,专门从事阅读推广活动策划和研究。在全民阅读品牌化打造方面,通过新媒体技术,创新阅读推广,在原有的管理体制上,人员和资金向阅读推广倾斜,这一现象也展现出我国管理体制的韧性和灵活性。

(五) 参与主体分析

参与主体是推进全民阅读建设的重要力量。长期以来,我国的全民阅读参与主体较少,主要由政府主导,各级公共图书馆、学校图书馆积极参与,这样受众面较小,辐射范围不够广泛,向社会延伸的触角也不够长。通过比较可以看出,参与主体的多元化,更能促进全民阅读向各个社会各个角落渗透,使更多的人群,更广阔的区域享受到全民阅读服务的便利,激发人们爱学习、想学习的欲望,从而构建更加良性发展的书香社会。因此,吸引更多的社会机构参与到全民阅读中来,共同缔造书香社会,是接下来全民阅读工作的重点之一。

三、总结

推进全民阅读是建设书香社会的重要举措,通过对国内外全民阅读服务过程中涉及的立法、资金、评估体系、管理体制以及参与主体五个主要方面进行了比较分析,可以看到,在国情不同的背景下,全民阅读服务却有着许多相似的举措,重视立法、重视评估,需要持续的资金和人员投入,尽量吸引更多地参与主体投入全民阅读事业中来,可以说殊途同归。目前来说,国外由于起步早,各项配套措施更加完善,体系更加健全,研究更加深入;但是我们也可喜地看到,近年来我们有迎头赶上的趋势,相信在政府持续投入的政策支持下,我国的全民阅读服务必将取得更大的成绩。

参考文献

[1] 张涵钰. 中外全民阅读建设比较研究 [J]. 中国出版,2016 (6).

[2] 国家新闻出版署. 2021 年度中国数字阅读报告 [EB/OL]. (2021-04-24) [2022-10-02]. https://www.nppa.gov.cn/nppa/contents/280/103914.shtml

[3] 张麒麟. 全民阅读立法研究 [D]. 南京:南京大学,2015.

[4]《全民阅读促进条例》公开征求意见 [J]. 中国出版,2016 (5).

[5]《全民阅读"十三五"时期发展规划》发布 [J]. 国家图书馆学刊,2017,26 (1).

[6] 文化和旅游部. 中华人民共和国公共文化服务保障法 [EB/OL]. (2016-12-25) [2022-10-02]. http://zwgk.mct.gov.cn/zfxxgkml/zcfg/fl/202012/t20201204_905423.html.

[7] 高丹. 国外学术图书馆出版服务实践及对我国的启示 [D]. 曲阜. 曲阜师范大学,2019.

[8] 中国新闻出版研究院,江苏省全民阅读办公室. 国外全民阅读法律政策译介 [M]. 南京:译林出版社,2015.

[9] 郭效. 中美阅读推广活动比较研究 [D]. 长春:东北师范大学,2018.

[10] IMLS Releases Annual Data on American Public Libraries [EB/OL]. (2019-06-07) [2022-07-21]. https://www.imls.gov/news/imls-releases-annual-data-american-public-libraries-0.

[11] 李晓敏. 中外图书馆阅读推广活动比较研究 [D]. 洛阳:河南科技大学,2012.

[12] CHIZWINA S. an exploratory study of children's reading promotion in South

Africa [J]. Mousaion, 2011, 29 (3).

[13] 文化和旅游部. 公共图书馆评估指标: WH/T70-2015 [S]. 北京: 国家图书馆出版社, 2015.

[14] 中国新闻出版研究院"书香社会指标体系"课题组. 书香社会阅读评估指标体系建设 [J]. 科技与出版, 2019 (8).

[15] VANOBBERGEN B, DAEMS M, VAN TILBURG S. Book babies, their parents and the library: an evaluation of a Flemish reading programmer in families with young children [J]. Educational Review, 2009, 61 (3).

[16] 王红霞. 国外阅读推广评估研究及其启示 [J]. 情报科学, 2019 (7).

[17] HOANG G S, LEE Y, SEO U K, et al. A study on the evaluation and improvement of reading culture promotion programs [J]. Journal of Korean Library and Information Science Society, 2016, 47 (3).

[18] 马小娟, 冯钰婷. 高校图书馆主题阅读推广现状与优化策略 [J]. 图书馆学刊, 2018, 40 (11).

[19] 陈晓萍. 阅读权利: 我国全民阅读立法的本源 [J]. 图书馆理论与实践, 2018 (11).

[20] 闫伟东. 国外政府及图书馆的多元化推动阅读策略及模式 [J]. 图书与情报, 2013 (1).

[21] 周秀霞, 刘万国, 刘青华. "书随影行": 东北师范大学图书馆的阅读推广探索 [J]. 大学图书馆学报, 2016, 34 (2).

智能化环境下公共图书馆服务创新探索
——以孝感市图书馆为例

何楚龙　朱志伟

（孝感市图书馆　432099）

摘　要：智能化是信息化发展的新方向和新趋势。图书馆事业高质量发展必须借助科学技术力量，在相关政策指引下，以行业发展、读者需求为驱动，构建智能化服务环境。并在此环境下探索服务创新，应用实践。本文以孝感市图书馆为例探讨了在智能化环境下公共图书馆服务创新发展的新思路与新方法。

关键词：图书馆；智能化；服务创新

一、公共图书馆智能化建设与服务创新的背景

（一）政策背景

国家和有关部门的方针政策是图书馆健康有序发展的有力指导，为图书馆发展建设指明了方向。《中华人民共和国国民经济和社会发展第十四个五年规划和2035年远景目标纲要》指出，"要提升公共文化服务水平、创新实施文化惠民工程，推进公共文化场馆数字化发展"。《国家图书馆"十四五"发展规划》也提出要不断加强先进技术研发应用，全面提升数字化、网络化、智慧化发展水平。

"十四五"时期是我国开启全面建设社会主义现代化国家新征程、迈向第二个百年奋斗目标的第一个五年，在五年计划中从国家层面到主管单位到行业要求，都提出要不断推进公共文化服务数字化、网络化、智能化发展。公共图书馆必须以"十四五"规划为指引，在坚持数字化、网络化基础上积极深入向智能化发展创新探索。

（二）技术背景

随着科学技术的不断发展，大数据、云计算、物联网、人工智能、5G、区

块链、人脸识别等新技术不断在各行各业广泛应用。这些新技术的应用为我们的工作、生活、学习提供更便捷、更安全、更高效、更智能的服务，技术的进步也推动了行业发展和服务变革，对社会的各个行业都产生了革命性影响。公共图书馆作为知识存储和传播的重要场所，在智能化应用大环境下，面对用户获取信息行为与方式的改变，必须在服务理念、服务模式、服务手段、服务能力等方面做出变革。一些图书馆对此也做了很多积极探索，总结了许多宝贵经验。

如基于AI的图书馆参考咨询服务体系，利用智能技术分析用户行为，对学科知识进行深入挖掘，为用户提供深度嵌入式知识咨询服务。其依托人工智能技术，充分挖掘分析用户的显性和隐性行为，主动通过各种方式推荐用户所需的个性化知识，满足用户的个性化需求，提升信息资源的利用效率。

此外，如人脸识别技术应用到各类图书馆门禁系统，实现"全程刷脸"模式，解决读者忘带、遗失和借用盗用读者证、一卡通等问题，为读者提供更加安全便利的服务。采用人工智能技术实现自助刷脸借书还书操作，优化读者服务体验。还有将智能辅助机器人应用到图书馆业务系统，利用机器人完成参考咨询、智能引导、信息获取、智能聊天、借还书指引、扫码找书、图书搬运、图书盘点等工作，既减少人力成本，也能提高了服务质量。利用网站、微信公众号及互联第三方数字资源提供商，收集用户访问数据和访问习惯，匹配个性化资源，进行个性化推送，提高资源利用率。

（三）社会需求背景

1. 读者需求

2001年史蒂文·斯皮尔伯格执导的电影《人工智能》，展现人们对人工智能无尽想象。2016年AlphaGo人机围棋大战，让人们对人工智能技术感到惊叹。事实上科学技术发展至今，智能化应用在我们身边无处不在。例如，基于智能手机的导航系统能自动切换路线，银行智能客服已能实现无人化业务办理服务，AI智能教学系统能根据学生学习水平推送课程和指导复习。此外，无人售货、无人驾驶、大数据核查、智能家居等智慧技术普遍在人们的生活中得到应用。加之"5G+"发展迅速，让"数据多跑路，群众少跑腿"的办事理念，使得公共服务越来越简洁高效。因此人们对基础公共服务的智能化期望就更高，希望公共文化服务更加便捷、更加智能。读者是图书馆服务创新需求信息的提供者和重要参与者，他们对图书馆服务诉求是图书馆服务创新的主方向。这就需要图书馆在智能化环境中不断创新，以适应读者多元化、个性化的需求。

2. 后疫情时代需求

2003年非典疫情，2020年新冠肺炎疫情，都要求人们居家减少接触。随之带来快递行业火爆、网上教育兴起，充分说明无接触式服务对打破病毒空间传播的优势。而传统图书馆服务无法满足此类需求，这就要求我们必须进行服务转型，在后疫情时代积极为读者提供便携式、无接触式服务。

3. 对图书馆馆员的要求

新时代的智慧图书馆在管理方式、服务模式方面有重大转变，智慧图书馆提供智慧服务就要求图书馆员具备基本能力、专业能力、数字能力、管理能力、研究能力，需要馆员为读者提供与符合新时代智慧图书馆定位相匹配的高质量服务。

二、公共图书馆智能化建设与服务创新的意义

智能化建设是图书馆事业高质量发展的基础保证。2020年10月，十九届五中全会审议通过的《中共中央关于制定国民经济和社会发展第十四个五年规划和二〇三五年远景目标的建议》中明确了"我国已转向高质量发展阶段"的新定位，公共图书馆高质量发展是全面建设社会主义文化强国的必然要求，是社会教育以及增强我国文化自信重要场所。图书馆智能化建设能够加强阵地服务工作，加强全民阅读推广工作，加强服务体系化、便捷化，加快构建现代公共文化服务体系，是图书馆高质量发展必然助力。

智能化建设使图书馆为智慧城市提供重要助力。在全球新型智慧城市建设浪潮的推动下，全国各个城市都走向智慧化进程。孝感市也进行了积极有效的探索，"数智孝感""数智政府""5G+智慧城市"等各建设项目齐头并进。智慧城市旨在为市民提供便捷化的服务，这也与孝感市图书馆立馆理念不谋而合。在各个城市单元积极助力智慧城市大环境下，图书馆也不能故步自封，必须依托数字化、网络化、智能化的信息技术打造属于图书馆行业智慧系统，助力智慧城市发展。

智能化建设使图书馆更好满足人民美好生活需要。市民美好生活包括基本生活保障和精神文化需求，不单单是衣、食、住、行。现在，随着经济社会的发展和人民生活水平的提高，我国文化消费进入快速增长期，人民对丰富精神文化生活的期待越来越高，对文化需求也越来越多元，这就需要文化机构以更大的力度和更有力的举措，丰富群众文化生活，提高全社会文化生活质量，让读者远程即可参观图书馆，在线即可阅读，拿起手机即可享受到阅读乐趣、品尝文化大餐，让人民在文化的沐浴下生活得更加幸福。

三、孝感市图书馆智能化建设与服务创新的实践探索

（一）孝感市图书馆智能化建设概况

孝感市图书馆在2000年建立了图书馆网站开展数字化信息服务；2003年是全省五个最早成立文化共享工程支中心的图书馆之一；2012年孝感市图书馆开始数字图书馆推广工程硬件平台搭建；2015年开始参与数字图书馆推广工程资源联合建设项目；2016年自动化管理全面升级至InterLib集群管理系统，并在全馆实现了RFID图书自助借还；2017年至今，引入服务数据分析显示系统，高标准的建设了网络中心机房，采购了电子图书、数字期刊、数字报纸、学术搜索等20余种数据库资源，自建了地方特色信息数字资源库，发布了手机移动APP，采用了自助办证、自助缴费、24小时自助借还书、人脸识别、智能书架等新设备新技术提升服务效率。建设了云终端的电子阅览室和视频音像欣赏区，3D打印、VR体验等项目的青少年科普体验区；建设的本地连锁澴川书房（城市书房），全面实现智能化管理和数字化服务。

（二）孝感市图书馆智能化建设与服务创新实践

孝感市图书馆在智能化进程中积极探索，锐意进取，本着以读者为中心的理念，以数字化技术为手段，先后实现了智能借还、智慧缴费、个性化推荐功能，搭建了网借平台、智慧报告厅、统计分析系统等智能管理平台。

1. 智能借还平台建设

孝感市图书馆实行总分馆制，本馆作为中心馆，县、市、区馆为分馆，澴川书房和其他自助借还服务网点为流通点，采用集群业务系统统一部署RFID智能借还设备实现通借通还和馆际互借。同时智能借书机提供刷脸借还、扫码借还、支付宝信用借还等服务。通过信用借还、刷脸操作能够真正意义上实现无卡借还，解决忘带读者证而无法借书问题。

业务系统数据对接微信公众平台：读者可使用微信公众号进行图书检索、借阅查询、一键续借等。借还设备还能够通过读者借还大数据，收集借阅量大的图书，在界面进行热门推送。

2. 智慧缴费平台建设

孝感市图书馆在2021年建成智慧缴费平台。在建成之前，常规业务效率不高，人力资源投入过大，图书馆一些基础业务如办卡、补卡等业务采取人工操作方式，在周六周日、节假日等人流高峰时段，往往需要多名工作人员协助读者进行业务操作，有时候还导致排长队，不能及时解决读者基本需求，压缩了

读者阅读时长，造成读者阅读体验不佳。缴费报送、发票领取等工作在财政部门无法及时处理情况下，也会导致相关读者服务工作受影响。针对这些问题，经过充分调研及论证，建设多功能智慧缴费平台迫在眉睫。

建设过程中也面临着三大难题：一是安全方面，智慧缴费涉及专网安全性和外网开放性，财政部门专线无法在外网环境下使用，而图书馆业务系统又需要通过互联网获取读者缴费信息并对读者信息进行同步，缴费平台在保证安全性的同时又要求能进行业务操作。二是技术方面，智慧缴费涉及多个业务系统的信息交换，包括财政非税系统、银行收费系统、图书馆业务管理系统，这就要求平台建设过程中需要开发一套完整的接口对接程序，实现三大系统的无缝对接。三是在实际应用方面，要求图书馆员具有较高的智能化设备使用水平，需要馆员熟知智慧缴费流程，熟练使用缴费设备，熟悉管理软件中数据查询、汇总、统计、对账、导出等功能，指导读者缴费、票据打印等相关业务操作。

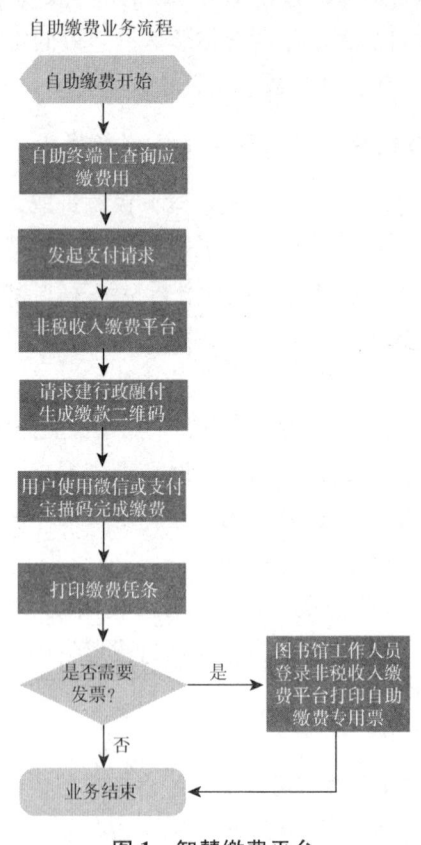

图1　智慧缴费平台

通过多次沟通分析、集思广益、创新实践，孝感市图书馆在财政非税收入缴费平台建设成果的基础上，继续深化完善功能，整合现有资源，解决了面临的难题，建成了智慧缴费平台。平台包含办证缴费、补证缴费、逾期缴费、自定义缴费功能。并且该系统已实现电子支付服务，可利用微信、支付宝、手机银行等多种支付方式进行支付，支付完毕后可在馆内打印发票，真正实现一站式办证、一站式缴费等功能，极大地方便了读者，同时也在很大程度上解放了馆员。

3. 智慧报告厅建设

孝感市图书馆于2021年建成智慧报告厅，厅内配备有舞台扩声系统，专业灯光设备、舞台音响、数字LED拼接屏，利用流媒体技术，通过音视频采集推流设备上传至腾讯云空间进行直播，充分利用了腾讯云空间稳定性、高带宽的优势。智慧报告厅实现了活动发布、活动预约、线下核销、线上观看、录制存储、数据统计、环境监测、智慧门禁、远程互动等一系列功能，通过该套智慧会议系统可将会议信息发布到微信小程序，读者通过扫码参会可选择线上观看会议直播。智慧报告厅一系列功能的应用使馆内各类活动和会议的管理工作压力大为减轻，节约了人力资源和管理成本，方便了读者、扩大了文化传播的渠道。经过一年多的使用，智慧报告厅取得了良好的社会效果。

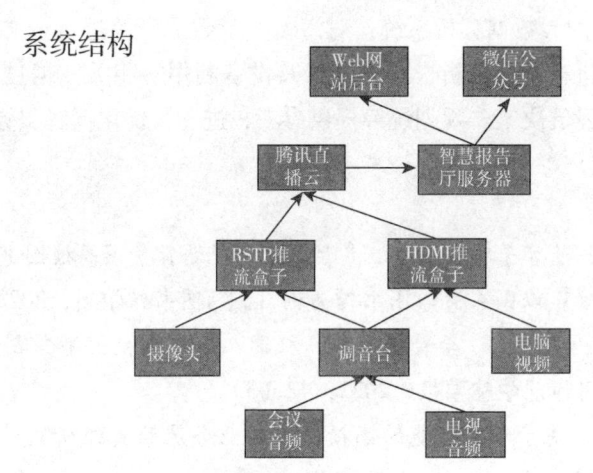

系统结构

图 2　智慧报告厅

4. 智能书架

孝感市图书馆充分利用射频识别（RFID）技术。引进智能书架，智能书架内置在架图书管理系统，支持多节书架并列应用，利用RFID技术实现图书定位管理。智能书架系统能够对书架上文献进行实时扫描、记录和更新文献的架位信息，实现文献的自动识别、快速清点、精准定位等功能，有效降低文献的错架率，充分降低了馆员的工作量,提高图书管理人员的工作效率、管理效率;对于读者来说,通过模糊、精确搜索可以实时定位书本位置,提高读者的借阅效率。

5. 网借平台建设

为扩大服务半径,孝感市图书馆积极探索建设网借平台系统,建立网借书库,利用快递业务系统的流通性,辐射郊区以及周边县市乃至全国,为广大读者提供快餐式文化服务。网借系统嵌入网站以及公众号小程序,读者无须前往图书馆,借助电脑或者智能手机,使用读者证号即可快捷登录。线上选书、一键下单就能享受快递上门送书和取件还书服务,支持到馆还书、快递还书、流通点还书三种方式,方便快捷,有效缩短了读者借阅图书的时间。本项服务也是智慧图书馆发展的新趋势。

四、结语

孝感市图书馆充分利用智能化相关技术,以业务系统为集群中心,积极拓展智慧化服务场景,通过一系列的智能化服务创新探索,完善了读者服务各项流程,提高了资源的利用率,提升了馆员综合服务能力。后期孝感市图书馆将继续在智慧化方面进行探索创新,充分开发智能机器人拓展功能;积极建立"文献+读者"的大数据分析系统,对海量文献数据资源进行全文数据标引,通过关键字索引进行统计分析,对文献以及设备利用等相关数据进行多角度统计分析,为馆内发展决策、规划统筹提供参考,进一步优化读者服务体验。

参考文献

[1] 薛雨,范梦子,宋西贵."十四五"规划背景下高校图书馆专业馆员队伍建设思路探索:以山东大学图书馆为例 [J]. 图书馆学刊,2022,44 (6).

[2] 张俊,吴恒梅,李晋瑞,等. 机器人赋能高校图书馆创新服务的路径研究 [J]. 黄冈师范学院学报,2022,42 (3).

[3] 王进. 基于人工智能的高校图书馆业务流程重组研究 [J]. 微型电脑应用,2021,37 (22).

[4] 胡云霞,邹雪兰. 支持新型智慧城市建设的图书馆智慧服务创新发展研究 [J]. 传媒论坛,2022,5 (17).

[5] 樊俊,杨灿明,崔薇. 智慧时代背景下高校智慧图书馆服务创新研究 [J]. 河南图书馆学刊,2022,42 (3).

[6] 德国明,陈德云. 智慧图书馆背景下图书馆员能力提升探索 [J]. 黑龙江工程学院学报,2022,36 (2).

关于中文外借书库馆藏结构的优化
——以湖北省图书馆为例

许 超

(湖北省图书馆 430071)

摘 要：本文以湖北省图书馆为例，阐述馆藏结构优化的迫切性，以及相应的处理方法，该方法有效缓解了书架的紧张及基层图书馆新馆对图书的需求。

关键词：图书馆馆藏结构；存储库；基层图书馆

一、研究背景

改革开放以来，随着国民经济的日新月异的变化和国力的增强，国家加大了在文化事业上的投入，尤其是对于公共图书馆的建设更是投入了大量的人力和资源，各地新馆建设也如同雨后春笋般涌现，馆舍面积不断在扩大，资源建设也成倍增长。从2012年年底到现在，湖北省图书馆经历了巨大的变化，馆舍面积从几千平方米到10万平方米，购书经费从200万元到5000万元，工作人员从百余人到近400人。飞跃带来了变化，也给我们提出了新的课题，尽管新馆的面积扩大了很多，但是物理空间毕竟有限，我们必须优化馆藏结构，在有限空间内放置更多更好的资源。

从2012年湖北省图书馆新馆开放到2021年，经过近10年的持续高速发展，中文外借书库已经严重饱和，图书馆出现"书满为患"的书库空间紧张状况。根据图书馆的购书经费，平均每年购买的外借中文图书达到20万册，外借书库的最大容量为90万册，经过2020年的书库认真清点，通过扫描每本图书的条形码，统计出在馆图书89万册，借出图书20万册，新书已经没有办法上架。

基于湖北省图书馆中文外借书库极度饱和，新书无法上架的现状，为了实现书库的良性循环，我们决定下架30万册图书。一次下架这么大数量的图书，可以说是史无前例的，也是极具挑战性的工作，此项工作从2021年6月开始到

7月底结束，历时2个月完成。在下架过程中，根据湖北省图书馆的实际情况，针对书架上存在过多复本及内容同质化严重，采取的措施是对社科、自科、借阅率低的复本进行下架处理，每种图书保留1~2本复本，借阅率较高的图书，如文学图书酌情保留较多复本；同时对年限过长（2014年之前出版的并且明显滞架或者破损严重）的图书，进行下架处理。通过下架图书，书库实现了良性循环，提高了图书的利用率，虽然书库藏量有所下降，其间仅入藏图书10万余册，但借阅率不降反升。

表1 2020.10.01-2021.09.30 文献类别借阅排名
2020-10-1—2021-9-30 合计借阅册次：640836 册次

排名	类别	册次	占比
第一名	I 文学	178421	27.84%
第二名	K 历史、地理	68245	10.65%
第三名	F 经济	55919	8.73%
第四名	B 哲学、宗教	38335	5.98%
第五名	T 工业技术	37714	5.89%
第六名	J 艺术	34809	5.43%
第七名	G 文化、科学、教育、体育	30925	4.84%
第八名	R 医药卫生	30030	4.69%
第九名	H 语言、文字	23526	3.67%
第十名	K2 中国历史	22522	3.51%

表2 2021.10.01-2022.09.30 文献类别借阅排名
2021-10-1—2022-9-30 合计借阅册次：693254 册次

排名	类别	册次	占比
第一名	I 文学	214450	30.93%
第二名	K 历史、地理	70618	10.19%
第三名	F 经济	56365	8.13%
第四名	B 哲学、宗教	42573	6.14%
第五名	J 艺术	37922	5.47%

续表

文献类别借阅排名			
第六名	T 工业技术	36731	5.30%
第七名	G 文化、科学、教育、体育	31273	4.51%
第八名	R 医药卫生	30762	4.44%
第九名	K2 中国历史	24219	3.49%
第十名	H 语言、文字	22224	3.21%

上述书库优化的效果，充分说明了保持书库动态平衡，保持书架结构优化的必要性，这项工作不是一蹴而就，也不可能一劳永逸。面对有限的馆舍和持续增加的纸质图书文献，如何合理有效地规划、分配馆藏空间，解决纸质文献典藏空间与读者阅读学习空间的矛盾，达到馆藏的最优化配置，我们希望以湖北省图书馆为例，通过纸质馆藏动态管理的规划、探索和实践，提高图书利用率，最大限度满足读者的需求，为类似的图书馆提供有益的参考。

二、现状和存在的问题

（一）从文献数量增长情况来看

随着现代科学技术的飞速发展和文献数量的急剧增长，图书馆的文献入藏量也在加速递增，日积月累使图书馆出现"书满为患"的书库空间紧张状况，有限的馆藏空间面对逐年递增的新书入库不堪重负。

（二）从藏书结构来看

盲目采购导致馆藏结构出现偏差，图书馆为保障采购质量需重点关注核心出版社，但选购的核心出版社出版的新书有些并不符合本馆的读者需求。由于采访人员的专业局限以及对核心出版社的盲目认可，对所采图书不加仔细区分，就会导致馆藏结构出现偏差。同时，由于查重工作做得不够，造成图书的反复购买，结果造成书架上的复本过多；还有就是同一热门话题不同的出版社，不同的作者，蜂拥出版同类型的图书，内容同质化严重，采购员没有甄选，结果同类书排列在起，实用价值不大。

（三）从图书的"半衰期"来看

1958 年贝尔纳（J. D. Bernal）第一次提出用"半衰期"来表征文献情报老化速度。1960 年，巴尔顿（R. E. Burton）和开普勒（R. W. Kepler）提出了文献

"半衰期"的概念，文献半衰期能够从文献利用的角度上，定量地揭示科学文献的老化规律，衡量科学文献的老化速度和程度。其中半衰期研究是衡量文献老化的主要方法，是用来测度文献老化速度和深度的重要指标。

随着科技发展的日新月异，知识更新速度加快，文献的使用寿命愈来愈短，致使很大一部分文献的利用率很低以至完全失去使用价值。文献老化的加速导致了图书馆滞架图书的大量产生，不仅占用了大量的空间，还存在有用文献与无用文献鱼龙混杂的问题，降低了藏书质量，占用了书架的有限位置，影响读者对藏书的有效利用。

三、馆藏资源的优化

（一）馆藏资源的优化的作用

优化馆藏结构，提高馆藏文献质量。在馆藏文献处置过程中，通过对各类文献进行甄别、审查，将一部分利用率很低甚至失去使用价值的文献下架，从而使得留下来的图书更加符合读者的需要，馆藏文献的结构得到了优化，文献的收藏质量有了明显的改善。

缓解书库的紧张状况，有利于书库的管理，能使新书顺利入库，使有限的书库得到合理有效的利用，使书库成为一个活的有机体。提高文献的利用效率和图书馆服务工作效率，大大减少读者找书的时间成本。

（二）馆藏资源优化的必要性

通过鉴别、审查图书，可以分析图书滞架的原因：采购的失误，买回了不需要的图书及图书的复本过多；还是编目加工的原因，形成错误的著录，使图书不在书架的正确位置上，以致读者找不到该图书；或者是工作人员上书和巡架工作做得不到位，使错架图书不能及时归位，形成"死书"，读者按分类索取号无法找到。同时，有必要将采购形成的滞架原因及时反馈给采购部门，使采购人员在以后采购图书的过程中，精心组织修正和调整采访方案，根据读者的需要比较精准地确定图书的类别和复本数量，做到有的放矢，既要保证图书的系统性和全面性，又要兼顾大多数读者的阅读喜好。

四、馆藏资源优化的措施及处理流程

（一）根据图书的复本数量、年限、内容、外形等标准进行处置

因采购人员没有认真查重导致书架上复本数量过多、占据过多的书架位置、

出版年限距今超过 8 年的图书，因社会的进步发展而落伍过时的图书，因长期借阅而外形破损的图书都要进行处置。此外，利用文献半衰期率来测定文献的时间价值和使用价值，如果文献超过了半衰期，那它就没有多大的时间价值和使用价值，要剔除下架。

（二）馆藏文献的处置流程：数据更改和流向

下架的图书，一旦下架即时更改馆藏地点。下架图书一定要做馆藏数据的更改，以保证馆藏图书书库的数据的准确性。根据图书的流向，第一种是改流通库，这种流向的书以复本为主兼顾部分年限不算太长和内容不算太过时的图书。第二种年限过长和内容过时的图书是改储存库，第三种经上级领导同意破损严重的图书作剔旧处理。这类图书在系统里面做相关的包号数据，使包号跟包内的图书相关联，如查到包号就能查到这个包里的图书情况。

五、确定处置文献的去向

（一）流通到基层图书馆的图书

1. 对基层图书馆流通图书的选择

依据公共图书馆法第七条：国家扶持革命老区、民族地区、边疆地区和贫困地区公共图书馆事业的发展，省级图书馆应协助文化主管部门规划对边远、贫穷地区公共图书馆服务不足的补充和援助。根据此法规，省级图书馆有援助贫穷地区图书馆的责任和义务，下架到流通库的图书可以流通到基层乡镇图书馆发挥作用。乡镇图书馆购书经费严重不足，近年来受惠于党的文化帮扶政策，湖北省很多县级图书馆建起了新馆舍，面积从小到大，书架增多。但是由于乡镇图书馆购书经费严重不足，造成书架空置，我们的复本图书正好发挥作用，使图书能够再利用，同时满足了基层图书馆的现实需要。

2. 省馆对基层图书馆流通图书的管理

流通到基层图书馆的图书，湖北省图书馆都要通过对应的虚拟图书证，将流通库的图书扫进图书证里，并与他们签订"湖北省图书馆馆外流通（分馆/流通点）共建协议书"，明确双方的权利和义务。明确省图书馆所提供的全部文献产权归省馆所有，基层馆负责管理和使用，应加强资产管理，组织专人对破损图书进行修补。对在借阅中出现的遗失、严重损坏书刊等情况，需详细记录、汇总，并报省馆由省馆按《湖北省公共图书馆条例》等有关规定处理，基层馆无图书的处置权。基层馆有管理好流通图书的义务，图书到馆后要进行验收，并在 interlab 系统中专门建一个馆藏地点，为省馆流通专区，将接收的图书数据全部倒入这个流通专区，这样就能将省馆流通书与本馆书区分开来，每年至少向省馆汇报一次省馆书的借阅流通情况，以便省馆对流动图书的管理。

（二）流通到储存库的图书

1. 储存库的选择

储存库是为解决对图书馆处置的图书进行集中管理与利用问题而建立的，其主要功能就是集中收藏利用率很低的图书，但仍有一定价值，以供需要的读者能够继续利用。由于馆内空间有限，储存库一般都要是建在馆外，最好建在郊区，但是也不可能太远，太远了就不利于图书的再利用了，一般以30分钟的车程为佳。储存库通过集中密集式存放图书，可以解除图书馆处置藏书的后顾之忧，并可以节约图书馆的藏书空间和减轻管理人员的劳动。

2. 储存库的图书存放方式

因为存放在储存库的图书利用率很低，为了获得最大的储藏密度和效率，储存库一般层高40米，采用密集排架，书架高度几乎可以达到仓库顶棚。文献按开本大小排架，再按分类或者馆藏号装盒或装箱，极大提高了收藏能力。

（三）报废处置的图书

图书因收藏年限过长和外借流通使用，不可避免会出现因内容陈旧过时，内容不正确，内容重复，外观破损、缺页、经修补无法使用的图书。对这类图书要及时下架剔除，以免占据有限的书架资源，馆藏图书剔除应与图书老化的速度保持一致，才能保证藏书具有活力。

《公共图书馆馆藏文献信息处置管理办法》的第五章报损和报废中，"第三十条　报废是指按有关规定对已不能继续使用的馆藏文献信息进行产权注销的处置行为。"依据上述文件的精神，严格按照相关的程序和要求，报请领导和专家的审批，对剔除的图书进行处置，并将处置的收入及时上交国库。

总之，湖北省图书馆馆藏实行动态管理模式后，图书馆藏书结构与格局做了进一步的优化调整，解放了一部分流通典藏空间，使得新购图书能够及时上架流通，馆藏能够进行及时调整、吐故纳新，使图书馆纸质馆藏文献达到了有效的循环流动。今后湖北省图书馆将加大对馆藏动态管理的运用和研究，在工作中不断地加以改进与完善，使图书馆馆藏保持良好的动态循环，实现图书馆馆藏与馆舍的合理布局，科学管理，以更好地服务于读者，满足读者的图书文献信息需求，提高图书馆馆藏图书的利用率。

参考文献

[1] 程路. 基于语言学中文学术图书的半衰期分析研究 [J]. 成都大学学报（社会科学版），2019 (5).

(2) 肖希明. 信息资源建设 [M]. 武汉：武汉大学出版社，2008.

(3) 谢春枝. 大学图书馆低利用率文献合作储存的功能要素分析 [J]. 大学图书馆学报，2010，28 (6).

公共图书馆处理读者诉求工作的思考
——以湖北省图书馆为例

郑 强

（湖北省图书馆 430071）

摘 要：读者服务工作是公共图书馆的核心工作之一，读者诉求是公共图书馆收集读者信息、了解读者需求、做好读者服务工作的重要途径。本文以湖北省图书馆为例，试图从事前预警、事中处置以及事后反馈三个方面探索处理读者诉求的有效方法，从而系统性地提升公共图书馆在处理读者诉求时的服务质量和管理效能。

关键词：公共图书馆；读者诉求；对策

读者服务工作是公共图书馆的核心工作之一，长久以来，处理读者诉求始终伴随着改进读者服务，这项工作成为公共图书馆从业人员无法回避的一项棘手工作。公共图书馆每天要接待成百上千的各类读者，高峰期每天甚至要接待成千上万的各类读者，面对庞杂的读者群体，公共图书馆的读者服务工作面临着巨大挑战。在服务过程中，我们会遇到来自读者五花八门的诸多诉求，这些诉求包括意见、建议、表扬、投诉、反映情况等。我们在研究这些诉求时，需要对这些诉求进行全面的分析研究，从中找到提高管理水平和改善服务效果的方法，而不是把关注点全部放在投诉上，把解决某一个具体问题当成我们工作的目标。通过解决具体诉求，系统地提升服务质量和管理效能才是我们追求的最终目标。

一、读者诉求的定义及分类

诉求指的是陈诉和请求，也指追求、要求。读者诉求，我们可以广义地把它理解为读者对公共图书馆的情感表达。这种表达可以是正面的，也可以是负面的；可以是口头的，也可以是书面的；可以是显性的，也可以是隐性的；可以是直接的，也可以是间接的；等等。正面的诉求包括表扬、鼓励等；负面的诉求包括意见、投诉等；口头的包括电话、面谈等；书面的包括意见本留言、网站、信箱留言等；显性的包括公开的谈论、议论等；隐性的包括私下的聊天、交流等；直接的包括：直接以书面或口头形式向图书馆表达看法等；间接的包括：通过市长热线、省长信箱等方式向图书馆传递信息。读者表达诉求有时是用一种方式，有时会多种方式并用。

二、读者诉求的内容

读者的每一个诉求都会有一个明确的目的，根据工作经验，我把这些内容分为建议、表扬、投诉和反映情况四大类。

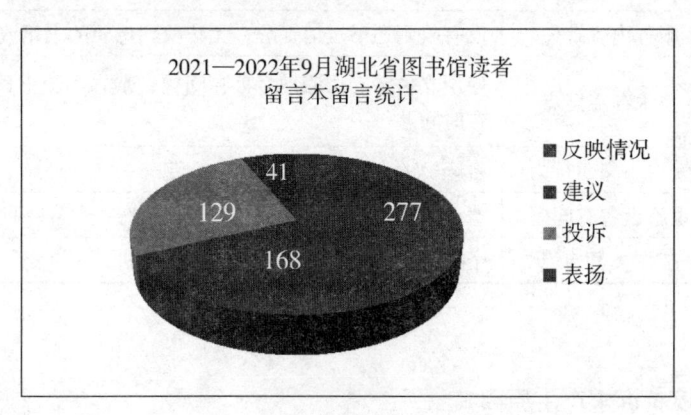

图 1 读者投诉意见分类统计

表 1 读者诉求分类表

种类	涉及方面	举例说明
建议	服务内容	增加外文借阅册数；24 小时还书；增加某类书的馆藏数量……
	制度建设	取消滞纳金；取消预约制；允许自带食物进食堂使用……
	食堂	提供微波炉服务；增加菜品种类；提高菜品质量……
	其他	多设置分馆；安装充电桩……
表扬	服务态度好	服务态度和蔼、热情……
	专业技能熟	快速找到读者想要的书；准确快速地帮助读者完成线上操作……
	道德品行高	拾金不昧；帮助特殊群体……
	处突能力强	帮助读者寻找遗失的物品或走散的小孩……

续表

种类	涉及方面	举例说明
投诉	觉得制度不合理	收取滞纳金；停车收费模式……
	硬件维修不及时	电梯、台灯、桌椅、插座维修不及时……
	服务态度不满意	保安态度生硬；工作人员讲话声音过大……
	服务内容不完善	线上查询馆内有书，但馆内找不到书；无法提供打印服务和下载功能
	食堂服务有缺陷	菜品种类少、质量差；服务态度冷漠……
	管理方式存疑问	制度执行不严格；执法标准不一致……
反映情况	服务内容缺失	没有收到还书短信提醒；无法找到想要的书籍或杂志……
	技术存在疑点	使用支付宝支付滞纳金存在问题；杂志和图书计算超期存在时间差……
	馆内不文明行为	占座、大声打电话、小朋友疯跑……
	设施设备有问题	空调温度过高或过低；馆内光线过暗……
	工作人员违规	个别工作人员不在岗、聊天、玩手机……

三、读者诉求产生原因

读者诉求除了表扬之外，其他三类可以说都是由图书馆在各方面的不足所引起的，笔者认为湖北省图书馆目前在运行管理中存在以下缺陷。

（一）馆内制度建设落后于图书馆整体发展速度

湖北省图书馆迁入新馆已近 10 年，这 10 年之中，图书馆硬件设施的提升和各项业务的开展无论从数量上还是从质量上，都有了巨大的飞跃。但是，从实际运行效果来看，制约图书馆读者服务水平提高的一个重要因素就是馆内制度的建设明显落后于图书馆的整体发展速度。面对服务中出现的问题时，工作人员常有无所适从的感觉，处理和解决问题时难以找到依据和标准，最终导致读者负面情绪的出现。比如，面对与自助借还书机有关的纠纷时，相关部门无法拿出相应的规章制度来处理，这给一线工作人员和后续处理问题的工作人员造成了不小的困扰。

（二）各部门之间协作协调存在障碍

湖北省图书馆现有 19 个部门，部门之间存在不少的业务交集。如果说把整个服务过程看成一个产品的话,有些部门属于生产这个产品的上游,比如采编部;有些部门属于中游,比如中文图书借阅部;有些部门属于下游,比如物业部;还有些部门贯穿整个过程,比如保卫部。实际工作中,经常会遇到一件服务纠纷发生在某一个部门的管辖范围,但是本部门又解决不了这个问题,需要其他部门配合才能完成的情况。

(三)图书馆工作人员服务不到位

图书馆工作人员既包括本馆工作人员,也包括外包单位的工作人员,凡是工作地点在图书馆内的工作人员,在读者眼中均被视作图书馆工作人员。图书馆工作人员在平时工作中常有以下服务不到位的现象。

1. 服务意识欠缺

在处理读者诉求时,我最常听到的抱怨就是"工作人员态度不好""工作人员之前不是这么说的""工作人员说他们也没有办法"……事实上很多问题就是思想上的问题,在回答读者提问时,在没有求证的情况下,想当然地给予读者回复,导致后面工作被动;遇到反复出现的问题,不去思考解决办法,能拖就拖;不站在读者的角度想问题,只站在自己的角度想办法……这些都是工作中服务意识不到位的表现。

2. 服务能力不足

有些工作人员在工作当中,行为举止不规范,把生活中的习惯和情绪带到了工作当中。同时个人情绪的控制能力、临场应变能力、专业素养能力等方面都存在一些不足,导致在与读者的沟通交流中,将问题从小变大、从轻变重。还有些工作人员缺乏担当能力,遇到问题回避、躲闪,一味寻求外部帮助。

四、处理读者诉求的对策

(一)事前预警

1. 站在信访的高度,防微杜渐

俗话说:上医治未病。每一条读者留言都应该引起工作人员的重视,不重视建议,建议有可能会变成意见;不重视反映情况,反映情况有可能会变成投诉;不重视投诉,投诉有可能会变成更大的麻烦。每一条读者诉求对于图书馆来说都是潜在的风险点,能解决的要尽快解决;暂时不能解决的,要做好记录,条件成熟时尽量解决;实在不能解决的,要耐心做好解释工作,不让负面情绪在忽视中慢慢积累。

2. 营造宽松的氛围，积极引导

读者对图书馆的任何反馈，都是读者思考逻辑的外在反映。我们在处理读者留言，和读者沟通时，需要尽量营造出宽松的交流氛围，让对话在平和、平等的状态下进行，交流过程中可以尝试对读者进行积极引导，在既不强硬也不委曲求全的情况下向读者传递出我们想要表达的意思。

3. 给予足够的信任，适当放权

一线部门在遇到问题时，常常出现十分困惑的情况。面对读者的诉求，他们不知道自己能做什么或者能做到什么程度。在实际工作中，他们对于"度"没有明确的认知，这就造成在处理问题的过程中会出现犹豫不决，事事请示的情况，进而导致读者的耐心在等待中一点点耗尽。每个部门的负责人，应该明确地知道本部门的权责，在权责范围内可以相机行事，用最短的时间把读者的诉求在部门内解决掉。做到这一点需要管理层对中层干部给予足够的信任，赋予他们明确且有限的灵活处置权。

（二）事中处置

1. 坚持原则，把握公平的尺度

处理遇到的问题时，一定要坚持原则，把握公平的尺度。对待每一位读者都应该一视同仁，不能因为读者身份或态度的不同，而随意改变处理事情的原则，不能让老实人吃亏。古人云：不患寡而患不均。在读者看来，不怕你管，就怕你区别对待，所以坚持公平的原则在处理问题时是非常重要的。在实际工作中遇到同类问题一定要用同样的标准去解决，不能看心情、凭运气，否则很容易引起读者的不满。

2. 守住底线，坚定行业的立场

都说"公共图书馆是没有围墙的大学"，没有围墙意味着没有门槛，所有的人都能够无差别地享用图书馆的资源，享受图书馆工作人员提供的服务。虽说进馆无门槛，但是服务有底线。俗话说：人上一百，形形色色。在实际工作中，我们经常会遇到一些"不好对付"的读者，在面对这类读者时，首先要确保服务态度好，如果对方出言不逊，对工作人员进行侮辱、谩骂，甚至出现肢体攻击时，工作人员理应采取措施进行反制，一方面通过拍照、摄像固定证据，一方面寻求外部支援，比如呼叫保安或者报警。图书馆工作人员是图书馆的脸面，既要严于律己、爱惜羽毛，又不能让他人侵犯自己、无理取闹。

3. 灵活柔性，不忘服务的初心

处理读者诉求不是一件简单容易的事，面对不同读者、不同局面需要运用不同的方法来进行处理。俗话说"凡事都有例外",灵活柔性地处理问题,不代表说是搞特殊化,它是在综合判断评估之后,对具体事情做出最优选择,说到底,灵活柔性的初心和出发点是出于服务读者的公心,是一种场合方法,不是常规方法。比如碰到特殊读者向我们提出特殊要求,一般情况下,我们会在不影响其他读者的前提下,尽可能地满足对方的要求。

(三)事后反馈

1. 总结成功的经验,推广复制

公共图书馆在日常运行中,总会碰到各种各样的问题,有些是共性问题,有些是个性问题。面对共性问题时,我们需要通过在多次处理的过程中找到可复制的解决方案,并将此经验进行总结,接着再后面的工作中加以验证,最后在工作中进行推广。这样可以减少因人员变动带来的岗位工作经验真空状态。

2. 吸取失败的教训,反思改进

从事读者服务工作总会有令读者不满意的地方,这是我们必须要有的心理准备。问题的关键在于是个别读者因主观因素对我们的工作不满意,还是我们的工作在客观上令读者产生了不满情绪。前者是无法做到"零投诉"的主要原因,也是我们没有办法克服的;而后者是需要我们重点关注的,每一个读者诉求的背后都存在服务工作的盲点。分析工作失误的时候,在反思中一定要追根溯源,不能就事论事,就事论事容易治标不治本,在同一个地方反复跌倒。

3. 合理制订评价机制,稳定军心

对于能积极思考、主动作为的同志,要予以表彰、给予奖励。特别是对于在日常工作中,勤动脑、勤动手,把问题想在前面,把措施做在前面的同志要重点关注。"救火"固然重要,但"救火"终归是有代价的,防止"失火"才是我们平时工作中最需要思考的工作,切不可出现"焦头烂额座上宾,曲突徙薪靠边站"的情况,这样既不利于开展工作,也不利于人才培养。

五、结语

处理读者诉求是一项长期、复杂且综合性强的工作,不是一个人、一个部门就能够轻松完成的。它需要在科学、合理、健全的机制下,依靠每个人、每个部门的力量,用前瞻的思维、信访的高度和用心的服务来共同面对。

参考文献

[1] 吴光龙. 公共图书馆读者抱怨投诉管理的分析与策略 [J]. 新世纪图书馆, 2016 (4).

[2] 刘文慧. 公共图书馆读者投诉及其处理方法 [J]. 图书馆学刊, 2010, 132 (2).

[3] 陈建红. 公共图书馆读者抱怨及管理对策 [J]. 图书馆界, 2007 (4).

[4] 张亚宏. 读者潜在不满与图书馆应对策略 [J]. 图书馆建设, 2009 (10).

[5] 张晓阳. 图书馆服务中的读者抱怨管理 [J]. 图书馆建设, 2005 (6).

[6] 周昊. 湖北省图书馆读者满意度实证研究 [D]. 武汉: 华中师范大学, 2019.

[7] 李静. 武汉图书馆读者满意度实证研究 [D]. 武汉: 华中师范大学, 2020.

[8] 姚秀穗. 现代公共图书馆读者服务工作的优化路径 [J]. 兰台内外, 2022 (25).

[9] 刘会媛. 论馆员在读者服务工作中的自我调控 [J]. 办公室业务, 2022 (7).

[10] 林苗. 公共图书馆提升读者服务质量的策略探讨 [J]. 兰台内外, 2021 (26).

[11] 卢章平, 苏文成. 公共图书馆文化服务质量与满意度实证研究 [J]. 图书馆论坛, 2015, 35 (9).

[12] 刘荣华. 读者投诉——图书馆发展的助推器 [J]. 办公室业务, 2022 (5).

[13] 陈瑶. 读者意见档案视阈下的公共图书馆服务效能提升探析——以四川省图书馆为例 [J]. 四川戏剧, 2020 (2).

[14] 杨玉蓉. 现代公共图书馆读者投诉问题研究 [J]. 山东图书馆学刊, 2017 (6).

[15] 刘立河, 刘佳琳, 范晨. 图书馆读者关系处理机制研究 [J]. 图书情报工作, 2016, 60 (S2).

[16] 孙丽. 图书馆读者投诉的原因及处理原则与措施 [J]. 图书馆学刊, 2016, 38 (3).

[17] 辛娜. 公共图书馆读者投诉分析与思考——以陕西省图书馆读者投诉

工作为例[J].河南图书馆学刊,2015,35(4).

[18] 李颖.读者服务工作中馆员情绪管理管见[J].图书馆学刊,2014,36(9).

[19] 刘群.读者投诉的应对策略及其考探[J].图书馆工作与研究,2014(7).

[20] 刘佳琳.图书馆读者投诉处理的标准化管理[J].图书馆界,2012(5).

"双减"背景下公共图书馆青少年阅读推广活动浅论

刘 锋

(孝感市图书馆 432000)

摘 要：随着中央"双减"政策的实行，广大的中小学生有了更多可能的条件去参与课外活动。公共图书馆应该抓住此次机遇，针对性的主动开展青少年阅读推广活动，满足这一需求。本文从"双减"政策实行背景出发，分析青少年阅读推广活动现状，阐述"双减"政策实施对于阅读推广活动的影响，并提出相应的建议和举措。

关键词：公共图书馆；双减政策；青少年阅读推广；未成年人

2021年7月，中共中央办公厅、国务院办公厅印发了《关于进一步减轻义务教育阶段学生作业负担和校外培训负担的意见》（以下简称"双减"政策），并发出通知，要求各地区各部门结合实际认真贯彻落实，其中明确规定了引导学生开展阅读活动的要求。"双减"政策的实行会让中小学生的课业负担大为减轻，会有更多时间进行课外活动，但这些新增的空余时间该如何分配，却可能成为不少家长及孩子面临的新问题。受应试教育影响，孩子们以前基本没有时间进行课外阅读，而在"双减"政策落实之后，孩子们的课余时间将大幅增多，公共图书馆要充分利用好这些时间，做好青少年阅读推广工作，承担引导中小学生读书的职责。

一、"双减"背景下引导学生阅读的必要性

其一，对孩子而言，合理安排课外自由时间。"双减"细则实行之前，双休、节假日时，孩子们大都会主动或者被动地接受课外培训，从早到晚几乎都在上课，自由支配的时间本来就不多，还要完成校内外的作业，因此学生几乎没有时间去进行课外阅读。"双减"政策实行后，各地陆续加以落实，学龄前儿

童不得超前学习、设置幼小衔接课程、进行任何形式的违规补课；低年级的学生，不再有书面作业；中高年级学生，学校老师不能再布置超出学习范围的作业、重复抄写作业。"双减"政策的实施会释放出孩子们的大量时间，让学生们可以在节假日做自己的事情。而现在有许多沉迷于游戏的孩子，如果家长不对空出的时间进行引导利用，大量的时间就会被虚耗。即使孩子不把时间拿去打游戏，大量空闲时间所造成的安全隐患也是一个严重的问题，比如时值暑假，如何严防青少年溺水问题等。这时候我们可以带孩子去图书馆学习、阅读课外书等，既提高了时间的利用率，又学习到了知识。

其二，对家长而言，要走出家庭教育误区。由于应试教育和升学的压力，我国大多数家长几乎都不关注学生的课外阅读。"双减"政策的出台，要求利用课外时间开展各种阅读活动，这意味着阅读素养是青少年重要的基础素质，将阅读放到了突出地位。因此，家长要走出教育误区，引导学生开展各种各样的课外阅读活动，改善家庭的藏书数量和质量，积极参与学校和公共图书馆组织的阅读推广活动，为学生选购或借阅更多符合青少年成长的书籍。此外，"双减"政策要求对培训机构进行规范化管理，降低校外培训机构的收费，这将大大降低家庭教育的支出[2]，也使得家长有能力承担青少年课外书籍购买的费用，有利于培养青少年的阅读习惯。

其三，对图书馆而言，有助于开展青少年阅读推广。"双减"意味要为学有余力的学生开展阅读活动，培养阅读习惯和阅读能力。这种教育理念的更新、教学改革的推进要求学生、学校和家长的思维方式发生转变，要认识到提高青少年阅读素养的重要性，这为公共图书馆组织开展青少年阅读推广活动提供了发展机遇。公共图书馆作为青少年的主要阅读场所，对青少年教育也发挥着不可或缺的作用。公共图书馆应该积极组织策划丰富多样的线上和线下相结合的阅读推广活动，并且积极协同各主体搭建青少年阅读推广合作平台，提供更加高质量的阅读体验服务，帮助他们养成良好的阅读习惯，营造书香的阅读氛围。

二、当前公共图书馆针对未成年的阅读推广活动现状分析

（一）中小学生课外阅读现状欠佳

青少年受应试教育以及家庭教育的影响，学业负担繁重，缺乏课外阅读时间并且对于阅读的重要性认识不够，导致阅读量不足，很难形成良好的阅读习惯和氛围。以笔者曾教授过的语文科目来讲，阅读与写作是学生的一大难点：做阅读理解时，看不明白作者的意图，抓不住文章的重点、难点，很难理解、

共情；写作时，不知道如何下笔，没有写作思路，不会运用好词美句妙故事。其实，归根结底还是读书太少，阅读积累不足。要知道，阅读是一个长期的修行，想在短时间内提升阅读能力是非常困难的事情，只有养成长期坚持阅读的习惯，不断汲取知识，才能最终提升阅读能力。虽然总体上我国青少年阅读状况逐渐好转，但是与欧美发达国家相比，我国青少年的人均阅读量、阅读时间等仍存在明显差距。此外，青少年的阅读内容大多缺乏老师家长的正确引导，都是自发的，很多青少年选择阅读的内容时存在盲从现象，普遍不愿意阅读经典名著，热衷于阅读网络文学、言情小说、悬疑类小说、漫画等快餐文化，使青少年忽视了对经典著作的阅读，缺乏系统性的思考，并无法养成良好的阅读习惯[3]。

（二）家庭教育存在误区

家长作为孩子最早的老师，在青少年的成长阶段，阅读习惯的养成主要靠家庭教育进行引导和培养。然而目前我国大多数家长受应试教育和升学压力的影响，更多地关注青少年考试成绩，对于阅读的理解多停留在"功利性"阅读方面，为青少年购买的大多是学科类的教辅书籍以及各种工具书，对于课外阅读方面的图书如经典著作、文史哲方面的书籍则不关注、不重视，甚至有很多家长认为阅读课外书籍会占用孩子的学习时间，进而影响学习成绩。以孝感市图书馆为例，新开的青少年厅便是全馆日常进出人数最少的厅，即使是在周末，青少年厅的读者也寥寥无几。这种家庭教育方面的阅读误区导致青少年缺乏广泛的阅读，视野狭窄、文化底蕴不足，缺乏独立思考的能力[4]，这也导致公共图书馆中青少年及家长读者人数不多，在开展阅读推广活动时困难重重。

（三）图书馆服务水平不足，阅读氛围欠缺

尽管近年来图书馆组织的阅读推广活动数量上有所增加，但是仍然存在受众面小，参与人数较少、科普实践活动主题不够新颖等问题。社会各界对于全民阅读的宣传程度仍然不够，无法在全社会形成全民阅读的氛围和意识。尤其是公共图书馆对于青少年阅读推广活动缺乏重视，缺乏专门针对青少年的阅读推广服务部门，不能向青少年提供符合其年龄阶段、满足其阅读偏好的阅读推广活动。大多数的公共图书馆针对青少年读者的馆藏文献资源非常有限，所陈列的图书更新速度慢，未向青少年设立专门的阅读空间，无法满足青少年的阅读需求，未能提供更好的阅读服务体验。这些都会导致青少年阅读意识欠缺，阅读能力不足，阅读氛围不足，容易造成青少年审美疲劳，很难形成持久的社会影响力，导致阅读推广活动很难形成一定的体系。

(四) 多元化需求难以满足

随着我国经济条件的不断发展，越来越多的家庭在物质基础上达到了前所未有的丰足程度，也为文化产业的高速发展提供了基础。当今的未成年群体，大多拥有丰富的物质保障，也能接触到多元的社会文化，各自形成了对世界的独特认知，也培养了各种各样的兴趣爱好。这些多元化的需求涉及面广，集中程度低。而针对中小学生的阅读推广活动，在专业知识和专业人才方面的投入却远远不足。由于缺乏专业的理论知识，完全凭借个人爱好和个人经验来策划阅读推广活动，这些活动并不符合中小学生的需求。同时对于专业人才的培养不足，公共图书馆阅读推广人应该不断学习新的技术、新的理念，来适应不断变化的市场需求。只有通过不断的学习，才能策划出专业化的阅读推广活动。[5]

三、"双减"政策下公共图书馆阅读推广活动建议

(一) 提升阅读推广活动中的德育性

中国现代教育的目标是培全面发展的社会主义接班人，而德育教育正是现代教育中的重要组成部分。德育不仅仅包括学习，更包括对思想道德理念的认知。公共图书馆作为全民教育的场所，德育也是其文化职能之一，需要在阅读推广活动中融入更多的德育性。同时，公共图书馆在开展道德教育活动中具有先天的优势，馆藏的丰富的图书资源和古籍文献本身就是思想道德意识的物态化，其中的一些绝版丛书、手稿真迹、影像资料等，可以充分利用起来开展文献展、图片展等展览。在不断挖掘馆藏资源的过程中，既传播了中华优秀传统文化，也提升了青少年的道德水平。公共图书馆还可以通过挖掘本地历史文化底蕴，增加中小学生的道德水平和自身的修养。例如，孝感市图书馆举办的"澴川文化大讲堂"系列活动，就有带领读者寻访孝子故里的历史文化，通过传承的孝文化家风进行德育熏陶。

(二) 注重开展亲子阅读推广活动

"双减"细则要求进一步明晰家校育人责任，明确家庭教育的重要性，引导家长树立科学的育儿观念。公共图书馆作为全民阅读的重要文化阵地，要将服务范围延伸到家庭教育领域中来。亲子阅读推广活动是以家庭为单位，家长和孩子共同参与，在活动中增进感情，促进孩子的全面发展，要尤其注重成员的体验感，让每位成员都能参与进来。比如对低龄段学生，可以举办手工制作类的活动，如孝感市图书馆在元宵节举办的"御虎闹元宵"灯笼DIY、科学手工

小课堂等参与度高的手工类活动。对于高龄段的学生，可以举办需要团队配合的活动，例如诗词大赛、戏剧表演、辩论赛等需要团队参与的活动，如孝感市图书馆举办的文心读书会、"诗藏华夏 词贯古今"诗词大赛等。亲子阅读推广活动不仅需要成员共同参与，更重要的是在活动中不断学习、探究阅读的意义。公共图书馆要大胆创新，因地制宜地发掘出读者喜闻乐见的阅读推广活动，增加读者的亲和度，促进亲子阅读推广活动的不断进步。

（三）大数据精准化营销

随着大数据时代的开启，大数据精准化营销也诞生了。针对青少年这一群体，可以通过市场调研、社交媒体、学校调查等渠道搜集数据，然后借助大数据分析寻找出青少年的习惯、喜好，然后抓住这一特征推出相应的阅读推广活动。例如通过大数据分析，发现青少年男孩对航天航空类的活动比较有兴趣，因此孝感市图书馆开展了一系列的航天科普活动。而在"双减"政策实施之后，越来越多的青少年将参与到社会教育之中，其中每个青少年的需求可能都不一样，需要用大数据精准分析出他们共同的需求。大数据精准化营销的应用，可以提升阅读推广活动的实际效能，降低阅读活动曲高和寡的可能性，让更多的青少年参与进来，提升阅读推广活动的知名度。

（四）加强馆校联动

公共图书馆作为青少年阅读推广的主要机构，承担着青少年阅读推广的主要责任，应该在搭建馆校合作阅读平台的过程中发挥主导作用。首先，公共图书馆应该发挥自身文献资源优势向在校学生提供高质量的图书以及提供定制化阅读服务，也可为在校学生集中办理借阅证，使青少年能够便利地享受公共图书馆的图书资源。其次，公共图书馆应该为中小学校在图书馆馆藏文献建设、空间布局、馆舍环境、馆员培训等方面提供专业的指导，提升学校图书馆的图书资源和服务水平，改善中小学学校图书馆馆舍环境。再次，公共图书馆应基于自身在阅读推广方面的专业经验，协助学校开展丰富多样的阅读推广活动，助力"书香校园"建设。最后，公共图书馆阅读推广部门应该定期对中小学校教师提供继续教育培训，为学校老师在阅读课程设置、阅读教学的开展、阅读推广活动的组织等方面提供专业的指导。同时还要加强图书馆与学校之间的沟通，经常有家长拿着老师推荐的书目来图书馆借阅，动辄便是几十上百人，而一般图书馆同一本书的馆藏基本不会超过二位数，这就导致了图书资源利用率低下。所以，必须加强馆校之间的联系，在推荐书目与当地馆藏资源间寻求平衡点。

（五）加强馆际合作，提高阅读服务质量

"双减"政策带来了社会各界对阅读活动的重视，也为公共图书馆的阅读推广活动带来了新的发展机遇。公共图书馆要充分利用馆藏信息资源，构建馆际联盟，统一区域内的高校图书馆、社区图书馆、企业图书馆、少儿图书馆等构建区域公共文化服务体系，实现区域内的资源共享、流通借还。在开展青少年阅读推广活动时，应该由公共图书馆发挥主导作用，组织区域内的图书馆联盟共同商议阅读推广活动的主题、整合文献资源，统一规划、协调分工，这样能够降低各图书馆举办阅读推广活动的经费成本，防止阅读活动主题雷同，并且馆际合作举办活动可以扩大服务范围和人群[6]。此外，馆际之间还能共享青少年读者的阅读行为数据，及时精准的掌握青少年读者的阅读偏好和需求，及时优化图书馆馆藏结构，提升青少年阅读服务质量。

（六）提高馆员业务能力，提升阅读服务水平

馆员业务能力的提升，有利于改善阅读服务体验，营造良好的阅读氛围，激发青少年的阅读兴趣。首先，馆员要不断加强相关理论学习，不断提升自身的专业素养和服务水平。其次，馆员要收集青少年的年龄、借阅数据和阅读行为等数据，对青少年的年龄进行分层，为不同层次的青少年提供分级阅读指导，再对青少年的阅读需求和偏好进行分析，提供个性化阅读推广服务。最后，馆员要发挥创新能力，加强同行之间的交流学习，积极策划主题丰富多样的阅读推广活动，激发青少年读者的阅读兴趣，提高青少年的阅读素养。

四、结语

"双减"政策的出台，为公共图书馆的发展带来挑战的同时，也带来了新的机遇。公共图书馆应通过提升德育性、注重亲子阅读推广、数字化营销、加强馆校、馆际联动等方式，适应"双减"政策下青少年的发展需求。公共图书馆未来还将在社会教育方面占据更重要的地位，成为社会主义公共文化建设的重要阵地，要通过全民阅读与阅读推广让青少年真正成为能够为中华崛起而读书的接班人。

参考文献

[1] 林雁."双减"政策下教育出版的使命与担当[J].编辑学刊，2021 (6).

[2] 胡凯.新媒体环境下的青少年阅读发展[J].出版广角，2018 (9).

[3] 刘启营. 我国青少年阅读现状分析 [J]. 中国青年研究, 2015 (8).

[4] 张方杰. "双减"政策下公共图书馆阅读推广活动探讨 [J]; 办公室业务; 2021 (12).

[5] 张磊. 阅读立法环境下的青少年阅读推广策略研究 [J]. 新世纪图书馆, 2015 (11).

"双减"背景下公共图书馆阅读推广服务

刘 璐

(大悟县图书馆 432800)

摘 要:在当前"双减"政策落地的背景下,少儿有了较为充足的阅读时间,县级公共图书馆要利用好这个契机,发挥图书馆的社会职能作用,通过提升少儿阅读推广的途径来深入推进阅读推广服务。通过分析目前少儿阅读推广服务工作中存在的常见问题,提出提升少儿阅读推广服务的策略,以促进少儿的全面发展和健康成长。

关键词:县级公共图书馆;少儿阅读;阅读推广服务

一、"双减"政策落地对学生家庭的影响

中央《关于进一步减轻义务教育阶段学生作业负担和校外培训负担的意见》(双减政策)的正式出台并实施以来,孩子们的校内作业和校外学科培训减少了,课外自主支配的时间多了。很多家长从经济和精神上都可以轻松些了,但是也有些家长反而更焦虑了,没有了各类培训班,孩子的知识和技能怎样提升?孩子该如何成长?这些过于焦虑的家长可能没有明白,"双减"政策落地、贯彻、执行势必会推动真正的"减负"。孩子不是学习机器,整个社会、学校、家庭需要回归教育初心,共同营造一个良好的环境和氛围,能够让孩子有时间去阅读、去体验社会生活。

近年来,阅读的重要性越来越明显,"双减"政策对于阅读推广无疑是个好消息。"双减"的实质,表面上是减轻学生学业负担和家庭经济负担,实质是要构建良好的教育生态,落实立德树人的根本任务。简而言之,让父母多鼓励孩子参加图书馆的各种读书活动,多与孩子一起到图书馆看书,对培养孩子养成自主学习的习惯起到了重要作用。

在当前"双减"政策落地的背景下,少儿有了较为充足的阅读时间,县级

公共图书馆要利用好这个契机,发挥图书馆的社会职能作用,通过提升阅读推广服务的途径来深入推进少儿阅读,从而进一步促进孩子的健康成长和全面发展。

二、公共图书馆的社会职能

公共图书馆具有多种职能,是多功能综合一体的场所,主要职能有以下几种:

(一) 保存人类文化遗产

图书馆的产生是保存人类文化遗产的需要。因为有了图书馆,人类的社会实践所取得的经验、文化、知识才得以系统地保存并流传下来,成为今天人类宝贵的文化遗产和精神财富。

(二) 开展社会教育

贯彻党和国家的教育方针,履行教育职能和信息服务职能,培养德、智、体、美等方面全面发展、适应社会主义市场经济需要的人才,为发展教育科学文化事业,建设社会主义物质文明和精神文明服务。现代社会,图书馆担负着对人的科学知识文化教育的任务,成为继续教育、终身教育的基地,担负了更多的教育职能。

(三) 传递科学情报

传递科学情报是现代图书馆的一个重要职能。图书馆丰富、系统、全面的图书信息资料,成为图书馆从事科学情报传递工作的物质条件。

(四) 开发智力资源

图书馆收藏的图书资料是人类长期积累的一种智力资源,图书馆对这些资源的加工、处理是对这种智力资源的开发。同时图书馆提供利用这些图书资料,是开发图书馆用户的脑力资源。换言之,图书馆承担着人才培养的职能。

(五) 提供文化娱乐

图书馆提供的服务满足了社会对文化娱乐的需要,丰富和活跃了人民群众的文化生活,在精神文明建设当中起到了不可或缺的作用。

综上所述,公共图书馆是构建公共文化服务体系的主导力量,是建设和谐社会的重要阵地和知识资源,县级公共图书馆更是如此,作为基层的文化传播场所,承载着传承文化、传播信息以及弘扬社会主义思想的重要单位,在公共文化服务体系建设中有着不可替代的作用。

三、阅读推广服务中存在的常见问题

教育"双减"牵动千家万户。如何有效解决学生"学什么""在哪儿学"等相关话题成为社会热点。作为社会公共服务单位，图书馆作为少儿的重要活动场地，在少儿阅读推广工作中发挥了非常积极的作用。但是从目前来看，在图书馆的阅读推广活动中存在着许多问题，影响了阅读推广的效果。

（一）缺乏专业性阅读推广人才

阅读推广想要顺利开展并取得理想的效果，就要求馆员具有较高的专业素质。目前县级图书馆普遍存在专业性人才缺乏问题，虽然每年县级人社局在不断加强对高学历人才的招考力度，但因县级城市与大城市相比很多方面都处于弱势地位，县级图书馆工资待遇和职业发展前景不容乐观，很难吸引高学历高素质高能力者前来就职，他们往往会选择去更高层次的平台发展。目前县级图书馆馆员还存在老年化现象严重、学历偏低、专业性不强的问题，图书馆现有的编制数又有限，严重阻碍了年轻力量的注入，这样的现状严重影响了阅读推广活动的发展。

（二）少儿阅读推广活动内容缺乏创新

图书馆作为少儿阅读推广活动的主体，许多县级图书馆在开展阅读推广时，多以亲子阅读、知识竞赛、故事讲座、展览等固定方式来开展推广活动，活动内容缺乏创新，主题陈旧，在缺乏创新的情况下，很难吸引读者的目光。也有不少图书馆在进行阅读推广活动设计时受固定思维影响，没有关注到读者的真实需求和阅读兴趣，沟通不足导致的直接结果就是阅读推广活动参与者较少。

（三）活动经费投入有限

县级图书馆作为公益性的事业单位，运转经费完全依赖于地方财政拨款。有些地方经济实力本就不够，有些地方政府也没有太重视图书馆发展，这些图书馆每年的拨款数额只够维持自身的正常运转，甚至没有多余的资金用于设备更新、数字化建设、专业人才培养。在阅读推广上专项资金上更是有所欠缺，这就造成县级图书馆在阅读推广服务方面的人力财力不足，很大程度上限制了阅读推广服务的发展。

（四）阅读推广服务范围局限

在"双减"的时代背景下，仅在地方图书馆内部小范围的推广少儿阅读服务已满足不了现在读者的阅读需要,很难达到全覆盖的推广效果。虽然现在县级图书馆有多乡镇多地区建设了分馆,但这些分馆并没有专门管理的工作人员,没有完善的统一协调机制,没有形成齐抓共管的局面。我们为分馆送去了图书并提供业务指导,但没有专人负责管理,使得分馆并没有达到预期的理想效果。

(五)未针对少儿阅读推广活动的目的进行研究

在一些图书馆,虽然举办的活动很多,但对活动到底想要达成的目的以及达到的效果缺乏深入的探讨研究。少儿阅读推广活动的目的就是想要引导孩子多读书,养成自主阅读学习的习惯,让少儿阅读带动家庭阅读。活动结束后有多少家长孩子继续认真地看图书,带着图书回家的呢?活动求精不求多,那活动如何办怎么办才能达到想要的效果呢?这才是在每一场活动举办前后值得深思研究的问题。

四、提升阅读推广服务的策略

县级公共图书馆管理人员和有关部门应及时更新观念认知,采取切实可行的应对策略来解决问题,提升县级公共图书馆阅读服务推广的整体效果。

(一)积极争取专业性人才,提升在职人员业务能力

人才是图书馆想要实现创新的根本,也是提升阅读推广服务质量和效率的基础,只有拥有高素质、高技术人才队伍,才能将图书馆的工作越做越好。县级图书馆人才尤其紧缺,但我们不能因此在工作上故步自封,而应该积极争取人才、培养人才。我们可以一边为县级人才招聘建言献策,为人才引进提供更为优越的条件,为保障人才的稳定性,出台人才晋升激励机制等,要让人才进得来、留得住,有发展前途。另一边要加强在职人员学习培训机制,利用一切可利用资源,对馆员进行集体基础专业知识培训,强化业务能力,提升馆员素质;对具有潜力的馆员,开展馆外培训,到其他馆学习更多优秀经验,不断提升馆员个人业务综合能力。还可以创新社会力量参与模式,县级图书馆可利用馆内服务平台,招募热衷于公益文化事业的志愿者参与阅读推广服务,通过对志愿者进行常态化的业务培训,让他们了解阅读推广服务,并鼓励他们用智慧创新服务模式为阅读推广打开更广阔、更新颖的服务天地,这样既补充了图书馆推广队伍,又给有社会责任感的志愿服务者们提供了创新服务平台。

(二)创新阅读推广服务内容

公共图书馆应通过探索与努力,挖掘需求,引进多元化的精彩阅读活动来满足少儿阅读的实际需求。活动可多与各地各学校联合开办，针对不同年龄少年儿童开展活动，内容涵盖科普小课堂、才艺秀、巧手乐园、换书活动、跳蚤市场、少儿优秀电影展播等多种形式。以有助于学生的学习性、探究性活动为主体，采用体验、探究、游戏等方式，为少儿提供丰富的阅读体验，通过喜闻乐见、寓教于乐的多种形式让更多的儿童爱上读书，爱上学习。

（三）完善活动经费配置

我国许多县级财政确实十分困难，它管理着地方各方面的经济发展，我们作为依靠财政拨款的单位，要想地方财政保持对图书馆持续稳定增长的投入比较难，我们可以研究实行上级财政对县级图书馆投入的补助制度，让不同级财政来共同分担县级图书馆的经费投入。除此之外，作为基层图书馆我们要从自身出发，发现自己的优势，通过努力来解决资金不足的问题。我们可以扩大宣传更好地做好图书馆的阅读推广服务工作，提升图书馆的社会影响力，呼吁企业以及社会各界向县级图书馆进行赞助，以此来解决图书馆的经费紧张问题。

（四）拓宽阅读推广服务范围

如何在"双减"推行的背景之下，化被动为主动，拓宽服务半径。在分馆建设方面，县级图书馆应该实现对所属区域分馆的统一管理，落实上级的精神内涵，协调各方力量加强对馆藏资源、人力资源的配置和调配能力，建立完善区域总馆的制度与规范，通过一系列举措为全县少儿的成长寻找更多的可能性。我们还能走进学校，通过建立流动站、图书角将图书馆资源送进学校，开展特色阅读推广活动。还可以走进社区，在全民阅读的背景下，我国各地社区普遍开始设置阅读空间，来为社区居民提供公共文化服务。这同时也为我们联合社区开展少儿阅读推广活动提供了空间和基础。图书馆少儿阅读服务推广半径还可以延伸到商场、医院、银行、乡村等，尽力利用好社会力量，实现资源利用最大化。通过打通全县优质文化资源，开创深度阅读推广模式，服务"双减"。

（五）针对少儿阅读推广活动的目的进行研究

公共图书馆可以根据少儿阅读过程中的具体目标，从少儿阅读的实际情况出发，仔细对活动的实际情况进行研究，对于不同年龄段的儿童，图书馆工作人员还可以根据他们不同的阅读特点，对读物进行合理的配置。为了激发少儿的阅读兴趣，相关人员要完善馆藏资源，针对少儿的心理发育特点以及阅读爱好，引进他们喜闻乐见的阅读资料。对于馆藏资源的主题和类型，相关工作人员也要定期进行优化，保证在少儿阅读推广活动开展的时候，读者能够根据自己的需求查询到相应的阅读资源，吸引更多的读者参与到儿童阅读活动当中。为阅读推广活动提供更优质的服务，保证阅读的效率和质量，让少儿在阅读的过程中，逐渐养成良好的阅读习惯，来达到开展阅读推广服务的真正目的。

五、结语

新时代新征程，在"双减"政策推行的背景之下，公共图书馆应该担起社会责任，作为县级图书馆总馆，更应该重视县级图书馆的建设，保障、增加财政投入，不断强化图书馆工作人员队伍建设。协助学校完善课后服务功能，开拓丰富多样的公益阅读推广服务，优化和提升服务水平，不断改变传统服务观念，以最好的姿态更好地去保障少儿阅读权益，帮助少儿在大量有效的阅读过程中积累阅读素材和经验，提升少儿的语言理解和交际能力。积极努力地为读者营造一个干净、整洁、温馨、舒适的阅读环境，使得儿童阅读推广工作可以获得良好的举办空间，为儿童提供良好的阅读教育场所，让图书馆成为家长和孩子最佳的选择。充分发挥公共图书馆在少儿阅读推广中的作用，有效推进全社会、全领域支持"双减"工作，纾解各方困扰。

参考文献

[1] 李红丽. 关于图书馆阅读推广中的几个问题的思考 [J]. 大众文艺，2017（10）.

[2] 徐水琴. 市域视角下的公共图书馆少儿阅读推广活动研究 [J]. 图书情报论坛，2020（2）.

[3] 王秀青徐小笔. 县级公共图书馆阅读推广研究 [J]. 图书情报论坛，2022（2）.

"双减"背景下公共图书馆阅读推广服务

简 盛

(孝感市孝南区图书馆 432100)

摘 要:2021年7月24日,中共中央办公厅、国务院办公厅印发《关于进一步减轻义务教育阶段学生作业负担和校外培训负担的意见》。"双减"政策出台的目的是通过加强学校教育,提高学校课堂教学质量,优化作业布置,提升课后活动质量,减轻学生的课余负担,达到提升学生的综合素养,构建教育良好生态的目的。"双减"减轻了家长的精神负担和家庭的经济负担,让学科教育重新回归学校主阵地。这也同时对我们的阅读推广提出了新要求。

关键词:"双减" 阅读推广

"双减"政策之下,初小学生课余将会有更多的空余时间,图书馆可以为他们提供良好的读书学习的环境,可以进行一个良好的替代作用。为学生们提供了一个良好的读书学习的环境,同样这样也给图书馆阅读推广提出了新的要求,我们要时刻把握最新的实时动向,实时调整我们阅读推广的方向和策略。

一、孝南区图书馆阅读推广现状

孝南区图书馆立足实际,传承文明,传播文化,服务读者,广泛开展阅读推广、文化志愿服务、讲座、展览等重点业务工作,努力探索图书馆事业发展的新举措,为孝南区精神文明建设添砖加瓦,取得了良好的效果。

目前孝南区图书馆现馆舍面积3355平方米,内设成人阅览室、少儿借阅室、自习室、地方文献查阅室、残疾人专用阅览区,供读者阅览座席270个,其中成人100个,少儿110个,残疾人专用6个,自习室60个。馆藏文献资料21万余册(件),其中图书124921册,古籍书8361册,报刊61718件,少儿图书15375册,电子书15000册,电子期刊4000册,电子报刊1200件。

孝南区图书馆去年举办了"闹元宵 猜灯谜""4.23世界读书日""图书馆

服务宣传周""第二届青少年文化夏令营""图书流动车进校园""建党 100 周年"纪念宣传等一系列活动。全年总计举办阅读推广活动 28 次，接待读者 4500人；文化志愿者活动 35 次，接待读者 12959 人；展览 26 次，接待读者 6250 人；讲座 25 次，接待读者 2126 人；培训 6 次，接待读者 1259 人；合计 120 场，17994 人次。多次被省级、市级、区级的报刊媒体报道，取得了非常好的社会效应。

在"双减"政策之下，以往的阅读推广方式和策略仍然是以满足绝大部分读者的需求为主，那么我们就需要做好图书馆的"阵地建设"，吸引更多的读者主动参与进来，填补"双减"政策之下读书学习的"空缺"。

二、阅读推广的新方向

首先，积极开展阅读推广活动，这是图书馆的主要职能。公共图书馆作为社会公益性质的文化机构，需要肩负起向社会提供科学文化教育及信息服务的责任。基于公共图书馆开放性及公益性的特征，它是阅读推广的重要平台，同时也是公众获取阅读材料的重要途径。

其次，公共图书馆有着丰富的文献信息资源，是相对公平的教育场所。另外，阅读推广有助于图书馆的可持续发展。公共图书馆的开放性及公益性特征决定其成为与市民联系密切的文化机构，为社会公众提供公平且免费的知识信息服务也是其重要职能。通过阅读推广提升群众素质是公共图书馆发展的重要任务之一，同时这也为图书馆的健康发展奠定了良好的基础。

在"双减"政策之下，孝南区图书馆阅读推广从服务方式和服务内容两个方面进行考量。

（一）服务方式

要将之前被动的服务方式，等读者来图书馆看书，转变为主动服务，吸引读者来图书馆看书。

首先要解决的是阅读距离的问题，许多图书馆都面临着只能服务馆舍附近的居民，辐射范围有限，难以覆盖许多读者。读者也面临着"上门"距离远，"服务时间短"的问题，这也是为什么许多读者不愿意来图书馆读书学习的一个重要原因。

首先针对"上门"距离远问题，我区自从去年开始在全区范围内建设了 7 家城市书房，已经完全可以完成"15 分钟阅读圈"的目标，满足群众在家就可以看到书的需求。城市书房作为图书馆的分馆，可以发挥其节点作用，以总馆为中心，连接到街道和社区，已经在城区支撑起了总分馆的建设。下一步我们也会建设更多的城市书房，增加城市书房覆盖密度，可以极大解决读者"上门"距离远的困扰。

其次针对"服务时间短"的问题，孝南区图书馆目前采取的动态调整时间策略，根据每年不同时间段，读者对于读书的不同需求进行"动态调整"。最大程度满足读者的需求，例如，在寒暑假期间，为满足广大学生和读者的读书学习需求，将每天的开馆时间调整为9：00—19：00，延长了服务时间。在夏天带给读者一丝清凉的同时，也更好地满足了读者在暑假的学习需求。

图书馆寒暑假延时开放可以极大程度上填补"双减"政策所带来的"空隙"，满足广大学生群体在寒暑假的阅读服务需求。

（二）服务内容

图书馆以前只是单纯地提供图书、报纸报刊的阅读和借阅服务，已经远远满足不了新时代的文化需求。其应该要不断完善服务方式，丰富服务内容。

图书馆的主要职能是为社会公众提供阅读服务。在新媒体环境下进行阅读推广的手段众多，而借助新媒体平台开展阅读活动是近年来阅读推广的主要手段之一。如借助手机与电脑等手持终端设备，促使社会公众利用碎片化时间进行阅读。图书馆也可基于阅读推广活动的开展，获取用户所感兴趣的浏览内容，为此类用户推荐有针对性的信息资源。孝南区图书馆已经开设了微博、微信公众号、区图书馆网站等多个网络账号。目前已经利用网络平台开展了线上展览、网络绘画作品征集等各类阅读推广活动，以进一步增加阅读推广服务的途径。

充分发挥社会力量在参与图书馆服务供给中的积极作用。在图书馆建设运营中，很多非营利组织具有专业的才能、广泛的资源和强烈的参与意愿。应充分调动其积极性，发挥他们的优势，补足图书馆自身的短板，拓宽社会力量参与图书馆建设的渠道。很多社会组织具有灵活性高、服务意识强、市场敏感度高的特点。图书馆也应该不断丰富其服务的内容和形式。力求形式上的多样性，内容上的丰富性。区图书馆在服务形式上与社会力量相结合，目前已经与樊登读书和小蜗牛美术达成合作关系。已经联合举办了对词阅读推广活动，如"文津读书系列活动""我的中国梦 革命故事会系列活动""我们的冬奥绘画作品网络征集活动"等活动，取得了良好的社会反响。在弥补图书馆人员不足的同时，也可以更好地利用社会资源推进全民阅读推广。今后我们还将继续和更多的社会力量进行更加深入广泛的合作，达到"1+1>2"的作用。为阅读推广增添更多的力量。

三、阅读推广的新目标

阅读具有启迪人们心灵，丰富人类精神世界的作用。随着社会的高速发展，人们在工作上花费的时间越来越多，可以用于阅读的时间越来越少，同时，快节奏的生活节奏让人们难以静下心来阅读经典资源，并参悟其中的人生哲理，从而提升思想境界。因此，倡导全民阅读、开展阅读推广活动具有深远的实践意义与文化价值。公共图书馆必须利用自身的馆藏资源优势和读者基础优势，在提升馆藏利用率的同时，实现民众文化素养和民族文化凝聚力提升的终极目标。

在"双减"政策的执行之下，图书馆应该积极转变工作和服务的方式，不断丰富服务的内容为读者在新形势下，创造更好更优质的阅读环境和阅读内容。同时做好新时代下阅读推广的工作，吸引更多的读者热爱阅读。为中小学生提供一个良好的文化环境，开展多种多样的阅读推广活动，既可以让学生、读者读书学习，又能通过阅读推广活动丰富他们的精神世界，满足他们对文化精神方面的需求。为持续推进引领科学的发展，提升大众的文化素养，发挥传承中国优秀历史文化的作用。为新时代的文化建设添砖加瓦，贡献我们的一份力量。

参考文献

[1] 钱旻. 新媒体环境下公共图书馆阅读推广研究——基于SWOT分析法 [J]. 江苏科技信息，2021，38（19）.

[2] 王莉. 新媒体环境下的公共图书馆阅读推广策略探析——以山西省图书馆阅读推广为例 [J]. 中文科技期刊数据库（全文版）图书情报，2021（4）.

"双减"背景下公共图书馆阅读推广活动

刘艳武

（湖北工程学院图书馆　432000）

摘　要： 本文以"双减"政策下，阅读对中小学生学习和成长的重要性为出发点，阐述了公共图书馆在引导中小学生阅读方面应承担的责任，探讨了公共图书馆在"双减"政策下精准有效开展阅读推广活动的系列举措。

关键词： "双减"政策　公共图书馆　阅读推广

2021年7月24日，中共中央办公厅、国务院办公厅印发《关于进一步减轻义务教育阶段学生作业负担和校外培训负担的意见》（以下简称"双减"政策），明确规定学校和社会要减轻义务教育阶段学生过重的作业负担和校外培训负担。在"双减"政策的支持下，中小学生有更多的课余时间开展体育、音乐、绘画、阅读等兴趣活动。公共图书馆作为大众阅读的场所，是社会主义公共文化服务体系的重要组成部分，肩负着文化建设与传播的重任。公共图书馆应积极向青少年开展阅读推广服务，引导青少年养成良好的阅读习惯。

一、"双减"之下，加强阅读是中小学生学习和成长的必由之路

（一）阅读为青少年提供了健康的成长环境

青少年时期是成长的关键时期，性格和心理都处于养成和发展的关键阶段，青少年在这一时期所接触到的信息直接影响他们的成长，接触到不良信息甚至会导致青少年走上歪路。"双减"之下，青少年有大量的课余时间，尤其是寒暑假，家长由于工作的关系，无法时刻陪伴孩子，稍不注意，孩子就可能会沉迷于手机、电脑等电子产品，接触到暴力、色情等严重危害青少年健康成长的信息。良好的阅读能为青少年提供健康的成长环境，开卷有益，书籍是良师，也是益友，阅读对青少年来说是精神上的陪伴和指引，沉浸在阅读中的孩子们身

心都会感到愉悦。通过阅读，青少年可以接触到不同的知识来扩大眼界、丰富阅历、陶冶情操、明辨是非。著名的哲学家、作家和科学家弗兰西斯·培根（Francis Bacon）说过：读史使人明智，读诗使人聪慧，数学使人精密，哲理使人深刻，伦理学使人有修养，逻辑修辞使人善辩。

（二）阅读能力是一切学习的基础

中小学生的阅读能力参差不齐，有些孩子很少去课外阅读或者根本没有课外阅读过，原因主要有两个方面：一是在"双减"前，孩子忙于繁重的作业和课外补习班，几乎没有时间课外阅读；二是很多孩子及家长都忽略了阅读的重要性，认为学习成绩的好坏和阅读没有必然的联系，甚至有的家长还担心课外阅读占据了孩子的学习时间。《人民日报》曾发文评论："如果一个孩子从未读过一本好书，甚至从未读过一本超过10万字的书；而是把大量时间投入学校课本和大量的作业中，那么这个孩子的天赋早被饿死了。"

阅读能力是一切学习的基础，是孩子必须掌握的基本能力。阅读本质上是在学习，阅读的同时，大脑需要对这些信息进行分析处理，逻辑思维能力得到了培养；大量阅读让孩子接触到大量词语、句子、段落，表达能力也得到了锻炼。阅读还关系着一切学科的学习，几乎所有学科、所有题型都需要阅读能力。只有能有效地阅读、有效地理解内容，才能正确审题、正确解答。"双减"之下，家长和孩子都应该走出误区，不要靠上补习班来提高孩子成绩，而是要重视阅读能力的培养。苏联教育学家苏霍姆林斯基（B. A. Cyxomjnhcknn）说过："当孩子学习困难时，不要靠补课，也不要靠没完没了地'拉一把'，而要靠阅读、阅读、再阅读。"让阅读成为孩子的习惯，有大量的阅读积累，这是中小学生学习和成长的必由之路。

二、"双减"之下，积极开展阅读推广是公共图书馆的使命

（一）开展阅读推广有利于图书馆自身发展

图书馆不仅要搞好藏书建设，经常搜集、整理图书资料，妥善保存，还要使其充分发挥作用，让图书资料的价值得到更大程度的发挥。"双减"下开展图书阅读推广，让广大的青少年走进图书馆，图书资源的利用率会大大提升，只有充分利用图书馆资源，发挥图书的价值，才能推动图书馆自身的不断发展。另一方面，通过多种阅读推广活动的开展，图书馆和社会的联系会更紧密，人们对图书馆的使用会更频繁，这不仅加大了对图书馆的宣传，而且能让更多人了解图书馆建设，扩大图书馆在社会上的影响力。

（二）引导中小学生正确利用课余时间

"双减"政策明确规定作业量，确保一年级和二年级不布置家庭书面作业，小学三至六年级书面作业平均完成时间不超过60分钟，初中书面作业平均完成时间不超过90分钟；"双减"政策坚持从严治理，全面规范校外培训行为，规定校外培训机构不得占用国家法定节假日、休息日及寒暑假组织学科类培训。这些措施的落实，让青少年有大量的课余时间。如果没有家长、学校和社会的正确引导，课余时间既得不到有效利用，"双减"政策的初衷也会大打折扣。因此，"双减"政策中指出，学校和家长要指导学生科学利用课余时间，从事力所能及的家务劳动，开展适宜的体育锻炼，开展阅读和文艺活动。青少年阅读推广致力于培养青少年良好的阅读习惯，在促进青少年大脑发育的同时，还可以提高他们的学习能力。公共图书馆开展青少年阅读推广活动既可以作为学校教育的补充，也有利于青少年有效利用课余时间，是对"双减"政策的大力配合。

（三）公共图书馆对青少年有教育职能

公共图书馆是社会教育机构，它具有独特的教育特点和作用，承担着各种不同的教育职能。公共图书馆肩负着对青少年的思想教育职能，公共图书馆要根据党和国家的需要，将青少年培养成具有共产主义思想、道德品质，并有创造志向和才能的新型人才；公共图书馆肩负着对青少年的文化教育职能，公共图书馆要紧紧围绕文献信息资源的建设、整理、检索和利用，积极向青少年宣传推荐图书资料，以各种阅读推广形式引导青少年提高文化素养。

三、"双减"之下，公共图书馆阅读推广服务要精准有效

"双减"之前，中小学生受应试教育的影响，忙于作业和校外补习班，缺乏课外阅读时间并且对阅读的重要性认识不够，使得专门针对青少年开展的一些阅读推广活动成效不大。"双减"之下，公共图书馆要抓住契机，对青少年开展精准有效的阅读推广服务。

（一）持续加强文献资源建设

阅读推广工作的质量在相当大程度上取决于文献资源建设的质量。图书馆在进行资源采购时，一是要把握正确的导向，严把采购关，拒绝盗版书、不健康读物、伪科学读物，确保为青少年提供内容健康向上的读物；二是要根据青少年的心理、智力和生理发育特点，购买适合各个年龄段孩子的书籍；三是要密切关注青少年读物的出版情况，关注国内国外有影响力的青少年文学作品奖

项，及时将优秀的文学作品呈现给读者阅读。四是应积极谋求同所在地中小学之间的合作，根据所在地中小学所开设的课程需要，准备相关的图书资料以备读者借阅。

（二）进一步提高馆员素质

公共图书馆是未成年人的"第二课堂"，是培养青少年成长的社会学校，馆员则是青少年的校外老师，素质优秀的馆员才能胜任阅读推广的各项工作。馆员要具备合格的业务素质，要熟悉图书资料的内容，能及时做好图书宣传，正确帮助青少年挑选图书，顺利答复咨询，有效指导阅读，提高读者服务的质量。馆员要具备文学修养，中小学生普遍喜爱文学作品，馆员要掌握有代表性的作家与作品、中外文学名著、儿童文学知识等，并向广大中小学生读者进行宣传。馆员还要具备教育学、儿童心理学知识，懂得儿童教育的理论、原则和工作的方式方法，根据不同年龄、不同兴趣的读者在阅读倾向上的差异，有针对性地开展阅读指导工作。

（三）积极构建馆校合作

公共图书馆要积极主动地和当地学校合作，以馆校联合的形式举办各种阅读活动，比如读书会、诗歌会、朗诵会、作文比赛，评比阅读之星等，激发中小学生的参与兴趣，提高阅读推广活动的参与度。公共图书馆还要选派专业馆员进学校向中小学生介绍图书馆的功能和作用，让他们了解图书馆的借阅流程和注意事项，还可集中办理图书借阅证。更重要的是，向中小学生推荐图书馆的藏书，介绍优秀作家及文学作品，介绍中小学生必读书目，鼓励中小学生在课余时间进图书馆进行阅读。对于比较偏远的学校，图书馆还应在学校设置"图书流通站""图书流动车"等，并及时更新图书，以方便青少年读者借阅。

（四）与时俱进，创新服务

图书馆要线上线下相结合，推出受中小学生欢迎的阅读推广活动。在线下，图书馆要充分利用双休、节假日和寒暑假的时间，举办丰富多彩的活动，如亲子阅读、故事会、话剧表演、书法比赛等，一些反响好、参与度高的活动要长期开展以提高社会影响力。公共图书馆还要举办文化、教育类公益讲座，请资深教师、知名作家、教育专家，利用自己的专业知识，为青少年的阅读提供指导，为青少年的成长答疑解惑。在线上，公共图书馆可通过抖音、微信小程序、微信公众号等进行新书推荐和活动推广。针对低年级读者，公共图书馆还要推出童书音频、有声绘本，还可通过录视频或音频的方式推选故事小主播，激发他们的阅读兴趣。

四、结语

综上所述，公共图书馆要抓住"双减"之下中小学生课余时间增多的契机，积极开展阅读推广活动，培养中小学生的阅读习惯，提高中小学生的思想修养和文化修养，为青少年的成长做出应有的贡献。

参考文献

[1] 中共中央办公厅 国务院办公厅关于进一步减轻义务教育阶段学生作业负担和校外培训负担的意见 [EB/OL]. [2023-07-14] http：//www.gov.cn/zhengce/2021-07/24/content_ 5627132.htm.

[2] 郑莉莉，罗友松，王渡江. 少年儿童图书馆学概论 [M]. 北京：国家图书馆出版社，2013.

[3] 徐双定，陈淑霞，张雪梅. 公共图书馆未成年人阅读推广 [M]. 兰州：甘肃人民出版社，2017.

[4] 张方杰. "双减"政策下公共图书馆阅读推广活动探讨 [J]. 图书管理，2021（12）.

[5] 贺新艳. 公共图书馆青少年阅读推广活动的实践与探索 [J]. 图书媒介，2021，4（7）.

[6] 孙召海. "双减"背景下图书馆服务中小学生读书浅析 [J]. 图书管理，2022（2）.

公共图书馆的发展与转型探索

韩 南

（孝感市图书馆 432099）

摘 要：随着时代的进步和大数据时代的到来，公共图书馆文化服务显得有些滞后。面对实体化走向虚拟化，图书借阅量、入馆人次逐年下降，而电子资源利用率持续走高的现状，图书馆急需抓住机遇，创新服务手段，全面进入数字化转型时期。加快图书馆的转型是必由之路，跟上时代的步伐才能更好地为社会服务。

关键词：转型；公共图书馆；创新发展

一、转变服务理念创新服务方式

公共图书馆是面向社会的一个服务场所，公共图书馆的未来发展与转型，首先要创新思想，转变服务理念，完善信息化服务体系，建立人性化、智能化的服务体系。目前，图书馆正在进入数字化时代，服务体系还比较被动，提供的服务形式也比较单一。面对时代的发展和多元化文化信息的需求，这样的服务体系很显然不能满足他们的要求。因此开展公共图书馆信息化服务体系的建设是时代发展的必然。当今时代飞速发展，阅读形式也不仅限于纸质阅读，电脑、手机等电子产品成为当下常用的阅读工具。所以信息化服务体系实现更人性化的主动服务，将图书馆的资源高效利用起来。

其次，城市文化的基础设施、服务网络以及文化产品覆盖面，决定了这个城市居民的文化生活状态。过去信息传播慢，文化资源有限，所以人民群众看书难、看戏难、看电影也难。如今公共文化设施网络不断完善，尤其是公共图书馆的建设不断升级，已经基本实现足不出户就可以在线借阅预览。公共图书馆丰富了群众文化生活、休闲生活，成了一方文化的象征。

最后，充分运用大数据技术和物联网技术的优势为顾客提供更加人性化的服务。大数据技术统计分析能力强，所以能通过它了解读者的信息需求、阅读习惯，从而为读者提供有针对性的推送内容，这样就变被动为主动，从而实现智能化服务。物联网技术在图书查找、自助借还及图书信息采集处理方面提供了高效的服务。由此可见图书馆的服务体系建设的发展趋势是更加的智能化、人性化的。

二、软硬件的智能化智慧化是关键

公共图书馆由数字化向智能化智慧化转型是未来趋势，加强智能化智慧化硬件建设是关键，现在的图书馆虽然达到了自动化，但是在服务方面还是短板，在图书馆找书的方式还比较传统，先是找到索书号，然后再到书架上找。由于读者看完书后，没有放到原来的位置，这对于寻找图书无疑增加了困难，如何才能精准快速地找到图书呢？这就要我们图书馆在智能化的硬件上下功夫，比如说现阶段使用的智能书架，智能书架是一款高性能图书管理系统，智能书架不仅具有 3D 导航（在智能书架区域，读者查到要借阅的图书后，根据屏幕显示的 3D 路径，很快就能找到图书）、借还书、查询、图书实时上架（实时定位，实时盘点，还即上架）、统计分析读者阅读习惯等功能，还具有图书推荐、在线图书预约、手机统计报表等特色功能。很大程度上减少了读者寻找图书的难度，同时也提高了效率，类似这样的智能化的软硬件有很多，我们要有着重点、探索创新服务方式、从方便读者的思考出发，来打造智能化智慧化的图书馆。

读者证由实体证向电子证转变，当今社会日益服务信息化，每个人都离不开手机，手机现在不仅仅是沟通工具，更像是一种生活方式，是大家在生活中必不可少的生活用品，将实体证转变为电子证，一是节省实体证的制作成本费用，二是杜绝了读者证丢失和损坏的现象，三是很大程度上减少了大家出门没有带读者证不能借书的情况，有了电子证，大家只要带着手机，就可以实现所有的操作，方便读者的同时也提升了图书馆的服务效率，更彰显了图书馆的服务水平。图书馆的智能化智慧化，归根结底就是硬件的智能化智慧化，加强图书馆的智能化智慧化硬件建设才是让图书馆走向智能化智慧化的重要环节。

三、公共图书馆工作人员的转型

现代科技日新月异，社会瞬息万变，在硬件跟上时代步伐的同时，加强信息化人才队伍建设尤为重要。图书馆工作人员也要紧跟时代步伐，要快速转变服务意识，转被动为主动，积极主动对接读者的需求，主动思考问题、分析问题、解决问题，提升服务质量。长期以来，人们对图书馆工作一直存在着一种观念性的误区，即该工作是一项清闲且还需要文化知识的职业，在大家眼里无非是整理图书。其实图书馆工作人员要从事一定的体力劳动，但更需要从事大量的脑力劳动，属于知识密集型行业，这就需要图书馆工作人员必须具有一定的文化水平和知识结构，方能适应各部门的工作。在社会逐步迈向信息化和信息日益社会化的今天，图书馆工作人员还需要具备基本的计算机基础知识和操作技能方能适应图书馆的网络化、数字化要求，这就要求我们图书馆工作人员要有很高的专业素质。创新是引领发展的第一动力，创新驱动实质上是人才驱动，我们要深刻认识到人才对于推动图书馆事业发展的重要性，人才是图书馆的生命活力，引进优秀的专业技术人才，创新符合当今时代发展的服务方式才能更好地为广大读者服务。

图书馆工作不仅是一种服务性职业，而且具有重要的文明传播功能，周到的服务和平等待人、平易近人的工作态度，不仅可以使读者获得良好的读书体验，更可以让读者感受到人际关系的温暖与和谐，从而激发读者对图书资料的珍惜、爱护以及对图书馆工作人员的爱戴与尊重。通过自身的服务，不仅向读者传播了知识，而且传播了文明健康的人际关系与行为方式，因此良好的职业道德和平等待人、平易近人的工作态度是提高服务质量的重要内容。

所以硬件智能化智慧化的同时，也要做好公共图书馆工作人员的转型工作，提升工作人员的整体素质、强化工作人员的业务能力、增强工作人员的服务意识，是公共图书馆转型发展的重要软实力，两者只有齐头并进，相互配合，才能达到理想的效果。

四、充分利用公众号等媒体拓宽服务途经。

随着信息化时代的到来，互联网技术和信息技术的快速发展使生活发生了翻天覆地的变化，传统的学习和阅读模式已无法满足读者的需求，公共图书馆应跟紧时代步伐，顺应时代潮流，进行自我变革，创新服务模式，以满足时代发展的需要。

目前，微信公众号平台已经成为人们接受信息的重要渠道之一，被越来越多的企业和机构所应用，并拥有传统服务模式无法比拟的优势，公共图书馆应借助微信公众号改革创新服务方式，结合自身的资源优势，充分发挥图书馆的价值。微信公众号的优势不言而喻，已经被大多数人熟知，首先，使用方法简单，只需在微信里搜索相应的公众号名称，添加关注，即可享受公众号里的所有服务。其次，其运行成本低，每年只需要缴纳低额的年审费用即可继续运营。最后，其推送信息快捷及时，无论任何地点，任何时间，都可以将信息推送给读者，读者也会在第一时间收到推送的信息，利用好微信公众号的这些优点，可以很好地拓宽服务渠道，创新服务方式。同时微信公众号平台还可以和图书管理系统互联互通，只要关注公众号，在公众号里绑定读者证，在手机上就可实现海量的数字资源阅读，图书借阅清单查询、图书续借、超期图书还书提醒、馆内书目检索，还可以实时看到图书馆最新上架的图书等功能，足不出户就可以享受到图书馆的各种服务。

四、结束语

在大数据环境下，当今时代飞速发展的今天，现代科技日新月异，社会瞬息万变，不思考不创新不转型，随时都有可能被时代抛弃，公共图书馆文化的服务模式必须做出改变和转型，积极探索新的服务方式，建立新的服务体系。我们在探索创新与转型发展的路上，每个人的机会是均等的，通过图书馆文化服务的创新与转型发展，来提升图书馆的核心竞争力，跟上时代发展的步伐，满足读者对美好文化生活的需求。

公共图书馆未成年人服务研究

朱志伟

（孝感市图书馆　432099）

摘　要：本文主要讨论了如何提升公共图书馆对未成年人的服务水平。文章提出了制定图书筛选制度、图书分级制度和图书剔除制度的建议，以确保图书资源的质量和内容健康。同时，文章还强调了提高馆员素质和服务水平的重要性，包括提升专业素养和沟通技巧。此外，文章还提出了丰富阅读活动的重要性，以深化教育效果。最后，文章指出了公共图书馆在硬件设施、专业少儿服务人员和服务于儿童少年的不足之处，并提出了相应的解决措施。

关键词：公共图书馆；未成年人；服务水平；馆员素质

《公共图书馆法》中明确规定：政府设立的公共图书馆应当设置少年儿童阅览区域，根据少年儿童的特点配备相应的专业人员，开展面向少年儿童的阅读指导和社会教育活动，并为学校开展有关课外活动提供支持，该条例明确了公共图书馆的规划以及承担的社会教育责任。

在当前复杂的社会环境下，对居民心理、经济、就业等方面产生了巨大的压力，成年人的压力可能会部分转嫁到青年儿童身上，加之"双减"政策下，学生课内、课外压力减少，自主阅读时间、活动精力增加，压缩了家长的精力、时间，成了家长的一种压力，其中就有一部分转化施加在了青年儿童身上，成了一种难以解释的怪圈。那么图书馆作为公共文化服务机构，就应该充分了解青年儿童的性格特点、行为特点，在家校压力基础上深化职能、提升服务水平，承担起社会教育责任，充当缓解压力、提供平台的角色，构建连接家、校的桥梁。

性格是青少年在适应和改造环境过程中得以不断塑造的结果，是人与环境相互作用的产物，它不取决于先天因素，侧重于后天雕刻与塑造。人在18岁之前,性格未趋于稳定,变化非常大,可塑性强。未成年人大概可分为三个阶段,0~6岁:低幼期,6~12岁:学龄初期,12~18岁:青少年期,受家庭环境、家长教育方式以及接触社会环境影响,每个阶段性格特点、行为特点不一,在公共场合具体有以下表现。

一、0~6岁。主要表现为无自主行为能力。

1. 在公共场合容易按照天性实施自己的行为,对声音、行为无认知。情绪很易受到外界事物的支配,行为易受情绪支配,同时情绪也很容易受到感染,从众的心理较为明显,无法认知到公共场合需要遵守的纪律。

2. 对可移动、颜色鲜艳的事物容易产生好奇,容易去触摸、攀登、搬动。

3. 活泼好动,喜欢跑动、喊叫,遇到同龄人容易抱团玩闹。

二、6~12岁。有部分自主行为能力。

1. 情绪较为稳定,控制和调节情感的能力逐渐提高,能够按照父母或教师的要求约束自己的行为,对一些事物有自己的认知,开始知道哪些事物和行为是好的哪些是不好的。行动的冲动性也开始减弱,行为的自我调节能力有了明显的增强,但是坚持性仍较差。

2. 对图画类、视听类、新奇类事物兴趣较大,喜欢看漫画类、故事类书籍。

3. 有荣辱观,自我意识比较明确,在集体生活中想要得到认可、赞扬。自我意识较为依赖他人对自己的评价,尤其是老师和父母对其的评价。

三、12~18岁。更加自主。

1. 性格两极分化,有的特别内向有的很外向。有些在社交中胆子大、有礼貌、活泼。有些则沉默寡言,不善交流,跟同龄人交流无障碍,但是不想与陌生人或者家长交流。

2. 自我意识强烈,想要主导自己,有自己待人接物的处事原则。

3. 叛逆心强,不想受约束,有自己的想法,个人色彩比较浓重。

了解青少年儿童的一些性格特征、行为特点,有助于公共图书馆更好地提升服务水平。在"十三五"期间我国政府出台了一系列法律法规,如2017年3月1日颁布实施了《中华人民共和国公共文化服务保障法》,2018年1月1日颁布实施了《中华人民共和国公共图书馆法》,促使公共图书馆未成年人服务在法治化、标准化、体系化等方面有了很大进展,"十三五"期间我国公共图书馆未成年人文献数量和基础设施建设得到了明显改观,但是综观国内外公共图书馆的构造、配置、模式,也暴露出了公共图书馆的一些问题。

一、专业少儿图书馆少。据第六次全国县级以上公共图书馆评估定级的统计数据来看,2017年我国公共图书馆3166个,其中一级馆969个、二级馆519

个、三级馆519个，独立建制的少儿图书馆共122个，比例不足4%。湖北省设立图书馆106个，少儿图书馆合计4个。云贵川少儿图书馆合计1个。东西部少儿图书馆占比不均衡，甚至偏远地区未设立少儿图书馆。我国公共图书馆数量虽在逐年增加，但与3.67亿未成年人的人口基数相比并不匹配，且在发展水平和数量上存在明显的地区差异和不平衡性。各省市专业少儿图书馆的缺少，导致少儿服务实践平台缺少，无法为青少年提供更加专业的服务，无法探究更有效的未成年人服务体系。

二、公共图书馆缺少专业少儿服务人员。馆员是公共图书馆事业高质量发展的主导力量之一，公共图书馆优劣也取决于馆员服务的能力和服务水平，当前我国缺少少儿图书馆，一些公共图书馆按要求设置青少厅，少儿厅，配置馆员进行服务，但是部分馆员不是学前教育等相关专业等，针对儿童少年服务，在服务理念、专业技能、沟通技巧等方面还存在不足。

三、服务于少年儿童硬件设施不够完善。

1. 少儿厅设置不合理。公共图书馆是为市民提供阅读、活动、教育的平台。在公共场合需要保持安静，但是儿童天性爱动、易吵闹、爱问问题。亲子阅读时与家长共读，精彩之处儿童容易发声。馆员制止无疑会扼杀儿童天性，不利于阅读效果。如果不加制止不仅会与图书馆纪律相悖，还会影响到其他小读者，一些公共图书馆未能将低幼区与幼儿、青少年分开，单纯设置容纳所有0~18岁未成年阅读厅最易导致这种情况。

2. 设备不友好。在少儿厅，书架、借还机器、指引牌、书籍是标配。儿童基本上是由父母帮忙挑选书籍，但是对于6~12岁读者，基本上是自取书籍，有些图书馆设置架子过高，摆放书籍过多，读者自取书籍时会踩书架取书，书架容易断裂，书籍掉落，很容易发生安全事故。书架、桌椅板凳尖锐，无保护措施也会导致读者受伤。少儿厅指引牌的不完善，借还机器操作不友好、不便利也会影响阅读体验。

3. 书籍甄别不到位，少年儿童容易受影响。一些书籍破损、掉页可能会影响感观，阅读体验不佳，但是如果书籍内容不健康，被涂改，被书写不健康的话语，图书馆未能及时清除，流通后下一位读者阅读后心理上会受到影响，不利于未成年人健康成长。

四、针对少年儿童活动不够丰富。举行的一些活动形式不够丰富，活动内容单调，活动主题针对性不强，对儿童少年吸引力不大。线上活动局限于扫码看书，在线阅读。没有充分调动少年儿童动手、动脑、求知的能力。对于一些特殊群体的未成年人，例如：残疾、留守、孤儿等未成年人没有针对性的活动，未能体现全民阅读的均等性。

服务措施：

一、完善硬件设施，打造服务平台。

各公共图书馆应严格按照《公共图书馆法》相关条例积极设立少儿厅。按照年龄段划分低幼、儿童、青少年区，最好是有物理上的隔挡，设置相关警示标志、指引标志。书架设置要按照未成年人的身高以及阅读厅的用途来设立，桌椅板凳、突出墙体等尖锐物体要做成圆弧状或者用软胶包边。条件允许的情况下，可在厅外设置幼儿活动区，放置部分绘本、拼图、益智玩具、儿童读物等，设置多媒体资源机，提供丰富的少儿视听资源。开辟无障碍通道、无障碍设施、无障碍视听设备，方便未成年特殊群体。

完善总分馆建设。积极构建中心馆—总馆—分馆—支馆服务架构，合理规划、因地制宜、科学设馆，覆盖市、区县、乡镇，通过通借通还、馆际互借来打通服务平台最后一公里。

县级以下乡镇、社区等基层，设施、资源配置不足，通过与各公共图书馆交流与合作，建立图书馆联盟，可促进资源开放与共享，推动服务互联与互通。

二、制定相应制度，保障阅读健康。

《未成年人保护法》明确禁止危害未成年人身心健康内容的各种信息载体侵害未成年人精神文化权益，当然公共图书馆对馆内宣传海报、视听资源、网络服务做出限制的同时，要对最重要信息载体——图书予以甄别筛选。

1. 制定图书筛选制度。图书馆发挥着文化教育作用，是社会教育重要的一环，未成年人教育是重中之重。那么未成年人到图书馆看什么书这个问题尤为重要。那么制定图书筛选制度就有必要。筛选制度可以根据不同年龄段儿童心理特点、教育局相关要求、人教版教材、课外制定读物等进行制定。制度中图书资源提供者一定要是正规出版社、正规儿童文学机构、有据可查的作者。内容要具备教育意义，兼具趣味性、艺术性亦可，符合大众审美。

2. 制定图书分级制度。未成年人心理特点、教育程度决定了不同年龄段爱好阅读的书籍不同，能够阅读理解的书籍也不同。制定图书分级制度，能够快速根据年龄适配图书资源，提升未成年阅读满意度。

3. 制定图书剔除制度。公共图书馆图书是政府的固定财产，也是一种易损品，长期流通借阅必然会导致书本损坏。建立图书剔除制度，定期对图书进行检查，检查其损坏程度、人为涂改情况、是否书写不良话语情况，频次可按照图书流通程度进行，及时进行剔除，保障图书内容健康。

三、提高馆员素质，提升服务水平。

1. 提升专业素养。作为图书馆工作人员必须熟知图书馆学知识，作为服务未成年人的工作人员，还需要懂得儿童心理学以及教育学的相关知识。这就需要图书馆定期开展专业培训，内容涵盖图书馆业务、教育、心理学等方面，提升专业能力。

2. 提升沟通技巧。针对不同年龄段需要不同的沟通技巧，幼儿因语言能力、理解能力还未成熟，肢体动作沟通会更有效果。儿童自我意识明确，能够听取家长以及成年人的意见来改正行为，可采取正向性沟通、赞扬式沟通。青少年自主意识更强，要建立在尊重的基础上，要提升这方面的能力，需要充分了解儿童性格、儿童教育方面的知识，加强学习，参与培训，善于总结。

四、丰富阅读活动，深化教育效果。

很多活动集中在线上阅读、线下听课，这无疑会降低小读者的积极性，得不到社会教育的效果。需要创新活动形式，丰富活动内容，吸引读者参与。经过实践探索，以孝感市图书馆为例。孝感市图书馆全年举办300余场活动，回顾活动效果，科普活动周中水火箭制作孩子们尤为喜爱。分析对比其他活动，此活动道具制作成本低，道具易得。活动形式为老师讲课普及知识，动手动脑制作火箭，实地展示放飞成果。在此活动中学生不仅学到了知识，收获了快乐，还培养了动手动脑的能力。以小见大，孩子们喜欢新奇的、有趣的、快乐的活动。

那么丰富的活动形式就需要从家长喜欢、孩子喜欢，具备趣味性、动手性、知识性中来。线上结合线下，创新活动。充分与高新企业、教育单位取得联系，聘请专业领域老师、策划活动。开展诸如科技课堂、成长课堂、亲子阅读、观影有奖、创客实验、红色阅读、诗词大会等教育活动。

五、关注特殊群体，提供延伸服务

研究表明，美国未成年人馆外延伸服务历史可追溯到20世纪50—60年代。如今美国公共图书馆依然以其先进的服务理念和创新服务模式，引领未成年人延伸服务的发展趋势，在立法和政策的支持下，美国公共图书馆先后开展学龄视障儿童暑期阅读俱乐部项目，提供盲文和大字版图书书目并进行分级阅读指导。借助教堂和志愿者中心等社区服务机构进入当地医院和儿科诊所，为住院儿童及其家庭提供一对一服务，相继推出学龄前儿童延伸服务，早教服务计划等，这对我们也有借鉴意义。未成年人特殊群体也有阅读需要和受教育的权利。为残障未成年人设置专业读物，如盲文听书机、触摸大字版图，配置无障碍通道。针对不同特殊群体特点，开展活动进农村、活动进孤儿院、活动进社区，同时吸纳不同领域志愿者为残障、留守、孤儿等未成年人特殊群体提供服务，体现公共图书馆的关怀，普及知识，真正实现图书馆服务均等化。

六、加强家校合作，筑就成长桥梁

家庭和学校也许是未成年人停留最多的场所。在学校中接受知识教育，在家庭中收获亲子教育。图书馆加强家校之间的合作，通过学校可以向孩子推荐阅读资源，打开阅读阵地。反过来，教师还可以为图书馆推荐优质教育图书，丰富馆藏，提供优质资源，也可以为图书馆提供活动讲师资源，丰富活动形式。

与家庭间的紧密沟通，通过家庭能够连接孩子，读懂孩子内心，了解孩子内心真实想法，缺少什么，需要什么。指导图书馆提供服务，可优化图书馆资源配置，提升服务、发挥社会教育职责，家长通过图书馆获取优质教育资源、教育方法，对孩子学习成长大有裨益，加强家校合作，通过图书馆的纽带作用，构筑孩子成长桥梁，保障儿童少年健康成长。

时代的发展、经济的提升、读者的需求要求图书馆深化教育职责、提升服务水平、探索服务体系，也要求每位图书馆工作人员有坚定的信念、过硬的本领、扎实的水平，积极探索，创新思路，不断满足未成年人的精神文化需求，努力推进公共图书馆事业高效率、高效果、高质量发展。

参考文献

[1] 赵晓丹.《公共图书馆法》视角下未成年人阅读服务保障研究——以辽阳市图书馆为例 [J]. 图书馆学刊，2021，43（09）：77-80.

[2] 陈媛媛. 公共图书馆未成年人保护职责研究——基于新修订《中华人民共和国未成年人保护法》的规定 [J]. 图书馆工作与研究，2022（03）：114-120.

[3] 陆丹. 公共图书馆未成年人服务高质量发展研究 [J]. 河南图书馆学刊，2021，41（12）：13-15.

[4] 陈小凡. 美国公共图书馆未成年人延伸服务研究 [J]. 图书馆，2022（1）.

关于提升城市书房建设水平和服务效能的思考和建议

——以孝感市"澴川书房"建设为例

吴健涛 谭义斌 黄 亮

(孝感市图书馆 432099)

摘 要：本文概述了孝感市"澴川书房"的建设背景，介绍了孝感"澴川书房"建设和管理现状，指出目前书房建设过程中存在的问题和不足，并针对这些问题提出了改善管理、制定服务规范、落实统一管理和财政补助政策、吸引社会力量参与等措施，对各地城市书房建设具有较全面的参考意义。

关键词：城市书房；澴川书房；服务效能

一、引言

2021年，我市在主城区建设了10座城市书房，并根据孝感地域文化特点统一命名为"澴川书房"。已建成的"澴川书房"均位于城区主要人口密集区，装修精美，环境舒适，开放时间为每天9:00至21:00，特别是双休日和国家法定节假日照常开放，可为市民提供书刊借阅、研修自习、文化活动、茶点休闲等文化服务。所有"澴川书房"作为孝感市图书馆或孝南区图书馆的社区分馆，与市、区图书馆实现后台联网，市民一证"通借通还"，图书流通共享。根据工作计划，2022年孝感城区还将继续新建"澴川书房"网点，扩大服务的覆盖率，孝感各县市区也有相关建设安排。为提升已建成的"澴川书房"管理水平和服务效能，也为后期提高新建"澴川书房"的建设水平，特撰本文，供参考。

二、孝感"澴川书房"建设和管理现状

1. 建设现状

2021年1月，市委书记吴海涛、市长能征宇先后对孝感的城市书房建设工

作做出批示。孝感市委六届十一次全会和市政府六届三十七次常务会议相继把城市书房建设工作写进会议纪要。纪要提出了在孝感市建设30座城市书房的任务要求，其中孝感主城区（含孝南区和高新区）建设10座，其他六个县市共建设20座。会议决定对孝感城区10座"城市书房"采取"以奖代补"的办法各补贴40万元，主要用于图书、自助阅读设备、运营管理设备、便民服务设施的购置。孝感市委宣传部组织市文旅局、图书馆和孝南区委宣传部、文旅局的相关人员，召开多次会议讨论落实城市书房建设事宜，拟定了以场地提供方负责城市书房基建装修、家具购置工作，政府负责配备相应图书和管理设备的建设分工思路。

2021年4月，孝感市委宣传部和市文化和旅游局联合发文《关于建设城市书房的指导意见》（孝宣文〔2021〕2号），以下简称《指导意见》。规定孝感市城区的城市书房统一命名为"澴川书房"。文件对孝感全市建设城市书房的目标任务、管理服务标准、建设运营等做了原则化的要求，对城市书房建设日程做出安排。市文化和旅游局通过局长办公会形成会议纪要，委派孝感市图书馆负责10座城区"澴川书房"的图书、设备的招标工作，并负责督办将相关图书、设备供货、安装调试到位，实现通借通还、大数据统计、自助服务等功能。市、区委宣传部、文旅部门，高新区相关部门成立建设专班，完成"澴川书房"的VI（视觉识别）系统设计，完成了对首批"澴川书房"，包括位于老图书馆、付冲社区、城东社区、诸赵社区、壹为艺术馆五处"澴川书房"的选址、装修设计工作的审定，除壹为艺术馆外，其余四处书房相继开工建设。2021年7月，孝感市"澴川书房"城站路分馆、城东社区分馆开馆投入运行。2021年8—9月，"澴川书房"付冲社区分馆和高新区诸赵社区分馆相继建成。原计划建设的高新区壹为艺术馆改造"澴川书房"，产权方因装修及后续费用等原因退出。2021年10—12月，第二批建设的"澴川书房"书院分馆、府前分馆、车站分馆、西湖桥分馆、黄香分馆等相继建成开放。

目前已建成的"澴川书房"实现了"六个统一"的标准化管理，即统一名称、编号；统一悬挂形象LOGO标志并亮化；统一开放时间；统一图书加工标准；统一配置智能设备；统一便民设施。可为市民提供书刊借阅、研修自习、文化活动、茶点休闲等文化服务。市民凭图书馆读者证、身份证或手机扫码等方式自由出入。居民办理借阅证后，可在各书房、图书馆之间一证通用，图书通借通还。

各"澴川书房"的建设运营情况具体如下。

表1 "澴川书房"建设运营情况一览表

编号	区域	书房名称	地址	面积	开放时间
101	广场街道	城站路分馆	城站路85号	350m²	2021年7月
102	广场街道	城东分馆	长征一路15号	180m²	2021年7月
103	广场街道	付冲分馆	长征路139号	240m²	2021年8月
104	高新区	诸赵分馆	文昌大道诸赵社区	350m²	2021年12月
105	书院街道	书院分馆	航空路90号	224m²	2021年11月
106	车站街道	车站分馆	车站街和平街75号	160m²	2021年12月
107	南大管委会	黄香分馆	春晓翠苑小区北面临街	212m²	2021年11月
108	书院街道	西湖桥分馆	书院街道西门外正街101号	180m²	2021年12月
109	书院街道	府前分馆	沿河南路城隍潭社区	300m²	2021年12月
110	高新区	胡邱分馆	胡丘社区碧桂园城市之光	250m²	建设中

2. 建设分类

建成的10座"澴川书房"按照行政地域归属、建设投入及服务管理有以下几种情况。

(1)从行政地域归属上看,市文化和旅游局委派孝感市图书馆将位于城站路的老图书馆部分改造建设为"澴川书房"城站路分馆;孝南区委宣传部和文旅局,与孝南区各街道社区一起,建设了城东分馆、付冲分馆、书院分馆、府前分馆、车站分馆、西湖桥分馆、黄香分馆七座"澴川书房";作为建设责任单位,高新区管委会建设了高新区地域内的诸赵分馆和胡邱分馆两座"澴川书房"。

(2)从建设投入上看,市级财政为每座"澴川书房"配套了6000册图书,以及包括自助办证机、自助借还书机、智能监控系统、RFID安全门、馆员工作站、服务数据电视屏、数字借阅机、便民服务区设施等服务设备。孝感市文化和旅游局提供了"澴川书房"城站路分馆的场地,投入装修、家具等建设配套资金70万元。孝南区七座"澴川书房"建设投入可分为两类,一类是城东分馆、付冲分馆、府前分馆、车站分馆、西湖桥分馆五座"澴川书房"以社区投入为主,包括街道社区提供场地,社区投入装修资金等,区财政给予一定补助;另一类是书院分馆和黄香分馆以社会力量投入为主,场地为社会培训机构自有

（租用）房屋，装修也是在原装修的基础上改造而成。高新区管委会联系辖区内的诸赵社区和胡丘社区建设了两所"澴川书房"，场地为社区闲置用房，装修资金为高新区管委会投入。

（3）从管理维护上，目前各"澴川书房"基本上是各自承担。市文化和旅游局承担了城站路分馆的管理人员工资及相关运营费用。孝南区所属的城东分馆、付冲分馆、府前分馆、车站分馆、西湖桥分馆目前由社区担承管理人员工资及相关运营费用。由社会力量建设的书院分馆和黄香分馆目前由相关的培训机构承担运营费用。高新区管委会直接承担了其辖区内两所"澴川书房"的运营费用。

表2 "澴川书房"建设基本情况表

书房名称	图书数量（册）	配套设备（台套）	装修投入资金	管理人员	水电预算	运营管理方
城站路分馆	15000	15	70万	3人	5万	市图书馆
城东分馆	7300	15	72万	2人	3万	城东社区
付冲分馆	6200	15	81.万	2人	3万	付冲社区
诸赵分馆	6000	15	29.16万	2人	3万	高新区管委会
书院分馆	6150	15	40万	2人	3万	澴川书苑
车站分馆	6150	15	46.8万	3人	4万	车站街道
黄香分馆	6000	15	45万	3人	3万	湖北星博士教育咨询有限公司
西湖桥分馆	8000	15	30万	2人	3万	西湖桥社区
府前分馆	7000	15	60万	3人	3万	城隍潭社区
胡邱分馆	6000	15	/	/	/	高新区管委会

3. 管理培训

各"澴川书房"开放前，市、区图书馆联合对"澴川书房"管理人员开展了管理和业务知识培训。对上岗人员详细讲解了书房的服务定位和功能、图书分类上架、日常读者接待、图书自动化管理系统操作、消防安全、开闭馆流程等内容；对RFID借还设备以及图书馆集群管理系统的借还图书、图书查询、补卡、换证、证延期、读者滞纳金处理等业务操作进行了培训，对支付宝信用办证、图书标签转换等工作进行了现场操作演示，对如何开展文化宣传、解答读者咨询和接待技巧进行了经验传授。通过对"澴川书房"从总体建设情况到后期服务模式进行全面讲解，强调管理人员的工作职责和工作技能要求，促进了澴川书房管理服务的规范化与专业化，为提高澴川书房社会服务效益起到了积极作用。

4. 运行成效

"澴川书房"陆续建成开放以来，取得了积极的社会效果。截至2022年6月30日，据后台门禁数据统计，一年时间全市"澴川书房"共接待读者共266340人次，借还图书共137128册次，按10座书房实际藏书73800册统计，图书周转率接近200%。学习强国平台、湖北日报、孝感日报、孝感晚报，市、区融媒体中心等主流媒体报道十余篇（次）。部分"澴川书房"积极开展活动，探索城市书房多元化发展。城东分馆采取"书房+社区空间"的运营模式，与一墙之隔的城东社区新时代文明实践站进行合作，在暑假期间联合开展了儿童趣味公益课堂，内容包括暑期作业培训、趣味手工、益智游戏、才艺展示等丰富多彩的活动。黄香分馆和书院分馆积极响应"政府引导、社会参与"的原则，与第三方教育培训机构合作共建，由机构负责城市书房的运营管理，既具备了相对稳定的读者群体，也为地方财政、所在街道及社区减轻了运营压力。

三、建设和管理存在的问题及不足

1. 建设责任主体不明确，参与部门职责划分不清晰

"澴川书房"的建设是一个系统工程，从政策推动、设计规划，标准制定、资金保障、选址布局、场地协调、装修方案、设施设备、网络后台、人员培训、运行保障等都需要有一个强有力的机构进行领导，以及一个匹配高效的执行机构（工作专班）推进实施。就外地经验来说，领导机构有的是地方政府，有的是地方党委宣传部，一定层级的领导机构保障了决策意志的落实，降低了组织协调的难度。执行机构是推进落实城市书房建设的关键力量，负责落实具体书房建设的具体事务，既有诸如资金保障、场地使用等协调落实工作，又有诸如选址布局、设计装修、设备设施、运行方案等专业性工作，工作专班的协调能力和专业水平尤其重要。从孝感市委宣传部和市文化和旅游局联合发文的《关于建设城市书房的指导意见》可知，"澴川书房"建设的领导机构是孝感市委宣传部，文件要求"市文化和旅游局设立工作专班，负责指导全市城市书房建设"。但文化和旅游局成立的局内部专班难以协调孝南区、高新区相关部门、街道社区的工作。就前期已建设的"澴川书房"实际情况来看，市、区两级宣传、

文旅部门、图书馆、街道社区，以及高新区相关部门和社区参与其中，投入了大量的资源并做了大量的工作。各部门虽然积极性很高，各自发挥职能全力推进书房建设，但没有一个综合机构在选址布局、场地协调、社会宣传、资金保障、设计装修、设备设施、运行方案等方面进行指挥协调。并且在建设经费保障和城区布局规划方面相当重要的财政部门和城建规划部门并未参与其中。谁来做？谁来管？谁出资？该找谁？这些问题没有理清，全凭参与单位的大局意识和担当精神在逐步推进。权责不清降低了工作效率，影响了一些部门和社会力量参与工作的积极性，部分单位缺位和一些问题长期得不到解决实际上已对建成"澴川书房"的服务效果和后期保障产生了不利影响。

2. 建设在统一规划设计、统一标准上有欠缺

城市书房作为城市公共文化空间，愿景是打造"15分钟阅读文化圈"，城市书房选址应充分考虑人口服务范围、人流量、便捷性、人性化、技术保障等综合因素，使其最大限度地发挥服务效能。城市书房选址实现均衡布局至关重要。以浙江省市场监督管理局批准发布的《城市书房服务规范》为例，其5.1.1条规定：选址遵循普惠均等原则，按服务半径不大于1.5km，或服务人口不少于5000人的要求统筹规划、合理布局。5.1.2规定：选址应位于人口集中、交通便利、环境相对安静、市政配套设施条件良好的区域，周边应有公共卫生间、保安岗亭或派出所，位于一楼临街区域。目前孝感城区已建成的"澴川书房"在选址布局方面有差距。在主城区街道中，广场街有3个，书院街有3个，车站街有1个，新华街没有，南大经济开发区有1个，高新区有2个。各书房地理位置分布未体现均衡分布的要求。究其原因，不是先规划布局再进行选址，而是现有场地条件和建设单位意愿限制了科学选址，只能如此。有些社区或单位有较好的位置或场地条件，但由于建设要投入人力、物力和财力，且此为公益文化事业，无经济效益且要长期投入，没有参与意愿。另外，前文已述及，由于综合指挥协调不够，场地提供方多，资金投入方多，装修设计方案也无整体把关，目前已建成的"澴川书房"装修标准和布局设计各不相同。而装饰风格、材料、灯光、家具、内部分区布局等都对城市书房的舒适阅读空间打造至关重要。先前建设的城站路分馆、城东分馆、付冲分馆、诸赵分馆均是单独设计并经市委宣传部、文旅局审验后开工的，相对较好，后期建设的车站分馆、西湖桥分馆、府前分馆使用了社区党员群众服务中心的闲置空间改造而来，书院分馆和黄香分馆是由社会培训机构合作共建，都是在原装修上简单改造，分区布局受到场地限制不太合理，装修条件相对简陋，也未规划文化商业空间。

3. 未实现统一管理，服务专业性、规范性不够

城市书房从根本上来说还是公共图书馆的社区服务延伸。《指导意见》也明确：城市书房作为当地公共图书馆分馆，提供图书借阅、报刊浏览、数字阅读、资源下载等免费公共文化服务。目前已建成的10座"澴川书房"的管理系统和相关设备均接入了孝感市图书馆中心机房，实现了与孝感市图书馆、孝南区图书馆一证通借通还，市民可以无障碍地使用借阅证在所有的"澴川书房"，市、区图书馆及所属网点借还图书或参加文化活动。但是，技术上实现联网并不意味着服务上也实现了联网和统一标准。目前各"澴川书房"均为产权方自聘人员在进行管理运行，归属不同的社区、单位或机构，无统一机构进行监督和协调。虽然市图书馆对所有人员进行了上岗前的业务培训，但由于管理人员素质不齐，有的在社区还有其他兼职，且只对所属的聘用方负责，难以做到统一服务标准，服务的专业性、规范性无法保证，部分"澴川书房"已收到因开放时间随意、管理人员素质不高等方面的投诉。各"澴川书房"大量的设备资产、图书资产管理责任不明确，没有建立起统一的日常服务规范、设施设备管理维护制度、图书更新制度、服务人员管理制度、资产管理制度、安全管理制度等，也没有责任单位进行落实和监督。这些，都会影响"澴川书房"的规范管理和社会服务效果。

4. 地方财政未及时制定地方资金配套政策并落实

市财政和市文旅局已按市委常委会会议纪要的决定，对孝感城区10座"澴川书房"，按每座40万元的标准，采购相应的图书和设备。根据《指导意见》，高新区、孝南区各负责本辖区城市书房改造装修支出、必要设施投入和人员工资、水电网络等日常运营费用。但截至目前，高新区、孝南区尚未正式发布地方关于"澴川书房"建设管理方案以及相关资金的补贴办法。孝南区仅对其辖区的3座书房进行了一次性装修补贴各50万元，各书房的前期建设、后期运营费用仍全部由产权运营方自行承担，资金保障不足会对运营方的运营管理积极性产生不利影响。多所社区负责人反映，虽然建设"澴川书房"是好事，强化了社区文化建设，丰富了居民文化生活，老百姓都说好，但是社区是既提供门面房产，又要花钱装修，后期还要负责日常管理，人员、水电等都需要资金支出，长期服务维护有较大困难，希望地方财政能给予补助。此外，由于目前"澴川书房"人员、水电资金来源均由社区或社会力量自筹，也影响了文旅部门和图书馆对于日常服务规范管理监督的"话语权"。

5. 社会力量参与不够

社会力量参与城市书房建设可以从两个方面来说，一是社会力量参与城市书房的建设和后期管理，二是社会力量参与建成后的商业服务项目。"澴川书房"在建设中也是多方宣传和引导，积极引入社会力量参与建设，但参与方以个体私营机构为主，实力不强。如建成的"澴川书房"书院分馆、黄香分馆均是与社会培训机构合作而建，书院分馆的合作方是澴川书苑，是以书画培训为主的艺术培训机构，黄香分馆的合作方是湖北星博士教育咨询有限公司，是以阅读写作为主的培训机构，他们提供沿街的门面、基本装修和日常管理，书房可以为他们的培训业务起到宣传和引流的作用。但从两处合作方反映的情况来看，书房建设和管理投入的成本与其预计的间接收益相差甚远，目前也无补贴政策，两处合作方均为后期合作前景感到担忧。原计划社会力量参与合作建设书房的壹以艺术馆，因房产业主枫叶广告公司在房屋装修价格方面，以及后期管理模式和费用上未能同建设方高新区达到一致而退出。《指导意见》中明确指出：城市书房可划分不超过40%的服务面积用于与文化服务相关的商业经营，丰富城市书房服务内容，应收补贴城市书房运维支出。但目前已建成的10座"澴川书房"，只有城站路分馆招商了一家奶茶店开展经营，其他"澴川书房"均无商业服务项目。曾有连锁奶茶店对在全部"澴川书房"开展连锁经营感兴趣，但因"澴川书房"产权不一，无统一管理机构，部分"澴川书房"在建设时未设置商业分区，且逐一商洽困难而作罢。

四、对"澴川书房"改善管理，提高建设质量的建议

1. 进一步加强领导，明确责任，统筹推进建设和管理

建议参照外地做法，成立高规格的城市书房建设工作领导小组，地方党委或政府分管领导任组长，市直、孝南区、高新区相关单位主要负责人为成员，指导协调推进全市的城市书房建设工作。市直、孝南区、高新区相关部门，包括宣传部、文旅局、财政局、规划局、各街道抽调专职或兼职人员成立"澴川书房"建设工作办公室，负责制定和审核书房选址、装修方案、设施设备和图书采购方案、财政补贴方案、工作进展督办等工作。要注册"澴川书房"商标，避免后期被人抢注的风险。主要建设工作完成后，抽出精干力量落实统一管理工作和绩效考核工作，保证"澴川书房"建设有人召集推进，管理有人承接负责，绩效有人监督考核。

2. 制定"澴川书房"建设和服务规范

随着"澴川书房"建设数量的增加，服务读者数量不断增多，"澴川书房"建设和管理标准化的问题渐趋重要。早日制定"澴川书房"建设和服务规范，形成可复制、可推广的样本，对城区新建"澴川书房"有重要的指导意义。温州是最早制定城市书房服务规范的城市，2017年，在归纳总结其三年来城市书房运行经验的基础上，温州市出台了《城市书房服务规范》，2019年，经浙江省市场监督管理局批准发布，《城市书房服务规范》成为浙江省省级地方标准。上海、扬州、青岛、洛阳等地也制定了地方性的城市书房运行规范或管理办法。孝感制定"澴川书房"建设和服务规范，可凝练外地及本市的建设、运行和管理经验，规范"澴川书房"的建设和管理，推动"澴川书房"的精细化管理和品质化发展。制定规范，可以从建设愿景、基本原则、设施设备、服务内容、服务资源等方面明确城市书房的建设主体、选址布局、资源保障、队伍建设、监督考核等问题，厘清政府和社会力量的责任和权利，不断满足群众的阅读需求，实现读者服务的提质增效，同时也为文化行政主管部门提供了行业管理依据。

3. 落实"澴川书房"的统一管理

"澴川书房"网点众多且分散，属性多元，要实现方便市民、连锁服务，必须要有专门管理机构实现统一管理，保证所有的"澴川书房"做到开放时间、服务标准、图书更新、文化活动、设备维护等一致，资产管理、安全保障有人负责，还要做到工作布置有落实，社会投诉有回应。参考外地的经验，在日常运营管理模式上有两种可采纳的模式，模式一：如温州、洛阳。书房日常运营管理由各区自行聘请人员或志愿者，书房产权归म人保障城市书房日常水电、网络、房屋维修等费用，市、区财政按书房属地各自给予补贴。市、区图书馆联合设立专门机构，负责对各城市书房人员统一管理，进行考核检查、图书更新、设备维护、后台管理和人员培训，图书更新和专职管理人员及维护人员费用由市、区财政共同承担。模式二：如驻马店、咸宁。采用市场化运作，市、区财政可将财政补贴资金汇总，统一使用。对城市书房日常管理维护进行招标，交由社会化运营公司负责运营。中标公司承担人员的招聘及培训、日常管理、图书更新、设备设施维护、水电开支等，每年费用经由相关部门按合同进行绩效考核后分阶段支付。两种模式各有优势，模式一是"分灶吃饭，合作办事"，前期协调工作量小，操作落实容易，但因服务人员归社区管理，和社区日常协调工作较多，做到统一管理和服务有难度，有问题时容易出现扯皮推诿。模式二是"合资托管",前期协调工作量较大,但落实后能发挥连锁服务和管理的优势,容易打响品牌。要注意的是日常监管、年度考核工作必须由相关部门(专班)负责,否则中标公司因利润考虑,可能会过于压缩成本,影响服务质量和市民体验。

4. 落实"澴川书房"财政补助政策

"澴川书房"是公共文化服务项目,是公共图书馆总分馆建设的社区延伸,自身建设和运营费用难以全部用市场方式进行解决。参考国内城市书房建设较好的城市的做法,政府主导、财政补贴、社会参与、共建共享也是主要经验。建议市、区财政尽快落实资金配套政策,为"澴川书房"的建设提供资金补助,将后期运营费用纳入财政预算。建立城市书房绩效考核工作机制,对"澴川书房"实施绩效考核,以考评结果作为补贴资金的分配依据,减轻各街道、社区和参与单位的资金压力,提高各方参与"澴川书房"建设和运营的积极性。此外,各级财政部门与文化部门也可积极申请中央补助地方美术馆、公共图书馆、文化馆(站)免费开放专项资金,将"澴川书房"纳入专项资金补助范围,进一步提升书房的运营保障水平。

5. 加大宣传力度,吸引更多社会力量参与

东部经济发达城市有相当比例的城市书房是与社会力量共建的。在当地,社会力量参与城市书房建设,或因提高公司知名度,或因提高小区的文化品位和楼盘均价,或因引流以展示企业文化形象和公益形象,经广泛宣传和引导,又会吸引更多的社会力量主动参与其中,形成良性循环。吸引社会力量参与城市书房建设能够在很大程度上解决城市书房选址、房产、物业,以及后期管理方面的困难和财政压力。但是,社会力量参与城市书房建设肯定有其自己的利益考量,只有在其利益获得保障和满足的前提下,社会力量才会有动力持久参与城市书房工作。因此,在孝感,要吸引更多社会力量参与"澴川书房"建设,一是要加大宣传力度,宣传"澴川书房"的品牌价值和社会影响力,吸引社会力量参与城市书房建设;二是要重视社会力量参与"澴川书房"建设的利益需求,创新运营模式,与政府方实现利益契合,共同发展;三是官方媒体应广泛宣传,财政给予适当补贴,对社会力量的公益善举给予充分的肯定和鼓励,保证社会力量参与的"澴川书房"建设管理工作长期可持续。

五、结语

各地市情不同,外地城市书房建设和管理经验也不宜完全照搬照套。本文

旨在为后期进一步建设"澴川书房"提供参考，完善项目顶层设计，制定"澴川书房"建设和运行规范，推动相关部门出台"澴川书房"的建设激励政策和运行保障政策，吸引更多社会力量参与"澴川书房"的建设和管理。充分发挥财政资金的杠杆作用，运用市场的办法引导扶助公益文化事业发展，推动文化、体育、商业等业态深度融合发展，让"澴川书房"成为孝感的社区会客厅、文化休闲地，实现"澴川书房"高质量服务、可持续发展。

参考文献

[1] 金武刚，王瑞芸，穆安琦. 城市书房：2013—2020年——基层图书馆建设的突破与跨越 [J]. 图书馆理论与实践，2021（03）：1-9+21.

[2] 段宇锋，熊泽泉. 温州城市书房现象 [J]. 图书馆杂志，2020，39（11）：30-35.

[3] 滕伟. 城市书房运行中存在的问题及对策研究 [J]. 图书馆研究与工作，2020（09）：79-82.

[4] 赵斯霞. 城市书房可持续发展策略研究 [J]. 图书馆研究，2020，50（02）：22-26.

浅析"双减"背景下公共图书馆青少年的阅读服务

李媛媛

（孝感市图书馆　432099）

摘　要：文章介绍了"双减"背景下青少年读者的阅读现状及对其的影响，分析了公共图书馆阅读服务对青少年健康成长的价值，并结合孝感市图书馆开展青少年阅读服务的事例，探讨了加强青少年阅读服务的途径。

关键词：双减政策；公共图书馆；青少年；阅读服务

2021年7月，中共中央办公厅、国务院办公厅印发《关于进一步减轻义务教育阶段学生作业负担和校外培训负担的意见》（简称"双减"政策）。该政策的出台及实施，为青少年身心健康和高素质发展提供了政策性保障，"双减"政策的提出也真正意义上扭转了过去片面追求学生的成绩，忽视青少年的德、体、劳健康发展及独立人格的养成的现象。"阅读"不仅是知识的积累，也是不断认识世界、探寻人生意义及价值的重要途径。因此，公共图书馆作为社会公共文化服务资源的载体，要全面贯彻党的教育方针，落实立德树人的根本任务，为广大青少年构建良好的阅读素养，促进青少年全面健康发展。

一、"双减"背景下，青少年读者的现状及对其影响的分析

（一）社会大环境对青少年阅读的影响

1. "大语文时代"的到来，阅读是一切知识的基础。

随着"双减"政策的落地，"大语文时代"的到来。大家深知语文能力培养的关键在阅读，而阅读能力的培养就是要从小抓起。在"双减"政策的支持下，社会大众不再片面追求考试分数，而开始关注青少年多元化的发展。让孩子有足够的时间去进行户外运动、去感受大自然的美好和体验生活的乐趣。公

共图书馆作为文化载体，必须抓住这个契机，开展高质量、形式多样的阅读推广活动。

2. 低级趣味、良莠不齐的刊物和网络不健康信息影响了青少年的阅读。

前段时间，轰动全社会的"人教版小学教材事件"也为公共图书馆的图书采购规范敲响了警钟。由于青少年心智尚未成熟，易受外界思想的干扰，对某些图书传递的不良价值观缺乏辨别能力，公共图书馆作为公共文化体系的前沿宣传阵地，虽不能限制青少年的阅读选择，但也应做好图书"守门人"的工作，必须保证上架阅览及外借的书刊是内容健康、价值观和审美观正确的健康读物。青少年是祖国未来的建设者，是国家的希望，大多心智未成熟，图书馆要从源头抓起，不能让存在错误意识形态的读物危害青少年的思想健康。

3. 教育培训机构的倒闭及转行让更多的青少年走进图书馆，享受阅读之美。

"双减"政策实行后，国家整顿、取缔了线上及线下的校外教育培训机构，改变了教育成为被资本控制的"内卷游戏"。具体表现为高额的校外培训班，家长盲目的教育高成本投入，教育被资本所垄断，打破了国家倡导的教育资源公平的原则。公共图书馆作为知识文化传播的重要窗口，社会大众是受益主体，图书馆不同于其他营利性机构，是对社会公众免费开放的公益性单位，具有公平性、公益性、开放性的特征。图书馆人人平等，资源共享的阅读氛围让更多青少年到图书馆借阅图书。

（二）学校对阅读的重视

"双减"后，各地学校更加注重营造阅读氛围，比如在教室开设图书角、学生在校午托时开展阅读课程、课后要求学生在人人通上每日阅读打卡、老师还会定期发布"本年级必读书目或书单"等丰富多样的阅读活动。同时也引导家长转变应试教育的旧思维方式，让家长积极参与学生阅读能力的培养。因此，以文化素质为使命的公共图书馆，应当与学校建立合作机制，共同制定符合青少年的阅读计划。

（三）家庭重视阅读，但仍有误区

家长作为孩子成长路上的第一任老师，对孩子阅读习惯的引导与培养尤为重要。在图书的选择上，青少年的阅读兴趣时常与父母挑选的图书有冲突。出现了父母认为好的书，孩子不感兴趣；孩子喜欢的书，家长认为不值得读的现象。家长对孩子阅读学习以外的"闲书"加以限制，极大抑制了青少年的阅读兴趣。家长应该鼓励孩子根据自己的兴趣大量阅读，淡化功利性的阅读意识。把图书的选择权交还给孩子，给予孩子自由阅读的权利，并提出适当的指导意见。

（四）阅读质量不高，缺乏专业阅读指导

现今，虽然青少年的阅读量和阅读时间有上升趋势，但大多是泛读，缺乏精读，没有深刻的理解与思考。随着年龄的增加，青少年的课业负担与课业压力不断加重，课外阅读的时间与年龄的增长呈反比例函数关系。此外，青少年的阅读内容与偏好有从众性和娱乐性的特点，热衷于网络小说、玄幻小说、漫画、言情类小说等，这就需要公共图书馆加强对青少年的阅读经典著作的专业性指导。

二、"双减"背景下，公共图书馆的阅读服务对青少年健康成长的价值分析

联合国教科文组织发布的《公共图书馆宣言》中提出，"养成并强化儿童早期的阅读习惯"是公共图书馆使命的第一条。公共图书馆庞大的图书信息资源，不仅为青少年提供了良好的阅读氛围，也对青少年进行了专业的阅读指导及阅读能力培养。

（一）阅读可以培养青少年独立思考、解决问题的能力

每一部优秀的文学作品，都可以让孩子经历不一样的成长，看到不一样的世界。通过阅读书本中复杂的情节及论证过程，孩子也是在边读、边分析、边理解和吸收知识的过程。这个过程就让孩子的心智更加成熟、思维更加敏锐，逐步建立了他们的批判性思维和独立思考、解决问题的能力。

（二）培养了青少年专注、不轻言放弃的品格

阅读图书需要专心和耐心。对青少年成长来说，重要的不是读什么，而是通过坚持阅读这个过程，无形中塑造了他们不轻言放弃的阅读习惯，而这正是孩子未来人生和事业成功的重要品质。

"双减"减的是学习焦虑而不是学习的动力，减孩子的学习压力但不减为目标付出的努力，"双减"不减责任，不减质量，不减自主学习的意识。在"双减"的路上，让更多的孩子爱上阅读，养成终身阅读的习惯，是一件非常正确而有意义的事。

三、"双减"背景下，公共图书馆加强青少年读者阅读服务的途径

（一）构建分级阅读标准，科学引导青少年阅读

由于青少年阅读能力、认知水平、阅读兴趣、阅读需求各有差异。因此，

教育部于2020年发布了《中小学生阅读指导目录（2020年版）》，该目录的发布成为国内分级阅读标准制定的指导性文件。所谓分级阅读，就是按照青少年的生理和能力特点进行科学规划和设计的长期阅读方案。其目的是为不同孩子提供与其阅读水平相适应的书籍，以便系统有效地指导青少年阅读。运用这种标准选出的图书，非常符合青少年的身心发展特点，从而能广泛调动起他们对阅读的兴趣。在分级阅读中，青少年想要获得更好的阅读体验，仅靠公共图书馆的一己之力是远远不够的。公共图书馆应当联合学校、家长开展合作教育模式。以分级阅读指导活动，从青少年的兴趣和需要出发，有针对性地开展阅读活动。孝感市图书馆一直把开展阅读推广活动作为青少年阅读服务工作的重心。例如，我馆为小学阶段的读者开展的"童心向党 红色故事润我心——亲子故事会""自然朗读 诵经典——澴川文化大讲坛进校园""放飞水火箭 共筑航天梦——航天科普进校园活动"、面对9~14岁小读者的"暑期小小图书管理员"活动。为中学生开展的"图书交换 传递爱心"的图书交换活动、"诗词华夏 词贯古今——线上诗词大会"活动。经过图书馆、家、校三方的共同努力，通过各种阅读活动让更多的青少年爱上阅读，爱上图书馆。

（二）坚持"公益性"原则，跨界合作，拓展服务路径

"双减"政策提出要发挥社会各方资源力量，为学生开拓视野、全面发展、实践锻炼提供重要平台。随着人工智能时代的来临，各行业、各学科进行跨界合作成为主流。因此，公共图书馆在进行青少年阅读推广活动时，要以开放包容的姿态，主动与社会进行广泛的跨界交流与合作，借助各方资源优势，为青少年打造切实可行的阅读服务活动。近年来，孝感市图书馆为青少年阅读服务开展了一系列举措：

1. 坚持打造公益性阅读文化品牌

我馆一直致力于打造本土的公益性文化品牌"澴川文化大讲堂"、公益性青少年科普课堂及亲子故事会、走进学校合作开展"因书而美 阅见未来"等系列线下阅读活动。活动主题都以青少年感兴趣的当前热点为切入点，涉及传统文化、文学艺术、历史考古、青少年成长与健康等内容，为青少年的精神文化需求提供了保障。此外，借助官网、微信公众号等数字平台开展了扫码看书、有声展览、活动直播、有奖竞猜等不同形式的线下活动，吸引了青少年多渠道地参与图书馆的各项活动。

2. 为青少年架设更多服务网点和分馆，拓展服务半径

为方便青少年获取图书资源，公共图书馆应努力扩张服务半径。孝感市图

书馆以"图书馆+澴川书房"为主体，以汽车图书馆、学校分馆、社区分馆、24小时自助图书馆为辅，采用合作共建、"上门服务"的模式，使公共图书馆的服务由内向外辐射延伸，全面覆盖，为青少年营造了"方便、快捷"的个性化阅读服务体系。

（三）利用新信息技术，实现智慧化阅读服务

随着大数据时代、5G 网络、AR/VR 等新信息技术的不断发展，青少年阅读逐步向交互式、智能化、数字化的趋势发展。公共图书馆应立足于青少年读者的需求，利用新科技技术，构建图书馆智慧化阅读管理与服务的平台，拓展多样化的阅读场景，不断丰富青少年读者的阅读体验。一是利用 AR/VR 技术体验沉浸式阅读。青少年读者可通过佩戴相应的辅助设备，在虚拟图书馆中获取馆藏资源、直观感受图书馆的环境布局与结构、了解借阅规则，让青少年获得沉浸式的阅读体验。二是通过人工智能化技术和数字化服务，实现自助借还图书、网上预约、人脸识别入馆、个性化导读、电子资源共享、智能机器人咨询服务、触摸屏一体机智慧阅读、博看书苑扫二维码阅读、手机下载超星移动图书馆阅读等智慧化阅读服务功能，极大优化了青少年读者的阅读体验。

国家要振兴、民族要发展、全民文化素质要提高，公共图书馆必须将青少年的阅读工作当成一项长期的事业。帮助青少年养成好读书、读好书、读书好的阅读习惯，为国家发展培养具有文化底蕴、科技素质和爱国心的高素质人才。

参考文献

［1］李彩霞. 公共图书馆开展青少年阅读推广工作的思考［J］. 文学少年，2019（13）.

［2］于东颜. 公共图书馆开展少儿阅读推广活动的研究与实践——以聊城市海源阁图书馆为例［J］. 中文科技期刊数据库（全文版）图书情报，2021（2）.

［3］宋卫，吴黎，吴松桦，等. 以公共图书馆为枢纽的未成年人阅读生态研究［J］. 国家图书馆学刊，2021，30（4）.

［4］徐芳. 新媒体在图书馆阅读服务中的运用［J］. 图书管理，2022（1）.

浅析文旅融合发展下全民阅读推广工作
——以孝昌县近五年阅读推广工作思考为例

艾 珍 张 敏

（孝昌县图书馆 432999）

摘 要：孝昌县图书馆的阅读推广工作已经走过了粗放型发展的全民阅读推广初级阶段。回顾近五年的阅读推广工作，在各级相关单位的支持和配合下，孝昌县图书馆的阅读推广工作取得了长足的进步与发展，积累并形成了一批具有广泛群众基础、持续开展的阅读推广品牌活动。培养了一大批志愿服务全民阅读工作的文化志愿者队伍，阅读推广的形式和主题也在不断创新。但也存在阅读推广人才匮乏、阅读推广营销工作滞后、对我馆我县读者阅读现状的禀赋资源挖掘不够等问题。为此，期望未来的工作中能够在读者禀赋分析、阅读资源内容输出、阅读营销改进、社会力量引入等方面探索出一套适合我县的阅读推广运行、管理治理机制，更好地推进书香孝昌的文化发展。

关键词：阅读推广；读者挖掘；文旅结合；激励机制；治理结构创新

引言

"阅读推广"是公共图书馆最重要的服务内容之一，图书馆借助各界力量，推广阅读已经成为图书馆界的共识。各级公共图书馆馆员、文化志愿者、自媒体等纷纷参与到"阅读推广"的工作中来，推广全民阅读、共建书香社会，这也成了社会各界的共识。多年的阅读推广工作积累，社会各界已经深刻地意识到阅读在推进社会公平、畅享终身阅读、推进文化自信、构建和谐生活方式等方面的深刻意义。

我们认为，公共图书馆的阅读推广工作已经走过了最初的全民阅读引导、全民阅读素养培植、全民阅读服务体系建设等底层阅读推广构架的阶段，朝着内容供给、信息素养提升等阅读推广的深水区发展。①如何提高优质阅读内容的供给能力；②如何引导读者提升自身的阅读力、学习力，享受阅读福利；③如何更加合理地布局便民的社区图书馆、城市书房、农村文化大院等阅读空间，提升市民阅读氛围、推动全民阅读；④在公共馆总分馆制度下，如何更好地发挥分馆在农村阅读推广服务中的作用，让阅读推广在乡村振兴中发挥意识主阵地作用；⑤如何创新培育阅读推广人才、总分馆工作管理制度等掣肘公共图书馆发展中的人才、资金、读者激励等问题，这是我们需要在未来的阅读推广工作中去积极思考的问题。书香社会建设需要在更广泛的维度构建以阅读为荣、以阅读为乐、以阅读为用的阅读价值观。这将会是未来阅读推广工作的思考重点。

近五年来，在孝昌县各级领导、相关单位的鼎力支持和配合下，孝昌县图书馆的阅读推广工作取得了长足的进步与发展，积累并形成了一批具有广泛群众基础的、连续的阅读推广品牌活动。鉴于此，我们梳理了近年来我县图书馆阅读推广工作的经验，思考未来阅读服务的发展方向，反思我县图书馆阅读推广工作中的不足，期望在未来的工作中更好地服务基层、服务社会，更好地发挥图书馆文化引领的作用，为孝昌县的发展做贡献。

一、近五年阅读推广工作回顾

孝昌县阅读推广工作采取两条线并行的推广思路。一条线是我馆配合上级馆、上级单位统筹开展的阅读推广活动。近年来，配合各级单位开展主旨宣传、主题推广等活动，如火如荼。这些活动帮助我馆拓展了阅读服务工作思路，带动了我县全民阅读的市民氛围，培养了我县阅读推广专业人才，为我馆个性化阅读推广工作的开展做了很好的铺垫。一条线是我县本土阅读推广活动不断深入读者、深入社群，成了我馆的经典品牌。通过这些品牌活动的不断深耕，我县的阅读推广在内容上极具孝昌特色，活动频次上坚持连续性、持续性，受众上坚持面向偏远、对标阅读资源薄弱人群，取得了良好的社会效益。

（一）高效配合上级阅读推广工作，成绩斐然

孝昌县图书馆先后荣获"全国全民阅读先进单位""湖北省全民阅读创先争优先进单位""湖北省十佳基层阅读推广单位""湖北省文化系统优质服务窗口""湖北省青年书香号""孝感市宣传思想工作创新奖""孝感市巾帼文明岗""孝昌县文明单位"等各项集体荣誉称号。"书·时光"品牌活动荣获全省"十佳阅读推广"品牌；"书·时光"读者俱乐部荣获全省"全民阅读创先争优先进单位"；"书·时光"项目荣获"湖北省图书馆学会创新工作案例"奖。选送

的朗诵作品连续三年荣获湖北省长江读书节"十佳演诵之星"荣誉称号；图书馆获批成为湖北省社会科学普及教育基地。

(二) 深耕"书·时光"公益讲坛，社会效益显著展头角

"书·时光"公益讲坛创立于2011年6月。创立以来，一直坚持一月一讲的频率，"书·时光"邀请社会各行各业的优秀代表，走进中小学、社区、农村，开展阅读技巧、写作、健康、摄影等类型的专题讲座，深受群众的喜爱，被称为孝昌的"百家讲坛"。截至2021年年底，举办各类讲座活动109场次，惠及读者数万人次。"书·时光"讲坛得到了各级领导的大力支持，听取了社会各界的意见，不断积累不断改进。目前，公益讲坛已经积累了一批固定的阅读推广开讲人，逐步形成了具有孝昌特色的活动风格。作为孝昌县读者服务优秀品牌，相关的活动被省市级相关媒体多次报道，活动反响大，参与受众广，已经成为孝昌县图书馆阅读推广的名片。

(三) 凸显"中华经典"朗诵活动的引领地位，燃爆县域文旅市场

县域环境下，群众能够参与并享有的高质量文化艺术活动有限。"中华经典"演诵是我县极为重视的群体文娱活动，在我县连续开展了十届。活动采用朗诵+演诵的形式，一年一个主题，形式不限，活动得到了县委县政府的高度关注与支持，活动规格高。通过"中华经典"演诵，我们发掘了一批优秀的阅读推广者，充实了我们的阅读推广人才队伍，带动了全民阅读活动的开展。通过演诵，持续燃爆我县居民的参与热忱，带动我县阅读及文旅活动的蓬勃发展。以"中华经典"为引擎，全县的阅读文化艺术氛围的持续燃动，2021年度荣获湖北省图书馆学会阅读推广示范项目。

(四) 送书下乡，关爱偏远地区留守儿童的阅读，积极参与美丽乡村建设

通过近五年的发展，我县总分馆制的办馆模式初见成效。目前，已经在村组建立了209个农家书屋，能基本辐射全县所有村组农户。针对农村、偏远地区、留守儿童阅读资源有限的客观实际，我馆坚持流动书车送书制度，送书下乡、送书进学校、进企业、进军营等。五年来坚持送书万余册、图书流通率达到60%、辐射偏远学校20余所、辐射偏远人群万余人。与此同时，我馆还积极对接社会爱心人士、爱心家庭，向贫困家庭定向捐赠，定期开展阅读辅导。这些举措，增强了老百姓的获得感，既是我馆面向资源匮乏人群办的阅读服务实事，也是我馆发挥自身馆藏优势，积极参与精准扶贫、建设美丽乡村所做的力

所能及的实事。

（五）引导社会力量参与总分馆建设，构筑公共文化服务体系

1. 总分馆制度建设是县域图书馆建设的国家方案。事实证明，采用总分馆制度能够迅速建立起县域公共文化服务的组织体系，其在文化资源配置上的后发优势明显。目前，我馆建成乡镇、学校分馆13个，并能持续开放的农家书屋有209个。这些正常运转的分馆和书屋，一般由村组书记亲自担任图书馆管理员，以农家书屋为基点，正在逐步发展扩大为乡村文化服务中心——农村文化大院，成了村组文化娱乐和信息交流、村民活动的综合性场所，成了乡村文化事业发展的排头兵。

2. 我馆目前正在协力开展社会力量参与分馆建设的相关调研与试点工作，期望通过社会力量的引入，在解决政策支持、建设经费、人才队伍建设、图书流转率、管理人员合理配比等方面做出有益的尝试，尽快建立起适合我县特点的公共文化服务体系。

二、近五年阅读推广工作反思

近几年，我馆的阅读推广工作取得了一定的成绩，阅读服务辐射的面积也不断扩大。社会正在逐步接受和认可阅读的力量，终身阅读、全民阅读的氛围也日益浓厚。同时，我们也意识到，我馆的阅读推广工作遇到了一些瓶颈和困难，我们未触及的领域还有很多，这些都需要我们在工作中认真思考。

（一）专业阅读推广人才匮乏

人才的缺口是县级图书馆短期内很难改观的客观现实。我馆现有专职工作人员12名，几乎都是工作中的全能选手。但随着阅读推广工作的演进、读者阅读素养的提升、技术迭代带来的阅读方式和阅读工具的变革，阅读推广工作的工作重心已经转向更加优质的阅读资源的挖掘、更加便捷的阅读工具的开发、更加走心的宣传推广等阅读技巧、阅读技术、宣传手段等方面。阅读推广的内涵也从单纯的"读不读""读什么"，朝着"读好""读深""读出个性"等转变，读书和个人生活与发展的结合也更加紧密。受众对阅读服务的内涵要求变得多元和苛刻。这种背景下，依靠我馆现有的工作人员很难再有大的作为了，必须要有专门的人才，或者是对现有馆员的专业培训，或是建立社会力量有序引入等政策机制，提升业务能力，才能适应未来阅读推广工作的发展。

（二）阅读推广的市场营销能力不足

孝昌馆目前的阅读推广基本没有开展市场营销这项工作。我馆主要的宣传

阵地是线下宣传及线上的微信订阅,我馆微信订阅和点击率并不理想,线下宣传能辐射的人群也有限。图书馆营销一直是我馆的弱点,直到今天,我馆的阅读推广营销工作一直沿用单向度、低维度的宣传。宣传手段单一,宣传文案缺乏吸睛点,读者参与度较差,阅读推广的宣传点散射分布,这都是无法忽视的问题。好的活动和优质的资源就应该被更广泛的人群看见、听见、参与进来;读屏时代,读者的反馈和评价也需要及时跟踪回访。我馆在阅读推广营销上需要更多的思考和作为。

(三) 图书馆读者的禀赋特征数据挖掘工作没有启动

1. 每个馆的读者都会有一些共性的特点和习惯。这是地方文化传承滋养的结果,所谓一方水土养一方人。我们的阅读服务恰好忽视了对读者的个人资源禀赋数据的分析,对孝昌县读者的阅读特点和习惯的观察与引导不力。读者资源禀赋特征的共性和个性是能给阅读服务提供内容线索、推广思路的。我们横向比较了我市其他县级馆的读者数据,发现我馆的读者对图书馆的黏性是最强的、借阅意愿也是最好的。这是我馆的服务优势,值得我们从读者禀赋信息中获得更多的工作灵感。

2. 阅读推广的是阅读的内容、阅读的技巧、阅读障碍克服的方法等。我们是面向大众的公共馆,我们读者人群的分布是非常广的,公共服务是我馆的初心。我们应该注重读者反馈,关注读者分类,区分阅读分级,重视阅读服务评价,做更精准的阅读服务工作。我馆目前读者持证人数为8900余人,占全县总人口的比例仅为1.4%。重视读者反馈与评价、重视读者禀赋信息的数据挖掘与分析,对正向引导读者,对读者满意度、参与度、成就感的提升等裨益良多。

(四) 阅读推广服务的社会准入制度缺失

1. 社会力量合理进入阅读服务工作的制度、现有规章管理制度的负面清单管理原则、社会力量参与城市书房、农村文化大院建设的正向激励制度、政府购买服务的常态化制度等,那些掣肘阅读推广事业发展的工作流程上的制度或规章是我们欠缺的。有规可循、依规办事,才能减少具体工作的困难。相关部门应该联动起来,破解社会资本、人才、内容输出等对全民阅读工作的牵绊。

2. 孝昌县的文化志愿者队伍、爱心企业团体、本土作家群落一直是我县阅读推广的宝贵财富,他们在全县的阅读服务工作中承担了重要的角色。如何长效调动他们的积极性,如何激励更多的企事业单位及民间组织参与到全县的阅读推广工作中来,如何调动全社会的积极性,营造书墨飘香的社会氛围,需要我们在顶层设计中完善相关的制度构建,定期清理不利于社会公平、读者权利保护的规章制度，完善新业态管理规章等，从制度层面对我县的阅读推广工作保驾护航。

三、孝昌县阅读推广工作展望

未来我馆阅读推广工作重心将放在内容输出、宣传手段改进、社会力量引进、行业交叉互补等方面，期望通过以文旅结合的方式在阅读推广效能上有所建树，让孝昌县的全民阅读氛围更浓厚，让城市书房、乡村文化中心的建设、布局更趋合理。资金和人才的短板也期望能通过管理制度的革新而有所缓解。相信随着工作的不断深耕和时间的累积，我县的阅读推广工作一定会迎来更靓丽的时刻。

（一）部门联动，推动管理机制、运行机制的创新

1. 解决掣肘公共图书馆事业发展的资金、人才、服务等短板，促进公共文化机构法人治理结构改革的底层方案设计，推动向社会力量购买公共文化服务的试点，争取上级单位支持，破除机制障碍，促进公共文化服务、阅读内容和方式的推陈出新。

2. 从总分馆向城市书房、乡镇文化站、农村文化大院推进，增加站点扩充范围，构建灵活的法人治理机制、总分馆管理机制，在工作流程上探索适宜的方式。从总分馆制向企业分馆发展，促进孝昌本土的企业分馆的建设，争取爱心企业的资源支持。引导社会藏书室有序进入城市便民阅读站点的建设中来，促进馆藏资源的多样化发展。探讨图书馆、博物馆、文化馆的文化互补建设，促进资源共享，让阅读推广工作在县域环境下发展得更加和谐。促成馆藏建设等硬件服务向文化服务等软实力建设的发展，探索合理的正向激励机制，争取将文化志愿服务纳入政府常态购买服务的环节，争取文化事业管理机制和运行机制的创新。

（二）文旅结合，推动图书馆营销工作的开展

1. 加快图书馆营销服务的开展，主动适应公众阅读习惯、生活方式和媒介传播方式的变化。通过图书馆阅读推广的营销服务，扩大现有阅读品牌的影响力，增强文化推广的长效效应，燃动市民的阅读热忱。

2. 促进阅读推广与孝昌旅游文化的结合，促进公共文化和旅游融合发展，通过文旅结合的方式，将阅读的理念嵌入到旅游产品的宣传推广中去。利用我县丰富的旅游资源，借助我县已经成熟的旅游线路，通过阅读内容供给，探索乡村体验阅读、历史文化阅读、红色研学阅读等阅读资源的开发利用，将阅读

与旅行结合,将阅读与生活方式结合,开展具有我县地方特色的阅读推广活动。例如,"小河明清古建筑"既能提供旅游资源,也可挖掘文化资源。通过旅游和阅读的融通,能够起到扩大阅读服务影响力的作用。据此,我们认为:搭乘美丽乡村游、乡村自驾游、乡村体验游的便车,开发广场舞文化、广场歌咏、村晚会等农家特色阅读产品,创新文化服务发展的模式,变浅阅读为深阅读、变浅表游为体验游,能促进经济与文化事业的双增收。这也是统筹文化与旅游资源,符合文旅产业发展的实际做法。

(三)部门联动,打通社会力量参与文化建设的出入通道

1. 完善面向全域的公共文化资源配置机制,将文化企业、民间协会组织、群众文艺团队纳入供给主体范围,推动供给侧结构性调整,建立灵活精准的供需对接机制。在税收、公共服务、社会宣传等方面,向有意愿的志愿服务人士及爱心团体提供更多的优惠待遇,促进长效志愿服务机制的建成。比如,将志愿服务时长和城市服务绿色通道结合,提升参与者的成就感和获得感。再如,创造条件主动接洽,获取更多的社会捐赠。

2. 在县域公共服务资金、人才的发展瓶颈期,社会力量的参与是加快全域文化服务的重要推手,通过部门联动,打通社会力量参与文化建设的出入通道,解决困难便能够事半功倍。

(四)重视读者大数据,让服务辐射更多的人群

1. 重视读者大数据分析,厘清读者的阅读行为偏好、阅读趋势偏好,让文化服务辐射更广泛的人群。重视读者大数据,探索"订单式""预约式"的阅读推广服务模式,自下而上形成"需求采集"的服务供给效果评价,促进阅读推广服务的良性循环。

2. 设立"公共选书人"制度,在读者中寻找有能力的公共选书人,在资源建设上提供公众智慧,让图书馆的馆藏配置更趋读者偏好,提升流通率。强化读者与图书馆的紧密联系,提升读者的参与感、尊重感、成就感。重视图书馆与读者的有效互动,重视读者的反馈,挖掘读者与图书馆之间的故事。

3. 设立读者分级阅读推广服务制度,重视残障、视障、阅读障碍等特殊阅读人群的需求,在阅读内容的供给侧做更多的探索。公共馆的读者群是广泛的,未来我馆的工作重点应该是更加重视对读者的需求分级和阅读障碍人群的需求满足。读屏时代,专门的阅读APP等商业性阅读供给几乎覆盖了阅读内容需要的方方面面,阅读资源的短缺得到了极大的缓解。未来,图书馆的阅读工作要更加重视对读者阅读技巧的指导、信息素养的培训、阅读障碍人群的疗愈和需

求的满足，将阅读服务的公益性进行到底。未来，孝昌图书馆的阅读推广服务的将是读者阅读的心理场景了。

（五）精准推荐，探索线上+线下的阅读营销新模式

5G时代，流量引流是图书馆营销必须重视的营销新场景。探索线上+线下的精准阅读推荐新模式，是我馆未来的发展方向。重视数字媒体平台、视频媒体平台、直播媒体平台的宣传和传播能力，是图书馆营销必须走的路径。我们的新媒体平台的阅读营销必须要做到：定位准、抓住社会关注点、操作打开方式极度便利，注重双向互动，紧跟互联网的热点，民众关注什么，我们就引导输出什么，大众缺乏什么，我们就推广什么。同时，对我县的图书馆必须要有一个清晰的定位，这是未来图书馆营销发展的新方向。

四、结语

我国已经明确提出，到2035年，我国将建成文化强国。全面提升公共文化服务水平，推进城乡公共文化服务体系一体化建设，创新实施文化惠民工程，广泛开展群众性文化活动，推动公共文化数字化建设，健全现代文化产业体系，推动文化和旅游融合发展。全国各级公共图书馆将会发挥重要的作用。我们要贡献我们的智慧，发挥我们的特长，在公共文化建设领域不遗余力。这就需要我们图书馆人继续发挥我们的专业才能，在工作中更加勤力进取，努力工作。我们坚信阅读的力量，我县图书馆的工作也将大有可为。

参考文献

[1] 中华人民共和国中央人民政府.《中共中央关于制定国民经济和社会发展第十四个五年规划和二〇三五年远景目标的建议》[EB/OL].[2020-11-03] http：//www.gov.cn/zhengce/2020-11/03/content_ 5556991.htm

[2] 文化和旅游部，国家发展改革委，财政部.《关于推动公共文化服务高质量发展的意见》[J].中华人民共和国国务院公报，2021（12）.

社会力量参与图书馆建设与服务策略研究

黄甜甜

（大悟县图书馆　432899）

摘　要：进入新时代，我国社会主要矛盾已经转化为人民日益增长的美好生活需要和不平衡不充分的发展之间的矛盾。人民群众的思想、意识、观念等发生了显著的变化，物质生活水平得到了明显提高，精神文化需求也不断攀升。因此，需要社会力量参与到图书馆建设与服务中来满足人民群众日益增长的文化需求，本文主要探讨社会力量参与图书馆建设和服务的意义、重要性等。

关键词：社会力量；图书馆建设；重要性

一、研究意义

图书馆的所有活动开展的目的都是为了不断提升综合服务能力去满足读者的需求。图书馆具有开放性、公益性、服务性的特质。正是图书馆所具有的这些特质，鼓励、引导了更多人走进图书馆，利用图书馆内藏书资源丰富自身的精神世界，也推动了图书馆事业的蓬勃发展。图书馆事业是完善公共服务体系的重要内容，图书馆的建设能够促进全民阅读，更好地满足人民群众的精神需求，提高全社会的科学文化素养，助力创新型国家和学习型社会的建设，对国民经济和社会发展至关重要。引入社会力量参与公共文化服务是近年来国家一再强调的精神，这一精神写入了《中华人民共和国公共文化服务保障法》和《中华人民共和国公共图书馆法》，社会力量参与公共图书馆建设与服务能提高馆藏资源利用率、丰富阅读活动开展类型，进一步提升全民文化素养。同时，能够加强读者与图书馆之间的联系，在群众的监督作用下不断完善服务体系。社会力量的加入能够给图书馆注入一股新鲜力量，社会力量中的志愿者在一些活动中往往会起到主导作用，利用志愿者的强项来不断弥补图书馆专业活动短板，促进图书馆建设的发展。

二、促进作用

图书馆内部工作人员的工作力量与时间是有限的，图书馆的建设工作单靠政府和图书馆自身的力量是不够的，因此，社会力量参与尤为重要，社会力量参与能有效提高图书馆服务供给的效率，改善服务的质量。

1. 有利于提高图书馆资源利用率

在信息化时代，互联网也给获取知识提供了更多的渠道，但图书馆的作用是不可替代的。图书馆的藏书会定期进行更新补充，不断扩充藏书资源，以便读者能够及时获得最新的知识，但不断扩充的藏书数量也给图书馆馆员增加了工作压力。如何进行合理的规划安排、书籍上架摆放的位置都是必须解决的问题。合理利用社会力量的加入，就能在一定程度上缓解图书馆的工作压力。

笔者所在的图书馆通过招聘优秀合格的志愿服务人员、在寒暑假期间接收大学生志愿者等方式，引入社会力量的加入，志愿者的加入能够缓解图书馆馆员的工作压力。志愿者具有读者和工作人员的双重身份，她们了解读者的意见与需求，可以较快地掌握读者需求的变化。同时，作为工作人员能够通过综合考虑读者的需求去合理安排图书排架位置，更好地提高图书资源的利用率，可以站在读者的角度，举办更加科学合理的图书馆阅读活动，有效地提高图书馆的服务质量。

笔者所在的图书馆考虑到本馆容纳读者人数有限、部分读者居住地点距离图书馆较远以及乡镇读者来本馆查阅资料、学习及阅读存在困难等问题，科学合理地在城区内设立了分馆并拟建多个城市书房，在各个乡镇设立分馆。城市书房解决了城区内读者居住较远的问题，方便读者就近阅读，享受便捷的服务。设立在各乡镇的分馆是真正在落实文化惠民的政策，让乡镇热爱阅读的读者能够在家门口阅读到各类书籍，分馆的设立也为在乡镇读书的学生提供了查阅资料的好去处，为学生打造了良好的阅读环境。通过分馆的设立，图书馆总馆将发挥在县域公共文化建设中的中枢作用，在举办多样的阅读活动时，总分馆可以联合举办，让更多的读者参与到阅读活动中，享受阅读的快乐，通过分馆把优质公共文化服务延伸到乡镇，为广大群众提供优质、便捷、均等的文化活动，增加基层公共文化产品和服务供给。

2. 有利于完善图书馆整体的服务体系

图书馆是向社会公众开放的，来图书馆阅读的读者人数众多，会存在不同的阅读需求，咨询的问题也会涉及方方面面。但图书馆的工作人员有限，一些不重要的岗位人员安排上会存在差缺。社会力量中的志愿者的参与在一定程度解决了这一难题，通过对志愿者进行统一的培训指导，他们能够很快熟悉图书馆的管理体系与工作思路，在具体的工作岗位发挥自身的主观能动性来具体地帮助读者解决所遇到的困难。志愿者的招募能够完善图书馆工作人员的专业短板，来查阅资料的读者侧重点不同，有时会通过询问工作人员来选择相关书籍，工作人员只有具备提供读者所需的各种相关资料内容，才能更深层次地为读者服务。

3. 有利于增强图书馆工作人员的服务意识

社会力量参与到图书馆建设中来，能够起到相互学习相互监督的作用，能够使图书馆工作人员自觉提高自我约束意识，促使图书工作人员提高自身的综合素质。社会力量的加入，相当于读者与工作人员一起参与图书馆的建设与服务，图书馆工作人员会更加严格地约束自己的行为，从而更好地规范图书馆管理工作。

三、社会力量参与图书馆建设与服务的重要性

社会力量对于图书馆发展的推进至关重要。社会力量参与图书馆建设的重要性是不言而喻的，社会力量参与图书馆建设与服务是在认同政府在公共图书馆服务工作中的主导地位的前提下，将服务的生产工作分离出来，分离出来的服务生产职能可以交给更为专业的市场主体。

首先，完善图书馆的建设，提升基层公共图书馆的服务能力。图书馆人力、物力资源有限，但随着读者需求的变化，开展越来越多的文化活动是非常有必要的，活动业务外包就是一个很好的选择。图书馆要不断成长，活动业务外包并不是让图书馆放弃自我成长，反而其出发点是为了不断提高自身的服务水平。

其次，社会力量参与到图书馆的建设中，能让读者享受到更好的文化资源。能带动更多的人民群众参与图书馆的相关事务，对图书馆工作的开展起到监督作用，有利于人民群众培育民主意识和法律意识。志愿者能够真实地参与馆员的日常工作，同时志愿者在工作的真实体验过程中，能够开阔知识视野，发现图书馆的丰富资源，理解馆员的工作，拉近读者与馆员的心理距离。志愿者通过图书馆的统一培训，能够提升志愿者的能力素质，学习到更多图书馆的业务知识及专业技能，有利于调动志愿者的服务热情，实现自我价值的提升。

最后，图书馆在举办各类公益活动时也在吸引社会力量广泛参与。通过活动的开展不断提升国民文化素养，还与社会力量进行了广泛接触，为图书馆建设提供了多种可能性和发展机会。

四、社会力量参与图书馆建设的途径

社会力量参与图书馆建设的方式可以是多种多样的,其起到的作用都是非常重要的,有助于形成良好的社会风气,促使图书馆建设的工作趋于正规化。

1. 社会力量参与图书馆部分常规工作

社会力量的参与不能局限于只参加图书馆举办的一些活动中,也可以参与到图书馆的日常工作。通过体验馆员的日常工作流程,来提升自身的责任感与获得感。例如,在一些与图书馆有关的节日上开展主题活动,比如每年春节、3月5日学雷锋纪念日、4月2日国际儿童图书日、4月23日世界读书日、6月1日儿童节、端午节、9月28日孔子诞辰日、中秋节等有特殊意义的日子开展读书节、公益讲座等,可以通过社会力量的参与来策划相应的活动,通过丰富多样的活动来拉近人民群众与图书馆之间的距离,提升图书馆的社会形象和知名度。社会力量的参与也能从多方面完善活动的多元化服务体系,激发人民群众到图书馆阅读的兴趣。在寒暑假期间,大学生志愿者也能利用自己的空余时间来图书馆进行一些收集、整理、查找杂志书籍等工作,通过与读者的接触交流增强大学生志愿者的责任感。

2. 社会力量丰富图书馆藏书资源

图书馆的藏书一般是定期采购的,社会力量的加入就能极大地丰富藏书资源种类。图书馆要积极宣传图书捐赠的要求与流程,呼吁广大读者、学者等愿意将自己富余的藏书捐赠到图书馆进行收藏,以供更多的读者来学习交流。也可以鼓励学校的学生在毕业后将自己不再使用的专业课本、课外书捐赠给图书馆,让需要使用相关专业书籍的读者进行借阅,这样就可以提高书籍资源的利用率,也能让更多读者通过资源共享获取专业理论知识,避免了资源的浪费。同时,图书馆也可以主动寻求文化企业的帮助,通过募捐图书等方式开展读书交流活动,图书馆提供活动场地,企业提供活动开展资源,这既可以提高图书资源的利用效率,也有益于提升文化企业在公众心中的公益形象。

3. 志愿者服务参与到图书馆建设中

随着互联网的快速发展及各类专业知识网站的增多,越来越多的读者获取相关专业知识都会来寻求图书馆的帮助,但图书馆人力资源和技术能力有限,在一些专业方面难以满足读者个性化的需求。可以招聘一些优秀的专业志愿服务人员,通过培训考核后,筛选符合图书馆需求的专业人员参与到图书馆的工作中,为读者提供更加精细化的书籍借阅指导、图书维护管理等工作,配合专职馆员完成相应的工作,以帮助馆员提升综合素质,更好地服务读者。

五、结语

当前，社会公众都十分注重精神文化的建设，图书馆事业发展到今天已经成为人们精神文化生活和获取信息资料不可或缺的一部分。文化建设是精神文明建设的根本，图书馆作为文化建设的重要组成部分，肩负着传播一定思想、科学文化知识的责任，必须加快各方面的文明建设，要从思想观念、服务方向、服务方式、馆员综合素质各方面进行创新，来满足主要服务群体的需求，吸引更多热爱阅读的人到图书馆来。这就要求更多的社会力量参与到图书馆的建设中，只有大量的社会力量参与图书馆的建设与服务，在工作中形成与馆员相同的服务意识，才能促进图书馆事业持续、蓬勃的发展。图书馆应通过各种渠道与方式进行宣传，主动与社会各界力量交流与沟通，寻求社会力量的加入，才能更高效地提升图书馆的公共服务水平，促进图书馆的建设发展，实现图书馆发挥作用的最大化效益。社会力量是一股具有重要作用的民间力量，政府也出台了很多相应的政策支持社会力量更好地参与到图书馆的建设中，利用好社会力量能够推进图书馆事业蒸蒸日上，并在全社会形成一股良好的阅读风气，带动全民参与、全民建设的良好氛围。

参考文献

[1] 刘玉珍. 宜昌公共图书馆总分馆运作模式探析 [J]. 图书情报论坛，2020（1）.

[2] 王云萍，梁向波. 社会力量参与公共图书馆建设——对《中华人民共和国公共图书馆法》部分条款的解读 [J]. 图书馆工作与研究，2018.

[3] 闫毅，杨玉麟. 社会力量参与公共图书馆建设的路径与方法 [J]. 高校图书馆工作，2018.

[4] 刘云飞. 总分馆制下区域图书馆建设之建议 [J]. 图书情报论坛，2021（1）.

[5] 鲍静萍. 从志愿者的多元动机中探索公共图书馆志愿服务积极措施 [J]. 图书情报论坛，2021（1）.

[6] 刘晓东. 社会力量参与公共图书馆建设的法律依据 [J]. 图书馆，2018.

[7] 刘玉珍. 宜昌市图书馆阅读推广多元合作模式的探索 [J]. 图书情报论坛，2027（6）.

[8] 程焕文，刘佳亲. 新时代公共图书馆服务与建设创新的重点和难点 [J]. 图书情报知识，2020（1）.

孝感市社会力量参与公共文化建设与服务思考

吴瑛 胡蓉

（湖北工程学院图书馆 432000）

摘 要：社会力量参与公共文化建设与服务，是近年来我国公共文化事业快速发展的一支生力军。孝感市近年来公共文化事业建设也活跃着文化志愿者等社会力量的身影。通过文献调研、网络调研、电话访问等方法，对孝感市社会力量参与公共文化服务的现状、问题开展研究，认为孝感市社会力量参与公共文化建设的热情高、主动性足，但政府对社会力量参与公共文化服务的认识不足，相关政策不完整。为此，建议建立"机构+社会力量"合作共建模式，提供开放性合作平台，促进社会力量在公共文化服务中发挥更大的作用。同时，加强对文化志愿者人才队伍的培训、招募等常态化建设，搭建志愿服务平台，破解人才短缺问题。加快发展公共文化与社会组织之间的商业化合作，走本土特色的发展之路。

关键词：社会力量；公共文化建设；孝感市

2013年9月《国务院办公厅关于政府向社会力量购买服务的指导意见》出台以来，以"通知""意见""法律法规""政策解读"等形式发布的便利社会力量参与公共文化服务的政策密集出台。足见鼓励社会力量参与公共文化事业是共识，是趋势。近些年来，社会力量参与公共文化服务体系建设的积极性不断高涨，有了很多值得我们借鉴的成功模式。近些年，孝感市的公共文化事业来取得了极好的社会效益，市民满意度高。鉴于此，本文通过调研社会力量参与孝感市公共图书馆建设与服务的现状，探讨进一步提升社会力量参与公共文化事业的地方模式和策略，以期为未来的工作提供借鉴和参考。

一、研究设计

采用文献调研、网络调研、电话访问等方法，对现有相关研究文献进行梳理，总结社会力量参与公共文化事业建设的模式、路径、长效机制等。同时，在 2022 年 3—5 月，通过实地走访、电话咨询等方式，了解社会力量参与孝感市公共文化事业尤其是图书馆事业发展的现状，提出进一步完善的措施与建议。受制于研究调查的对象限制和样本的数量，调查存在遗漏和欠缺，有待后续改进。

二、相关研究成果概述

社会力量参与公共文化的相关研究始于 20 世纪 80 年代，彼时新公共文化理论，制度经济学理论、慈善理论等基于社会治理、市场失灵的理论，被引入相关研究，政府和社会力量可以共同服务于公共文化事业的观点，逐渐被社会接受，并在不同地区逐渐有了实践样本。进入 21 世纪，《公共图书馆法》《公共文化服务保障法》《关于加快构建现代公共文化服务体系的意见》《国务院办公厅关于政府向社会力量购买服务的指导意见》《国家"十三五"时期文化发展改革规划纲要》等引导文件密集出台，社会力量参与公共文化事业的路径、模式、主导力量也逐渐清晰。

社会力量参与公共文化服务体系建设是文化发展的理性选择。公共文化服务体系建设是一项极其复杂的社会系统工程，主导还是政府，"主管部门+社会力量"的工作模式是主流。通过合作获得更多资源，包括合作建分馆、建私人文化馆、博物馆、图书馆等公益性机构、参与公共数字资源建设、服务购买、开展志愿服务（个人志愿服务、组织志愿服务）等。

足见社会力量参与公共文化服务是沉浸式的，从发展到建设到服务的全流程参与。地方主管部门依据各自的特点，做了很多融合尝试，社会力量的加入，使得政府公共文化服务的公共性、公益性、服务性进一步增强。社会力量参与公共文化服务体系建设，是时代发展的必然，也是大众需求的必然。地方政府鼓励、支持社会力量参与，需要在制度建设、模式发展、奖励措施等方面来激发社会力量的积极性，促进社会力量参与到公共文化建设的洪流中来。

三、孝感市社会力量参与公共文化建设的现状

（一）社会力量参与公共服务的社会效应明显

通过电话访问孝感从事公共文化事业的专业人士、网站检索相关的信息等发现，孝感市活跃着一群有强烈意愿从事公共文化服务的企业、组织及志愿者群体。他们有志于参与公共文化服务，并且已经在为孝感市的公共文化服务助力。民营非营利性文化艺术馆壹为艺术馆等文化机构、澴川文学社等本土作家群、云孝感等本土自媒体、九思等文化志愿者群等。"澴川文化大讲堂""书·时光"讲堂等连续多年持续举办多场活动，受邀主讲均来自孝感市各行各业，成为孝感市的文化讲座名片，活动产生了非常好的社会效应。社会力量参与孝感市的公共文化服务开始时间早，参与人群多，受众广，社会效应显著。在孝感市鼓励社会力量参与公共文化服务建设，具有良好的社会基础。

（二）社会力量参与公共服务的便利度有待改进

捐赠、参与志愿服务是社会力量参与公共文化建设的最便捷的方式，也是大众普遍接受、乐于参与的方式。尤其志愿服务，是极受图书馆等公共文化机构重视的公众力量，积极主动地开展招聘志愿者工作，这有助于推动图书馆等公共文化事业的发展。梳理孝感市政府的相关网站，对孝感市现有的市级、县域图书馆主页进行观察，发现各级图书馆的主页一级、二级菜单均没有明确显示捐赠通道、志愿服务等相关菜单内容，而网站检索，能发现大量的纸本图书捐赠等实物捐赠、志愿服务的相关活动报道的新闻。说明机构接受捐赠、志愿服务的通道是畅通的，但并不便利，也不常态，不能成为公共文化建设的有力支撑。同时，检索网站也暂无图书馆专门设立的基金会，接受社会资金捐赠等的页面或新闻报道，这也表明了除政府拨款外，孝感市的图书馆等公共文化服务再无其他固定资金来源。志愿者的管理规范措施、有序进入公共文化服务的渠道、接受社会捐赠的细化条款和措施等，均能在缓解图书馆等公共文化建设资金欠缺、专业人员灵活补充、公共信息资源共享互惠等方面，发挥巨大的补充作用。孝感市公共文化发展，要充分调动社会力量参与的主动性和积极性，这便意味着，规范化的志愿服务管理有待改进，便利畅通的准入渠道，便捷快速的登记、信息获取方式，有待改进。

（三）社会力量参与公共服务的政策力度要提升

通过梳理网络信息，发现孝感市公共文化服务相关的政府公开信息超过60条，以"孝感+公共文化服务"为关键词检索出相关信息670余条，所有公开信息均为新闻报道、工作简报等。通过梳理，孝感市的文化机构网络基本健全、文化基础设施进一步完善、农村文化活动比较活跃，孝感市公共文化尤其公共图书馆发展的基础是良好的。同时，也认为孝感市的公共文化发展，存在文化管理体制不顺、经费投入严重不足、基层文化队伍结构不优、专业人才匮乏、群众文化活动自发开展、缺乏积极的组织和引导等问题。这些都说明，社会力量参与并服务孝感市的公共文化事业发展，是公众的主动选择，是顺势而为的。

通过检索公共文化服务政策基本数据库、搜索网站等检索到湖北省各类型公共文化服务行政通知、政策等373条（现行），其中，涉孝感市的只有一条，稍显落后。2021年，孝感市发布《关于印发孝感市加快构建现代公共文化服务体系实施意见的通知》，其中明确指出：鼓励和引导社会力量参与，加大政府购买公共文化服务力度，支持和促进社会力量参与公共文化服务体系建设，鼓励社会力量在有条件的乡镇和中心村建设实体书店和报刊亭，参与出版物发行分销服务，推进公共文化设施社会化运营。孝感市社会力量参与公共文化服务有了法规依据。孝感市需要加快社会力量等有志团体、组织和个人进入公共服务的软环境建设，需要打破行业壁垒，在政策支持上寻求更广泛的跨部门合作。

四、思考与建议

社会力量有灵活、高效和公益的特点，作为政府与市场间的新参与主体，建议建立"政府+企业""政府+社会组织""政府采购+市场化运作""政府+志愿者个体"等社会化参与模式，共推公共文化服务治理机制的运作。在政府购买服务、项目补贴、政府奖励等方面，提供操作性强、精细化程度高、辐射范围广的多政策支持，扩大开放合作平台，促进社会力量在公共文化服务中发挥更大的作用。给予社会公益组织、企事业单位等在参与公共文化服务发展后的税收、其他公共服务补贴等的保证。探讨以财政资金为主导、社会广泛参与的公共文化发展基金的共建模式，同时，支持社会力量自身发展和培育文化类社会组织，引导和支持社会力量提升自身的公共文化服务能力。在冠名、公益推广、新媒体宣传等方面，加快公共文化服务与社会组织之间的商业合作，走本土特色的发展之路。

加强对文化志愿者人才队伍的培训、招募等常态化建设，搭建志愿服务平台，破解人才短缺问题。抓住互联网时代市民对公共服务需求的时间碎片化、内容高度数字化、空间高度虚拟化等特点，积极引入、调动文化志愿者的热忱，通过延伸和细化服务，在服务供给中融入孝感市的孝文化城市特色。让孝文化特色被"看见"、被"感知"，将"孝"实物落地，便利市民获取服务，享受城市发展的文化红利。

孝感市社会力量参与公共文化服务的时间早、社会效益显著，政府等部门应该抓住这个机遇，进一步夯实社会力量参与孝感公共文化建设的基础，构建双赢的孝感特色文化供给新模式。

参考文献

[1] HALLBRIAN. public libraries and the Big Society [J]. Adults Learning, 2011 (22).

[2] 王子舟. 社会力量参与公共文化服务体系建设是文化发展的理性选择 [J]. 图书馆杂志, 2015, 34 (11).

[3] 孝感市人民政府. 加快孝感农村公共文化建设的调查与思考 [EB/OL]. (2023-07-14) [2008-06-03]. http：//gaj.xiaogan.gov.cn/c/www/tjfxbg/38875.jhtml.

[4] 官文娟, 等. 福建地区社会力量参与图书馆建设的策略研究 [J]. 闽江学院学报, 2020 (7).

图书馆针对特殊人群服务的探索和建议

刘 蔚

(孝南区图书馆 432009)

摘 要:公共图书馆作为保障全部公民基本信息权益的文化服务机构,对全社会文明建设与知识文化的传播具有重要意义。社会教育作为图书馆的主要职能之一,特殊人群在内的每个群体是图书馆值得研究的课题,图书馆社会教育范围与方法的扩大和创新是关键。

关键词:图书馆服务;基层图书馆;特殊人群

一、研究背景

公共性是公共图书馆的主要属性之一,它决定了公共图书馆是一个保障所有公民信息权益的文化服务机构,对社会知识与文化的传播有着重要的作用。《公共图书馆法》规定:"公共图书馆应当按照平等、开放、共享的原则向社会公众提供服务。"我国已成为世界上老年人口最多的国家,然而,老年读者到馆接受服务面临许多困难。数字时代的老年人落后于社会发展,对数字文化的获取和新媒体技能的运用非常局限。老年人大都只会使用传统借阅服务,与数字化图书馆脱节,更有甚者,来公共图书馆都非常困难。传统图书馆服务已经不能满足老年读者对精神文化的追求了,也不能满足他们求知的需求。改革开放以来,随着我国工业化进程的持续推进,农民工的规模人数不断扩大,但是这些特殊人群常常难以享受到这种公共文化服务。相较于经费充足、人才密集的国家级、省级图书馆,区级、乡镇级的基层图书馆在服务条件上也有先天不足。了解基层馆特殊人群进行服务的现状,是对服务条件、服务态度等进行改进的基石。另外,对残障人士的人文关怀也是一个城市精神体现关怀的重要组成部分,为了响应国家号召,给特殊群体带来更加方便、快捷的城市服务,专门为残障群体提供的图书馆也成为城市基础设施建设中不可或缺的一部分。

二、现状

据统计,目前我国使用手机的老年人约为2.74亿户,其中使用智能手机上网的老年人约为1.4亿户,近1.41亿老年人在网络上呈现默不作声的状态。根据社科院预测,2050年我国60岁及以上老年人口数量将达到4.83亿人。面对老年人口规模和比重的快速上升,在文化领域建立与完善老龄化应对体系,抓住"窗口期"是对公共图书馆基础性服务升级的一大挑战。结合高频词表发现了近20年我国图书馆老年人服务的主要做法是拓展老年人阅读空间。其中,拓展老年人知识阅读空间的主要方法为创办老人读者阅览室、流通点、分馆,捐赠书刊等。开展老年人培训活动的主要内容为电子设备的使用、图书馆资源的获取方式和图书馆馆舍导览介绍。随着数字化的不断变迁更新,图书馆老年人培训内容从使用电脑手机到操作智能APP;培训内容较为广泛的还有书画培训等。除培训外,图书馆还举办了广受老年读者欢迎的书画作品展览、老年读书会、座谈会等。数据发现,图书馆喜欢在特定节日,如重阳节集中开展老年服务及相关活动,如为老年人免费办证、开展座谈会、送书、举办文艺汇,图书馆还举办了一些特色但是小众的主题活动,充分展示了公益性文化服务职能,使广大群体减少了对电子设备运用的明显不安感,越来越多的老年人表现出对智能技术的强烈需求,但智能技术在硬件和软件上的"数字"门槛却造成了诸多困扰。再说说农民工的问题,截至2018年年底,我国有外出农民工17266万人、本地农民工11570万人,农民工总量达2836万人,我国农民工规模之大,在世界范围内前所未有。

但是我国农民工的阅读情况并不理想,2017年进城农民工中业余时间参加读书看报的比重仅为3.6%,比上年还下降了。我国农民工群体的文化程度偏低,主要从事劳动密集型产业,在阅读能力和精力方面稍显不足;客观力量对农民工群体的关注也在不断增加,但相对而言,针对农民工群体的阅读推广活动力度不足。2009年深圳的残障人士数量占全市总人数的2.47%,而其中77%的残障人士中最高学历只有初中。在深圳这样的发达城市,残障人士的受教育程度都如此欠缺,由此可见,在经济相对欠发达的城市,残障人士获取信息和知识的渠道肯定更加狭窄,以法律的角度来看,我国并没有设置专门的法律体系对残障人士信息的权益进行保障。截至2011年年底,国家有关部门出台《公共图书馆服务规范》(以下简称"规范")。"规范"中虽然提到了要尽可能满足残障人士、老年群体、进城务工人员、经济欠发达人员的特殊需求,但是无论是针对主体还是保障方向,都没有进行明确的规定。正是因为缺乏具有针对性的规定和法律体系，导致很多公共服务设施在实际落实的过程中，并不会给残疾人这样的特殊群体提供相应的特殊服务，这就给残疾人获取知识与信息带来了极大的障碍。

三、图书馆服特殊人群存在的问题

（一）老年读者

公共图书馆借阅管理方式都是按照学科分类来摆放图书，阅览也是按照类别分类来设置阅览室，没有考虑到老年人群体的特殊性，没有设置专门阅读区域，没有考虑到老年人行动不便、动作幅度较大、需求不匹配。老年读者对现代信息不熟，而图书馆信息咨询服务随着信息技术的飞速发展，图书阅读已成为现代人获取知识的主要手段。但是由于老年读者对新生事物学习速度较慢，部分老年人跟不上社会发展步伐，存在排斥高科技服务的现象，大多老年读者只能享受传统的阅读服务。老年读者的身体机能在不断退化，表现在情绪容易失控、性格倔强、暴躁、听力下降。所以图书馆的工作人员在与老年读者交流时，容易出现反复咨询同一个问题，图书馆工作人员产生不耐烦的情绪，缺乏对老年读者的服务激情这特殊一现象。总而言之，在现代化社会高速发展的背景下，公共图书馆在很多方面已不能满足老年读者的阅读需求与体验了。公共图书馆需要在实践中不断探索，由传统阅读服务转变为主动为老年读者服务。

（二）残障群体

在一些经济发展相对较缓慢的城市，针对残疾人群体开设的文化信息服务十分匮乏。为残疾人群体提供的服务质量也有待提升，在国内的很多城市中，都有专门为残疾人群体提供的图书馆或者其他获取信息的基础设施，在服务内容方面，很多专门针对残障人士的服务内容仍然处于半空白状态，很多已经完成建造的盲人图书馆仍然充斥着形式主义色彩，在实质服务内容以及服务质量方面存在非常明显的问题。

四、图书馆对特殊人群的建议

（一）老年读者

降低参与门槛，提高学习意愿，对老年读者进馆不会使用"健康码"，不会线上预约等情况，特开通电话服务到馆预约，确因特殊原因无法提供准确个人信息的，在讲座当天由工作人员在图书馆入口处接待。同时，考虑到交通出行、身体原因及高温天气等，我们将于暑假期间，把讲座课堂搬到社区，与社区工作人员和党员志愿者通力合作，帮助更多老年人打开通往网络时代的大门，耐心沟通交流，激发情感共鸣，从历次讲座情况来看，老年读者的交流需求较高，需要工作人员充分发挥共情能力，热情礼貌地接待，服务态度要好，在思维方式上尽量与老年读者同步，激发他们的情感共鸣，才能保证沟通的顺畅。在智能技术应用上，老年读者普遍面临着困难超出其预期的现象，容易产生焦虑、恐惧等负面情绪，需要我们正确地对待。因为老年人有特殊需求，每层服务台需要备有放大镜、老花镜等物品。

（二）残障人士

残障人士除去必要的硬件条件外，还购入了书籍点读机，在盲人读书室安装了读屏软件，由湖北省残疾人联合会、湖北广播电视台资讯广播、湖北省图书馆联手创建了"光明直播室"，为残疾朋友尤其是视力障碍人士，提供不仅可以阅览盲文书籍，聆听电台有声读物，还可以走上直播台，将精彩的盲文书和自身感悟录制成音频文件与广大听众分享。为了能更好地服务残障人士，图书馆也应配备专车，接送残障人士。应开放专门针对残障人士的送书到家快递借还书等服务。在实际生活中，除去极个别区域有残障人士聚集，公共场所的残障人士寥寥无几，政府应推进无障碍设施建设与使用，能使残障人士过上正常的生活。

五、结语

特殊人群伴随着其身心的特殊性，在对其服务时不仅要提供优质、有针对性的服务，还应该更偏向提升图书馆员工知识储备，更新专业技能，考取相关证书，提供特色服务。针对残障人士和心理创伤及精神障碍者，馆员应积极学习盲文、手语、心理学等，公共图书馆作为公益性的社会文化机构，有责任和义务为特殊群体提供信息服务保障。基层图书馆是最贴近特殊人群日常生活的图书馆，在进行阅读推广、提高文化素养、进行信息保障方面起着重要作用，同时体现了公共图书馆的文化保障价值，对促进社会公平与社会进步有着重要意义。

参考文献

[1] 刘宁南, 刘多兰. 加拿大大学图书馆为有特殊需要的学生提供服务[J]. 河南图书馆学刊, 1994 (1).

［2］王珏. 少年儿童图书馆为"特殊少儿"群体服务浅谈［J］. 图书馆研究与工作, 2005 (4).

［3］姚梅. 公共图书馆如何做好老年读者的服务工作［J］. 图书馆, 20 (6).

［4］吴玫玫. 完善我国城市社区公共文化服务政府供给研究［D］. 成都: 电子科技大学, 2015.

［5］曹轶. 公共图书馆特殊群体阅读服务的创新和挑战［J］. 河南图书馆学刊, 2016 (5).

新时代图书馆阅读推广服务研究

赵 艳

（孝感市图书馆 432099）

摘 要：在互联网社会高速发展的背景下，人们的阅读兴趣不断提高，国家对建设书香型社会也越来越重视，为提高全民阅读的热情，作为文化的载体，图书馆在新时代下扮演着重要的角色。本文从阅读推广服务的意义、存在的问题以及如何有效进行阅读推广等三个方面分析了图书馆发展的方向，利用SWOT分析法分析了当前阅读推广的现状，并结合社会实际对阅读推广提出了建议。

关键词：新时代；阅读推广；创新

一、引言

早在2016年3月发布的《中华人民共和国国民经济和社会发展第十三个五年规划纲要》中就明确提出要"推动全民阅读"，并将全民阅读工程列为国家八大文化重大工程之一。其后在2021年3月发布的《中华人民共和国国民经济和社会发展第十四个五年规划和2035年远景目标纲要》中第三十五章"提升公共文化服务水平"中再次提出要深入推进全民阅读，建设"书香中国"。可见国家对全民阅读的重视，而在其中图书馆就有着举足轻重的地位，作为公共图书馆在新时代国家对全民阅读的重视，群众对阅读的渴望下，图书馆的阅读推广服务就显得尤为重要。

二、新时代图书馆阅读推广服务的意义

（一）有利于促进全民阅读，提升全民素质。阅读是我们获取信息、开发智力、增强智慧最好的途径。未成年人通过阅读能够开阔视野、启发思想、树立崇高的理想，成年人通过阅读能够汲取力量，涵养品格，成为更好的自己。白岩松说："要想一个国家向前进，变得更安全，是需要多读书的，因为只有多读

书,才能慢慢地建立理性。"图书馆阅读推广服务能够让读者在茫茫书海中找到与自己心灵契合的那本书籍,让读者爱上阅读,在书中找寻人生的真谛,在书中寻觅自我。读书不仅仅是为了获得信息,它能够锻炼人的思维能力,铸造人格,从阅读中塑造自我、锤炼自我、拓展自我。当阅读推广走进每一位读者心中时,便能实现全民阅读,建设书香社会,提升国民素养。

(二)有利于推进信息资源开放与共享。2018年1月1日施行的《中华人民共和国公共图书馆法》提出要充分发挥公共图书馆的功能。公共图书馆通过一系列阅读推广活动一方面能够激发读者阅读兴趣,营造了书香四溢、终身学习的文化氛围。另一方面,图书馆是一个资源集合体,开展阅读推广活动也能调动一切积极因素,整合网络平台和信息资源,推进馆内资源的开放和共享,有效提高图书馆资源的利用率和自身的影响力[1],实现阅读资源利用扩大化。

三、新时代图书馆阅读推广服务现状分析——SWOT分析法

(一)内在优势:一是具有权威性。随着互联网时代的迅猛发展,网上资源层出不穷,鱼龙混杂,此时的公共图书馆有着其他途径不可比拟的优势就在于我们资源的权威性和专业性。二是资源丰富。图书馆有着丰富的馆藏资源,从哲学、宗教到古现代散文小说,从电子工业到新兴智能产业,社会上存在的职业所需的资源在图书馆都能有所体现。三是浓厚的阅读氛围。当你不知道看什么书的时候,来到图书馆总能有一本书能够吸引到你;当你在家无法静下心来阅读时,却能在图书馆的书海中徜徉到忘却时间。这就是图书馆的魅力所在。

(二)内部劣势:一是馆员能力参差不齐。新时代下老馆员无法跟上时代的步伐,新进馆员对业务不熟悉,馆员专业与岗位能力不匹配,都是图书馆内部在新时代所面临的挑战。二是服务群体定位不够清晰。不同城市的服务群体不同,一味地效仿大型图书馆而不考虑自身情况就会导致费钱费力却依然无法满足读者需求的情况出现。三是推广的书籍趣味性不够浓厚。有些图书馆为了迎合当下时代背景,推荐的书籍或枯燥无味或晦涩难懂,瞬间便让读者失去了阅读兴趣。四是推广手段有限。受疫情影响,现在基本人人都会上网,从网络上获取信息的途径也是越来越多,但是图书馆的阅读推广手段仍然局限在以往的范围内,无法与时代接轨,导致群众无法接收到图书馆的一手信息。

(三)外部机遇:一是国家支持全民阅读,文化氛围愈加浓厚。2019年8月21日下午,习近平总书记在甘肃考察读者出版集团有限公司时曾说过,人民群众多读书,我们的民族精神就会厚重起来、深邃起来,要提倡多读书,建设书香社会。二是人们对阅读的渴求越来越强烈。这两年随着直播平台的兴起,购

物直播、健身直播层出不穷，而近来的新东方直播却异军突起，人们热爱这类知识直播是因为从中不仅能够娱乐而且还能学英语，可见人们在迅速发展的时代下对于知识的渴求越来越浓烈，他们希望能够通过阅读来弥补精神上的空虚。

（四）外部威胁：一是读者阅读流于表面。新时代社会节奏变快，随着短视频平台的兴起，各种信息以爆发式的速度增长，阅读途径越来越多，获取信息的速度越来越快，人们没有耐心去细细品味一本好书，甚至无法坐下来读完一本书，久而久之就会不想读书，进而影响到图书馆阅读推广服务水平提升，那么图书馆的存在就会变得没有意义。二是阅读时间碎片化。随着社会压力的不断增大，人们疲于生活奔波，没有也不愿意花时间去阅读，获取的知识也是碎片化的，这就对图书馆的推广服务提出了挑战。

四、新时代下图书馆应如何进行阅读推广服务

（一）关注读者需求。"21世纪的图书馆"最根本的特征，是从原本的以书为中心的"书本位"转变为以人为中心的"人本位"。[1]新时代的图书馆要对自身有精准的定位，转变思想，从以前的以书籍为主转变为以读者服务为主，旨在为读者提供更好的阅读体验。图书馆应该多途径了解读者需求，例如利用微信公众号开通入口让读者自行荐书，吸纳读者意见，然后进行分类整理，从而深入剖析读者需求，最后结合本官实际情况进行调整，让图书在读者手中活起来才是对书籍最好的利用，也是图书馆存在的意义。

（二）开展多种形式的推广活动。随着新媒体平台的兴起，人们获取信息知识的途径越来越多元化，而人们沉迷于网络最主要的原因在于网上的知识能够寓教于乐，能够带给人们短期的获得感和满足感。所以公共图书馆应结合当前时代特点开展多种形式的推广活动，让更多的读者参与进来，丰富其文化活动，让读者在轻松愉快的氛围中也能获取知识，同时在推广活动中也要注重阅读的深度和广度，不能浮于表面，推广的目的一方面是满足读者需求，另一方面也要充分利用馆内资源，扩大图书馆的社会认可度。除此之外，阅读推广要有针对性，对读者群体进行分类，例如针对少儿群体根据不同节日安排阅读活动，针对中青年安排职业规划讲座，针对中老年人开展防诈骗讲座，针对特殊人群安排语音播报活动等，实行点对点的推广活动能够让图书馆资源得到最大限度的利用，也能提升推广效果，带动图书馆整体发展水平。

（三）创新服务模式。传统的图书馆一直是以阅览为主要开放基础，基本都是书架、阅览席位、服务台三部分组成一个阅览厅，但是随着疫情的严峻形势，很多人无法感受到线下图书馆的阅读氛围，图书馆也无法发挥其优势。此时可

以借助互联网平台创新服务模式，例如开通直播学习，让读者在家中也能感受到图书馆的学习氛围，提高学习效率。同时，开通线上图书馆，根据读者热度榜选择部分线下馆藏导入线上图书馆馆藏资源。图书馆的资源丰富，不要局限于实体部分，可以结合本地特色创新服务模式，顺应时代发展，推进公共文化事业发展。

五、结语

图书馆是一个文化集合体，也是人们阅读的重要场所。其丰富的馆藏资源是图书馆亘古不变的守则，而实行阅读推广能够有效地将资源利用起来。在新时代背景下，阅读推广要注重读者需求，根据不同读者分类实行推广活动，同时阅读推广也要更加注意广度和深度，提升推广效果。创新推广方式及文化服务，提高服务工作质量。让图书馆成为公众文化精神的寄托地，为读者提供良好的阅读环境和阅读体验，促进图书馆整体文化水平提升。

参考文献

[1] 吴建中. 图书馆的价值：吴建中学术演讲录 [M]. 上海：上海科学技术文献出版社，2014.

浠水县图书馆推广全民阅读的创新与实践

夏旺春　胡晓风

（浠水县图书馆　438299）

摘　要： 浠水县图书馆为了满足群众的读书需求，不断创新服务模式，既通过线上、线下多种渠道，讲座、展览、放映、体验、知识竞赛等多种活动形式，积极营造阅读氛围，引导读者体验高质量阅读，并借助社会力量辅导读者深度阅读，还带动全县乡镇文化站图书室、农家书屋、各机关企事业单位、社区图书室的建设与开放，充分发挥文化部门引领风尚、服务社会、推动地域文化发展的作用，推广全民阅读，让"爱读书、读好书、善读书"在全县蔚然成风，真正实现阅读遍地开花、书香溢满全城。

关键词： 图书馆；全民阅读；实践与探索

一、阵地建设起主导，阅读推广全覆盖

近年来，我县在全县建成了乡镇级图书馆分馆15个，城市书房3座，依托农家书屋整合资源创新模式，建成城乡全覆盖的基层阅读点649个。目前县乡村三级公共阅读场馆（所）共有80余万册图书可供群众阅读，县图书总馆和18个乡镇图书分馆、城市书房实现了通借通还。我县以县图书馆为总馆、以乡镇图书馆为分馆、以农家书屋为基层阅读点的县乡村三级联动的图书馆总分馆公共阅读服务体系日趋完善，公共阅读设施建设水平和服务效能稳步提升。2022年，总流通人次11.73万人次，文献外借量12.45万册次，讲座、展览、培训活动36场次，参与人次0.52万人次，平均每天接待读者近500人次，平均每天借书近540本，有效发挥了中心图书馆的引领辐射作用，并为浠水县社会经济高质量发展的智力支撑作用，全民阅读主阵地作用进一步凸显。

为充分发挥县图书馆的资源优势，将文化惠民深入基层，进一步打通公共文化服务最后一公里，2022年，图书馆党支部以迎接二十大"下基层察民情解

民忧暖民心"为抓手和以流动图书车为活动载体,在全县范围内开展了"我为群众办实事"流动图书借阅服务活动,截至年底,已按预定计划开展活动40多次,发放阅读宣传册5000多份,服务读者近5万人次。零距离的流动服务既方便了群众就近借阅,又进一步宣传了我县公共图书馆的社会功能和服务项目,延伸了图书馆的服务空间,营造了浓浓的阅读氛围,提升了群众对公共文化服务的满意度,让广大群众共享公共文化成果名副其实。

二、"数字化"服务可圈可点,民众阅读触手可及

2022年,县图书馆进一步优化馆藏数字资源应用场景,让读者足不出户就能享受文化信息服务。截至2022年底,馆内新增30万种电子图书、70万书目信息检索、3000种畅销期刊、30000册热门畅销有声听书,以及300多种报纸数据库链接、1000余册少儿绘本资源。同时对馆藏数字资源服务方式进行功能提升,完成馆藏数字化服务平台建设,将数字资源与统一用户平台、馆外资源访问平台进行对接,让读者通过网站、微信、移动APP以单点登录的方式一次登录就可免费访问馆藏资源,不断升级用户使用体验感。目前,县图书馆可提供10TB海量数字资源,读者通过网站、微信、APP终端就可免费看书、听书。2022年,县图书馆数字资源访问量突破3万人次,与2021年同比增长120%。

数字农家书屋是丰富我县基层群众文化生活的重要载体,也是推进我县农家书屋数字化、网络化、便捷化的重要途径。县图书馆指导落实数字农家书屋平台所有资源及文化服务均免费向农民群众开放,农民朋友不花一分钱,在数字农家书屋扫码下载"书香湖北"APP,就能将"书屋"装进手机里,不再受农家书屋开放时间的限制,随时随地享受海量云端阅读资源,无障碍完成农家书屋"最后一公里"的资源输送。每个数字书屋配备电子图书7万册、有声读物3万集,并依托平台开展"百姓点单"选书、荐书活动。足不出户便可欣赏戏曲音乐会,动动鼠标就可预约文化培训,点击屏幕就可让借阅图书快递到家……极大地提升了图书馆服务效能,公共文化公益性、均等性、便利性的特点充分彰显,群众的文化获得感明显增强。

三、节日文化活动,助推阅读高潮

为了让市民体验更好的阅读氛围,浠水县图书馆寒假暑假期间推出了一系列的阅读推广活动,比如"小小志愿者"招募活动、绘本创意小课堂、VR体验、美术绘画培训,积极组织开展"百馆千站绘荆楚"书法作品比赛活动,"万户家庭讲家风故事"活动、弘扬"浠水杂技"非物质文化、聆听"孝行天下读书会"儒家经典诵读，以满足不同年龄段人群的阅读需求。春节线上活动举办了"书墨飘香、悦享新年——清宫档案里的新春盛事""欢度春节，闯关答题""瑞兔迎春，趣味填字""答题挑战赛""月下燃灯、共消良辰——月下燃灯共猜谜""花鼓龙灯闹元宵，畅读古诗词——答题抢红包""卯兔庆元宵·游园猜典故"、非遗民俗品年味系列讲座等线上阅读推广活动，进一步弘扬中华优秀传统文化，营造浓厚的节日阅读氛围。

四、少儿活动有声有色，爱上阅读从小抓起

2022年相继开展了"读万卷书，行万里路""品味书香诵经典 歌舞飞扬迎新春""浠水少先队校外实践教育基地授牌及校外辅导员聘任仪式""悦读通达未来，读书点亮生活""悦读悦美""关爱儿童成长，书香点亮童心"等活动，丰富了我县少年儿童的文化生活，在全县形成"多读书、读好书、好读书"的社会风尚，体现全民阅读从小培养的思想观念，践行图书馆推广全民阅读的使命与职责。

五、机关企业活动深入开展，助力书香浠水建设

三八妇女节，在数字图书馆为县烟草局和县机关事务局举办了"书午玫瑰"和"展巾帼风采、建和谐浠水"的诗歌朗诵会，引导女职工对阅读的理解，养成爱读书的自觉，提升女性修养，展现新时代妇女的文明形象。在"五四"来临之际，联合县纪委监委共同开展"书香润初心、逐梦绽芳华"读书分享活动。县纪委监委青年干部在城市书房内分享了各自阅读体验和学习感悟，极大地调动了青年干部干事创业热情，在青年团体中引领阅读风尚，涵养正气新风。该活动得到了县纪委监委全体同志的高度认可，希望图书馆进一步推广类似阅读活动，打造阅读品牌。2022年5月10日与县残联共同举办"光明阅读，文化助残"活动，为视障读者介绍听书机使用方法，让视障读者能"读书"、有书读，这是图书馆全心全意为残障人员提供个性化服务，助力他们实现"阅读"梦想。下半年相继给人大、政协、县总工会、劲马窑炉企业等单位的图书室开展送书活动，旨在发挥图书馆倡导、服务、推动全民阅读的社会服务功能，丰富群众的文化生活，满足员工阅读需求，助推书香浠水发展。

六、携手教授回乡建书院，文化飞进百姓家

今年以来，我县以美好环境与幸福生活共同缔造为抓手，不断加大乡村文化阵地投入力度，借力教授回乡引智引资，共建乡村书院，与农家书屋无缝对

接，逐步搭建线上线下文化传播平台，让乡亲们足不出村就能共享文化食粮。2022年经过图书馆工作人员的努力，建起了何存中、夏源明、傅正国、毕火明等4家"乡村书院"，不仅为乡村学子和当地文学爱好者搭建起一个学习、成长的公益乐园，也为村民们提供了一个读书、休闲的好去处。这些书院将形成独有的文化品牌，让底蕴深厚的浠川文化飞进千万家。

七、一河两岸的城市书房，滋养市民读书的风气

浠水图书馆在一河两岸建设的城市书房，藏书近8000册，涵盖综合、政治、历史、哲学等，可满足不同年龄阶段市民的阅读需求，市民可凭借身份证在自助机办理借书，实现与图书馆图书通借通还。书房坚持紧贴群众需求，实行线上线下相结合的模式，提升读者的参与感。城市书房的设立，将公共图书馆服务延伸至基层群众家门口，点亮了城市温暖的阅读之灯，提升了城市的品位和文化氛围，给广大市民提供更为优质便捷的公共文化和阅读服务，成为一道引人注目的城市文化风景。

总之，在县委、县政府的高度重视下，图书馆坚持与人民同心、与时代同行，全民阅读活动取得了一定的成效。下一步图书馆将持续推进全民阅读推广活动，及时发现并解决全民阅读推广活动中出现的新问题、新困难，不断创新活动形式，丰富活动内容，营造全民参与全民阅读的深厚氛围，满足群众多样化的公共文化需求，让不爱阅读的人爱上阅读，让爱上阅读的人学会思考，实现全民阅读无孔不入、无处不在，为推进文化自信自强，铸就社会主义文化新辉煌贡献力量。

参考文献

[1] 乔樊. 湖北浠水县 开展残疾人文化进家庭"五个一"活动 [J]. 中国残疾人, 2017：27-27.

[2] 王意. 传统节日文化在小学语文教学中的渗透 [J]. 好日子, 2021, 000 (013)：P. 1-1.

[3] 黄晓玉. 公共图书馆助残志愿者团队建设研究——以湖北省图书馆"书香伴读·聆听你我"活动为例 [J]. 中文科技期刊数据库（全文版）图书情报, 2021.

图书馆儿童阅读推广评价实证研究[*]

罗媛[1]　陈红艳[2]

(1. 湖北省图书馆　湖北武汉　430071；
2. 湖北大学图书馆　湖北武汉　430062)

摘　要：开展儿童阅读推广评价可深入测评儿童阅读推广实际成效，为优化儿童阅读推广路径提供方向。研究构建面向图书馆、用户（读者）多个视角的儿童阅读推广评价指标体系，选取湖北省图书馆和武汉市少年儿童图书馆进行实证研究。评估结果显示所构建的指标体系具备评价儿童阅读推广实际功能，未来还需要对不同层次图书馆开展测评，提升评价体系实操性，增强数字阅读显示度。

关键词：儿童；阅读推广；评价；实证

引言

当前，全民阅读已上升为我国国家战略，书香社会蔚然成风。至2022年，"全民阅读"已连续九年被政府工作报告提及。[1]儿童作为全民阅读的重要推广对象，提升其阅读素养亦被广泛关注。2022年4月23日，习近平总书记在给首届全民阅读大会开幕式的贺信中指出，希望孩子们养成阅读习惯，快乐阅读。公共图书馆作为儿童阅读推广最重要的推动者、实施者和引领者，对儿童阅读推广成效进行评价有利于充分发挥其优势资源，优化儿童阅读推广方式，有效提升儿童阅读素养。

一、评价指标体系构建

（一）理论基础

儿童阅读推广评价是一个涉及图书馆学、传播学、管理学等多学科的研究领域。

---

[*] 本文系2022—2023年度湖北省图书馆科研项目"湖北省公共图书馆区域协同发展路径研究"（鄂图科2022-01）的研究成果之一。

在本研究中，主要借鉴托马斯"五因素"理论、拉斯韦尔"5W"理论、"4E"评估理论，构建面向图书馆、用户（读者）多个视角的儿童阅读推广评价指标体系，并展开实证研究，以测评数字环境影响下图书馆儿童阅读推广成效。

美国学者托马斯（Thomas, Fannette H.）于1982年提出了影响图书馆未成年人服务的五大因素，即专门馆藏、专门空间、专业人员、专项服务、合作网络。[2]该理论是图书馆未成年人服务的最早理论，至今仍指导世界范围内公共图书馆未成年人服务的实践工作，将五因素作为选取指标时的基本框架，指导一级指标的确立。

哈罗德·拉斯韦尔（Harold Lasswell）提出构成传播过程的五个核心要素为"Who""Say What""In Which Channel""To Whom""With What Effects"。[3]由于图书馆阅读推广的大众传播性质，以5W理论为指导，将阅读推广主体归纳为图书馆；阅读推广内容归纳为馆藏文献资源与服务；阅读推广手段归纳为阅读推广环境、人力资源、合作与支持；阅读推广客体归纳为儿童、家长、监护人等用户；阅读推广影响指对用户和社会的多面影响。

福林（Flynn）在原3E支出绩效评价标准理论（"Economy""Efficiency""Effectiveness"三者有机统一）的基础上增加了"Equity"公平维度，提出了4E绩效标准。[4]在构建指标体系时，特别注重图书馆公共文化服务属性，设置特殊儿童阅读推广、多元化阅读推广资源和服务相关指标。

（二）图书馆儿童阅读推广评价指标体系的构建

1. 研究方法

本部分首先利用文献调研法，在托马斯五因素理论、拉斯维尔5W理论和4E绩效评估理论指导下，重点梳理了《公共图书馆少年儿童服务规范（GB/T 36720-2018）》《公共图书馆服务规范（GB/T28220-2011）》《公共图书馆评估指标第3部分：省、市、县少年儿童图书馆（WH/T70.3-2020）》与国外《儿童图书馆服务发展指南》（IFLA，2011）、《0-18岁儿童图书馆服务指南》（IFLA，2018）、《儿童阅读推广基本计划》（日本，2018）等政策文件，2010—2022年相关图书馆儿童阅读推广评价的研究文献，以及2012—2021年中国图书馆学会获奖阅读推广相关案例，来初步构建评价指标合集。再利用德尔菲法邀请12名图书馆领域专家通过二轮专家调查确定体系的指标构成，最后采用层次分析法确定指标权重，完成图书馆儿童阅读推广评价指标体系的构建，包括5个一级指标，20个二级指标和55个三级指标。

2. 图书馆儿童阅读推广评价指标体系

表 1　图书馆儿童阅读推广评价指标体系

一级指标及权重	二级指标及权重	三级指标及权重	一级指标及权重	二级指标及权重	三级指标及权重
A1 馆藏文献资源 0.074	B1 文献资源内容 0.034	C1 文献资源充足性 0.019	A4 阅读推广服务 0.375	B11 社会影响力 0.034	C29 品牌建设 0.010
		C2 文献资源配置分级性 0.010			C30 规模化 0.006
		C3 文献内容多元特色性 0.006			C31 均等性 0.018
	B2 文献资源载体 0.007	C4 文献载体丰富性 0.007		B12 服务形式 0.034	C32 线下服务形式多样性 0.023
	B3 文献资源易用性 0.012	C5 文献资源易获得性 0.012			C33 利用网络新媒体开展服务 0.011
	B4 数字资源平台建设 0.020	C6 检索工具易用性 0.006		B13 服务内容 0.098	C34 分级性 0.034
		C7 用户数据安全性 0.011			C35 丰富性 0.020
		C8 绿色阅读 0.003			C36 创新性 0.020
A2 阅读推广环境 0.121	B5 环境功能 0.081	C9 功能分区化 0.022			C37 系列性 0.007
		C10 环境年龄适宜性 0.038			C38 互动性 0.012
		C11 布局合理性 0.013			C39 多元文化性 0.005
		C12 交通便利性 0.008		B14 阅读行为 0.040	C40 用户阅读时间 0.008
	B6 设施设备 0.040	C13 设施设备安全性 0.027			C41 用户主动获取信息 0.004
		C14 设施设备齐全度 0.013			C42 用户忠诚度 0.006
A3 阅读推广人力资源 0.215	B7 阅读推广管理 0.064	C15 兼职阅读推广人建设 0.034			C43 用户亲子阅读行为 0.007
		C16 结构层次化 0.010			C44 用户阅读习惯 0.015
		C17 继续教育 0.019		B15 阅读兴趣 0.048	C45 用户阅读理念 0.026
	B8 阅读推广人素质 0.116	C18 举止规范 0.013			C46 用户满意度 0.008
		C19 职业道德 0.041			C47 用户心情愉悦度 0.014
		C20 服务态度 0.041		B16 阅读能力 0.023	C48 用户阅读指导度 0.016
		C21 主动学习意愿 0.022			C49 用户知识扩展度 0.008
	B9 阅读推广人能力 0.035	C22 组织策划能力 0.006	A5 合作与支持 0.215	B17 合作类型 0.049	C50 馆际合作共享 0.016
		C23 营销推广能力 0.003			C51 社会合作共享 0.033
		C24 沟通协作能力 0.006		B18 经费 0.091	C52 阅读推广经费 0.091
		C25 问题解决能力 0.012		B19 宣传 0.049	C53 宣传力度 0.033
		C26 阅读指导能力 0.006			C54 宣传形式 0.016
	B10 服务管理 0.098	C27 使命愿景 0.066		B20 评估 0.026	C55 反馈评估 0.026
		C28 内部流程规范化 0.033			

在该指标体系中，从用户主体角度而言，用户阅读行为、兴趣和能力对阅读推广的影响占总指标权重的 11.1%。阅读推广成效的主要影响主体仍是图书馆，其馆藏、人力资源、服务内容与形式、合作与支持对阅读推广总体影响相近。阅读推广经费、内部流程规范化、使命愿景指标权重占比较高，3 个三级指标共占所有指标权重的 19%，其中阅读推广经费权重占比更是高达 9.1%，可见其在儿童阅读推广中的重要程度。而利用网络新媒体开展服务与数字资源平台建设等反映数字阅读推广的指标总权重仅 3.1%，表明当前数字阅读在儿童阅读推广中处于起步阶段。

二、实证研究——以湖北省图书馆与武汉市少年儿童图书馆为例

（一）研究方法与过程

1. 研究方法

由于单独采用用户主观评价或内部测评无法达到评价儿童阅读推广的目的，需要二者相结合各取所长。同时，根据获取评估指标数据的实际需求，本研究主要采用了问卷调查法和实地访谈法。具体而言，针对阅读推广服务、阅读推广环境、阅读推广馆藏方面的 31 个三级指标的评价，采用问卷调查，设置指标对应问项，采用李克特五级量表形式请阅读推广用户对每一个问项进行等级评价，充分从用户角度发挥外部用户相对客观、对图书馆服务效果直观感知的优势。对于图书馆内部流程、人员管理、合作等 20 个三级指标的评价，采用实地访谈法，设置访谈提纲，其中 4 个指标通过访谈提供信息，结合相关标准设置评价标准，其他 16 个采用李克特五级量表形式请受访馆员对每一个问项进行五级等级评价。另外，针对文献资源充足性、设施设备安全性、齐全度、经费 4 个三级指标，通过文献/实地调研获取信息予以评价。通过访谈和文献/实地调研从图书馆角度评价儿童阅读推广的内部效益，发挥图书馆内部评估主体熟悉图书馆现状的优势。[5]

2. 样本情况

考虑到实地访谈的可行性和样本的可比性，本研究选取了湖北省图书馆和武汉市少年儿童图书馆两所图书馆为调查对象，进行实证研究。走访两馆并实地发放问卷各 500 份，共获取 954 个有效样本数据。邀请两馆儿童阅读推广工作 5 年以上一线馆员进行访谈，完善调研内容。

据统计问卷调查数据，省图书馆与武汉少图到馆家长性别比例基本一致，

女性家长到馆人数为男性家长2倍多，到馆儿童中女孩略多于男孩；7~12岁儿童到馆比例达50%以上，3岁以下到馆儿童低于1%；36~40岁年龄家长占比达到40%以上。

3. 信度检验

采用Cronbach-α系数法来检测问卷数据内部一致性程度，问卷信度值为0.942>0.9，表明对于分析目的而言，问卷信度很好，可以继续进行效度检验。

4. 效度检验

本研究在全面梳理文献和专家调研后，设计出指标体系，具有良好的内容效度。利用因子分析来检验问卷的结构效度。首先，利用KMO和Bartlett球形检验来评估是否适合做因子分析。

表2　KMO和Bartlett检验表

取样足够度的Kaiser-Meyer-Olkin度量		0.971
Bartlett的形度检验	近似卡方	24504.571
	df	465
	Sig.	0.000

如表2所示，KMO=0.971>0.9，说明适合进行因子分析。P=0.000，说明在α<0.001的水平下显著，问卷各问项间具有较强的相关性。适合采取因子分析法检验结构效度。采用最大方差法进行旋转，提取特征值大于1的公因子。

表3　公因子提取表

成分	初始特征值			第一次提取			旋转后		
	合计	方差%	累积%	合计	方差%	累积%	合计	方差%	累积%
1	16.088	51.897	51.897	16.088	51.897	51.897	6.381	20.585	20.585
2	1.517	4.893	56.789	1.517	4.893	56.789	6.100	19.677	40.262
3	1.441	4.649	61.438	1.441	4.649	61.438	4.241	13.681	53.943
4	1.096	3.534	64.972	1.096	3.534	64.972	3.419	11.029	64.972

如表3所示，共提取4个特征值大于1的公因子，累计贡献率达64.972%，表示4个公因子能对31个问项承载的信息做出较为合理的解释。进一步对因子载荷矩阵进行旋转，以进一步观测各个问项和公因子之间的关系，31个问项所对应的4个公因子的载荷系数均大于0.4，说明调研问卷中的题项与因子能够相互对应。

通过对问卷进行信度和效度分析得出,该问卷既能较好体现所需评估指标测量的信息,也能有效评价两馆儿童阅读推广相关指标情况。

（二）指标评分标准

55个三级指标的评分标准主要分为两类。一是按照李克特量表重要性等级1~5级评分。二是依据《公共图书馆评估指标 第3部分：省、市、县级少年儿童图书馆（WH/T 70.3-2020）》《公共图书馆服务规范（GB/T28220-2011）》《公共图书馆少年儿童服务规范》来设置评分标准。具体见表4。

表4 评分标准设置

参考依据	指标	调研方式	评分方式
《公共图书馆评估指标 第3部分：省、市、县级少年儿童图书馆（WH/T 70.3-2020）》	C1 文献资源充足性	文献调研	馆藏配置低于15万册件计1分；多于15万册件，少于40万册件计3分；多于40万册件5分。
	C13 设施设备安全性	实地调研	图书馆应具备建筑设计安全、消防设施设备、安全保卫设施设备、应急疏散通道。4项全部有,则此项指标满分,缺少其中1项,则此项指标0分。
	C14 设施设备齐全度	实地调研	图书馆应配备读者使用的电子终端、无线网覆盖、残障儿童辅助阅读设备。3项都有,计满分5分；有2项,计3分；有1项,计1分；没有则计0分。
	C31 均等性	访谈	重点考察为残障或者是各类特殊少年儿童读者开展阅读推广服务情况。若有,则此计5分；若无,则此项指标0分。
	C52 阅读推广经费	文献调研	财政拨款年增长率/当地财政收入年增长率*100%≥85%,计5分；≥75%,计4分；≥65%,计3分；≥55%,计2分；≥45%,计1分。因当地财政收入递减而财政拨款增长比率为负,按满分计。

续表

参考依据	指标	调研方式	评分方式
《公共图书馆服务规范（GB/T28220-2011）》《公共图书馆少年儿童服务规范》	C16 结构层次化	访谈	具有相关学科背景（教育学、心理学、图书馆学等）的专业技术人员应占在编人员的75%以上。专业技术人员/在编人员≥75%则计5分；≥60%则计4分；≥45%则计3分；≥30%则计2分；≥15%则计1分；<15%则计0分。
	C17 继续教育	访谈	年接受培训时间不低于60学时/人。年培训学时≥60学时时，计5分；≥48学时，计4分；≥36学时，计3分；≥24学时，计2分；≥12学时，计1分；<12则得0分。
	C30 规模化	访谈	公共图书馆年万人开展读者活动场次不低于0.4。图书馆年开展活动场次/服务人口/10000，若≥0.4则此项指标满分，未达到则0分。
	其他	访谈/问卷	按照李克特量表重要性等级1~5级评分。

（三）指标得分情况分析

将所有被调研对象对每一个三级指标的打分分别求均值，转换成百分制形式，进行加权即为该指标得分。公式如下，其中 a 为该指标得分，a_i 为每一个调查对象对该指标评分，i 为调查对象个数，$W_{C'}$ 为该指标权重。两馆得分情况见表5。

$$a = \frac{a_1 + \cdots + a_i}{5i} \times W_{C'} \times 100$$

表5 两馆总体得分

三级指标	该项满分	调研方式	省图书馆 得分	武汉少图 得分	三级指标	该项满分	调研方式	省图书馆 得分	武汉少图 得分
C1 文献资源充足性	1.9	文献调研	1.9	1.9	C29 品牌建设	1	访谈	1	1

续表

三级指标	该项满分	调研方式	省图书馆得分	武汉少图得分	三级指标	该项满分	调研方式	省图书馆得分	武汉少图得分
C2 文献资源配置分级性	1	问卷	0.911	0.902	C30 规模化	0.6	访谈	0.6	0.6
C3 文献内容多元特色性	0.6	访谈	0.36	0.36	C31 均等性	1.8	访谈	1.8	1.8
C4 文献载体丰富性	0.7	问卷	0.626	0.615	C32 线下服务形式多样性	2.3	问卷	2.036	1.998
C5 文献资源易获得性	1.2	问卷	1.075	1.041	C33 利用网络新媒体开展服务	1.1	访谈	0.792	1.1
C6 检索工具易用性	0.6	问卷	0.537	0.521	C34 分级性	3.4	问卷	3.033	2.971
C7 用户数据安全性	1.1	访谈	1.1	1.1	C35 丰富性	2	问卷	1.786	1.765
C8 绿色阅读	0.3	访谈	0.12	0.3	C36 创新性	2	问卷	1.777	1.748
C9 功能分区化	2.2	访谈	2.024	2.2	C37 系列性	0.7	问卷	0.632	0.617
C10 环境年龄适宜性	3.8	问卷	3.516	3.442	C38 互动性	1.2	问卷	1.077	1.052
C11 布局合理性	1.3	问卷	1.166	1.131	C39 多元文化性	0.5	访谈	0.38	0.5
C12 交通便利性	0.8	问卷	0.678	0.689	C40 用户阅读时间	0.8	问卷	0.720	0.706
C13 设施设备安全性	2.7	实地调研	2.7	2.7	C41 用户主动获取信息	0.4	问卷	0.363	0.358
C14 设施设备齐全度	1.3	实地调研	0.78	1.3	C42 用户忠诚度	0.6	问卷	0.550	0.551
C15 兼职阅读推广人建设	3.4	访谈	2.312	3.4	C43 用户亲子阅读行为	0.7	问卷	0.642	0.635

续表

三级指标	该项满分	调研方式	省图书馆得分	武汉少图得分	三级指标	该项满分	调研方式	省图书馆得分	武汉少图得分
C16 结构层次化	1	访谈	1	1	C44 用户阅读习惯	1.5	问卷	1.379	1.378
C17 继续教育	1.9	访谈	0.76	0.76	C45 用户阅读理念	2.6	问卷	2.394	2.426
C18 举止规范	0.1	问卷	0.094	0.092	C46 用户满意度	0.8	问卷	0.732	0.725
C19 职业道德	4.1	问卷	3.802	3.818	C47 用户心情愉悦度	1.4	问卷	1.290	1.294
C20 服务态度	4.1	问卷	3.802	3.823	C48 用户阅读指导度	1.6	问卷	1.490	1.475
C21 主动学习意愿	2.2	访谈	2.2	2.2	C49 用户知识扩展度	0.8	问卷	0.736	0.734
C22 组织策划能力	0.6	问卷	0.547	0.545	C50 馆际合作共享	1.6	访谈	1.216	1.6
C23 营销推广能力	0.3	访谈	0.216	0.219	C51 社会合作共享	3.3	访谈	3.3	3.3
C24 员工协作能力	0.6	问卷	0.548	0.546	C52 阅读推广经费	9.1	文献调研	9.1	9.1
C25 问题解决能力	1.2	问卷	1.091	1.088	C53 宣传力度	3.3	问卷	2.910	2.820
C26 阅读指导能力	0.6	问卷	0.553	0.539	C54 宣传形式	1.6	访谈	1.6	1.6
C27 使命愿景	6.6	访谈	6.6	6.6	C55 反馈评估	2.6	访谈	2.08	1.907
C28 内部流程规范化	3.3	访谈	3.3	3.3	总分			89.733	91.891

如表5所示，省图书馆和武汉少图在儿童阅读推广上总体成效较好，差异

较小。两馆在 C1 文献资源充足性等 13 个三级指标上皆获得满分,体现出两馆阅读推广经费和使命愿景建设保障到位,基础设施设备建设完善;用户数据安全有保障,文献资源较为充足;馆员素质较高,学历背景丰富。两馆阅读推广活动内部流程规范,阅读品牌有影响力,延伸服务到弱势儿童群体,能够体现公共文化服务的均等性。省图书馆在文献资源和服务内容分级性上存在优势,文献载体较丰富,检索工具更容易利用,环境空间布局更加受用户欢迎。武汉少图则在功能分区更有优势,能满足各年龄段儿童数字阅读等不同需求,同时志愿者管理流程、模式较为成熟,与儿童兼职阅读推广人具有合作系统性、持续性。

通过评测发现,两馆在儿童阅读推广上存在共性问题。一是数字资源建设与推广任重道远,图书馆儿童数字阅读资源建设在用户需求和自身资源建设适配性上还需要多搜集反馈意见,提升建设质量。二是服务空间需重塑优化,在不断优化软硬件设施的同时,还需要提高分龄适配性,沉淀阅读氛围,激发用户阅读兴趣。三是专业培训时间及力度不够,需要加强培训内容针对性和实操性,总结反馈,提升馆员能力素质。四是阅读推广服务形式有待丰富,打造体系化、延续性的线上儿童阅读推广,利用数字资源,融媒体宣传,实现多要素融合的全方位阅读推广服务矩阵。五是馆际合作与社会合作不均衡,需要进一步在社会机构、学校、社区甚至区域之间形成良好的纵向、横向联动效应。

三、结论

在本研究中,运用所构建的儿童阅读推广指标体系对省图书馆和武汉少图进行评估,其评估结果能基本体现两馆儿童阅读推广的真实情况,并指出其存在的不足。但评估结果未能充分反映两馆阅读推广的差异性,且对数字阅读推广的评测力度不够。

未来,一方面,要结合省、市、县(区)级图书馆的实际情况,进一步细化量化指标,设置能体现不同级别图书馆阅读推广的评估指标体系,增加其用范围;另一方面,要扩大评估对象的数量,根据评估结果与实际情况的比照,验证评估指标体系的科学性与合理性。此外,要加强对儿童数字化阅读推广的研究,创新合作发展新路径的探索和评估,不断升级儿童阅读推广服务,优化图书馆儿童阅读推广质量,促进全民族儿童阅读素养提升。

参考文献

[1] 李克强总理作政府工作报告 [EB/OL]. [2022-06-30]. http://www.gov.cn/zhuanti/2019qglh/2019lhzfgzbg/index.htm.

[2] 寻海燕. 德国公共图书馆少儿阅读推广服务研究——基于"阅读起跑线"计划的实证 [J]. 出版广角, 2019 (10).

[3] 5W 理论 [EB/OL]. [2022-03-06]. https://baike.baidu.com/item/5W%E7%90%86%E8%AE%BA/10209874.

[4] 柯平, 宫平. 公共图书馆服务绩效评估模型探索 [J]. 国家图书馆学刊, 2016, 25 (6).

[5] 常莉, 张豪. 公共图书馆服务成效评估指标体系构建 [J]. 图书馆理论与实践, 2021 (3).

高质量发展背景下公共图书馆区域协同发展研究[*]

黄英运

（湖北省图书馆　430071）

摘　要：随着社会的发展和人民阅读需求的不断提高，公共图书馆在现代社会中的作用越来越受到关注。然而，目前公共图书馆普遍存在着资源共享不足、协调发展不够等问题。通过对公共图书馆区域协调发展的应用研究，可以为公共图书馆的长期发展提供有效的对策和方法。

关键词：公共图书馆；区域协同发展；信息共享

引言

作为传播人类文明、服务社会大众的重要机构，公共图书馆在现代社会中承担着广泛的文化服务和社会教育职责，是社会公共事业的重要组成部分。公共图书馆不仅是文化知识的传播中心和存储中心，还是文化教育、人才培养、思想交流和社区服务的重要阵地。当前，公共图书馆在服务效能、资源管理、技术创新、文化传播等方面普遍存在着许多问题。例如，公共图书馆整体规划不足，资源共享不充分，人才培养不够，服务模式较为单一等。因此，为了解决这些问题，需要加强公共图书馆区域协调发展，提高公共图书馆的整体水平。在当下文化高质量发展背景下，公共图书馆应该加快信息技术和网络技术的应用，提高信息化、网络化、智能化服务，推动公共图书馆向现代化、科技化、专业化方向发展。

---

[*] 本文系2022—2023年度湖北省图书馆科研项目"湖北省公共图书馆区域协同发展路径研究"（鄂图科2022-01）的研究成果之一。

一、公共图书馆及其区域协同发展的基础概念

随着数字化、信息化时代的到来，人们对知识获取和学习需求日益增长，公共图书馆在服务社会大众、推动文化发展等领域发挥着日益重要的作用。在当前高质量发展的背景下，加强公共图书馆及其区域协同发展，不仅有利于推进社会文化建设，更能有效地提升公共文化服务及其发展的整体水平。

（一）公共图书馆及其区域协同发展的基本定义及特点

公共图书馆一般指由政府主导建立、为公众提供阅读、查询、借阅、参考咨询服务及图书文化活动等的公共文化设施。它具有普遍性、开放性、免费性、服务性及文化教育性等基本特点。

而区域协同发展指各个地区在经济、社会、文化等各方面的发展中，通过相互协调、合作、共赢来达到和促进更加高质量、更具凝聚力和更具创新力的发展。在公共图书馆领域中，区域协同发展在内容上表现为分享资源、共享服务，在形式上则表现为区域图书馆联盟，通过组织联盟来推动公共图书馆事业在区域范围内的共同发展，更好地实现文化普及与服务目标。

（二）公共图书馆区域协同发展的目标

公共图书馆区域协同发展的目标首先在于推进全民阅读、促进知识传播及知识服务等方面，从而达到不断提升人们的文化素养，增强社会文化经济实力的目的。其次，通过协同发展，推动公共文化事业在区域内范围内全面发展，提高社会资源的利用率和公共图书馆服务效能。最后，则是促进公共图书馆及其区域协同发展能够更好地服务于人民群众，打造群众文化服务的新标杆，推进新时期书香社会建设。

（三）公共图书馆及其区域协同发展的进展情况

公共图书馆及其区域协同发展在各个方面的发展都取得了一定的成果。例如，在共享资源方面，通过数字化技术，公共图书馆可以实现资源互通，不断拓宽创新服务渠道，更好地为社会大众提供贴近生活、更加多样化的阅读文化服务。在服务质量方面，公共图书馆采取了"一卡通制度、联合借阅、数据共享"等措施[1]，提升服务标准，扩大使用范围。在数字文化方面，公共图书馆开展了文化科技创新和数字服务推广等活动，缩小了城乡地区的文化差距，促进了公共文化的均等化发展。

（四）高质量发展背景下公共图书馆区域协同发展的机遇和挑战

当前，随着数字技术、信息技术和云计算等新型信息技术的发展，公共图书馆区域协同发展面临着新的机遇与挑战。一方面，数字技术和信息技术的普及应用，使公共图书馆的数字化服务和数字文化产品开发得以实现，使公共图书馆的服务更全面、更便捷；另一方面，随着经济全球化和国内城市化的进一步发展，公共图书馆面临的服务需求压力和高质量发展压力也不容忽视。

二、湖北地区公共图书馆区域协调发展情况

图书馆联盟是公共图书馆区域协调发展的重要抓手，目前湖北地区公共图书馆经过前期的发展融合，逐步形成了武汉都市圈公共图书馆联盟、"宜荆荆恩"城市群图书馆联盟和"襄十随神"地区联盟，区域图书馆联盟通过文献资源共享共建、活动品牌共同打造、服务能力共同提高等方式，促进区域公共图书馆的协同发展。

（一）武汉都市圈公共图书馆联盟

2011年，武汉图书馆发起成立了武汉市公共图书馆联盟。2022年，在《方案》引领下，武汉图书馆联动武汉周边的黄石、鄂州、孝感、黄冈、咸宁、仙桃、天门、潜江九市成立武汉都市圈公共图书馆联盟，联合举办"江城读书节"，发布《武汉城市圈公共图书馆联盟倡议书》，深入推进文献资源建设、阅读推广等领域的交流合作。联盟通过图书馆信息资源的共享合作，推进地区的数字化服务建设和文化事业发展；加强成员馆之间数字资源、信息服务、共享资源和协作互助，开展联盟共同建设、共同维护数字资源共享平台。同时加强联盟成员间信息技术人才、管理服务人员的培训和交流，以提升服务质量。推动武汉城市圈内图书馆业务协同发展，推进资源共建、共享、互利共赢的发展模式。

2022年4月，联盟内的各地图书馆结合各馆自身品牌特色，在线上线下策划推出了系列活动。武汉地区公共图书馆组织开展了讲座沙龙、知识竞赛、少儿书画大赛、城市导览服务、电台读书分享、"你阅读我买单"等主题活动130余项；黄石市图书馆推出"古书之美系列讲座之敦煌遗书之美"讲座；黄冈市图书馆阅读推广服务走进广场；天门市图书馆举办亲子绘本阅读进社区活动[2]……"江城读书节"的规模、内涵、服务进一步扩充延伸，阅读推广的区域联动效应进一步凸显。

（二）"宜荆荆恩"城市群图书馆联盟

2010年，宜昌荆州和荆门三地联合成立宜荆荆图书馆联盟；2021年，恩施州图书馆加入宜荆荆图书馆联盟，宜荆荆恩城市群图书馆联盟正式成立。宜荆荆恩图书馆联盟在图书通借通还、网站建设、宣传展示、学术文化交流、资源共建共享、联合参考咨询、网上联合目录、文献传递、人才培养等方面开展合作。

2022年4月，"宜荆荆恩"城市群公共图书馆在宜昌当阳举办"宜荆荆恩"城市群公共图书馆一体化发展座谈会，共同参加当阳沮漳读书节活动，开启了宜荆荆恩地区阅读推广活动联办的合作新局面。联盟通过制度建设、工作机制建设和学术交流与文化互动，开启区域图书馆协同发展新篇章。

（三）"襄十随神"地区联盟

2020年12月，中共湖北省委十一届八次全会立足湖北省情，适应国家区域政策调整变化，提出着力构建"一主引领、两翼驱动、全域协同"区域发展布局的战略规划，首次提出推动"襄十随神"城市群建设。2021年"襄十随神"城市群一体化发展联席会第一次会议在襄阳召开，襄阳、十堰、随州、神农架共同签署《"襄十随神"城市群一体化发展合作框架协议》。中央和省委的关注和相关政策，为"襄十随神"城市群的发展带来了新机遇，"襄十随神"城市群在包括文化的各领域联合发展、合作交流，也使其相应的地域文化迎来了新的发展契机。为贯彻落实中共湖北省委"一主引领、两翼驱动、全域协同"区域发展布局的战略指导思想，推动鄂北城市群生态文化圈建设，实现湖北"北翼"城市群文化资源一体化，促进区域文化一体化发展，"襄十随神"图书馆联盟成立。

2022年5月，襄阳、十堰、随州、神农架四地图书馆联袂推出"襄十随神"悦读行系列活动，促进区域图书馆之间全民阅读品牌的深入交流互动，努力形成图书馆区域品牌集群优势[3]。襄阳市图书馆联合随州市图书馆开展"童阅中国·童悦好书"主题阅读推广活动，十堰市图书馆开展"最美阅读推广人"评选、地方历史文化故事进校园活动，神农架林区图书馆开展书香文化进校园活动。阅读推广服务上的活动共办、品牌共建，使得"襄十随神"地区公共图书馆阅读推广工作系统化、品牌化得到进一步加强。

"襄十随神"图书馆联盟的成立，促进了区域文化的交流与合作，促使文化品牌"走亲"和"联台"，也促进了区域资源的共享。

三、湖北省公共图书馆区域协同发展的问题

（一）资源共享不足

当前，湖北公共图书馆之间仍存在资源共享不足，导致图书馆所拥有的信息资源不能进行充分利用。因此，需要通过建立信息共享平台，加强公共图书馆之间的资源共享和交流，提高资源利用效率。

（二）人才培养不足

图书馆的工作人员技能和专业知识方面面临着培训和进修的困难，影响了服务质量。因此，要注重人才培养，加强培训和交流，提高工作人员的技能和职业素养。

（三）服务模式不够创新

当前，图书馆的服务模式比较传统，缺乏多样性和创新性。因此，需要加强对公共图书馆服务模式的研究和创新，推广服务模式的多样性和创新性。

（四）技术应用不足

公共图书馆存在在技术设施、信息平台和互联网技术的应用滞后问题。特别是在新技术高速发展的当下，如果做好智慧图书馆建设，需要各馆在技术上先行先试。因此，要加强对技术设备的投入，注重新一代互联网技术的应用。

四、公共图书馆区域协调发展的对策和措施

（一）构建资源共享平台，不断提高资源共享能力

合作共享可以有效解决图书馆资源共享不足的问题，建立公共图书馆区域合作机制，统一管理、合作共建、收集、整合、共享资源，增强区域综合服务的能力。公共图书馆要加强对区域间出版社、各级图书馆、学校图书馆等公共文化设施的协作服务，进一步满足群众的文化需求。加强公共图书馆之间的交流和协作，不仅可以优化资源配置、节省成本，更可以为公共图书馆整个行业的发展提供更多的可能性。值得一提的是，公共图书馆之间资源共享的好处还不止于此，还可以更好地解决一些稀缺资源的短缺问题，进而更好地满足读者的阅读需求。

（二）注重公共图书馆工作人员技术培训，提升服务读者水平和能力

在现代社会，公共图书馆不再只是存放书籍的场所，更是数字化信息服务

的重要平台。在这个过程中，人才培养和培训至关重要。公共图书馆工作人员不仅需要掌握相关的信息技术和服务技巧，还需要有一定的文化背景和知识储备。此外，公共图书馆的专业化程度也越来越高，各种专业性服务也变得更加多样化和复杂化。因此，加强公共图书馆工作人员的技术培训和提高专业素质，将更好地提高服务质量，推动公共图书馆行业向着更加精细化、高品质化的方向发展。

公共图书馆要加强工作人员的培训和学习，提高技术和职业素养。公共图书馆管理机构应该制定合理的技能培训计划，为工作人员提供全面的技能培训、学术研修、职业发展等方面的支持。同时，公共图书馆可以采用互联网技术进行在线远程培训。

（三）创新公共图书馆服务模式，更好地满足广大读者阅读需求

随着信息技术的快速发展，公共图书馆需要探索新的服务模式，以适应读者的多样化阅读需求。全球疫情的冲击也进一步强化了对更多数字化、在线化的要求。公共图书馆的数字化转型早已经开始，"书香战'疫'"等一系列数字移动服务的推出，越来越受到读者的欢迎和认可。针对不同人群和阅读需求，公共图书馆应通过创新服务模式，推出更为精准和有针对性的服务和活动，从而更好地满足了广大读者的需求。

公共图书馆要注重创新服务模式，满足不同类型的读者阅读需求。例如，针对无法到访图书馆的读者，可以通过网络和移动端等方式推广"数字图书馆"服务。同时，公共图书馆还可以通过主题馆、展览馆、演艺馆等方式扩大公共文化服务的范围和深度。

（四）利用现代信息技术，提高公共图书馆的服务效率和读者体验

公共图书馆服务的现代化需要借助科技手段的支持。公共图书馆也正在快速拥抱科技，不仅仅是全数字化建设，同时在使用自助式管理、多媒体阅览、文献传递、电子书借阅等方面涉足越来越广泛。现代信息技术和互联网技术可以提高公共图书馆的服务效率和读者体验。通过采用自助借还机器、无线网络、数字化查询系统等高科技手段，可以为读者提供更加便捷、高效的服务，同时也提升了公共图书馆的管理和服务水平。公共图书馆互联网化也逐渐深入人心，通过建立互联网平台，公共图书馆还能够开展网络化图书馆服务，实现资源共享、信息交流、公共文化服务等多种功能，令阅读变得更加多样化、便捷化。这些高新技术的运用大大拓展了公共图书馆服务的广度和深度，更好地满足读者的需求。

公共图书馆要注重利用现代信息技术和互联网技术，提高公共图书馆的服务效率和读者体验。例如，公共图书馆可以建立图书馆智能化信息管理系统，提高管理效率和服务质量。同时，公共图书馆还可以通过使用远程读者服务系统等方式进行深度服务。

五、结论与展望

加强公共图书馆区域协调发展，能够解决公共图书馆存在的一些问题。未来，公共图书馆应该注重数字化、智能化建设，提高信息化、网络化、智能化服务水平，推动公共图书馆向现代化、科技化、专业化方向发展。公共图书馆是文化事业的核心阵地，也是人民群众学习、阅读和娱乐的重要场所。在数字化、网络化和智能化的今天，公共图书馆不只是储藏书籍的地方，更是数字化信息服务的重要平台。公共图书馆应不断探索新的服务方式，提高自身的专业化和精细化水平，更好地满足广大读者的需求，推动公共图书馆向着更加现代化、科技化、专业化方向发展。我们相信，在未来，公共图书馆会发挥更加重要的作用，为文化事业和社会发展做出更大的贡献。

参考文献

［1］欧亮，万慕晨．国内外图书馆联盟研究综述［J］.情报探索，2012（5）.

［2］9城图书馆共聚江城读书节，130余项活动邀你共读好书［EB/OL］.荆楚网，2022-04-23.

［3］"童阅中国 童悦好书"拉开"襄十随神"悦读行系列活动序幕［EB/OL］.荆楚网，2022-05-27.

基于第三空间理念的高校图书馆绿色阅读环境的营造案例与思考

卢 红

（江汉大学图书馆 430056）

摘 要：将第三空间理念应用于高校图书馆绿色阅读环境的营造，通过读者的参与强化阅读体验，特别是跨文化探索，帮助读者从心理体验层面构建文化自信，以期有效地推动高校图书馆阅读推广为教学、科研服务，并为空间再造、阅读场景的构建和创新服务模式提供新思路。

关键词：大学生；第三空间；阅读体验

引言

随着信息技术的快速发展，高校图书馆所带来的图书知识共享交流空间能力日益凸显，图书馆的职能定位与管理服务模式产生了新的诉求。"图书馆作为第三空间"已经成为国内外图书馆界的共识。"第三空间"理念，最初来源于美国 Edward W. Soja 的著作。1989 年，美国社会学家雷·欧登伯格（Ray Oldenburg）提出"第三空间"是第一空间（物理空间）、第二空间（精神空间）之外的一个公共空间，在那里没有家庭角色的束缚，没有职场的等级意识，不受功利关系限制，人们可以自由地释放自我。并指出了"第三空间"的特点：高度包容、易接近；作为"中立地带"，每个人来去自由；它的存在显得理所当然的，且低调；常常超时间开放；能为人们提供心理上的抚慰和支持；有"好玩"的情趣；常常进行"交心而持续"的对话。因此，成为"具有高度价值的论坛"。

图书馆作为非功利性的文化服务机构，因其服务具有自由、平等的特点，所以"第三空间"一经提出，人们自然地把它与图书馆联系起来。"第三空间"强调自由与平等，摆脱外在一切功利与歧视等束缚，是从人的需求出发，充分发掘人的价值。对于高校大学生来说,宿舍是第一空间,教室和实验室是第二空间,而具有开放、自由、平等、非营利特点,能超长时间开放的图书馆,则具有明显的第三空间特征。

国内外图书馆第三空间理论研究与实践聚焦于:通过理念、人员和制度保障实现文化、社交与休闲空间的价值,实现从"以书为本"变成"以人为本"的转变;从实体空间、信息空间到虚拟空间为学校的教学和科研提供服务;帮助学生营造合作式学习空间等。其中,大部分研究虽然选取第三空间角度,提到第三空间的营造需要从心理层面打造一个具有缓解压力的第三空间,但并没有实证案例,没有利用其他相关学科理论作补充,开展深入的交叉学科研究。

本文将第三空间理念应用于高校图书馆绿色阅读环境的营造,通过真人图书馆活动强化阅读体验,帮助读者从心理层面构建文化自信,推动阅读推广为教学、科研服务,特别是跨文化探索;通过园艺体验将自然元素融入人文环境,营造释放压力、修身养性的休闲环境,以期为高校图书馆的空间再造、阅读场景的构建和创新服务模式提供新思路。

一、相关理念

(一)阅读推广

阅读推广属于阅读的管理和服务,它是政府、社会团体或个人为促进阅读或改善阅读行为而采取的一种干预阅读的措施。

(二)真人图书馆

真人图书馆是一种新型服务方式,其特点在于将阅读的对象由"书"变成了"人",实现为读者提供人性化、个性化服务的目的。读者在与真人书对话中传递知识。把真人图书馆这一理念引入高校图书馆的阅读服务推广中,为大学生提供有阅历的真人书阅读,使真人图书馆服务模式成为高校图书馆阅读推广活动的经典形式。

(三)园艺体验

本文应用园艺疗法理念营造绿色阅览环境。美国园艺治疗协会(the American Horticultural Therap Association)对于园艺疗法的定义是:园艺疗法是对于有必要在其身体以及精神方面进行改善的人们,利用植物栽培与园艺操作活动,从其心理、身体等方面进行调整的一种有效的方法,它是艺术和心理治疗相结合的一种治疗方式。

二、基于第三空间理念的绿色阅读环境探索与实践

(一)目标制定

以交叉学科视角营造深阅读环境,通过读者参与方式,将园艺体验贯穿于真人图书馆活动中,营造释放压力、调节身心的第三空间,促进师生交流与分享,强化阅读体验。

(二)案例的策划与组织

借鉴真人图书馆理念,发挥外籍教师引领与方法指导的核心作用,从传统的活动式阅读推广逐步深入到阅读过程的指导。借鉴园艺疗法理念开展园艺体验活动,将自然元素融入人文环境。依托图书馆下辖的大学生读者协会,以及大学生园艺协会等参与策划、组织与实施。邀请优秀的中、外教师以及有留学背景的师生参与阅读指导。

1. 活动宣传、组织与报道

通过线上发布活动通知,线下张贴活动海报,吸引广大师生积极参与。依托大学生读者协会、大学生园艺协会等组织撰写活动稿件,处理活动照片,制作活动视频,并通过微信、网页、学报等进行宣传报道等。

2. 实体和虚拟第三空间的建立。

采取自愿原则,广泛吸收优秀的中外籍师生加入读书交流群。图书馆馆员提前将相关主题纸质图书文献摆放在实体读书交流空间,同时将与阅读主题相关的电子资源推送到虚拟读书交流空间,方便在网络环境下读者随时随地阅读分享。

3. 园艺体验

通过绿色植物营造与阅读主题相一致的场景,引领深阅读。选择适宜在阅览室内生长的绿色植物点缀阅览空间,通过绿色植物的自然姿态营造与大自然和谐一致的阅读氛围,使读者置身其中,这样不仅能够释放和缓解压力,唤醒阅读兴趣,还有助于放松心情、敞开交流的心扉。

4. 真人书活动

高等学校有知名的专家、学者,以及优秀的大学生,是开展真人图书馆活动的核心资源。高校图书馆开展真人图书馆活动主要是面向校内师生,特别是大学生,真人书的选择涉及与英语学习、考研、大学生活、就业等相关主题,以及通识教育的各个领域。

5. 交流与分享

借鉴真人图书馆理念指导大学生深阅读离不开组织者的引领。组织者需要

根据大学生的阅读现状，分析影响大学生阅读的外部环境和内在因素，有针对性地选择经典阅读书目。以此为基础，结合阅读主题，设计阅读环节，从方法上指导阅读过程，从情感上营造阅读氛围，从源头上培养阅读兴趣，提升阅读素养和阅读热情，促进深阅读。

三、案例与思考

江汉大学图书馆基于第三空间理念的探索与实践，按活动方式的不同，将案例分三种类型，基于不同文化背景的真人图书馆活动、合作式学习环境的营造，以及疫情防控期间深阅读环境的营造三种类型。

（一）案例

案例一　基于不同文化背景的真人图书馆活动

2016年3—6月，馆员与读者互动共同营造绿色阅读环境。组织开展了由外籍教师充当志愿者，以考研面试学生为主，各年级英语爱好者参与的真人图书馆活动，为读者服务工作增添了一个新的案例。在人文环境中增添有活力的自然元素，营造怡人的读书意境。积极推动了真人图书馆持续开展。受到校内外师生的关注与好评，并获得江汉大学报"好新闻"奖。

环境的营造：选择适合阅览室生长的绿色植物：绿萝和吊兰。绿萝，是一种生命力极其顽强的草本植物，被称为"生命之花"，寓意是坚韧善良，象征着幸福快乐的生活；吊兰，能给人以希望，它的花语是楚楚动人，天真，淡雅，希望，宁静，纯洁，朴实。代表了坚韧不拔的精神和蓬勃的生命力。

案例二　合作式学习共享空间的营造

2017年合作式考研学生一组10人中，有一位学社工的考研学生，具有从事园艺疗法的组织活动的背景，在复习备考的过程中，自觉地打理阅览室环境中的植物，科普园艺疗法常识。另外，有一位学心理学专业的考研学生，在复习备考的过程中，自觉地对同组考生科普心理健康知识。在他们的影响下，这组学生考研的成功率明显高于往年，他们的心理素质也在复习的过程中有很大的提高。

选择适合阅览种植的绿色爬藤植物山乌龟，使它沿着阅览室的门框生长，吸引读者的关注，参与互动。山乌龟这个奇特的爬藤植物，它的根部呈坨状、褐色、像乌龟，叶片三角状圆形，像荷叶，茎纤细，凝视它，具有瞬间使内心平静，释放压力和缓解视疲劳的功效。这是个能够瞬间引发入室读者关注、点燃阅读兴趣的有趣植物。这个案例在师生中引起了良好的反响，并获得湖北省高校图书馆馆员风采大赛征文三等奖。

2018年世界读书日期间,三位参与阅览室空间绿化的毕业生,在图书馆报告厅分享了在紧张的复习备考期间,他们通过园艺活动释放疲劳,给心灵带来宁静和灵感,最终考研梦想成真的经历。"真人图书馆干货满满!本届考研牛人掏心掏肺的成功经验拿走不谢!"江汉大学学报微信2019年5月10日报道。

案例三　疫情防控期间深阅读环境的营造

疫情防控常态化的情形下,选择并培育功能性绿植,特别是具有释放有益呼吸道的活性成分的花卉,净化室内空气,抑制病毒传播,为读者深阅读营造绿色生态的学习环境。

疫情防控期间学习共享空间绿色植物,我们选择了白掌(又名:一帆风顺),因其花的形状非常像一张扬起的船帆,又名:一帆风顺。白掌的花语是安静、和平、纯洁、一帆风顺,寓意着事事顺利、平平安安。基于绿色生态理念在本馆疫情防控常态化的实证案例,以"一帆风顺——致在图书馆学习的小伙们"带给大学生们美好的祝愿,在图书馆网页2020年12月23日报道,获得了师生们的广泛好评!

(二)思考与建议

笔者通过多年的实践经历,基于第三空间理念将真人图书馆和园艺疗法相结合应用于高校图书馆与用户交互式的阅读空间营造,积极发挥新时期图书馆空间作为资源的价值,开拓高校图书馆创新服务的新领域。

大学生在与真人书面对面沟通、交流的过程中,能真正体验到阅读真人书的乐趣,从而树立正确的人生观、世界观、价值观,培育大学生的信息素养,特别是不同文化背景的真人书,能开阔大学生的国际视野,培养国际竞争力。

对于参与图书馆阅览室绿化的大学生,他们都有着此生难忘的经历,在考研复习最辛苦的那段时间,用园艺疗法释放内心的焦虑,缓解身心疲劳。累了,给阅览室的花草浇水,或换土、除草、施肥。在培育植物的过程中,释放压力。这种创造和促进生命力的活动,给他们带来了成就感,发现了意外之喜:在植物的每一片新叶、每一朵花开中收获健康和喜悦。

对于参与读书分享的外籍教师,把自己在异国他乡遇到的困惑,在与大学生的交流过程中;在人文与自然融合的交流环境中,找到了最真实的解决方案。当节假日来临,大学生们会带来传统节日的礼品送给外籍教师,感受心理的温暖。植物是不分国界的,虽然语言不同,但人类的心灵是相通的。

每逢大学生心理健康日,江汉大学园艺协会的大学生们会来到图书馆社会科学典藏阅览室,悉心指导多肉和绿植的培育技巧,使埋头苦读的大学生们抬眼就能感受到植物带来的清新，从繁重的学业中抽空欣赏植物微景观，将人性化的关怀深入大学生的心灵，得到了学校大学生心理健康中心的认可。

大学生毕业离开学校，走上工作岗位，阅览室的馆员会邮寄给他们喜欢的植物品种，收到礼物的学生会在朋友圈分享喜悦的心情。从此，园艺不仅成为一种陪伴一生的爱好，更是一种绿色疗愈的生活方式。

目前，大多数高校图书馆室内摆放的植物，通常由后勤部门打理，建议交给大学生园艺协会进行生态文明素养的培育项目。通过参与式的园艺体验，播种、浇水、松土、施肥等，大学生接触泥土，感受自然的力量，释放压力、缓解疲劳。

结语

高校图书馆作为高校教学科研的重要组成部分，是教育培养高素质人才的第二课堂，具有教育和服务的基本职能，在大学生信息素养教育中有着特殊的地位和作用。大学是人的一生中心理发展变化最活跃的时期，是人生观、价值观形成的关键时期，基于第三空间理念营造绿色阅读环境，为学校教学和科研服务，从而为高校图书馆的空间再造、阅读场景的构建提供新思路。

参考文献

[1] 吴慰慈. 图书馆学基础 [M]. 北京：高等教育出版社，2020：225-227.

[2] 陆和建，王凯. 第三空间视角下我国城市阅读空间发展策略研究 [J]. 图书馆. 2020 (6)，67-71.

[3] 第三空间视域下高校图书馆创新服务转型研究综述 [J]. 图书馆界. 2021 (1) .17-19.

[4] 范并思. 阅读推广的服务自觉. 图书与情报 [J]. 2016 (6)：72-76.

[5] 耿鸣若. 基于园艺疗法理念的苏北地区中医院景观规划设计策略研究 [D]. 中国矿业大学，2019.

[6] 苑世芬，钱军. 美国高校对大学生阅读行为的指导研究 [J]. 图书情报工作，2018 (4)：42-47.

[7] 卢红，郭伟. 绿色生态阅读场景下高校图书馆阅读推广创新实践案例与思考——以江汉大学图书馆 Human Library 外国经典图书阅读推广为例 [J]. 图书情报，2020 (11)：167-169.

论县域公共图书馆总分馆制的构建与实现

李新星

(阳新县图书馆　435200)

摘　要：县域公共图书馆在满足居民阅读需求的同时，也是促进社会文明进步和传承优秀文化传统的重要载体。为了更好地服务广大读者，提高图书馆的运营效率和管理水平，本文提出了县域公共图书馆总分馆制的构建与实现方案。该方案基于现有的县域公共图书馆的情况，从图书采编、技术设备、人员培训、读者服务等方面进行了具体的分析和探讨。希望通过本文的研究，能够为县域公共图书馆的发展和提高提供参考和借鉴。

关键词：县域公共图书馆；总分馆制；

引言

县域公共图书馆是承载城乡居民文化传承和发展的重要机构，也是推进全民阅读和提高居民文化素质的重要载体。随着社会经济的不断发展和人们对文化知识的需求日益增加，县域公共图书馆需要在服务模式、技术设备、图书采编等方面进行不断的创新和改进，以更好地促进全民阅读，推动社会文明进步。本文旨在探讨县域公共图书馆总分馆制的构建与实现，从而提高县域公共图书馆的运营效率和管理水平，更好地为广大读者服务。

一、县域公共图书馆总分馆制的概念

县域公共图书馆总分馆制是指在一个县域内，由一个中心图书馆和若干个分馆组成的图书馆网络体系。该体系以中心图书馆为核心，通过合理的分布和互相联系的方式，为读者提供图书借阅、阅读推广、信息查询和文化活动等服务。除此外，县域公共图书馆还能整合县域内的所有资源，加强对县域内文化活动、创作、队伍培训以及演出器材设备调配等方面的统筹。县级图书馆总分馆制建设，以全民阅读为目标，通过县级图书馆总分馆制，整合县域内的公共阅读资源，实行总馆主导下的文献资源统一采购、统一编目、统一配送、通借通还和人员的统一培训。

二、县域公共图书馆总分馆制的构建与实现

（一）图书采编

在采编过程中，除了对读者需求的考量，还需要关注当前的社会热点和发展趋势。比如，当科技、环保、健康等话题成为社会关注的焦点时，图书馆可以针对性地增加这些领域的图书资源，让读者在获取信息的同时，也能了解并关注社会发展。同时，图书采编的工作并不是一次性的，而是需要持续进行的。图书馆应定期评估图书的使用情况，结合读者反馈和社会变化，进行动态的图书采编，以保证图书资源的时效性和适应性。例如，定期统计各类图书的借阅情况，了解哪些图书受欢迎，哪些图书需求量小，从而指导下一步的采编工作。

对于图书空间和资源的合理规划和利用，这也是图书馆服务优化的关键一环。在采编工作中，除了要考虑图书的数量和种类，还应对图书的存放位置和方式进行合理规划。比如，可以将热门的、易损的、需要频繁使用的图书放在方便取阅的位置，而将需求量较小或者保存价值较高的图书放在相对安静、安全的区域。同时，县域公共图书馆应以开放、共享的原则，积极与其他社区设施如学校、文化馆等合作，通过共享图书资源、设施空间等方式，扩大服务范围，提高服务效率。比如，可以与学校合作，将部分图书馆藏书放在学校图书室，方便学生阅读；或者利用学校的空闲教室，举办读书会、讲座等活动，提高公众的参与度和阅读兴趣。

最后，完善的图书分类、编目和索引体系，是图书馆提供高效服务的基础。这不仅可以帮助读者快速找到所需的图书，还可以提高图书的流通率和利用率。因此，图书馆应采用科学的分类方法，制定详细的编目规则，并建立完善的索引系统，提高图书管理的效率和质量。同时，也可以考虑采用现代化的信息技术，如电子标签、智能搜索等，进一步优化图书管理流程，提升读者体验。

（二）技术设备

在县域公共图书馆总分馆制中，技术设备的建设与使用不仅仅是提供便利设施，更是一个连接图书馆服务与读者需求的关键桥梁。因此，对于信息化设备和软件的配备，我们需要走在时代的前沿，引入如人工智能、大数据等技术，使得图书馆的服务能够更加智能化、个性化。例如，通过大数据分析，可以更准确地了解读者的阅读喜好和需求，从而指导图书的采编和推荐；通过人工智能技术，可以实现图书自动编目、智能检索等功能，提高图书管理的效率和准确性。

图书馆的网络和通信设备也应该跟上技术的步伐，以适应日益增长的信息处理和传输需求。不仅需要增加网络带宽、搭建虚拟专用网络等，还需要引入云计算、物联网等技术，进一步提升信息的处理能力和传输速度。例如，可以利用云计算技术，实现图书馆之间的资源共享和协同工作；利用物联网技术，可以实现图书的智能管理和追踪，减少图书的丢失和损坏。

在提供舒适、安全、便捷的借阅空间和设施方面，我们需要将人性化的设计理念贯穿其中。例如，可以设置不同主题的阅读区，以满足不同类型的读者需求；考虑到长时间阅读的舒适性，可以选择人体工学的座椅和灯具；为了满足读者的私密阅读需求，可以设置独立的阅读室或者隔音设备等。此外，我们还应提供无障碍设施，确保残障人士也能方便地使用图书馆的服务。

在满足以上硬件设施的同时，我们还应关注图书馆的软环境建设，如提供优质的服务、营造良好的阅读氛围等，使得图书馆不仅是一个获取知识的场所，更是一个学习交流、思考探索的平台。

（三）人员培训

县域公共图书馆总分馆制的成功实现，除了需要丰富多样的图书资源、先进的设备和设施，更离不开一支专业化、高素质的人才队伍。他们是图书馆的生命线，他们的素质和能力将直接影响到图书馆的服务质量和影响力。

首先，图书馆应根据不同职能的人员需求，提供有针对性的培训和学习机会。例如，对于采编人员，可以定期开展图书知识、文献检索和编目分类等方面的专业培训，以增强他们的业务能力；对于服务人员，可以提供阅读推广、读者咨询和技术操作等方面的实践训练，以提升他们的服务技巧和专业素养。同时，针对县域图书馆特有的问题，如多数人员可能为兼职，专业水平有限，可以根据实际情况制定适合他们的培训内容和方式，帮助他们快速掌握所需的技能和知识。

其次，我们还应注重提升人员的综合素质和专业能力。这不仅仅是专业知识和技能的提升，更包括工作态度、团队精神、沟通能力等方面的培养。图书馆可以通过组织各类培训班、社会实践和学术交流等活动，帮助人员拓宽视野、开阔思维，提高他们的工作水平和服务品质。同时，通过各类激励机制，比如奖励、表彰等方式，鼓励他们在工作中持续学习，不断提高。

最后，我们还应鼓励和支持人员进行创新和实践。鼓励他们在工作中积极寻找问题，勇于尝试新的方法和技术，挑战传统的工作模式。同时，图书馆可以为他们提供必要的资源和支持，如时间、空间、资金等，支持他们开展研究和项目，促进他们的职业发展。这不仅可以提高人员的工作积极性和创造力，也可以为图书馆的发展提供新的思路和方向。

总的来说，通过系统的培训、全面的能力提升和创新的鼓励，我们可以构建一支既具有专业素养又富有创新精神的图书馆人才队伍，为县域公共图书馆总分馆制的实施和发展提供强大的人力保障。

在实施人员培训的同时，图书馆还应建立完善的人员评价和激励机制。通过定期的工作考核、绩效评估等方式，客观公正地评价人员的工作表现，激励他们提高工作效率和服务质量。同时，图书馆还可以设立各类奖励，如优秀员工奖、创新项目奖等，对表现优秀或做出突出贡献的人员予以物质或精神上的奖励，提高他们的工作满意度和忠诚度。

在培养专业人才的同时，图书馆还应注重引进和利用外部人才。例如，可以定期聘请专家学者举行讲座或短期指导，或与高校、研究机构等进行人员交流和合作，引入新的知识和技术，促进图书馆内部人员的学习和进步。

总之，县域公共图书馆总分馆制的实施，需要一支既具备专业素质，又富有创新精神的人才队伍。只有这样，图书馆才能更好地服务于读者，为县域的文化发展做出更大的贡献。

（四）读者服务

县域公共图书馆总分馆制的建设和实现，其根本目标是为了更好地服务读者，为他们提供更加优质、便捷的阅读体验。因此，我们在制定和实施总分馆制的过程中，必须始终关注和满足读者的需求，以此为导向来优化和提升我们的服务。

首先，图书馆应密切关注读者的阅读需求。这可以通过定期的读者调查、问卷调查、数据分析等方式实现。了解读者的阅读兴趣、阅读习惯和需求，然后根据这些信息为他们提供丰富多样的图书资源和个性化的阅读服务。这不仅包括纸质书籍的借阅，还包括数字资源的获取、读者咨询服务、阅读活动等。同时，根据读者的反馈，我们应及时调整和完善我们的服务，以更好地满足他们的需求。

其次，图书馆应积极开展各类阅读推广活动，激发和培养读者的阅读兴趣和习惯。例如，我们可以定期举办读书分享会，邀请读者分享他们的阅读体验和心得，激发其他读者的阅读兴趣；我们可以组织文化讲座，邀请专家学者分享他们的知识和经验，提升读者的知识水平；我们还可以举办知识问答比赛、阅读比赛等，通过比赛激发读者的学习兴趣，提高他们的阅读能力。这些活动不仅可以促进读者的个人发展，还可以构建一个积极、和谐的阅读氛围，使图书馆成为读者学习、交流、娱乐的理想场所。

总的来说，我们应该从读者的需求出发，提供个性化、多元化的阅读服务，同时通过各类活动促进阅读，使图书馆真正成为服务于读者、满足读者的公共文化空间。这既是我们实施总分馆制的目标，也是我们服务工作的最高追求。

三、构建县域公共图书馆总分馆制的意义

县域公共图书馆总分馆制的构建是一项非常重要的公共文化服务项目，其意义不仅仅在于提供阅读资源，还包括社会教育、文化交流等多个方面。第一，实现阅读资源共享。在过去，县级图书馆往往资源有限，覆盖范围也比较狭窄，难以满足人们不断增长的阅读需求。而采用总分馆制构建县域公共图书馆，则可以将多个分馆的藏书资源进行整合，使读者可以更广泛、更深入地接触到丰富的图书资料。第二，促进文化交流。县域公共图书馆总分馆制的构建，不仅能够为本地居民提供更加便捷、高质量的阅读服务，同时也为其他城市和乡村地区的读者提供了借阅机会。因此，县域公共图书馆总分馆制的建设可以促进城乡间的文化交流，加强文化互动，促进文明城市的建设。

第三，推动社会教育进步。县域公共图书馆总分馆制将会吸引更多的人关注和支持公共教育。通过引入一系列主题讲座和文化活动，激发大众阅读兴趣，营造一个学习和分享知识的氛围。这也是激发社会创新力和推动社会教育进步的重要途径。第四，提升城市形象。县域公共图书馆总分馆制的构建，对于彰显城市文化形象也非常有益。通过规范的生态环境和先进的管理技术，塑造出高品质、现代化的服务理念，进而优化城市文化氛围，提升城市文化软实力。

综上所述，县域公共图书馆总分馆制的构建对于提供优质的阅读资源、促进文化交流、推动社会教育进步和提升城市形象等方面都有着不可替代的作用。这种构建方式正在越来越受到各级政府和群众的认可，相信在未来的发展中，它将会为我们的生活和文化事业带来更多的改变。

结语：县域图书馆总分馆制的构建不仅能使城乡资源得到最大限度的整合利用，更能在服务过程中营造良好的读书氛围，能有效缩小城乡之间的交流鸿沟，促进文化交流。在推动社会教育的问题上，也做出了巨大的贡献。目前我国在构建总分馆制的过程中依旧出现许多弊端，资源、人手、技术、设备等问

题都亟待解决。鼓励和引导社会力量的进入，对图书资源鼓励其对附近居民免费开放，倡导企业等社会组织加大对公共资源建设的投资。

参考文献

[1]焦姝芬.县域图书馆总分馆制建设发展探索[J].参花（上），2023（02）：116-118.

[2]俞萌萌.总分馆制推行下基层公共图书馆建设实践研究[J].文化产业，2022（18）：101-103.

[3]陈思安.县域公共图书馆总分馆制构建探讨[J].科技风，2016（11）：92-93.

附件：

2022年湖北省图书馆学会年会征文获奖名单

<table>
<tr><td colspan="3" align="center">一等奖（7篇）</td></tr>
<tr><td>单　位</td><td>论文题目</td><td>姓名</td></tr>
<tr><td>湖北省图书馆</td><td>基于情境认知视角的农村留守儿童阅读赋能路径研究——以湖北省图书馆"相约乡读"项目为例</td><td>李丹、白樱子</td></tr>
<tr><td>襄阳市图书馆</td><td>图书馆联盟背景下地方文献服务城市群地域文化发展的路径探索——以"襄十随神"图书馆联盟为例</td><td>李雪西</td></tr>
<tr><td>恩施州图书馆</td><td>民族地区公共图书馆抱团发展实践探索——以恩施州公共图书馆阅读推广联盟为例</td><td>谭华梅、李光炼</td></tr>
<tr><td>咸宁市图书馆</td><td>总分馆体系下城市书房提升服务效能的对策研究——以咸宁市图书馆城市书房为例</td><td>王程</td></tr>
<tr><td>华中科技大学图书馆</td><td>学科服务视角下高校图书馆数字资源整合聚合研究</td><td>黄更新、施亮</td></tr>
<tr><td>华中科技大学图书馆</td><td>双一流高校图书馆视频服务现状分析</td><td>毕文静</td></tr>
<tr><td>武汉大学信息管理学院</td><td>美国公共图书馆参与公民健康信息素养教育：历程、特色及启示</td><td>石庆功、刘京翰、王春迎</td></tr>
</table>

<table>
<tr><td colspan="3" align="center">二等奖（14篇）</td></tr>
<tr><td>单　位</td><td>论文题目</td><td>姓名</td></tr>
<tr><td>国防科技大学信息通信学院图书馆</td><td>图书馆情报服务现状分析与突破性发展探究</td><td>翟欢庆、刘寒冰、张哲</td></tr>
<tr><td>中国科学院武汉文献情报中心</td><td>国外高校机构知识库联盟建设实践与启示</td><td>王予典、江洪</td></tr>
<tr><td>湖北省图书馆</td><td>从4P营销理论看公共图书馆信息公开作用和价值——以8家国家一级公共图书馆年报发布为例</td><td>董思涵、余梦、徐韵涵</td></tr>
</table>

续表

二等奖（14篇）		
孝感市图书馆	关于提升城市书房建设水平和服务效能的思考和建议——以孝感市"澴川书房"建设为例	吴健涛、谭义斌、黄亮
湖北省图书馆	公共图书馆讲座三微一端的现状与趋势——以湖北省图书馆长江讲坛为例	余嫚雪
秭归县图书馆	基层图书馆助力乡村振兴战略的发展路径	向红梅
襄阳市图书馆	开展绘本阅读推广活动的实践与启示——以湖北省襄阳市图书馆为例	徐崴、王治华
黄冈市图书馆	论析地市级公共图书馆古籍传承性保护工作——以黄冈市图书馆古籍保护利用工作为例	顾玲
湖北省图书馆	数字服务背景下图书馆阅读推广工作新探究	郭巍、许超、刘莉
武汉工程大学图书馆 武汉工程大学土木工程与建筑学院	高校图书馆读者满意程度调查研究——以武汉工程大学武昌校区图书馆为例	叶仙娥、汪亮、高芳裙、杨茜、金吉晖
江汉大学图书馆	基于InCites数据库的高校图书馆助力科研与学科建设分析——以江汉大学图书馆为例	卢炎香
长江职业学院武汉科技新城校区图书馆	面向用户需求的高职院校图书馆空间服务研究	王珍、熊婷
黄冈师范学院图书馆	人工智能赋能图书馆：新特征、问题与融合	胡勇祥
湖北第二师范学院图书馆	数智时代师范院校图书馆服务"基础教育专业"策略	卢连梅

三等奖（21篇）		
湖北省图书馆	从立足本地到走向全国——湖北省图书馆讲座2002-2022	李茜
十堰市图书馆	馆校合作模式下未成年人阅读推广工作的实践与分析	张珺、吴宇昊

续表

	三等奖（21篇）	
湖北省图书馆	公共图书馆处理读者诉求工作的思考——以湖北省图书馆为例	郑强
孝感市图书馆	智能化环境下公共图书馆服务创新探索——以孝感市图书馆为例	何楚龙、朱志伟
湖北省图书馆	基于区域联盟的公共图书馆阅读推广服务探讨——以湖北省公共图书馆为例	游梦娜
恩施州图书馆	"双减"政策背景下公共图书馆家庭阅读服务研究——以恩施土家族苗族自治州图书馆为例	毛银秀、蹇利华
襄阳市图书馆	智能化环境下图书馆业务与服务创新发展——以襄阳市图书馆智能化建设发展为例	杨敏
湖北省图书馆	智慧化环境下数字媒体技术在公益文化展览中的应用——以《永乐大典》湖北巡展暨湖北古籍保护工作成果展为例	竺佳怡、刘利军
十堰市图书馆	公共图书馆绘本阅读推广的实践及思考——以十堰市图书馆绘本阅读推广为例	刘娟
恩施州图书馆	公共图书馆开展绘本阅读推广的实践与思考——以恩施土家族苗族自治州图书馆为例	谢黎黎
宜昌市图书馆	公共图书馆少儿阅读品牌建设实践与思考——以宜昌市图书馆"快乐小屋"为例	刘文涛
襄阳市图书馆	《家庭教育促进法》对公共图书馆工作的启示	张颖、徐崴
湖北省图书馆	图书馆建国后中文报纸保护探析——以湖北省图书馆为例	石星、李良军、聂曚
武汉市少年儿童图书馆	元宇宙环境下图书馆业务与服务创新发展	刘晓文
湖北第二师范学院图书馆	2006—2021年中国知网"大学生阅读素养"研究成果分析	覃利

续表

三等奖（21篇）		
武昌理工学院	我国高校图书馆残障学生服务探析	田雅君
武汉纺织大学图书馆	高校图书馆对文旅融合背景下文化传承可以做的一些工作	车玉芬
华中科技大学图书馆国家知识产权服务中心	湖北高校技术转移案例与模式分析	陈迎春、彭玲玲
武汉市少年儿童图书馆	后疫情时代少年儿童图书馆阅读推广创新活动探索——以武汉市少年儿童图书馆为例	何庆
湖北三峡大学图书馆	文旅融合背景下高校图书馆参与公共文化服务体系建构研究	宋群风、张群英、胡春瑛
武汉工程大学图书馆	新形势下高校图书馆人才发展探析	叶仙娥、金吉晖、杨茜